U0735111

《强国之路——纪念改革开放30周年重点书系》
编辑委员会

主　任： 柳斌杰　李东生

副主任： 邬书林　李忠杰　　邢贲思

委　员：（按姓氏笔画为序）

于培伟	王子先	王英利	冯　飞
关锐捷	孙大力	李宝柱	吴尚之
张小影	张卓元	张树军	邵维正
施子海	胡乐明	胡哲一	郭　玮
郭义强	郭德宏	黄书元	阎建琪
彭　红	程中原	程恩富	谢春涛
韩　宇	韩志强		

强国之路

纪念改革开放30周年重点书系

顾明远 主　编

刘复兴 副主编

GAIGE KAIFANG 30 NIAN
ZHONGGUO JIAOYU JISHI

改革开放30年
中国教育纪实

人民出版社

在新的历史起点上推进改革开放

——《强国之路——纪念改革开放30周年重点书系》总序

柳斌杰

从鸦片战争开始，无数中华儿女前赴后继，抛头颅、洒热血，力图探索出一条引领中华民族实现民族独立、人民解放，实现国家繁荣富强、人民共同富裕的康庄大道，这一理想体现在中国近现代历史的始终。从太平天国运动到戊戌变法再到义和团运动，中华儿女始终在苦苦探索着。辛亥革命结束了沿袭数千年的封建帝制，为近代中国革命进步打开了新的一页，但很快又陷入军阀混战。中国共产党领导的新民主主义革命推翻了"三座大山"，建立起人民当家作主的新中国和社会主义基本制度，开辟了建设社会主义的道路，真正实现了中华民族的独立和人民的解放，为当代中国发展进步创造了前提。在中国共产党的领导下，以30年前召开的党的十一届三中全会为标志启动的改革开放，是社会主义制度得到巩固和完善的伟大革命，为当代中国发展进步探索了一条真正实现国家繁荣富强、人民共同富裕的伟大道路。正如胡锦涛同志强调的，改革开放是强国之路，是我们党、我们国家发展进步的活力源泉。

30 年弹指一挥间。在改革开放步入"而立之年",回顾和总结改革开放 30 年的伟大历程和宝贵经验,对于我们准确领会和科学把握改革开放这场新的伟大革命的目的和性质,进一步高举中国特色社会主义伟大旗帜,坚定走中国特色社会主义道路的决心和信心,继续推进改革开放、科学发展、和谐社会建设,都有着十分重要的意义。

一

　　在新中国的历史上,改革开放是关系社会主义中国前途命运的抉择。正是这场新的伟大革命,使我们摆脱了"文化大革命"十年内乱所造成的困境,经济持续高速发展、人民生活水平显著提高、综合国力和国际地位大幅提升,谱就了中国历史上最壮丽的史诗、最华美的篇章,创造了举世公认的奇迹。任何伟大革命的启动都是基于历史的动力和对时代大势的深刻分析,是准确把握人民的愿望和历史潮流的结果。改革开放这场新的伟大革命正是中国共产党对中国社会主义建设历史和现实的清醒认识、对国际形势和历史潮流的准确把握,深刻体现了历史与现实的统一、党的意志和人民愿望的统一。

　　30 年前,"文化大革命"造成的十年内乱给我们党和国家带来了极其严重的创伤,国民经济濒临崩溃的边缘,人民生活十分困难。1976 年粉碎"四人帮",结束了十年内乱,中国历史出现了转机。但由于党的指导思想出现失误,从 1976 年 10 月到召开党的十一届三中全会前的两年间,党的工作出现了徘徊局面。而与此同时,世界范围内新科技革命蓬勃兴起,发达国家纷纷进行后工业革命，许多发展中国家也加紧向现代化社会转型。我国经济实力、科技实力与国际先进水平的差距明显拉大，面临着巨大的国际竞争压力。正是在这种情况下，我们党科学分析国内国际形势，准确把握时代主题和顺应人民愿望，以解放思想、实事求是、拨乱反正的大智大勇，举起了改革开放的旗帜，坚定地开辟了建设中国特色社会主义的新路。正如我国改革开放总设计师邓小平同志所说："如果现在再不实行改革，我们的现代化事业和社会主义事业就会被葬送。""不坚持社会主义，不改革开放，不发展经济，不改善人民生活，只能是死路一条。"这表明，要摆脱我国当时所处的严重困境，要加快改变中国的面貌和改善中国人民的生活，必须果断结束"以阶级斗争为纲"，把党的工作重点转到以经济建设为中心上来，通过改革解放和发展社会生产力，完善社会主义制度；通过开放打开国门，勇敢参与国际经济合作和竞争。以具有重大历史意义的党的十一届三中全会为标志，改革开放历史新时期的序幕拉开了，经济改革从农村到城市、从国有企业到其他各个行业势不可挡地展开了，对外开放的大门从沿海到沿江沿边，从东部到中西部毅然决然地打开了，整个中国充满了生机。

改革开放这场新的伟大革命的深入发展是几代共产党人继承和创新的结果。胡锦涛同志在党的十七大报告中强调，"我们要永远铭记，改革开放伟大事业，是在以毛泽东同志为核心的党的第一代中央领导集体创立毛泽东思想，带领全党全国各族人民建立新中国、取得社会主义革命和建设伟大成就以及艰辛探索社会主义建设规律取得宝贵经验的基础上进行的"；

"我们要永远铭记，改革开放伟大事业，是以邓小平同志为核心的党的第二代中央领导集体带领全党全国各族人民开创的"；"我们要永远铭记，改革开放伟大事业，是以江泽民同志为核心的党的第三代中央领导集体带领全党全国各族人民继承、发展并成功推向二十一世纪的"。"十六大以来，我们以邓小平理论和'三个代表'重要思想为指导，顺应国内外形势发展变化，抓住重要战略机遇期，发扬求真务实、开拓进取精神，坚持理论创新和实践创新，着力推动科学发展、促进社会和谐，完善社会主义市场经济体制，在全面建设小康社会实践中坚定不移地把改革开放伟大事业继续推向前进。"以胡锦涛同志为总书记的党中央正在继承和发展着老一辈无产阶级革命家开创的改革开放伟大事业，不断把她推向新阶段。

党的十一届三中全会以来，我们党和国家在取得社会主义现代化建设举世瞩目成就的同时，创造和积累了丰富的实践经验。在党的十二大、十三大、十四大、十五大、十六大分别对改革开放阶段性经验总结的基础上，党的十七大从回顾30年改革开放整个历史进程入手，围绕在一个十几亿人口的发展中大国如何才能摆脱贫困、加快实现现代化、巩固和发展社会主义这些根本问题，总结概括出"十个结合"的宝贵经验，升华了我们对改革开放的认识。"十个结合"生动阐明了在改革开放历史进程中，我们党如何坚持和发展马克思主义，如何坚持和发展社会主义，如何加强和改善党的领导，如何在中国特色社会主义事业总体布局及其每一个方面体现我们党的基本理论、基本路线、基本纲领、基本经验，如何统筹国内国际两个大局，如何协调推进中国特色社会主义伟大事业和党的建设新的伟大工程，等等。贯穿这"十个结合"的一个最为根本的主线，就是坚持把马克思主义基本原理同我国社会主义现代化建设的实际结合起来，开辟中国特色社会主义伟大道路。

二

胡锦涛同志在党的十七大报告中指出，"改革开放是党在新的时代条件下带领人民进行的新的伟大革命，目的就是要解放和发展社会生产力，实现国家现代化，让中国人民富裕起来，振兴伟大的中华民族；就是要推动我国社会主义制度自我完善和发展，赋予社会主义新的生机活力，建设和发展中国特色社会主义；就是要在引领当代中国发展进步中加强和改进党的建设，保持和发展党的先进性，确保党始终走在时代前列"。30 年的实践证明，我们的目的正在一步步达到。

就 30 年改革开放带给当代中国的发展进步来说，深刻地体现在中国人民的面貌、社会主义中国的面貌、中国共产党的面貌所发生的历史性变化上。30 年改革开放带来的最深刻的变化，首先体现的是中国人民面貌的变化，许多曾经长期窒息人们思想的旧的观念、陈腐的教条受到了巨大的冲击，解放思想、实事求是、开拓创新、与时俱进开始成为人们精神状态的主流。在中国共产党的领导下，中国人民以改革开放为动力，为建设一个富强民主文明的社会主义现代化国家，为实现中华民族的伟大复兴而不懈奋斗，中国人民成为先进生产力、先进文化的创造者。在这场深刻变革中，社会主义中国的面貌也发生了翻天覆地的历史性变化，思想大解放，社会大进步；国家实现了从"以阶级斗争为纲"到以经济建设为中心、从封闭半封闭到改革开放、从计划经济到市场经济的深刻转变,社会生产力大解放,社会财富急剧增长,物质生活丰裕,13亿人基本上安居乐业。曾经满目疮痍、饱受欺凌、贫穷落后的中国已经变成政治稳定、经济发展、文化繁荣、社会和谐的一个充满活力和生机的社会主义中国。在改革开放的伟大实践中,中国共产党的面貌也发生了历史性变化,总结了历史经验,重新确立了马克思主义的思想路线、政治路线和组织路线,在开辟中国特色社会主义伟大道路的过程中,在领导中国特色社会主义现代化进程中,始终把保持和发展党的先进性、提高党的执政能力、转变党的执政方式、巩固党的执政基础作为党的建设的重点,实现了从革命党向执政党的彻底转变,成为始终走在时代前列的中国特色社会主义事业的坚强领导核心。

30年改革开放是当代中国发展进步的一个巨变时期。这个时期最鲜明的特点是改革开放。这场人类历史上从未有过的大改革、大开放,极大地调动了亿万人民的积极性,使我国成功地实现了从高度集中的计划经济体制到充满活力的社会主义市场经济体制、从封闭半封闭到全方位开放的伟大历史转折,使一个面向现代化、面向世界、面向未来的社会主义中国巍然屹立在世界东方。这个时期最显著的成就是快速发展。正是在改革开放的推动下,我们这样一个人口众多的发展中大国,以世界上少有的速度持续快速发展起来,经济实力、综合国力不断增强,基础设施和城乡面貌发生巨大变化,人民生活总体上达到小康水平。这个时期最突出的标志是与时俱进。正是在与时俱进地探索和回答什么是社会主义、怎样建设社会主义,建设什么样的党、怎样建设党，实现什么样的发展、怎样发展等重大理论和实际问题的过程中，我们党不断推进了马克思主义中国化，在开创中国特色社会主义事业新局面的同时，拓展了当代中国马克思主义新境界。时代精神、成功实践和理论创新使我们党保持了政治上的坚定，能坚决排除各种错误思潮、错误倾向的干扰，始终带领全国人民沿着正确方向前进。

三

回顾 30 年来，我们所取得的一切成就和进步，都是得益于改革开放这一伟大的实践，得益于中国特色社会主义理论体系这一伟大的理论。伟大的实践孕育伟大的理论，伟大的理论指引伟大的实践。中国特色社会主义理论体系与改革开放之间的关系，深刻体现着理论与实践之间的辩证关系。

解放思想、实事求是、与时俱进，是马克思主义活的灵魂，是我们党的根本思想路线，是我们适应新形势、认识新事物、完成新任务的根本思想武器。在新的历史时期，我们党始终如一地坚持这一马克思主义的思想路线，不断探索和回答什么是社会主义、怎样建设社会主义，建设什么样的党、怎样建设党，实现什么样的发展、怎样发展等重大理论和实际问题，成功地实现了认识上和实践上的伟大突破，实现了我们党在新时期从实践到理论、再从理论到实践的一系列伟大的创新。胡锦涛同志在党的十七大报告中强调，"改革开放以来我们取得一切成绩和进步的根本原因，归结起来就是：开辟了中国特色社会主义道路，形成了中国特色社会主义理论体系。高举中国特色社会主义伟大旗帜，最根本的就是要坚持这条道路和这个理论体系。"中国特色社会主义理论体系，是包括邓小平理论、"三个代表"重要思想以及科学发展观等重大战略思想在内的科学理论体系。这是我们党在建设中国特色社会主义实践中相继形成的马克思主义中国化理论的最新成果系统化，充分体现了我们党在新时期的实践和理论创新既是一脉相承、一以贯之，又是充满创造活力、不断向前发展的。

党的十一届三中全会以来，以邓小平同志为主要代表的中国共产党人，在和平与发展成为时代主题的历史条件下，以巨大的政治勇气和理论勇气，解放思想、实事求是，继承了我党走自己的路的革命传统，在总结当代社会主义正反两方面经验的基础上，在我国改革开放的崭新实践中，围绕着"什么是社会主义、怎样建设社会主义"这个基本问题，把马克思主义基本原理和中国社会主义现代化建设的实际相结合，系统地初步回答了在中国这样的经济文化比较落后的国家如何建设社会主义、如何巩固和发展社会主义的一系列基本问题，正确把握了我国现实社会的历史方位和主要矛盾，明确提出了党在社会主义初级阶段的基本路线，解决了立国之本、强国之路、兴国之要这一系列带有根本性的问题。

党的十三届四中全会以来，以江泽民同志为主要代表的中国共产党人，在新的历史发展时期，把马克思主义的基本原理与当代中国实际和时代特征进一步结合起来，不断创新和丰富发展邓小平理论。在建设中国特色社会主义新的实践中，坚持以发展着的马克思主义指导发展着的实践，准确把握时代特征，科学判断党所处的历史方位，紧紧围绕建设中国特色社会主义这个主题，集中全党智慧，总结实践经验，以马克思主义的巨大理论勇气进行理论创新，进一步回答了什么是社会主义、怎样建设社会主义的问题，创造性地回答了在长期执政的历史条件下建设什么样的党、怎样建设党的问题，深化了我们对中国特色社会主义事业和加强党的建设的规律的认识。这反映了我们党更加自觉地进入了从新的历史高度来认识自己、完善自己、全面加强自己这样一种清醒和自觉。在这个过程中，明确解决了立党之本、执政之基、力量之源这一系列带根本性的问题。

进入 21 世纪之后，国际形势发生了深刻变化，国内改革发展也进入了关键时期，我们党面临新的挑战。党的十六大以来，以胡锦涛同志为总书记的党中央，抓住机遇，应对挑战，立足新世纪中国改革开放和现代化建设的关键问题，继续把马克思主义基本原理与当代中国实际相结合，在推进中国特色社会主义的实践中，解放思想，开拓创新，全面系统地继承和发展了马克思列宁主义、毛泽东思想、邓小平理论、"三个代表"重要思想关于发展的重要思想，依据我国仍处于并将长期处于社会主义初级阶段而又进到新的历史起点的发展阶段，进一步回答了新世纪新阶段我国需要什么样的发展和怎样发展的重大问题，并在发展问题上提出以人为本、为了人的全面发展和社会的全面发展以及人口资源环境的可持续发展等新思想。既着眼于把握发展规律、创新发展理念、转变发展方式、破解发展难题，又着力于推进党的执政方式和社会管理方式的转变，科学回答了发展目的、发展动力、发展方式等一系列带根本性的问题。

正如党的十七大报告所强调的，中国特色社会主义理论体系坚持和发展了马克思列宁主义、毛泽东思想，凝结了几代中国共产党人带领人民不懈探索实践的智慧和心血，是马克思主义中国化的最新成果，是党最可宝贵的政治和精神财富，是全国各族人民团结奋斗的共同思想基础。在当代中国，坚持中国特色社会主义理论体系，就是真正坚持马克思主义。

理论与实践的互动是一个永无止境的历史过程。中国特色社会主义理论体系形成和发展于改革开放的伟大实践，又指导改革开放的伟大实践。我们一定要牢记这一理论与实践的辩证关系，继续解放思想，坚持改革开放，在深入贯彻落实科学发展观的新实践中进一步坚持和发展中国特色社会主义理论体系。

30 年的伟大历程，30 年的宝贵经验，30 年的辉煌成就。抗震救灾斗争以一种特殊的方式全面检阅和展示了我国改革开放 30 年的伟大成就；北京奥运会的成功举办，则向世界展示了改革开放 30 年中国、中国人民的激情与梦想，生机与活力。30 年的伟大实践充分证明，改革开放是决定当代中国命运的关键抉择，是发展中国特色社会主义、实现中华民族伟大复兴的必由之路；只有社会主义才能救中国，只有改革开放才能发展中国、发展社会主义、发展马克思主义。30 年的伟大实践充分证明，改革开放符合党心民心、顺应时代潮流，方向和道路是完全正确的，成效和功绩不容否定，停顿和倒退没有出路。30 年的伟大实践充分证明，高举中国特色社会主义伟大旗帜、坚持中国特色社会主义道路、掌握中国特色社会主义理论体系，当代中国、整个中华民族，就能走向繁荣富强和共同富裕的康庄大道。

为隆重纪念改革开放30周年，中央宣传部、新闻出版总署组织了《强国之路——纪念改革开放30周年重点书系》，目的在于从历史的角度，展示中国共产党领导的伟大实践、中国人民的伟大创造精神、改革开放30年的伟大历程和辉煌成就，总结改革开放30年的宝贵经验，探索人类社会发展规律、社会主义建设规律、中国共产党执政规律；宣传中国特色社会主义，宣传中国特色社会主义理论体系，从而深化党的基本理论、基本路线、基本纲领、基本经验教育，使全党全国各族人民提高坚持党的十一届三中全会以来的理论和路线方针政策的自觉性和坚定性，进一步坚定在新的历史条件下继续推进改革开放、走中国特色社会主义道路的决心和信心，为继续解放思想、坚持改革开放、推动科学发展、促进社会和谐营造良好氛围，为夺取全面建设小康社会新胜利、开创中国特色社会主义事业新局面提供强大思想保证，激励和鼓舞全党全国各族人民万众一心为夺取全面建设小康社会新胜利而努力奋斗。

纪念改革开放30周年，是全面贯彻落实党的十七大精神的重要举措，是党和国家政治生活中的一件大事。该套书系内容系统、全面，立足经济社会发展全局，从历史的角度全方位回顾和再现改革开放30年来中国社会的发展变化，具有较强的全局性和立体感；立足改革开放30年理论与实践中的一系列重点、热点、难点问题进行理论分析和学术探讨，具有较强的思想性和学术性；关注相关行业或领域，理论联系实际，以点带面，进行理论探索和经验总结，具有较强的针对性和现实感。书系客观真实地记录了改革开放30年波澜壮阔的历史场景，全面回顾了 30 年改革开放的伟大实践，记录了 30 年来马克思主义中国化的历史进程，展示了 30 年来中国社会、中国人民、中国共产党面貌所发生的深刻变化，宣传了 30 年改革开放成就和中国对人类社会发展和进步所做出的伟大贡献，总结了中国改革开放 30 年的历史经验，生动地阐释了中国特色社会主义理论体系。我认为，以书系的形式，全景记录我们这个时代的伟大精神和实践，是对历史负责，是对后人负责，也是为中华民族的文化宝库增加了一份珍贵的宝藏。她所载入的以改革开放为标志的时代精神，将永远在中华民族的文化历史中闪光。

目 录

上 编

下 编

前　言

30 年教育发展的回顾与瞻望

2008 年是中国改革开放 30 周年，又是贯彻落实党的十七大所规定任务的第一年。党的十七大总结了改革开放 30 年的经验，提出了全面建设小康社会的新任务。党的十七大提出要高举中国特色社会主义伟大旗帜，以邓小平理论和"三个代表"重要思想为指导，深入贯彻落实科学发展观，进一步解放思想、深化改革，加快全面建设小康社会的进程。

30 年来，我国教育取得了伟大的成绩，这些成绩可以用教育观念的转变、教育事业的发展、教育制度的创新、教育科研的繁荣四句话来概括。

30 年来教育领域最重大的成绩是在思想解放基础上教育观念的转变。在教育观念转变中有两点尤其重要：从"教育是阶级斗争的工具"转变到"科教兴国"、"教育先行"的发展战略；从"知识分子是臭老九"转变为"知识分子是工人阶级的一部分"。这两点改变了我国教育的命运，也改变了我国整个社会的命运。"文化大革命"结束以后，邓小平同志主持中央工作，首先提出人才问题。1977 年 5 月邓小平同志两次找有关同志谈话，都是强调实现现代化的关键是科学技术，发展科学技术必须抓教育，一定要在党内形成"尊重知识，尊重人才"

的气氛。有了这种观念，高考才得以恢复，教育才发展起来。1978 年 3 月 18 日召开的全国科学大会上，邓小平同志讲话的第一部分讲了两个重要论点：一是科学技术是生产力；二是"知识分子是工人阶级的一部分"。这两句话现在听起来很普通，但是在当时是了不起的思想变革，没有这两句话就没有今天教育繁荣的局面。1978 年 4 月 22 日至 5 月 16 日召开了"文化大革命"结束以后的第一次全国教育工作会议，邓小平同志在会议上的讲话再一次强调了知识的重要，号召青年学生自觉刻苦地学习科学文化，提出教育事业必须同国民经济发展的要求相适应。

1979 年夏天一场关于教育本质的大讨论就是在这个思想解放背景下展开的。这场讨论使我们对教育的本质有了较深入的认识。教育是培养人的活动，是人类发展的必要条件，是人的自身发展的需要；对于社会而言，教育不仅有政治的功能，还有经济的功能、国防的功能、文化的功能等。教育要为社会的物质文明服务，还要为社会的精神文明服务。因此，教育具有促进人的发展和促进社会发展的两大功能，而教育促进社会发展是通过促进人的发展来实现的。只有个体得到发展，才能为社会发展服务。教育的本质是传承文化、创新知识，促进人的发展。

教育事业的发展也可以用一句话来概括：30 年来教育的发展使我国从一个人口大国转变为人力资源大国。现在我国各级各类学校在校生达到 2.5 亿人，已经全面普及了九年义务教育，人均受教育年限从 1980 年的 5.33 年增加到 2005 年的 8.5 年；高等教育实现了跨越式发展，毛入学率从 1980 年的 2% 提高到 2007 年的 23%，使我国进入高等教育大众化时代。我国教育今后的任务是要使中国从人力资源大国向人力资源强国迈进。这就需要从提高全民族的素质和培养拔尖创新人才着手。

教育制度的创新也是在思想解放的前提下展开的。30 年来的教育成就离不开改革开放，教育体制改革取得的重大突破，有力地促进了中国教育事业的持续发展。1977年恢复高等学校入学考试制度就是在思想解放以后的重大改革。1983年邓小平同志提出"教育要面向现代化，面向世界，面向未来"，确立了"教育必须为社会主义建设服务，社会主义建设必须依靠教育"的根本指导思想。1985年《中共中央关于教育体制改革的决定》拉开了教育全面改革的序幕，实现了全党全国在教育思想上真正向为社会主义现代化建设服务的转变。

教育制度改革可以分为宏观的领导体制改革和学校内部体制改革两个层面。教育领导体制改革主要是确立了"统一领导，分级管理"的体制，实行简政放权，扩大学校的办学自主权。学校内部实行了教师聘任制，建立了教职工代表大会制度，加强了民主管理和民主监督。

改革开放30年来最重要的制度创新是开展了教育法制建设。改革开放以前，我国只有政府法规法令对教育进行规范，除宪法规定的教育条款外，没有一部教育部门法。改革开放以后，教育的改革和发展不仅呼唤着教育立法，也为教育的法制建设奠定了基础。1986年4月12日，我国第一部教育法——《中华人民共和国义务教育法》经全国人大六届四次会议审议通过后颁布，以后又陆续颁布了《中华人民共和国教师法》、《中华人民共和国高等教育法》、《中华人民共和国教育法》、《中华人民共和国职业教育法》、《中华人民共和国民办教育促进法》，2006年又修订颁布了新的《中华人民共和国义务教育法》。教育法制日臻完善，使我国教育走上了以法治教的轨道。

在思想解放的前提下，教育科研得到极大的繁荣。这一过程也可以用一句话来概括，就是从一枝独秀到百花齐放。改革开放以前，我国可以说没有多少教育研究，一本《教育学》唱独角戏。党的十一届三中全会迎来了教育科研的春天，教育科学研究蓬勃地开展起来。经过六个五年计划，中国教育界涌现了大批科研成果，创建了许多新兴学科，各地建立了教育科研机构，成长起一支科研队伍，这一切都为建立中国特色教育理论体系打下了坚实基础。

*　　　　*　　　　*

改革开放 30 年来教育领域取得了巨大成绩。这些成绩都是在邓小平理论指导下，在思想解放的前提下，经过改革创新取得的。但是，当前中国教育面临着巨大的挑战，要完成党的十七大提出的任务还需要付出巨大的努力。当前我国教育正处在转折点上，表现在要从数量的发展转变到提高教育质量上来。党的十七大报告中提出"优先发展教育，建设人力资源强国"，具体要求是"优化教育结构，促进义务教育均衡发展，加快普及高中阶段教育，大力发展职业教育，提高高等教育质量"，核心是提高教育质量。要完成党的十七大提出的任务，关键是要高举中国特色社会主义伟大旗帜，以邓小平理论和"三个代表"重要思想为指导，贯彻落实科学发展观，进一步解放思想，深化教育改革。

*　　　　*　　　　*

为了纪念改革开放 30 周年，我们编写了这部《改革开放 30 年中国教育纪实》，内容涵盖教育观念转变、教育事业发展、教育制度创新和教育科研繁荣几个方面，但不是单独成篇，而是渗透在各个具体事件之中。编写本书的目的不仅是为了纪念，更重要的是回顾过去，展望未来，总结 30 年来教育发展的经验，进一步沿着党的十七大所指引的方向前进。因此本书的内容既不是历史的描述，也不是理论的探讨，而是以专题为主线，以纪实为基础，史论结合，厘清中国教育事业 30 年来发展演变的脉络，探讨今后发展的方向。由于篇幅有限，本书设立的专题仍未能涵盖我国教育的方方面面。

参加本书编写的作者主要是北京师范大学教育学院各专业的专家和博士研究生，也聘请了教育部教育发展研究中心、中国广播电视大学、高等教育自学考试指导委员会的专家，他们都在文后署名。我要代表本书的组织者向他们表示感谢，感谢他们在学期末工作繁忙之时，在北京7月酷暑的条件下，努力完成编写任务。同时还需说明，本书从5月份启动到7月份完成，仅仅三个月时间，因此许多问题来不及认真讨论，各专题的观点只代表作者本人的意见。有许多不尽善处，敬请读者批评指正。

顾明远

2008 年 7 月 10 日

上　编

尊重知识 尊重人才

孙龙存　项贤明

　　当今世界，大国之间综合国力的角逐与竞争，归根结底是科技的竞争、人才的竞争。中华民族的伟大复兴同样离不开知识和人才。回首中国改革开放 30 年的发展之路，"尊重知识，尊重人才"这一由邓小平同志提出的重要思想，其重大和深远的战略意义更加突出地显现出来。"尊重知识，尊重人才"，邓小平同志提出的这一重要思想，为我们党在知识分子问题上的拨乱反正、为制定新时期知识分子的政策提供了理论依据，成为社会主义现代化建设的一条重要方针和党的知识分子政策的核心，是党的知识分子工作的出发点和落脚点。今天，邓小平的这一名言已成为全党全社会的共识，"尊重知识，尊重人才"的社会风气正在逐步形成。

一、推翻"两个估计"

　　"文化大革命"结束之后，国家百业待兴，我们党面临着在思想、政治、组织等各个领域的全面"拨乱反正"的任务。但是，这一进程受到了"两个凡是"思想的严重阻碍。由于"左"的思想的长期影响和束缚，许多人还不能正确地理解毛泽东思想，还不能正确区分毛泽东的伟大历史功绩和晚年所犯的错误，还不能从"文化大革命"的指导理论——"无产阶级专政下继续革命的理论"中摆脱出来。广大知识分子还戴着"文化大革命"期间"四人帮"所扣的"臭老九"、"知识越多越反动"的帽子，党内还存在严重的轻视知识、歧视知识分子的倾向，因而我国的科技和教育事业依然徘徊不前。

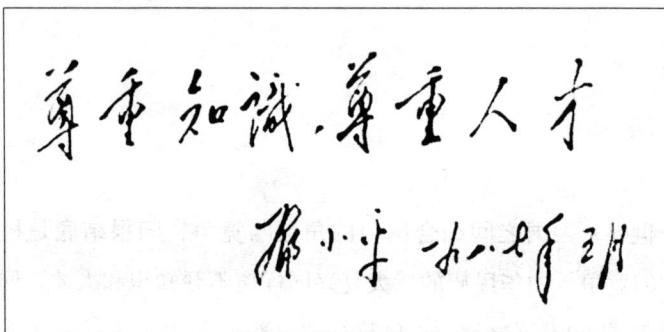

邓小平同志题词："尊重知识，尊重人才"

邓小平同志在刚刚恢复职务之际，就自告奋勇主管科学和教育。如同他自己所说："我知道科学、教育是难搞的，但是我自告奋勇来抓。不抓科学、教育，四个现代化就没有希望，就成为一句空话。"① 确实，科学、教育是难搞的，当时否定知识，否定知识分子的流毒还非常猖狂。1971年 8 月 13 日，中央批转由迟群主持起草，张春桥、姚文元定稿的《全国教育工作会议纪要》，提出了完全不符合实际的"两个估计"，即"文化大革命"前 17 年的教育战线是"资产阶级专了无产阶级的政"，是"黑线专政"；知识分子的大多数世界观基本上是资产阶级的，是资产阶级知识分子。这"两个估计"，实际上是《林彪同志委托江青同志召开的部队文艺工作座谈会纪要》中对文艺界"左"的估计的翻版。由于这"两个估计"是经毛泽东审阅同意的，按照"两个凡是"，谁都不敢碰。邓小平

①《邓小平文选》（第二卷），人民出版社 1994 年版，第 68 页。

认为必须推倒"两个估计",因为如果不推翻这"两个估计",我们国家的科学和教育事业就不可能得到应有的发展,而不抓科学、教育,四个现代化就会成为一句空话,国家崛起和民族复兴也就没有希望实现。1977年5月12日和7月27日,邓小平同志两次找方毅和李昌谈话,指出科学和教育工作的重要性。1977年8月6日至8日,邓小平在人民大会堂召开科学和教育工作座谈会,并在会上明确指出"两个估计"的错误实质。1977年9月9日,邓小平在同教育部主要领导同志的谈话中,再次态度鲜明地指出:"'两个估计'是不符合实际的。怎么能把几百万、上千万知识分子一棍子打死呢?我们现在的人才,大部分还不是17年培养出来的?"他批评部分坚持"两个估计"的领导干部,"你们管教育的不为广大知识分子说话,还背'两个估计'的包袱,将来要摔筋斗的"。①1977年11月18日,《人民日报》发表了题为《教育战线的一场大辩论——批判"四人帮"炮制的"两个估计"》的文章,舆论界开始对"两个估计"展开了公开的批判。

"两个估计"和"两个凡是"是紧密联系在一起的,它们有着共同的极"左"思想基础。"两个凡是"是"左"的错误指导思想的集中体现,即所谓:"凡是毛主席作出的决策,我们都坚决维护;凡是毛主席的指示,我们都始终不渝地遵循。"②"两个凡是"的思想当时已成为纠正"文化大革命""左"倾错误的主要障碍。

1977年,邓小平同志在同中央两位负责人的谈话中,对"两个凡是"提出质疑,认为"两个凡是"不符合马克思主义③,并且指出这是个重要的理论问题,是个是否坚持唯物主义的问题。彻底的唯物主义者,应该像毛泽东同志说的那样对待这个问题。与此同时,叶剑英、陈云、李先念、王震等老一辈革命家,在各种场合都多次阐明和强调了党的实事求是的作风。所有这些,都为实现党的思想路线的拨乱反正,冲破"两个凡是"

---

① 《邓小平文选》(第二卷),人民出版社1994年版,第67页。
② 《学好文件抓住纲》,《红旗》1977年第3期。
③ 《邓小平文选》(第二卷),人民出版社1994年版,第38—39页。

的思想禁锢，开展实践是检验真理的唯一标准的大讨论，指明了方向，奠定了思想基础。随着广大干部群众在政治上、思想上对"两个凡是"思想的斗争的深入开展，必然触及深层次的理论问题，即判定人们政治上、思想上的是非标准是什么。于是，实践是检验真理的唯一标准的大讨论在全国展开。这场大讨论是对"文化大革命"遗留下来的极"左"思想的一次彻底荡涤，是一次伟大的思想解放运动，也是一场规模空前而又深刻的马克思主义思想理论教育运动。它冲破了长期居于统治地位的"左"倾思想的束缚，提高了全党和全国人民的思想理论水平和辨别是非的能力，开始把人们从现代迷信和教条主义的桎梏中解放出来。

在这种背景下，邓小平认识到要做到"尊重知识，尊重人才"，首先要从政治上推翻强加给知识分子的诬蔑之词。他复出不久，针对林彪、"四人帮"炮制的"文化大革命"前教育战线是资产阶级专政、大多数知识分子是资产阶级知识分子的"两个估计"，在两次讲话中，都充分肯定新中国成立后 17 年中，科技、教育工作者在党的领导下，努力工作，成绩很大。

1977 年 8 月 1 日，邓小平听取招生工作汇报，有人问对新中国成立后 17 年如何评价，他讲，基本上要用毛泽东的"绝大多数是好的"话，要讲毛泽东思想体系，讲毛泽东说过的"老九不能走"。他认为，毛泽东在"文化大革命"前的大部分时间里，关于科研、教育工作的一系列指示，基本精神是鼓励、提倡，是估计到知识分子中绝大多数是好的，是为社会主义服务或者愿意为社会主义服务的。毛泽东同志在 20 世纪 60 年代初期，还是支持科学"十四条"、高校"六十条"的。所以，要冲破"两个凡是"的禁区，砸开"两个估计"的枷锁，就要把毛泽东同志在教育方面和在知识分子问题上的"主导思想讲清楚"，"应当从总体方面完整地准确地表达出来"。①

1977 年 8 月 8 日，邓小平在科学和教育工作座谈会上明确指出，对

---

① 宋毅军：《邓小平与教育战线上的拨乱反正》，《当代中国史研究》1996 年第 4 期。

全国教育战线17年的工作怎样评价，主导方向是红线。应当肯定，17年中，绝大多数知识分子，不管是科学工作者还是教育工作者，在毛泽东思想的指引下，在党的正确领导下，辛勤劳动，努力工作，取得了很大成绩。特别是教育工作者，他们的劳动更辛苦。现在差不多各条战线的骨干力量，大都是新中国成立以后我们自己培养的，特别是前十几年培养出来的。如果对17年不作这样的估计，就无法解释我们所取得的一切成就了。① 这便是著名的"八八谈话"。

　　不久，根据邓小平同志对教育工作的重要指示，《红旗》杂志社整理了一篇评论员文章，论述的第一个问题，就包括对"两个估计"的批判。邓小平同志两次建议中央政治局讨论修改该文，确定是否发表。1977年10月5日，中央政治局召开会议讨论这篇文章和全国高校招生问题，邓小平等同志在会上批判了"四人帮"封锁毛泽东关于对教育工作估计的罪行，指出要把这篇文章写好，以调动广大群众，特别是教育工作者的积极性。1977年第11期《红旗》杂志发表了署名"教育部大批判组"的《教育战线的一场大论战——批判"四人帮"炮制的"两个估计"》的评论员文章。掀起了批判"两个估计"的高潮。对"两个估计"的批判，为科教战线的广大知识分子从政治上彻底平反，为推翻强加给知识分子的诬蔑之词，开了先河。知识分子的社会地位从此逐步得以恢复。

二、知识分子是工人阶级的一部分

　　"文化大革命"期间，中国知识分子的社会地位遭到严重贬损，知识分子成为"臭老九"。那时，教育战线是重灾区，广大师生员工遭受严重迫害，大批教授、学者被打成"反动学术权威"、"白专道路典型"，有的

----

① 《邓小平文选》（第二卷），人民出版社1994年版，第57页。

甚至被迫害致死。鼓吹"宁要没有文化的劳动者",把交白卷的小丑捧成英雄,鄙视知识,学校被迫停课、停办或解散。

1977 年 5 月,邓小平同志尚未恢复领导职务,就以强烈的历史责任感,针对十年动乱时期"四人帮"鼓吹的"知识越多越反动",诬蔑"知识分子是臭老九"等谬论,以及党内存在的轻视知识、歧视知识分子的严重倾向,提出"一定要在党内造成一种空气:尊重知识,尊重人才。要反对不尊重知识分子的错误思想"。① 他还说,"四人帮"创造了一个名词叫"臭老九"。"老九"并不坏,《智取威虎山》里的"老九"杨子荣是好人嘛!错就错在那个"臭"字上。毛泽东同志说,"老九"不能走。这就对了。知识分子的名誉要恢复。②

"尊重知识,尊重人才",还必须正确认识知识分子的阶级属性和政治地位。1978 年,在全国科学大会上,邓小平进一步对知识分子问题做了全面阐述。特别是针对"文化大革命"中把知识分子视为"异己力量"的"左"的错误,重申了"知识分子是工人阶级的一部分"的科学论断。他明确指出:"在社会主义社会里,工人阶级自己培养的脑力劳动者,与历史上的剥削社会中的知识分子不同了……他们的绝大多数已经是工人阶级和劳动人民自己的知识分子,因此也可以说,已经是工人阶级自己的一部分。"③ 这一重要论述,一方面说明知识分子作为工人阶级队伍中主要从事脑力劳动的一部分,是整个工人阶级完成历史使命必不可少的重要力量;同时,也向知识分子提出了坚持工人阶级立场,自觉担负起工人阶级历史使命和责任的要求。这次大会和邓小平的重要讲话,标志着科学春天的到来和党的知识分子政策开始重新走上马克思主义的正确轨道。从此,知识分子同工人和农民一样,成为我国社会主义现代化建设事业的重要依靠力量,这一论断已被载入我们党的十一届六中全会决议和我国的宪法中。

---

① 《邓小平文选》(第二卷),人民出版社 1994 年版,第 41 页。
② 《邓小平文选》(第二卷),人民出版社 1994 年版,第 51 页。
③ 《邓小平文选》(第二卷),人民出版社 1994 年版,第 89 页。

　　在《邓小平文选》二卷中有这样一段话:"有位老科学家,搞半导体的,北大叫他改行教别的,他不会,科学院半导体所请他作学术报告,反映很好。他说这是业余研究的。这种用非所学的人是大量的,应当发挥他们的作用,不然对国家是最大的浪费。他是学部委员、全国知名的人,就这么个遭遇。为什么不叫他搞本行?北大不用他,可以调到半导体所当所长,给他配党委书记,配后勤人员。"邓小平同志说的这位老科学家,就是中科院院士、著名的半导体专家黄昆。这段话是邓小平在 1975 年 9 月 26 日讲的。由于"四人帮"的干扰,黄昆调往科学院的事拖了下来。直到 1977 年,在小平的直接关心下,黄昆才调入中科院半导体所。这中间,还有一个感人的插曲——粉碎"四人帮"后,邓小平重新复出,他了解到在所谓的"反击右倾翻案风"中,黄昆受到牵连。邓小平多次托人向他表示歉意,说自己给黄昆惹了麻烦,使他受到压力,黄昆很感动。后来他在半导体所有了较好的研究环境,作出了很大成绩。①

　　邓小平上述重要论述和相关工作,大大推动了党在知识分子问题上拨乱反正的进程。党的十一届三中全会以后,中央要求中央组织部牵头做好平反冤假错案、落实知识分子政策、解决历史遗留问题的工作。中组部以邓小平关于知识分子问题的论述为指导,会同有关部门制定了一系列具体政策,先后组织了 4 次较大规模的落实知识分子政策情况的大检查,到党的十三大之前,基本上完成了这项历史任务。这一工作,在全社会产生了良好反响,知识分子不仅放下了精神包袱,而且焕发了投身现代化建设事业的积极性和创造性。党的实事求是的思想路线深入人心,密切了党同知识分子的关系,也进一步增强了党在人民群众中的凝聚力。这项工作对于

———————

① 倪迅:《中国必须有自己的高科技——邓小平尊重知识　尊重人才纪事》,《光明日报》2001 年 6 月 27 日。

深化改革、扩大开放、开创建设有中国特色社会主义现代化事业新局面、实现祖国统一大业都产生了深远的影响。

江泽民指出,当今世界经济发展的一个明显趋势,就是科学技术发展日新月异,科学技术在经济发展中的作用越来越大。这一趋势的主要特点,一是以信息技术为主要标志的高新技术革命来势迅猛,高科技向现实生产力的转化越来越快,高新技术产业在整个经济中的比重不断增加;二是经济与科技的结合日益紧密,国际间科技、经济的交流合作不断扩大,产业技术升级加快,国际经济结构加速重组,科技、经济越来越趋于全球化;三是科技革命创造了新的技术经济体系,产生了新的生产管理和组织形式,推动了世界经济的增长;四是各国更加重视科技人才,教育的基础作用愈益凸显,面对这样的形势,各国特别是大国都在抓紧制定面向 21 世纪的发展战略,抢占科技和产业的制高点。[①] 根据世界形势的这个特点,江泽民在全国科学技术大会上的讲话中强调,科学技术人才是新的生产力的重要开拓者和科技知识的重要传播者,是社会主义现代化建设的骨干力量。[②] 江泽民在庆祝中国共产党成立 80 周年大会上的讲话中,又指出了知识分子对推动中国先进生产力发展所起的巨大作用,对知识分子在工人阶级中的特殊重要地位作出更加准确充分的肯定。

随着改革开放的展开,知识分子的地位从"臭老九"到"工人阶级的一部分",再到"社会主义建设的骨干力量",这是对包括科技人员在内的知识分子社会主体地位的重大提升。如果说邓小平关于"知识分子是工人阶级的一部分"的论断突破了以体力劳动为主体的工人阶级的传统概念,那么,江泽民关于"科技人员是社会主义建设的骨干力量",则实现了工人阶级作为高素质劳动者的理论创新,也更新了社会主义现代化建设的主体范畴,并进一步提升了知识分子的社会地位,使更多的知识分子以更加饱满的热情投入到社会主义现代化建设中去。党和国家对知识分

---

① 江泽民:《论科学技术》,中央文献出版社 2001 年版,第 100 页。

② 《重温毛泽东、邓小平、江泽民关于科技和创新的论述》,资料来源:中国中央电视台网站,http://www.cctv.com/。

子的社会政治地位不断作出了明确的规定，为激发知识分子的创造力，进而实施"科教兴国"战略铺平了道路。

三、"科学技术是第一生产力"

邓小平同志强调要"尊重知识，尊重人才"，与他一贯重视科学技术在国家发展和民族振兴过程中的重要作用的思想是密不可分的。他多次强调"四个现代化，关键是科学技术现代化"。他根据马克思主义"科学技术是生产力"的观点，在敏锐洞察和总结概括当今世界科学技术发展趋势的基础上，紧密结合中国现代化建设的实际，创造性地提出了"科学技术是第一生产力"这一科学论断，丰富和发展了马克思主义的理论宝库。这一科学论断与"尊重知识，尊重人才"一脉相承，反映了"尊重知识，尊重人才"的重要意义，是"尊重知识，尊重人才"思想合乎逻辑的进一步发展。

1975 年，邓小平在主持中央日常工作、抓各行各业的整顿时，就曾经说过"科学技术是生产力"。1978 年 3 月，在全国科学大会开幕式上，他首先谈到了对科学技术是生产力的认识问题，再次重申这是马克思主义历来的观点。他在讲话中指出："历史上的生产资料，都是同一定的科学技术相结合的；同样，历史上的劳动力，也都是掌握了一定的科学技术知识的劳动力。……我们常说，人是生产力中最活跃的因素。这里讲的人，是指有一定的科学知识、生产经验和劳动技能来使用生产工具、实现物质资料生产的人。"[①] 他清晰地阐明了科学技术与生产资料和劳动者之间的关系。正确认识科学技术是生产力，正确认识为社会主义服务的脑力劳动者是劳动人民的一部分，这与迅速发展我们的科学事业有着极其密切的

---

① 《邓小平文选》（第二卷），人民出版社 1994 年版，第 88 页。

关系。

第二次世界大战以后，科学技术迅速发展，使社会生产力中的科技含量不断增加，社会劳动生产率几十倍上百倍地增长，科学技术在促进经济发展、推动社会进步中的作用越来越明显。国际竞争，说到底，已经是以经济和科技为基础的综合国力的竞争，关键是科学技术的竞争。20 世纪80 年代，世界上科技竞争尤其是高科技竞争日趋激烈。发达国家纷纷制定自己的高科技发展计划，试图抢占世界科技发展的制高点，为提高本国的综合国力和国际地位服务。邓小平同志从国家和民族的长远发展目标出发，高瞻远瞩，以敏锐的眼光洞察到了这一点，他说："社会生产力有这样巨大的发展，劳动生产率有这样大幅度的提高，靠的是什么？最主要的是靠科学的力量、技术的力量。"[1] 他明确指出，科学技术是发展社会生产力、提高劳动生产率的最主要的依靠力量，认为"中国要发展，离不开科学"。邓小平同志指出："过去也好，今天也好，将来也好，中国必须发展自己的高科技，在世界高科技领域占有一席之地。如果六十年代以来中国没有原子弹、氢弹，没有发射卫星，中国就不能叫有重要影响的大国，就没有现在这样的国际地位。这些东西反映一个民族的能力，也是一个民族、一个国家兴旺发达的标志。"[2]

经过多年的思考和实践，邓小平同志在 1988 年进一步指出："马克思说过，科学技术是生产力，事实证明这话讲得很对。依我看，科学技术是第一生产力。"[3] 此后，他又多次在不同场合重申了这一论断，要求全党充分认识、高度重视科学技术的重要性。邓小平关于"科学技术是第一生产力"的论断，是对马克思主义的继承和发展，是对世界潮流和我国现代化建设实践的概括与总结，是马克思主义与中国新时期的社会主义建设实际相结合的产物，对于我国社会主义现代化建设的实践有着十分重要的现实指导意义。

---

① 《邓小平文选》（第二卷），人民出版社 1994 年版，第 87 页。
② 《邓小平文选》（第二卷），人民出版社 1994 年版，第 279 页。
③ 《邓小平文选》（第二卷），人民出版社 1994 年版，第 275 页。

　　1985年3月，中共中央发布了关于科学技术体制改革的决定，明确提出了"经济建设必须依靠科学技术、科学技术工作必须面向经济建设"的战略方针，从运行机制、组织结构、人事制度等方面对过去的科技体制进行改革，大大推动了我国科学技术的发展，促进了科技与经济的结合。党的十三大则将科技和教育事业放在首要位置，提出了使经济建设转移到依靠科技进步和提高劳动者素质的轨道上来的经济发展战略。

　　在邓小平的亲自关怀下，我国还先后制定并实施了"科技攻关"计划、"863"计划（即《高技术研究发展计划纲要》）和"火炬"计划，批准了一系列高科技项目，如中国第一台高能粒子加速器——北京正负电子对撞机国家实验室项目等，批准建立了一批高技术产业开发区，极大地推动了国民经济和社会生产力的发展，促进了国家综合国力的提高。

　　以江泽民为核心的党中央，全面落实邓小平"科学技术是第一生产力"的思想，高度重视知识分子工作。1992年，党的十四大总结了改革开放14年来的经验，明确提出，振兴经济首先要振兴科技。科技工作要面向经济建设主战场，通过深化改革，建立和完善科技与经济有效结合的机制，加速科技成果商品化和向现实生产力转化，努力提高科技进步在经济增长中所占的比重，促进整个经济由粗放经营向集约经营转变。1995年5月，中共中央、国务院根据邓小平同志"科学技术是第一生产力"的科学论断，做出关于加速科学技术进步的决定，提出了"科教兴国"的战略思想。1995年5月，江泽民同志在全国科学技术大会上讲话，要求"党政一把手都要亲自抓第一生产力"。

　　十几年来，邓小平关于"科学技术是第一生产力"的科学论断已经深入人心，成为我国实施"科教兴国"战略的理论基础。随着改革开放的不断深入，特别是我国技术密集型产业的不断发展，党和国家进一步明确地将科学技术作为生产力的重要组成部分，并放在十分突出的地位，肯定了知识分子在国家发展和社会进步过程中的突出作用，为做好新时期的知识分子工作指明了方向。

四、尊师重教

重视教育工作，是邓小平同志的一贯思想。在邓小平同志的领导下，教育战线在批判"两个估计"和改革高校招生制度以后，出现了许多新气象，取得了很大的成绩。1978 年 4 月 22 日，全国教育工作会议召开了，邓小平又发表了重要的讲话，对教师的劳动给予了很高的评价，提出要尊重老师的劳动，"一个学校能不能为社会主义建设培养合格的人才，培养德智体全面发展、有社会主义觉悟的有文化的劳动者，关键在教师。"[①]"二十多年来，我们已经建立了一支人民教师队伍。全国有教师 900 万人。绝大多数教职员工热爱党热爱社会主义，勤勤恳恳地为社会主义教育事业服务，为民族、为国家、为无产阶级立了很大功劳。为人民服务的教育工作者是崇高的革命者。"[②] 他大力呼吁要造成全党全社会尊师重教的浓厚空气，提高人民教师的政治地位和社会地位，号召"不但学生应该尊重教师，整个社会都应该尊重教师。"[③] 他批准坚决恢复和实行大中小学教师职称制度，而且还提出对特别优秀的中小学教师也可以定为特级教师。1979 年，邓小平亲自批准景山学校的马淑珍等 3 名小学教师为特级教师。

景山学校是党中央为搞教改试验而成立的学校。"文化大革命"前，每年六一儿童节，邓小平都在景山公园里与景山学校的少先队员见面，了解学校的教改情况。他长期关心着景山学校的成长。"文化大革命"尚未结束，他就念念不忘支持景山学校进行教改试验，多次派人到学校了解情况，鼓励师生要坚定不移地搞教改。1983 年 9 月底，景山学校全体师生给邓小平写了一封信，感谢他对学校的关心，同时请他对新时期如何进行教改作

---

① 《邓小平文选》（第二卷），人民出版社 1994 年版，第 108 页。
② 《邓小平文选》（第二卷），人民出版社 1994 年版，第 109 页。
③ 《邓小平文选》（第二卷），人民出版社 1994 年版，第 109 页。

指示。第二天他就为景山学校题了词，这就是著名的"三个面向"——"教育要面向现代化，面向世界，面向未来"，这是邓小平教育思想精髓的高度概括。

为了提高教师的政治社会地位，改善教师的生活待遇，推动社会尊师重教的风尚，全国人大常委会通过了建立教师节的议案，确定每年的9月10日为教师节。1985年9月10日成为新中国成立后的第一个教师节。每逢教师节，国家都会在全国范围内评选出优秀教师，党和国家领导人都会出席全国优秀教师代表座谈会，对全国优秀教师进行表彰奖励。为了确保教育优先发展的战略，首先必须对教师的权利和义务有个明确的定位。为此，我国陆续制定了《中华人民共和国教师法》、《中华人民共和国教育法》、《中华人民共和国职业教育法》、《中华人民共和国高等教育法》、《中华人民共和国义务教育法》等教育法律，使尊师重教做到了有法可依。

党的十一届三中全会以后，全国教育工会恢复了活动，我们在党的领导下，在全国总工会的直接关怀下，做了许多拨乱反正的工作。教育是立国之本，1980年起，我们就考虑到为了提高教师的政治社会地位，改善生活待遇，推动社会尊师重教的风尚，我于1981年3月在全国政协大会上和政协民进组葛志成等委员写了提案，要求恢复建立教师节。

1981年12月，中共中央书记处书记习仲勋同志接见全国中小学工会思想政治工作会议代表，我和教育部副部长张承先同志一起向习仲勋同志提出建立教师节的问题。习仲勋同志问我，解放前有无教师节？我说解放前的教师节是6月6日。1949年5月27日上海解放，6月6日上海教师们在大上海戏院庆祝解放后的第一个教师节。当时我是上海教委负责人，我请陈毅同志到会讲话，给上海教师以极大鼓舞。习仲勋同志听完我的介绍，对我和承先同志说，你们两个单位联合起来写个报告，请示中央吧。之后，我们和教育部联合起来，起草了报告送中央，第一次没有结果。我就向冰心、叶圣陶等老前辈征求意见，他们都赞成应该有个教师节。冰心说，教师节的日子最好定在春暖花开的时候，叶圣陶主张教师节的日子最好定在新学年开始的时候。总之鼓励我说，你是全国教育工会主席，应该继续为教师争取有个教师节。之后，我也下了决心，不达目的不罢休，于是和教育部一起给中央写第二次、第三次请示报告（这些请示报告在教育部和全国教育工会都有原始档案可查）……直到 1984 年，中共中央书记处在我们的请示报告上批了："看来教师有必要有个教师节"。之后，国务院总理就在 1985 年 1 月全国人大常委会上提出建立教师节的议案。这才由全国人大常委会通过了建立教师节的议案，确定每年的 9 月 10 日为教师节。1985 年开始为第一个教师节。

以上就是教师节的来龙去脉的简要经过，前后共经历了 5 个年头。①

百年大计，教育为本；教育大计，教师为本。在第二十二个教师节前夕，胡锦涛总书记在中央政治局第三十四次集体学习时发表重要讲话，强调指出，推动我国教育事业发展，必须充分发挥广大教师的重要作用。要进一步在全社会弘扬尊师重教的良好风尚，进一步培养教师爱岗敬业、教书育人的高尚精神，全面提高教师素质，切实帮助教师特别是农村基层教师解决工作生活中的实际困难，把广大教师的积极性、主动性、创造性更好地发挥出来。2006 年，胡锦涛总书记给全国模范教师、北京大学中文系教授孟二冬之女孟菲的回信，高度评价了孟二冬为人师表的高尚品德，称赞他"不愧是教书育人的楷模，不愧是当代中国知识分子的优秀代表"。胡锦涛总书记的讲话和回信，充分体现了党中央对教育事业的高度重视和对广大教师的亲切关怀、殷切期望，充分体现了党中央大力实施"科教兴国"战略和"人才强国"战略的坚强决心，充分体现了新一代中

① 方明：《教师的真正由来》，《中国教育报》2001 年 9 月 28 日第 2 版。

央领导集体坚持以人为本、关心爱护教师的务实作风，也是新世纪、新形势下党中央对教师队伍建设，尤其是师德建设提出的新要求、新目标，为进一步加强教师队伍建设指明了方向。党中央、国务院高度重视教育工作，教师的地位得到不断提升，尊师重教的氛围也在不断形成，教师职业正在成为令人羡慕的职业。

五、实施"科教兴国"战略

实施"科教兴国"战略是我国在激烈的国际竞争中立于不败之地的需要。当今世界的一个鲜明特点，就是国际竞争越来越主要地表现为经济实力的竞争，而经济实力的竞争又集中在科学技术的角逐上。由于科学技术迅猛发展，日新月异，特别是科技成果转化为现实生产力和产生实际经济效益的周期大为缩短，科学技术在经济增长中所占比重迅速提高，逐渐成为在经济发展中起着主导作用的关键要素。

到 20 世纪 80 年代，一些发达国家的经济增长约有 3/4 是靠科学技术实现的。从趋势来看，随着社会的知识化、信息化，自然资源和劳动力促进经济发展的作用将相对减小，科学技术的作用日益凸显。一个国家物化在商品中的科技水平的高低，会在很大程度上决定着这个国家在世界经济中的地位。美国政府多年来把科技教育作为保持经济增长和促进未来经济繁荣的关键因素，科技研究开发经费占联邦政府年度预算的比例长期保持在 6% 左右。日本政府在 20 世纪 80 年代初就提出了"科教立国"的口号，并不断加强政策指导。韩国战后三四十年一直坚持走"科技兴国"的道路，经济发展迅猛。20 世纪 80 年代初，着眼于抢占未来世界综合国力竞争的制高点，美国、日本、欧洲分别提出了"星球大战计划"、"今后十年科学技术振兴政策"、"尤里卡计划"等科技发展战略长期规划。

一、教育体制改革的根本目的是提高民族素质，多出人才、出好人才

党的十二届三中全会关于经济体制改革的决定，为我国社会生产力的大发展、为我国社会主义物质文明和精神文明的大提高，开辟了广阔的道路。今后事情成败的一个重要关键在于人才，而要解决人才问题，就必须使教育事业在经济发展的基础上有一个大的发展。

教育必须为社会主义建设服务，社会主义建设必须依靠教育。社会主义现代化建设的宏伟任务，要求我们不但必须放手使用和努力提高现有的人才，而且必须极大地提高全党对教育工作的认识，面向现代化、面向世界、面向未来，为 90 年代以至下世纪初叶我国经济和社会的发展，大规模地准备新的能够坚持社会主义方向的各级各类合格人才。要造就数以亿计的工业、农业、商业等各行各业有文化、懂技术、业务熟练的劳动者。要造就数以千万计的具有现代科学技术和经营管理知识，具有开拓能力的厂长、经理、工程师、农艺师、经济师、会计师、统计师和其他经济、技术工作人员。还要造就数以千万计的能够适应现代科学文化发展和新技术革命要求的教育工作者、科学工作者、医务工作者、理论工作者、文化工作者、新闻和编辑出版工作者、法律工作者、外事工作者、军事工作者和各方面党政工作者。所有这些人才，都应该有理想、有道德、有文化、有纪律，热爱社会主义祖国和社会主义事业，具有为国家富强和人民富裕而艰苦奋斗的献身精神，都应该不断追求新知，具有实事求是、独立思考、勇于创造的科学精神。这就向我国教育事业的发展和教育体制的改革，提出了伟大而又艰巨的任务。①

---

① 摘自 1985 年 5 月 27 日颁布的《中共中央关于教育体制改革的决定》。

　　世界科技发展前沿最新战略动态引起了中国领导人和科学家的高度重视。1986 年年初，我国著名科学家王大珩、陈芳允、王淦昌、杨嘉墀向中央领导提交了一份"发展我国战略性高技术"的建议。他们的建议于 1986 年 3 月 2 日送到了中央最高领导层。3 月 5 日，邓小平同志就作出了批示："此事宜速作决断，不可拖延。"按照邓小平同志批示的精神，国务院立即组织专家对报告进行周密论证，于 1986 年 11 月 18 日出台了《高技术发展计划纲要》，即"863 计划"。邓小平亲自为"863 计划"题词："发展高科技、实现产业化"。

　　"科教兴国"是党中央、国务院按照邓小平理论和党的基本路线，科学分析和总结世界近代以来特别是当代经济、社会、科技发展趋势和经验，并充分估计未来科学技术，特别是高技术发展对综合国力、社会经济结构、人民生活和现代化进程的巨大影响，根据我国国情，为实现社会主义现代化建设三步走的宏伟目标而提出的发展战略。

　　"科教兴国"思想的理论基础是邓小平同志关于"科学技术是第一生产力"的思想。1977 年，邓小平在一次重要谈话中提出："我们要实现现代化，关键是科学技术要能上去。发展科学技术，不抓教育不行。靠空讲不能实现现代化，必须有知识，有人才。"[1] 邓小平同志明确把科教发展作为发展经济、建设现代化强国的先导，摆在我国发展战略的首位。从 20 世纪 70 年代后期到 90 年代初期，邓小平同志坚持"实现四个现代化，科学技术是关键，基础是教育"的核心思想，为"科教兴国"发展战略的形成奠定了坚实的理论和实践基础。

　　1995 年 5 月 6 日颁布的《中共中央、国务院关于加速科学技术进步的决定》，首次提出在全国实施"科教兴国"的战略。江泽民指出："科教兴国，是指全面落实科学技术是第一生产力的思想，坚持教育为本，把科技和教育摆在经济、社会发展的重要位置，增强国家的科技实力及实现

———————

[1]《邓小平文选》（第二卷），人民出版社 1994 年版，第 40 页。

生产力转化的能力，提高全民族的科技文化素质。"① 同年，中国共产党十四届五中全会在关于国民经济和社会发展"九五"计划和 2010 年远景目标的建议中，把实施"科教兴国"战略列为今后 15 年直至 21 世纪加速我国社会主义现代化建设的重要方针之一。1996 年，八届全国人大四次会议正式提出了国民经济和社会发展"九五"计划和"2010 年远景目标"，"科教兴国"成为我国的基本国策。

这是一个历史的声音，更是一个民族的呐喊。"科教兴国"战略的提出，让"科学技术是第一生产力"的思想真正变成国家发展战略，"振兴中华"从此变得清晰而具体。

为全面落实"科教兴国"战略，农业、工业、国防、财贸等行业和部门都提出了依靠科技振兴行业的发展战略。各省、自治区、直辖市及各地（市）、县（市）也制定了"科教兴省"、"科教兴市"、"科教兴县"的发展战略和发展方针。1988 年，江苏省率先提出实施"科教兴省"战略，决定转换经济增长方式，从过去主要依靠廉价资源和廉价劳动力逐步转换到主要依靠科技水平和劳动者素质上来。"科教兴国"作为一项全国性的战略提出后加速了地方科技事业和经济的发展。

实施"科教兴国"战略，关键是人才。十几年前，邓小平同志就提出："改革经济体制，最重要的、我最关心的，是人才。改革科技体制，我最关心的，还是人才。"② 在社会的各种资源中，人才是最宝贵最重要的资源。《2002—2005 年全国人才队伍建设规划纲要》中提出了人才强国战略。所谓人才强国战略，就是要从全球一体化经济竞争的角度，从国家竞争力提升的高度来认识人才资源的开发与管理问题。实施人才强国战略，是党中央全面分析我国面临的国际国内新形势而作出的重大决策。进入新世纪，世界多极化和经济全球化的趋势在曲折中发展，科技进步日新月异，综合国力竞争日趋激烈。当今和未来的国际竞争，说到底是人才的

---

① 江流：《中国共产党的社会主义建设理论与实践》，青岛出版社 2001 年版，第 933 页。
②《邓小平文选》（第二卷），人民出版社 1994 年版，第 108 页。

竞争。谁拥有更多更好的人才，谁就能在竞争中取得主动，赢得未来。在
2003 年 12 月召开的全国人才工作会议上，中共中央总书记、国家主席胡
锦涛发表重要讲话。他强调，实施人才强国战略，是抓住和用好重要战略
机遇期、应对日益激烈的国际竞争的必然要求，是全面建设小康社会、开
创中国特色社会主义事业新局面的必然要求，是增强党的执政能力、巩固
党的执政地位的必然要求。

科技创新问题归根结底是人才的问题。培养不好人才，使用不好人
才，留不住人才，吸引不了人才，社会主义事业就很难更快地发展。我们
一方面要进一步发展教育和提高教育质量，加大人才培养的力度；另一方
面要建立一套能够发挥社会主义集中力量办大事和社会主义市场经济体制
这两种优势的创新机制，形成一个良好的人才环境，培育一个争相创新的
氛围，使优秀人才脱颖而出，发挥才干。

要努力创造更加有利于知识分子施展聪明才智的良好环境，在全社会进
一步形成尊重知识、尊重人才的良好风尚。党和国家下决心采取重大政策和
措施，积极改善知识分子的工作、学习和生活条件，对有突出贡献的知识分子
给予重奖，并形成规范化的奖励制度，热情欢迎出国学习人员通过多种方式
关心、支持和参加祖国的现代化建设，不论他们过去的政治态度如何，都欢迎
回来参加社会主义建设，给予妥善安排，并实行出入自由、来去方便的政策。

六、建立创新型国家和人力资源强国

"创新是一个民族进步的灵魂，是国家兴旺发达的不竭动力。" "一个
没有创新能力的民族，难以屹立于世界先进民族之林。"[1] 这是 1995 年 5

---

[1]《重温毛泽东、邓小平、江泽民关于科技和创新的论述》，资料来源：中国中央电视台网
站，http://www.cctv.com/news/science/20060108/100333.shtml。

月江泽民在全国科学技术大会的讲话指出的。在这里，人们听到了一个时代的呼唤——"创新"。

站在新世纪的门槛，党中央审时度势；21 世纪头 20 年，将是我国经济社会发展的重要战略机遇期；当今世界，科学技术正成为经济社会发展的决定性力量，科技自主创新能力正成为国家竞争力的核心。

放眼世界，我国科学技术总体水平与主要发达国家和新兴工业化国家相比还存在较大差距，关键技术自给率低、发明专利数量少、科学研究质量不高、尖子人才匮乏、科技投入不足等仍是亟待解决的难题。中国必须把建设科技创新型国家提升到国家发展战略的层次，使科技创新成为推动经济的新增长点，以防范国力被边缘化。回首国内，在内地经济高速发展的同时，在资源、环境及可持续发展等各方面，遇到的挑战愈来愈大，而科技自主创新成为了推动今后经济可持续发展的关键，也是提高中国国际竞争力的关键所在。

全面建设小康社会的蓝图已经绘就，中华民族伟大复兴的号角已经吹响。站在历史发展的战略机遇期，中国如何才能把握机遇，赢得主动？"加强自主创新、建设创新型国家"，这便是新一届党中央做出的战略选择。2006 年 1 月 8 日国家主席胡锦涛在全国科技大会上宣布中国未来 15 年科技发展的目标是，2020 年建成创新型国家，使科技发展成为经济社会发展的有力支撑。中国科技创新的基本指标到 2020 年，经济增长的科技进步贡献率要从 39% 提高到 60% 以上，全社会的研发投入占 GDP 比重要从 1.35% 提高到 2.5%。胡锦涛总书记在 2006 年全国科学技术大会上强调，要"全面贯彻落实科学发展观，大力实施科教兴国战略和人才强国战略，进一步发挥科技进步和创新的重大作用，切实把经济社会发展转入以人为本、全面协调可持续发展的轨道"。他向全国科技和教育工作者发出号召："坚持走中国特色自主创新道路，为建设创新型国家而努力奋斗。"①

① 胡锦涛：《在全国科学技术大会上的讲话》，资料来源：新华网，http://news.xinhuanet.com。

从此，"自主创新"从此成为一个国家意志，更成为一个时代的主题。作为经济社会发展的主要推动力量，作为调整经济结构、转变发展方式、提高国家竞争力的中心环节，"自主创新"摆到了全部科技工作的突出位置。这次大会吹响了建设创新型国家的号角，宣告又一个科学的春天的到来。

中共中央和国务院的"加强自主创新、建设创新型国家"战略决策，将自主创新作为经济发展的主要推动力量，作为调整经济结构、转变发展方式、提升我国国际竞争力的中心环节。2007年我国"嫦娥一号"卫星绕月探测圆满成功，这是继人造地球卫星上天、载人航天飞行取得成功之后我国航天事业发展的又一座里程碑，标志着我国已经进入世界具有深空探测能力的国家行列。这是我国推进自主创新、建设创新型国家取得的又一标志性成果，是中华民族在攀登世界科技高峰征程上实现的又一历史性跨越。胡锦涛在庆祝我国首次月球探测工程圆满成功大会上的讲话中谈道："我国首次月球探测工程的成功实施，突破了一大批具有自主知识产权的核心技术和关键技术，取得了一系列重大科技创新成果；带动了我国基础科学和应用科学若干领域深入发展，推动了信息技术和工业技术进步，促进了众多技术学科的交叉和融合；探索出一套符合我国国情和重大科技工程要求的科学管理模式和方法，积累了新形势下组织实施重大科技工程的重要经验；培养造就了一支高素质、高水平的航天科技人才队伍。"[1]

"科技创新，关键在人才。"中国的科技人才总体规模号称世界第一，但是，我们也应看到，中国缺乏拔尖人才和高层次人才，能跻身国际前沿、参与国际竞争的战略科学家更是凤毛麟角。党和国家明确提出的建立创新型国家的战略目标，对人才建设工作提出了更高的要求。胡锦涛在2006年全国科学技术大会上的讲话明确提出要创造良好环境，培养造就

[1] 胡锦涛：《在庆祝我国首次月球探测工程圆满成功大会上的讲话》，资料来源：新华网，http://news.xinhuanet.com。

富有创新精神的人才队伍。培养大批具有创新精神的优秀人才，造就有利于人才辈出的良好环境，充分发挥科技人才的积极性、主动性、创造性，是建设创新型国家的战略举措。要坚持贯彻尊重劳动、尊重知识、尊重人才、尊重创造的方针，全面实施人才强国战略，牢固树立人才资源是第一资源的观念，完善适合我国科技发展需要的人才结构，不断发展壮大我国科技人才队伍。要坚持在创新实践中发现人才、在创新活动中培育人才、在创新事业中凝聚人才。要依托国家重大人才培养计划、重大科研和重大工程项目、重点学科和重点科研基地、国际学术交流和合作项目，积极推进创新团队建设，努力培养一批德才兼备、国际一流的科技尖子人才、国际级科学大师和科技领军人物，特别是要抓紧培养造就一批中青年高级专家。要努力营造鼓励人才干事业、支持人才干成事业、帮助人才干好事业的社会环境，形成有利于优秀人才脱颖而出的体制机制，最大限度地激发科技人员的创新激情和活力，提高创新效率，特别是要为年轻人才施展才干提供更多的机会和更大的舞台。要加大引进人才、引进智力工作者的力度，尤其是要积极引进海外高层次人才，吸引广大出国留学人员回国创业。

人类几千年的文明史和新中国成立 50 年来的发展进程都反复证明：知识就是力量，只有尊重知识，尊重并充分发挥知识分子的作用，社会才能有较快的发展。历史发展到今天，知识、人才已经成为一个国家、一个民族兴衰成败的决定性因素，尊重知识、尊重人才，是进行社会主义现代化建设所必需的前提条件。

回首 30 年改革开放之路，知识分子从"臭老九"到"工人阶级的一部分"，再到现在的"社会主义建设的骨干力量"，知识分子的社会地位有了天翻地覆的变化；整个社会对知识的态度也是经历了从"知识无用论"、"知识越多越反动"到"知识就是财富"、"知识就是力量"、"科学技术是第一生产力"等观念的极大转变；党和国家随之制定了"科教兴国"战略和"人才强国"战略，并树立了"建立创新型国家"的宏伟目标；中国历届政府也在不同政府报告、文件、讲话中屡次强调"尊重知识，尊重人才"；为了切实贯彻"尊重知识，尊重人才"的方针，党中央确定了以"政治上一视同仁，工作上放手使用，生活上关心照顾"为主要内容的一系列新时期知识分子方针和政策。当前，在全国各地进一步改革开放的大好形势下，各地都树起了尊重人才、尊重知识、广揽天下英雄的大旗。尊重人才之新风尚已开始形成，这是国家之幸，民族之幸。

要将对人才的尊重落到实处，关键在于尊重知识，真正按照知识办事，发挥科学知识在决策过程中的作用。在实际工作中，我们要坚决反对官本位的思想，要杜绝领导拍脑袋决定一切的现象，领导意志须服从并按照科学知识和客观规律办事。在全社会基本形成"尊重人才"的风气之后，我们当前更要加大工作力度，努力在全党全社会营造真正"尊重知识"的氛围，使真正有知识有文化的人才能够得到全社会的尊重，都能在社会各行各业得到重用。只有这样，我们才能说，我们已经真正做到了"尊重知识，尊重人才"。

在知识经济时代，我们更加迫切地认识到，要真正尊重人才，首先必须真正尊重知识。只有在方方面面真正做到了"尊重知识"，科学和教育在国家发展和社会进步过程中的重要作用才能真正发挥出来，知识分子的社会地位才能真正得到提高，"尊重人才"才能真正得到落实，"科教兴国"的伟大战略才有可能真正得以实现。

参考文献

1.《邓小平文选》（第二卷），人民出版社 1994 年版。

2. 韩泰华：《强国历程 1976—1998》，北京出版社 1999 年版。

3. 江流：《中国共产党的社会主义建设理论与实践》，青岛出版社 2001 年版。

4. 石云霞：《新中国成立以来中国共产党思想理论教育历史研究》（上、下），中国社会科学出版社 2007 年版。

5. 王瑞璞：《中华民族的伟大复兴与中国共产党》，江西人民出版社 2004 年版。

恢复高考——教育秩序重建与拨乱反正的突破口

阎光才

　　1977 年 10 月 12 日，中华人民共和国国务院正式批转教育部《关于 1977 年高等学校招生工作意见》，一度因为"文化大革命"而中止的高等学校招生统一考试制度重新浮出水面。从该文件出台到同年 12 月份的开考仅短短的两个月的时间，甚至无暇准备，570 万人便仓促地步入考场，参与了 27∶1 的激烈竞争。考试结束的当天，当时新华社对这一具有历史意义的"事件"评述如下：今年的高校招生考试，震动了全国，在我国各条战线、各行各业引起强烈的反响。通过考试，极大地调动了广大青年的学习积极性，形成了前所未有的为革命刻苦学习的热潮。① 如今，作为一个"事件"，"恢复高考"虽然已经成为历史，但是因为它对中国当代教育乃至社会制度建构所产生的巨大的即时和后续效应，它并没有成为既往，而毋宁说依旧活于当下。因此，此时此刻，我们再来回顾这一发生于三十多年前的事件，不仅会带着一种历史感，更重要的是可以把它与当下现实贯通起来，予以更生动且有意义的解读。

---

① 新华社电讯稿：《今年全国高等学校招生考试胜利结束》，《人民日报》1977 年 12 月 26 日。

一、恢复高考的缘起：平民叙事与伟人传奇

1977 年的高考发生于改革开放的前夜，因此，在高考恢复 30 周年的 2007 年，围绕这一事件出现了大量学术性或纪实性的文章，人们在聚焦于这一事件所具有的特殊意义的同时，又对事件发生的原委和来龙去脉予以了尤为细致的挖掘，试图以生动的叙事手法还原 30 年前"恢复高考"作为一个短时段的事件史的原貌。绝大多数叙事几乎都凸显了一代伟人邓小平的睿智和深谋远虑的个人魅力，与此同时，一些普通人，同时也是在事件中的当事人的经历也以口述史的形式被披露出来。这使得一个具有历史意义的重大事件的发生过程，通过一种普通人的直白叙述而更为直观、饱满地呈现于世人面前。

如今看来，与高考恢复直接相关的事件是 1977 年的三次重要会议。

1977 年 6 月 29 日到 7 月 15 日，第一次高等学校招生会议在山西太原晋祠宾馆召开，据当时在教育部招生处工作的杨学为先生回忆，"会上大家愤怒声讨'四人帮'破坏、摧残教育的种种罪行，但是讨论到会议的主要议题——高校招生问题时却戛然而止"。最终教育部还是坚持了"文化大革命"后期"自愿报名，群众推荐，领导批准，学校复审"的十六字方针，不过稍做变通的是，建议可以招收 1%—5% 的应届高中毕业生。这一结果，"让到会的多数同志非常灰心，甚至严重不满"①。

1977 年 8 月 4 日至 8 日，刚刚复出的邓小平在北京饭店主持了一次科学和教育工作者座谈会，这次会议的与会人查全性院士的回忆也许能更真实地向我们展现一个历史性事件出现时的情形。

---

① 《高考 30 年：解读恢复高考 30 年来的风雨历程》，《每日新报》2007 年 6 月 4 日。

1977 年 8 月 3 日，查全性接到学校通知，要他赶紧收拾行李到北京去参加全国教育工作会议。会议开始后，查全性发现，与会的专家学者发言时尽谈些纯粹的专业话题，对"科学教育"的话题并未触及。"文化大革命"刚刚过去，专家们大都心有余悸，唯恐言多语失。……

8 月 6 日下午，清华大学党委一位负责人发言时提到，现在清华的新生文化素质太差，许多学生只有小学水平，还得补习中学课程。这时，邓小平插话道，那就干脆叫"清华中学"或是"清华小学"算了，还叫什么大学！清华大学党委负责人的一席话令查全性感同身受，他在笔记本上草草写了一个提纲，开始了发言。他说："招生是保证大学教学质量的第一关。当前新生质量没有保证，原因之一是中小学的教学质量不高，原因之二是目前的招生制度有问题。但主要问题还是招生制度。"查全性越说越激动，他痛陈了当时招生制度的四种弊端：一是埋没了人才；二是卡了工农兵子弟；三是助长了不正之风；四是严重影响了中小学师生的积极性。"今年的招生还没开始，就已经有人在请客送礼走后门了。如今连小学生都知道，以后上大学不需要认真学文化，只要有个好爸爸就可以了。"他在发言时建议："从今年开始就应该改革招生办法，给普通人一个公平、平等上大学深造的机会。"……

邓小平在听完查全性的发言后，冲他点了点头然后环视四座，问道："大家对这件事有什么意见？"这时，教育部部长刘西尧，科学家吴文俊、王大珩等也纷纷发言，他们都表示赞同查全性的意见。"既然大家要求改革招生制度，那就改过来，今年就恢复高考。"邓小平略一沉吟，一锤定音，就把停止执行了 11 年之久的高考制度恢复过来。①

---

① 卢平川：《查全性：倡议恢复高考第一人》，《老年人》2007 年第 7 期。

2007 年第 4 期《党的文献》详细辑录了邓小平在会议上的讲话，他说：

重点大学应当从高中直接招生。……要恢复到统一招生、统一分配。如果普遍这样做不行，至少重点大学要先这样做，避免浪费。培养一个大学生要一万多元钱。

改变现行招生办法，既然今年还有时间，那就坚决改嘛！把原来写的招生报告（教育部第一次高校招生会议提交国务院的意见——笔者注）收回来，根据大家的意见重写。招生涉及下乡的几百万青年，要拿出一个办法来，既可以把优秀人才选拔上来，又不要引起波动。重点学校要统一招生。过去允许自报三个志愿，到学校后再分专业。如果来得及就从今年开始改，不要耽误。招生十六字方针可以改一改嘛！改成"自愿报考、单位同意、统一考试、择优录取"十六个字的建议比较好，但第二句有点问题，比如考生很好，要报考，队里不同意，或者领导脾气坏一些，不同意报考怎么办？我取四分之三，不要这一句。今年下决心按要求招生，招的学生要符合要求。现在青年中想升大学的多，主要是有些不合格。要考试，选拔研究生也要考试。大学招生不管是从哪条路子来的，都要确保质量。

今年就要下决心恢复从高中毕业生中直接招考学生，不要搞群众推荐。从高中直接招生，我看可能是早出人才、早出成果的一个好办法。①

---

① 《1977 年邓小平关于恢复高考的讲话、谈话和批示选载（1977 年 5 月—11 月）》，《党的文献》2007 年第 4 期。

正是根据邓小平的指示，1977 年 8 月 13 日到 9 月 25 日，教育部在北京又召开了长达 45 天的第二次高等学校招生会议。当时担任教育部学生司招生处处长的宋葆初先生讲述道：

> 这是建国以后时间最长的一次招生会，会期 45 天，一年开两次招生会，这是建国以来唯一的。会议开始时，京城酷暑难耐，散会时已是秋风送爽了。会议久拖不决的原因是迟迟不对应届毕业生参加考试等问题表态。
>
> ⋯⋯⋯⋯⋯
>
> 终于，小平同志发了脾气，9 月 19 日，他同教育部有关负责人谈话，提出"招生主要抓两条：第一是本人表现好，第二是择优录取"。终于，会议报告确定了当年的招生政策。9 月 25 日会议结束，10 月 12 日国务院批转了教育部《关于 1977 年高等学校招生工作的意见》。
>
> 文件规定：凡是工人、农民、上山下乡和回城知识青年、复员军人和应届毕业生，符合条件均可报考。考生要具备高中毕业或与之相当的文化水平。招生办法是自愿报名，统一考试⋯⋯①

以上是三段看似平静的当事人的叙述，但是，在这种平静的背后，我们却不难体会到"恢复高考"在当时所具有的特殊政治意味，以及邓小平作为政治家所具备的扭转乾坤的胆略和魄力。这里尤为值得回味的是第一次招生会议，为何提到高考招生问题，人们的议论就"戛然而止"，并且在"多数人不满"情况下，最终还是延续了"文化大革命"时期的招生政策？为何第二次招生会议中政策的出台如此艰难？为何在教育工作会议上一位普通大学教师的意见能马上得到邓小平的回应并"一锤定音"？为何邓小平因第二次招生会议的"难产"而"发了脾气"？

---

① 《招生处长讲述 1977 年高考的故事》，《北京青年报》2000 年 12 月 30 日。

　　高考的废止缘于 1966 开始的"文化大革命"。早在"文化大革命"之前,毛泽东就对当时的教育以及高考制度极为不满。在不同场合的多次谈话中,他强调教育应该与劳动相结合,反对死读书,认为书读多了就会害死人,变成"教条主义"和"修正主义",主张学生应该下工厂、进社会,去学工学农,并提出应该压缩学制。对于分数主义以及将高考作为指挥棒所带来的学生生活紧张和健康状况下降现象,他提出要减少学业负担。1966 年 3 月,在杭州中央政治局常委扩大会议上,他甚至认为,当时的中小学和大学都是被资产阶级知识分子垄断了,应该开展学术批判,并认为这是一场严重的阶级斗争;对于高考的这种考试形式,他的态度也就可想而知。

　　然而,必须说明的是,对高考制度的不满并非仅仅是毛泽东的个人态度。1965 年 10 月,南京师范学院附中对高中生的问卷调查表明,有众多学生认为高考不好,考试把学生视为敌人,为应付高考,死记硬背现象严重。上海格致中学四名学生提交了一份万言书,认为高考是纸上谈兵,学生脑筋越考越死,甚至把考试干脆称为"考死"。1966 年高等教育部学生司把高校招生座谈会中关于高考的几大问题列举如下:视学生为敌人,公开和定期袭击;高考是指挥棒,影响和阻碍了中学教改;高考引起各方紧张,过于残酷;一考定终身,不合理;等等。最激烈的批判莫过于 1966 年 6 月两封分别由北京女子中学调研(四)班和北京四中学生写给毛泽东的信,这两封信对高考进行了激烈的抨击,把高考称为"旧科举制度的延续",是为"资本主义复辟服务"的工具,他们声称要承担起"砸烂旧的高考制度的责任",并认为,打碎高考制度,就是打碎"几千年来套在人民脖子上的文化桎梏",打碎"产生精神贵族和高薪阶层的温床",打碎"产生现代修正主义的阶石",从而为"无产阶级文化大革命"清理道路。①

　　正是在"文化大革命"这样的特殊形势下,使得统一高考制度上纲

---

① 舒云:《1949—1978:中国高考制度沉浮录》,《时代文学》2007 年第 6 期。

上线为资本主义和修正主义的"毒根"和教育革命的"拦路虎",故而,1966 年 6 月 13 日,中共中央、国务院决定根据毛泽东的精神改革高考招生办法,并推迟了当年的高考招生工作。是年 7 月,《中共中央、国务院关于改革高等学校招生工作的通知》提出从当年起,高等学校招生取消考试,采取推荐与选拔相结合的方法。推荐与选拔应在各级党委的领导下,采取群众路线的方法进行,其审查标准是政治标准、健康标准和高中平时成绩。至此,统一高考制度被正式废止。

高考废止后,由于受"文化大革命"停课闹革命运动的影响,事实上,一直到 1970 年,1966 年的招生改革办法都并未实行,高校招生工作完全停滞。1970 年 6 月,鉴于大批青年待业和学校内部秩序混乱的状况,党中央才根据毛泽东"要从有实践经验的工人农民中间选拔学生,到学校学几年以后,又回到生产实践中去"的指示,开始在部分高校恢复招生。这就是 1977 年高考恢复前招生对象为工农兵学员的"自愿报名、群众推荐、领导批准、学校复审""十六字方针"。

由上可以看出,从高考废止到"文化大革命"后期新的高校招生制度的出台,这整个过程虽不能说是完全由毛泽东一人所主导,但至少都是得到他默认和首肯的。也正因为如此,我们才可以想象,在"文化大革命"刚刚结束的 1977 年,在"两个估计"和"两个凡是"依旧笼罩的教育领域,要恢复高考将面临着何等的艰辛。然而,邓小平作为一位伟大政治家的高明就在于,在当时特定的背景下,他以一种迂回曲折的高超政治技巧为人们解除了这一思想禁锢。

在 1997 年 10 月 23 日会见美中关系全国委员会理事会代表团时,邓小平说道:

> 今年开始,可以从高中毕业生中直接招收大学生,这是毛主席生前就赞成,周总理一九七二年就提倡的,由于"四人帮"的干扰,没有实行。"四人帮"的干扰是什么?就是不读书就革命,知识越多越反动,荒谬得很。今年比例不能很大,大体百分

之三十左右，原因是中学水平低，完全从中学直接招生不能保证质量，还需要从社会上招收努力自学的青年。今后随着中小学教育的加强，还要增加从中学直升大学的比例。①

从以上这段话中不难体会小平同志的高超的政治智慧，亲临整个回复高考过程，时任教育部部长的刘西尧回忆并感慨地说道：

> 说实话，小平同志的政治智慧，没人可比。他恢复工作后，自告奋勇主管教育和科学。我们第一次去见他时，我说"大家都很高兴"，他说"我可是不客气的"，我说"那很好"。我们反映了"两个估计"问题，他就要我们暂时避开"文化大革命"，提出建国二十八年教育战线都是毛主席的路线占主导地位，从而果断地否定了"两个估计"。②

尽管对"两个估计"和"两个凡是"的彻底清理和批判是在恢复高考之后，但现在我们可以一点也不夸张地说，在某种程度上，正是1977年的"恢复高考"，首先闯入了"两个估计"和"两个凡是"的禁区，进而让邓小平意识到清理和批判这些谬论的迫切性。第二次招生会议之后，1977年11月18日，《人民日报》发表了由邓小平亲自审定修改的《教育战线的一场大论战——批判"四人帮"炮制的"两个估计"》一文，文章认为，是"四人帮"封锁和扭曲了毛泽东的指示，制造了"两个估计"的谬论，并至今束缚和阻碍了教育工作者和知识分子的积极性。该文发表后，"不单教育战线掀起了批判'两个估计'的热潮，意识形态各部门、其他各条战线都结合自身的情况，从各个角度揭批'四人帮'。打破了政治禁区，冲破了思想禁锢，实际上成为批判'两个凡是'的先声，为开

---

① 《1977年邓小平关于恢复高考的讲话、谈话和批示选载（1977年5月—11月）》，《党的文献》2007年第4期。
② 刘之昆：《刘西尧：恢复高考前后我在教育部》，《中华儿女（国内版）》2007年第6期。

展真理标准问题的大讨论做了思想舆论上的准备。"① 恢复高考，发生于改革开放的前夜，如今回头看来，它在思想上和政治上意义就更非同寻常，因为它绝不仅仅是教育领域的一个重要历史事件，更是"文化大革命"后整个中国社会破晓前最先击穿暗夜的一缕曙光。

二、恢复高考：一代人与一个国家命运的拐点

对于"文化大革命"中大批正置身于广阔天地的知青，乃至 20 世纪 60 年代出生的众多人而言，谁也不曾想到，恢复高考改变了他们人生的轨迹。因为恢复高考后，"分数面前人人平等"的刚性选择准则逐渐取代了为政治身份、个人权力和人脉资源所左右的特殊主义分层标准。依靠个人的努力和天赋改变自身命运，不再仅仅是一种梦想，而是一种现实的人生追求。由此不难想象，恢复高考对中国民间社会的巨大影响！对当事人来说，它又是怎样的一种不同寻常的人生体验！从以下两位当事人的回忆片段中，我们不难体会到那种喜悦。

对于 1977 年参加高考并荣幸地被录取的人来说，这 30 年不啻黄金般的年华；而像我这样上山下乡的六八届老高中，高考前后简直就是两重天！高考使我沉埋 10 年的大学梦变成了现实，我终于赢来了为祖国、为人民多做贡献的机会和平台。现如今，我已经荣幸地成为一所全国知名的号称"东方福尔摩斯的摇篮"的警察大学的校级领导和教授、硕士生导师。30 年来，我心中最难忘怀的人就是恢复高考的最关键决策人——邓小平同志。②

① 夏杏珍：《邓小平与教育战线的拨乱反正》，《当代中国史研究》2004 年第 4 期。
② 金玉学：《感恩恢复高考 30 年》，《文化学刊》，2007 年第 6 期。

恢复高考是一个重大历史事件，同时它又是整个教育乃至社会制度变迁最为关键的一个节点。恢复高考之所以能够成为重建教育秩序的突破口，是因为在当时整个凋敝的教育领域，高考是唯一能够在短时间内唤起民众认同，并引发整个教育领域秩序重新组织的关键性制度环节。在当时特定的社会环境中，它与其说是一个指挥棒，不如说是一个力挑千钧的杠杆，顷刻之间撬动了整个教育乃至社会其他领域的观念、制度变革和更新进程。这正如三十多年后的今天我们所看到的，正是从高考恢复始，邓小平的尊重知识、尊重人才，教育乃至社会的现代化、国际化和"科教兴国"等理念，才被纳入制度化轨道并渗透到人们的思想和日常生活之中，至少在那个时代，教育再度被赋予神圣化色彩，因为知识本身以及它的社会价值的重现，一代知识分子精英应运而生，他们步入社会的各个领域，在自身命运改变的同时，也改变了中国的命运。

2007年3月27日至28日，教育部在广东东莞召开了一个纪念恢复高考30周年的座谈会，会上众多当年恢复高考工作的直接参与者纷纷发言，作为一个重大历史事件的亲历者，两个不同时代以及恢复高考30年来中国教育以及社会变革过程的见证人，这些老人们的感言或许可以让我们能更真切感受到恢复高考，这个制度节点的重建，这个规则的校正，对于当时甚至今天的中国教育乃至中国社会有着何等重要的意义。从20世纪50年代就在教育部学生司工作，并直接组织了当时全国第一个高考试点的刘永强老人这样认为：恢复高考，解救了我国的高等教育，高等学校从此获得了新生；改变了数以千万计的青年的命运，使他们渴望上大学的愿望终能实现；使由于"文化大革命"10年出现的高级技术专业人员断层的局面得到了解决；恢复高考是粉碎"四人帮"后第一个全国范围内最有影响的事件之一。正是这一事件，重新点燃了全民族追求知识、学习文化的热潮，社会风气焕然一新，知识分子重新赢得了人民的尊敬，教育事业重新获得了生机，中国也重新走上了繁荣昌盛的道路。"如果从历史高度回顾恢复高考制度，我们可以看出这场具有划时代意义的改革是率先打破极'左'思想和'两个凡是'禁锢的第一个冲锋号，它断然否定'文化大革命'的态势成为影响深远的解放思想、拨乱反正大潮的前驱，并为中国的改革事业掀开了新的一页，……我们应当永远记得中华民族在十年浩劫后重振雄风的第一步，记得邓小平同志在改革开放中绘制的先声夺人的第一张蓝图。"①

既是教育部当年恢复高考的组织者又是考试研究领域著名专家的杨学为先生，则从一位历史见证人的角度，同时也以一位学者所具有的理性，将恢复高考对于当时中国社会的意义概括为：高考，恢复了知识的价值和知识分子的地位；恢复了社会流动的渠道；恢复了社会分工、社会流动的公平机制。②

恢复高考使"知识就是力量"、"知识改变命运"成为新时代的教育口号。城市中学校教室的灯光明亮、农村简陋校舍中夜里煤油灯的昏黄，构成了这个时代所特有的学校生活景观。学校条件虽然简陋，但是师生的生活紧张而充实，满怀理想、精神饱满。也就是在这样的一个特殊的年代里，教师从"臭老九"再次成为厅堂、农舍的"座上宾"，"再穷不能穷教育、再苦不能苦孩子"，成为这个时代教育真实的写照。恢复高考，不仅在短期内重建了教育制序（制度层面），也重建了沦落已久的教育活动秩序、中国的尊师重教传统和伦理秩序，重燃起一个民族和国家崛起的希望。

恢复高考作为一个在短时期内产生巨大社会效应的历史事件，对 20世纪七八十年代中国教育秩序的重建、社会思想解放乃至社会转型居功厥伟。但高考本身并不是一个完美的制度，因此，自恢复高考以来，关于高考的争议和改革从未平息和停止。

---

① 刘育民等：《教育部纪念恢复高考 30 周年座谈会部分同志发言摘要》，《中国考试》2007 年第 8 期。
② 杨学为：《恢复高考，挽救了我们的民族和国家：纪念恢复高考 30 周年》，《湖北招生考试》2007 年第 8 期。

三、高考改革：曲折而充满争议的历程

高考作为一个选拔性的考试制度，无论是对于学校还是个人而言，只要它作为制度存在（也无论采取什么形式和什么内容），就难免具有导向性，即我们常言的"指挥棒效应"。

自20世纪80年代以来，社会各界对高考"指挥棒效应"的批评一直不绝于耳，然而，批评高考"指挥棒"的负效应是一回事，但如果把矛头指向"指挥棒效应"本身则绝对不得要领。只要存在竞争性和选拔性，任何制度安排，包括中国"文化大革命"期间的推荐入学制度和美国的大学自主招生制度等都会产生"指挥棒效应"。因此，真正的问题所在是"指挥棒"究竟指向哪里？换言之，高考究竟要发挥什么功能？这才应该是人们所要关注的问题核心。除了作为选拔人才的机制这一显在功能以外，考试的潜在功能很多，概括起来主要为两方面：其一，是在教育场域内部，高考究竟要如何引导教育价值和现实目标的实现，我们不妨称之为教育内部逻辑；其二，高考作为一种社会筛选和促进社会正常流动的工具，如何促进和维护社会公平的实现，我们不妨称之为教育的外在逻辑。教育的内部逻辑又可区分为两个层面：一是关涉个体精神自由、生命意义等的终极理想追求；二是现实的教育社会化功能实现。而正是后者与教育外在逻辑间相贯通，即外在社会的分层依据如学历、文凭和资格证书等往往化约为教育内部特殊的筛选和分化机制，考试便是实现这种筛选机制的重要制度安排。显然，它越统一、规范和刚性，就越能够体现程序公正。但是，建立在统一化、规范化和刚性化标准基础上的程序公正，往往又以牺牲终极价值的追求为代价。这正如多年来对高考的重重责难，如"考试地狱"、"高分低能"、"扼杀个性"、"戕害生命"等。

刚性的高考制度选拔与教育的终极价值追求似乎永远是一对矛盾范

畴。要在根本上消除这种矛盾，只能取消高考。然而，历史又告诉我们，在条件尚不具备并存在差异的社会环境中，这种盲动更会带来灾难性的后果。也就是说，关于高考的存废已不构成一个问题，如教育专家所言，"反对取消高考制度，坚持统一考试"是 30 年来人们普遍接受的共识。①值得探讨的问题应该是，我们应该如何对高考进行改革，或者更恰当的说法是对高考制度做怎样的改进，才能在最大程度上缓解两者间的矛盾，即一方面尽量弱化高考对教育生态的消极影响，发挥其教育生态营造的积极功能，另一方面又不放弃程序公正意义上的刚性准则。

如果说恢复高考启动了 20 世纪 70 年代末中国教育秩序重建之旅，那么在此后的三十多年间，关于高考的一系列改革则正是基于它所带来的各种正与反或潜与显功能的制度修正。概括起来，这些修正大致围绕的基本议题是：高考究竟应该考核什么内容，应该采取什么样的考试和招生形式。以下分别以 30 年来高考改革的这两个重要主题为线索，把这段历史大致梳理一下。

（一）关于高考内容的改革

有专家总结说，30 年来关于高考的争议中最普遍的共识是高考带来的学生负担过重导致的学校教育生态恶化问题。② 因此，高考要怎样考、考什么，一直是制度改进中的重中之重。针对于此，1985 年，当时的国家教委首次决定在上海、浙江进行高中毕业会考试验，同意他们在本地区试验自主组织命题和考试，并举办在高中会考基础上的高校入学考试。1988 年，上海开始建立了"3（语、数、外）＋1（政、史、地、理、化、生选其一）"考试科目组合模式；1991 年，国家教委又批准湖南、海南和云南三省进行四科四组的改革试验（"三南"方案，①语文、政治、历史、外语；②语文、数学、物理、外语；③数学、化学、生物、外语；④

① 杨学为等：《高考制度改革与发展专家谈》，《考试研究》2007 年第 4 期。
② 杨学为等：《高考制度改革与发展专家谈》，《考试研究》2007 年第 4 期。

语文、数学、地理、外语），因为第一组和第三组分别不考数学和语文导致了严重偏科以及其他问题，该试验被中止，方案被废弃；1993 年，国家教委在全国推行"3 + 2"考试方案；因为新方案带来的偏科问题，故 1999 年教育部批准广东进行"3 + X"方案试验，即在语、数、外之外，学生可以根据高校的要求自主选择其他一至六个科目考试；从 2000 年开始，更多省份陆续进入"3 + X"方案试验，到 2002 年，"3 + X"模式在全国的 31 个省（自治区、直辖市）全面铺开，迄今形成了"3 + X"模式内部又各有千秋的多样化的方案。如广东的"3 + 文科基础/理科基础 + X"、山东的"3 + X + 1"等。

从最早传统的文理分科，即"文 6 理 7"模式到向"3 + X"模式的过渡，不难发现，高考改革的宗旨在于试图降低学生的学业负担，体现考试的人性化，强调知识的全面性和对素质、能力的评价。但是，这里值得注意的是，制度改进的宗旨与实际的效果并不见得完全吻合。譬如，会考一定程度上分散了高考多科目所带来的压力，却带来了教育中应付会考科目、一心应对高考科目的问题，从而导致学生知识面褊狭问题；强调综合考试和素质、能力评价，其实又带来新的考试压力；无论科目增加和减少，因为考试竞争格局的客观存在，并不见得能够真正释放学校以及个人的学习压力。而所有这些问题的存在，其实都表明了通过考试内容的调整，试图解决所谓"应试教育"的积弊，或者淡化高考的社会功能色彩，既不现实也不合乎逻辑。这正如我们在现实中所看到的情形，无论行政部门采取什么措施，课后补习依旧愈演愈烈。更意味深长的是，在上海复旦和交大试行面试自主招生后，上海又出现了针对面试的"个性化辅导班"，真可谓道高一尺，魔高一丈。① 因此，高考内容的改革并没有真正革掉高考的"指挥棒效应"，而是在一定程度上改变了指挥的方向。"'考什么学什么，考什么教什么'不但仍然是客观现实，而且也比较'准确'地表达了高考科目设置与中学教学内容之间的关系。这是我们在考虑高考

---

① 顾明远：《高考的回顾与思考》，资料来源：中国教育和计算机网，http://www.edu.cn。

科目设置改革时不得不'尊重'的事实。企图使高考脱离对中学教学的紧密影响是不现实的。"[1] "3＋X"后期改革的意义在于它以高考来引导教育中的偏科取向，适当地增加了高校和学生选择的相对自主性，并强化了素质和能力的考核，但以为通过这种制度改进就解决了"应试教育"则是不切实际的。

此外，高考内容设计的调整看似与公平议题无关，其实不然，在教育不均衡格局特别是城乡差异明显的特定环境中，注重素质和能力取向的评价，很可能带来潜在的不公平，这是另外一个议题。

（二）关于高考和招生形式的变革

高考和招生的形式其实体现了制度逻辑的调整和变更，它不仅影响教育内部活动的展开，更是与公平议题紧密相关。恢复高考以来，高考和招生形式的大致轨迹是：1985 年，国家教委批准首先在广东进行标准化考试试验，同年中央决定改革招生体制，实行国家计划、用人单位委托培养和招收少量自费生即免费和收费生并存的双轨制，同时，国家教委决定在北京大学等 43 所高校进行保送生试点。1989 年，标准化考试在全国推行。1993 年，国家教委开始对部分高校进行收费试点，要求学生缴纳部分培养费用。1997 年，高校招生全面并轨，双轨制被终结。1999 年教育部决定开始实行计算机网上录取；同年，确立了高等教育大众化发展目标，高等学校开始大幅扩招，当年招生增幅高达47.37％。2000 年，北京、上海、安徽实行春季招生，即一年之中考生有两次高考机会。2001 年，教育部取消高考对年龄和婚姻的限制。2003 年教育部批准北大、清华等 22 所高校可以拥有 5％ 的自主招生权力，2006 年则扩大到 53 所高校。2004 年，在总结上海和北京（分别于1987、2002 年开始试点自主命题）经验基础上，全国 16 个省市开始试行分省命题，即"统一考试、分省命题"模式。2006 年，上海复旦和

---

[1] 王后雄：《新课程高考科目方案述论与改革价值取向》，《高等教育研究》2007 年第 5 期。

交大两所大学开始尝试通过面试自主招生，同年，中国政法大学按各省人口比例确定招生计划。

纵观30年来高考和招生形式的制度演进过程，其主线如下：一是增加考试和招生机制的灵活性，即扩大地方和高校自主权力；二是增加考试和招生过程中的科学化和透明度，譬如标准化考试和网上公开录取等；三是随着招生规模的扩大，招生并轨和全面收费制度的确立，分数之外的不良因素逐渐被戒绝；四是高考在技术细节上越来越趋于人性化，如废除年龄和婚姻限制，考虑到天气因素把考试时间提前，设立春季招生考试等。考试机制和招生机制的灵活，如分省命题、自主考试，其实是为了满足考试内容多样化探索和变革的需要，它打破了全国统一命题、一张考卷的僵化局面，但是，因为缺乏统一分数标准，引发了人们对区域间入学机会公平的疑虑。大学保送生制度、自主招生制度以及上海试行的面试招生制度，虽然在总招生比例所占份额很少，但也引起了人们对其中缺乏相关的刚性评价标准的质疑。有趣的是，众多对制度改进的质疑恰恰也是在"灵活性"和"自主性"上。这倒并非表明制度改进的不合理性，除了考虑到大学自主招生操作层面上的经济成本以外，人们最担心的是自主和灵活容易带来人为因素介入而导致的不公平。换言之，人们并非不理解现行高考制度的积弊，而是对于改进的制度环境缺乏信心。至少在现在以及未来相当长时期内，即使制度的微调，恐怕都要考虑到现实的社会环境以及社会文化和心理基础，更遑论大幅度的改革。

有人认为目前的问题是高考承载了太多它不应该承载的社会功能，但是，至少在当下社会环境中，高考的这种社会功能是一种客观存在。即使在西方高等教育资源已经相对充裕的社会中，考试的这种筛选和分层的社会功能依然处于强势。"没有高考，竞争引发的各种矛盾和问题多数还照样存在，只是表现形式不同而已。高考的竞争、受高等教育机会的竞争归根到底是社会地位的竞争。高考竞争加剧，实际上是当今越来越激烈的社会竞争在教育和考试上的反映。如果高度重视甚至过度重视教育的文化传统没有改变，如果重人情与关系的社会氛围没有改变，如果诚信体系没有建立起来，高考制度就还有长期存在的必要。"① 当然，不可否认，随着社会环境的变迁，高考内容和形式也必定随之而发生变化，但无论何时，公平恐怕都是必须首先考虑的关键性议题。因此我们对高考的批判需要理性，而改革则更要谨慎。之所以要谨慎，也正因为改革之艰难。这正如顾明远先生在谈及高考时感言："这是个难题，我们这一代人的智慧可能无力解决这个难题。"因为它涉及整个教育制度以及外部社会的人事制度改革。② 他同时指出："高考是一件十分复杂的事，关系到千家万户。高考改革既要积极，又要稳妥，逐步试点，不断研究，特别是要坚持公开公正的原则，尽量听取各方面的意见，集思广益。"③ "艰难"、"复杂"、"积极稳妥"、"公正公平"，这些都点出了高考制度变革之核心议题的关键词，诚哉斯言！

结　　语

如果说 30 年前的恢复高考意味着开启了中国教育秩序的重建过程，那么今天回过头来看中国 30 年的社会结构性变迁过程，说其配合了新的社会秩序重建一点都不为过。从严格意义上讲，中国的统一高考是实现教育的社会功能一个关键性制度节点。对内它左右着学校教育的过程，甚至导致教育本体功能的异化和教育日常生态的恶化。对外它以"分数面前人人平等"的刚性准则体现了程序正义，尽管这种程序正义与实体正义间可能依然存在着落差。但是，至少到现在，在我们能够找到一个更好的制度去取代它之前，它就依旧有存在的合理性和必然性。而要坚守程序正义，教育本体功能的异化以及所谓"唯分取人"的选材悖谬又显然是其

---

① 刘海峰：《高考改革应稳步推进》，《中国高等教育》2007 年第 2 期。
② 顾明远：《中国考试制度改革的出路何在》，《湖北招生考试》2003 年第 21 期。
③ 顾明远：《高考改革之我见》，《湖北招生考试》2007 年第 4 期。

必须付出的代价。

当然，这并不意味着高考考核的内容和形式是不可变更的，但调整和变革需要有几个基本的前提：一是公共教育资源分布的相对均衡，特别是城乡之间的均衡；二是选录过程的更加透明和公众监督制度的确立；三是录取机构特别是那些精英型大学能够真正具备免于外部权力干预的相对自主性。前提一是高考改革的必备条件，否则，城乡间的公平问题会更加突出；而缺少后两个前提，就是把香港大学甚至哈佛放到当下的社会环境中，按照其开放的弹性的选拔人才方式也不见得就让人心安。已经在实施中的保送生和自主招生制度广为人所诟病，原因便在于此。

只要有考核和选拔制度（即使不是高考而是其他形式）存在，"指挥棒效应"就不会消失。要缓解而未必是完全消除高考在学校教育中的"指挥棒"负效应，既需要教育内部人们的自觉，更依赖于外部环境的变迁而连带引起的教育社会功能的弱化，另外，就是最为实质意义上的制度演进过程中始终坚守的公正性以及人们对制度本身的信心。而最为要不得的是因噎废食，如目前部分人所提出的"高考废止论"激进主张。

附：

恢复高考大事记（1977—2007）

1977 年 6 月 29 日—7 月 15 日　教育部在山西太原召开"一九七七年高等学校招生工作座谈会"。

8 月 4 日—8 日　邓小平在北京主持召开科学和教育工作座谈会。8 月 8 日，邓小平讲话："我们国家要赶上世界先进水平，从何着手呢？我想，要从科学和教育着手。"他明确表示，"今年就要下决心恢复从高中毕业生中直接招考学生，不要再搞群众推荐。从高中直接招生，我看可能是早出人才、早出成果的一个好办法。"

8 月 13 日—9 月 25 日　教育部在北京召开当年第二次高校招生工作

座谈会，讨论招生办法。会议最终决定，恢复"'文化大革命'前行之有效的高考制度"。

9 月 30 日 教育部再次向中央呈报招生工作的"意见"。邓小平同志对教育部起草的"意见"进行了修改，指出："政审，主要看本人的政治表现。政治历史清楚，热爱社会主义，热爱劳动，遵守纪律，决心为革命学习，有这几条，就可以了。总之，招生上要抓两条：第一是本人表现好，第二是择优录取。"

10 月 12 日 国务院批转教育部《关于 1977 年高等学校招生工作的意见》，正式恢复高校招生统一考试制度。

11 月—12 月 1977 年高考陆续进行。考试由各省、自治区、直辖市命题。考试办法基本沿用"文化大革命"前的考试办法：文理分科，文理两类都考政治、语文、数学，文科加考史地，理科加考理化。由于高考中止 10 年，历届考生集中，出现了两代人同时参加考试的现象。当年高考共有 570 万人报考，原计划招生 21.5 万人，后增加 6.3 万人，共录取 27 万人，录取率为 4.7%（27:1）。新生次年春季入学。

1978 年 4 月 22 日 邓小平在全国教育工作会议上讲话，指出："粉碎'四人帮'以来，特别是改革高等学校招生制度和批判'两个估计'之后，教育战线出现了许多新气象。"他还说："考试是检查学习情况和教学效果的一种重要方法，如同检验产品质量是保证工厂生产水平的必要制度一样。当然也不能迷信考试，把它当做检查学习效果的唯一方法。要认真研究、试验，改进考试的内容和形式，使它完善起来。"

6 月 6 日 国务院批转教育部《关于一九七八年高等学校招生工作的意见》，恢复了全国统一命题，省、自治区、直辖市组织考试、阅卷、录取新生的工作体制。全国统一考试时间为 7 月 20 日—23 日。

1983 年 3 月 12 日 教育部印发《关于一九八三年全国全日制高等学校招生工作会议的报告》和《一九八三年全国全日制高等学校招考新生的规定》。报告提出了"定向招生，定向分配"的方法。规定在中央部门或国防科工委系统所属的某些院校，按一定比例实行面向农村或农场、牧场、矿区、油田等艰苦行业的定向招生。

12 月 31 日 教育部发出《关于全日制普通中学全面贯彻党的教育方针、纠正片面追求升学率倾向的十项规定（试行）》。

1984 年 3 月 31 日 教育部印发《关于一九八四年全国普通高等学校招生会议的报告》、《一九八四年普通高等学校招生规定》。"规定"决定改革招生来源计划，开始实行"根据志愿，按比例投档"的录取方法，并更改全国统一考试时间为 7 月 7 日—9 日。

6 月 24 日 教育部、国家计委、财政部颁发《高等学校接受委托培养学生的试行办法》。

1985 年 1 月 10 日—16 日 第二届全国普通高等学校招生考试改革科研讨论会召开，会议就高校招生体制改革、委托培养、定向招生、推荐保送以及考试科学化等问题进行了讨论、论证。会后教育部决定，在广东省进行标准化考试试验（数学、英语两科），上海进行高中毕业会考后高考科目设置的试验。这标志着高考正式进入了改革试验时期。

2 月 教育部学生管理司正式函复上海市："同意 1985 年度试行上海地区考生的高等学校入学考试由你们组织命题、考试，以探索如何在全市高中毕业会考的基础上举行高等学校入学考试"。

5 月 4 日 教育部印发《关于一九八五年全国普通高等学校招生会议的报告》，附发《一九八五年普通高等学校招生规定》、《关于一九八五年普通高等学校试行招收保送生的意见》。

5 月 27 日 中共中央发布《关于教育体制改革的决定》，要求改变政府对高等学校统得过多的管理体制，扩大高等学校的办学自主权；改革大学招生计划制度和毕业生分配制度，实行国家计划招生、用人单位委托招生、招收少量自费生三种办法。一向由国家"统包"的招生制度，变成了不收费的国家计划招生和收费的国家调节招生同时并存的"双轨制"。

12 月 31 日 国家教委发出《关于一九八六年普通高等学校试招中学保送生的意见》，决定在北京大学等 43 所高等学校建立招收保送生的试点。

1986 年 12 月 20 日　国家教委函复上海市教委，同意上海市关于 1988 年开始试行的高考改革方案。从 1988 年开始上海高考自行命题，试行"3＋1"方案。

1988 年 5 月 11 日　国家教委颁发《关于全日制普通中学端正办学方向、纠正片面追求升学率倾向的督导评估的几点意见》。

5 月 12 日　《中国教育报》发表全国人大教科文卫委员会、国家教委克服片面追求升学率倾向调查组的报告《抓住关键、综合治理——论克服片面追求升学率倾向》。

1989 年 6 月 27 日　国家教委发出《普通高等学校招生全国统一考试标准化实施规划》，标志着高考标准化研究阶段结束，正式进入实施阶段。

7 月 26 日　国家教委发出《关于印发〈关于试行普通高中毕业会考制度的意见〉等两个意见的通知》。

1990 年 4 月 12 日　国家教委高校学生司印发《关于征求在会考基础上改革高考科目设置及录取新生办法意见的通知》，提出改革高考科目设置的原则和方案。

8 月 20 日　国家教委发出《关于在普通高中实行毕业会考制度的意见》，决定从 1990 年起，用两年左右的时间有计划地在全国逐步实行普通高中毕业会考制度。

10 月 18 日　国家教委印发《关于改革高考科目设置的通知》，湖南、海南和云南三省于 1991 年进行试验。

当年高考第一次全面推行标准化考试。

1991 年 7 月 29 日　国家教委发出《现行普通高中教学计划的调整意见》、《普通高中毕业会考制度的意见》和《关于在普通高中开设选修课的意见》。

11 月 5 日　国家教委发出《关于湖南、海南、云南三省一九九二年继续试行高考科目设置改革及有关问题的通知》。

1992 年 12 月 31 日　国家教委办公厅发出《关于印发〈一九九三年

试行国家教委高考新科目组考试的方案〉的通知》。决定从 1993 年起，高考实行"3 + 2"考试科目设置方案。"3"指语文、数学、外语三门基础课，是每个考生的必考科目，"2"指文史类考生须加考政治和历史两个学科，理工类考生须加考物理和化学两个学科。

1993 年 2 月 13 日　中共中央、国务院发布《中国教育改革和发展纲要》，提出不再区分两种计划形式，取消"统招统分"制，同时建立相应的奖学金、贷学金以及专项奖学金制度，学生上大学须自己缴纳部分培养费。

1994 年 4 月 7 日　国家教委发出《关于进一步改革普通高等学校招生和毕业生就业制度的试点意见》，部分高等学校开始成为招生、收费和毕业生就业制度改革的试点。当年，全国四十多所高校招生实行"并轨"。高等学校实行"并轨"招生，消除了国家计划招生和调节招生的录取分数差距，高校学费开始增加。

1995 年 3 月 28 日　国家教委发出《关于一九九五年深入进行普通高等学校招生和毕业生就业制度改革的意见》，要求 1997 年招生时，全国大多数高等学校都应按改革后的新体制运作；2000 年时，基本实现招生和毕业生就业制度的新旧体制转轨。

1997 年　中国高等教育全面实行并轨招生改革。学费年增长幅度达到了 30% —50%。

1999 年 1 月 19 日　教育部函复北京市政府，同意北京市试行春季招生，由教育部考试中心负责命题。

2 月 13 日　教育部印发《关于进一步深化普通高等学校招生考试制度改革的意见》，"意见"提出，"用三年左右的时间推行'3 + X'科目设置方案"，新一轮高考改革正式启动。高考遵循"有助于高等学校选拔人才、有助于中学实施素质教育、有助于高等学校扩大办学自主权"的原则实行了改革：（1）高考科目设置实行"3 + X"科目设置方案。（2）高考内容总体上更加注重对考生能力和素质的考查；命题范围遵循但不拘泥于大纲；试题设计增加应用型和能力型题目。（3）在高考形式上进行每年两次高考的试点。（4）实行计算机网上录取等。

6 月 15 日—18 日　第三次全国教育工作会议召开。会上，国务院总理朱镕基指出，"我国教育必须有一个较大的发展"。普通高等学校开始扩大招生规模，向"大众化"转变。

当年，广东省率先开始在高考科目设置、考试内容和形式上进行改革。广东省当年的高考时间调整为 7 月 7 日—10 日。

2000 年　一直由国家"全包"的师范专业实行收费上学，招生并轨改革完成。

北京、上海、安徽进行春季招生的改革，高考由一年一次增加为一年两次。

继广东省后，山西、吉林、江苏、浙江四省试点进行高考"3 + X"科目设置，进行考试内容和形式改革。

2001 年 3 月 30 日　教育部发出《关于做好 2001 年普通高等学校招生工作的通知》，就 2001 年普通高等学校招生工作作出规定，对报名参加普通高等学校招生全国统一考试的考生条件进一步放宽：取消"未婚，年龄一般不超过二十五周岁"的限制，应届中等职业学校毕业生不再限报考高等职业学校，而且可在毕业当年参加普通高中报考普通高校本专科。

11 月 16 日　教育部发出《关于从 2003 年起调整全国普通高等学校招生统一考试时间的通知》。

北京、上海、安徽和内蒙古自治区继续进行了春季招生的改革。

在广东、山西、吉林、江苏、浙江五省实行"3 + X"高考试点的基础上，天津、上海、黑龙江、辽宁、内蒙古、陕西、湖北、湖南、四川、海南、福建、河南等 12 个省（自治区、直辖市）参加考试科目改革，方案均为"3 + 文综/理综"。全国 31 个省（自治区、直辖市）全部运用现代技术手段来挑选考生，远程录取的学生数达 131 万人，占录取学生总数的 50% 多。

湖北和天津两地高考试用网上阅卷。

江苏省 3 所高校率先实行了"自主招生"的试点工作。

2002 年　普通高校招生工作第一次全面实现网上录取，全国网上录取新生率达到了 85%。

高考"3 + X"改革在全国 31 个省（自治区、直辖市）全面铺开。

2003 年 1 月 11 日—12 日　北京市、内蒙古自治区、上海市、安徽省四地进行普通高等学校春季招生入学考试。

2 月 24 日　教育部办公厅发出《做好高等学校自主招生选拔录取改革试点工作的通知》，北大、清华等 22 所高校被赋予 5% 的自主招生权。2006 年，自主招生的高校扩大到 53 所。

实施了二十多年的 7 月高考制度迎来变革，高考时间提前 1 个月，固定安排在每年 6 月 7、8、9 日，高考告别酷暑。

教育部允许香港高校在内地自主招生。

2004 年　新增天津、辽宁、江苏、浙江、福建、湖北、湖南、广东和重庆 9 个省市单独组织本省市高考试题命题工作。

2005 年　山东、江西和安徽三省加入分省命题试验。

海南省高考状元李洋"梦断清华"，引发关于"高考移民"的大讨论。

2006 年　复旦、上海交大"试水"自主招生。中国政法大学按各省人口比例确定招生计划，解决高招生的地域不平衡问题。

2007 年 5 月 14 日　国务院办公厅发布了《教育部直属师范大学师范生免费教育实施办法（试行）》。《办法》明确规定，从 2007 年秋季入学的新生起，在北京师范大学、华东师范大学、东北师范大学、华中师范大学、陕西师范大学和西南大学六所部属师范大学实行师范生免费教育。

山东、广东等省开始实施结合普通高中新课程试验和改革而制定的新高考改革方案。

教育部批准香港和澳门特区高校可在内地 25 个省区市招收自费生。

（摘选自《中国考试》编辑部：《恢复高考 30 年大事记》，《中国考试》2007 年第 8 期）

参考文献

1.《招生处长讲述 1977 年高考的故事》，《北京青年报》2000 年 12 月 30 日。

2.《1977 年邓小平关于恢复高考的讲话、谈话和批示选载（1977 年 5 月—11 月)》，《党的文献》2007 年第 4 期。

3. 杨学为等：《高考制度改革与发展专家谈》，《考试研究》2007 年第 4 期。

4.《高考 30 年：解读恢复高考 30 年来的风雨历程》，《每日新报》2007 年 6 月 4 日。

5. 刘育民等：《教育部纪念恢复高考 30 周年座谈会部分同志发言摘要》，《中国考试》2007 年第 8 期。

6. 戴敦峰：《高考改变了他们的命运，他们改变了中国的命运访 30 年前恢复高考的历史书写者九十二岁的前教育部部长刘西尧》，《湖北招生考试》2007 年第 16 期。

7. 甘志刚：《亲历"文化大革命"后的第一次高考》，《党史文苑》2007 年第 11 期。

8. 顾明远：《高考改革之我见》，《湖北招生考试》2007 年第 4 期。

9. 顾明远：《中国考试制度改革的出路何在》，《湖北招生考试》2003 年第 21 期。

10. 金玉学：《感恩恢复高考 30 年》，《文化学刊》2007 年第 6 期。

11. 刘海峰：《高考改革应稳步推进》，《中国高等教育》2007 年第 2 期。

12. 刘海峰：《科举研究与高考改革》，《厦门大学学报（哲学社会科学版)》2007 年第 5 期。

13. 刘之昆：《刘西尧：恢复高考前后我在教育部》，《中华儿女（国内版)》2007 年第 6 期。

14. 卢平川：《查全性：倡议恢复高考第一人》，《老年人》2007 年第 7 期。

15. 舒云：《1949—1978：中国高考制度沉浮录》，《时代文学》2007 年第 6 期。

16. 王后雄：《新课程高考科目方案述论与改革价值取向》，《高等教育研究》2007 年第 5 期。

17. 夏杏珍：《邓小平与教育战线的拨乱反正》，《当代中国史研究》2004 年第 4 期。

18. 徐宝文：《难以尘封的记忆：纪念恢复高考 30 年》，《江苏政协》2007

年第 10 期。

19. 杨学为：《恢复高考，挽救了我们的民族和国家：纪念恢复高考 30 周年》，《湖北招生考试》2007 年第 8 期。

教育本质讨论

张东娇

中国改革开放 30 年，教育领域值得浓墨重彩书写的关键事件有很多，教育本质讨论就是其中之一。其争论时间之久，争论范围之广，参与人数之众，实属罕见。

辩证唯物主义认为，本质是由事物内在矛盾构成的，是事物比较深刻、一贯和稳定的方面。教育本质就是教育内部深刻、一贯和稳定的主要方面，教育定义能够把教育本质浮现出来，教育本质的实质是要讨论教育是什么的问题。但我国始于 20 世纪 70 年代末的教育本质讨论却远非如此，其背景之复杂，思考之曲折，成果之丰富，乃教育理论争鸣之冠。

教育是什么？什么是教育本质？直面这个问题需要用剥茧抽丝的方式——从教育本质前后 30 年的争论谈起，引出教育的两种属性，最后厘定教育定义，这样才能理清教育本质问题讨论及其研究的思路。但问题的重点并不在于揭示教育本质是什么，而在于追寻教育本质讨论及其研究从一元到多元、从经验到理性的 30 年历程，在于呈现这场颇有来头的教育思想解放运动之全貌，再现其繁荣，展示其逻辑思考与认识的深入。

长期以来，我国教育界一直认定教育的属性是上层建筑，是为阶级斗争服务的。这一论断的出现有其复杂的历史背景。

一是苏联反教条主义背景。1952 年，斯大林发表了《马克思主义与语言学问题》，以反对苏联当时盛行的教条主义风气，即把所有的社会现象都归入生产力、生产关系、经济基础和上层建筑这四个范畴，甚至把语言也归入上层建筑，因此强调其阶级性。斯大林明确指出：语言是一种独特的社会现象，不是上层建筑，并要求各门科学都应研究其特殊矛盾。为了响应斯大林的号召，《苏维埃教育学》杂志组织了对教育现象专门特点的讨论，却恰恰得出教育就是上层建筑的结论。

二是中国阶级斗争背景。20 世纪 50 年代，毛泽东发出"向苏联学习"的号召。1956 年，完成生产资料的社会主义改造之后，毛泽东认为无产阶级和资产阶级的阶级斗争集中在意识形态领域，因此要对上层建筑进行改造，学校教育属于上层建筑，因此需要改造。1957 年，毛泽东在反右派斗争时明确指出：学校教育、文学艺术都是意识形态，都是上层建筑，都是有阶级性的。1958 年，"教育大革命"开始，1966 年，"文化大革命"开始，十年之间，教育被彻底"砸烂"。①

三是思想解放运动背景。1978 年 5 月 11 日，《光明日报》发表特约评论员文章《实践是检验真理的唯一标准》。文章指出，检验真理的标准只能是社会实践，理论与实践的统一是马克思主义的一个最基本的原则，任何理论都要不断接受实践的检验。这是从根本理论上对"两个凡是"的否定。1978 年 5 月开始的真理标准问题讨论，是一次思想大解放，成为历史新时期改革开放的先导。教育理论界依据"解放思想，实事求是"的指导思想，对教育本质展开了讨论和反思。

四是教育思想解放背景。1978 年 3 月，于光远在《学术研究》上发表《重视培养人的研究》一文，率先对教育是上层建筑的论断提出质疑，从而拉开了教育本质讨论的序幕。一石激起千层浪，引发了始于 1979 年并持续至今整整 30 年的教育本质大讨论。毫无疑问，这种讨论还会持续下去。

30 年教育本质的讨论及其研究可以以 1995 年为界分为前后两段：前

----

① 孙侠、邬智：《教育本质论争的回顾与思考》，《当代教育论坛（校长教育研究）》2008 年第 2 期。

17 年（1978—1994）是众多主张纷纷登场亮相、正面交锋、风起云涌的百花齐放阶段，以郑金洲的《教育本质研究十七年》为收官之笔；后 13 年（1995—2008）以沉静的方法论和明显的人本指向为特征，不断逼近教育本质，孙侠、邬智的《教育本质论争的回顾与思考》为阶段性成果之一①。

一、教育不是上层建筑及其讨论

1978—1994 年，伴随教育思想解放运动，教育本质的讨论进入百家争鸣时期。瞿葆奎、郑金洲把这一阶段的争论分为三个小阶段：1978—1982 年为争鸣和辩驳阶段，主要是对上层建筑说的批驳，提出教育属于其他范畴或属于多范畴说；1983—1988 年为沉寂和扩展阶段，对于教育本质的讨论出现一段沉寂和思考时期；1989—1994 年为反思和总结阶段，开始重视教育本质研究方法的思考，并从新的角度提出新的学说。② 过往的 17 年，"教育本质之说，有 28 种之多。公开发表 291 篇论文和 1 本专著，计 200 多万字，把教育本质的研究推入'显学'之列"③。这些争论的主干部分及其重要旁支可粗略归三类 16 种④，每种主干观点都有多个变种。这里把这一阶段的争鸣归纳为三对范畴，以现当年派别交锋之激烈，百家争鸣之繁荣景象。

---

① 这种分段以争鸣的阶段特征为逻辑，只是为了归纳方便。为了保持讨论的持续性和争鸣的完整性，文中阐述每个观点及其变种都是打通 30 年来写的。

② 瞿葆奎、郑金洲：《教育基本理论之研究（1978—1995）》，福建教育出版社 1998 年版，第 154—160 页。

③ 郑金洲：《教育本质研究十七年》，《上海高教研究》1996 年第 3 期。

④ 一般把教育本质争论分为外部属性说和内部属性说两大类。本文在标题上将之分为外围争鸣、边界争鸣和内部争鸣三类。

（一）"上层建筑说"与"生产力说"

"生产力说"对抗"上层建筑说"首开教育本质讨论之先河。二者的争论主要围绕如下四个问题展开：教育是否是社会的意识形态；教育与生产力的联系是否是直接的；教育的本质属性是永恒性、生产性、阶级性还是历史性；如何看待西方资本主义国家教育发展的经验等。①

1. "上层建筑说"与"生产力说"

"上层建筑说"把教育本质部分或全部定性为上层建筑。该观点认为："既然社会存在决定社会意识，在社会存在中，生产关系是社会生活中最基本和最原始的关系，它对整个社会生活，特别是对社会意识具有制约作用，教育属于精神生活，它是受经济基础决定的。因此，经济基础的性质决定了教育的性质，经济基础的变化决定了教育的变化，因而教育是社会上层建筑。"②

这种观点引起了激烈的争论。另一些学者认为这种说法不够科学，不完整。洪宝书在《关于教育本质的理论研究》中指出："持这种观点的同志，是从教育与社会的政治、经济有密切的本质联系和教育具有阶级性等方面来论证的。这里姑且不谈他们的每个论点是否正确，我们也不否认教育与社会的政治、经济有密切的本质联系。但是，我认为所有这类论证，都不能得出'教育是上层建筑'这个结论；而只能得出'在阶级社会中，教育具有上层建筑的属性'的结论。"③ 朱德全、易连云在《教育学概论》中指出："这类观点在看到教育与上层建筑的关系的同时，比较重视教育的意识形态问题，强调教育的政治功能。但是教育的哪些方面属于上层建筑，哪些方面不属于上层建筑，教育与上层建筑的关系是教育的本质

---

① 郑金洲：《教育本质研究十七年》，《上海高教研究》1996 年第 3 期。
② 朱德全、易连云：《教育学概论》，西南师范大学出版社 2003 年版，第 23 页。
③ 洪宝书：《关于教育本质的理论研究》（上、下），《高等教育研究》1991 年第 2 期、第 3 期。

还是教育的功能等问题，有待研究。"①

在质疑"上层建筑说"的同时，教育界还兴起了与之针锋相对的"生产力说"。这种观点至今仍在学界占一席之地。这种观点主张："教育与社会再生产之间，存在着本质的客观联系，教育是劳动力再生产的手段，因而它是社会再生产的必要条件，是社会发展和延续的手段。特别是从现代生产本性的考察，它是以科学技术为基础的生产，从事这种生产的劳动者，必须要掌握生产知识和技术，教育只不过是生产过程分离出去的一个独立因素。因而，可以把教育看做是社会生产力。"② 马克思关于社会再生产理论和生产劳动理论正是"生产力说"的立论基础。"培养人的教育工作者，虽然没有直接从事生产劳动，没有参加生产过程，但他是间接地作用于劳动对象的劳动，是作为总体工人一个器官的劳动，应该肯定它是生产劳动。由此便可以得出教育是生产力，是间接参与生产过程的生产力。"③

首次争论的成果有三个：一是多数学者都不否认上层建筑是教育的属性之一，但不同意把教育本质完全归属于上层建筑的说法。二是打破教育本质是上层建筑说大一统的局面，从教育的经济功能、文化功能等角度展开教育本质讨论。三是突出和提炼了意识形态角度的教育属性问题，也使人们清楚地认识到教育本质与教育功能问题关系密切。

2. "产业说"与"非产业说"

1990 年前后登场的"产业说"（前身是"生产部门说"）与"非产业说"（前身是"非生产部门说"）是 20 世纪 80 年代前后围绕"生产力说"所展开的"教育是否是生产部门说"之争，是"生产力说"的逻辑延伸。"生产部门说"明确指出教育劳动基本上是生产劳动，教育基本上是生产力，教育部门基本上是生产部门。"非生产部门说"质询的理由是：教育部门的重要性与教育部门属于生产部门是两回事，不能因为它重要，就说

① 朱德全、易连云：《教育学概论》，西南师范大学出版社 2003 年版，第 24 页。
② 孙喜亭：《教育原理》，北京师范大学出版社 2003 年版，第 58 页。
③ 孙喜亭：《教育原理》，北京师范大学出版社 2003 年版，第 59 页。

它是生产部门；马克思主义经典作家从来没有认为教育是生产部门；"生产部门说"实际上是把教育的传导作用与教育的内容是传授科学技术知识本身跟劳动力混同起来了。"生产部门说"与"非生产部门说"的争论没有结果，1983年后休战，1990年以"产业说"和"非产业说"的面目再次出现。"产业说"认为：现代教育已具备了产业的基本特征，无论是在专业性、生产性、资源消耗性和可经营性方面都有了教育产业的性质；教育是第三产业或特殊产业。"非产业论"者针锋相对地指出，"产业论"是十分有害的，它扭曲了教育的本质特点是培养人的活动，会对教育实践产生误导，其实质是把学校办成谋求利润的部门。"产业说"与"非产业说"的论争至今尚未平息，大多停留在教育与市场经济相互作用的一些表面现象上，不仅未从理论上进行更深入的分析探讨，而且单就教育性质的揭示来看，并未超过"生产部门说"的水平。

可见，"生产力说"与其支流也遭到一些学者的否定和谨慎的批判。但这一次争论同样取得了几个重要成果。这些成果对后续的思考和研究意义重大。一是多数学者不同意教育完全属于生产力的观点，但认同教育部分属于生产力的说法。二是对教育生产性功能的重新发现，并从这一角度提炼了教育的生产属性。就当时而言，"教育是生产力"的观点就有点振聋发聩的效果。"生产力说"因其对教育的生产力特性的揭示和强调而在教育本质理论发展史上功不可没。因为这种观点"从根本上体现了进入改革开放和以经济建设为中心的新时代，人们对于教育的经济功能的认识和期待"①。三是论证方式有根据，为"双重属性说"提供思想线索。正如学者在后期研究中所总结的那样，"生产力说"与"上层建筑说"所采用的论证方式"都注意从马克思主义经典作家的著作中寻根求据，注意对马恩著作的诠释；注意追溯历史的发展历程，或说明教育始终具有生产性，或力陈教育始终具有阶级性"②。这些是值得肯定的。同时，二者的

---

① 袁小鹏：《教育发展变革与教育本质论的演变》，《湖北大学学报》（哲学社会科学版）2006年第6期。
② 郑金洲：《教育本质研究十七年》，《上海高教研究》1996年第3期。

争论具有双峰对峙、二水分流之美，丰富并展开了教育本质问题的进一步探讨，"双重属性说"应运而生。

3. "双重属性说"与"多重属性说"

在"上层建筑说"和"生产力说"论争正酣时，"双重属性说"以第三种面目介入争论。"双重属性说"以"和事佬"的姿势，主张教育具有上层建筑和生产力的双重性质，既不能简单地把它归之于生产力，也不能完全归之于上层建筑。教育的本质是生产性和阶级性的统一。

"双重属性说"并未因"统一论"的折中而避开被批驳的命运。"多重属性说"认为不能把教育分成上层建筑和生产力两截，这种区分不能反映教育的本质。教育同社会生活的各个方面都有联系，它的基本属性是社会性、生产性、阶级性、艺术性、社会实践性等。[①]

从"上层建筑说"到"多重属性说"，这是学者对教育本质问题研究和认识上的一次飞跃，它步出了二元论的樊篱，使我们看到了教育的复杂性和多元属性。"教育是一种复杂的社会现象，教育的本质也应该是多质的，多层次的。有人认为教育本质是它的社会性、生产性、科学性、艺术性等各种属性的统一。社会结构中的生产力和生产关系、经济基础和上层建筑，都是以人为主体的。教育作为培养人的活动，与人的成长、发展有直接关系，同时也与生产力、生产关系有直接关系，又与上层建筑有直接关系。教育的任务是使人的德、智、体、美诸方面都得到发展，这就体现了它的多质性。再从教育发展的历史来看，最初教育产生于社会生产，它具有社会性和生产性，到了阶级社会中又具有阶级性。近代以后，自然科学的发展、文学艺术的繁荣，反映在教育上，又表现为教育的科学性和艺术性。总之，教育本质是社会性、生产性、阶级性、科学性和艺术性的统一。"[②]

"双重属性说"和"多重属性说"的共同之处在于它们都试图从"本

---

① 郑金洲：《教育本质研究十七年》，《上海高教研究》1996 年第 3 期。
② 孙喜亭：《教育原理》，北京师范大学出版社 2003 年版，第 59 页。

质"这一个概念中以一析多，但其所找出的教育本质，并没有超越"上层建筑说"和"生产力说"的内容而开辟出新的路径。但这次争论同样取得了重要的认识成果。一是学者对教育本质问题的思考更加理性多元，更加系统，也越来越深刻和沉静，在方法论上趋于成熟。二是在论争中充分展开了教育的多元属性。但这些属性是教育的属性还是教育本质？它们之间是什么关系？教育本质和功能之间又是什么关系？这些问题还需要进一步的探讨。三是在多元思考中重新思量教育本质，切换到从教育内部考察教育本质的角度。自我批判与反思是学术成长和专业认识的进步之路。这次反思剥开了包裹教育本质的第一层茧，让中国学者接近了教育本质——批评者认为："本质属性是某些事物的特有属性，教育的历史性、阶级性、生产性等，都不是教育的根本属性，不是教育区别于其他事物的质的规定性。'多重属性说'实际上是一种多元论，奉行的是折中平衡主义，其要害是不分主从，而事物的本质规定恰恰要考察内在的主从关系。"① "教育的内部属性说"诞生了。

上面所讨论的"上层建筑说"、"生产力说"、"双重属性说"和"多重属性说"等都可归为"教育的外部属性说"，从教育与社会现象之间的外部联系入手，探讨教育的功能和属性，进而揭示教育的本质。而"教育的内部属性说"主要是从教育内部的联系和特点入手，探讨和揭示教育内部的本质联系。这类学说主要包括"社会实践活动说"、"特殊范畴说"、"培养人说"等。由此，教育本质争鸣由外围转到边界和内部。

（二）"社会实践活动说"与"特殊范畴说"

"社会实践活动说"与"特殊范畴说"之辩是著名的边界之战。因为通过教育在社会结构理论中的定位谋求教育本质并未取得令人信服的结果，于是，研究者另辟蹊径，站在教育与社会的分界线上提出了"社会实践活动说"与"特殊范畴说"，力图对教育本质作出另外一种不同的

---

① 郑金洲：《教育本质研究十七年》，《上海高教研究》1996年第3期。

解释。

1. "社会实践活动说" 与 "特殊范畴说"

"社会实践活动说" 一开始是作为 "上层建筑说" 中 "教育是一种社会意识形态" 的悖论出现的。认为不能把教育作为观念形态，教育是由教育对象和教育内容所组成的一种社会实践活动，与教育思想、教育观点是两码事；教育是一种有意识、有目的的社会实践活动，是专门培养人的社会实践。"社会实践活动说" 一度为研究者所注目。对久浸 "生产力说"、"上层建筑说" 氛围的人们来说，"社会实践活动说" 似吹来了一丝清风。但不久，"社会实践活动说" 就遇到了来自 "特殊范畴说" 的挑战，受到了咄咄逼人的责难。①

"特殊范畴说" 认为，"社会实践活动说" 是对教育职能的外部表现的概括，而不是对教育的内在矛盾特征的揭示。这种说法虽也反映了教育的某些属性，却不可能成为贯穿人类自古以来一切教育现象的本质，不可能成为使教育区别于一切其他社会现象的根本依据。"特殊范畴说" 对 "社会实践活动说" 的否定，对抓教育内在矛盾结构、寻找教育特殊性的孜孜企求，使其得出教育是独特的社会现象，是特殊的社会范畴的结论。

从方法论的意义来说，"特殊范畴说" 并不是对 "社会实践活动说" 的否定，而是其思想的承袭和深入。两种观点都不同程度地贴近教育本质，抓教育内在矛盾结构、寻找教育特殊性。它们的异曲同工之处是对于教育本质或教育属性的内部思考，从而取得了累积认识、完整教育属性、教育本质和教育功能研究方法和思维方式的重要成果。

2. "物质生产说" 与 "精神生产说"

"教育社会实践活动说" 有许多旁支观点，"物质生产说"（也称 "生产实践说"）和 "精神生产说" 是较大的旁支。"精神生产说" 认为，教育的本质是一种精神生产，教育的一切活动，都是属于精神范畴的。"物质生产说" 批驳道，这种认识与一般的实践概念是相悖的，是错误

---

① 郑金洲：《教育本质研究十七年》，《上海高教研究》1996 年第 3 期。

的。正是因为教育是物质性活动，它才归于实践。教育在本质上是物质性活动，是人类自身的生产实践，它同"物的生产"及其实现方式"三大实践"一道，共同构成推动人类社会发展的根本动力。"精神生产说"对此说提出了批评："'物质生产说'曲解了恩格斯有关'种的蕃衍'的论述，忽视了学生的精神的实体。"①

"生产实践说"后来有许多别的表述，如教育是社会劳动能力的生产实践活动，教育是人类加速自身建构与改造的社会实践，等等。"精神生产说"也有"教育是精神的社会人的生产"的修正表述。这些观点实际上都已消除了先前存在于两说之间的森严壁垒，各自舍弃了一些东西，以和解的姿态向兼容的方向迈进。

（三）"培养人说"的内部辩驳

"培养人说"是继"上层建筑说"和"生产力说"之后，活跃在教育理论界的一种最具影响力的教育本质说。将教育的本质规定为一种培养人的活动，并不是近年来才出现的一种观点。重申这一主张的价值在于揭示出教育作为一种人类社会实践活动的基本特性，进一步明确了教育的边界，据此可以将教育与其他不同性质的社会活动彻底区别开来。教育本质争鸣从此转到教育内部。"培养人说"也有许多旁支和不同的发展形式。

1. "培养人说"与"传递说"

"培养人说"是研究者在分析教育区别于经济基础、上层建筑的特殊性时提出的观点，认为教育之特殊属性即是培养人的社会活动。该说在理论上反响不大，但在实践中却有一定影响，尤其在 1989 年以后的一段时间内成为声讨对象。"传递说"产生的大前提与"培养人说"一致，即承认教育是培养人的活动，但他们又不同意对教育本质所作的如此笼统的规定。指出把教育作为培养人的活动，是历史上众多教育家、哲学家早已作出的判断。"培养人说"的提法也不准确，它只接触到问题的表层，"培

---

① 郑金洲：《教育本质研究十七年》，《上海高教研究》1996 年第 3 期。

养"与"教育"常为通用语，用"培养"的活动来定义教育，就成了定义反复。"传递说"在批评"培养人说"的同时，剖析了"教育是如何培养人、感化人的"：其一把教育的本质看做是传授知识（"知识传授说"）；其二则提出教育是人类选择能力的传递（"选择能力传递说"）。两者都认为自己的主张可以把不同的认识统一起来。但无论是知识传授，还是能力传递，都仅仅是教育的一个方面，无法互相加以说明。

2. "社会化说"与"个性化说"

"社会化说"指出，无论在什么样的社会，教育都承担着培养人的社会职能。从这一点来说，教育的本质特征就是培养人，它是培养人的社会过程，其本质实际上是使人社会化的过程。"社会化说"引起争议的理由是把教育看做是促进个体社会化的过程，忽视了社会关系对人的自发影响，学校教育绝不能代替社会关系；片面强调个体社会化，常常会陷入"社会本位论"的藩篱。抓住这两点不放的批评者亮出了"个性化说"——"引导、促进儿童的个性化是教育本质的规定"。后来又演化为"个性社会化完善化说"，从教育与社会发展的关系、教育与人的发展的关系以及这两种关系的关系去分析教育本质。[①]

从教育与人、社会的相互关系上探讨教育本质，的确与"上层建筑说"、"生产力说"等有些不同。但是，它们谈的不是教育本质，更多地是分析、研究教育的价值取向、教育目的、教育功能、教育属性等，这与"本质论"虽有联系，但不能同日而语。目的和属性毕竟不能取代本质，这类讨论的显见成果是，对教育本质的思考从教育范畴、属性、目的等宏观思考部分转入教育过程等的微观思考和研究；辨析教育与社会需要、教育与人的发展的双重目的，剥开了包裹教育本质的第二层茧；研究方法更加系统，思路渐渐明确，教育培养人的功能及其与人的发展问题得到明确。

---

① 郑金洲：《教育本质研究十七年》，《上海高教研究》1996 年第 3 期。

3. "教育自我建构说"与"社会实践自我建构说"

"自我建构说"认为教育是人的自我建构的实践活动。这一理论同意把教育的属性概念定义为实践活动,但同时又指出实践活动有两类,即改造客观世界的实践活动和改造主观世界的实践活动。教育作为发展人的活动,当然属于后一种实践活动。人是双重生命的存在,是实然和应然的矛盾对立与统一。教育的存在就是因为人的现实生存状况——他在自然、自发状态下发展的结果并不能满足人发展的自身要求,"世界不会满足人,人决心以自己的行动来改变世界"。教育实践的产生,表明人决心要按照自己的目的——人的理想发展和存在,来改变人的现实存在,改变人在自然、自发状态下的发展结果。由此可见,教育是人之自我建构的实践活动。

但有些学者则认为,这一定义过于宽泛。"虽然通过教育人类能加速自身建构与改造,但人类通过社会实践,也能加速自身建构与改造。我们经常说人类在改造客观世界(即实践)的同时,也在改造自己的主观世界,就包含这个意思。"① 可见,加速自身建构与改造是教育活动与其他社会实践活动共有的功能和属性,而不是教育独具的特有属性。定义中未把二者加以区分,犯了"定义过宽"的错误。但这一观点的积极意义在于,让我们清晰地看到和体会到人在教育过程中的主体地位和能量,昭示了教育定义由外到内的认识转化。人在教育过程中的位置日渐清晰。

以上即是从教育内部属性来定义教育本质的一些学说,这些理论比外部属性学说更加深了人们对教育本质问题的认识。但它们"揭示他物联系不够,由此带来两个问题:一是无以在外部联系中找到自己的'属',即使找到'属'也因缺乏论证而显得虚弱;二是没有外部现象作'入门的向导',因而在探求自身属性时没有了'路',发掘不出充分的、深刻的属性"②。

---

① 洪宝书:《关于教育本质的理论研究》(上、下),《高等教育研究》1991 年第 2 期、第 3 期。

② 张巽根:《教育本质探讨中诸方法和结论的商榷》,《教育研究》1992 年第 7 期。

二、教育本质研究及其反思

17 年的讨论使教育本质研究达到了相当高的水平。相对于前 17 年的喧嚣，从 1995 年至今的 13 年的讨论和研究带有冷静和理性色彩，表现在三个方面：一是激烈程度不如从前，有影响力的新学说很少，着重反思前一阶段的讨论，尤其是对于研究方法的反思。二是许多研究者重视阐述教育本质与相关概念的区别、联系，把研究焦点转向新的问题，如"本质"与"归属"关系的争论、"本质"与"功能"关系的辨析、"本质"与"规律"的关系之争等。三是这个时期的讨论领域泛化，许多学者试图脱离教育本质的一般研究，拓展到其他领域，如素质教育、高等教育、创造教育等领域。① 四是人本倾向日渐明显，并接近具有教育性格的教育本质观。

（一）稳定的问题域

目前，教育界尽管对教育本质的探讨不那么热衷了，但有关教育本质的一系列话题仍作为一个稳定而清晰的问题域在教育理论和教育实践界存在着，每次教育改革及其形而上的争论都无一例外地归结到教育本质问题。后 13 年的研究与争论让教育本质这棵大树更加根深蒂固、枝繁叶茂。

在原有研究成果的基础上，新的研究领域的拓展犹如老树发新枝。1995—2006 年间，"教育本质"研究文献共 285 篇，剔除一些重复的后，余下 193 篇。其中，教育本质研究 83 篇，素质教育本质研究 25 篇，高等教育本质研究 19 篇，思想教育本质研究 17 篇，创造教育本质 18 篇，继

---

① 孙侠、郇智：《教育本质论争的回顾与思考》，《当代教育论坛（校长教育研究）》2008 年第 2 期。

续教育本质研究 15 篇，职业教育本质研究 6 篇，语文教育本质研究 5 篇，艺术教育本质研究 5 篇。① 关于职业教育、素质教育、高等教育、思想教育、创造教育等的本质研究越来越受到重视。这些研究虽然在一定程度上跳出了原来的教育本质研究主题固定化的限制，但并没有澄清"教育本质是什么"的重重疑惑，又导致了新的教育本质研究争论。

新的观点层出不穷，教育本质争鸣的百花园又添奇葩，如教育的本质就是人的一种生存方式、教育应该定位在人自身的生产和再生产的位置、② 教育的本质在于文化的传递、③ 教育的本质是人类认识传递和反应的循环发展过程、④ 美的教育才是教育本质，⑤ 等等，不乏标新立异之思路和想法。

教育本质争鸣不仅使我国教育理论研究呈现出一片繁荣景象，同时也促进了教育实践的发展。教育实践又是教育本质理论研究的基础，是供给这棵大树的养料。素质教育实践和教育均衡政策让教育本质这棵大树更加根深叶茂。

20 世纪 90 年代后，我国经济体制改革更加深入，高速的经济发展需要大量有能力的人才，而应试教育越来越不适应社会与经济发展的需要。新旧世纪之交，我国大力推进素质教育理念与实践。随着素质教育的提出，随着办学模式多样化和规模扩大化，新的课题出现了：什么是素质教育？办学规模上去了，如何能保证教育质量？对此问题的回答，又让人们回到了教育本质的讨论上。

教育追求向善，教育公平价值深入人心。教育均衡政策的制定与实施是新世纪的教育工作重点。对于人而言，教育均衡是教育投资、师资、办

---

① 孙侠、邬智：《教育本质论争的回顾与思考》，《当代教育论坛（校长教育研究）》2008 年第 2 期。
② 朱颜杰：《关于教育本质的思考》，《前沿》1996 年第 12 期。
③ 刘智运、胡德海：《对教育本质的再认识》，《北京大学教育评论》2004 年第 4 期。
④ 雷新有、王呈祥：《教育本质新探——"三传一反"理论对教育本质探讨的启示》，《天水师范学院学报》2001 年第 1 期。
⑤ 柯领：《教育本质的新视角——对当代教育本质学说的批判与超越》（上、下），《教育科学论坛》2001 年第 2 期、第 3 期。

学条件等的均衡；教育平等是教育权利、教育机会、学业成就机会的平等。可见，教育实践与政策无一不是观照人这个核心，从而再一次触及教育本质这个深层问题。

（二）争鸣后的沉思

后 13 年的讨论更多关注的是对教育本质争鸣做全面的总结、反思和评析，尤以方法论的反思和认识误区的分析最深刻。这种沉静的气质和慎重的思考从文章的题目中就可见一斑：大多数文章均以再论、再认识、再思考、新探、新辟、评析等为题。

反思教育本质的研究方法。不同视角的探讨丰富了教育本质研究。黄济从哲学上寻找立论依据，从教育的概念、属性与功能上回答"教育是什么"，并通过教育与社会经济、教育与人的关系来阐释教育本质。[1] 杨银付指出，1978 年以来的教育本质讨论，前期多在"生产力—生产关系—上层建筑"的框架内进行。1981 年后，"实践说"逐渐占据优势。教育本质研究是丰富的，它既要分析教育活动的本质，又要分析教育思想和教育制度的本质，既要分析教育与社会生产力、生产关系和上层建筑的关系，又要分析教育与人的身心发展的关系，分析教育的相对独立性。[2] 洪宝书认为，上层建筑属性、生产力属性等都只是教育众多属性的一部分，是非本质属性。他运用变式材料分析法、特殊矛盾分析法和本质联系分析法考察教育本质，得出的结论是：教育是按照一定社会的要求，通过对知识信息的传递来引起、激发、调整和控制人的生理和心理的发展过程的实践活动。[3]

尽管如此，教育本质研究方法仍然具有局限性，这是制约我们揭示教育本质的重要原因。张巽根认为，教育本质讨论中的各种观点，众说纷纭，相持不下，都难以服人。对于认识的局限，方法难辞其咎。教育本质

① 李炳煌：《教育本质研究的论争及其反思》，《求索》2005 年第 10 期。
② 杨银付：《教育本质研究之研究》，《华东师范大学学报》（教育科学版）1994 年第 4 期。
③ 洪宝书：《关于教育本质的理论研究》（上），《高等教育研究》1991 年第 2 期。

探讨方法上的问题，是由于理性认识基本上停留在经验理性思维阶段所造成的，在它的局限下，我们只能获得教育的质的认识，要想获得教育本质的认识成果，理性认识必须进入理论理性思维阶段。由此，他提出教育本质的假说，即教育在本质上是再选择和再生产类本质的活动。① 李炳煌指出，带有经验性思维色彩的思维方式以及通过此得出的"独断论"，在很大程度上制约了教育本质研究。他认为，以往教育本质争论的缺失之一就是将焦点集中在"教育是什么"上，而忽视"教育应是什么"的研究。"教育是什么"是在揭示教育的本质，而"教育应是什么"则是在揭示"好教育"的本质。"教育是什么"的研究是前提和基础，"教育应是什么"的研究是重点和归宿。过多地把焦点集中在"教育是什么"的研究上，势必遮掩了"教育应是什么"的研究。缺失之二是讨论者的视角都在"社会"而不在"人"。这至少表明争论各方都默认自己为"社会本位"论者，并且要在"社会本位"框架中寻求一个更为狭窄的视角。这场论争中，很少有人从教育实践史和教育思想史角度去论述教育本质。争论中有"非此即彼"和僵化孤立看问题的形而上学思维倾向，也有庸俗辩证法倾向。②

归纳众多研究者的观点，我认为教育本质研究中存在三个主要的认识误区：

教育本质争论最主要的认识误区是对"本质"的误解。本质是事物所以"是"（being，存在）的根据，而不是指事物具有哪些本质特性。本质属性是对事物存在状态和表现特征的描述，而本质是对事物本身是什么的回答。其结果是将教育的科学定义与教育的本质规定相混淆③。其后的许多研究者沿着这一思路分析教育本质，难免有以"偏"赅"全"，以"点"代"面"之嫌。

"本质"与"功能"的错位是教育本质研究的另一个认识误区。教育

---

① 张巽根：《教育本质问题探讨：局限与突破》，《教育研究》1994 年第 12 期。
② 李炳煌：《教育本质研究的论争及其反思》，《求索》2005 年第 10 期。
③ 李伟言、王卓：《教育本质问题新探》，《国家教育行政学院学报》2007 年第 9 期。

本质的讨论与教育功能（职能）的分析是分不开的。有的论者把教育职能与教育本质等同看待，认为教育职能决定教育本质。张巽根认为，这些研究是把教育的某种社会职能误认为就是教育本质，或把本质与职能等同起来，从而模糊了对教育本质的认识，"上层建筑说"、"生产力说"、"双重属性说"等都是以功能来论定教育本质，可名之以"功能论"。

第三个认识误区是"本质"与"规律"的错位。洪宝书指出，本质联系（即规律）与事物的本质属性（即本质）是两个既有联系又不相同的概念；本质的联系是指事物之间的规律性联系，本质属性则是指某类事物必然具有并与其他各类事物相区别的特有属性；探讨一事物与他事物之间的本质联系，是寻求事物本质属性的一条途径，但决不能把事物之间的本质联系混同于事物之间的本质属性。一些论者将其与规律等同起来。认为研究教育本质实际上就是探讨教育一般规律。张巽根指出，"培养人说"、"知识传授说"、"人类加速自身建构与改造的实践活动说"等，都是受这种本质观引导的。它们偏重于自身联系的揭示，其弱点在于揭示与他物的联系不够。

（三）多元中的归一

教育理论界关于教育本质的争论，由起初探讨教育的归属、关注教育的政治功能和经济功能到近年来关注育人功能、关注人的主体性，其讨论逐步深入，并取得了丰硕的成果。20 世纪 90 年代中期以后，关于教育本质的探讨的重点转移到"教育本质多元化"、"教育本质是发展变化的"上来，而不单单只是停留在"上层建筑说"或"生产力说"等单一的观点上。"多元取向"就是指教育本质研究出现了多种方法和思路，并形成了丰富多彩的教育本质观，林林总总三十余种。"归一"是指近年来研究者共同关注"人"在教育本质中的定位，并逐渐凸显了教育中"人"的存在。研究者从不同的学科视角阐述了同一问题。

社会学视角。李国庆等认为，教育就其本质来看，是在个人需要与社会要求辩证统一的基础上，通过充分调动人的主动性、积极性和创造性，有目的、有计划地生产"新人"的一种特殊活动。这种观点关注的是教育公平价值的实现，认为教育本质的含义应包括以下内容：社会要求每个人都接受平等的教育；人人接受全面发展的教育；社会要求与个人需要高度统一，教育真正成为每个个体自由、充分、生动活泼发展的手段。①

建构主义视角。鲁洁指出，教育虽然存在一种外部施加影响的过程，但是其主题应该是促进、改善受教育者主体自我建构、自我改建的实践活动的过程。② 谢国忠在《教育的本质在于主体的自助性建构》中指出，"教育从本质上来说是一种主体进行自助性建构的实践活动。在这一活动中，学习者是建构的自助性主体，教育的过程就是学习者自助的过程；教师及其他相关人员是教育过程中的帮助主体，教育直接指向于学习者个体的发展，教师等帮助者的使命就在于为学习者提供最大限度的指导和帮助，促进学习者获得最佳的发展。"③ 张治平认为："教育的本质是建构人的主体素质，丰富人的主体性，完善人的本质。探索教育本质的时候，必须重视个体生命，即从人学的视角揭示教育的本质，这应当成为教育本质研究的最主要的本质使命。"④ 这一观点不仅强调了教育的主体是人，而且指出教育的本质是教育主体通过主动建构完成个体发展。

哲学视角。李小鲁认为，教育不仅是社会文化传承的活动，而是一种唤醒人的生命意识、启迪人的精神世界、建构人的生存方式，以实现人的价值生命（人生价值）的特殊活动。⑤ 王啸在《教育本质新探》中提出，"教育本质即对自由的自觉追求"，"真正的教育不再仅仅以复制、再现社会为目标，而是以引导社会的发展、创造美好的社会为根本。教育对自由追求的自觉性由此可见一斑"。⑥ 徐春根认为，教育的本质乃是让人"作

---

① 李国庆、苏华锋：《教育本质问题新探》，《教育理论与实践》1999年第7期。
② 鲁洁：《教育：人之自我建构的实践活动》，《教育研究》1998年第9期。
③ 谢国忠：《教育的本质在于主体的自助性建构》，《教学与管理》2003年第33期。
④ 李炳煌：《教育本质研究的论争及其反思》，《求索》2005年第10期。
⑤ 李小鲁：《教育本质新探》，《现代哲学》2007年第5期。
⑥ 王啸：《教育本质新探》，《现代教育论丛》1999年第1期。

为一个完整的人，占有自己的全面的本质"，"使人更是人"的活动。① 教育最重要的是引出受教育者的精神来，教育的根本目的是培养人的精神世界。教育的本质是对人精神建构。②

教育学视角。2004 年王策三和钟启泉对应试教育向素质教育转型过程中的教育问题展开讨论后，张正江在《教育的本质：传授知识还是培养人？——与王策三先生商榷（续）》中再一次指出，"教育的本质是培养人，教育的目的是培养德、智、体、美全面发展的有创新精神和实践能力的人"③。

三、并非仅止于此的教育本质讨论

（一）并非本质的争鸣

教育本质讨论是中国教育史上重要的一幕，教育本质问题还会争鸣着继续存在下去。因为教育本质命题在教育研究中处于根本地位，任何教育研究和实践最终都无法回避对教育本质的预设。

教育本质讨论远不止于教育本质，这场讨论是时代的需要，也是教育领域拨乱反正的思想先锋。它不仅仅是一场学术争论，更是教育理论界的思想解放运动，是对教育问题的全面思考、检讨和沉思。这场讨论是中国思想解放运动在教育方面的必然折射。1978 年后，我国开展了"实践是检验真理的唯一标准"的讨论，这为人们探讨教育本质问题提供了思想前提。中国共产党确立了"解放思想，实事求是"的指导思想，果断停止"以阶级斗争为纲"的口号，作出了把工作重心转移到社会主义现代

---

① 徐春根：《教育的本质刍议》，《广西教育学院学报》2004 年第 2 期。
② 樊亚奎：《对教育本质的重新思考》，《洛阳师范学院学报》2002 年第 4 期。
③ 张正江：《教育的本质：传授知识还是培养人？——与王策三先生商榷（续）》，《教育发展研究》2005 年第 3 期。

化建设上来的战略决策，这为人们探讨教育本质问题提供了实践依据。社会的转型给教育理论工作者反思和批判"文化大革命"期间的教育带来了机遇，迫使人们对我国的教育进行重新思考与定位。

这场争论前期的焦点是"教育是不是一种上层建筑"，后期着重于对教育本质研究的思考。关于教育是不是上层建筑的争论，是教育理论史上的重大贡献，纠正了原有的对教育的认识，打破了原来的教育本质大一统格局，促进人们进一步思考和研究教育与社会及与人的发展的关系。这场运动的真正意义不仅在于通过教育本质百家争鸣的过程，形成了百花齐放的教育本质观，更重要的是提高了教育理论的自我反思能力和自觉性，实现了教育的自我批判和自我超越，推动了我国教育的不断发展。这场讨论影响到教育改革的方针、政策的制定，使教育由过去单纯为政治服务转移到为社会主义现代化建设服务的方向上来，同时又能兼顾到教育的政治功能、经济功能和文化功能等各种社会功能的协调与统一；同时也影响到学校教育制度、教学方法、学校教育目的以及学校课程等微观方面的改革与发展。

无论是从外部属性还是从内部属性出发，持续了30年的教育本质争论，其实质是从探讨教育本质出发而引发的一场教育属性或者说教育本质属性的论争，但又不仅仅如此而已。这场争论涉及教育目的、规律、价值、功能、定义、研究教育本质的逻辑起点等基本理论问题，积累了对这些教育基本问题的学术研究成果，剖析和剥开了包裹教育本质的层层厚茧，清晰了研究的层次性，建构了研究的系统性。因为教育是一个有诸多关联的存在，所以教育本质并不是一座意义的孤岛。

（二）两种属性的缠绕

教育本质争鸣既然探讨的是"教育属于什么"，自然就是教育属性或教育本质属性之争，而非教育本质之争。问题是教育的属性到底是什么？它为什么会把人们对教育本质的思考引导到教育属性上来呢？

教育规律是教育内在的本质的联系，包括教育与社会相互制约的规律

（外部规律）、教育与人的发展相互制约的规律（内在规律）。教育两大规律规定了教育的两类属性及其功能——教育与社会（生产力、经济基础、政治等）相互制约的规律规定了教育的外在属性和社会发展功能，教育与人的发展相互制约的规律规定了教育的内在属性和人的发展功能。教育本质是与教育内在属性紧密相关的存在。

教育的外在属性是指源于教育外部规律、与影响教育的各种社会要素紧密相连的属性，主要包括教育的生产属性、经济属性（指经济基础）、政治属性。教育的内在属性是源于教育内在规律、与教育内部各要素紧密相连的属性，主要指人的发展属性。教育的内在属性和外部属性彼此依赖并相互作用。

1. 教育的生产属性

教育的生产属性源于教育与生产力相互制约的规律。生产力是教育发展的物质基础；生产力发展水平制约教育目标、教育内容和教育手段；制约教育事业发展的规模、速度和学校结构等。教育能够把潜在的生产力转化为现实生产力，实现着科学知识的再生产和科学创新。生产力的发展水平对教育的制约作用形成了教育"五新"的生产属性：社会化生产提出劳动者价值—规范文化方面的新需求，这种需求高于技术文化的需求；工场手工业本身没提出教育需求，导致片面发展并激发了通过普及教育保护劳动能力的新动机；生产社会化的结果产生了管理、调节、监督生产过程的新职能，产生了管理人员与一般劳动者的分离和对立；生产社会化使教育劳动带有生产劳动的新属性；个体劳动到社会劳动过渡的实现，教育领域完成了个别教育到集体教育的转变，产生了新的组织形式。①

"教育的生产力说"就是把教育本质等同于教育的生产属性了，这种说法显然值得商榷。

2. 教育的经济属性

教育的经济属性源于教育与经济基础的相互制约规律。经济基础制约

---

① 陈桂生：《教育原理》，华东师范大学出版社 2000 年版，第 87—176 页。

教育的社会性质和受教育者的权利，同时也在一定程度上部分制约着教育目的（价值观和人格品质规定）和内容。教育对经济基础具有复制、强化、生产或消解的作用。就受教育机会的分配而言，平等是教育的经济属性之一。教育平等包括教育权利平等、教育机会平等和学业成就机会平等三个有递进性的阶段和内容。

3. 教育的政治属性

教育的政治属性源于教育与政治相互制约的规律。政治制度制约着教育目的和内容，决定着领导权和受教育权；教育通过培养具有一定政治态度和思想意识的人来维护、巩固一定的政治制度。政治对教育的调控方式主要有三种形式，并依次形成不同的教育行政管理体制：中央集权制（国家倾向）的教育行政体制、放任制（个人自由倾向）的教育行政体制和地方分权制（国家倾向＋个人自由）的管理体制。在不同的社会状态和要求下，教育的政治属性有三种表现形式：作为阶级斗争工具的教育、作为革命或改良工具的教育、作为阶级统治工具的教育。

很显然，"教育的上层建筑说"是把教育本质等同于教育的经济属性和政治属性了，这种说法同样不成立。

4. 教育的人的发展属性

教育的人的发展属性是教育的内在属性，源于教育与人的发展相互制约的规律。生理学和心理学认为，教育是促进人的身体和心理连续不断地发展变化的手段；社会学期待教育成为人的社会化的途径；教育学主张教育乃成人之学和向善之学。无论从哪个角度看，对于教育的期待都离不开人的向善取向的发展。除了遗传和社会环境之外，教育是影响人的发展最重要的因素和途径。这里的"人"包括了群体的人和个体的人，教育的人的发展属性包括教育的人口素质提升属性和个体身心健康成长属性。

教育的人口素质提升属性是由教育提升群体人素质的使命和功能决定的。人口是指在一定社会中，集居在一定地区生活的人的群体，是人类社会的基本要素，不是单个的个体和抽象的人。人口的数量、质量和结构制约着教育，同时人口数量控制的自觉性、人口质量提升的程度都必须通过教育来完成，并对教育不断提出新的要求。

促进个体身心健康成长是提升人口素质的必由途径，也是教育的本质使命，主要包括个体谋生价值和个性发展价值。个体的健康成长指个体在成长过程中，在教育的帮助下达到这样的结果：身体健康、心理健康、德性健康，并具有良好的社会适应性。生命成长的属性对教育提出了很多很高的要求——遵循人的身心发展的顺序性和阶段性规律，教育就应该循序渐进，不凌节而施，并且要区别对待人的发展的不同阶段；遵循人的身心发展的不均衡性规律，教育要了解人的成熟期并抓住关键期；遵循人的身心发展稳定性和可变性规律，从而选择、确定和更新教育内容与方法；遵循人的身心发展个体差异性规律，教育要因材施教。尊重人、研究人、发展人，这就是教育始终追求的。但这一本质属性并不是孤单的和孤立的，它与教育的外在属性相连，这是一个同心圆结构。

教育的"社会实践活动说"、"培养人说"、"自我建构说"等是把教育本质等同于教育的内在属性了。这种说法才是探讨教育本质的正途，因为它试图抓住教育内在的、稳定的和一贯的结构。

综上所述，把教育属性当做教育本质，是一种误会和混淆。教育本质是与教育内在属性即人的发展属性相连的，教育本质的实质就是教育是什么。

（三）教育定义的厘定

教育定义是对教育生活和教育活动的概括。它的变化标志着社会、文化的变迁在前，也预示着其后将发生的教育内部的系列变化，内容的、方法的、关系的。定义教育的主体可能主要有两类，一是法定机构和文化认可的教育专家小组，二是教育思想家和实践者的个人体会。前者称为官方或正式定义，后者称为专家个人定义。对教育定义的角度主要也有两类，即社会角度的定义和个体角度的定义。前者认为教育是培养人的一种社会活动，后者倾向于把教育看做是个体学习或发展的过程。不同的主体、不同的视角就有不同的教育定义。

1. 教育是"培养"

教育是与抚育、培养新生一代有关的、"使人向善"的特殊的社会活动。这一定义在漫长的发展过程中，在整个农业文明和工业文明时代，基本上没有实质性的变化，一直保持着上对下、老对少的权力和"使子作善"的原始含义。目前，比较权威的《中国大百科全书·教育》对教育的定义是："广义的教育指凡是增进人们的知识和技能、影响人们的思想品德的活动，都是教育；狭义的教育指学校教育，是教育者根据一定社会要求，有目的、有计划、有组织地对受教育者的身心施加影响，把他们培养成为一定社会所需要的人的活动。"① 叶澜认为："教育是有意识的以影响人的身心发展为直接目标的社会活动。人包括各个年龄阶段的人；影响包含正反两种可能存在的影响。"② 而洪宝书先生的定义则更像是外铄论的观点："教育是有目的、有计划的向受教育者传授各种文化知识、科学技术、思想观念、道德修养等知识和素质的文化活动。"③ 很多类似的定义，千变万化不离其宗：教育是一种培养人的社会活动。

2. 教育是"传授"

1976年，联合国教科文组织批准的《国际教育标准分类法》对教育的定义是："本标准分类的'教育'不是广义的一切教育活动，而是认为教育是有组织地和持续不断地传授知识的工作。"④ "传授"指在两个或两个以上的人中间建立一种转让"知识"的关系，是给予与获得的关系。这种传授可能是面对面的，也可能是间接的、远距离的。"有组织的"指有一个组织学习的教育机构和一些聘来的教师，按一定的模式，有计划地确定目标和课程，有目的地组织传授工作。"持续不断"指学习的过程要经常和连续。"知识"指人的行为、见闻、学识、理解力和态度、技能及人的能力中任何一种可以长久保持的东西，即文化。

---

① 《中国大百科全书·教育》，大百科全书出版社1985年版。
② 叶澜：《教育概论》，人民教育出版社1991年版。
③ 洪宝书：《教育本质与规律》，成都科技大学出版社1992年版。
④ 转引自陈桂生：《教育原理》，华东师范大学出版社1993年版，第193—194页。

这一定义的核心仍然是学校教育，但其外延拓宽了。这次教育定义的改写发生在以终身教育为核心的社会教育的发轫之时。它重新定义了教育对象的范围和教育的时空定位坐标，肯定了学校之外的教育对人发展的价值，意欲作出教育从中心地带（学校）到边缘地带（社会）的领域扩展，把教育机构群从传统意义上的家庭、学校扩展到社会机构甚至大众传媒手段在内的现代综合体。在本质意义上，它表明教育民主化程度的进步。

3. 教育是"交流"

终身教育自从 20 世纪 70 年代兴起之后，至今仍开展得如火如荼，方兴未艾。非制度化教育的地位日渐上升，形成了与学校教育平行的独立体系。在这一背景下，人们越来越多地用人本主义眼光思考教育的定义和使命。联合国教科文组织于 1997 年 8 月 8 日在巴黎召开的第 29 届大会上批准的《国际教育标准分类法》中，这样定义教育："教育指专为满足学习需要的各种有意识而系统的活动，包括文化活动或培训，教育是导致学习的有组织的及持续的交流。"对其中的几个关键词理解如下："交流"指涉及两个人或更多人之间的信息转移关系；信息包括消息、思想、知识、策略等；交流可分为言语的或非言语的、直接的或间接的、面对面的或远距离的，可有各种各样的途径及媒介。"学习"指个人在行为、信息、知识、理解力、态度、价值观或技能方面的任何进步与提高。"有组织的"指为达到明确目的或隐含目的而精心策划的一种模式或程序，它包括开展交流所需的学习环境和教学方法的提供者。提供者可为一个人或多个人或一个机构。教学方法的提供者一般是指以教学为目的而从事交流或传授知识和技能的人；但也可以是间接的无生命的东西，如计算机软件、电影、磁带等。"持续的"指学习经验的积累要有一段持续时间和连续性，但未规定最少持续多长时间。

联合国的文件对什么不是教育也做了详细说明。《国际教育标准分类法》包括人在进入劳动力市场之前所受的若干阶段的在校教育以及贯穿人的一生的继续教育。它所说的教育包括按照各国的情况确定的各种教育课程及各类教育，如普通教育、成人教育、正规教育、非正规教育、初始教育、继续教育、远距离教育、开放教育、终身教育、部分时间制教育、双元制教育、学徒制教育、技术职业教育、培训和特需教育。但不包括不以导致学习为目的的交流，也不包括没有组织的各种学习形式。所以，虽然教育都与学习有关，但有许多学习形式不被认为是教育。如作为另一件事的副产品而发生的偶然的和随意的学习（某个会议期间产生的某种想法）就不被认为是教育，因为它不是有组织的，即它不是产生于以导致学习为目的的有计划的干预。

当代文化大融合需要的，首先便是开放、慷慨、关心他人的精神。教育定义的广延性昭示着这种精神。这一定义以史无前例的胸怀囊括了各级各类教育，打破了教育的封闭状态，扩大了工作范围和时空意义。在空间意义上，为教育在家庭、学校和社会的开展作出了详尽的解释。随着制度化教育独占教育舞台时代的被打破，非制度化教育得到真实的浮现和成长的机会。教育正在变成生命本身享用和发展需要的一部分，人们正在努力建立起开放的、描叙的、阐释的、兼容的教育沟通模型和有效教育秩序。

4. 关键词的变化

教育定义中的传统术语受到挑战，出现了许多与信息技术有关的新的术语，如经验、建构、交往、交流、互动、讨论、互识、共识、共享等与沟通有关的术语。从"培养"到"传授"，从"传授"到"交流"等几个关键词的变化预示着一系列微妙变化的玄机。

以"培养"作为关键词的教育类似于"脱坯"，受教育者是等待被放入坯模子中的一块不会动的泥巴，它形象地比喻出单向制约关系下学生长期被管制的生活状态，很少享受到行使正当权利所带来的愉悦，因而也无法形成与权利相等的责任意识和行为习惯，无法健康地形成"自强"、"自律"的意识和习惯，无法养成成熟、坚定的社会责任感和个人人生信念。

"传授"把意义理解构筑在听觉文化和复制文化的基础上，忽视了受教育者的需要和意志（这种忽视可能是无可奈何的，也可能是有意的，教师有着或大或小的责任），只是利用教育中固有的权力，将教育内容、教育方法以灌输的形式强加给学生，后者悄无声息地等待着并接受着。

以"交流"作为定义教育的关键词，预示着沟通现象或多或少地存在于教育之中，意味着受教育者人格尊严的回归。伙伴关系的出现和自主精神向教育的渗透，表明教育和沟通在逐渐接近，教育的有效属性正在凸显，沟通与教育在某一特定时期（即指出现了教育本质属性发育成长的社会条件和环境）将具有同质性。

所以，教育是一种以沟通和服务为媒介的促进人的健康成长的专业活动，这就是教育的本质。服务于人的健康成长是教育服务于社会的基础，因为个人健康成长之最终的受益者是社会。在这一意义上，教师为社会服务，学生为社会服务，教育也是通过个体人和群体人的力量发挥对社会的影响和服务于社会的民主繁荣。

参考文献

1. 陈桂生：《教育原理》，华东师范大学出版社 1993 年版。

2. 洪宝书：《教育本质与规律》，成都科技大学出版社 1992 年版。

3. 孙喜亭：《教育原理》，北京师范大学出版社 2003 年版。

4. 瞿葆奎、郑金洲：《教育基本理论之研究（1978—1995）》，福建教育出版社 1998 年版。

5. 叶澜：《教育概论》，人民教育出版社 1991 年版。

6. 朱德全、易连云：《教育学概论》，西南师范大学出版社 2003 年版。

7. 《中国大百科全书·教育》，大百科全书出版社 1985 年版。

8. 樊亚奎：《对教育本质的重新思考》，《洛阳师范学院学报》2002 年第 4 期。

9. 洪宝书：《关于教育本质的理论研究》（上、下），《高等教育研究》1991 年第 2 期、第 3 期。

10. 孙侠、邬智：《教育本质论争的回顾与思考》，《当代教育论坛（校长教育研究）》2008 年第 2 期。

11. 柯领：《教育本质的新视角——对当代教育本质学说的批判与超越》（上、下），《教育科学论坛》2001 年第 2 期、第 3 期。

12. 鲁洁：《教育：人之自我建构的实践活动》，《教育研究》1998 年第

9 期。

    13. 李炳煌：《教育本质研究的论争及其反思》，《求索》2005 年第 10 期。

    14. 李小鲁：《教育本质新探》，《现代哲学》2007 年第 5 期。

    15. 刘智运、胡德海：《对教育本质的再认识》，《北京大学教育评论》2004 年第 4 期。

    16. 李伟言、王卓：《教育本质问题新探》，《国家教育行政学院学报》2007 年第 9 期。

    17. 李国庆、苏华锋：《教育本质问题新探》，《教育理论与实践》1999 年第 7 期。

    18. 刘煜、张烨、田大海：《关于教育本质问题大讨论的历史影响》，《湖北民族学院学报》（哲学社会科学版）2002 年第 1 期。

    19. 王啸：《教育本质新探》，《现代教育论丛》1999 年第 1 期。

    20. 谢国忠：《教育的本质在于主体的自助性建构》，《教学与管理》2003 年第 33 期。

    21. 徐春根：《教育的本质刍议》，《广西教育学院学报》2004 年第 2 期。

    22. 杨银付：《教育本质研究之研究》，《华东师范大学学报》（教育科学版）1994 年第 4 期。

    23. 袁小鹏：《教育发展变革与教育本质论的演变》，《湖北大学学报》（哲学社会科学版）2006 年第 6 期。

    24. 张巽根：《教育本质探讨中诸方法和结论的商榷》，《教育研究》1992 年第 7 期。

    25. 张巽根：《教育本质问题探讨：局限与突破》，《教育研究》1994 年第 12 期。

    26. 郑金洲：《教育本质研究十七年》，《上海高教研究》1996 年第 3 期。

    27. 张正江：《教育的本质：传授知识还是培养人：与王策三先生商榷（续)》，《教育发展研究》2005 年第 3 期。

"三个面向"——
30年教育改革的战略方针

余清臣

    教育是具有全局性、先导性、基础性的社会事业,社会的发展离不开教育事业的发展。"文化大革命"结束以后,教育事业重新得到重视和发展。但是,在改革开放初期的一段时间内,教育改革和发展并没有形成明确的方向。在这种背景下,邓小平同志在深刻洞察社会发展趋势的基础上,提出了教育要"三个面向"的战略方针,为30年来我国的教育改革与发展指明了根本的方向。30年来,我国教育事业的改革和发展不断地提高着我国教育事业的现代化、国际化程度,并不断满足未来社会发展的需要。

一、"三个面向"的提出与北京景山学校

    1983年9月10日,这一天对时任北京景山学校校长的贺鸿琛来说,注定是一生中最不平凡的一天。当天,贺校长上班后不久就收到了"邓

办"送来的一份珍贵的礼物——"三个面向"的题词①。激动的贺校长立刻召集全校教师，并邀请北京景山学校主要创办人童大林（曾任中宣部秘书长、办公室主任）、敢峰（北京景山学校首任校长）以及市、区教育局领导、记者，举行了简单而隆重的集会。贺校长面对大家高声诵读："教育要面向现代化，面向世界，面向未来。邓小平一九八三年国庆节书赠景山学校。"会场在短暂的寂静后，掌声雷鸣，经久不息。9 月 11 日，全国各大报纸都在第一版最显著的位置刊登了邓小平的这一题词。邓小平为北京景山学校的这一题词当时就引起了强烈的社会反响，这种反响的强烈程度除了因为邓小平本人的特殊身份之外，还源于北京景山学校在中国教育界的地位和影响。实际上，选择通过为北京景山学校题词的机会来提出"三个面向"这一重大战略方针并不是偶然的。

北京景山学校是中宣部、北京师范大学和北京市东城区委在 1960 年春共同创办的教改试验学校，并作为直属学校由中宣部直接领导。创办的原因是时任国务院副总理的陆定一当年代表中央和国务院作了《教学必须改革》的报告，毛泽东主席表示凡是重大的改革必须先经过实验，为此，由中宣部牵头专门成立了进行教改试验的景山学校。这种体制使北京景山学校获得了极大的办学自主权，从成立开始就进行过学制、课程、教

① 贺鸿琛、刘锋：《"三个面向"：从教育拓向中华民族的伟大复兴》，见范禄燕、贺鸿琛：《开辟中国教育新航道：邓小平"三个面向"题词发表二十周年纪念文集》，人民教育出版社 2003 年版，第 576—577 页。

材、教法、考试、劳动教育等方面的综合整体改革实验；进行过半工半读的实验；也进行过从小学一年级开设外语课的实验①。实际上，景山学校进行的这些实验是对传统中小学教育进行整体的、结构性的变革。但是，这种实验活动因"文化大革命"而中止。粉碎"四人帮"之后，景山学校开始逐步恢复教改试验。到 1983 年，景山学校开展的教育教学实验从单项改革实验发展到进行中小学教育全面改革的新阶段。这个时候，景山学校的改革遇到了新的困惑——全面改革按什么方针来进行。为此，贺鸿琛校长想请邓小平以题词的形式予以指示。正是在这个背景下，邓小平为景山学校题写了"三个面向"。这不仅是对景山学校的指示，也是对全国新时期教育改革方向的指示，是新时期的教育改革和发展的战略方针。

二、"三个面向"提出的时代背景

"三个面向"是邓小平根据世界新技术革命和国内现代化建设的形势，针对当时我国教育同社会主义现代化建设严重不适应的状况而提出的教育改革与发展的战略方针，完全建立在对国内外形势的深刻洞察以及对教育与社会发展关系的深刻认识基础之上。

（一）"三个面向"提出的国内背景

"三个面向"的提出首先面对的是蓬勃发展的国内形势。在当时，中国教育发展到一个重要的历史关头，教育教学的秩序基本恢复，各项教育事业走上了正常的轨道。但是，教育事业如何进一步改革和发展，如何为新的社会经济发展做出更大的贡献，如何借鉴国内国际教育改革的经验，

---

① 刘然、郭洪波：《在"三个面向"题词指引下——记北京景山学校教改实验》，《人民教育》1993 年第 10 期。

这些战略性的问题还没有一个比较清晰的回答。

新中国成立以来，我国的教育经历了曲折的发展历程。新中国成立初期，社会主义建设在教育领域也取得了重大成就，学校体系得到整合，课程内容得到更新，师资力量得到加强，这一切都显示着教育正向好的方向发展。但是，"文化大革命"以来，特别是"四人帮"炮制了以"两个估计"（文化大革命前 17 年教育战线是资产阶级专了无产阶级的政，是黑线专政；知识分子的大多数世界观基本上是资产阶级的，是资产阶级知识分子）为中心的《全国教育工作会议纪要》之后，教育事业陷入一个更加混乱的时期，原有的教育体制逐渐瓦解，广大教育工作者被严重迫害。粉碎"四人帮"之后，邓小平创造性地坚持和发展了马克思主义和毛泽东思想，"实践是检验真理唯一标准"命题的提出和围绕着这个标准问题进行的广泛讨论，体现了国家意识形态和各项社会事业领域内的拨乱反正，也为新时期的教育改革与发展奠定了坚实的思想基础和理论前提。

新时期的中国面临着如何推进社会主义现代化建设的重大问题。对社会主义建设路线的拨乱反正使全国上下面临着建设社会主义和实现现代化的紧迫性，如何为社会主义现代化建设铺路是当时需要解决的重大问题。正是在这个背景下，邓小平首先意识到知识和人才的重要性，于是在 1977 年 5 月提出要"尊重知识，尊重人才"。当谈及党的十二大提出的到本世纪（20 世纪）末"翻两番"的目标时，邓小平提出三个战略重点："一是农业，二是能源和交通，三是教育和科学。"他高屋建瓴地强调指出："搞好教育和科学工作，我看这是关键，没有人才不行，没有知识不行。'文化大革命'的一个大错误是耽误了十年人才的培养。现在要抓紧发展教育事业。"[①]

新时期的中国教育呼唤教育发展战略方针的明晰。在"文化大革命"结束后的教育界，一场关于教育方针的争论正在进行，争论双方的焦点是回到 17 年时期还是要超越 17 年时期。一部分人认为解放后到"文化大革

---

① 《邓小平文选》（第三卷），人民出版社 1993 年版，第 9 页。

命"前的 17 年时期的教育方针还是正确的,"文化大革命"中有关教育工作的指示是对 17 年教育方针的背离,因此教育战线要拨乱反正就要返回到 17 年时期的教育方针。也有一部分人认为,17 年的教育方针尽管是正确的,反映了当时社会发展和国家建设的客观要求,但是并不完善,尤其是面对"文化大革命"结束后国内和国际经济社会发展的新形势,17 年的教育方针有不适应的地方,因此需要提出新的教育方针。

(二)"三个面向"提出的国际背景

"三个面向"的提出,不仅有着国内社会经济发展的宏观背景,而且还有着更加宏观的国际背景。对"三个面向"国际背景的追寻可以从第二次世界大战后开始。第二次世界大战后,西方各主要国家都进入到一个新的发展阶段,工业社会进入一个比较高级的阶段,知识社会、信息社会、后工业社会等概念开始提出;西方社会的教育事业发展迅速,义务教育年限普遍延长,高等教育逐渐进入大众化阶段;新兴的媒体和技术开始进入学校领域,教育教学的技术革命正在展开;教育事业逐渐得到国家层面的重视,从一种公共事业转变为一种国家事业,成为政治家们谈论的政治议题等。在这种国际背景下,"三个面向"的提出,反映了国际上特别是发达国家教育改革的一般趋势。

第二次世界大战以后,随着第三次科技革命的兴起和相对和平的国际环境的形成,世界各国开始着重发展自身的科技和教育事业,为现代化积累知识和人才。就美国的情况来说,1958 年颁布的国防教育法就是作为改革教育、加快人才培养的紧急措施推出的,直接的起因是美国因苏联率先发射卫星而感到恐慌①。美国在 20 世纪 60 年代对课程、教育机会、高等教育质量的改革,20 世纪 70 年代因学生缺乏社会适应能力和基础训练而进行的改革,20 世纪 80 年代早期因担忧教育质量而进行的课程改革,都表明世界科技、经济的发展态势都促使美国在教育质量、课程、教学方

---

① 吴式颖:《外国教育史教程》(缩编本),人民教育出版社 2003 年版,第 464—465 页。

式等方面进行改革。同样的趋势在英国、法国、德国、日本以及苏联等国家的教育发展中也非常明显，这些国家的情况共同表明，以促进社会快速发展为根本目的的教育改革势在必行。只有真正以促进社会发展作为教育发展战略方针的出发点，教育才能真正实现飞速发展。

三、"三个面向"的科学内涵

"三个面向"不是三个片断的表达，而是一个整体的思想。在这个战略方针中，"教育要面向现代化"是中心，是新时期我国教育发展和改革的出发点和立足点。它表明教育的发展要为社会主义现代化建设服务，落后的教育发展水平和现代化建设对教育日益增长的需要之间的矛盾是新时期教育发展所要面临的主要矛盾。但是，只有"面向现代化"还不能完整地指示我国教育发展的战略方向，因为孤立的现代化并不能表明教育发展在空间和时间上的水平定位。因此，教育发展还要关注世界和未来，还要有世界眼光和未来意识。一方面，我国的社会主义现代化不能是夜郎自大式的封闭的现代化，而应该是赶超世界先进水平的现代化，是在充分学习和借鉴其他国家现代化经验的基础上的现代化。另一方面，我国的社会主义现代化不是有固定终点的现代化，而应该是着眼于创造未来的现代化，是时刻不遗余力地寻求社会和个体发展的现代化。整体上说，"三个面向"是对教育要为社会主义现代化建设服务这一教育功能的充分表达。"三个面向"要求教育面向世界水平的、着眼于未来发展的现代化建设，这也是邓小平教育思想和有中国特色社会主义理论的重要组成部分。"三个面向"并不是一个封闭的思想体系，而是一个开放的思想系统。

（一）教育要面向现代化

《辞海》对"现代化"的解释是：从不发达社会到发达社会的过程和

目标。作为过程，其首要标志是用先进科学技术发展生产力，生产和消费水平不断提高，社会结构及政治意识形态也随之发生积极的变化。作为目标，它是一般以当代发达社会为参考的先进科学技术水平、先进生产力及消费水平。教育要面向现代化从根本上讲就是要为提高科技水平、发展生产力服务。在我国，教育要面向现代化要具有以下内涵：

1. 教育要为我国社会主义现代化建设服务

从现代化的定义来看，现代化只是代表着一种变化，代表着从不发达到发达的变化。现代化本身并没有固定的方式和方法，西方有西方的方式和方法，我国也有自己的方式和方法。正如未来学家托弗勒所说，现代化如一棵开满了鲜花的树，它有无数通向未来的枝丫。而且，现代化对一个社会来说，所包含的范畴很广，除了科技与经济的现代化外，还有社会结构和政治意识形态等方面的现代化。所以，现代化不仅是生产力的现代化，而且是生产关系的现代化，同时也是民族素质的现代化。从这里来看，我国的教育发展要面向的是我国社会主义现代化建设，这包含两个层面的意思。

一方面，新中国成立以来，我国对实现现代化的追求经历了一个长期的过程，逐步形成了我国对现代化过程的独特理解。中共中央在 1953 年提出的过渡时期总路线这样表述："从中华人民共和国成立，到社会主义改造基本完成，这是一个过渡时期。党在这个过渡时期的总路线和总任务，是要在一个相当长的时期内，逐步实现国家的社会主义工业化，并逐步实现国家对农业、对手工业和对资本主义工商业的社会主义改造。"这是新中国对现代化的最初理解。到了 1975 年，周恩来总理代表党中央进一步提出了实现"四个现代化"的伟大目标，使我国的现代化建设有了具体的方向。到了 1978 年，邓小平在全国科学大会上明确指出："在 20世纪内，全面实现农业、工业、国防和科学技术的现代化，把我国建设成社会主义的现代化强国，是我国人民肩负的重大历史使命。"[1] 这些都表

---

[1]《邓小平文选》（第二卷），人民出版社 1994 年版，第 85—86 页。

明，我国对现代化建设这一过程逐步形成了独特的理解。

另一方面，我国教育发展面向的现代化必须是我国自身的现代化。虽然现代化是一个国际趋势，但是每个国家都有着自己不同的理解，这种差异主要表现在现代化的范畴、现代化的重点、社会结构现代化的方式以及意识形态的现代化方向等方面。我国是一个社会主义国家，是一个工业基础比较薄弱的农业大国，我国在社会主义初级阶段实行的是以公有制为主体，多种所有制经济共同发展的基本经济制度。这些都是我国现代化建设的基础，我国要建设现代化必须着眼于我国的国情。所以，现代化不是西化，这是邓小平着重指出的观点："我们脑子里的四化是社会主义的四化。他们只讲四化，不讲社会主义。这就忘记了事物的本质，也就离开了中国的发展道路。"①

2. 教育要面向以信息化为基本特征的新技术革命

现代化确实会体现在很多层面之上，如经济、政治、文化等。但是，从社会发展的路径来看，生产力是最根本的动力，而对生产力能产生最根本影响的因素是科学技术，因此教育要面向以信息化为基本特征的新技术革命。在这里，有两个方面需要明确：

一方面，科技现代化是现代化建设的最根本动力。从人类社会发展的历史来看，人类社会的每一次进步都根源于重大的技术革命。以蒸汽机的发明和使用为标志的第一次技术革命，催生了机器大工业时代的人类社会；以电气化为标志的第二次技术革命，催生了电力时代的人类社会；以原子能、电子计算机和空间技术的发展为主要标志的第三次技术革命，使人类社会进入到了信息化时代。这三种不同时代的人类社会在社会结构、人际关系以及个人价值观方面都存在着截然不同的特点。实际上，教育要面向现代化，从最根本上就是要求教育要关注和推进新的技术革命。

另一方面，信息化是当今教育所要面向的新技术革命的基本特征。现代社会的科技已经发展到一个信息化的时代，人类社会也开始展露出知识

---

① 《邓小平文选》（第三卷），人民出版社 1993 年版，第 204 页。

社会的基本特征。20 世纪中叶以来，第三次科技革命使人类对物质世界的认识扩展到高速和微观领域。信息论、控制论、管理学等学科成为新的显学，信息技术开始全面渗透到社会发展的各个层面，特别是网络出现之后。因此，教育要面向新的科技和信息化浪潮，要以发展信息化时代的科学技术为基本任务。

3. 教育自身要现代化

现代化的社会需要现代化的教育，只有现代化的教育才能促进现代化社会的发展。教育要面向现代化，也必须面向自身的现代化。教育的现代化主要体现在教育理念、教育内容和方法、教育制度等方面。

首先，教育要不断更新理念。教育理念是教育实践的根本指导思想，主要体现在对教育内涵、教育目标、教育功能等基本问题的理解上。在现代社会，教育已经不再是灌输的手段，也不是教化的工具，而是一种互动，是社会与个人的互动。在互动中，个体实现与社会的双向交流。在教育目的上，教育不再是简单地传递知识，而是要着眼于培养学生的创新精神和实践能力，要学生掌握生产知识的方法。在教育功能上，教育不再只是社会结构再生产的机制，而且还是个体追求完满生活的途径。这些方面的变化都是教育理念现代化的基本内容。

其次，教育要不断更新其内容和方法。教育理念的创新势必要求教育内容的变化，社会与个人互动的教育需要教育内容具有个体参与的空间，需要具备个体选择的余地。着眼于培养学生创新精神和实践能力的教育内容必定更频繁地走进实践，也必定留足学生自主探讨的空间。教育内容不仅要关注社会对个体的要求，而且还要为完善个体生活服务。教育内容的转变也必然带动教育方法的变化，教育要逐渐抛弃以学生被动接受为基本特征的方法，要转向以发挥学生主体性为基本特征的方法。

最后，教育制度也要创新。教育作为一种社会事业，本身也是包含着各种教育机构的庞大体系。这个体系在以往暴露出很多问题，如本身比较僵化，没有给予职业教育以足够的关注，没有与终身教育理念相适应的教育机构和系统等。这些都要求教育制度要创新，要增强整个体系的弹性，要改变以往过于偏重学术教育的取向，要创建与终身教育相配套的机构与系统。

（二）教育要面向世界

教育要面向世界就是说教育的发展要着眼于世界的形势，要从世界性全局出发定位教育发展的方向，并从世界范围内寻找教育发展的资源，最终从世界水平来衡量教育发展的程度。从这个方面来说，教育要面向世界就包括五个方面的内容：第一，教育要直面全球化趋势；第二，教育要培养学生的国际视野；第三，教育要吸收和借鉴别国的成功经验；第四，教育要通过国际交流进行人才培养；第五，我国教育要达到世界先进水平。[①]

1. 教育要直面全球化趋势

信息科学技术使整个世界的沟通越来越便利，联系也越来越紧密，世界也变得越来越小，整个世界俨然成为一个鸡犬相闻的村落。全球化所指的就是这个趋势，在信息科技的推动下，整个世界成为一个整体。因此，现代化的教育要面向这种全球化的趋势，迎接全球化带来的竞争和合作。

一方面，全球化使国际教育竞争更加激烈。当今世界是一个竞争的世界，各国都努力在社会发展上占据上风。这种竞争虽然直接体现在经济、科技和文化方面，但是这也导致了作为经济、科技和文化发展动力的教育卷入竞争之中。各国都意识到，经济、科技的竞争，归根到底是人才的竞争，是教育质量的竞争，如何培养能够参与并赢得国际竞争的人才是每一个国家都关注的重大问题。从美国因苏联发射卫星就通过向教育加大投入的国防教育法的事例也可以看出，教育是国际竞争的一个重要方面。

另一方面，全球化使国际教育交流日益密切。一体化的世界会面临众多共同的问题，如环境、能源、战争等。这些问题的解决在根本上有赖于

---

① 参见孙维炎、方茂田、王全火主编：《邓小平教育理论与实践研究》，对外经济贸易大学出版社 1999 年版。

新型人才的培养，这是全世界都需要共同面对的问题。在这个背景下，全球化又促进了各国在教育上的交流和合作，以此来加强对共同问题的认识和解决。在国际教育交流中，教师与学生的交流越来越频繁，校际合作也越来越广泛，国际教育学术会议也得到了更多国家的关注和支持。

2. 教育要培养学生的国际视野

当今世界是一个一体化的世界，是一个相互紧密联系的村落，这就要求为促进社会发展而培养的人才不能目光狭窄，要具备国际视野。学生的国际视野主要体现在两个方面：一是培养学生要按国际水准来进行，并以此来评价学生的发展；二是让学生具有世界意识，成为一个兼具国际意识和国家意识的人。

在现代社会，培养学生要追求国际水准。学生的发展主要体现在德智体美等方面，每个国家在这些方面都有自己独特的理解。但是，在世界一体化的进程中，各个国家对这个问题的理解越来越呈现出一致性，这种一致性就是国际水准。教育要面向世界，必然要求教育按国际水准来实施学生培养工作，并以此作为衡量教育发展的尺度。

现代的学生需要具备世界意识，最终成为一个兼具国际意识和国家意识的人。一体化的世界要求每个成员都要为解决全球共同面对的问题贡献力量，这种要求对教育来说就是要培养具有国际视野的人。同时，一体化的世界并未从根本上取代各个国家，此时的国家是世界之中的国家。所以，一个良好发展的现代人必须兼备国际意识和国家意识，在中国就要成为一名面向世界的中国人。

3. 教育要吸收和借鉴别国的成功经验

教育是全世界共同关注的问题，具有相当高的国际性。而且，各国的教育要培养具有国际视野的人，都致力于让学生成为面向世界的本国人。这些都要求教育在面向世界的过程中，能够或必须吸收和借鉴别国的成功经验，以此来促进本国教育的发展。对一体化的世界来说，一个国家的成功经验也是全世界应该共享的经验。因此，教育在发展的过程中要在教育发展和管理中借鉴世界各国的成功经验。

由于世界各国在教育体系、教育功能定位、教育目的、教育内容组织等问题上存在着很多的相似性，这意味着教育发展也不能闭关自守，要积极借鉴外国成功的教育发展和管理经验。"二战"后，世界各国都在努力探讨教育发展道路的问题，一些国家还逐渐摸索出自身独特的发展模式。我国作为一个后发国家也正可以借鉴这些成功的经验，如强化国家管理、引入市场机制、加强职业教育等。对于一个深处开放世界中的国家来说，吸收和借鉴既有可能，又有必要。

4. 教育要通过国际交流进行人才培养

在对待人才的问题上，邓小平一贯坚持"走出去、请进来"的方针。教育面向世界，不能只躲在自己"家"里去面向，而应该走出国门去学习、交流，也应该请国外的人才来协助我国的人才培养。这是教育要面向世界的基本策略。

一方面，教育要面向世界需要中国人走出国门，学习世界的先进技术。不得不承认，我国的科技水平还和先进国家存在着很大的差距，教育也存在着比较明显的不足。因此，让国人首先走出去是一个比较切实的面向世界的战略，派留学生就是走出去的主要方式。派留学生的目的是广泛地学习世界各国的先进经验和科学技术，然后学成归国为社会主义现代化建设做贡献。为了创造合适的条件让留学生走出去再走回来，邓小平指示："希望所有出国学习的人回来。不管他们过去的政治态度怎么样，都可以回来，回来后妥善安排。这个政策不能变。告诉他们，要作出贡献，还是回国好。"[①]

另一方面，教育要通过国际交流进行人才培养的另一个方式是"请进来"。对教育事业来说，这里的"请进来"主要是把国外的专家请到中国来进行讲学和参与人才培养。缺乏科学技术人才问题的解决一方面需要派人出去学习先进的科学技术，另外一方面要学会通过引进专家来加快人才培养进程。新中国成立后，请进的苏联专家在为我国社会主义建设作出

[①]《邓小平文选》（第三卷），人民出版社1993年版，第378页。

贡献的同时，也为我国的科技人才培养作出了巨大的贡献。所以，"请进来"应继续被当做解决社会主义现代化人才培养的一项重要措施。

5. 我国教育要达到世界先进水平

教育要面向世界，最本质的一个内涵是我国教育的发展要达到世界先进水平，要发展出有中国特色、在世界上占据领先地位的教育体系。虽然我国有着悠久的历史，但是近代国家和民族的坎坷使我国的发展已经落后于世界先进国家。教育要面向世界就是要加快教育的发展，建设一流的学校，逐步让我国的教育跻身到世界先进水平的行列。在这方面，有三点需要明确：

首先，我国教育要达到世界先进水平首先需要继续深化教育改革。我国的教育自身还存在很多的问题，如教育理念、教育方式方法、教育内容、教育制度等。这些问题成为我国教育达到世界先进水平的障碍，教育要发展，首先就需要改革，只有通过改革破除了那些制约教育发展的滞后因素，我国的教育才能真正发展起来。

其次，我国教育要达到世界先进水平还要继续扩大国际交流与合作。国际交流和合作实际上是为了开拓我国教育发展可以利用的资源，这些资源除了世界各国的优秀文明成果以外，还包括教育发展和管理的成功经验。此外，国际交流与合作还包括人才的引进和派出，这两个方面共同构成了为我国现代化建设解决人才问题的一种重要方式。

最后，我国教育要达到世界先进水平还要摸索自己的道路。虽然面向世界要求教育要借鉴别国的成功经验，但这不应是简单的生搬硬套，而是创造性地借鉴。在借鉴中，要关注自身特色的生成，要立足本国实际，走出具有自身特色的教育发展之路。

（三）教育要面向未来

教育是面向未来的事业，当前教育培养的人才是要为国家未来发展服务的。教育要面向未来要求教育必须从自身特点和社会主义现代化建设长远目标出发，让现在的教育发展成果适应未来社会发展的需要。从根本上说，教育要面向未来就是要求教育发展要有长远的规划。

1. 教育要为创造未来社会服务

社会的发展速度影响着教育发展的时代定位，现代教育的发展必须为创造未来社会服务首先是由当代社会高速发展的现实决定的。在经历了三次技术革命之后，人类社会进入到一个高速发展的阶段。特别是在当前信息技术革命的背景下，人类社会更是获得了迅猛的发展。在这种时代背景下，靠传承历史和接纳现实已经不能足以让人们在社会中立足和发展了，因为过去的部分传统和经验已在飞速发展的社会面前逐渐丧失了可以继承和借鉴的基础。

在社会高速发展的背景下，当代教育的基本功能是创造未来。信息时代代表着一种革命性的变迁，人类社会在信息时代进入到一个全新的发展时期：社会的发展速度空前迅速；人类的信息总量剧增，"知识爆炸"特征日趋明显；科技更新速度加快；新兴产业不断涌现。这一切都使教育肩负着创造未来的责任，现代教育培养出的人必须具备创造未来的意识和能力。

总体上说，当代社会是一个飞速发展的社会，这种社会要求人们不能用老眼光来认识世界，不能靠经验来指导未来的发展，而应该向前看。

2. 教育要为其自身的未来发展负责

教育是一项长远的事业，教育要面向未来也要求当今的教育要为其自身的未来发展负责。具体来说，教育要为其自身的未来发展负责就是要求教育发展要有一贯性，教育发展战略方针的制定要有长远眼光。因此，教育要为其自身的未来发展负责有两个方面的具体要求：

一是预测未来教育的发展趋势是教育发展的前提。现代社会是一个飞速变化的社会，如果要在这样的社会中实现教育的发展就要求教育要少走弯路，要能在准确理解未来社会发展方向的基础上预测未来教育的发展趋势，然后根据这种预测制定我国教育发展的大政方针。对我国来说，在未来教育发展方向上首先要确认社会主义和共产主义的根本性质，这是理解未来教育发展趋势的根本。所以，教育要面向未来也包含着必须要抓住培养社会主义建设人才这一核心要求。

二是教育要根据未来教育发展的基本趋势来制定教育发展的战略。一般说来，未来教育要重点解决人力资源开发问题，要具有国际化和本土化的双重发展趋势，要为个体多样性发展预留空间，等等。这些基本特征要求当前的教育发展也要关注这些趋势，要从结构、制度、内容等方面来为未来教育的发展奠定基础，要根据这些趋势来制定教育发展的战略。

3. 教育为个人的未来服务

通常，教育要面向未来主要是指社会发展的未来。但是，就教育而言，这里还需增加个人的未来这一层面。教育的功能表现在社会与个体两个层面，而且现代化不仅是社会的现代化，而且也是个体的现代化。因此，教育的发展要为个人的未来服务，这层含义主要有两个方面：

一方面，教育要为个人未来的幸福生活服务。现代教育不仅是社会教化的事业，而且对个体来说也是个人追求未来、创造幸福生活的途径，教育要为个体的幸福负责。从个人来说，幸福是一种状态，是一种个人获得满足的状态。为了实现个体的这种状态，教育必须要关注个人的需要和追求，关注个人的成长。只有实现个人的完满发展，个人未来生活的幸福才有保证。

另一方面，教育要培养个体的全面素质，要进行多方面发展的教育。个人的完满发展，意味着个人的素质得到全面提升，不仅有智力的发展，而且还要在品德、体质、美感等方面获得长足的进步，这也是多方面发展教育的基本要求。在个体要具备的全面素质问题上，联合国教科文组织也提出了自身的观点。在《教育——财富蕴藏其中》这一报告书中，联合国教科文组织提出教育要为个体的一生做准备，必须围绕四个方面来进行：学会认知、学会做事、学会共同生活、学会生存。

四、"三个面向"与我国新时期的教育改革

"三个面向"提出以后，一些有远见的地区，如上海，就充分重视到"三个面向"的战略性地位，并开展了激烈的讨论。① 后来，在《人民教育》等杂志组织的系列讨论以及中国教育学会召开的关于"三个面向"问题的学术讨论会（1984 年 7 月 28 日）的推动下，全国上下掀起了学习"三个面向"的高潮。可以说，对"三个面向"的学习不是做表面文章，而是真正的理解和运用，因为我国当时的教育发展急需明确战略方向的指引，"三个面向"正符合了这一时代要求。

总的来说，"三个面向"在全国性学习活动的推动下，对中国教育的各个层面都产生了巨大的影响，既包括学校层面又包括教育行政层面，既包括微观层面又包括宏观层面，既包括实践层面又包括理论层面。但是，"三个面向"作为新时期的教育发展战略方针最主要的影响还是对中国教育宏观改革的指引和对中国教育发展方向的指示。虽然我国教育在改革开放以来也取得了一定的成就，但是在"三个面向"提出之前我国教育的发展还缺少明确的战略方向，如果长久下去将可能会使我国的教育陷入停滞状态。正是在"三个面向"的指引下，新时期的教育改革和发展才有了明确的方向，其后影响重大的国家教育改革政策都把"三个面向"的精神和追求贯穿其中，使"三个面向"真正落实到教育改革和发展之中，并为我国教育的长期发展提供动力基础。

---

① 张承先：《关于学习、贯彻"三个面向"的回忆》，见范禄燕、贺鸿琛：《开辟中国教育新航道：邓小平"三个面向"题词发表二十周年纪念文集》，人民教育出版社 2003 年版，第 10 页。

（一）"三个面向"与《中共中央关于教育体制改革的决定》

教育体制是教育系统的"骨架"，最重大的教育改革是教育体制方面的变革。在教育体制改革方面，中共中央在 1985 年 5 月 27 日通过了《中共中央关于教育体制改革的决定》，由此拉开了我国教育体制改革的序幕。可以说，《中共中央关于教育体制改革的决定》是"三个面向"思想首次在国家教育大政方针方面的具体体现，也是中国教育开始向"现代化、世界和未来"迈出的关键一步。

1. "三个面向"与《中共中央关于教育体制改革的决定》的形势背景

从背景来看，1985 年通过的《中共中央关于教育体制改革的决定》是特定形势下的产物，是中共中央在"三个面向"的指引下经过深思熟虑后出台的教育改革政策，也是教育面向现代化的具体体现。

首先，中共中央决定对教育体制进行改革是经济体制改革的必然要求。中共十二届三中全会通过经济体制改革的决定，这是促进经济发展的重大举措。同时，经济的跨越发展也向教育提出了高素质人才的需求，这必然要求教育进行体制层面的重大变革。

其次，中共中央决定对教育体制进行改革是社会主义建设的必然要求。改革开放以来，我国进入到轰轰烈烈的社会主义建设新时期。在这个时期，高素质人才缺口明显，社会主义建设还需要大量适应现代科学文化发展和新技术革命要求的教育工作者、科学工作者、医务工作者、理论工作者、文化工作者、新闻和编辑出版工作者、法律工作者、外事工作者、军事工作者和各方面党政工作者。这种形势也需要教育加快改革的步伐，进行深层的变革以适应社会主义建设的需要。

最后，中共中央决定对教育体制进行改革是改变落后教育水平的必然要求。新中国成立以后，教育也经历了曲折的发展历程。在"文化大革命"前的 17 年时期，我国教育获得了从未有过的巨大发展，使半封建半殖民地的教育转变为社会主义教育。但是，"文化大革命"的极"左"路线，使中国走向了否定知识、取消教育的极端。这使改革开放初期的教育面临着很多根本性问题，如教育事业管理权限问题、教育结构问题、教育思想与内容问题等。所以，要解决这些根本性问题，就必须要进行教育体制方面的深层变革。

由此可见，《中共中央关于教育体制改革的决定》的形势背景实际上就是教育要面向现代化的问题。

2. "三个面向"与《中共中央关于教育体制改革的决定》的教育改革目标

《中共中央关于教育体制改革的决定》明确指出教育体制改革的根本目的是提高民族素质，多出人才、出好人才。人才的具体标准是："都应该有理想、有道德、有文化、有纪律，热爱社会主义祖国和社会主义事业，具有为国家富强和人民富裕而艰苦奋斗的献身精神，都应该不断追求新知，具有实事求是、独立思考、勇于创造的科学精神。"

就教育改革目标来看，"提高民族素质，多出人才、出好人才"是教育要面向现代化在人才培养上的根本体现，而这些具体的人才标准都是现代化对人才的具体要求，是教育要为社会主义经济建设服务的体现。

3. "三个面向"与《中共中央关于教育体制改革的决定》的具体措施

《中共中央关于教育体制改革的决定》对我国教育体制的改革具体从以下方面进行：把发展基础教育的责任交给地方，有步骤地实行九年制义务教育；调整中等教育结构，大力发展职业技术教育；改革高等学校的招生计划和毕业生分配制度，扩大高等学校办学自主权；加强领导，调动各方面积极因素，保证教育体制改革的顺利进行。

无论是实行九年制义务教育，发展职业技术教育，还是改革高等学校办学或加强领导，其实都是为了培养能够推进社会主义现代化建设的人才，是教育要面向现代化的要求。

（二）"三个面向"与《中国教育改革和发展纲要》

面对 20 世纪末日趋激烈的国际竞争，中共中央在党的第十四次代表大会上确定了我国改革和建设的主要任务，为社会主义现代化建设提出了明确的目标。为了实现这个目标，中共中央、国务院在 1993 年 2 月 13 日颁发了《中国教育改革和发展纲要》。《中国教育改革和发展纲要》是"三个面向"思想对我国教育改革和发展的又一次指引，是"三个面向"战略方针在我国教育改革和发展中的又一次深化。

1. "三个面向"与《中国教育改革与发展纲要》的形势背景

从《中国教育改革与发展纲要》本身的理解来看，《中国教育改革与发展纲要》主要面对的是新时期的现代化建设任务，主要解决的目标问题是教育如何面向新时期的现代化建设。《中国教育改革与发展纲要》认为，当前我国改革开放和现代化建设事业进入了一个新阶段；新中国成立四十多年来，我国教育工作取得了显著成就；同时，必须看到，我国教育在总体上还比较落后，不能适应加快改革开放和现代化建设的需要；四十多年来，我国教育经历了曲折的发展历程，为发展社会主义教育事业积累了宝贵经验，初步明确了建设中国特色社会主义教育体系的主要原则；邓小平同志指出，实现四个现代化，科学技术是关键，基础在教育。这些都表明，《中国教育改革与发展纲要》主要针对的是新时期现代化建设的问题。为了加速新时期的现代化建设，教育需要继续深化改革，要按照新的要求来培养人才。

除了关注教育需要面向现代化的形势之外，《中国教育改革与发展纲要》与《中共中央关于教育体制改革的决定》相比还关注到了教育发展的国际形势和时代任务，即教育要面向世界、面向未来的形势背景。《中国教育改革与发展纲要》认为：当今世界政治风云变幻，国际竞争日趋激烈，科学技术发展迅速。世界范围的经济竞争、综合国力竞争，实质上是科学技术的竞争和民族素质的竞争。从这个意义上说，谁掌握了面向21 世纪的教育，谁就能在 21 世纪的国际竞争中处于战略主动地位。因此，从这一点来看，《中国教育改革与发展纲要》是对"三个面向"的必要性更加深入、全面的理解和认识。

2. "三个面向"与《中国教育改革与发展纲要》的教育改革目标

《中国教育改革与发展纲要》认为中国教育发展的目标是：全民受教育水平有明显提高；城乡劳动者的职前、职后教育有较大发展；各类专门人才的拥有量基本满足现代化建设的需要；形成具有中国特色的、面向21世纪的社会主义教育体系的基本框架。再经过几十年的努力，建立起比较成熟和完善的社会主义教育体系，实现教育的现代化。除此之外，《中国教育改革与发展纲要》对人才的具体规格也有一定的论述：培养德、智、体、美全面发展的建设者和接班人；把坚定正确的政治方向摆在首位，培养有理想、有道德、有文化、有纪律的社会主义新人。

《中国教育改革与发展纲要》的教育改革目标表明：教育要面向现代化、面向世界、面向未来的思想已经较为全面地落实到我国教育的大政方针之中。

3. "三个面向"与《中国教育改革与发展纲要》的具体措施

为了进一步实施教育改革，《中国教育改革与发展纲要》提出了以下具体措施：大力加强基础教育、职业技术教育、高等教育、成人教育，扶持少数民族教育，支持残疾人教育事业，发展广播电视教育，扩大教育对外开放；改革教育体制；全面贯彻教育方针，全面提高教育质量；建设教师队伍；规范和增加教育经费投入。

从《中国教育改革与发展纲要》的这些具体措施来看，《中国教育改革与发展纲要》不仅在目标上全面坚持"三个面向"，而且在具体措施的厘定上也更加全面地贯彻"三个面向"，如扩大教育对外开放就体现出了以往忽略的面向世界的思想。

（三）"三个面向"与《中共中央国务院关于深化教育改革全面推进素质教育的决定》

面对21世纪国际竞争的挑战，中共中央、国务院为了进一步深化建立社会主义市场经济体制改革和实现现代化建设战略目标，于1999年6月13日发布了《中共中央国务院关于深化教育改革全面推进素质教育的决定》。可以说，这个决定是在新时期坚持"三个面向"战略方针的结果，是坚持"三个面向"战略方针在新时期的必然举措。

1. "三个面向"与《中共中央国务院关于深化教育改革全面推进素质教育的决定》的形势背景

《中共中央国务院关于深化教育改革全面推进素质教育的决定》首先对当前国际国内形势进行了定位：当今世界，科学技术突飞猛进，知识经济已见端倪，国力竞争日趋激烈；我国正处在建立社会主义市场经济体制和实现现代化建设战略目标的关键时期；但面对新的形势，由于主观和客观等方面的原因，我们的教育观念、教育体制、教育结构、人才培养模式、教育内容和教学方法相对滞后，影响了青少年的全面发展，不能适应提高国民素质的需要。

这种形势背景的定位意在表明：我国教育发展的水平已经不适合我国加快现代化建设、创造未来以及屹立于世界的重任，教育只有在面向现代化、面向世界、面向未来的战略方针指引下进行更深入的改革，才能真正适合社会发展的要求。

2. "三个面向"与《中共中央国务院关于深化教育改革全面推进素质教育的决定》的教育改革目标

《中共中央国务院关于深化教育改革全面推进素质教育的决定》认为教育事业发展的目标应为：全党、全社会必须从我国社会主义事业兴旺发达和中华民族伟大复兴的大局出发，以邓小平理论为指导，全面贯彻落实党的十五大精神，深化教育改革，全面推进素质教育，构建一个充满生机的有中国特色的社会主义教育体系，为实施科教兴国战略奠定坚实的人才和知识基础。此外，《中共中央国务院关于深化教育改革全面推进素质教育的决定》对人才的素质规格也进行了重新的认识：全面贯彻党的教育方针，以提高国民素质为根本宗旨，以培养学生的创新精神和实践能力为重点，造就"有理想、有道德、有文化、有纪律"的德智体美等全面发展的社会主义事业建设者和接班人。

从目标上看，"三个面向"在《中共中央国务院关于深化教育改革全面推进素质教育的决定》中已经得到新的时代阐释，素质教育正是"三个面向"在新时期的教育基本理念。素质教育本身所昭示的创新精神和实践能力培养，正是"三个面向"在人才素养上的时代体现。

3. "三个面向"与《中共中央国务院关于深化教育改革全面推进素质教育的决定》的具体措施

为了全面推进素质教育，《中共中央国务院关于深化教育改革全面推进素质教育的决定》提出以下具体措施：全面推进素质教育，培养适应21 世纪现代化建设需要的社会主义新人；深化教育改革，为实施素质教育创造条件；优化结构，建设全面推进素质教育的高质量的教师队伍；加强领导，全党、全社会共同努力开创素质教育的新局面。

从这些具体措施来看，《中共中央国务院关于深化教育改革全面推进素质教育的决定》在新的时代背景下更加深入理解了"三个面向"战略方针，并根据这种认识来引领教育改革的方向，进而促进教育深入发展。

（四）"三个面向"与《国务院关于基础教育改革与发展的决定》

进入 21 世纪以来，我国首先意识到我们的基础教育存在着很多问题，基础教育不能真正为培养出新世纪所需的人才奠定坚实的基础。在此背景下，国务院于 2001 年 5 月 29 日发布了《国务院关于基础教育改革与发展的决定》。

1. "三个面向"与《国务院关于基础教育改革与发展的决定》的形势背景

《国务院关于基础教育改革与发展的决定》也对其出台的形势背景进行了描述：改革开放以来，我国基础教育取得了辉煌成就；基本普及九年义务教育和基本扫除青壮年文盲（简称"两基"）的目标初步实现，素质教育全面推进；但我国基础教育总体水平还不高，发展不平衡，一些地方对基础教育重视不够。

从内在关系上看，《国务院关于基础教育改革与发展的决定》是《中共中央国务院关于深化教育改革全面推进素质教育的决定》的一个延续或具体化，《中共中央国务院关于深化教育改革全面推进素质教育的决定》从社会发展的高度为新时期的教育改革确立了方向，而《国务院关于基础教育改革与发展的决定》是《中共中央国务院关于深化教育改革全面推进素质教育的决定》在基础教育方面要求的具体化。由此可以说，《国务院关于基础教育改革与发展的决定》所面临的形势背景正是"三个面向"所针对的形势问题。

2. "三个面向"与《国务院关于基础教育改革与发展的决定》的教育改革目标

《国务院关于基础教育改革与发展的决定》认为基础教育发展的目标是：必须把基础教育摆在优先地位并作为基础设施建设和教育事业发展的重点领域，切实予以保障。在这个教育发展目标下，教育的目的在于：高举邓小平理论伟大旗帜，以邓小平同志"教育要面向现代化，面向世界，面向未来"和江泽民同志"三个代表"的重要思想为指导，坚持教育必须为社会主义现代化建设服务，为人民服务，必须与生产劳动和社会实践相结合，培养德智体美等全面发展的社会主义事业建设者和接班人。

从这两个层面的表述来看，《国务院关于基础教育改革与发展的决定》完整地体现了"三个面向"的思想，并明确把"三个面向"作为教育发展的重要指导思想写进政策之中，实现了"三个面向"战略方针从"后台"指导到"前台"指导的转变。

3. "三个面向"与《国务院关于基础教育改革与发展的决定》的具体措施

为了发展基础教育，加快教育改革，《国务院关于基础教育改革与发展的决定》提出以下具体措施：确立基础教育在社会主义现代化建设中的战略地位，坚持基础教育优先发展；完善管理体制，保障经费投入，推进农村义务教育持续健康发展；深化教育教学改革，扎实推进素质教育；完善教师教育体系，深化人事制度改革，大力加强中小学教师队伍建设；推进办学体制改革，促进社会力量办学健康发展；加强领导，动员全社会关心支持，保障基础教育改革与发展的顺利进行。

从这些具体措施来看，《国务院关于基础教育改革与发展的决定》是在完整地坚持"三个面向"以及对"三个面向"进行更全面阐释的基础上，对基础教育改革和发展提出的举措。这些措施的根本目的就是建立能真正实现"三个面向"的基础教育体系。

从由我国教育改革和发展方针勾勒出的教育改革和发展路线来看，"三个面向"战略方针从诞生时起就一直指引着我国的教育改革和发展，并为具体改革措施的制定提供了基本的思路。我国在教育改革和发展的过程中，逐步深化了对"三个面向"战略方针的认识，并及时地把它贯彻到国家教育改革和发展方针之中。这充分说明，"三个面向"具有前瞻性和生命力。

参考文献

1. 中国教育学会、中央教育科学研究所主编：《三个面向与教育改革》，教育科学出版社 1984 年版。

2. 孙维炎、方茂田、王全火主编：《邓小平教育理论与实践研究》，对外经济贸易大学出版社 1999 年版。

3. 张健：《坚持三个面向 深化教育改革》，人民教育出版社 1996 年版。

4. 廖良初：《邓小平教育理论概论》，中共中央党校出版社 2000 年版。

5. 刘然、郭洪波：《在"三个面向"题词指引下——记北京景山学校教改实验》，《人民教育》1993 年第 10 期。

素质教育的推行
与困惑

顾明远

近十多年来，我国教育界最流行的话题莫过于"素质教育"。推行素质教育是改革开放以来基础教育领域中发生的最重要的事件之一，而且已经成为我国教育的主要指导方针。因此在回顾改革开放 30 年来教育发展的时候不能不对素质教育的产生、发展，对它的本质、内涵、意义、推进中存在的问题等进行全面的梳理。

一、素质教育提出的历史背景

素质教育是在 20 世纪 80 年代后期提出来的。它的提出有两种不同的背景和原因：一是为了克服片面追求升学率的负面影响；二是为了提高教育质量和国民素质，特别是在满足义务教育得以普及以后提出的更高要求。

（一）克服片面追求升学率的负面影响

中国是一个十分重视教育的国家，在历史传统上，不论是达官显贵，还是庶民百姓，只要有条件，就会千方百计地让自己的孩子求学。新中国成立以后，随着我国生产力的解放、经济的恢复与发展，人民群众求学的积极性更为高涨。在 20 世纪 50 年代初期，为了尽快培养经济建设干部，高等教育发展很快，高中毕业生人数一度还达不到高等学校的招生人数，还要动员在职青年报考高校。但是到 20 世纪 50 年代中期，情况发生了变化，随着高中教育的发展、高等学校学额的限制，开始出现高中毕业生不能全部升学的问题，小学、初中毕业生也有一部分不能升学，他们需要直接参加工农业生产劳动。但是学生、家长、教师的思想准备都不足，认为中学毕业就应该升入大学，进一步深造，去参加工农业生产是大材小用，浪费人才。为此，1957 年 2 月 27 日，毛泽东主席在扩大的最高国务会议上所作的《关于正确处理人民内部矛盾的问题》中提出，"我们的教育方针，应该使受教育者在德育、智育、体育几方面都得到发展，成为有社会主义觉悟的有文化的劳动者"。同年 3 月 24 日，周恩来总理在杭州群众大会上讲话，他对中学生说："你们里头会有不少人升入大学，成为高级知识分子或国家干部，但更多的人毕业后要直接参加工农业生产劳动。不论能不能升学，不论干什么，目的都是为了建设社会主义。这是你们学习的目的，也是国家办教育的目的。"4 月 8 日，《人民日报》根据刘少奇的多次讲话整理发表了《关于中小学毕业生参加农业生产问题》的社论。这些讲话和文章都是鼓励知识青年成为普通劳动者。① 但是老百姓总希望自己的孩子中学毕业以后能够升入高等学校。于是在 20 世纪 60 年代就出现了追求升学率的现象，而且愈演愈烈。当时教育界曾经对"单纯追求升学率"倾向进行过批判。说这一段历史，为的是说明片面追求升学率的问题早已有之。

"文化大革命"十年，我国教育遭受到毁灭性的破坏。"文化大革命"以后，随着国家对知识、对人才的重视，我国教育得以迅速恢复和发展，

---

① 参见中央教育科学研究所：《中华人民共和国教育大事记（1949—1982）》，教育科学出版社 1984 年版。

青年求学的热情更加高涨。1977 年恢复高考，当年招生 27.3 万人，但报考的青年达 570 万人。当然，这是积聚了十年未能得到上学机会的青年所爆发出来的求学热情所致。但是随后几年，一直存在着激烈的升学竞争。从表 1 中可以看到当时高中毕业生进入高校之难。

表1　1980—1985 年高中毕业生数、高校招生数及升学率①

年　份	高中毕业生数（万人）	高校招生数（万人）	升学率（%）
1980	616.2	28.1	4.56
1981	486.1	27.9	5.74
1982	310.6	31.5	10.14
1983	235.1	39.1	16.63
1984	189.8	47.5	25.03
1985	196.6	61.9	31.49

（资料来源：国家教委计划财务司：《中国教育成就（统计资料 1980—1985）》，人民教育出版社 1986 年版）

　　尽管 20 世纪 80 年代初高中经过调整毕业生大幅度减少，高等学校招生逐步扩大，但是高中毕业生能够考上高等学校的比例仍然很低。因此造成中小学激烈的升学竞争，有些学校不顾学生的健康，轻视道德教育，加班加点，应付考试；有的学校为了提高升学率，压题猜题，忘记培养学生成才的教育本质。1981 年《中国青年》杂志发表了著名教育家叶圣陶的文章《我呼吁》，呼吁社会各界关注中学生在高考重压下负担过重的问题，批判了当时中学和一部分小学片面追求升学率的错误做法。他称这种现象有如"千军万马过独木桥"，令人担忧。

---

① 表中 20 世纪 80 年代初，高中毕业生逐年减少是因为对普通高中进行了调整。"文化大革命"期间，在"左"的思想指导下，片面地缩短学制，中小学实行九年制、十年制，即小学五年，中学四年或五年，严重地影响到中小学的教学质量。20 世纪 80 年代逐渐延长中学的学制，恢复初高中分段教育，对高中阶段教育进行调整，因此这个时期高中毕业生大幅下降。

1983 年 12 月 31 日，教育部颁发了《关于全日制普通中学全面贯彻党的教育方针，纠正片面追求升学率倾向的十项规定》（试行草案），指出，不能只抓升学率，忽视对劳动后备军的培养；只抓考分，忽视德育和体育，忽视基础知识和能力的培养；只抓少数，忽视多数；只抓毕业班，忽视非毕业班；只抓高中，忽视初中，要求改正这些现象。但文件发出以后，收效甚微。

1985 年 4 月，时任全国人大常委会教科文卫委员会副主任、中国教育学会会长的张承先和教委副主任王明达建议成立"克服片面追求升学率的对策小组"，研究克服中小学片面追求升学率的弊端，端正教育发展的航线，笔者也是小组成员之一。该小组的第一次会议在教育部会议室召开，会议决定成立一个调查和写作班子，设在国家高级教育行政学院，研究三个问题并发表有力的文章，即：（1）调查分析片面追求升学率产生的原因；（2）调查片面追求升学率对青少年的危害；（3）提出克服片面追求升学率的对策。关于批判片面追求升学率、端正教育思想的讨论在20 世纪 80 年代一直没有停止过。《教育研究》杂志从 1986 年第 4 期至1987 年第 4 期，还专门开辟了"端正教育思想，明确培养目标"的专栏讨论，内容中涉及的问题就是批判"升学教育"，树立正确的人才观和提高民族素质的问题。

1987 年，时任国家教委副主任的柳斌在《努力提高基础教育的质量》一文中正式使用"素质教育"一词。关于"素质教育"的讨论就此开展起来。

1993 年，中共中央、国务院发布了《中国教育改革和发展纲要》。其中提出："中小学要由'应试教育'转向全面提高国民素质的轨道，面向全体学生，全面提高学生的思想道德、文化科学、劳动技能和身体心理素质，促进学生生动活泼主动地发展，办出各自的特色。"素质教育成为党和国家的重大教育决策。

1994 年，时任国务院副总理的李岚清《在全国教育工作会议的总结讲话》中又明确指出："基础教育必须从'应试教育'转到素质教育的轨道上来，全面贯彻教育方针，全面提高教育质量。"

1994 年 8 月，《中共中央关于进一步加强和改进学校德育工作的若干意见》又明确提出："增强适应时代发展、社会进步，以及建立社会主义市场经济体制的新要求和迫切需要的素质教育。"首次在中央文件中使用素质教育的概念。

1996 年 4 月 12 日，李岚清为《中华人民共和国义务教育法》颁布 10 周年在《人民日报》上发表文章《基础教育是提高国民素质和培养跨世纪人才的奠基工程》，指出："素质教育与'应试教育'反映了两种不同的教育思想。'应试教育'以升学考试为目的，围绕应试开展教育教学活动，是一种片面的淘汰式的教育，它的危害：一是教育对象主要面向少数学生；二是教育内容主要偏重智育，轻视德、体、美、劳诸方面，忽视实践和动手能力，影响青少年的健康成长；三是违背教学规律和青少年成长发育规律。"

从 1995 年到 1997 年间，时任国家教委副主任（主管基础教育）的柳斌还连续撰文，五论"关于素质教育的思考"，把素质教育的讨论推向新的高潮。

为了贯彻中央推进素质教育的精神，1996 年 2 月，《人民教育》、《湖南教育》联合推出长篇报道，报道了湖南汨罗大力推行素质教育的经验。同年，国家教委在湖南汨罗举行了全国素质教育现场会。1997 年 9 月，国家教委又在山东烟台召开了全国中小学素质教育经验交流会。同年，国家教委颁发了《关于当前积极推进中小学实施素质教育的若干意见》，进一步将全面推进素质教育确定为基础教育的重要任务。

大面积推行素质教育的探索（节选）

——汨罗市中小学教育改革 12 年写真

普通高中教育：巩固率 96%，合格率 99.5%。若按全市总人口计算，1995 年上大学人数超过 16 人/万人，高出全省水平一倍以上，在全国农村县市还未发现这么高的比例。

中等职业教育：职高与普高在校生比例已达 6:4，学生巩固率为 97%，合格率 100%。

这些数据，以及未列举的许许多多的数据，构成了汨罗教育多彩迷人的光环……

然而，汨罗还有大量没有外化为名次和荣誉的"现象"——

比如在汨罗，加班加点给学生补课的现象已基本绝迹，甚至高中教师都很少给学生布置课外作业！

比如在汨罗，教改蔚然成风。1990 年至 1995 年，湖南省共进行了三届教改成果评奖，在 14 个地市州、125 个县市区中，仅推出一等奖 29 个，其中汨罗占了 3 个，一届一个，为全省绝无仅有！

比如在汨罗，德育始终有声有色，12 年来在校中小学生犯罪率几乎为零。

比如在汨罗，音乐、体育、美术、劳技 4 门课的开出率早已稳居 100%。

"汨罗教育现象"，不就是一种"全面发展现象"，一种"素质教育现象"么？①

从以上背景来看，素质教育主要是针对中小学片面追求升学率所产生的不利于学生素质提高的负面作用而提出来的。

（二）适应时代进步的要求，提高国民素质

素质教育提出的第二个历史背景和重要缘由是，从提高教育质量、提高国民素质出发提出素质教育。20 世纪 80 年代以前，虽然"素质教育"

———————————

① 唐仲扬等：《大面积推行素质教育的探索——湖南汨罗市中小学教育改革 12 年写真》，《人民教育》1996 年第 2 期。

一词未见诸正式文件，但提高教育质量、提高国民素质是中央领导和各级教育部门经常关注的问题。1985 年 5 月 19 日，邓小平在全国教育工作会议上指出："我们国家，国力的强弱，经济发展后劲的大小，越来越取决于劳动者的素质，取决于知识分子的数量和质量。"① 同年 5 月 27 日发布的《中共中央关于教育体制改革的决定》明确指出："在整个教育体制改革的过程中，必须牢牢记住改革的根本目的是提高民族素质，多出人才，出好人才。"② 1986 年颁布的《中华人民共和国义务教育法》第三条规定："义务教育必须贯彻国家的教育方针，努力提高教育质量，使儿童、少年在品德、智力、体质等方面全面发展，为提高全民族的素质，培养有理想、有道德、有文化、有纪律的社会主义建设人才奠定基础。"以后其他许多文件都提到了提高民族素质的问题。

"素质教育"的提出是我国教育发展到一定阶段提出的对教育质量的要求，也是时代的要求。

在我国发达地区普及九年义务教育实现以后，基础教育如何进一步提高教育质量的问题就被提到议事日程上了。1990 年，江苏省发布了《江苏省教育委员会关于当前小学教育改革的意见（试行）》，提出："实施以提高素质为核心的教育，关键是转变教育思想，树立国民素质教育的观念。各级教育行政部门要组织学校和教师学习教育科学理论，开展素质教育的研究和讨论，并开展到家庭和社会，唤起为中华民族的未来而全面提高学生素质的公众教育意识，形成强大的舆论力量和良好的改革环境，推进小学素质教育的全面实施。"这是首次以政府文件的方式明确提出"素质教育"。1991 年江苏省又率先召开了素质教育研讨会。③

从江苏省提出素质教育的背景来看，主要不是针对片面追求升学率而提出的。当然，与当时小学生课业负担过重也不无关系。20 世纪 90 年代

---

① 《邓小平论教育》，人民教育出版社 1995 年版，第 170 页。
② 《教育改革重要文献选编》，人民教育出版社 1986 年版，第 25—26 页。
③ 蔡克勇：《90 年代中国教育改革大潮丛书：综合卷》，北京师范大学出版社 2002 年版，第 18 页。

初期，珠江三角洲、长江三角洲都先后提出实现教育现代化的问题。教育现代化的主要内容就是提高国民素质。

20世纪80年代中期开始，中国大地掀起了一股股教育改革浪潮。特别是邓小平"教育要面向现代化，面向世界，面向未来"的题词发表以后，许多学校都以此为指针进行教育改革。各种教育改革实验如雨后春笋一样发展起来。在全国比较有影响的有北师大一附小、上海师范附小等7所学校开展的愉快教育，上海闸北八中开展的成功教育，南通师范附小的情景教育，武汉江岸区的和谐教育等。这些教育改革实验都是为了寻求提高学生素质，使学生生动活泼主动地发展的最佳教育模式。

因此，素质教育是在普及九年义务教育以后，教育界思考教育如何进一步提高和发展而提出的。

提出素质教育的这两个缘由，有相同的历史背景、相同的教育现实，但出发点却不尽相同。前者以克服"应试教育"的弊端为出发点，后者是从提高教育质量着眼，目的都是为了提高中小学生的素质，为国家培养高素质人才。

二、素质教育的本质和内涵

素质教育的概念一经提出，就引起了教育界的热烈讨论。特别是中共中央、国务院发布的《中国教育改革和发展纲要》中提到"中小学要由'应试教育'转向全面提高国民素质的轨道"以后，社会各界在讨论中对素质教育的提法有几种质疑：

（1）教育理论界有些专家认为，素质是先天遗传形成的，不可能由后天来培养。后天养成的是人的素养，而不叫素质。

（2）有些专家认为，人的素质是中性的，人可能有好的素质，也可能有坏的素质，素质教育的提法欠科学。

（3）有些教师提出疑问，我国已经有明确的教育方针，为什么又提出素质教育的概念？是否要用素质教育代替教育方针？

（4）许多第一线的中小学校长和教师不理解，甚至有些情绪，认为，新中国成立四十多年来我们的教育培养了千百万人才，难道方向都错了？现在要转轨了？转到哪里去？

（5）有些教师认为，应试能力也是一种素质，有考试就有应试，不能一概否定应试教育。

可见当时的思想是十分混乱的。经过二十多年的讨论，尽管在某些方面还没有达到完全一致的统一认识，但大体上得到了某些共识。

首先，大家都承认十多年来我国教育中存在着片面追求升学率的严重弊端，为了片面追求升学率，一些学校和教师逼迫青少年埋头于死读书、读死书和繁重的课业负担中，削弱了青少年的思想品德教育，损害了他们身心健康，而且近年来愈演愈烈。这种情况需要改变。特别是 2005 年夏天前国家教委副主任何东昌给中共中央总书记胡锦涛写信，表达了对当前应试教育所造成的严重后果的担忧。胡锦涛总书记十分重视，批示要进行调查研究。为此，中宣部、教育部、人事部、社科院、团中央等单位组织联合调查。经过长达半年的时间，召开了数百次座谈会，对数万名教师、学生、家长发放了问卷，听取了各方面的意见，形成了数百万字的调研报告。最后由教育科学出版社于 2006 年 11 月出版了《共同的关注——素质教育系统调研》一书，总结了近些年来实施素质教育取得的主要进展，深入分析了当前制约素质教育推进的突出问题，归纳整理了各方面提出的政策建议。

其次，素质教育的提出是因为我国教育的实际偏离了教育方针指引的方向，素质教育与教育方针是一致的，素质教育就是为了更好地贯彻教育方针，两者是不矛盾的。为了解除对素质教育的误解，20 世纪 90 年代后期的政府文件中不再提"应试教育"向素质教育转轨。1998 年我在中国教育学会年会上曾经阐明我对素质教育的理解。我认为，素质教育是现代教育的主要内容，是知识经济时代提出的要求；素质教育的实质就是全面发展的教育，它与教育方针不是对立的，正是因为全面发展的教育方针受到"应试教育"的干扰，才提出素质教育，目的是克服"应试教育"的弊端，更好地贯彻全面发展的教育方针。①

第三，反对"应试教育"并不等于反对一切考试。实施素质教育并不排斥考试。提高学生的素质是目的，考试是一种教育手段，是评价、检查学习效果的一种方法，也是选拔人才的方法。运用得法可以促进、激励学生学习。但是如果把考试这种手段当做目的，以应付考试为目的，或者把它作为教育评价的唯一手段，则其消极作用是非常大的。"应试教育"就是颠倒了这种方法与目的的关系。

第四，素质教育不仅是基础教育的重要任务，各级各类教育都要加强素质教育，素质教育要贯彻到幼儿教育、中小学教育、职业教育、成人教育、高等教育各个阶段。为了在高等学校推行素质教育，1995 年以后高等教育界曾经掀起了一股文化热，各学校都加强了通识教育课程，以提高大学生的一般素质。

1999 年 6 月，中共中央、国务院召开改革开放以来的第三次全国教育工作会议。这次会议以素质教育为主题，把素质教育提高到事关国家发展大局的重要地位。会议形成的文件《中共中央、国务院关于深化教育改革全面推进素质教育的决定》明确指出："实施素质教育，就是全面贯彻党的教育方针，以提高国民素质为根本宗旨，以培养学生创新精神和实践能力为重点，造就有理想、有道德、有文化、有纪律、德智体美全面发展的社会主义事业建设者和接班人。"中央文件为素质教育下了明确的定义，为二十多年来围绕素质教育的讨论作了科学的总结。

素质教育有丰富的内涵，而且它是随着时代的发展和社会的进步不断发展的。经过二十多年来素质教育的理论研究和教育实践，我们对素质教育的本质与内涵有了较为深刻的认识。

要理解什么叫素质教育，首先要理解什么是人的素质。"素质即人所

---

① 顾明远：《教育现代化与素质教育》，《中国教育学刊》1998 年第 3 期。

具有的维持生存、促进发展的基本要素。它是以人的先天禀赋为基础，在后天环境和教育的影响下形成并发展起来的内在的、相对稳定的身心组织结构及其质量水平，主要包括身体素质、心理素质和社会文化素质等。"①也就是说，一个人的素质包括身体素质、心理素质、社会文化素质，而社会文化素质又可分为思想品德素质和文化科学素质。素质教育就是促使人的这些素质得以提高和发展的教育。因此，素质教育与全面发展教育在方向、目标、基本内容上都是一致的。

素质教育的提出虽然与克服片面追求升学率有关，但也不尽如此，它是时代的要求，也是社会进步的要求。不同的社会对教育有不同的要求。在原始社会，由于生产力水平低下，教育水平也很低，教育活动是在社会成员共同劳动和共同生活的过程中进行的。进入阶级社会，生产力有了较大发展，产生了学校，但学校被少数人所占有，教育内容主要是传授统治权术，方法是经院式的死记硬背，谈不上发展人的素质。到了文艺复兴时代，提出打倒神权，解放人权，教育才第一次提出发展人的自然天性。但资本主义初期的工场手工业生产，仅仅要求工人具有能够掌握机器的一点点文化科学知识，发展人的素质仍然没有得到应有的重视。直到工业革命开始，科学技术与生产相结合，科学技术成为生产力，社会发生了根本性的变化，大工业生产要求人全面发展。这在马克思的《资本论》中有充分的论述。现代社会如果从工业化开始算起的话，发展到今天已经进入到由工业社会向信息社会发展的新阶段。信息社会最基本的特征是信息化、智能化。信息社会的核心工业是"智力工业"、"知识工业"，信息社会的经济是"知识经济"。与之相适应，它要求教育培养高素质、有现代意识的人才。这就是当前强调素质教育的根本意义。

信息社会以知识为基本的生产要素。这种知识不是我们一般理解的书本知识，而是不断创新的文化科学知识。知识的不断创新，必将引起生产

---

① 素质教育调研组：《共同的关注——素质教育系统调研（续）》，教育科学出版社 2006 年版，第 24 页。

的不断变革，从而促进整个国民经济的增长，促进社会的不断进步。知识要靠人来掌握和创造，因此，培养高素质人才就成为促进知识经济发展的最重要的条件。

信息社会对人才的要求不同于以往的社会。如果说工业社会初期，在学校学习的书本知识就可以应付一生职业的需要，那么今天，面对瞬息万变的世界，学生在学校学习的书本知识，到毕业的时候可能有的就已经陈旧。因此，最好的办法是要学会学习，学会不断获取新知识的方法，这就是能力。教育不仅要教给学生知识，还要培养学生的能力，培养能力是素质教育的重要内容。

信息社会高新科学技术发展具有两重性：一方面促进社会生产力的空前提高，给人类带来了丰富的物质财富；另一方面也可能带来了物欲的增长、道德的滑坡。因此信息社会还需要每个人具有高度的社会责任感和高尚的道德品质。培养学生的道德品质就是时代赋予素质教育的重要任务。

有的学者在 1999 年第三次全教会议以后，根据中央的精神，把素质教育归纳为一个核心、两个重点，即以提高道德品质为核心，以培养创新精神和实践能力为重点。

有学者总结了素质教育的几个特征[1]：

（1）面向全体。素质教育坚持面向全体学生，依法保障义务教育阶段儿童和青少年学习发展的基本权利，努力开发每个学生的特长和潜能，改变那种只重视升学有望的学生的做法。

（2）促进学生全面发展。克服那种只重视智育，忽视德育、体育、美育的倾向。全面发展不是平均发展，要和因材施教相结合。

（3）重视学生创新精神和实践能力的培养。

（4）发展学生的主动精神，注重学生个性健康发展。

（5）着眼于学生的终身可持续发展。

---

[1] 蔡克勇：《90 年代中国教育改革大潮丛书：综合卷》，北京师范大学出版社 2002 年版，第 26 页。

三、素质教育实施的主要进展

改革开放 30 年来，我国基础教育不仅在数量上得到空前发展，而且在质量上有了很大提高。2006 年中宣部、教育部、人事部、社科院、团中央等部门联合调查发表的《素质教育系统调研总报告》中指出：改革开放以来，特别是 1999 年第三次全国教育工作会议以来，各级党委和政府认真贯彻中央决策，贯彻党和国家的教育方针，采取积极措施推进素质教育，创造出丰富的新鲜经验，涌现出一大批先进典型；广大教育工作者努力转变教育观念、深化教育教学改革，付出了不懈努力。目前整个素质教育的实施正处在国家推进、重点突破、全面展开的过程中，教育领域发生着一系列积极和可喜的变化。报告列举了近几年实施素质教育后发生的变化：（1）素质教育已经上升为党和国家的重大决策和法律规定，进入了一个新的发展阶段；（2）素质教育观念日益深入人心，正在逐步转化为各地各部门的积极探索和生动实践；（3）素质教育在关键环节上开始突破，学校教育正在发生一些积极而重要的变化，主要是指学校道德教育建设不断加强，基础教育课程改革取得了重要进展，招生和考试评价制度改革在不断探索中逐步推进，教师实施素质教育的能力和水平整体上有了新的提高；（4）全民族科学文化素质大幅度提高，为我国现代化建设和构建和谐社会奠定了基础。

《报告》也指出了当前推进素质教育面临的问题，它们主要是：（1）社会经济文化多种因素综合形成了强大的升学竞争压力，社会、学校和家庭片面追求升学率的倾向仍然相当普遍；（2）当代青少年成长环境急剧变化，学校教育以及传统的教育方法难以适应；（3）教育总体水平仍然偏低、体系结构调整相对滞后，在宏观上制约了素质教育的推进；（4）实施素质教育的相关制度建设还不完善，各项政策措施的推进面临诸多体制性障碍；（5）一些地方对教育工作的领导方式有待改进，新闻媒体的正面宣传导向作用需要加强。报告还提出了 10 条政策建议。[①]

应该说，《素质教育系统调研总报告》及其子报告对我国 20 年来推进素质教育做了全面的总结，分析了实施素质教育取得的进展，指出了当前存在的问题，分析了存在问题的原因，并提出了多种对策。

近 20 年来推进素质教育的进展，主要表现在如下几个方面：

（1）素质教育观念已经深入人心，全国各地教育行政部门和学校都在努力探索推行素质教育的新举措。许多地方努力贯彻 2004 年中央连续颁发的加强学生思想道德建设的 8 号文件和 16 号文件精神，加强了学生的思想道德教育，建立了许多爱国主义教育基地，开展多种活动。许多地方政府明令禁止小学升初中的考试、各种不必要的测验和假期补课等，想方设法减轻学生的课业负担。例如，山东省省委省政府高度重视，先后出台多项政策措施强化素质教育的实施。2007 年年初印发了《关于深入贯彻〈中华人民共和国义务教育法〉大力推进素质教育的意见》，通过构建全面育人的工作机制，加强课程改革和管理、深化考试评价制度的改革、推进基础教育均衡发展、建设高质量教师队伍，特别是素质教育专项督导评估，取得了丰富的经验和巨大的成绩。

成都市青羊区于 2007 年 10 月连续发布了 4 道教育局长令，明文规定小学生的书包重量不能超过自身体重的 1/10、一二年级不布置家庭作业、每天保证 1 小时体育锻炼等措施。

成都市青羊区教育局关于限制学生书包重量
切实减轻课业负担的通知

为贯彻落实党的十七大精神，减轻中小学生课业负担，提高学生综合素质，经教育专家、医学专家、教师、家长、学生和社

---

① 素质教育调研组：《共同的关注——素质教育系统调研》，教育科学出版社 2006 年版，第 1—37 页。

区代表多方论证，区教育局研究决定，从即日起，全区小学、初中学生书包重量限制在学生体重的 10% 以内。现将有关事项通知如下：

一、各学校要发布告家长书，明确书包的限重标准，使家长明白减轻书包的重要性和必要性。引导家长正确选择书包文具，并请家长协助学校培养学生养成每天按课表收拾书包的良好习惯，督促学生不把与学习无关的玩具等装进书包，并监督学校的减重行为。

二、学校要利用朝会、班会、团队会时间教育学生书包过重的危害性，引起学生自身对书包减重问题的重视。

三、学校要积极创造条件，使用带抽屉的课桌或在教室里设置储物柜，便于学生存放学习用品和水杯等，并保障学生物品的安全。

四、学校要设置开水点并保障安全卫生，满足学生饮水的需要，学生只需准备喝水的杯子，不需带水到校。

五、学校要合理科学地安排课程表，并且严格执行课表安排，减少课表变更。遇有调课必须提前一天告知学生，避免学生每天要带齐各科教材。

六、严禁学校和教师集体购买或推荐购买教辅资料。

我局将成立七个学区督查小组，会同新闻媒体，定期或不定期检测小学、初中学生书包重量，并公布检测结果。对超重严重的学校，将追究校长的责任。

（2）广大教师实施素质教育的积极性以及他们的能力和水平有了较大的提高。20 世纪 80 年代后期开展的愉快教育、情景教育、成功教育、和谐教育的实验有了扩展和深入。新的实验研究，如新基础教育实验研究、主体性实验研究等更加蓬勃地开展起来。许多地方和学校成立了教师发展学校，通过学习和研究不断提高教师的思想和业务水平，教师中涌现出了一大批先进典型。

（3）基础教育新课程改革在全国普遍推行。课程是实施素质教育的核心。新课程改革的精神是吸收世界教育的新经验，传承中华民族精神，重视人的发展，提高人的素质。在课程目标上，重视掌握知识、发展能力的同时，强调培养学生对事物的情感、态度和价值观。自 2001 年颁布《基础教育课程改革纲要（试行）》以来，经过几年实验，到 2005 年秋季，全国所有小学、初中起始年级都已经开始实施新课程；2006 年 10 个省市进入了普通高中新课程实验。新课程改革以学生的发展为本，注重发挥学生的主体性，突出培养学生的创新精神和实践能力，使学生生动活泼主动地发展。基础教育课程改革有力地推动了素质教育的进展，使教师的教学方式和学生的学习方式发生着积极深刻的变化。

（4）招生考试制度逐步改革和完善。许多教师反映，考试制度不改革，素质教育难以推行。但招生考试是涉及千家万户的大事，不能草率从事。考试作为评价学生较公平的办法，目前还没有别的方式可以代替。但考试的方式、内容需要改革和完善。近些年来，中考改革试点有了突破性进展，在全国 31 个省区普遍展开。改变了过去用百分制的方式单一呈现考试结果的做法，采取以等级制方式呈现学生考试成绩的方式；增加了综合素质评价，将学生成长记录纳入评价范围，把日常评价与毕业考试评价结合起来。有些地方改革了招生方式，采取差额投档、优秀学生免试保送、将优质高中部分招生名额定向分配给各初中学校等做法，推动了高中学校自主、多元录取，为义务教育阶段实施素质教育创造了较为宽松的环境。高校招生考试改革稳步推进，在不断改革考试内容、科目等基础上，又在 16 个省市进行了自主命题的改革，在 53 所高校进行了扩大学校招生自主权的试点，逐步达到高校招生考试内容、形式的多样化。这些改革对推进素质教育发挥了积极的导向作用。①

---

① 素质教育调研组：《共同的关注——素质教育系统调研》，教育科学出版社 2006 年版，第6—7 页。

四、素质教育推进的艰难及其原因分析

《素质教育系统调研总报告》提出已经两年，从整体上来讲，全国上下都在积极采取措施，深化教育改革，努力提高教育质量。但是素质教育的推进还存在许多困难，正可谓步履维艰。今天有目共睹的现实是考试竞争愈演愈烈，学生课业负担越来越重。学生是起早贪黑苦学，老师是严行训练苦教，家长是天天盼子成龙苦爱。学生没有寒暑假，没有节假日，丧失了幸福的童年和最宝贵的青春。学生、老师、家长，谁都不希望这种状况再继续下去，许多地方的教育部门也想尽办法减轻学生的课业负担，但状况并没有多大改变。

推进素质教育之所以如此艰难，原因在于产生应试教育竞争的主要矛盾尚未消除。

首先，考试的竞争、升学的竞争，说到底是就业的竞争。2007 年 10 月，成都市青羊区教育局组织了减轻课业负担的座谈会，有教师、学生、家长三方面代表参加。我在座谈会上发言说，减轻课业负担，对教师来讲，主要是把课上好，少留重复性作业。家长要配合，不要学校的负担减轻了，家长又额外加码。我说，我特别讨厌奥数班，奥数班不是培养人才，而是摧残人才，应该取消。忽然一位小学生起来发言，他说："顾爷爷，你说要取消奥数班，我们不上奥数班就考不上好的初中；上不了好的初中，就考不上好的高中；上不了好的高中，就考不上好的大学；上不了好的大学，毕业以后就找不到好的工作。怎么养家糊口啊？"这种话出于十岁左右的孩子之口，真是又可笑又可悲，完全是代表了所有家长的心声。当前虽然大学毕业生也遇到就业的困难，但毕竟大学毕业生的出路要比没有大学学历的人宽得多。所以人人追求升学，也就不足为奇了。尤其是中国家庭大部分都是独生子女家庭，家长都希望自己的孩子将来有好的发展前途。这种思想是可以理解的。但这就造成了由于升学的竞争而引发的学生课业负担过重的现象。

其次，传统文化观念对教育价值观、人才观的影响。中国传统文化观念中一方面十分重视教育，另一方面潜藏着"学而优则仕"的价值观，特别是一千几百年的科举考试制度的影响不可低估。我国普遍存在着重学历轻能力、重学术轻技术的倾向。这种倾向在受儒家文化影响的东方国家，如日本、韩国等也都普遍存在。一部分青年及其家长认为不仅要考上大学，而且必须考上重点大学。许多重点中学也在为这种观念推波助澜，片面追求重点大学升学率。据调查，2004年，北京等6省市600分以上高分的考生复读的就有3000多人。这种追求是无止境的，因此，这种观念不转变，片面追求升学率的竞争永远存在。

传统文化观念的另一个表现是视子女为自己的私有财产，认为子女学习的好坏与自己有关。一方面重视家庭管教孩子，另一方面不尊重孩子的自由。中国是一个讲人情、讲面子的社会，自己的子女考试成绩的好坏有关自己的面子。如果邻居的孩子考上大学，自己的孩子没有考上，觉得很失自己的面子。因此，家长不考虑孩子的实际情况，逼迫孩子拼命学习，上各种对孩子来讲毫无兴趣的补习班。西方社会就没有这种观念，他们强调自由发展，家长只是启发诱导，从不强迫。至于孩子在成人以后考不考大学，做什么工作，则完全是孩子自己的事，与家长无关。

第三，劳动人事制度存在着重学历轻能力、重学术轻技术的倾向，社会分配结构忽视技能型人才的重要作用。这种倾向一方面导致社会片面追求高学历，另一方面忽视职业技术教育。前一段时间高职院校的学费反而高于普通高校，这就使人们产生一种想法，因为考分过低，所以要多交学费，似乎国家只培养高级人才，不培养中低级技术人才。

由于在教育制度结构上也存在着缺失，我国至今还没有建设成终身教育体系，普通教育与职业教育、正规教育与非正规教育、学历教育与非学历教育尚未贯通，这就迫使学生去挤高考的独木桥。

第四，招生考试评价制度的改革滞后影响着素质教育的推进。许多老师认为招生考试评价制度不改革，素质教育就难以推行。但是招生考试制度的改革并非单纯的教育改革，它牵涉国家、学校、家庭各方面的要求和利益，特别是牵涉千家万户群众的利益。老百姓认为通过考试，"分数面前人人平等"，这是最大的公平、公正。在当今社会诚信制度不完备的条件下，家长对于不能用考试的办法获得的学生表现，都认为不可信任。因此，在招生录取学生的时候只能分分计较，学校自主招生等办法都难以实现。

有些地方官员对学校和教师不正确的评价阻碍了素质教育的推行。他们总是以升学率来评价学校和教师的优劣，迫使教师不得不加班加点，片面追求升学率，最终负担加在学生身上。

第五，教育投入不足，教育资源分配不均衡。当前教育遇到的最大问题反映了教育供求的矛盾。也就是国家对教育的投入不足以满足人民群众对教育的需求。我国还是一个发展中国家，人均国民生产总值只有 2000 美元，财政性教育经费占 GDP 的比例不到 3%。东西部地区之间、城乡之间教育投入差距较大；即使在同一个城市，重点学校与非重点学校之间的办学水平差距也很大。虽然政府一再宣布取消重点学校，但各地仍在评示范校、星级校，变相地突出重点校。再加上重点学校的水平和声誉是长期形成的，不是一个命令就能取消的。因此，择校之风愈演愈烈。重点学校为了选拔优秀生，入学附加许多条件，如三好生、特长生等。这些附加条件使学生在课业竞争之外还要参与课外学习的竞争，学生的负担不断加重。

第六，教师队伍水平的不均衡是阻碍素质教育发展的重要因素。我国基础教育教师队伍庞大，绝大多数教师忠于党的教育事业，热爱学生，勤奋努力，但是总体水平尚有待提高。一些教师缺乏正确的人才观、学生观、教学观，不懂得教育规律，不会用科学的方法教育学生。一些校长和教师缺乏对素质教育的正确理解，缺乏教育革新的动力和能力。

以上这些阻碍素质教育推进的因素不是单个起作用的，而是错综复杂的，许多因素交织在一起，综合地影响着素质教育。因此，要化解这些因素，需要综合治理。

五、一些政策性建议

上面说到影响素质教育的因素是多方面的，是我国社会经济文化多种因素综合形成的强大的升学竞争压力，使得素质教育举步维艰。因此解决的办法也应该是综合的，需要全社会各方面的合力。而且要认识到解决这个问题的长期性，不可能通过一两项举措就能立竿见影。但是也不能等待、无所作为，要尽一切可能，营造素质教育的良好环境，促进学生素质的提高。这是关系到我们民族的素质和未来，以及国家的兴衰和发展的大事。

（一）全社会要把思想统一到党的十七大精神上来，进一步解放思想，深入教育改革，贯彻科学发展观，落实十七大"优先发展教育，建设人才资源强国"的发展战略。坚持把全面贯彻党的教育方针、全面推进素质教育作为全社会的共同任务，作为实现社会公平和构建社会主义和谐社会、建设创新型国家的基础性和全局性工程。坚持育人为本、德育为先，实施素质教育，提高教育现代化水平，培养德智体美全面发展的社会主义建设者和接班人，办好人民满意的教育。

（二）增加教育投入，改善办学条件和教师的生活待遇，促进教育均衡发展，实现教育公平。正如十七大报告所讲到的："教育是民族振兴的基石，教育公平是社会公平的重要基础。"要实现教育公平，就要实现教育的均衡发展；要实现教育的均衡发展，就要改善薄弱学校的办学条件，包括加强硬件建设和教师队伍的建设，使受教育者不仅享受入学机会的均等，而且享受教育过程的平等，铲除择校的基础。为此，需要增加教育投入，真正落实中央关于优先发展教育的战略，落实教育在社会主义现代化建设中的战略地位。

（三）进一步解放思想，实行制度创新。

首先，改革劳动人事制度，变重学历为重能力。提高职业技术学校毕业生的起点工资。我们常常要求家长改变观念，但观念作为上层建筑必须以经济为基础，同时要用制度来保证。近些年来国家重视职业技术教育的发展，设中职学校学生奖学金，中职学校改善办学条件，和企业挂钩或联合培养，毕业生有就业的保证，许多家长就愿意把孩子送进职业学校。因此各地职业教育蓬勃发展起来。这就减轻了升学的压力，为推行素质教育铺平了道路。

第二，在教育结构上有所创新。尽快建立终身教育体系，打通普通教育与职业教育、学历教育与非学历教育、正规教育与非正规教育的渠道，使每一个公民在需要学习和有能力学习的时候都有学习晋升的机会。

第三，改革招生考试制度。当前高考制度被公认为公开、透明、最公正的办法，取消高考是不现实的，但还是有改革的空间。当前每年高校录取新生的比例大致在60%左右，大城市的比例都在70%以上。随着每年招生数量的递增和学龄人口的下降，这个比例还会上升。因此高考制度的设计可以实行梯次考试。第一次为普通水平考试或者是会考，合格者可以升入高等专科学校，这就可以解放一部分毕业生；第二次是分类考试，考试合格者可以进入一般高校；最后一次是重点大学的单独考试，或笔试或面试。这样既保证重点大学招生录取的自主权，又给考生提供多次考试的机会，避免一次考试定终身的遗憾，减轻学生的心理压力。

第四，改革评价制度，重视评价的综合性、经常性、全面性和发展性。在各级学校录取新生时除对少数民族、弱势群体有政策上的照顾外，取消一切附加条件。不给奥数班、一般的特长班加分。这样，家长就不会强迫孩子上这些班，也就会极大地减轻学生的负担。

（四）加强教师队伍的建设，提高教师教书育人的能力。教师是推行素质教育的关键，教师有了正确的教育观念，又有业务能力，就会重视每个学生的全面发展，重视素质的提高；就会抵制、纠正违背素质教育的做法；就会使教学最优化、效果最大化，即教师和学生用最少的时间和精力达到最好的教学效果。

　　素质教育是我国改革开放 30 年来在教育领域中提出的最重要、最长期的决策。它不是一时的政策举措，而是教育方针的重要内容，需要长期坚持和不断在制度上创新。

参考文献

　　1. 中央教育科学研究所：《中华人民共和国教育大事记（1949—1982）》，教育科学出版社 1984 年版。

　　2.《教育改革重要文献选编》，人民教育出版社 1986 年版。

　　3. 蔡克勇：《90 年代中国教育改革大潮丛书：综合卷》，北京师范大学出版社 2002 年版。

　　4. 素质教育调研组：《共同的关注——素质教育系统调研》，教育科学出版社 2006 年版。

教育科学的重建
和发展

黄 济 王哲先

一、中国教育科学的发展历程

教育科学的恢复和重建，是建立在中国教育学科百年发展的基础上的。为了说明我国教育科学的恢复和重建，有必要对其发展历程进行回顾和简述。

从清末民初的引进和创建，到全国解放后的全面学苏和"文化大革命"中的大破坏，再到改革开放以后的重建和大发展，中国的教育科学大致经历了三个阶段，现就这三个阶段的简况作些说明。

（一）教育科学的引进和创建（1901—1949）

从清末"废科举，兴学校"，学习西方的现代教育开始，为了培养师资、建立师范院校和其教育系科，教育科学便开始了引进和创建。

从王国维由日本引进立花铣三郎讲述的《教育学》和王国维自编的我国第一本《教育学》开始，50年中我国的教育学科陆续建立起来，有教育学、教育概论、教育史（包括中国和外国的）、课程和教学方法、德育原理、教育行政，以及各个教育分支学科（如教育哲学、教育社会学、教育心理学、教育生物学、教育统计学、比较教育学，以及教育研究方法）等。其中大部分学科都是外国已有的，也有少数是我国自行创建的（如教育生物学）。当前正在整理出版的《二十世纪中国教育名著丛编》①所列的 50 本著作，就是这一时期教育学科建设的代表作。这是我们的先哲们留下的一部宝贵的文化财富，在当今重建教育科学中应当很好地继承和发扬这份宝贵遗产。

就当时教育科学的哲学基础来看，大致有德国的古典哲学、美国的实用主义和从苏联学来的马克思列宁主义，其中又以实用主义教育思想影响较大。或者可以说，在思想上影响较大的是实用主义，在实践中特别是在中小学教育实践中主要的还是以赫尔巴特为代表的所谓"传统教育"的一套。

（二）从"全面学苏"到"走自己的路"（1950—1977）

全国解放后，从 20 世纪 50 年代开始到"文化大革命"结束的将近 30 年中，中国教育科学的发展经历了一个从"全面学苏"到"走自己的路"的过程。20 世纪 50 年代初提出"全面学苏"、"一边倒"的政策，从教育思想到教育制度以至教育组织形式和方法，全部照搬苏联。在教育学方面对我国影响较大的是凯洛夫主编的《教育学》，它成为当时我国的师范院校和教育工作者的必读教科书。除此以外，还有麦丁斯基的《世界教育史》，以及少数教育文集，如加里宁的《论共产主义教育》、克普鲁斯卡娅的《国民教育与民主主义》、马卡连柯的《教育诗》、赞可夫的《教学与发展》等。当时是苏维埃教育学的一统天下。

在当时实行"全面学苏"、"一边倒"是有其历史背景的。它对于我国建立起正规化的教育制度，对于普教的发展与提高曾起过积极作用。但

---

① 参见瞿葆奎、郑金洲主编：《二十世纪中国教育名著丛编》（其第一辑已由福建教育出版社于 2007 年出版）。

苏联在教育上的独尊，在思想上的形而上学，在实施上的形式主义，对我国教育的发展，特别是教育科学的建设，却起着消极的限制作用。它的以政治代替学术，以一家排斥其他，对我国教育科学的发展起到了很大的限制作用，使我国教育科学的路越走越狭窄。

1958 年"教育大革命"，在政治上批判苏联修正主义的同时，教育界也开始批判苏维埃教育学，其矛头直指凯洛夫的《教育学》。提出要走自己的路，在"左"的思想指导下自编教材，教育学成为"语录学"、"政策学"。20 世纪 60 年代初，在文科教材会议之后，根据"三个条例"（高教 60 条，中教 50 条，小教 40 条）的基本精神，强调史论结合、理论与实际结合，组织专门班子重编《教育学》，出版了《教育学》（讨论稿），有的师范院校也在自编教材。但好景不长，"四清"运动开始，一场新的阶级斗争又掀开了序幕。接着就是"文化大革命"，是名副其实的革了文化的命，炮制了"两个估计"，诬蔑 17 年教育战线是"黑线专政"，知识分子是挖社会主义墙角的"臭老九"，斯文扫地，教育科学被打入冷宫。

如果说 1958 年的教育大革命是还想改革的话，"文化大革命"则完全是一场破坏运动，是彻头彻尾的反革命。对于教育科学来说，如果1958 年还在苟延残喘，到"文化大革命"，则是有灭顶之灾了。教育科学的发展，就是这样的命途多舛。

（三）教育科学的恢复与重建（1978—2008）

粉碎"四人帮"后，"文化大革命"结束，党的正确政治路线和思想路线逐步得以恢复。开展了实践是检验真理的唯一标准的讨论，推翻了"两个凡是"。全国科学大会召开，提出了"尊重知识，尊重人才"、"知识分子是工人阶级的一部分"的重要命题。在党中央正确路线和方针政策指导下，全国教育工作会议和全国教育科学工作会议召开，推翻了"两个估计"，总结了新中国成立后教育工作和教育科学所走过的道路，批判了 17 年是"黑线专政"、知识分子是"臭老九"的谬论，提高了教育和教育科学在社会主义建设中的地位和作用。

党的十一届三中全会总结了历史经验，端正了党的政治和思想路线，提出"一个中心，两个基本点"的基本路线，制定了改革开放的方针政策，为教育科学的发展准备了前提条件。随着教育领域的思想解放，"尊重知识，尊重人才"观念的确认和"科教兴国"战略的提出，教育事业得到了空前的繁荣发展。教育的发展与改革的推进，引起了人们对教育中有关问题的探讨，丰富了教育理论，促进了教育科学的发展，教育理论上的突破与进展又推动着教育实践的发展和改革的进行。我国教育科研事业进入了新的黄金发展时期。

二、教育科学的重建和发展

党的十一届三中全会以后，政治和思想路线得到端正，工作重点开始转移。在此基础上教育和教育科学也进行了大转变，主要体现在以下几个方面：从"以阶级斗争为纲"转变为"科教兴国"战略；从"一枝独秀"转变为"百花齐放"；从封闭转变为开放；从少数转变为群体。下面就这四个方面分别加以说明：

（一）从"以阶级斗争为纲"到"科教兴国"战略的转变

在我国教育战线上长期存在着"以阶级斗争为纲"的指导思想，这种思想也渗透到教育实践和教育科研之中。

阶级斗争，应当说是阶级社会中教育的功能之一。统治者用教育来维护其统治，被统治者也用教育来反抗统治，在革命战争中，教育的阶级斗争的功能显得更为突出。

《学记》在开首即提出"建国君民，教学为先"，这里的"教学"就是指的教育，就是说要建设国家和管理人民，应当要抓好教育工作。又说"欲化民成俗，其必由学乎"，也就是说要教化人民和整顿风俗，也必须利用教育这一工具。这是中国教育中的传统观念。

毛泽东在 1934 年第二次苏维埃代表大会的报告中，讲到苏维埃文化教育的总方针时，首先指出教育要为革命战争和阶级斗争服务。同时也指出教育要与生产劳动联系起来，使广大中国民众都成为享受文明的幸福的人。在新中国成立后他又提出"教育必须为无产阶级政治服务，教育必须与生产劳动相结合"，"培养有社会主义觉悟的有文化的劳动者"的教育方针。在这些规定中，教育的阶级性和政治性是非常明显的。

李浩吾（即杨贤江）在《新教育大纲》一书中，运用马克思列宁主义的观点，借鉴苏联革命的经验，把教育列为"观念形态的劳动领域之一"，认为教育应是"社会上层建筑之一"。与此同时，也指出教育"是人类营谋社会生活的手段"。到了阶级社会，教育发生了质变，才成为阶级统治和阶级斗争的工具。他全面地论述了教育的普遍性和特殊性及其关系问题，比较全面地论述了教育的本质问题。他的这本书在抗日战争时期的革命根据地成为师范教育的重要教材，对教育本质的认识有着广泛的影响。

在中国革命过程中，在各级各类的学校中（特别是在军校中），在各种报刊和广播等宣传工具中，教育广泛地发挥着作为阶级斗争工具的社会职能。新中国成立后，苏维埃教育学的学习，又进一步加深了这一思想和观点。

1956 年中国共产党召开第八次全国代表大会，提出党和国家工作重点转移的问题，即从阶级斗争转移到经济建设上来。但由于种种原因（包括国外和国内的），不但没有转变过来，阶级斗争的弦反而越拉越紧，以至走向扩大化和扭曲的地步。教育工作和教育科研也不例外，在阶级斗争的指引下，路越走越窄（1958 年"教育大革命"就是一个实例），直至走向毁灭（"文化大革命"中的表现），这就是新中国成立后到"文化大革命"结束时，我国教育和教育科学所走过的路。

"文化大革命"后，中国共产党召开了一系列工作会议，实现了工作重点的转移，提出了"一个中心，两个基本点"的基本路线，为教育战线的思想解放和教育科学的重建奠定了思想基础，使教育从为阶级斗争服务的狭小圈子中走向为社会主义经济建设服务的大局。

教育基本问题的讨论首先发轫于教育本质的讨论，1978 年于光远在一次座谈会上提出：在教育社会现象中，虽然含有上层建筑的东西，但不能说教育就是上层建筑，强调"重视培养人的研究"。由此引出"生产力说"、"实践活动说"、"特殊范畴说"等对教育本质的不同主张，对教育的社会属性和职能进行了多方面的探讨。由教育本质的讨论，引发了对教育中的其他问题和对历史人物的研讨和评价，如对孔子、杜威等中外教育家开展了广泛的研讨和评价。

教育上的大转变需要特别提出的是邓小平所发挥的重要推动作用。邓小平说："我知道科学、教育是难搞的，但是我自告奋勇来抓。不抓科学、教育，四个现代化就没有希望，就成为一句空话。"① 此后，党对教育工作越来越重视，教育在社会主义建设中的地位也越来越提高。邓小平在一次讲话中指出："我们要实现现代化，关键是科学技术要能上去。发展科学技术，不抓教育不行。靠空讲不能实现现代化，必须有知识，有人才。"② 总之，要"振兴中华"、"科教兴国"，需要有各种科学技术人才，各类人才的培养，端赖教育。只有教育搞上去，才能赢得未来。邓小平在 1983 年为景山学校的题词："教育要面向现代化，面向世界，面向未来"，为"科教兴国"发展战略的形成奠定了坚实的理论和实践基础，也为教育科学的发展指明了方向。

1992 年，在中国共产党第十四届全国代表大会上，江泽民指出："必须把经济建设转移到依靠科技进步和提高劳动者素质的轨道上来。"

1995 年 5 月，《中共中央、国务院关于加速科学技术进步的决定》提出了"科教兴国"的战略，确立科技和教育是兴国的手段和基础的方针。这个方针大大提高了各级干部对科技和教育重要性的认识，增强了对

---

① 《邓小平文选》（第二卷），人民出版社 1994 年版，第 68 页。
② 《邓小平文选》（第二卷），人民出版社 1994 年版，第 40 页。

"科学技术是第一生产力"的理解。该《决定》指出:"科教兴国,是指全面落实科学技术是第一生产力的思想,坚持教育为本,把科技和教育摆在经济、社会发展的重要位置,增强国家的科技实力及实现生产力转化的能力,提高全民族的科技文化素质。"同年,中国共产党第十四届五中全会在《中共中央关于制定国民经济和社会发展"九五"计划和 2010 年远景目标的建议》中,把实施科教兴国战略列为今后 15 年直至 21 世纪加速我国社会主义现代化建设的重要方针之一。

此后,江泽民和胡锦涛在多次的讲话和报告中,也强调指出教育在强国育才中的重要地位,特别是在建立创新型国家、培养创新型人才方面所担负的重要作用。1996 年,八届全国人大四次会议通过了《关于国民经济和社会发展"九五"计划和 2010 年远景目标纲要》,"科教兴国"成为我们的基本国策。

2007 年,中国共产党第十七次全国代表大会召开,在十七大报告中,教育工作不仅体现在经济建设、政治建设和文化建设部分中,更体现在社会建设部分中,把提高学生的综合素质、加强三农建设、加强社会组织和管理等问题也同加强教育建设紧密联系起来,教育成为我国建设中国特色的社会主义的小康社会的重要手段和工具。

从"以阶级斗争为纲"到"科教兴国"战略,反映出党和国家解放思想,实事求是,对教育的本质、价值与功能的认识不断转变提高的过程。"科教兴国"战略成为国策,教育在国家发展中的地位得到正确的认识和空前的重视,在党和国家的关注和支持下,教育事业和教育科研不断蓬勃发展。

1978 年 11 月教育部成立全国教育科学规划领导小组,1979 年 3 月 23 日教育部和中国社会科学院联合召开第一次全国教育科学规划会议,1983 年成立全国教育科学规划领导小组办公室,启动了"六五"规划,我国教育科学规划工作步入有组织、有计划的轨道,形成了中国特色的教育科学规划体系。自"六五"至"十五",课题数量由 36 项增加到 1500 余项,经费由最初的 50 万元增长到近 3000 万元,单项资助经费明显提高,研究内容覆盖教育的各个领域，教育学者、教育领导和教师广泛参与，产生了一大批有价值的科研成果，涌现出了一大批人才。1989 年、1999 年、2006 年组织了三届全国教育科学优秀成果评奖，分别评审出一等奖 57项、33 项和 15 项，二等奖 100 项、191 项和 73 项，这是为社会广泛认可的政府最高教育科研成果奖。建立了教育科学规划工作的机构与运行机制和规章制度，建设了全国性的教育科学规划工作网络。国家教育科学规划项目在促进教育决策科学化、指导教育实践、丰富和发展教育理论方面做出了巨大贡献，在促进人才成长、建设团队、引领教育科研方向发挥了核心导向作用，教育科学界的凝聚力和对教育实践的影响力日益增强，在全国教育界有着广泛的影响。[1]

目前教育科研对教育决策和实践的影响越来越大，教育决策和实践对教育科研的依赖程度也越来越高，出现了良性互动的态势。许多教育政策、法规的出台，学校的建设，都有专家、学者的参与，这已成为教育决策及政策制定的必要程序，成为学校创建名牌的必由之路，比较有影响的教育专家几乎都参与了改革开放以来重大教育决策及政策制定的工作，教育决策者和实践者也积极从事教育科研，以科研促进工作。如《中国教育改革和发展纲要》、《面向 21 世纪教育振兴行动计划》等关于中国教育发展和改革的全局性的设想与战略谋划的纲领性文件制订，都有教育部教育发展研究中心等有关专家学者的参与和研究。

（二）从"一枝独秀"到"百花齐放"的转变

新中国成立后，在"全面学苏"的政策下，我国教育战线和教育科学成为苏维埃教育学的一统天下。凯洛夫主编的《教育学》，从 1951 年 3月在我国正式刊行第一版，到 1953 年 6 月刊行第三版，前后共发行了上百万册，成为我国师范院校和教师进修的必读教材，形成了"一枝独秀"

---

[1] 参见吴键、曾天山：《"全国教育科学规划的回顾与展望"座谈会综述》，《教育研究》2004年第 2 期。

的局面。

凯洛夫的《教育学》，全书共计三编，二十一章，包括了教育学总论、教学理论、教育理论三大部分，对普通学校的教育理论和实践进行了全面的论述。

"教育学总论"部分，包括了教育学的对象和方法，教育学上的基本概念——教育、教养和教学，教育发展的历史（五个阶段），共产主义教育目的和任务等。

"教学论"部分，包括了教学过程、教学原则、教养和教学内容、教学组织形式和方法等。把课程问题放在教养和教学内容之中。

"教育理论"部分，这里所用的"教育"概念，是指狭义的教育，其内容是较为驳杂的，包括了道德教育、辩证唯物主义世界观教育、爱国主义教育、自觉纪律教育，以至于性格教育、美育、体育、课外活动和校外活动、学生集体组织与教育（包括了团、队、学生会）、学校与家庭，最后是国民教育制度。

从上述内容可见，这本《教育学》是按照苏联教育中的三个基本概念（教育、教养和教学）建立起来的（苏联对这三个基本概念有它的习惯理解和用法，我们对这些概念的理解和翻译还存有问题）。另外把课程论放在教学内容中也欠妥当，在教育理论部分又有驳杂和缺乏伦次的问题。加上在我国师范院校的教学中，又将"学校管理"作为第四部分来讲，这样就形成了一本"教育学"内无所不包的"四大块"，简直是冗杂不堪。

这样一本《教育学》，在我国师范院校的教育系课中，通常要讲授两年，教师难教，学生苦学。为此在 1979 年教育科学规划会议上，大家回顾和检讨了新中国成立后的"全面学苏"的政策，认为教育系课的学习内容太狭窄，根据苏联师范学院的教学计划，取消了过去曾经开设的教育哲学、教育社会学、比较教育学、教育统计学等课程是错误的，应当重新开放。根据当时世界教育科学大发展所出现的一些新学科，比如教育经济学、教育文化学、教育人类学等，也应当引进和开设。这样"一枝独秀"

的局面便向"百花齐放"的局面转变。

1. 教育学分支学科建立

首先，教育学从一本"大教育学"的"四大块"分解为教育原理、教学论、德育原理、学校管理四个不同的分支学科，而且又在不断地分化。以教学论为例，目前已成为庞大的学科体系，从《教学论稿》[①] 到《现代教学论》[②]，多部教学理论专著问世。《教学论稿》是较早出版的一本教学理论专著，对历史经验与现实问题进行了全面系统的概括和总结，其中提出的两个"三中心"不仅是对历史经验的总结，而且对现实的教学改革具有重大的指导意义。《现代教学论》的编写汇集了全国的专家和博士，对现代教学的基本理论、现代教学论问题研究、现代教学改革与实验，进行了系统的研讨和论述，成为一部多卷的巨著。

2. 各级各类教育学科的建立

同时，各级各类学校的教育学科纷纷建立。从高等教育到学前教育，从普通教育到职业教育，从一般教育到特殊教育，以及成人教育、农村教育等都先后出现。以高等教育学为例，在高等教育学科建设方面，陆续出版了几十部各具特色的高等教育学著作，对高等教育学的研究对象、学科性质、学科体系、研究方法等进行了系统而深入的探讨。高等教育科学各分支学科的发展迅速，形成了高等教育科学学科群。在高等教育问题研究方面，随着高等教育体制改革的逐步开展，高教研究界围绕高等教育体制、高等教育思想、高等教育结构、高等学校教学、高等学校德育、高等教育与社会发展关系等主题进行了深入探讨，加深了人们对高等教育改革的理性认识。

3. 交叉边缘学科不断发展

30 年来我国还重新建立和发展了教育方面的一大批边缘或交叉学科，使我国教育科学理论体系更加丰富，形成了一个庞大的学科群。

---

① 王策三：《教学论稿》，人民教育出版社 1985 年版。
② 裴娣娜：《现代教学论》，人民教育出版社 2005 年版。

表1 教育科学分类框架表①

以教育活动为研究对象，以不同方式运用其他科学	把被运用学科作为理论分析框架	分析教育中的形而上问题	教育哲学　教育逻辑学 教育伦理学　教育美学
		分析教育中的社会现象	教育社会学　教育经济学 教育政治学　教育法学 教育人类学　教育人口学 教育生态学　教育文化学
		分析教育中的个体的人	教育生物学　教育生理学 教育心理学
	采用被运用学科的方法	运用方法直接分析教育活动	教育史学　比较教育学 教育未来学
		研究如何运用方法来分析教育活动	教育统计学　教育测量学 教育评价学　教育实验学 教育信息学
	综合运用各门学科，解决教育的实际行动问题	分析与其他领域共有的实际问题	教育卫生学　教育行政（管理学） 教育规划学　教育技术学
		分析教育领域独有的实际问题	课程论　教学论
以教育理论为研究对象			元教育学　教育学史

表1 所列学科中，大部分是外国已有的，也有少数是我国独创的，如教育生物学、元教育学等。

以教育哲学为例，20 世纪 80 年代以来，在马克思主义指导下，在关注西方教育哲学的发展的同时，又挖掘有关中国古代的教育哲学思想。当前正向具体研究领域深入，为未来进一步发挥其理论性、概括性和批判性功能作准备，以实现其在教育学科建设中的基础学科作用。

教育社会学学科得到恢复，学科基本建设工作也取得了重要的进展，在问题研究方面获得了诸多成果。

其他如教育经济学、教育政治学、教育文化学、教育法学等，作为教

① 瞿葆奎：《教育学的探究》，人民教育出版社 2004 年版。

育学中的新兴学科，也极大地推动了教育实践的发展。

4. 教育史研究取得重大进展

中国教育史的研究，从通史到断代史再到专题史，取得了一系列重要成果。《中国教育思想史》六卷本和八卷本以及《中国教育制度史》八卷本的编写，为全面系统地研究中国教育提供了丰富的思想和材料，同时使中国教育史的研究步入了专业领域，断代史和人物评传等也纷纷问世。

在外国教育史研究方面，著作数量众多，各种不同题材的专题史研究，通史、断代史、人物史和思想史、比较史等领域的系列研究，反映了这一领域研究的繁荣局面。对国外教育名著的翻译出版使历史上重要教育家的著述不断问世，为了解世界教育发展史打开了窗口。

以上所列的大型著作，大都是在国内教育史学界学者的主持下，众多研究人员集体合作的产物，形成了我国教育史学界集体合作、联合攻关的良好学风。同时，教育史的研究在注重自身体系建构的同时，还关注当前国内外的教育改革的现状，为我国进行教育改革提供了借鉴。

5. 比较教育研究重建与发展

比较教育学科 30 年间从重建逐步走向成熟，为我国教育研究敞开了"面向世界"的大门。20 世纪 80 年代初，比较教育主要是介绍部分发达国家的教育改革，随后努力和我国的教育改革实践相结合，开展了一些针对性较强的国际比较研究，研究范围也从部分发达国家扩展到发展中国家，为我国教育改革提供了可资借鉴的广泛信息和国际经验。比较教育学科在教材建设上有了较大进展，出版了《比较教育》、《比较教育学》等多部著作，还翻译出版了一批有较高学术价值的世界教育名著，为比较教育学科的进一步丰富和发展打下了坚实的基础。1980 年《外国教育动态》（即现在的《比较教育研究》）杂志复刊，以推进比较教育科研的进展。近年来，我国专家积极参加世界比较教育学会和参与其他的世界性会议，不仅在会上作报告，还将论文译成外文发表。比较教育研究已经由引进走向输出。

6. 元教育学研究开始起步

20 世纪 80 年代末，以教育学自身为研究对象的元教育学研究兴起，主要涉及以下内容：对中国现行教育学体系的分析与批判、教育学的逻辑起点、教育学理论的性质、教育学学科的称谓、教育学体系的构建、教育学学科的分类及其标准、教育学的中国化、教育学的科学化、西方教育学的历史发展、中国教育学的历史发展等。元教育学的出现，体现出教育学科的分化与综合的辩证发展趋势。元教育学研究在 20 世纪 90 年代中期形成热潮，后又呈现回落趋势。但是国内教育研究的发展又急需元教育学指导，所以对元教育学的研究还应有进一步的发展。

7. 教育学教材的编纂

党的十一届三中全会后，我国的教育学教材建设克服了苏联教育学的局限和 1958 年教育学编写中的简单化，取得了辉煌的成就。据不完全统计，30 年间编辑出版的用于师范院校（包括师专、教育学院）和中师的《教育学》教材达到 200 多本。这些教育学教材，在框架结构、理论探索、实践关注、使用对象等方面，都具有新的特点。

现以中师教育学和华中师大等五院校主编的公共课教育学教材为例进行说明。在中师教育学中，为了增强师范生对教育工作的责任感和对小学生特点的了解，把"教师"和"学生"两章放在前面去讲，而把教育发展历程放在最后。并在人的发展中，除讲述环境和教育的影响外，还把学生成长中的主体性也提了出来。在高等师范院校公共课教育学中，结合学生将来工作的需要，把教学和班主任工作作为重点问题进行了阐明。同时还加重了"教育与人的发展"的论述和增强了"美育"一章。

虽然我国教育学教材建设取得了很大成就，但是还存在一些问题，需要进一步完善教育学教材的体系；教材内容要不断革新，实现教育学教材的现代化；坚持继承与创新，努力创建有中国特色的教育学教材。

8. 教育类书的编纂

教育类书的编纂，也是教育科研繁荣的一个主要方面。除《中国大百科全书·教育》外，各种教育词典、事典及年鉴，纷纷问世。现以

《中国大百科全书·教育》和《教育大辞典》为例做些介绍。

《中国大百科全书·教育》（中国大百科全书出版社 1985 年版）一书的编纂于 1980 年开始，1985 年 8 月出版，历时五六年，集中了全国教育科学专家（包括大部分老专家）共同完成了这一巨著。全书分为教育科学、教育学、教育心理学、教育管理、中国教育、外国教育 6 个部分，733 个条目。每条有史有论，对问题进行了全面系统的论述，并附有插图和参考书目，是一本传世之作。

《教育大辞典》（上海教育出版社 1990 年版），初刊 12 分册，再版继续发行"增订合编本"上下两卷。该辞典由教育学会专家编写而成。内容包括古今中外，把国内外教育科学研究的新成果、新理论、新兴学科都尽可能地收集在内，是融知识性、科学性、实用性和相对稳定性为一体的一部辞典，可以为广大教育工作者提供学习经验和资料。

（三）从封闭到开放的转变

20 世纪 60 年代是世界教育大发展大改革的年代，是世界教育进入现代化的重要历史时期。但是这段时间正是我国的"文化大革命"时期，"以阶级斗争为纲"思想盛行，它的直接后果是对中国传统教育思想，对解放前近 50 年的教育科学发展的成果，以及对欧美国家的教育学科的思想成果，采取了完全排斥和批判的态度。在政治意识形态的支配作用下，我国的教育科学完全处于封闭的状态。

当进入历史新时期以后，我们的眼界才被打开，对外文化开放和教育交流开始进行，并开始批判地继承中外教育史上的进步遗产，批判地吸取外国有益的经验。一方面，开展了一些关于教育基本问题的讨论，解放了思想；另一方面，开始积极引进国外的教育理念、教育内容和方法。

1. 解放思想，对教育基本问题进行讨论

30 年来，教育理论界解放思想，对一些重大的教育基本理论问题进行重新认识和反思，许多传统的理论观点有了新的突破。关于教育本质及功能的讨论使人们重新全面地认识教育与政治、经济和社会发展的关系，

以及教育与人的发展关系，这些讨论为确立教育在社会主义现代化建设中的战略地位提供了理论依据。在改革开放的新形势下，随着社会主义市场经济体制的逐步建立和教育改革的不断推进，教育面临着许多新情况和新问题。为此，教育理论界又先后展开了一系列教育问题的学术讨论，如人的全面发展、科教兴国战略、教育体制改革、教育与社会主义市场经济、素质教育、高考改革、教育公平等。

（1）关于教育本质与功能的讨论

通过关于教育本质的论争，对"教育是阶级斗争的工具"的认识发生了根本性的转变。教育具有生产属性，教育不仅仅是一个消费部门，而且也是一个生产部门，这在论争中逐渐地被不少研究者所接受。这一转变标志着教育已经从"阶级斗争的工具"的禁锢中摆脱出来，开始步入社会主义现代化建设的大潮，承担起社会赋予它的使命。

教育功能也是改革开放以后教育基本理论研究的重要课题之一，这一研究的进展突出地表现在对教育经济功能的深入探究上。党的十一届三中全会以后，国家的工作重点逐渐转移到经济建设上来，研究者开始研究教育在经济发展中所起的促进作用。

关于教育本质及功能的讨论使人们重新全面地认识教育与政治、经济和社会发展的关系，为确立教育在社会主义现代化建设中的战略地位提供了理论依据。

（2）教育中"人"的发现与人的全面发展研究

20 世纪 90 年代中期以后，教育与人的问题，引起了人们的关注。新中国成立后相当长的一段时间里，由于受苏联教育思想的影响，教育几乎只看到社会，看不到人，以至教育学几乎成了"没有儿童的教育学"。1989 年 5 月，"教育与人"研讨会召开，"教育与人"问题的价值得到与会代表的一致认可。20 世纪 80 年代末 90 年代初，对教育中"人"即受教育者的关注，如影响人身心发展的因素、教育的出发点、教育价值取向的偏差等，成为教育理论界探讨的热点问题。研究者呼吁重视受教育者的需要和兴趣、创造和自由，尊重人的尊严、人的潜能和价值，重视培养学生的主体性。正是由于这些研究，使得我国教育实践逐渐重视学生的主体作用，无论是"主体性教育"，还是新课程改革，都对学生的主体地位有了比较多的关注。

关于人的全面发展的研究是人的发展中的又一重要课题。这个问题在我国肇始于 20 世纪 50 年代初，50 年代中期进行了讨论。20 世纪 80 年代以后的研究又有了新的内涵。这一研究，对于消除"文化大革命"时期政治标准至上的人才观，重新确立 20 世纪 50 年代已初步形成的全面发展的教育观，乃至对今天谈论的"素质教育"观，都有着直接或间接的影响。通过对人的全面发展的分析以及全面发展教育各组成部分的探讨，全面发展的教育观逐渐重新得到了认同。

（3）关于教育现代化的研究

1983 年 10 月，邓小平"教育要面向现代化、面向世界、面向未来"的题词，引起了教育理论工作者的共鸣，激发了研究者对"教育现代化"进行系统思考的热情。"传统教育"与"现代教育"的讨论，是教育现代化观念确立的先声，早期关于"教育现代化"的讨论主要表现为对"传统教育"利弊得失的评判，和对"现代教育"的期盼与展望。随着讨论的深入，视野逐渐集中到"教育现代化"这样一个更能体现我国教育意向追求的词语上来。

20 世纪 90 年代后期，研究者开始更多地关注教育现代化的中观和微观层面。中观层面主要涉及对基础教育、职业教育、高等教育、成人继续教育以及特殊教育现代化的研究。微观层面主要针对具体的学校、学科和课堂，提出教育现代化具体的定义、特征及措施等。教育现代化已被广为接受，教育现代化战略也日益成为区域教育发展和学校发展的"抓手"和工作中心。

（4）关于教育公平的讨论

改革开放以来，特别是 20 世纪 90 年代以来，我国教育事业取得了很大的发展。然而，由于我国经济社会与教育发展不平衡及有关政策的缺失，教育公平问题不但没有得到有效的解决，还有不断凸显的趋势，择校问题、高考中的公平问题、流动儿童受教育权等与教育公平相关的问题不断出现，成为学者关注的焦点。进入 21 世纪，我国开始全面建设小康社会，提出了构建社会主义和谐社会的目标。社会公平是社会主义和谐社会建设的重要内容和特征之一，教育公平是社会公平的基础。教育公平问题得到前所未有的民众参与和理论关注。

我国有关教育公平的研究比较集中地讨论了教育公平的含义，教育公平与教育效率，我国教育公平的现状、问题、成因及其对策等问题，取得了丰富的研究成果。而在国家政策与法律层面，《中华人民共和国义务教育法》的修订，高考制度的一系列改革，都对教育公平起到了促进作用，也反映出教育公平已经成为政府的执政理念和制定教育政策的基本价值取向。

30 年来，我国教育基本理论的研究有了长足的进步，教育观念有了较大的突破。纵观 30 年间主要的教育理论的发展，从教育的本质与功能到教育与市场经济的关系，从教育中"人"的发现到主体性教育思想、素质教育，都反映出两条主线：即 30 年教育对市场经济发展的反应，和对人的价值与地位的不断确认与提升。这反映出教育在处理与人的关系和与社会关系的过程中不断调整，不断适应社会需要和人的发展需要的发展过程。

2. 对外开放，引入西方教育思想

（1）终身教育思潮

第二次世界大战以后，欧美资本主义国家由于科学技术的迅猛发展，引起了教育的变革，也引起了教育思想的变化。传统的学校教育已经不能满足社会生活的要求，知识更新速度的加快使终身教育的思潮应运而生。

1965 年 12 月，联合国教科文组织在法国巴黎召开的"第三届促进成人教育国际委员会"上，保罗·朗格朗（Paul Lengrand）作了题为"Education Permanante"（《恒久教育》）的学术报告，引起了与会专家及有关组织的极大关注。会后，联合国教科文组织将"Education Permanante"改写为"Lifelong Education"（《终身教育》），这标志着终身教育作为一种国

际性的教育思潮正式确立了起来，终身教育的时代已来临。朗格朗的代表作《终身教育引论》于1970年出版后被译为二十多种文字流传于世，对国际教育界产生了深远的影响。随后，在终身教育思想的基础上，"学习化社会"、"终身学习"思想相继诞生，由于联合国教科文组织的倡导及各国政府的积极响应，其理论不断地走向成熟，最终形成影响广泛的教育思潮。

联合国教科文组织1972年发表的教育报告《学会生存——教育世界的今天和明天》，也倡导终身教育，这个报告于1979年在我国翻译出版后，引起了强烈的反响。终身教育思想在我国逐渐被接受并被写进《中国教育改革和发展纲要》和《中华人民共和国教育法》中。

近年来，在党和政府的高度重视和大力推动下，构建终身教育体系、建设学习型社会已成为全社会的共识。全国人大常委会和教育部已经把修订《中华人民共和国职业教育法》和起草《中华人民共和国终身学习法》摆上了议事日程。在新的形势下，如何有效满足全体人民"学有所教"的新期待，满足人民群众终身学习的新需求，成为摆在广大教育工作者面前的重要课题。

（2）人力资本理论

1960年，美国经济学家西奥多·W·舒尔茨（Theodore W. Schultz）在美国经济协会的年会上以会长的身份作了题为《人力资本投资》的演说，明确提出人力资本是当今时代促进国民经济增长的主要原因。人力资本理论的出现，被西方经济学界视为20世纪经济理论的重大发展。美国经济学家M·J·鲍曼称其为"经济史上的革命"。人力资本理论的出现，给世界各国的经济、社会、教育带来了深刻的影响，促使许多国家把人力资源开发纳入国家的经济发展规划或计划，极大地促进了国家、社会和家庭对教育的投入，推动了教育的迅速发展和人口素质的提高。

人力资本理论的提出引起了人们对教育经济功能的热烈讨论，教育部门究竟是生产性部门还是消费部门，也引起了争议。同时，市场经济对教育产生的影响也引起了人们的关注。市场经济会激发社会和个人对教育的有效需求，引入竞争机制，为教育事业发展带来生机与活力，这是市场经济对教育的积极作用。同时市场经济对教育的冲击也会产生一些负面的影响，如其中最主要的便是造成培养目标和办学方向上的急功近利，并导致教育质量的下降，甚至把教育作为谋取经济利益的手段，进而影响教育事业的健康发展，损害教育的公益性。

面对市场经济的挑战，教育研究者大多认为教育要适应市场经济对人才的要求，将市场机制引入教育，通过对教育的改革，达到为市场经济服务的目的。既要利用市场经济的积极影响来推动教育的改革和发展，又要善于鉴别教育的职责，利用教育的优势，自觉抵制市场经济的负效应。因此，在市场经济条件下，如何处理公平与效率的关系，如何克服市场经济对教育的负面作用，保持教育在市场经济条件下的公益性，是学者研究的主要问题。而各级政府在其中应当承担的责任，则成为教育研究关注的焦点。

（3）其他教育思潮

作为教育学的基础学科，教育哲学、教育心理学、课程论等方面的教育思想也被大量引入。自赫尔巴特始，哲学和心理学就被广泛认同为教育学建立的基础，此后社会学加入进来。到 20 世纪下半叶，在中国是 1980 年始，教育学的基础学科增加了人类学、伦理学、脑科学以及心理学的许多分支学科。

在教育哲学方面，中国教育学界开始关注当代西方哲学的进展，其中存在主义、现象学、解释学、批判理论、交往实践论等都被介绍过来，并影响着中国的教育学研究。西方教育哲学流派对中国影响较大的有实用主义、存在主义、结构主义、分析主义、进步主义、改造主义、要素主义、永恒主义、新托马斯主义以及后现代主义等，其中后现代主义教育哲学影响较大。

教育心理学理论，心理学中的人文主义的流派、皮亚杰的认知学说、多元智能理论、建构主义理论等也很受关注。这些理论使教育学研究增加了对人的关注，增强了对个体发展的认识。

在课程与教学理论方面，美国从 20 世纪 50 年代后期起，发起了中小学课程改革运动，要求改变中小学各学科内容陈旧、落后的现象，实现学科内容的现代化，以适应资本主义国家培养大批科技人才的需要。美国心理学家 J. S. 布鲁纳的理论被介绍进来。布鲁纳的课程论主张从强调知识的结构转向重视培养交际、感情、关心社会等活动性学习的课程，以适应资本主义社会的需要。科学技术的发展在欧美学校中引起了教学方法和手段的变革。现代化教学手段如录音机、录像机、闭路电视以及电子计算机等进入教学领域，引起了教育工艺学、教育技术学等新的教育学科的发展。我国从 21 世纪开始的第八次课程改革，受此影响很大。

3. 走出国门，教育研究者不断走向世界

30 年来我们不仅大量引进借鉴世界教育的新理念、新经验，促进了我国教育科学的发展。同时我国教育科学在改革开放思想路线的指引下也走向国际化。我国教育科研工作者积极参加联合国教科文组织、联合国儿童基金会等国际组织的活动；参加了世界比较教育学会联合会、世界教师教育协会联合会、国际教育评价协会等国际民间组织的会议。

我们还在国内组织了多次国际教育会议，在国外刊物上发表文章，从 2006 年开始编辑出版《中国教育学术前沿》英文版，并向世界发行，科研人员的交往、留学生的互换、学术资源的交流更是日益频繁。这不仅使我们了解世界，也让世界了解我们。

（四）从少数到群体

改革开放以前教育科研队伍很小，只有几所师范院校的教育学科教师，除了编写教育学科的教材外，也多是为了教学备课而作一些教育研究。中央教育科学研究所虽然早在 1957 年就成立了，但人数很少，而且一度并入北京师范大学，"文化大革命"时又被撤销。据统计，1979 年召开第一次全国教育科学规划会议时，全国教育科研人员以师范院校的教育学科教师为主，总共不足 400 人。

改革开放 30 年来，一支庞大的教育科学研究队伍已经形成。中央教育科学研究所在改革开放后的第二年春天得以恢复，接着各地纷纷建立了教育科学研究所，有的省市还成立了教育科学研究院，许多高等学校成立了高等教育研究所或高等教育研究室，教育科研队伍不断壮大。《中华人民共和国学位条例》颁布以后，教育学科作为 12 大科学门类之一，列入研究生培养专业目录。30 年来我国培养了数以万计的教育科研人员，他们是教育科研的生力军，正在发挥着教育科研的骨干作用。

1. **教育科研队伍的壮大**

改革开放 30 年来，我国的教育科研队伍逐步壮大，已初步构建起有中国特色的教育科研组织机构体系。

（1）**教育科研机构的成立**

1978 年 7 月 14 日，经邓小平等中央领导同志亲自批示，国务院批准恢复重建中央教育科学研究所。由此，中央教育科学研究所进入了一个健康、稳定的发展时期。截至 2008 年，中央教育科学研究所在编人员 254 人，专业技术人员 215 人，其中具有高级专业技术职务者 104 人。中央教育科学研究所坚持以马克思主义为指导，以教育理论建设为重点，承担了一系列重要教育理论研究课题。从"六五"到"十一五"，在教育本质与功能、教育方针、人的全面发展、教育与生产劳动相结合、教育的"三个面向"、科教兴国、教育创新等方面，都作了深入的研究，取得了丰硕的科研成果。

自 20 世纪 80 年代初至今，全国所有的省、自治区、直辖市和计划单列市均建立了教育科研所（院），并在较短的时间内辐射到市（地）、县（区）和基层学校，在许多地方已经和正在形成中国所特有的区域性普教科研网络。国家、省、市、县到基层学校系统的教育科研机构已成为研究和推广研究成果的主干。

从"六五"至"九五"期间，专职的教育研究人员从数百人增加到了超百万之众。据统计（截至 2005 年年底），目前我国有科研院所 8300 余个，职工约 100 万人。省市级、地市级教育科研院所及高等教育研究机构 150 余个（不包括港、澳地区）。随着教育改革的不断深入，我国省市级教育科研院所有很大发展，天津、上海、北京、吉林、浙江等省市相继成立教科院，省市级教育科研院所科研人员成为我国教育改革和发展的重要推动力量。①

（2）**教育学术团体的成立**

1979 年，中国教育学会成立，这是我国第一个全国性群众学术团体。学会的业务范围包括：开展群众性教育科学研究、教育教学改革实验和学术交流活动；为教育决策提供科学分析、信息反馈和咨询意见；组织教育科学研究成果和教育教学改革实验成果的鉴定和推广；研究、编写教材，出版学术性书刊；举办基础教育的实验学校，开展培训活动；开展业务咨询、政策咨询和法律咨询；组织教育评价活动；开展与香港、澳门和台湾地区及对外教育学术交流与合作等。学会由分支机构、单位会员、个人会员自愿组成，到 2006 年年底，学会有分支机构 49 个，单位会员 51 个（包括各省、自治区、直辖市和原计划单列市的教育学会和其他教育学术团体），各级会员约有 85 万人，是目前全国最大的教育学术团体。

随后，中国高等教育学会、中国成人教育协会、中国职业技术教育学会等全国性群众教育学术团体纷纷成立，每个学会下设若干专业性质的学会。另外还有为数更多的部门、行业性群众教育学术团体吸纳了近百万教师、校长，形成了大规模的群众教育科研队伍，极大地推动了我国群众性教育科研的蓬勃发展。

（3）**教育研究人才的培养**

数百所高等师范学校和综合性大学建立了教育学院和高教所等教育研究机构，它们发挥理论基础雄厚、学科门类齐全、文献资料丰富的优势，成为我国教育科研体系中理论研究和学科建设的主干。这些大学同时招收教育学专业的本科生和研究生，成为全国教育学学科建设的核心基地。

据统计，截至 2006 年 8 月，全国教育学学位授权单位共有一级学科

---

① 李凤琴：《教育人才专业化发展策略——我国教育科研院所队伍建设研究》，首都师范大学出版社 2007 年版。

博士点 9 个，一级学科硕士点 29 个（拥有一级学科授予权的单位，教育学一级学科之下的所有二级学科均可招生）；教育学原理专业国家重点学科 4 个，博士点 15 个，硕士点 68 个；课程与教学论专业国家重点学科 1 个，博士点 14 个，硕士点 86 个；教育史专业国家重点学科 2 个，博士点 12 个，硕士点 34 个；比较教育学国家重点学科 1 个，博士点 9 个，硕士点 34 个；学前教育学专业国家重点学科 1 个，博士点 9 个，硕士点 32 个；高等教育学专业国家重点学科 1 个，博士点 16 个，硕士点 90 个；成人教育学专业博士点 9 个，硕士点 39 个；职业技术教育学专业博士点 9 个，硕士点 48 个；特殊教育学专业博士点 9 个，硕士点 30 个；教育技术学专业博士点 9 个，硕士点 79 个。此外，还有教育经济与管理专业国家重点学科 1 个，博士点 17 个，硕士点 107 个。

据国务院学位办公室发布的统计数据，我国大学授予的教育学学士占学士总数的 3.61%，在 1999—2003 年授予的硕士和博士学位中，教育学硕士占硕士总数的 2.50%，教育学博士占博士总数的 1.40%。另据教育部高校学生司发布的博士生导师资料统计，2008 年，在全国大学 40110 名博士生导师中，有 709 名是教育学博导，占博导总数的 1.77%。2006 年，有权授予教育学博士学位的大学有 36 所，有权授予教育学硕士学位的大学共 135 所。2007 年，开设教育学专业的大学共 303 所。

2006 年普通高校设置教育学专业研究生 23 种，600 个专业点，普通高等学校的教育学专业学生 45 种，2299 个专业点，成人高等教育设置的教育学专业 51 种，1504 个专业点。①

2006 年，全国普通高校和科研机构（含体育专业）培养的教育学专业研究生，毕业生数总计 7767 人，其中博士毕业生 629 人，硕士毕业生 7138 人；在校生数总计 36702 人，其中博士生 3442 人，硕士生 33260

---

① 中华人民共和国教育部发展规划司：《中国教育统计年鉴 2006》，人民教育出版社 2007 年版，第 22 页。

人。① 在职人员攻读博士、硕士授予学位总计 5705 个，其中博士学位 32 个，硕士学位 5673 个，在校生 32724 人，博士 54 人，硕士 32670 人。普通高校、成人高校、民办高等教育机构教育学专业教师总计 99487 人②。

由此可见，我国教育科研人才的培养已经走向制度化，教育学科的人才培养基地已具一定规模。

（4）中小学教师成为教育科研的重要力量

随着我国教育水平的提高和教师地位的提升，"教师专业化"、"教师专业发展"成为教师教育的目标，"教师成为研究者"、"教育科研是教师专业化发展的重要途径"等观念，也已日益为广大教师所认识和接受。在这种背景下，中小学教育科研如火如荼地开展起来。近年来，教育行政部门高度重视教育科研对教育实践的引领作用，不仅在政策上给予扶持和帮助，而且在科学发展观的指导下，身体力行，引入"管理课题化"、"工作课题化"等新的工作方式，为教育的可持续发展注入了新的活力。中小学教育科研重点是解决学校自身在教育实践中遇到的问题，以行动研究为主要方式，更多的是结合自己的日常教学开展研究，把科研作为自我成长、提高教育质量的主要途径。"科研兴校"成为很多学校的发展战略，"校本教研"成为广大教师的工作方式和成长平台。中小学教育科研风气逐步形成，中小学教师成为教育科研的重要力量。但中小学教师科研也存在着一些问题，迫切需要专家学者的指导，质量有待提高。

2. 教育科研成果展示平台的拓展

教育刊物是教育科学研究成果公布和分享的重要媒介。教育刊物的数量和质量，在一定意义上是教育科研水平的重要标志之一。30 年来，我国教育刊物的出版和发行取得很大成就，有了相当大的发展，在推动教育

---

① 中华人民共和国教育部发展规划司：《中国教育统计年鉴 2006》，人民教育出版社 2007 年版，第 26—27 页。

② 中华人民共和国教育部发展规划司：《中国教育统计年鉴 2006》，人民教育出版社 2007 年版，第 50 页。

科学理论和实践研究成果传播方面起了巨大的作用。

全国除省、市、自治区直接创办的教育刊物外，中央和各地方的高等院校、教育科研机构也都相继创办了许多教育科学理论刊物。以收录进中国学术期刊网络出版总库（http://www.acad.cnki.net）的教育刊物统计，截至 2008 年，教育综合 191 种，基础教育 464 种，高等教育、师范教育 76 种，其他各类教育 61 种，体育教育 90 种，职业教育、成人教育院校学报 145 种。其中在全国比较有影响的教育理论刊物主要有：《教育研究》、《人民教育》、《中国教育学刊》、《教育理论与实践》、《比较教育研究》，以及各师范院校学报的教育理论专刊和专门教育理论栏目等。比较有影响的专业性刊物主要有《教师教育研究》、《职业技术教育》、《电化教育》、《中国成人教育》、《中小学管理》、《课程·教材·教法》等。除了数百种教育科学学术刊物外，还出版发行了多种类型教育报纸，如《中国教育报》、《中国教师报》等。其中《中国教育报》影响最大。还有一些有影响的报纸开辟了教育专栏，如《人民政协报》之《教育周刊》。

表2　教育论文收录概况（2000—2004）

年份＼类别	教育期刊收录论文数	CSSCI 收录的教育论文数	教育期刊收录本学科论文数	其他期刊刊载教育论文数
2000	5356	6421	4759	1662
2001	5838	6710	5275	1435
2002	6771	7549	5812	1737
2003	6797	7635	6059	1576
2004	7268	8482	6394	2088
合计	32030	36797	28299	8498

（资料来源：《2000—2004 年中国教育期刊影响力报告——基于 CSSCI 的统计分析》）

从表 2 我们得知，CSSCI 收录的教育论文中有 28299 篇发表在教育期刊中，占发表论文总数的 76.9%；另有 8498 篇发表在其他期刊上，占发表论文总数的 23.1%，这说明教育学科的专业期刊较多，成果发表途径相对顺畅，平台较大。①

教育出版机构也纷纷建立，主要的有人民教育出版社、教育科学出版社、高等教育出版社以及各省的教育出版社，它们出版了大量教育方面的著作。

信息时代互联网技术的发展为教育科研的发展提供了极大的便利，教育科研的网站纷纷建立，如"中国教育和科研计算机网（http://www.edu.cn)"，"国家知识基础设施工程（China National Knowledge Infrastructure，CNKI)"，教育部门、科研部门也纷纷建立网站，为实现教育研究信息资源的传播共享与增值利用提供了数字化平台。教师博客的出现、教育论坛的建立，更是成为广大教师进行科研、交流思想的主要阵地。

综观以上所述，30 年中国的教育科学发展，以解放思想开路，以实事求是为指导，在方针政策方面有了根本的转变和调整，取得了辉煌的结果，为今后的进一步发展奠定了坚实的基础。

参考文献

1.《教育研究》杂志编辑部：《党的十一届三中全会以来中国教育科学的回顾与展望》，教育科学出版社 1988 年版。

2. 教育部发展规划司：《中国教育统计年鉴 2006》，人民教育出版社 2007年版。

3. 李凤琴：《教育人才专业化发展策略——我国教育科研院所队伍建设研究》，首都师范大学出版社 2007 年版。

4. 靳希斌、肖丙生：《教育科学研究事业的繁荣和发展——纪念新中国诞辰四十周年》，《辽宁师范大学学报》（社科版）1989 年第 5 期。

5. 全国教育科学规划领导小组办公室：《我国教育学学科研究现状与发展趋势调查报告》，《教育研究》1995 年第 9 期。

6. 中央教育科学研究所：《解放思想，立足实践，为科教兴国的千秋伟业做贡献——中国教育科学研究二十年回顾与展望》，《教育研究》1998 年第

---

① 龚放、邓三鸿：《2000—2004 年中国教育期刊影响力报告——基于 CSSCI 的统计分析》，《教育研究》2006 年第 9 期。

9 期。

7. 瞿葆奎、郑金洲：《教育基本理论研究与教育观念更新——十一届三中全会以来教育基本理论研究引发的教育观念变革寻迹》，《华东师范大学学报》（教育科学版）1998 年第 3 期。

8. 李均：《中国高等教育科学研究三十年——历程、经验与瞻望》，《中国高教研究》2008 年第 5 期。

9. 陆有铨、迟艳杰：《中国教育哲学的世纪回顾与展望》，《教育研究》2003 年第 7 期。

10. 李星云：《我国教育经济学研究的回顾与分析》，《江苏教育学院学报》（社会科学版）2004 年第 6 期。

11. 杜时忠、卢旭：《我国教育社会学研究的回顾与前瞻》，《高等教育研究》2004 年第 3 期。

12. 洪明：《外国教育史学科建设的回顾与反思——基于外国教育史学科著作类出版物的分析》，《大学教育科学》2005 年第 2 期。

13. 赵婷婷：《国内元教育学缘何沉寂》，《沈阳师范学院学报》（社会科学版）1999 年第 4 期。

14. 马苗苗：《近十年来我国教育现代化研究综述》，《江苏教育研究》（理论版）2008 年第 1 期。

15. 瞿葆奎：《建国以来教育学教材事略》，《华东师范大学学报》（教育科学版）1991 年第 3 期。

16. 刘光艳：《我国新时期教育学教材建设的回顾与反思》，山西大学 2007 年硕士论文。

17. 吴键、曾天山：《"全国教育科学规划的回顾与展望"座谈会综述》，《教育研究》2004 年第 2 期。

1985年以来的教育
体制改革与创新

刘复兴　李　芳

一、改革开放初期我国教育体制改革的背景与问题

（一）我国教育体制改革的背景：社会转型和体制变革

1978 年以来，经过解放思想、拨乱反正，我国的各项事业开始得到恢复和发展。党的十一届三中全会的胜利召开，彻底否定了"以阶级斗争为纲"的政治路线，提出了以经济建设为中心，坚持四项基本原则，实行改革开放，建设有中国特色社会主义的基本路线，开创了我国社会主义现代化建设的历史新时期。1984 年 10 月，中国共产党十二届三中全会通过《中共中央关于经济体制改革的决定》；1985 年 3 月，颁发《中共中央关于科学技术体制改革的决定》；1985 年 5 月，颁发《中共中央关于教育体制改革的决定》。这三个《决定》的颁布深刻地反映出以经济体制改革为核心的社会转型和体制变革是我国改革开放初期经济社会发展的基本特征。

在经济方面，我国长期以来实行的计划经济体制开始解体，商品经济不再作为计划经济的对立面而受到歧视，市场的力量开始显现。

　　我国的经济体制的变革首先是从农村开始的。1978 年 12 月，安徽省凤阳县梨园公社小岗村生产队实行包干到户的契约，成为了中国经济体制改革的突破口。不久，以包产到户、包干到户为主要形式的家庭联产承包责任制在邓小平同志的支持下逐渐推广到全国。这是中国社会主义经济体制改革的重大突破，极大地解放了人们的思想和观念，也为当代中国改革开放事业的蓬勃发展奠定了坚实的制度基础。在城市，经济体制的改革也很快展开，国有企业开始扩大经营自主权。1978 年 12 月，邓小平在中央工作会议闭幕会议上的讲话中，明确地提出：现在我国经济管理体制权力过于集中，改革这种管理体制要大胆下放权力，这样才能充分发挥国家、地方、企业和劳动者四方面的积极性。1979 年 4 月，中央工作会议对我国经济体制改革的方向和步骤作了原则性的规定，确定近期城市改革的重点是扩大企业自主权；划分中央和地方的管理权限；整个国民经济以计划经济为主，但是要充分重视市场调节的作用。

　　1984 年 10 月，党的十二届三中全会通过了《中共中央关于经济体制改革的决定》，将我国的经济体制改革推向了一个新的高度。"决定"系统地总结了新中国成立以来特别是改革开放以来的经验，阐明了经济体制改革的一系列重大问题，在理论上有了新的突破。主要表现在：首先，"决定"突破了把计划经济同商品经济对立起来的传统观念，指出商品经济的充分发展是社会经济发展不可逾越的阶段，充分肯定了商品经济的重要性。其次，"决定"也指出，增强企业活力是经济体制改革的中心环节，要确立国家和全民所有制企业之间的正确关系，扩大企业自主权，这就为企业制度改革指出了明确的方向。再次，"决定"指出社会主义经济体制改革的重中之重是要建立合理的价格体系，逐步缩小国家行政定价的范围，扩大浮动价格和自由定价的范围，重视市场在价格形成中的作用。此外，"决定"还提出要实行政企职责分开，正确发挥政府机构管理经济的职能；积极发展多种经济形式，进一步扩大对外的和国内的经济技术交流；起用新人，造就一支社会主义经济管理干部的宏大队伍。

　　从 1982 年党的十二大提出计划经济为主、市场调节为辅的原则，到

1984 年中央关于经济体制改革的决定提出有计划的商品经济，这充分地表明我国原有的高度集中统一的计划体制开始被打破，政企关系开始得到调整，计划与市场的关系得到重新定位，财政、税收、金融、收入分配体制的改革也在大张旗鼓地开展。经济体制的变革反映了国家和政府对经济的充分重视，深刻地体现了我国改革初期的时代特征。

在政治方面，"权力过于集中"的局面也开始打破。"文化大革命"结束后，中共中央在提出经济体制改革任务的同时，也开始思考政治体制改革问题。1980 年 8 月 18 日邓小平在中央政治局扩大会议上所作的《党和国家领导制度的改革》的重要讲话，就是这一时期我国政治体制改革的一个理论结晶，是这一时期我国政治体制改革思想的集大成者，也是我们党在 20 世纪 80 年代初期乃至当前政治体制改革的"指导性纲领"。这篇讲话主要是探讨如何从制度上防止"文化大革命"这类历史悲剧的重演，从而实现国家的长治久安。首先，认为政治体制改革必须同经济体制改革相配套、相适应，不搞政治体制改革必然会阻碍经济体制改革，拖经济发展的后腿。我们所有的改革最终能不能成功，还是决定于政治体制改革。其次，讲话深刻地指出，权力过分集中是旧的传统政治体制的基本特征和"总病根"，政治体制改革要注重解决权力过分集中这个根本问题。再次，认为发展社会主义民主，健全社会主义法制，使民主制度化、法律化，是必须长期坚持的坚定不移的目标，绝不允许有任何动摇。第四，认为党政不分、以党代政是传统政治体制的主要弊端，政治体制改革要把党政分开放在第一位，这是一个关键。最后，讲话也指出，政治体制改革要致力于改善党的领导，党只能在宪法和法律的范围内活动。

可以说，邓小平关于《党和国家领导制度的改革》的讲话，深刻地揭示了我国长期以来政治体制的主要弊端、问题的根源、实质，揭示出原有政治体制的"总病根"——"权力过分集中"，特别是"领导者个人高度集权"，这是改革的重中之重，从而为我国政治体制改革指明了方向。改革初期的政治体制变革也基本上是围绕中央与地方政府的权力分配而展开的。

改革初期，从经济体制开始，各个领域的体制变革在火热地进行中，旧的教育体制也开始得到反思，教育事业的改革也提上了国家和政府的日程。教育体制改革的开端以 1985 年 5 月 27 日颁布的《中共中央关于教育体制改革的决定》为标志。

（二）改革初期我国教育体制存在的若干问题

1. 教育思想观念落后，成为教育体制变革的思想阻力

受长期"左"的思想影响和"文化大革命"的冲击，教育思想观念落后制约着我们的教育体制改革。一切"以阶级斗争为纲"，教育成为了政治的"附庸"，教育成了"阶级斗争的工具"，"抓革命，促生产"成了当时社会的主题。先经济后教育，"一工交、二财贸、剩多剩少办文教"在人们的头脑中根深蒂固。教育事业只是政治经济的附属物，丧失了独立性。教育领域迫切需要一次深刻的思想解放。

在教育思想、教育内容、教育方法上，从小培养学生独立生活和思考的能力很不够，发扬立志为祖国富强而献身的精神很不够，生动活泼地用马克思主义思想教育学生很不够，不少课程内容陈旧，教学方法死板，实践环节不被重视，专业设置过于狭窄，不同程度地脱离了经济和社会发展的需要，落后于当代科学文化的发展。[1]

2. 教育管理体制高度集权、办学体制僵化单一

在教育事业管理权限的划分上，政府有关部门对学校主要是对高等学校管得过死，使学校缺乏应有的活力；而政府应该加以管理的事情，又没有很好地管起来。[2] 与我国长期以来的计划经济体制相一致的是，我国的教育管理体制的高度集权和统一。这主要表现在学校教育的管理权高度集中在中央，地方政府和各级各类学校没有自主权。计划经济管理体制的一个重要的特征就是"计划性"和"集中性"，国家和中央政府包办教育，

---

[1] 参见 1985 年《中共中央关于教育体制改革的决定》。
[2] 参见 1985 年《中共中央关于教育体制改革的决定》。

导致各级各类学校尤其是大中专院校缺乏办学及管理上的自主权，这不仅难以充分调动地方各级政府办学、管学的积极性，造成我国教育长期处于办学任务不明、管理职责不清的状况。而且由于我国地域广大、经济发展不平衡，资源配置不均衡，教育的投入有限，国家又不可能全包所有各级各类的教育，这也就造成了教育经费长期短缺，办学条件长期得不到改善。

教育管理体制上的高度集权，也导致了我国教育办学体制的僵化和单一，这表现在办学主体的单一上。政府是各级各类教育的唯一办学主体，对于各级各类学校进行集中而直接的管理，且以行政管理为基本手段。从基础教育阶段到高等教育阶段，学校的设置、学生的招生、师资调配以及培养、教育经费划拨等，都是由政府说了算，学校成了政府的行政机构。办学主体的单一，导致了办学体制的封闭；办学形式的单一，使社会力量无法介入，学校缺乏活力和激励机制，缺乏必要的监督，也导致了权力的滥用。

3. 教育结构很不合理

在教育结构上，基础教育薄弱，学校数量不足、质量不高、合格的师资和必要的设备严重缺乏，经济建设大量急需的职业和技术教育没有得到应有的发展，高等教育内部的科系、层次比例失调。

4. 教育法制化进程缓慢

以"人治"代替"法治"是新中国成立后很长一段时期，尤其是"文化大革命"时期我国社会的一个基本状况。教育事业也面临同样的状况，中央和地方的职责权没有明确的界定，政府与学校的权利和义务关系不清晰，学校的法律地位不明晰，教育领域还没有自己基本的法律规范，教育立法严重滞后，教育法制化进程缓慢。

二、30 年来我国教育体制改革的基本脉络

改革开放以来，伴随着经济领域的市场化、公民社会领域的自治化以及政治领域的民主化改革，我国建立了比较成熟的社会主义市场经济体制，公民社会得到初步发展，政府自身的改革也不断推进，初步建立起有限政府和服务型政府的新机制。在政治、经济和社会领域制度变革的影响下，我国以国家教育权力为主要形式的公共教育权力开始转移，围绕公共教育权力的重新分配和权力运行机制的变革，从教育的管理体制、投入体制和办学体制三个方面展开了教育体制的变革。

（一）1985 年开启教育体制改革的进程

1985 年 5 月 27 日颁布的《中共中央关于教育体制改革的决定》是我国教育体制改革中具有里程碑意义的历史事件。这个具有划时代意义的文件标志着新中国成立以来形成的高度集中的公共教育权力开启了权力重新配置和运行机制变迁的进程。该《决定》充分考虑了传统教育体制的弊端，反映了市场经济为导向的改革的要求，从现实的国情出发，认为教育事业的发展与体制存在着三大问题：

1. 在教育事业管理权限的划分上，政府有关部门对学校主要是对高等学校统得过死，使学校缺乏应有的活力；而政府应该加以管理的事情，又没有很好地管起来。

2. 在教育结构上，基础教育薄弱，学校数量不足、质量不高、合格的师资和必要的设备严重缺乏，经济建设大量急需的职业和技术教育没有得到应有的发展，高等教育内部的科系、层次比例失调。

3. 在教育思想、教育内容、教育方法上，从小培养学生独立生活和思考的能力很不够，发扬立志为祖国富强而献身的精神很不够，生动活泼

地用马克思主义思想教育学生很不够，课程内容陈旧，教学方法死板，实践环节不被重视，专业设置过于狭窄，不同程度地脱离了经济和社会发展的需要，落后于当代科学文化的发展。

《决定》敏锐地提出，要解决以上问题，必须从教育体制的改革入手。"改革管理体制，在加强宏观管理的同时，坚决实行简政放权，扩大学校的办学自主权；调整教育结构，相应地改革劳动人事制度。同时还要改革同社会主义现代化不相适应的教育思想、教育内容、教育方法。经过改革，要开创教育工作的新局面，使基础教育得到切实的加强，职业技术教育得到广泛的发展，高等学校的潜力和活力得到充分的发挥，学校教育和学校外、学校后的教育并举，各级各类教育能够主动适应经济和社会发展的多方面需要。"

（二）1993 年提出学校，尤其是高等学校面向社会自主办学的新思路

1993 年 2 月 26 日颁布的《中国教育改革和发展纲要》标志着我国教育体制改革进入一个不断深化和创新改革的新阶段。此后，教育体制改革在深化简政放权的基础上，提出了学校，尤其是高等学校面向社会自主办学的新思路。《纲要》深入剖析了我国当前教育面临的形势和任务，回顾了新中国成立四十多年来我国教育工作取得的显著成就及存在的不足，并且根据我国社会主义现代化建设"三步走"的战略部署，对教育发展目标作出了详细规划。尤其是提出了我国教育体制改革的新思路：深化中等以下教育体制改革，继续完善分级办学、分级管理的体制；进行高等教育体制改革，主要解决政府与高等学校、中央与地方、国家教委与中央各业务部门之间的关系，逐步建立政府宏观管理、学校面向社会自主办学的体制。

（三）1999 年肯定了教育领域非政府组织与中介机构的作用

1999 年《中共中央国务院关于深化教育改革全面推进素质教育的决

定》突破了以前关于公共教育权力转移的有关政策规定的局限性，在"高中及其以上教育"领域，第一次肯定了在教育体制改革中非政府组织和中介机构的作用。《决定》指出："在高中及其以上教育的办学水平评估、人力资源预测和毕业生就业指导等方面，进一步发挥非政府的行业协会组织和社会中介机构的作用。"这种政策趋势标志着我国教育体制改革在公共教育权力配置和权力运行机制的变迁中开始触及政府与具有自治性质的公民社会的关系。

需要指出的是，在本《决定》以及《中共中央关于教育体制改革的决定》、《中国教育改革和发展纲要》等教育体制改革的重要政策文献中，对于传统上由国家和政府控制的公共教育权力向市场领域的转移还没有明确提及。也就是说，关于如何处理教育领域中政府与市场的关系问题还没有被提到国家教育政策层面上来考虑。这个问题只是在 1997 年颁布的《社会力量办学条例》、2002 年实施的《民办教育促进法》得到一定的反映。

（四）2006 年全面落实各级政府的义务教育责任

2006 年 6 月 29 日颁布的新《中华人民共和国义务教育法》对义务教育的管理体制和投入体制作出了全新的规定。《中华人民共和国义务教育法》第七条规定："义务教育实行国务院领导，省、自治区、直辖市人民政府统筹规划实施，县级人民政府为主管理的体制。县级以上人民政府教育行政部门具体负责义务教育实施工作；县级以上人民政府其他有关部门在各自的职责范围内负责义务教育实施工作。"在过去强调"以县为主"体制的基础上，突出了省级政府对义务教育进行统筹规划的责任，也强调了中央政府的责任问题。该法第四十四条规定："义务教育经费投入实行国务院和地方各级人民政府根据职责共同负担，省、自治区、直辖市人民政府负责统筹落实的体制。农村义务教育所需经费，由各级人民政府根据国务院的规定分项目、按比例分担。"在义务教育投入体制上同样强调了省级政府统筹落实的责任和中央政府的责任。至此，1985 年以来逐步下放乃至一直下放乡镇的基础教育管理与办学的权利与责任，又出现了逐步向县级政府乃至省级政府"回归"的趋势。

由上述内容可见，公共教育权力的重新配置和权力运行机制的创新是贯穿 30 年来我国教育体制改革的主线，这种改革的主要特点是，在纵横两个方向上重新配置公共教育权力，建立新的权力运行机制。在纵向上，在公共教育权力体制内部由中央政府向地方政府、下级组织机构和学校下放权力，扩大学校办学自主权。至今，基础教育领域基本上形成了一个"地方负责、分级管理"的公共教育权力体制，义务教育领域则是正在形成"国务院领导，省、自治区、直辖市人民政府统筹规划实施，县级人民政府为主管理的体制"；高等教育正在形成一个"国家和省级政府两级管理、分工负责，在国家宏观政策指导下以省级统筹协调为主"，学校依法自主办学的权力体制。在基础教育体制改革方面，从 1985 年至今，存在一个基础教育的管理、投入和办学权力由高度中央集权逐步下放到乡镇政府，然后又逐步上收到县级政府为主、省级政府统筹、中央政府领导的过程（见表1）。

在横向上，则是由传统的公共教育权力体制内部向体制外部的公民社会领域和市场领域转移权力，主要表现为允许教育中介组织的产生和发展，允许非政府的行业协会组织提供教育服务，利用政策与立法手段鼓励民办教育的发展。在基础教育领域主要实现了社会力量的有限介入，在高等教育领域则是社会力量和市场力量的双重有限介入。

迄今为止，尽管在中央与地方、政府与学校、政府与市场、政府与公民社会之间的公共教育权力的重新配置与发展是不平衡的，中央与地方、政府与学校之间的权力重新配置较为广泛和深入，其他方面的权力重新分配则相对有限。尤其是在政府与市场关系方面，教育体制改革有所涉及，只是并未取得与社会主义市场经济体制发展相适应的较大突破。但在整体上看，教育体制的改革进程中纵向与横向两个方向的公共教育权力重新配置和权力运行机制的变迁在事实上都是存在的。

表 1 1985 年以来教育体制改革纵向上各级政府责任的划分

阶段	政策法规	政府责任			
		中央	省、自治区、直辖市	县	乡
地方负责、分级管理	1985 年《中共中央关于教育体制改革的决定》	大政方针和宏观规划	具体政策、制度、计划的制定和实施，以及对学校的领导、管理和检查，管理、投入和办学的责任和权力都交给地方政府（甚至一直下放到乡镇一级政府）		
	1986 年《中华人民共和国义务教育法》	确定义务教育的教学制度、教学内容，课程设置，审订教科书	地方各级人民政府应当合理设置小学、初级中等学校；为盲、聋哑和弱智的儿童、少年举办特殊教育学校（班）		
	1993 年《中国教育改革和发展纲要》	颁发基本学制、课程设置和课程标准、学校人员编制标准、教师资格和教师职工基本工资标准等规定	确定本地区的学制、年度招生规模，选用教材和确定省编教材，确定教师职务限额和工资水平等	把教育纳入当地经济、社会发展的整体规划，分级统筹体制，教育、职业技术教育、成人教育，统筹规划经济、科技、教育的发展	
以县为主	2001 年《国务院关于基础教育改革与发展的决定》	确定义务教育的教学制度、课程设置、课程标准，审定教科书	加强教育统筹规划，搞好组织协调	县级人民政府对本地农村义务教育负有主要责任，要抓好中小学的规划、布局调整，建设和管理，统一发放教职工工资，负责中小学校长、教师的管理，指导学校教育教学工作	承担相应的农村义务教育的办学责任，根据国家规定筹措教育经费，改善办学条件，提高教师待遇。继续发挥村民自治组织在实施义务教育中的作用。维护学校的治安安全、动员适龄儿童入学等

续表

阶段	政策法规	政府责任			
		中央	省、自治区、直辖市	县	乡
中央领导、以省统筹、以县为主	2006 年新修订的《中华人民共和国义务教育法》	领导责任，分担义务教育经费	统筹规划实施义务教育，分担义务教育经费，省负责统筹筹措教育经费	贯彻国家的教育方针，实施素质教育 保障适龄儿童、少年接受义务教育的权利 保障行政区域内军人子女的义务教育权利 县级政府的教育均衡发展与薄弱学校赔偿责任，改造薄弱校责任，均衡师资责任 合理科学设置学校布局规划，新建居民区学校设置 设置安全问题，寄宿制学校设置，特殊教育校（班）设置 禁设重点校、重点班 县级政府不得改变或变相改变公办学校性质 维护学校周边秩序 定期检查，及时维修，改造校舍 保障教师的福利待遇 发展教师教育，培养教师 依法承担分项目，按比例分担的教育经费 将义务教育经费纳入财政预算，确保学校正常运转、校舍安全与工资发放，确保义务教育经费的"三个增长" 财政预算中将义务教育经费单列 确设立专项资金用于义务教育 设立专项资金，扶持农村与民族地区义务教育 建立健全义务教育收费审计监督和统计公告制度 监督、管理学校收支与教育教学，对违法行为进行处分	适龄儿童、少年的父母或者其他法定监护人无正当理由由未依照本法规定送适龄儿童、少年入学接受义务教育的，由当地乡镇人民政府或者县级人民政府教育行政部门给予批评教育，责令限期改正 适龄儿童、少年因身体状况需要延缓入学或者休学的，其父母或者其他法定监护人应当提出申请，由当地乡镇人民政府或者县级人民政府教育行政部门批准

三、权力下放与权力上收：教育体制改革的基本内容

如前所述，1985 年《中共中央关于教育体制改革的决定》标志着改革开放以后我国教育体制改革的开端。此后，以权力的下放和上收为特征的中央与地方、政府与学校在教育与学校管理、投入、办学权力的重新配置成为教育体制改革的基本内容，当然其间也伴随着在横向上政府与社会关系的调整。

（一）权力下放：1985 年教育体制改革的主旋律

1985 年是我国教育体制改革的分水岭，在此之前是与计划经济体制相适应的高度集权，在此之后则是逐渐探索并建立起与市场经济体制相适应的从中央向地方政府放权、从政府向学校分权的新型教育管理体制。

1. 中央向地方下放教育管理权

（1）基础教育的管理权交给地方

1985 年的《中共中央关于教育体制改革的决定》中指出："基础教育的管理权属于地方。除了大政方针和宏观规划由中央决定外，具体政策、制度、计划的制定和实施，以及对学校的领导、管理和检查，权力和责任都应该交给地方。"这个规定预示着 1949 年以来高度集中的公共教育权力开始了结构性变迁的进程，在中央与地方、政府与学校两个维度上进行了有限度的权力转移。同时，《决定》首次提出了在基础教育领域实行"地方负责，分级管理"的新体制。1986 年，全国人大第四次会议通过的《中华人民共和国义务教育法》规定："义务教育事业，在国务院领导下，实行地方负责，分级管理。"这一立法明确标志着基础教育领域新的管理体制得到了法律的认可。

这一新体制的基本特点是：

——中央政府宏观指导，负责制订有关基础教育的法规、方针、政策及总体发展规划、基本学制、课程设置和课程标准，制订学校人员编制标准、教师资格和教职工基本工资标准等规定，设立用于贫困地区、民族地区、师范教育的专项补助基金，对省级教育工作进行监督、指导等。

——省、自治区、直辖市政府有权确定本地区的学制、年度招生规模，确定教学计划，选用教材和审定省编教材，确定教师职务限额和工资水平等。

——省以下各级政府的权限，由省、自治区、直辖市政府确定。

在接下来的基础教育领域"地方负责，分级管理"的体制不断完善和发展过程中，省以下各级政府中基础教育管理权力层级逐级下放，甚至一度下放到了乡（镇）政府。在相当长的一段时间内，大部分地区的基础教育事务的管理、投入的责任主要是由乡（镇）一级政府负责的。同时这种管理体制也直接导致了我国各地方基础教育办学条件和教育质量的巨大差异。[①]

（2）**中央与省级政府共同承担高等教育责任，恢复高等教育的两级管理**

1979 年 9 月 18 日，中共中央批准了教育部党组《关于建议重新颁发〈关于加强高等学校统一领导、分级管理的决定〉的报告》，肯定 1963 年颁发这一决定"试行效果是好的"，"它的基本精神和各项主要规定仍然是适用的"。提出了在新时期由中央向省级下放高等教育管理权，恢复中央和地方两级管理的问题。

1985 年《中共中央关于教育体制改革的决定》中进一步规定，实行中央、省（自治区、直辖市）、中心城市三级办学的体制。提出要调动各级人民政府办学的积极性。

1986 年 3 月 12 日国务院发布《高等教育管理职责暂行规定》，更为明确地指出："国家教育委员会在国务院的领导下，主管全国高等教育工

---

① 参见 1993 年《中国教育改革与发展纲要》。

作";"省、自治区、直辖市人民政府管理本地区内的高等学校"。至此，在政策层面上提出了一个由中央与省级政府共同承担高等教育责任，实行高等教育的中央和省两级管理的体制。在改革中逐步形成了"中央和省级人民政府两级管理、以省级人民政府管理为主的新体制"①。并在实践中逐步完善为"举办者、管理者和办学者职责分明，以财政拨款为主，多渠道经费投入，中央和省、自治区、直辖市人民政府两级管理、分工负责，以省、自治区、直辖市人民政府统筹为主、条块有机结合的体制框架"②。

这个新体制的基本特征是：

——中央政府直接管理一部分关系国家经济、社会发展全局并在高等教育中起示范作用的骨干学校和少数行业性强、地方不便管理的学校。③国务院通过制定行政法规、发布决定和命令等方式，对全国高等教育事业进行统一领导和宏观管理。

●保证高等教育事业坚持社会主义办学方向，贯彻国家的教育方针，为社会主义现代化建设服务；

●制定全国教育事业发展规划，推进高等教育体制改革和高等教育教学改革，帮助和扶持少数民族地区发展教育事业，保障高等学校依法自主办学和高等学校中的科研、文艺创作和其他文化活动的自由；

●鼓励和支持高等教育事业的国际交流和合作等。

——在中央大政方针和宏观规划指导下，对地方举办的高等教育的领导和管理，责任和权力都交给省（自治区、直辖市）。④ 省级人民政府对本行政区域的高等教育事业负有统筹协调的职责。统筹协调就是统一全面筹划，对重大问题进行协调解决。

●对地方举办的高校、教育部直属的高校、国务院部门所属的高校，

---

① 参见 1999 年《中共中央国务院关于深化教育改革全面推进素质教育的决定》。
② 参见 1995 年国务院办公厅转发国家教委《关于深化高等教育体制改革的若干意见》。
③ 参见 1993 年《中国教育改革与发展纲要》。
④ 参见 1993 年《中国教育改革与发展纲要》。

只要是在本行政区域内，省、自治区、直辖市人民政府都要统筹协调，特别是对高校为地方经济服务、高校的后勤建设、教师待遇和生活条件保障等重点和难点问题，要加强统一组织协调，使各高等学校的专业设置、人才培养、资源利用等方面能够协调发展，满足地区经济发展对人才和科技的需求。

● 省级人民政府除统筹管理本地区高等教育事业外，还直接管理高等学校，主要管理两类高等学校，一类是地方举办的，主要为地方培养人才的高等学校，另一类是国务院授权管理的高等学校。

——经国务院授权，把发展高等职业教育和大部分高等专科教育的权力以及责任交给省级人民政府，省级人民政府依法管理职业技术学院（或职业学院）和高等专科学校。高等职业教育（包括高等专科学校）的招生计划改由省级人民政府制定，其招生考试事宜由省级人民政府自行确定。①

——在国家教委与中央业务部门的关系上，国家教委负责统筹规划、政策指导、组织协调、监督检查、提供服务。中央业务部门要加强对本行业的人才预测和规划，协助国家教委指导对本行业的人才培养工作，负责管理其所属学校。②

高等教育体制改革的 5 种途径

1995 年 7 月，国务院办公厅转发了国家教委《关于深化高等教育体制改革的若干意见》。在总结近些年来高等教育体制改革经验的基础上，提出了高等教育管理体制改革的基本思路和 5 种探索途径及机制。主要内容是：高等教育管理体制改革的目标是，争取到 2000 年或稍长一点时间，基本形成举办者、管理者和办学者职责分明，以财政拨款为主，多渠道经费投入，中央和

---

① 参见 1999 年《中共中央国务院关于深化教育改革全面推进素质教育的决定》。
② 参见 1993 年《中国教育改革与发展纲要》。

省（自治区、直辖市）人民政府两级管理、分工负责，以省、自治区、直辖市人民政府统筹为主、条块有机结合的体制框架。通过深化改革和立法，划分、规范举办者、管理者、办学者的权利与义务。高等教育管理体制改革的 5 种途径是：转制，逐步把部分中央部门所属学校转由省（自治区、直辖市）人民政府管理；共建，积极推进中央部门与地方政府共同建设、共同管理高等学校的改革试验，淡化学校单一的隶属关系观念，拓宽学校的服务面向，加快条块结合；合作，积极开展多种形式合作办学的试验，距离相近的不同类型、不同科类的学校开展学校之间的合作办学，在自愿互利的基础上，实行资源共享、优势互补、学科交叉、协同发展，共同提高办学水平和效益；合并，积极创造条件，促进部分学科互补，或一些规模较小、科类单一、设置重复的学校进行合并；参与，鼓励企业、企业集团、科学研究单位积极参与高等学校的办学和管理。

2. 政府向学校下放教育与学校的管理权

（1）中等及中等以下各类学校实行校长负责制

1993 年《中国教育改革与发展纲要》中提出："中等及中等以下各类学校实行校长负责制。校长要全面贯彻国家的教育方针和政策，依靠教职员工办好学校。"明确了中小学校长及广大教职员工作为办学者的地位。此后，中等及中等以下各类学校的主要管理权力由校长行使，同时也强调了学校党支部的监督保障作用和教职工代表大会的民主监督作用。

实行校长负责制，主要涉及调整学校管理中的三种关系：一是调整校长与政府（教育行政部门）的关系，改变学校单纯作为教育行政部门执行机构的状况，赋予校长更大决策权力，扩大学校的办学自主权。二是建立校长与党支部的新型关系，改变学校无人承担责任的状况，明确校长作为学校的第一责任人。三是建立校长与教职工及其代表大会的新型关系，适应教育人事制度改革的要求，赋予校长在教师聘任和任职管理方面一定的决策和裁量权。

（2）扩大学校尤其是高等学校的办学自主权

扩大学校办学自主权是 30 年来在政府与学校关系方面教育体制改革的基本特征。一是由政府向学校放权，把原来由政府行使的权力转变为由学校行使；二是赋予学校法人地位，使学校具有独立行使民事权利和独立承担民事责任的资格。

首先是由政府向高等学校放权。

把历来由政府行使的教育管理权力下放给高等学校是改革中扩大学校自主权的一种直接方式。1985 年《中共中央关于教育体制改革的决定》中指出，"在教育事业管理权限的划分上，政府有关部门对学校，主要是对高等学校统得过死，使学校缺乏应有的活力"，"当前高等教育体制改革的关键，就是改变政府对高等学校统得过多的管理体制，在国家统一的教育方针和计划的指导下，扩大高等学校的办学自主权"。此后，一系列传统上由政府控制的权力下放给了高等学校。

• 招生的自主权。改革大学招生的计划制度和毕业生分配制度。在执行国家的政策、法令、计划的前提下，高等学校有权在计划外接受委托培养学生和招收自费生。

• 专业调整自主权。高等学校有权调整专业的服务方向，制定教学计划和教学大纲，编写和选用教材。

• 机构设置自主权。高等学校有权设置自身校内二级科研与教学机构。

• 干部任免权。有权提名、任免副校长和其他各级干部。

• 经费使用权。有权具体安排国家拨发的基建投资和经费。

• 有权利用自筹资金开展国际的教育和学术交流。

• 职称评定的权力。部分高等学校获得了自主进行职称评定的权力。

• 国际国内科学研究与合作交流的权力。有权接受国内外委托或与外单位合作，进行科学研究和技术开发，建立教学、科研、生产联合体。

其次是赋予学校法人地位。

赋予学校法人地位是我国教育体制改革中使学校享有民事权利从而扩大其自主权的方式。1993 年的《中国教育改革和发展纲要》中就明确规定:"在政府与学校的关系上,要按照政事分开的原则,通过立法,明确高等学校的权利和义务,使高等学校真正成为面向社会自主办学的法人实体。"1995 年颁布的《中华人民共和国教育法》第三十一条规定:"学校及其他教育机构具备法人条件的,自批准设立或者登记注册之日起取得法人资格。学校及其他教育机构在民事活动中依法享有民事权利,承担民事责任。"1998 年《中华人民共和国高等教育法》第三十条专门对高等学校的法人地位作了规定:"高等学校自批准设立之日起取得法人资格。高等学校的校长为高等学校的法定代表人。高等学校在民事活动中依法享有民事权利,承担民事责任。"具备法人资格的学校由校长作为法定代表人,依法独立享有民事权利,承担民事责任,面向社会自主开展办学活动。

3. 政府与社会:鼓励社会力量参与管理与办学

中华人民共和国成立以来,我国的教育投入体制一直是政府投入和社会力量办学相结合的体制,而且在相当长的时间里,集体办学与企事业单位办学在基础教育发展中占有重要地位。改革开放以后,教育投入体制的变革往往与教育管理体制的变革相适应,并在此基础上继续保持投入体制的多样化。我国教育投入基本上形成了政府财政拨款为主,多元化、多渠道筹措教育经费的新体制。

其中,基础教育政府投入实行中央和地方分担,以地方财政为主的制度。而且随着管理体制的调整、教育管理权力的下放与上收,政府财政投入体制的重心也在不断变化,由一度下放到乡镇一级政府,逐步回归到强调县、省和中央政府的投入责任。高等教育的举办和投入则是中央政府与省级政府为主的多样化投入体制。

鼓励社会力量参与管理和办学是 1985 年以来教育体制改革的重要特征。1985 年《中共中央关于教育体制改革的决定》就明确指出:"地方要鼓励和指导国营企业、社会团体和个人办学,并在自愿的基础上,鼓励单位、集体和个人捐资助学,但不得强迫摊派。"1993 年《中国教育改革和发展纲要》提出："改变办学体制。改变政府包揽办学的格局，逐步建立起以政府办学为主体，社会各界共同办学的体制。在现阶段，基础教育应以地方政府办学为主；高等教育要逐步形成以中央、省（自治区、直辖市）两级政府为主，社会各界参与办学的新格局；职业技术教育和成人教育主要依靠行业、企业、事业单位办学和社会各方面联合办学"。

（二）权力上收：教育体制改革的调整与深化

1985 年启动的教育体制改革的主要内容就是由中央政府向地方政府下放权力和由政府向学校下放权力。管理、办学权力的下放同时也导致了基础教育的投入与办学体制重心过低的问题，导致基础教育发展中区域之间、学校之间差距过大，"普九"成果难以巩固，教学基本质量难以保障。在基本普及九年义务教育以后，我国教育体制改革的总体趋势就是管理权力由以乡为主上收为以县为主；相应地，在各级政府分担经费的基础上，投入体制逐步重心上移；调整财政支出结构，强化政府，尤其是省级政府与中央政府对教育投入的责任。

1. 确立县级政府的基础教育责任

（1）1999 年提出了县级人民政府对于基础教育的统筹权问题

1999 年《中共中央国务院关于深化教育改革全面推进素质教育的决定》中指出："继续完善基础教育主要由地方负责、分级管理的体制。根据各地实际，加大县级人民政府的教育经费、教师管理和校长任免等方面的统筹权。"这意味着国家的教育政策已经开始认识到"以乡为主"体制存在的问题，要求在教育经费、教师管理和校长任免几个方面加强县级政府的统筹与管理力度。

（2）2001 年确立县级政府关于基础教育的主要责任

2001 年出台的《国务院关于基础教育改革与发展的决定》在坚持了原有的基础教育领域"地方负责，分级管理"原则的同时，更加明确了分级管理中县级地方政府的作用，明确提出了县级政府对于基础教育的主要责任。

从改革开放到 20 世纪末期，我国基础教育取得了辉煌成就，基本普及九年义务教育和基本扫除青壮年文盲（简称"两基"）的目标初步实现，素质教育全面推进，但我国基础教育总体水平还不高，发展很不平衡。我国基础教育现在进入了巩固"普九"成果和提高质量的新时期，同时也面临着诸多新的挑战，改革与发展的任务仍十分艰巨。1985 年教育体制改革以来事实上形成的"地方负责，分级管理，以乡为主"的体制难以应对基础教育发展面临的新挑战。因此，国务院关于基础教育改革与发展的《决定》对教育管理体制作出了新的规定，"实行在国务院领导下，由地方政府负责，分级管理，以县为主的体制"。同时对基础教育不同阶段教育的办学体制作出了分类性规定："基础教育以政府办学为主，积极鼓励社会力量办学。义务教育坚持以政府办学为主，社会力量办学为补充；学前教育以政府办园为骨干，积极鼓励社会力量举办幼儿园；普通高中教育在继续发展公办学校的同时，积极鼓励社会力量办学。""加强对公办学校办学体制改革试验的领导和管理，地方人民政府和教育行政部门要加强领导和管理。……确保义务教育的实施和办学体制改革试验工作的健康开展。"

基础教育"以县为主"体制的确立，是 1985 年以来我国教育体制改革的一个转折点。它标志着 1985 年以来不断下放的教育管理权力开始上收，由乡镇一级政府上收到县一级政府。相应的办学与投入责任也开始出现上移趋势。

2. 强化省级政府与中央政府的义务教育责任

2006 年 6 月 29 日颁布的新《中华人民共和国义务教育法》对义务教育的管理体制和投入体制作出了新的规定，首次确立了以省统筹、以县为主的义务教育体制，对"地方负责，分级管理"的基础教育体制作出了新的阐释和改革。

新《中华人民共和国义务教育法》第七条规定："义务教育实行国务院领导，省、自治区、直辖市人民政府统筹规划实施，县级人民政府为主管理的体制。县级以上人民政府教育行政部门具体负责义务教育实施工作；县级以上人民政府其他有关部门在各自的职责范围内负责义务教育实施工作。"在 2001 年强调"以县为主"体制的基础上，突出了省级政府对义务教育进行统筹规划的责任，也强调了中央政府的领导责任。

新《义务教育法》第四十四条规定："义务教育经费投入实行国务院和地方各级人民政府根据职责共同负担，省、自治区、直辖市人民政府负责统筹落实的体制。农村义务教育所需经费，由各级人民政府根据国务院的规定分项目、按比例分担。"在义务教育投入体制上同样强调了省级政府统筹落实与经费分担的责任，强调了中央政府的领导责任与经费分担责任。

3. 调整财政支出结构，保障政府的教育投入责任

改革开放以来，随着我国经济体制改革的不断深入，政府职能开始由经济建设型和行政管理型向公共服务型转变，提出了财政政策与财政支出结构也提出要以提供公共产品为主的改革思路。政府必须加快完善公共财政体制建设，调整财政支出结构，削减（或退出竞争性领域的）经济建设费用和压缩行政管理费用的支出，加大公共产品的供给，并将部分企业国有股份直接划拨给社保基金持有，以此为国民提供基本的教育、医疗、养老等社会保障及信息服务，并建立与市场经济相适应的公共财政体制。

当前，我国财政体制改革正在展开。2007 年全国财政工作会议重点强调了要研究支持构建社会主义和谐社会的财政措施，明确提出要实现财政职能转变，调整财政支出结构，更加重视协调发展，逐步促进地区间基本公共服务均等化。① 其中，财政支出结构调整改革的基本方向是加大教育、医疗、养老以及信息服务等公共产品的供给。会议明确提出财政支出要"向教育事业发展倾斜"，要"保证财政性教育经费的增长幅度明显高于财政经常性收入的增长幅度，逐步将财政性教育经费占国内生产总值的比重提高到 4%。坚持公共教育资源向农村、中西部地区、贫困地区、边

---

① 金人庆：《以科学发展观统领财政工作 大力促进构建社会主义和谐社会》，2006 年 12 月 19 日在全国财政工作会议上的讲话。

疆地区、民族地区倾斜，推动公共教育协调发展。要在尽快将农村义务教育全面纳入公共财政保障范围的基础上，逐步完善城市义务教育经费保障机制。争取尽快建立比较完善的经济困难学生资助政策体系，推动调整和优化教育布局和结构，培养高素质的劳动者，促进就业。"[1] 调整财政支出结构，增加公共产品供给，尤其是提出了财政支出向教育事业发展倾斜，这将不断加大各级政府尤其是中央政府和省级政府对教育的投入力度，也将成为落实各级政府教育投入责任的重要财政保障。

四、办学体制多样化：利用社会、
市场、国际资源办学

我国教育体制改革在纵向上的改革是中央与地方、政府与学校之间的权力下放与回归，在横向上的改革集中体现在办学体制的变革上。中介机构、社会力量、民营资本以及国际资源的办学模式在其兴起与发展的过程中，既打破了原先单一的政府公办学校的办学体制，逐渐形成了多元化的办学格局，又由此调整了政府、社会、市场、学校之间的关系。

（一）鼓励社会力量办学以及中介机构介入

邓小平南方谈话后，我国改革开放的步伐进一步加大。随着社会主义市场经济体制的确立，改革办学体制、改变政府包揽办学格局、逐步建立以政府办学为主体、社会各界共同办学的体制逐步成为办学体制改革的思路。国家对社会团体和公民个人依法办学采取积极鼓励、大力支持、正确引导、加强管理的方针，进一步促进了社会力量办学的发展。其一，社会

---

[1] 金人庆：《以科学发展观统领财政工作 大力促进构建社会主义和谐社会》，2006 年 12 月 19 日在全国财政工作会议上的讲话。

力量办学作为教育事业的组成部分，纳入了教育的总体规划之中。《中国教育改革和发展纲要》明确规定，高等教育要逐步形成以中央、省（自治区、直辖市）两级政府办学为主，社会各界参与办学的新格局；职业技术教育和成人教育要依靠行业、企业、事业单位办学和社会各方面联合办学。其二，办学范围从成人教育向基础教育、职业技术教育和普通高等教育延伸，从城市向农村延伸。其三，越来越多的企业参与办学活动，企业内部培训机构也开始面向社会办学。其四，部分公办学校向民办学校转制。其五，境外机构和个人要求来华办学日益增多。

社会力量办学的政策背景

十一届三中全会以后，党和国家工作的重点转向以经济建设为中心的轨道。经济的恢复和发展，对教育事业提出了新的要求。培养经济建设急需的各级各类人才，已成为一个十分紧迫的问题。由于我国教育基础薄弱，特别是在"文化大革命"期间，教育更是重灾区，教育事业遭到严重破坏，使得经济发展对人才的需求与教育青黄不接的矛盾非常突出。如何解决这一矛盾，是摆在党和国家面前迫切需要解决的问题。1978 年邓小平在全国科学大会开幕式上的讲话中提出："教育事业绝不只是教育部门的事……各行各业都要支持教育，大力兴办教育事业。"经济建设的需求极大地促进了教育事业的发展，同时，群众性的学习文化、学习技术、"向科学进军"的热潮又促进了社会力量办学的恢复和发展。

1978 年，北京、上海、广州、天津等市出现了由离退休教师组织的为参加各类考试的考生举办的考前辅导班和补习学校，随后在"文化大革命"期间被取缔的一些私立文化、技术补习学校相继恢复，受到了群众的欢迎，也引起了教育行政部门的关注。为鼓励、支持社会力量办学的发展，加强管理，1981 年 9

月教育部在给国务院的报告中提出，目前，国家和企事业办学还不能完全适应"四化"建设和广大青年、职工学习科学技术的要求，社会上的离退休人员愿意为培养人才出力，因此，应允许私人和社团根据当地需要和各自特长，举办补习学校和补习班。

为落实国家的有关方针、政策，1984 年，北京市在全国率先制定了《北京市社会力量办学试行办法》，明确提出："社会力量办学是社会主义教育事业的组成部分，是国家、集体组织和企事业单位办学的必要补充，是发展首都教育事业长期的不可缺少的一支重要力量。"与此同时，全国其他省、自治区、直辖市也相继制定了社会力量办学的地方性法规，对社会力量办学审批、管理等方面都提出了具体要求，并建立了相应的组织管理机构。社会力量办学的恢复和发展，对弥补国家办学的不足，为多出人才，快出人才，满足经济建设和社会发展需要起到了积极作用。但由于其发展之快、范围之广、规模之大都是前所未有的，因而在发展中也出现了一些亟待解决的问题。主要问题是：部分学校办学条件差，教学质量难以保证；未经教育行政部门批准，就乱办学、乱登广告，蒙骗学员钱财的现象时有发生。为此，1987 年国家教委下发了《关于社会力量办学的若干暂行规定》，随后制定了《社会力量办学教学管理暂行规定》、《关于社会力量办学几个问题的通知》、《关于跨省、自治区、直辖市办学招生广告审批权限的通知》。这些文件为对社会力量办学的宏观把握、微观管理以及对应的措施提供了科学、规范的依据和指导原则。各地政府教育主管部门积极贯彻落实国家教委有关精神，结合本地区实际，着手制定了本地区社会力量办学的相关法规，对社会力量办学的各个方面都作了详尽规定。与此同时，各地区也开始对社会力量办学进行了整顿。在整顿的过程中，取缔了一批非法办学单位，停办了一批教育质量低、教学条件差的学校，同时也表彰了一批先进办学单位和个人。经过治理整顿以及法规建设的不断完善，巩固了一批办得好的学校，整顿了一批不合格的学校，停办和取缔了一批教学质量低劣、管理混乱、甚至以办学为名牟取暴利的学校。同时也调动了认真依法办学人员的积极性，保护了学校的合法权益。到 1992 年，社会力量办学基本走上健康发展的轨道。

1997 年 7 月 31 日，国务院发布《社会力量办学条例》，从立法层面肯定了社会力量在办学体制改革中的地位和作用。企业、企业集团和科研单位参与学校办学和管理的试验也有了较大的进展。到 1997 年年末，全国已有 5000 多家企业和科研单位参与了 217 所高校的办学与管理。其主要"参与"形式有：成立校董事会、在高校设立各种奖学金、与高校合作办二级学院、系、专业等。

1999 年《中共中央国务院关于深化教育改革全面推进素质教育的决定》提出了"在高中及其以上教育的办学水平评估、人力资源预测和毕业生就业指导方面，进一步发挥非政府的行业协会组织和社会中介机构的作用"。同时，《中共中央国务院关于深化教育改革全面推进素质教育的决定》突破了以前关于公共教育权力转移的有关政策规定的局限性，在"高中及其以上教育"领域，第一次肯定了在教育行政体制改革中非政府组织和中介机构的作用。在公共教育权力转移的进程中开始触及政府与具有自治性质的公民社会的关系。

（二）转制学校与民办中小学兴起

20 世纪 80 年代以来，随着大众物质生活水平的逐步改善和提高，公众已经不仅仅满足于一般的普通教育，而是渴望接受更高质量的教育，但是优质公立学校有限，无法让所有受教育者接受优质教育的需求得以满足。在这种形势下，单凭政府来支撑整个教育事业的发展，不仅会导致效率低下，而且也超出了政府的经济承受能力。为了有效缓解政府的财政投入不足和满足大众对高质量教育的需求，对现有办学体制的改革逐步提上了议事日程。中小学转制是我国教育体制改革过程中出现的一种新型办学模式，"转制"提高了学校的办校自主权和投资者的办学积极性，也在很大程度上满足了人们追求多样化优质教育的需求，更重要的是使政府部门的教育财政支出压力大大减小。

1994 年《国务院关于〈中国教育改革和发展纲要〉的实施意见》中提出，中小学主要由政府办学，同时鼓励企事业单位和其他社会力量按国家的法律和政策多渠道、多形式办学。有条件的地方，也可以举办"民办公助"、"公办民助"的学校。1996 年，在《全国教育事业"九五"计划和 2010 年发展规划》中提出，现有公办学校在条件具备时，也可酌情转为"公办民助"学校或"民办公助"学校。此后，在 1997 年颁布实施的《国家教委关于规范当前义务教育阶段办学行为的若干原则意见》和1998 年颁布实施的《教育部关于义务教育阶段办学体制改革试验工作若干意见的通知》中都明确表示允许设立"公办民助"学校或"民办公助"学校。转制学校也就以"公助"学校或"民办公助"（又称国/公有民办、公私合办校等）学校的形式涌现出来。转制的中小学校是一种新型办学形式，性质介于政府办学与民间办学之间。政府将全民所有制的公办学校按照法定程序，交由有法人地位的社会团体或公民个人承办，其资产及以后的资产增值仍属国家所有，而事业费和日常运行经费的全部或大部分由承办者负责依法筹集，承办者享有办学自主权。这种办学体制的基本模式可以概括为"学校国有，社团公民承办，经费自筹，办学自主"。

我国出现的第一所民办公助学校是 1985 年江苏泗洪县智力开发公司为了解决当时该县初中学生入学难而举办的振兴中学，这也是转制学校最早的名称。北京、上海、长春、天津是较早出现转制学校的城市。1992年上海出现了第一批公有民办学校，如长宁区的新世纪小学和新世纪中学，闸北区的杨波中学和杨波外国语小学，黄浦区的明珠中学等。1993年 5 月，上海市市长黄菊在市教育工作会议上要求对公立学校，包括一些办得不好的学校，可以根据实际需要进行转制的试验。1996 年 6 月，上海市召开了民办中小学、幼儿园工作研讨会。会议提出从上海的实际情况出发，在吸引社会力量参与基础教育办学的同时，拿出一部分公立中小学进行转制试点。之后，上海市教委根据会议精神，颁发了 1996（78 号）文件《关于加强上海市公立中小学转制试点管理工作的意见》。此后，公立中小学转制作为上海办学体制改革的一个重要方面，与举办私立中小学一样，得到了蓬勃的发展。北京市从 1996 年起对一些公立中小学进行转制试验。1998 年以前主要有三种类型：好学校转制、薄弱学校转制、新建学校转制。1998 年北京市转制学校数量明显增多，且出现了一些新的形态，即一些名校、重点校，利用初、高中分离的机会，兼并弱校，另办一所新的转制学校。近年来北京市公立中小学进行转制遇到了一些问题，最突出的是遭到了人们对转制学校可能破坏教育公平的质疑，转制学校数量明显减少。

公立学校"转制"其实面临着"自负盈亏"的风险，但是仍有许多学校自愿"转制"。探究公立学校"转制"的动因，不难发现大体上有内部和外部两种驱动因素。从内部来看，公立学校"转制"的原因较为复杂，一部分是基础较好的公立学校希望通过引入市场机制从而获得更好的发展，另一部分是难以生存的公立学校希望通过转制能重新找到学校发展的生机。民办学校拥有更大的财务、人事、招生等方面的自主权，公立学校拥有良好的办学基础和社会生源，公立学校正是想通过走转制的道路，借助民办学校已有的更大的自主权和运行机制来扩大竞争优势。而由于当前民办学校与公立学校之间的关系尚未理顺，部分转制后的公立学校具有公办、民办学校的"双重身份"，既拥有更大的办学自主权，又拥有对国有资产的控制权，某些转制的公立学校正是利用这种"双重身份"获取双重利益。

从外部来看，我国的公立学校转制与民办教育的发展密不可分。解放初期私立学校占我国学校总数的 40% 左右，1952 年至 1956 年我国政府接管了全部私立学校，从此，私立学校在我国中断了近三十年。1978 年，党的十一届三中全会后，民办学校开始重新恢复发展。但是，起初只是一些高考补习班、外语培训班之类的非正规教育机构。基础教育阶段的民办学校要比高等教育阶段的民办学校出现晚。1992 年，党的十四大确定进一步深化改革和扩大开放，建立社会主义市场经济新体制的重大方针，在教育方面提出了"鼓励多渠道、多形式社会集资办学和民间办学，改变国家包办教育的做法"。随后，进一步提出了"积极鼓励，大力支持，正确引导，加强管理"的民办教育发展方针，此后各级各类民办学校和其他民办教育机构在全国各地如雨后春笋般兴起。这时，基础教育阶段的民办学校兴起，并取得了长足的发展。据统计，2006 年全国共有民办普通小学 6161 所，在校生 412.09 万人；同期全国共有小学 34.16 万所，在校生 10711.53 万人；民办普通小学数量和在校生人数分别占全国总数的 1.80% 和 3.85%。2006 年全国共有民办普通初中 4561 所（其中民办职业初中 11 所），在校生 394.4 万人；同期全国共有初中学校 60885 所（其中职业初中 335 所），在校生 5957.95 万人；民办初中数和在校生人数分别占全国总数的 7.49% 和 6.62%①。

这些民办中小学校的发展，至少从以下四个方面不同程度地发挥了积极作用：第一，推进了教育投入体制改革。从单一的政府教育财政投入转变为政府与社会多渠道投入，补充了政府教育经费的不足，并初步改变政府财政性教育经费的投入结构与投入方式。第二，推进了教育管理体制改革。从政府直接指令性行政管理转变为宏观指导性调控管理，变政府办学校为政府办教育。第三，深化了学校运行机制改革。扩大学校在校内管理、经费使用、教育教学组织和人事分配等方面的自主权。第四，满足了社会多样化教育需求。通过扩大学校办学自主权，鼓励学校办出特色，满足了社会多样化、多层次的教育需求，满足了社会对各级各类人才培养的需求。

① 根据《2006 年全国教育事业发展统计公报》提供的统计数据计算出民办小学与初中及其学生数占其全国总数的比例。

（三）民办高校与独立学院的发展

民办高等学校的兴起，是社会力量办学发展的重要标志。1982 年 3 月，北京市第一所由社会力量举办的高等学校——中华社会大学诞生。到 1985 年仅 3 年中，全国这类学校就发展到 170 所，在校学生 100 余万人。1984 年邓小平为北京自修大学题写校名，彭真为中华社会大学题写校名，在民办高等学校中产生了巨大的反响。

1984 年《中共中央关于经济体制改革的决定》的发布和"有计划商品经济"理论的提出，不仅标志着我国经济体制改革进入到一个新的阶段，而且对科技、教育改革提出了新的要求。为了适应这种新的要求，1985 年 5 月，中共中央作出了《中共中央关于教育体制改革的决定》，拉开了办学体制改革的序幕，也是市场力量介入高等教育发展的早期小高潮。其中民办教育作为一种办学体制改革的形式被推出，文件明确指出："地方要鼓励和指导国营企业、社会团体和个人办学，并在自愿的基础上鼓励单位集体和个人捐资助学，但不得强行摊派。"

1992 年初，邓小平同志高屋建瓴地提出"市场和计划关系"的科学论断，为党的十四大确立"建立社会主义市场经济新体制"的改革目标奠定了坚实的理论基础。同年 9 月，江泽民在党的十四大上作了《加快改革开放和现代化建设步伐，夺取有中国特色社会主义事业的更大胜利》的报告，报告指出："我们必须把教育放在优先发展的战略地位……各级政府要增加教育投入。鼓励多渠道、多形式社会集资办学和民间办学，改变国家包办教育的做法。"

1999 年，国务院着眼全局，作出了扩大高等教育招生规模的决定，为落实该决定，在当时高等教育资源普遍紧缺的情况下，一些地方和高校开始探索试办具有民办性质的二级学院。2002 年 12 月 28 日国家颁布《中华人民共和国民办教育促进法》，其中关于允许公办学校参与举办民办学校的规定在全国催生了一大批独立学院。2003 年教育部颁发了《关于规范并加强普通高校以新的机制和模式试办独立学院管理的若干意见》。独立学院正逐渐成为当前和今后一个时期内，我国高等教育发展的重要组成部分。

近年来，独立学院发展较快，根据《2007 年教育事业发展统计公报》，全国共有独立学院 318 所，在校生 186.62 万人，占全国民办高等教育在校生总数的 53.37%。其中，独立学院本科在校生 165.68 万人，占全国民办本科高等教育在校生总数的 88.69%。独立学院对实现高等教育大众化、深化高等教育改革发挥了重要作用。独立学院的产生，主要有以下三种方式：国办院校结合企业资本联合举办、民办大学挂靠改制和国办大学独立兴建。

独立学院以其"民、独、优"的新模式、新机制特色，引进了市场机制和竞争机制，进一步促进了高等教育办学模式的多样化，提高了高校面向社会、面向市场自主办学的积极性，已经成为我国高等教育的重要组成部分。

2008 年 2 月 29 日，教育部在北京召开全国独立学院工作会议。会议主题是贯彻落实《独立学院设置与管理办法》，促进独立学院健康发展。会议指出要以党的十七大精神为指导，充分认识规范独立学院发展的重要意义。

（四）国际合作办学方兴未艾

中外合作办学是我国改革开放后高等教育领域中出现的新生事物，从 20 世纪 80 年代初开始出现，并且随着办学体制的变革逐渐发展起来。1978 年党的十一届三中全会的召开，把党的工作重心移到经济建设上来，并确立了改革开放的基本国策。20 世纪 80 年代以来，我国改革开放事业不断深化，教育的战略地位不断巩固，外交工作取得较大成就，中国的国际地位日益提高。所有这些，极大地促进了新时期教育的中外合作与交流，中外合作办学作为中国教育对外交流与合作的重要组成部分，也取得了长足的进展。

中外合作办学从出现至今，已经经历了二十多年的发展历程。具体来讲，可以分为以下四个阶段：

（1）萌芽时期。始于改革开放之初到 20 世纪 80 年代中期，这一时期我国政府没有对中外合作办学进行明确的规定，受社会环境泛政治化的影响，人们对于中外合作办学工作相当小心谨慎，虽有一些合作项目但主要限于高校之间。不过，高等教育领域办学方式的新尝试毕竟已经开始，中国开始接受国际双边教育援助。如 1983 年中德签订协议，在南京建立建筑业培训中心，1984 年加拿大政府国际发展署提供资金在中国实施"中加大学教育管理项目"，这些均属早期中外合作办学的先例。

（2）探索时期。从 20 世纪 80 年代末到 90 年代中期，我国对外开放日益发展，中外合作办学项目逐渐增多。原国家教委对中外合作办学问题进行了大量的调查，并在此基础上起草了相关的合作办学管理规定，并于 1993 年 6 月 30 日发布了《关于境外机构和个人来华合作办学问题的通知》，对合作办学的意义、原则、范围、类别、主体等作出了相应规定。截至 1994 年年底，我国国内已经设立的中外合作办学机构有 70 个，其中高等学历教育机构 20 个，高等非学历教育机构 23 个，中等职业教育机构 10 个，其他为进行短期成人教育的机构。

（3）发展时期。随着经济全球化和高等教育国际化形势的发展以及我国国内改革开放的深入，我国政府日益重视对中外合作办学。随着中外合作办学的进一步发展，国家需要对其进行更为规范、有效的管理和引导，因此，原国家教委经过一年多的酝酿、讨论和修改，于 1995 年 1 月 26 日正式颁布了《中外合作办学暂行规定》。"规定"的颁布标志着中外合作办学走上了依法办学和管理的轨道，各种合作办学项目发展迅速。截止到 2001 年 11 月 30 日，有权授予国外学位和香港特别行政区学位的合作办学项目累计为 71 个，涉及我国大陆 47 所大学和学院。

（4）成熟时期。进入 21 世纪，特别是适应我国加入世界贸易组织的新形势，教育的对外开放不断扩大，2003 年 3 月 1 日《中华人民共和国中外合作办学条例》的颁布，是一部正式的约束、规范、指导中外合作办学的法律文件。"条例"确立了"扩大开放，规范办学，依法管理，促进发展"的指导方针，对各层次各类型中外合作办学主体、学校各种利益相关者、社会带来深远影响。无论是政府主管部门还是各高校、科研院所，都结合自身的实际条件，把中外合作办学工作置于更为广阔的国际化、更为规范的法制化背景下进行思考和运作，使得中外合作办学活动更加成熟，进入了一个新的历史发展阶段。截至 2007 年年底，全国共有中外合作办学机构和项目 1000 多个，覆盖了 29 个省、自治区、直辖市。

目前中外合作办学有以下一些特点：从合作对象国别和地区分布看，外方合作者主要来自经济发达、科技及教育先进的国家和地区，其中以美、英、澳、加最多；全国参加中外合作办学的高校主要集中在中东部地区，西部地区较少。从办学层次看，跨越从幼儿教育到博士的各个学历层次。从所设专业分布看，以工商管理类最多，其次是外语、信息技术类、经济和教育等。从办学层次分布看，学历教育机构占大多数，非学历教育机构主要偏重于职业教育和技能培训。

中外合作办学的形式主要有中外合作办学机构与中外合作办学项目两类。中外合作办学机构是指外国教育机构同中国教育机构在中国境内合作举办以中国公民为主要招生对象的教育机构，简称中外合作办学机构。中外合作办学项目，是指中国教育机构与外国教育机构以不设立教育机构的方式，在学科、专业、课程等方面，合作开展以中国公民为主要招生对象的教育教学活动。

中外合作办学在我国教育改革和发展方面，在培养造就我国现代化建设需要的复合型国际化人才方面发挥了独特的作用，已成为我国教育事业的组成部分。

国家对中外合作办学实行扩大开放、规范办学、依法管理、促进发展的方针，有利于引进国外优质教育资源，加强学科建设，促进中国教育的国际交流与合作，增加中国教育供给的多样化和选择性；有利于加强高新技术短缺人才培养，拓宽人才培养途径，培养国际型人才；有利于减轻政府办学经费压力；有利于满足社会教育需求和出国留学低龄化的状况，实现双方互惠互利，加强国际理解，提升教育整体水平。

不可否认的是，关于政府与市场的关系问题我国的探索仍处于尝试阶段。1997 年颁布的《社会力量办学条例》第二条在限定"社会力量办学"时指出，社会力量办学是指"企事业组织、社会团体及其他社会组织和公民个人利用非国家财政性教育经费，面向社会举办学校及其他教育机构的活动"。这里所谓"非国家财政性教育经费"理论上既应包括以慈善捐资、个人集资、基金会等形式用于举办教育机构的民间资金，又应包括以民间资本形式（如投资办学）进行市场化运作的民间资金。但是，《社会力量办学条例》第六条规定："社会力量举办教育机构，不得以营利为目的。"这与市场机制"以志愿求私益"的实质是相矛盾的，实际上也就是排除了"非国家财政性教育经费"以市场化运作的民间资本形式用于举办教育机构的合法性。可见，教育政策法规在处理有关政府与市场的关系问题时仍比较模糊和保守。与《社会力量办学条例》相比，2002年12月通过的《民办教育促进法》则回避了社会力量举办教育机构"能否营利"的问题，在政府与市场的关系问题上采取了一种比较模糊的态度。一是并没有明确规定民办学校"不得以营利为目的"，仅在第三条强调了"民办教育事业属于公益性事业"；二是在第六条提出"国家鼓励捐资办学"，但并没有作出否定"投资办学"的规定；三是在第五十一条规定"出资人可以从办学结余中取得合理回报"。这些规定虽然强调了民办教育的公益性质，但并没有把民办教育的公益性与"营利性"尖锐对立起来；出资人可以取得"合理回报"提法虽然模糊，但与"以志愿求私益"的市场精神并不矛盾。《民办教育促进法》的有关规定在一定程度上体现了教育政策关于如何处理教育领域政府与市场关系的一些思考，但这样一些规定对于有效处理社会转型时期教育领域中政府与市场的关系问题是远远不够的。

综上所述，在横向上，我国教育体制的变革是由公共教育权力体制内部向体制外部的公民社会领域和市场领域转移权力。这一点由教育中介组织的产生和发展、非政府的行业协会组织提供教育服务、民办教育的发展与教育的民营化等可见一斑。尽管在中央与地方、政府与学校、政府与市场、政府与公民社会之间权力转移的发展是不平衡的（中央与地方的权力转移较为广泛和深入，其他方面的转移则相对十分有限），但在教育体制的改革进程中，横向上的权力转移事实上存在并且不容忽视。

五、未来展望：建立和完善我国教育的公共治理模式

改革开放 30 年，中国的教育体制发生了巨变，政府与学校的关系开始得到校正，政府、市场和公民社会的力量逐步成为支配教育的三种基本力量，构建中国教育的公共治理结构成为当前和未来相当长的一段时期教育体制改革的重要任务。

（一）转变政府职能：实现公共教育提供者的多元化

从 20 世纪 70 年代末期以来，许多国家都在进行"治道变革"，重新界定自己的角色，以实现行政现代化。这次行政现代化改革的内容主要是：政府职能的市场化、政府行为的法制化、政府决策的民主化、政府权力多中心化。"政府职能的市场化包括国有企业的民营化、公共事务引入内部市场机制等；政府行为的法制化主要是解决法律管制过分，解除过分的法律管制，从过分的法制回归法治的进程；政府决策的民主化，主要表现在传统普选制度、政党政治和利益集团政治的基础上实现政府行政日益公开化、提高政府公共政策对公民需求的回应性等；政府权力的多中心化，主要表现在执行局变革、提高地方自治水平、还权于社群等。"[1] 这次席卷全球的行政改革的总体特征就是，改革传统的全能政府，把政府不

---

[1] ［美］埃莉诺·奥斯特罗姆：《公共事务的治理之道集体行动制度的演进》，余逊达等译，上海三联书店 2000 年版。

该管、管不了、管不好的事情交给市场和社会去做。把全能政府改变为有限的而且有效的政府，建立"小政府、大社会"的格局。

世界范围内政府行政改革的趋势说明，在社会转型的过程中，政府应重新确定自己的角色。一方面，政府在管理公共事务时应该"掌舵而不划桨"。从政府自身组织机构的职能来看，应区分不同类型的政府组织机构的职能。新公共管理理论认为，公共组织可以分为四种类型，即政策组织、规制组织、服务提供组织和服从型组织，前两者负责"掌舵"，后两者负责"划桨"。政府应该把"掌舵"放在自己职能的中心位置，集中精力提供合理的制度安排并加强监管。另一方面，转变政府职能的根本目标是实现公共教育提供者的多元化，即把原来由政府承担的一些公共管理职能交给公民社会和市场来承担，形成由政府、市场和社会组织共同提供公共教育的格局。对于必须由政府来提供的具有非排他性和非竞争性的公共服务，应作为政府的基础性职能由政府承担全部责任；而对于可以由政府和其他社会组织共同提供的具有竞争性、选择性的公共服务，则应按照兼顾效率和公平的原则，主要由市场组织、自治性和半自治性的社会组织来提供。

实现公共教育提供者的多元化，需要解决的首要问题是，政府在转变自己职能的过程中应把原先高度集中在自己手中的公共教育权力适当转移到市场领域和公民社会领域。也就是说，转变政府职能的核心问题就是重建公共教育权力体制。

（二）建设新的公共教育权力体制

重建公共教育权力体制依赖于两个方面：一是重新界定政府的职能。政府的基本职能是解决市场失灵与促进社会公平。正如世界银行《1997年世界发展报告》中所说，政府的第一项任务是做好基础性工作，而对于基础工作之外的公共产品，政府不必是唯一的提供者①。政府职能可以

---

① 世界银行：《1997 年世界发展报告：变革世界中的政府》，蔡秋生等译，中国财政经济出版社 1997 年版，第 4 页。

区分为小职能、中型职能和积极职能。世界上任何政府都不可能是全能政府，在政府能力有限的情况下，政府要明确自己的基础性责任，将精力更集中于基础性工作上将会提高政府的有效性。① 政府要做，而且要做好自己应该做的事情。例如，提供教育政策和作出合理的制度安排，对所有提供教育公共服务的活动进行监管，保障教育领域的公平竞争，为所有社会成员提供一种最低标准的义务教育，为满足底线标准的义务教育提供所需资源，保护教育领域的处境不利群体。必须强调新的社会条件下政府最基本的教育责任。政府必须保证教育的公益性与教育领域的社会公平。政府公共教育权力的转移并不意味着政府责任的减少，相反这个进程将使政府承担更广泛、更复杂的责任，需要政府除了加强对自身权力的约束外，还要加强对市场领域和社会领域相关权力的监管，以保障实现教育的公益性和教育领域的社会公平。

在界定政府职能和明确政府责任的基础上，重建公共教育权力体制应立足于从体制内部的权力下放和向体制外部的权力转移两个方面建立一个多主体的、均衡的公共教育权力体制。一是政府公共教育权力的体制内下放，改变过去以命令和服从为主要特点的权力关系，在政府各级行政组织机构之间、在中央和地方之间建立以命令、指导、监督为特征的权力关系，以最大限度地提高地方、各级政府组织和人员的积极性。二是政府的公共教育权力向市场和社会领域的转移，改变主要由政府提供公共教育的状况，把过去由政府提供的具有竞争性的、选择性的公共教育交由市场和社会提供，在政府与市场、社会、学校之间建立起以参与、协商、谈判、监管为特征的权力关系。这样才能构建起我国的教育公共治理结构，促进公共教育权力的合理、科学的转移和分散，促进公共教育服务提供的社会化，使政府、市场和公民社会的力量在教育的发展中得到协调与平衡。

---

① 世界银行：《1997 年世界发展报告：变革世界中的政府》，蔡秋生等译，中国财政经济出版社 1997 年版，第 4 页。

参考文献

1. 郝克明：《中国教育体制改革 20 年》，中州古籍出版社 1998 年版。

2. 国家高级教育行政学院：《新中国教育行政管理五十年》，人民教育出版社 1999 年版。

3. 李国钧、王炳照：《中国教育制度通史》（第八卷），山东教育出版社 2000 年版。

4. 金忠明、李若驰、王冠：《中国民办教育史》，中国社会科学出版社 2003 年版。

5. 黄仁贤：《中国教育管理史》，福建人民出版社 2003 年版。

6. 徐晓东、邵文其、洪仙瑜等：《社会转型与办学体制创新》，浙江大学出版社 2004 年版。

7. 刘铁：《中国高等教育办学体制研究》，广东高等教育出版社 2006 年版。

8. 顾海良：《教育体制改革攻坚》，中国水利水电出版社 2006 年版。

9. 黄书光：《中国基础教育改革的历史反思与前瞻》，天津教育出版社 2006 年版。

10. 邓晓春：《中国高等教育体制改革的回顾与展望》，《辽宁高等教育研究》1998 年第 1 期。

11. 康宁：《当前我国高等教育体制改革与结构调整的理论基础》，《教育研究》2000 年第 10 期。

12. 宗树兴、张洁：《农村地区教育体制改革对中国义务教育立法的影响》，《河北大学学报》（社会科学版）2007 年第 5 期。

13. 孙绵涛：《对中国教育改革内部规律一些问题的探讨》，《中小学管理》2008 年第 2 期。

改革开放30年的
教育法制建设

劳凯声

1978 年，以党的十一届三中全会为标志，中华人民共和国的历史开始了一个新的时代。对新中国的法制建设而言，一个全新的发展阶段从此启程。30 年来，在建设中国特色社会主义的伟大实践中，法制建设取得了巨大的进展。历经 30 年的大规模的立法活动和法律功能的日趋扩展，今天，人们处处都可以感受到法律的存在，感受到法律与社会变革和发展的密切关系。可以说，法律的影响遍及社会生活各个领域，人们的行为方式无不打上法律的印记。教育法制建设是十一届三中全会所确立的依法治国的一个重要组成部分，是与改革开放同步进行的社会变革。作为一种高度专门化的社会组织手段，法律对教育正在发挥着越来越大的组织和调节作用。

一、理性的选择

（一）艰难曲折的法制历程

1949 年新中国成立后，我国废除了新中国成立前的旧法，在总结我国革命根据地立法经验和学习苏联的基础上开始了新中国的立法历程。这一发展进程历经风风雨雨，我国的教育立法同样也经历了一条曲折而漫长的发展道路。

新中国成立初期，国家曾经根据当时的需要制定了一批教育法规、法令，内容所及教育事业的计划管理、中小学教育的改进与发展、课程改革、学校领导关系、师资的管理、培养与调配等各个方面。这些教育法规有力地配合了新中国成立初期的学制改革、旧学校的接管与接办、实行向工农开门的方针等项教育工作。1954 年，第一届全国人民代表大会第一次会议通过了新中国的第一部宪法，这部宪法是在共同纲领的基础上产生的，同时又是对共同纲领的发展。共同纲领所规定的各项原则被确定下来，成为宪法的根本原则。同时，作为我国第一部社会主义类型的宪法，1954 年宪法含有两项基本原则，即社会主义原则和民主原则。宪法对于教育的规定，充分地体现了以上原则。但是，由于认识上的问题，在我国，从新中国成立之初就一直存在着一种轻视法治的倾向。虽然 1954 年宪法促成了法制建设的高潮，但法制观念并没有在各级干部和人民群众中植根，轻视法治的倾向没有得到有力的纠正，以至于我国的法制建设一遇风浪就遭受重大挫折。1958 年，为了纠正学习苏联经验过程中出现的缺点，全国开展了以勤工俭学、教育与生产劳动相结合为中心的教育革命。这场改革在一定程度上突破了苏联教育经验的局限性，但同时也出现了"左"的错误，必要的法规制度遭到破坏。例如教师和学生参加生产劳动过多，忽视了课堂教学与教师的指导作用，打乱了正常的教学秩序，降低了教学的质量。因此从 1961 年起，我国对教育进行了调整、巩固、充实、提高，通过总结经验、制定条例来纠正实际工作中的失误。1961 年发布了由教育部草拟的《教育部直属高等学校暂行工作条例》（简称《高教六十条》）和《全日制中学暂行工作条例》、《全日制小学暂行工作条例》（简称《中学五十条》、《小学四十条》），为各级学校的工作规定了明确的工作方针。

但总体来说，在新中国成立后的这一历史阶段，由于旧中国留给我们的封建专制传统比较多，民主法制传统很少、同时我们也没有自觉地、系统地建立保障人民民主权利的各项制度，因此法制很不完备，也很不受重视。在社会生活领域中也出现了不断滋长的一言堂、个人决定重大问题、个人崇拜、个人凌驾于组织之上的家长制现象。法律不仅没有可能向社会生活各个领域进行渗透，反而受到各种非法律手段的侵蚀和支配，"人治"成为当时的最高抉择。党和国家的民主生活逐渐不正常，最后导致了"文化大革命"，国家的立法工作完全停顿，20 世纪 50 年代以来制定的一批法律、法规丧失了权威性，司法工作也失去了其应有的独立性。

（二） 改写中国命运和前途的选择

30 年前的 12 月 18 日至 22 日，岁尾的雨雪洗刷过后，北京的天气清新而明朗，中国共产党召开了十一届三中全会。这不同寻常的几天改写了中国的命运和前途，共和国的历史从此翻开了新的篇章。

十一届三中全会的与会者认真总结教训，痛感把一个国家、一个党的稳定建立在一两个人的威望之上是靠不住的，是危险的，难以为继的。而与个人威望相比，法制具有普遍性、稳定性、连续性、平等性等特征，不因领导人的去留而随意改变，不因领导人意志和看法的改变而改变，因此治理国家还是要靠法制。只有在理念上明确并在实践中发挥法律武器的力量，才能真正推进中国的社会主义事业。会议在总结历史经验的基础上，最终以求实的气魄和巨大的智慧，清醒地意识到了加强法制建设的重要性，把"依法治国"确定为引领国家拨乱反正、强国兴邦的治国方略。

全会通过了《中国共产党第十一届中央委员会第三次全体会议公报》，公报以拨乱反正的伟大气魄匡正历史事实，清理错误认识，鲜明地提出未来中国的社会发展必须依靠民主和法制。公报中的这样一些话至今读来仍令人过目不忘：

"为了保障人民民主，必须加强社会主义法制，使民主制度化、法律化，使这种制度和法律具有稳定性、连续性和极大的权威，做到有法可依，有法必依，执法必严，违法必究。"

"宪法规定的公民权利，必须坚决保障，任何人不得侵犯。"

"从现在起，应当把立法工作摆到全国人民代表大会及其常务委员会的重要议程上来。检察机关和司法机关要保持应有的独立性；要忠实于法律和制度，忠实于人民利益，忠实于事实真相；要保证人民在自己的法律面前人人平等，不允许任何人有超于法律之上的特权。"

依法治国，一个在今天被普遍认同的主张、理念，当年曾经历了一场激烈的讨论。要人治还是要法治？透过十一届三中全会公报中关于健全民主与法制的一整套方针，一幅建设社会主义法制国家的清晰蓝图跃然纸上。依法治国是中国人民治国方略的理性选择，是发展社会主义民主政治、建设社会主义政治文明的必由之路。

（三）十一届三中全会：教育法制建设的起点

从十一届三中全会开始，法制建设在经过长期的曲折和徘徊之后，终于进入划时代的新时期，一个大规模的立法进程展开了。教育界在拨乱反正的基础上，重新颁发了大、中、小学工作条例，逐步开始恢复学校的正常教学秩序。长期与法制隔阂的教育领域，以十一届三中全会制定的宏伟蓝图为基础，也开始向着依法治教的伟大目标进发，出现了重大的突破。1980 年 2 月 12 日，第五届全国人民代表大会常务委员会第十三次会议通过了《中华人民共和国学位条例》。该条例以促进我国科学专门人才的成长，促进各门学科学术的提高和教育、科学事业的发展，以适应社会主义现代化建设的需要为立法目的，是新中国成立以来第一部由最高权力机关制定的有关教育的法律。

1982 年 12 月，第五届全国人民代表大会第五次会议制定了新的宪法，这是我国法制建设史上重要的里程碑之一。1982 年宪法规定了国家的法制原则，它庄严宣布："本宪法以法律的形式确认了中国各族人民奋斗的成果，规定了国家的根本制度和根本任务，是国家的根本法，具有最高的法律效力。全国各族人民、一切国家机关和武装力量、各政党和社会团体、各企业事业组织都必须以宪法为根本的活动准则，并且负有维护宪法尊严、保证宪法实施的职责。"这一规定是对建国三十多年治国经验和教训的总结，为依法治国大方略提供了最重要的宪法依据。

宪法对我国教育事业具有重要的指导和规范作用，我们可以从如下两个方面去理解宪法对于教育的意义。

一是宪法规定了教育法的基本指导思想和立法依据：

①规定了社会主义现代化建设必须坚持四项基本原则（序言）。

②规定了国家机构实行民主集中制原则（第三条）。

③规定了社会主义法治原则（第二、五条）。

④规定了有关国家根本制度和任务的许多原则（第一、二、二十七等条）。

⑤规定了各民族一律平等，保障各少数民族的合法权利和利益、帮助各少数民族地区加速经济和文化的发展、各民族都有使用和发展自己的语言和文字的自由，都有保持或者改革自己的风俗习惯的自由等项原则（第四条）。

二是规定了教育教学活动的基本法律规范：

①规定了教育的国家管理原则。"国家发展社会主义的教育事业，提高全国人民的科学文化水平。国家举办各种学校，普及初等义务教育，发展中等教育、职业教育和高等教育，并且发展学前教育。国家发展各种教育设施，扫除文盲，对工人、农民、国家工作人员和其他劳动者进行政治、文化、科学、技术、业务的教育，鼓励自学成才。国家鼓励集体经济组织、国家企事业组织和其他社会力量依照法律规定举办各种教育事业。国家推广全国通用的普通话。"（第十九条）

②规定了公民的受教育权利。"中华人民共和国公民有受教育的权利和义务。国家培养青年、少年、儿童在品德、智力、体质等方面全面发展。"（第四十六条）

③规定了从事教育工作的公民有进行创造性工作的自由。"中华人民共和国公民有进行科学研究、文学艺术创作和其他文化活动的自由。国家对于从事教育、科学、技术、文学和其他文化事业的公民的有益于人民的创造性工作，给予鼓励和帮助。"（第四十七条）

④规定了父母对自己的未成年子女的教育义务。"父母有抚养教育未成年子女的义务。"(第四十九条)

⑤规定了教育管理的权限,宪法在第八十九条、一百零七条和一百一十九条中规定了国务院、县级以上地方各级人民政府和民族自治地方自治机关领导和管理教育工作的权限。

宪法是国家的总章程,是我国一切立法的依据,具有最高的法律地位和法律效力,是最高层次的法律渊源。宪法有关教育的规定,为教育法的制定,为依法治教提供了最高的法律依据。其他形式的法律、法规都必须依据宪法制定,并为贯彻宪法服务,不得与宪法相违背,否则归于无效。宪法为我国教育法制建设奠定了最重要的基础,因此是教育法制建设进程的最重要的里程碑。

1986 年 4 月,第六届全国人民代表大会第四次会议通过了《中华人民共和国义务教育法》,它以法律的形式规定国家实施九年义务教育,对提高民族素质、推进社会主义现代化建设、加强教育法制都有重要的影响。1993 年 10 月,第八届全国人民代表大会常务委员会第四次会议通过了《中华人民共和国教师法》。这部法律明确了教师在我国社会主义现代化建设中的重要地位,对教师的权利、义务、任用、考核、培训和待遇等方面作了全面的规定,是我国教师队伍建设走向规范化、法制化的根本保障。除此之外,20 世纪 80 年代以来,国务院还制定了十几部教育行政法规,并对新中国成立以来制定的数百件教育行政法规进行了整理和汇编工作。各地有权制定地方性法规的人民代表大会及其常务委员会,根据自己所辖地区教育发展的需要和可能,颁布了一系列地方性法规。国务院各部委以及省级人民政府也制定了一大批有关教育的政府规章,从而大大丰富了我国教育法的内容。

二、十年磨一剑：教育基本法律的制定

进入 20 世纪 90 年代以来，依法治国逐步深入国人心中，成为一种社会普遍接受的价值观和判断是非的标准。在这一理念的推动下，通过法制来推进教育事业的改革与发展已经得到社会的普遍认同。制定一部教育基本法律，完善教育法制，实现依法治教就成了当时教育立法工作中的一项重要任务。

（一）制定教育法是教育法制建设的需要

20 世纪 80 年代至 90 年代中期，全国人大与全国人大常委会已经先后制定了《中华人民共和国学位条例》、《中华人民共和国义务教育法》、《中华人民共和国教师法》。同期，国务院也制定了《扫除文盲工作条例》、《幼儿园管理条例》、《残疾人教育条例》、《普通高等学校设置暂行条例》等 16 部有关教育的行政法规，初步结束了我国教育工作无法可依的局面。但是，与当时宏观的社会转型要求以及教育自身改革和发展的需要相比，教育立法还处在相对滞后的状态。为了加快教育法制建设，确保教育事业尽快地、全面地走上法制轨道，迫切需要制定一部指导教育整体工作的法律。因此可以说，制定《中华人民共和国教育法》是教育事业改革与发展的需要，是全面实现"依法治教"的需要。

1995 年 3 月 18 日，第八届全国人大第三次会议审议通过了《中华人民共和国教育法》，从 1995 年 9 月 1 日起施行。教育法作为宪法之下的法律，是指导教育工作的根本大法。它的颁发和实施，不仅是教育系统的一件大事，而且是事关社会主义现代化建设全局的一件大事。这部法律对于进一步落实教育优先发展的战略地位、保障教育改革和发展、促进社会主义现代化建设，都产生了重大而深远的影响。

　　教育法作为一部教育领域的基本法律，起草和修改的过程是艰苦而漫长的。教育法从起草到审议通过，经历 10 年时间，13 次易稿，寄托着社会各界对教育的厚望，包含了无数人的智慧和心血。《中华人民共和国教育法》制定的 10 年中，原国家教委除进行广泛、深入的调查研究，召开一系列专题研讨会外，还召开过 5 次全国性的研讨会，许多专家直接参与了起草、修改工作。社会各方面对这部法律的起草工作非常关注，纷纷献计献策，仅 1994 年 3 月，有关部门就收到了意见函几百件，各方面提出的修改意见有一千多条。国务院法制局、全国人大各有关专门委员会、全国政协相关委员会、各民主党派等也进行了大量的调研和征求意见工作。教育法的制定过程充分反映了我国教育立法决策的民主化、科学化，贯彻了专门起草班子和专家学者咨询相结合，教育理论研究与总结教育改革发展实践经验相结合，借鉴国外教育经验与我国国情和教育实际相结合的原则。可以说教育法是民主集中制原则的具体体现，是集体智慧的结晶。①

　　教育法的制定工作大致可分为三个阶段。从 1984 年至 1986 年为提出立法建议的阶段。在这期间，每年都有人大代表和政协委员在全国"两会"上提出要加强教育立法，并明确提出要尽快制定教育基本法律。根据人大代表和政协委员的提议，1985 年，原国家教委委托北京师范大学的学者开展教育法立法的前期调研和起草工作。调研起草小组在调研、起草过程中，一方面搜集国内外的有关资料，一方面在全国范围内进行专题调研，多次深入到学校和各级教育行政部门，听取各方意见，对草稿进行反复修改，做了大量的前期准备工作。

　　1988 年到 1993 年是教育法的正式起草阶段。原国家教委把起草工作列入了议事日程，召开了一系列研讨会，请教育界、法律界的有关专家参与研讨草案文本。1993 年，中共中央、国务院颁布了《中国教育改革和发展纲要》，原国家教委领导班子以此为重要的政策依据，进一步抓紧研究、协调教育法起草过程中一些有争议的意见和问题，加快了起草工作步伐。

---

① 参见朱开轩 1995 年 4 月 17 日在北京市学习《中华人民共和国教育法》报告会上所作的报告。

从 1994 年开始，教育法进入了修改送审阶段。1994 年年初，原国家教委将《中华人民共和国教育法（草案）》送国务院各部委、各省、自治区、直辖市政府及其教育行政部门、各民主党派、部分高等学校、教育界和法律界专家学者及教育界部分老同志，广泛征求意见，并根据各方面的意见修改后报送国务院。1994 年 6 月，根据国务院的指示，《中华人民共和国教育法（草案）》作为全国教育工作会议的三个重要文件之一，提交会议讨论。11 月 21 日，国务院第二十六次常务会议原则通过了《中华人民共和国教育法（草案）》，并决定提交全国人大常委会审议。1994 年年底，第八届全国人大常委会第十一次会议审议了《中华人民共和国教育法（草案）》，认为草案比较全面、成熟，基本符合我国实际，决定提交 1995 年 3 月召开的全国人民代表大会审议。1995 年 3 月 18 日，第八届全国人大第三次会议审议通过了《中华人民共和国教育法》，从 1995 年 9 月 1 日起施行。

（二）《中华人民共和国教育法》的基本内容

1. 《中华人民共和国教育法》规定了我国教育的基本原则

（1）《中华人民共和国教育法》规定了我国教育的社会主义性质，这对于教育事业的健康发展具有重大意义。《中华人民共和国教育法》第三条规定："国家坚持以马克思列宁主义、毛泽东思想和建设有中国特色社会主义理论为指导，遵循宪法确定的基本原则，发展社会主义的教育事业。"这一规定从法律上确立了我国教育的社会主义性质，学校教育活动必须始终坚持社会主义办学方向。《中华人民共和国教育法》总则中还规定："国家在受教育者中进行爱国主义、集体主义、社会主义的教育，进行理想、道德、纪律、法制、国防和民族团结的教育"。这意味着学校的一切教育活动，都要贯彻法律规定的有关社会主义的教育内容。《中华人民共和国教育法》还规定了"教育应当继承和弘扬中华民族优秀的历史文化传统，吸收人类文明发展的一切优秀成果"，"教育活动必须符合国家和社会公共利益"，"国家实行教育与宗教相分离"等，这些都是事关社会主义性质的基本教育原则。

（2）第一次在法律上确立了教育优先发展的地位，突出强调了各级政府优先发展教育事业的责任。《中华人民共和国教育法》总则中规定："教育是社会主义现代化建设的基础，国家保障教育事业优先发展。"在总则中还规定："全社会应当关心和支持教育事业的发展"，"全社会应当尊重教师"。为了保障教育这一地位的实现，《中华人民共和国教育法》规定了一系列优先发展教育事业的具体法律制度。这些规定以法律的权威，推动各级政府、社会各界进一步落实教育优先发展的战略地位。

（3）规定了平等的受教育权利。《中华人民共和国教育法》规定我国公民在教育活动中，"不分民族、种族、性别、职业、财产状况、宗教信仰等，依法享有平等的受教育机会"。"对符合入学条件、家庭经济困难的儿童、少年、青年，提供各种形式的资助。"为保障公民平等受教育的权利，《中华人民共和国教育法》还确立了国家"帮助各少数民族地区发展教育事业"，"扶持和发展残疾人教育事业"，保障女子在受教育方面享有同男子平等的权利等法律制度。

（4）规定了教育的公益性质。教育事业是提供公共产品、为不特定人群服务的公益性事业，因此不允许把学校变成少数人赚钱牟利的工具。《中华人民共和国教育法》确立的"任何组织和个人不得以营利为目的举办学校及其他教育机构"的原则，对于维护教育的公益性质，保证社会主义办学方向具有重要意义。在遵循这一原则的前提下，国家采取措施，保护举办者的办学积极性及其合法权益。

以上这些原则，都从不同方面体现了我国社会主义教育的本质要求。

2.《中华人民共和国教育法》全面总结了我国教育体制改革十多年来所取得的重要成果，对其作了充分肯定并使之法律化

（1）肯定了教育体制改革在"简政放权"改革方面所取得的成果。《中华人民共和国教育法》第十四条确立了"中等及中等以下教育在国务院领导下，由地方人民政府管理"，"高等教育由国务院和省、自治区、直辖市人民政府管理"的体制。这是改革开放以来我国教育管理体制改革经验的科学总结，为教育管理体制的进一步改革和发展提供了法律上的

依据。从这一体制要求出发，在国务院统一领导下，中等及其以下教育由地方政府依法行使统筹管理权，同时也要继续发挥中央各有关部门对中等职业教育的行业指导作用和作为举办者对中等职业教育和普通中小学教育的管理职责。高等教育的管理，国务院除管理中央直属的高等学校外，主要是加强对地方高等教育事业的宏观管理，省一级政府则应加强对本行政区域内高等教育事业的统筹管理。

（2）规定了包括国家和社会力量在内的多元办学主体的办学体制。改革开放以来，政府包揽办学的格局逐步被打破，以政府办学为主，社会各界共同参与办学的新体制正在形成，社会力量办学积极性高涨，民办教育机构发展迅速。《中华人民共和国教育法》适应这一改革需要，规定了"国家制定教育发展规划，并举办学校及其他教育机构"，"国家鼓励企业事业组织、社会团体、其他社会组织及公民个人依法举办学校及其他教育机构"的原则，这实质上是对社会力量自筹资金办学这一体制模式的肯定，有利于充分发挥社会力量办学的积极性，保护举办者的合法权益。《中华人民共和国教育法》还对办学的条件和程序作出了严格规定，将其纳入了法制化管理的轨道。

（3）规定了建立在教育结构改革基础上的教育基本制度。《中华人民共和国教育法》把义务教育、职业教育和成人教育纳入了以往由学前教育、初等教育、中等教育、高等教育为主体的学制系统中，规定为我国的教育基本制度。此外，《中华人民共和国教育法》还把社会文化生活教育、未成年人的校外教育等也纳入了法律调整的范围。面对教育结构改革以及未来发展的趋势，《中华人民共和国教育法》还借鉴国外的做法并总结我国已有的经验，确立了建立和完善终身教育体系的原则。

3. 《中华人民共和国教育法》全面规定了发展教育的条件和保障措施，有利于保证和增加教育投入，改善办学条件，确保教育优先发展战略地位的真正落实

（1）《中华人民共和国教育法》明确规定："国家建立以财政拨款为主，其他多种渠道筹措教育经费为辅的体制。"这是把十多年来我国教育

经费筹措体制改革的成功经验第一次用法律的形式固定下来。

针对教育经费的预算体制,《中华人民共和国教育法》规定:"各级人民政府的教育经费支出,按照事权和财权相统一的原则,在财政预算中单独列项。"这一规定突破了以往的教育经费预算体制,要求各级财政预算中教育经费支出应单独列项,改变把教育经费同科技、文化、卫生、体育等事业经费放在一起的做法。这对于确保投入、增加透明度、加强教育部门对教育事业统筹规划和协调管理的能力具有重要的意义。《中华人民共和国教育法》同时规定了一个教育投入的监督保障机制,即"国务院和县级以上地方各级人民政府应当向本级人民代表大会或者其常务委员会报告教育工作和教育经费预算、决算情况,接受监督"。

为了保证和增加国家对教育的投入,《中华人民共和国教育法》还规定了"各级人民政府教育财政拨款的增长应当高于财政经常性收入的增长,并使按在校学生人数平均的教育费用逐步增长,保证教师工资和学生人均公用经费逐步增长"。

(2)《中华人民共和国教育法》就教育费附加的征管,用于教育的地方附加费的开征,发展校办产业,开展教育集资,社会捐资助学,鼓励动用金融、信贷手段等多种渠道筹措教育经费提供了必要的法律依据。这些都是我国教育体制改革中创造的具有重大意义的经验。

(3)《中华人民共和国教育法》还针对教育活动中的违法行为规定了相应的法律责任。对不按照预算核拨教育经费的行为,挪用、克扣教育经费的行为,破坏学校及其他教育机构的财产和教育教学秩序的行为,向学校及其他教育机构乱收费和摊派费用的行为,乱办学、乱招生以及在招生工作中徇私舞弊的行为,向受教育者乱收费等一系列违法行为,《中华人民共和国教育法》都详细地规定了相应法律责任和处罚形式,并明确了追究违法当事人法律责任的执法机关。这些规定,大大加强了教育法的可操作性,有力地保证了教育法的顺利实施。①

----

① 参见朱开轩 1995 年 4 月 17 日在北京市学习《中华人民共和国教育法》报告会上所作的报告。

（三）全面实现依法治教的依据

《中华人民共和国教育法》把党和国家关于教育改革与发展的方针、政策用法律形式全面确定下来，上升为国家意志。它确立了我国教育的基本法律原则和法律制度。以《中华人民共和国教育法》为依据，我国又制定了《中华人民共和国职业教育法》、《中华人民共和国高等教育法》以及《中华人民共和国民办教育促进法》、《中华人民共和国教育督导条例》等一批教育法律、法规。同时，还建立和完善了教育执法监督制度，加强了教育执法工作。因此可以说，《中华人民共和国教育法》的颁布和施行使我国的教育法制建设步入正轨，一个以法治教的新局面正在逐步形成。《中华人民共和国教育法》的颁布和施行，是我国全面走上"依法治教"轨道的重要标志，教育的改革和发展出现了一个新的局面。

教育事业在当代社会中已成为一个国家和民族的先导性、基础性行业。在我国经济快速发展，计划经济体制向市场经济体制过渡的社会大变革时期，教育起着重要的作用。《中华人民共和国教育法》的施行还带来了一种全新的思维、一种深层次的范式变化。它助推了此后的教育大发展，为我们这个人口大国转变为一个真正意义上的人力资源强国奠定了基础。

三、初见端倪的教育法体系及其功能

1993 年中共中央、国务院发布的《中国教育改革与发展纲要》明确提出，要"加快教育法制建设，建立和完善执法监督系统，逐步走上依法治教的轨道"，"争取到本世纪（20 世纪——编者注）末初步建立起教育法律、法规体系的框架"。《中华人民共和国教育法》的颁布和施行，为实现这一目标，迈出了关键性的一步。但是，《中华人民共和国教育法》作为调整教育关系的"母法",它的一些规定是原则的,必须靠下位的法律、法规、规章来丰富和完善,形成协调一致、层次有序、完整统一的教育法体系,为我国教育事业全面走上"依法治教"的轨道,奠定坚实的法律基础。

从体系化的角度看我国当前教育立法的现状,虽然还没有完全形成一个内容和谐一致、形式完整统一的有机整体,但是经过 30 年时间的教育法制建设,我国教育法体系的基本框架已经初见端倪。这一法律体系,根据制定机关的不同和法律形式的不同,可以划分为不同的层次,根据法律规范内容的不同,可以划分为不同的部门。具体地说,我国的教育法体系将由纵向 5 个层次和横向 6 个部门构成。

基本法律是我国教育法体系的第一个层次。它是以宪法为依据制定的基本法律,主要规定我国教育的基本性质、地位、任务、基本法律原则和基本教育制度等。1995 年的《中华人民共和国教育法》就是教育领域的基本法律,它是全部教育法律法规的"母法",是协调教育部门内部以及教育部门与其他社会部门相互关系的基本准则,也是制定教育部门其他法律法规的依据。作为教育领域的基本法律,教育法由全国人民代表大会制定。

单行法律是我国教育法体系的第二个层次,主要用于调整各个教育部门的内外部关系。根据规范内容的不同以及我国的具体国情和实际需要,大致由义务教育法、职业教育法、高等教育法、成人教育法、教师法和教育经费法 6 个部门组成。每一部门由全国人民代表大会常务委员会制定单行法律,单行法律分述如下:

《中华人民共和国义务教育法》是调整实施义务教育而产生的各种社会关系的单行法。我国义务教育包括通常意义的普通初等教育和普通初级中等教育,因此,义务教育法的调整范围主要包括实施普通小学教育、普通初级中学教育中产生的重要关系和问题。

《中华人民共和国职业教育法》是以实施职业教育涉及的社会关系为调整范围的单行法。在我国,职业教育包括各级各类职业学校教育和各种形式的职业培训。

《中华人民共和国高等教育法》是以高等教育部门内外部关系为调整范围的单行法。我国高等教育通常包括专科教育、本科教育和研究生教育等不同层次，这些都应纳入高等教育法的调整范围。有关学位授予工作中产生的关系及问题也应属于高等教育法调整和规范的范围，因此，已经颁布实施的《中华人民共和国学位条例》当然也是包括在这一部类中的。

《中华人民共和国民办教育促进法》是调整民办教育部门内外部关系的单行法。民办教育是指国家机构以外的组织或者个人，利用非国家财政，面向社会实施的教育。纳入法律调整的主要有民办学校及其他教育机构的设立、民办学校的组织与活动、民办学校的教师与受教育者、民办学校资产与财务管理、国家对民办学校及其他教育机构的管理、国家对民办教育的扶持和奖励、民办学校的变更与终止等项事务。

《中华人民共和国教师法》是调整教育教学活动中以教师为一方而产生的社会关系的单行法。随着现代社会和现代教育的发展，教师已经成为一种从业人数较多的职业，同时也是教育事业发展中的一个重要的因素，因而构成了教育调整的一个相对独立的部门。我国教师法主要调整的是教师的法律地位、待遇、权利义务、任职资格、职务评定、评价考核、进修提高以及师资培养等方面的内容。

教育行政法规是教育法体系的第三个层次，主要是为实施教育法和各单行法而制定的规范性文件。此外，其他具体的问题、教育法或各单行法未予规范的问题，也可由行政法规加以调整。属于这一层次的行政法规由国务院制定和颁布，根据教育事业发展的需要予以增加。

地方性法规、自治条例、单行条例是教育法体系的第四个层次，其中地方性法规是省、直辖市和有地方立法权的人民代表大会及其常务委员会为执行国家有关教育的法律、行政法规，根据本行政区域的实际需要而制定的规范性文件。自治条例、单行条例则是民族自治地方的人民代表大会依照当地民族的政治、经济和文化的特点而制定的规范性文件。地方性法规和自治条例、单行条例规范着各地方政治、经济和文化等各方面的活动，其中有关教育活动的法律规范是教育法体系的重要组成部分。

政府规章是教育法体系的第五个层次，属于这一层次的政府规章一般由国务院各部、委制定和颁布，其效力要低于行政法规。政府规章的制定主要依据法律和行政法规，并且可以因实际工作的需要而决定其内容。此外，省、自治区、直辖市及省、自治区人民政府所在地和经国务院批准的较大的市的人民政府，根据行政需要可以制定政府规章，也是这一层次不可缺少的内容。由于各地实际情况的差异，这一层次的法律规范也就因地而异。

上述的教育法体系，还只是一个雏形，尚需不断完善。但是作为一个体系框架，已经对中国的教育改革与发展产生着实际的影响作用。概而言之，教育法体系对教育的作用主要体现在以下几个方面：

1. 保证教育决策过程的合法化。从整体看，教育活动可以看做是一个决策过程。教育运行过程可以分为技术的、管理的和机构的三个层次，通过决定目的和手段、权限和程序，法律与这三个层次构成了一种有分有合的关系，如果充分发挥法律的功能，就能对教育产生重大影响。

2. 保持教育管理中集中和分散的合理张力。教育管理权力在教育系统内部上下左右之间的分配，主要是通过法律来予以严格规定的。近几十年来，科学技术和社会政治的发展把"集中"和"分散"这两个相对矛盾的因素带到了教育立法的领域中来。为了解决好集中和分散的问题，创造一种既具有较高的教学质量和学术水平，又与大众化的现代要求相结合的学校教育模式，法律必须在集中和分散之间保持一种合理的张力。

3. 保证学校及其他教育机构的自主办学。由于办学活动本身是一种文化和精神领域中的创造性活动，有其自己的特点，因此不应该受到不应有的外部干预。学校办学权利中的学术权利更是一类比较特殊的权利，它包括教学自由、学习自由、研究自由等不同方面，涉及学术管理、教师评聘、学术评价、专业设置、教学活动、学术研究、学位授予等诸多事务，是学校为实现自己的社会功能而必须享有的一种权利。

4. 对教育管理实行程序性控制。每个公民都可以对采取法律行动，以此来表达自己的教育诉求，影响政府的决策过程。司法通过对教育决策的监督来获得对教育的控制，干预政府和教育机构的事务。

5. 对课程的控制。学校的课程大纲就是教育行政机关根据法律规定的基本原则所制定的有关学校教学内容的文件。课程大纲的行政作用就在于为各级各类学校规定统一的内容要求和法定的质量标准，以达到对学校教育事务的事实上的控制。

6. 对教师职业进行规范。通过把教师职业界定为专业人员来对教师职业进行严格的规范要求。把教师视做专业人员意味着要进入这一行业必须符合具体的资格要求并由专门的机构和严格的操作程序来决定这种职业资格。这些都必须通过法律来实现。

7. 对教育财政的法律控制。教育经费主要由国家财政拨款和学生学费及公众资助几方面构成。虽然私立学校的运作比较接近市场机制，但也要纳入国家的教育制度中去。在法律的规定和监督下形成公立学校和私立学校的统一制度。在这一体制下的财政机制是，私立学校不完全建立在市场原则基础上，公立学校也不是完全的福利机构。

以上是教育法体系功能发挥的若干方面。虽然我国的教法体系还不健全，因此功能的发挥也不够完备，但可以这样说，教育的普及和发展必须在法律的保护和促进下才得以实现的，而教育的法制化本身必然会进一步促进法律的形式合理化和功能普遍化，从而使法律有可能在新的范围内施加影响。

四、教育体制改革中的法律问题及其解决途径

我国 30 年来的教育法制建设始终是在宏观的社会转型大背景下进行的，因此立法工作既面对一系列前所未有的机遇，同时也在不断经受社会变迁所带来的挑战。一般而言，社会变革是要破除一切不合理的、不符合社会发展方向的事物，而法制建设是"立"，要建立合理的秩序来促进社会的稳定和谐，二者取向的不同在很多时候会导致矛盾的产生。特别是20 世纪 90 年代以来，伴随着社会主义市场经济的发展，教育体制发生了极大的变化。这种变化带给教育的除了正面效应外，还有许多负面影响，从而引发一系列改革伦理问题。这些问题如不能妥善解决，就有可能限制中国教育改革的发展空间，甚至对中国社会的进程产生消极影响。因此在教育立法的过程中，如何深入理解教育活动的基本价值，准确把握教育改革的复杂性，就成为提升教育立法水准和改革决策质量的一个关键性问题。

（一）坚守教育的公益性

我国的教育体制改革历经了二十余年的时间，已使中国教育的面貌发生了根本性的变化。今天中国普通百姓所能享受到的受教育机会与改革以前相比，已经有了极大的改观。但与此形成对应的是，中国的教育从来没有像今天这样，成了一个利益冲突集中的领域，不同的人对教育有不同的利益追求，试图通过教育实现不同的目的。同时，教育又是一个涉及社会公平的敏感领域，人们关注着教育的平等与效率问题、教育的公益性与营利性问题、大众教育与精英教育问题、素质教育与应试教育问题，等等。这些问题概而言之，其实质就是改革要实现什么样的教育发展和怎样发展教育的问题。这是涉及如何坚守教育公益性的问题，这一问题如不能在改

革中得到妥善解决，就有可能限制中国教育改革的发展空间，甚至对中国社会的进程产生消极影响。

1. 教育的公共消费与私人消费

当中国的人均 GDP 超过 1000 美元时，这意味着中国社会已经基本解决了温饱问题，人们的消费观念和消费结构开始发生改变，不再仅仅局限于基本的衣食住行等物质方面的需求，而开始向更高的精神方面的需求发展。近十年来的中国教育似乎正在经历这样一个变化过程。不久前还被人们看成是一种典型公共物品，并且由国家垄断和提供的教育产品，其可分性和排他性的特点越来越显而易见，从而具有了商品的某些特征。由于教育能给学习者带来巨大且明显的回报，原先由政府垄断并根据社会的需要来发展的教育，正在出现某种私人消费的倾向。不同的人对教育的不同需求开始成为教育发展中的一个不可忽视的因素，教育开始兼有公共消费和私人消费的双重消费特征。

作为一种公共消费，教育通常都是由国家免费提供或以低于成本的价格提供的。鉴于人力素质对社会发展的重要性，我国的政策和法律明确规定把一定程度的教育当做个人的基本权利，因而政府的公共财政支出成为教育经费的主要来源。而作为一种私人消费，教育的价格是由市场决定的。市场正在培育一类新型的消费者，他们的需要和兴趣影响着学校，促成学校根据不同的需要和兴趣实现培养目标、教育形式、课程设置和教学方式的多样化，从而导致学校发生功能上的转换。新的教育消费观正在促成一种新学习模式的产生，因为一旦知识的传授具有了可分性和竞争性后，知识本身就会被解构成为一种批量化和规模化生产的产品，并且以某种市场化的方式来向社会提供。作为一种催化剂，学校正在促使知识传授与市场的结合。许多教育机构和培训机构正日益以一种企业或商业实体的形象出现，它们利用各种商业的手段，如"消费者"研究、市场战略、产品（指课程）包装等，来寻找和开拓市场。从某种意义上似乎可以说，教育机构的教学活动在许多时候已表现为一种交换过程，并逐步植根于消费文化之中。

在这一过程中，公立学校领域中的社会关系开始发生分化和改组，一种新的，对公立学校具有深刻影响的社会关系，即教育的自由交易关系正在出现。一些人愿意出钱办学，一些人愿意出钱上学，在办学者和上学者之间构成了一种新型的，具有自由交易性质的关系。教育的自由交易关系最初存在于民办学校领域，但是从 20 世纪 90 年代中期开始，一些地方的公立学校利用自己所掌握的公共教育资源，通过收费、择校、改制、一校两制，名校办民校等方式，使教育的自由交易关系逐步延伸到了公立学校领域。与以往的具有特别权力性质的教育关系不同，教育的自由交易关系更多地体现的是一种私法自治的精神，调整这类关系主要通过市场的供求机制、选择机制、价格机制和竞争机制。尽管人们对这一问题还有不同的看法，但已有越来越多的人认同通过市场机制提供的教育，他们把教育看成是一种服务业，一种可以交易的服务产品，而把接受教育看成是一种消费。为了获得更多的发展机会和更好的职业前途，他们愿意为自己或自己的孩子而投资于教育，愿意花钱买教育。这类教育关系完全不同于以往的教育关系，每个学习者都是这种贸易的消费者，因而有权选择和获得满意的教育服务。这就在学校、教师与学生之间形成了一种全新的权利与义务关系：作为消费者一方，学习者有权根据自己的需要和满意度来选择某类学校、某类教育内容、甚至选择某位教师。与之相对，学校和教师作为这项服务贸易的提供者，在获得利润的同时有义务按照国家的教育标准和自己对学习者的承诺，来提供合格的教育服务。教育的自由交易关系正在使教与学蜕变为一种交换过程，并逐步植根于消费文化之中。课程和学历以社会需求为前提逐渐统一起来，通过一种类似于批量生产的方式，向社会有这种需求的人提供。这种做法尽管非常有效地提高了教育的生产效率，却使学校更多地专注于那些具有商业价值和市场效应的教育产品，如学业成绩、学历证书、热门专业等，而忽视教育中极其重要的方面，即对个人和社会的发展所具有的基本价值。其结果是把教育这一复杂的社会现象简单化为一种"投入—产出"、"成本—效益"的过程。

在这一新的变化面前，传统的教育理念正在发生质变，在公立学校领域中正在出现若干新的教育价值观，并逐步地影响着公立学校的运行。这些新的教育价值观主要有：

市场竞争，即引入市场机制，取代或部分取代以自上而下的行政管理为基础的传统公立学校的运行机制；

学校自主，即在政府与公立学校之间重新进行权力的配置，赋予学校以办学的自主权，使学校能够参与市场竞争；

法人化管理，即建立公立学校的法人制度，借鉴工商企业的管理模式，进行学校内部的组织机构改革；

经济效益，即强调投入—产出和成本—效益原则，建立明确的责任制，取代线性的国家财政预算制度；

成本分担，即通过学习者付费，把价格机制引入到公立学校的教育服务中来，缓解政府的财政负担；

教育服务，即强调服务意识，把教育服务的接受者视为消费者或"顾客"，赋予顾客选择和参与学校教育的权利。

与传统的教育取向及其理论基础不同，这些新的价值观已经开始影响中国公立学校的行为方式。人们会对这些价值观作怎样的取舍，这些价值观会怎样影响中国教育的发展路径和未来面貌，现在作出判断似乎还为时过早。但这些新的价值观已经对公立学校发生着双向的影响：一方面，这些新价值观强调增强教育制度的灵活性、多样性、自主性，扩大学习者的选择权，满足不同消费者的不同需求，提高学校办学的责任意识和效率。但另一方面，在某些情况下这些新的价值取向又会对公立学校的性质造成损害。例如，公立学校功能的蜕变问题、公共教育资源的流失问题、弱势群体的"国民待遇"问题等，这些问题在公立学校中似有加剧的趋势。因此深刻认识并掌握这些价值取向对于教育的不同影响是必要的。

2. 教育公益性正经受挑战

教育从根本上说是培养人的一种社会活动，通过对个体传递社会生产和生活经验，促进个体身心发展，使个体社会化，并最终使社会得以延续和发展。因此举办学校从根本上说不是为了谋求经济利益，获得利润，而是为了造福他人、社会乃至整个人类，是从文化、精神、体质、社会诸方面开发人的潜能，为人类社会生存和发展创造各种基本条件的事业。特别是进入现代社会以后，教育已经成为一项关系国计民生的宏大事业，因此由公益性取代以往教育的私事性就是现代教育区别于以往任何一种教育的一个基本的价值前提。

教育的公益性决定了它不可能像商品一样完全通过市场来提供，而必须通过市场以外的资源配置机制来提供，在现代国家中，则主要是通过政府举办的公立学校系统来实现的。公立学校之所以会成为教育提供的主要形式，是因为通过公立学校这种公共选择机制，可以有效地解决由于教育产品的非排他性所带来的无人付费消费的问题。同时，通过无偿或低价提供教育服务产品，政府还可以解决由于教育产品的非竞争性所带来的定价问题。因此可以说公立学校系统是实现教育公益性的最重要的保障。

尽管教育也可以通过市场向社会提供，但一旦适用市场机制来运行时，教育这种公共物品就会转化为私人物品或准私人物品，就必然在某种程度上具有了可分性和排他性，从而使教育变成一个具有营利性质的领域。这时，如果市场不能得到必要的限制，则教育的公益性就会受到损害。在我国，原先由政府垄断的教育体制在最近二十年左右的时间里开始发生了深刻的变化。特别是 20 世纪 90 年代中期以来，随着市场经济的发育，教育已经不能不直接面对市场。通过市场向社会提供教育服务，这已经成为一种重要的教育运行机制。正是在这种变化中，原先的政府与学校的关系开始分化和改组，出现了政府、市场和学校三种既互相联系又互相制约的力量，其中政府和市场分别代表了教育这种社会产品的两种不同的提供途径。作为行使教育行政管理权的政府，在转换了自己的功能之后，不再垄断办学的权力，而转为主要负责统筹规划和宏观管理全国的或所辖地区的教育工作，用计划、法律、经济、评估、信息服务以及必要的行政手段对教育实施组织和领导。与原先的政府垄断的教育体制不同，教育的市场提供机制是一种全新的教育运行机制，这种机制的典型特征就是以私益作为出发点和归宿，通过一种契约精神，在个人与社会、权利与义务之间求得平衡。调整这一领域运行的是建立在等价交换、公平竞争基础上的市场经济规则，而不是超经济的政治力量。而作为提供教育服务的教育机构——学校则是经过法定程序设置的、具有法人资格的办学实体，行使法律规定的教育权力，在专业设置、招生、就业指导、教学工作、科学研究、社会服务、筹措和使用教育经费、人事管理、职称评定、工资分配、对外交流等方面拥有法律规定的权利。

在这一新变化面前，现行的教育体制表现出了极大的不相容性，教育的公益性问题因此成为一个不容回避的问题。人们在问，教育与市场究竟应构成怎样的关系？在建立和完善与市场经济相适应的教育体制的过程中，政府和市场在教育领域中应如何发挥各自的作用？如何才能保证教育资源和教育机会的公平分配？这并不是杞人忧天，事实上，在公立学校领域中，某些改革举措的取向片面强调了效率而忽视了教育的社会公平；某些改革政策的实际效果有利于富人而不利于穷人；某些人假公立学校之名牟取私利等，这些现象证明教育的公益性正在经受挑战。

1995 年《中华人民共和国教育法》对于教育的公益性作出了明确的规定。《中华人民共和国教育法》第八条规定："教育活动必须符合国家和社会公共利益。国家实行教育与宗教相分离。任何组织和个人不得利用宗教进行妨碍国家教育制度的活动。"这是从公益性的角度规范教育与宗教的关系，即通过教育与宗教相分离保证教育公益性的实现。第二十五条规定："国家制定教育发展规划，并举办学校及其他教育机构。国家鼓励企业事业组织、社会团体、其他社会组织及公民个人依法举办学校及其他教育机构。任何组织和个人不得以营利为目的举办学校及其他教育机构。"这是从公益性的角度规范学校与市场的关系，即学校作为一种提供公共物品的机构不得像企业一样以营利为目的。此外，第九条关于"公民不分民族、种族、性别、职业、财产状况、宗教信仰等，依法享有平等的受教育机会"的规定、第十条关于"国家根据各少数民族的特点和需要，帮助各少数民族地区发展教育事业。国家扶持边远贫困地区发展教育事业"的规定、第十一条关于"国家适应社会主义市场经济发展和社会进步的需要，推进教育改革，促进各级各类教育协调发展，建立和完善终身教育体系"的规定、第十二条关于"汉语言文字为学校及其他教育机构的基本教学语言文字。少数民族学生为主的学校及其他教育机构，可以使用本民族或者当地民族通用的语言文字进行教学。学校及其他教育机构进行教学，应当推广使用全国通用的普通话和规范字"的规定，都鲜明地体现了教育的公益性质。

然而，上述法律规定不仅过于粗陋，缺乏可操作性，而且带有典型的计划经济色彩，因此难以应对教育体制改革中所产生的新情况、新问题。今天我们来看教育，虽然教育仍然是一种公共物品，但并不是由政府垄断，完全通过公共财政来维持的公共服务体系，因此政府不应包揽从举办到办学的一系列权力。二十余年的教育体制改革已经彻底改变了通过国家计划来控制的传统做法，政府之外的其他力量介入办学，已经改变了教育既往的运行机制。在这种情况下，如何来认识并处理现阶段教育的公益性就成了坚守教育公益性的核心问题。

3. 应从公法的角度对公立学校进行规范

为了坚守教育的公益性，公立学校应界定为由国家设立的，以培养专门人才、开展学术研究为目的，为不特定多数人服务的公立公益性机构，是以公共权利主体的身份行使权利、履行义务的法人组织。应从公法的角度对公立学校的法人地位及其权利义务作出必要的规定。可借鉴国外立法的经验，制定公立学校法人法，明确规定公立学校法人的公法性质。公立学校在法律上应当单独被列为一种法人类型，可称为"公立学校法人"。

（二）分化和改组：政府与学校关系的重构

改革开放以前，我国的教育体制是一个与计划经济相适应的，由政府举办、计划调控、封闭办学、集中统一的体制。在这样一种国家与教育高度一体化的教育体制下，教育基本上表现为一种封闭的、与市场无涉的领域，表现为社会的上层建筑，并且属于意识形态领域中的一个重要要素和社会控制的重要手段。教育体制改革针对的就是这样一种体制。

在持续而深入的教育体制改革中，中国教育正在发生两个对其基本面貌具有根本性影响的变化，导致以计划经济为主要特征的教育体制开始出现若干新的特点，特别是政府与学校这一教育领域中的基本社会关系，在社会变迁中，正在发生深刻的分化和改组。

教育体制的一个变化是就教育领域的内部关系而言的，是教育体制改革对政府与学校关系调整的一个直接结果。这一改革的基本问题是如何形成一个既利于政府进行统筹管理，又能调动各种社会力量参与办学的积极性，学校又有较大的办学自主权这样一种新型的权力配置关系。这意味着政府必须转变职能，在加强宏观管理的前提下向学校放权，这势必会使教育领域内部的社会关系发生质变。就政府与学校这对关系而言，二者的主体地位及其职权职责都发生了极大的变化，原先相当大的一部分具有行政性质的法律关系开始发生性质上的变化。这种体制性的改革导致了政府与学校这两个主体之间的角色分化，在教育领域内部逐步演变为举办者、办学者和管理者三个主体之间的关系，从而使传统的利益格局开始分化，逐步向一个多元化的利益结构过渡。

这种分化和改组首先出现在民办学校中，而后逐步波及公办学校。其中举办者的职能主要是投资举办学校、提供必要的办学条件、决定学校发展方向及人才培养规格、任命和聘任校长、对办学活动实施监督等。我国1995 年的《中华人民共和国教育法》已经突破了原先的由政府独家办学的旧格局。按照法律规定，举办者可以是各级政府，也可以是企业、事业组织、具有法人资格的社会团体和公民个人，它们可以单独举办，也可以联合举办学校。办学者是指学校教育机构，它是具有法人资格的实体，行使法律规定的办学权利，在专业设置、招生、就业指导、教学工作、科学研究、社会服务、筹措和使用教育经费、人事管理、职称评定、工资分配、对外交流等方面拥有法律规定的权利。管理者是行使教育行政管理权的政府部门，负责统筹规划和宏观管理全国的和所辖地区的教育工作，用计划、法律、经济、评估、信息服务以及必要的行政手段对教育实行组织和领导。

教育领域中举办者、办学者和管理者的角色分化，深刻地触及了政府与学校的传统关系模式，对现行的政府功能构成了新的挑战。上述变化尽管还处于萌芽状态，各方主体的地位及其权责尚不明晰，但已经开始影响教育体制改革中的利益分配和新的权力体制的建构，并对政策与法律的选择提出了新的要求。

教育体制的另一个变化是就教育领域的外部关系而言的。中国社会由计划经济向市场经济的过渡导致原先的一元化社会结构开始分化出一个以市场经济为基本特征的经济领域。市场经济的典型特征就是以私益作为出发点和归宿，通过一种契约精神，使人与人、权利与义务之间求得平衡。调整这一领域运行的是建立在等价交换、公平竞争基础上的市场经济规则，而不是超经济的政治力量。在计划经济时期，我国的教育领域曾长期处于封闭的状态，学校主要听命于政府，与政府构成的是一种简单明了的行政法律关系。社会大变迁带给教育的最大变化就是，教育已经不能不直接面对市场。随着市场经济的发育成熟，通过市场对教育的有限介入来向社会提供教育服务，这已经成为一种重要的教育运行机制。在这种变化中，原先的政府与学校关系开始分化和改组，出现了政府、市场和学校三种既互相联系又互相制约的力量。其中政府和市场分别代表了教育这种社会产品的两种不同的提供途径，而学校则是教育产品的生产者和直接提供者。

20 世纪 90 年代初，当我国开始建设市场经济体系的时候，教育与市场的关系问题就成为人们普遍关注的一个热点问题。关于这一问题至今还未有统一的认识，但是市场对教育的介入却已成为不争的事实，教育市场正在悄然发展。原有的社会关系以及由此产生的利益关系和利益机制都在发生变化，一种新的利益格局正在形成，并极大地冲击着传统的教育公益性理念。人们在逐步认同这种利益结构的合理性的同时，开始对切身利益的得失越来越具有敏感性，并成为对社会现实满意程度的一个主要评价尺度。

如何把握教育领域中法律关系的变迁，法律又如何来应对这种变迁，教育体制改革给教育立法提出了新的要求。只有深刻把握教育体制改革的复杂性，特别是其中所涉及的利益分配的复杂关系，教育立法才能适应这一变化。为了做到这一点，法律在新制度的设计上必须时时关注改革的目标和路径问题，关注改革的价值取向问题。具体地说，必须在如下四个方面做到适度的平衡：

1. 政府调控

改革政府的功能，变全能政府为有限的而且有效的政府，建立"小政府、大社会"的格局。政府应对教育实施宏观调控，除了建立完善的公共财政拨款制度，向社会提供基本的教育机会之外，政府应致力于营造教育公平的制度环境，促进受教育机会的公平分配。通过教育采购制度和校产的公益信托制度等方面的创新，实现公共教育资源所有权与使用权的有效整合，保障教育资源利用的公共性。

2. 市场介入

有条件地利用某些可以利用的市场机制，如供求机制、价格机制、竞争机制、选择机制等，改变政府垄断教育的局面，实现包括个人和民间团体在内的教育服务供给的多样化。但营利性组织对教育的介入必须首先满足社会成员对教育的多元化需求，实现教育的公益性目标。对营利性组织举办的教育必须制定明确的法律规范，使教育这种公共物品在严格的条件下经过转化进入市场，实现市场运作。营利性组织在介入教育市场时，其所具有的资格和能力与进入其他市场是不同的，因而所享有的权利也是不同的。特别是对资本的寻利性应作出必要的限制并保持有效的法律监督。

3. 社会参与

现代教育是涉及社会每一个成员的公益性事业，关系到每一个公民的利益和自我价值的实现，关系到社会的公平，应此需要全社会的积极参与，应广泛集中民智，切实珍惜民力，参与教育决策。为此，应建立社会参与的途径和机制，广纳群言，使更多的人参与教育管理和监督。公共事务的社会参与是一个上下互动的管理过程，它主要通过合作、协商、伙伴关系、价值认同和共同的行动目标等方式来实施对公共事务的参与和管理。其实质在于建立基于对公共利益认同的合作。社会参与应包括政府机制和非正式、非政府的机制，随着社会参与范围的扩大，社会的个人和组织得以借助这些机制表达各自的诉求，并实现其愿望。

4. 学校自主

学校及其他教育机构是办学的主体，应具有可以进行自主办学活动的可能性，在专业设置、招生、就业指导、教学工作、科学研究、社会服务、筹措和使用教育经费、人事管理、职称评定、工资分配、对外交流等方面拥有法律规定的权利。但由于学校属于公益性机构，在遵循教育规律独立自主办学的同时，必须对其权能作出必要的限制。在制度安排上，不应简单地把学校这种社会组织与其他社会组织和企业相等同。政府对学校的作用不能因市场的介入而弱化甚至退出。相反，政府对教育的监控功能是相当重要的一个因素。

（三）学校的法律地位

学校是一种古老的、广泛存在的社会组织。它始于人类知识及其传播的专门化要求，是有计划、有组织、有系统地进行教育教学活动的重要场所，是现代社会中最常见、最普遍的组织形式之一。教育教学活动就是由许许多多不同类型和不同层次的学校教育机构来实施的。作为对社会成员进行教育、培养的社会机构，学校的基本功能是利用一定的教育教学设施和选定的环境实施教育教学活动，培养社会所需要的合格人才。为了实现上述功能，学校应当具备一定的法律地位。

在我国，公立学校一直都是被定位于事业单位。1998 年 10 月 25 日国务院公布的《事业单位登记管理暂行条例》规定，事业单位是指国家为了社会公益目的，由机关举办或者其他组织利用国有资产举办的，从事教育、科技、文化、卫生等活动的社会服务组织。这种定位的依据是《中华人民共和国民法通则》。因为该法设立的法人制度将法人分为企业法人、机关、事业法人和社团法人。1995 年的《中华人民共和国教育法》第三十一条关于学校法人的规定，就是沿用了《中华人民共和国民法通则》的这一分类。由于这是 20 世纪 80 年代初的法人分类体系，反映的是计划经济下的社会关系状况，很难准确地表征当前公立学校法人的基本特征，因此在实践中产生了许多问题，在当前的社会变迁中显然越来越难以适应社会发展的需要。为此，根据新的情况重新定义学校的法律地位就是一件迫在眉睫的事情。

教育体制改革带来的有关公立学校法律地位的问题大致集中在两个焦点上，即学校是国家机构还是法人机构；是公益性机构还是营利性机构。

法人是具有民事权利能力和民事行为能力，依法独立享有民事权利和承担民事义务的组织。为了改变原先的政府与学校的那种依附关系，使学校真正成为能独立自主办学的实体机构，1995 年的《中华人民共和国教育法》第二十五条规定了学校的法人地位，这是根据社会变化而作出的一种新的制度安排。从当前社会对教育的功能要求及其发挥的实际作用来看，赋予具备法人条件的学校以独立法人资格，有利于明确这部分学校的职权职责，使其更好地发挥办学方面的职能。例如高等学校、职业技术学校以及相当一部分承担社会教育的学校教育机构，可以使之成为独立办学的法人机构。但也有相当一部分学校，例如承担义务教育功能的学校，从新修订的《中华人民共和国义务教育法》的相关规定看，并不具备独立法人的条件。但由于教育法第二十五条的规定是一个全口径式的规定，未能根据学校实际条件及法定权利义务的不同作出必要的区分，因此带来了许多问题。以近年来发生的许多学校学生人身伤害的纠纷为例，相当多的中小学由于其办学经费全部或基本来源于国家的公共财政拨款，因此其财产和经费并不独立，也无法独立承担民事责任。目前许多地方的实际做法并不是由学校独立承担责任，而是由地方政府投保设立学校事故责任险，实际上已经使学校责任转化为一种政府责任。2006 年新修订的《中华人民共和国义务教育法》强化了政府的义务教育责任，因此已经从实质上取消了义务教育学校的法人资格，由此看来，由其所隶属的政府作为责任人来承担责任是适当的。现在的问题是《中华人民共和国教育法》对有关法人制度的规定仍未作出必要的反映。

关于学校的是否可以营利的问题是学校定位中的另一个重要问题。在我国，公益性组织和营利性组织一般来说是根据如下两种标准来划分的：

第一种标准是按行业来划分。由国家设置的，由公共财政维持的，为不特定人群服务的公共服务机构，一般称为事业单位，这类社会组织所从事的行业一般为公益事业领域，比如教育、科研、文化、卫生事业，因此事业单位亦即公益性组织。这种划分方式具有典型的计划经济的色彩，因为在计划经济时代，事业单位都由国家根据需要设置，提供的都是公共物品或服务，因此可以顺理成章地把其划归为公益性组织。但是近年来出现了一类新的事业单位，这类事业单位的举办主体是社会力量，经费来源于民间，运行机制则或多或少利用了市场的机制，从而构成一类不同于以往的由国家设置的事业单位。这些民办事业单位可以是不收费的，也可以是收费的，可以是非营利的，也可以是适当营利的。但现行法律并没有把这类民办机构区别出来，其结果不仅导致法理上的混乱，而且由于强制性地把民办学校机构规定为公益性机构而给民办教育的发展带来极大的障碍。

第二种标准是按照是否营利来划分。1995 年的《中华人民共和国教育法》第二十五条规定："任何组织和个人不得以营利为目的举办学校及其他教育机构。"这一规定带来了实践上的极大混乱。因为按照这一规定，不论是国家举办的还是社会力量举办的学校和其他教育机构，都必须是公益性的，不得营利。这一规定不符合民办学校的实际情况，给民办教育的发展人为地设置了障碍。因为我国就目前情况而言，民办学校一般不可能得到国家财政的资助，也很少能得到社会的捐赠，因而主要依靠向学生收费或以其他经营性渠道获得经费，维持其运转。在这种情况下以是否收费作为唯一标准来判断其是否具有公益性就会有很大的局限性，甚至产生讹误。一所学校是否属于公益团体并不在于是否收费，而在于利润是否分配。如果一个公益性组织通过收费来维持自己的开支，并不必然使其具有企业的性质。所以目前相关法规的理论依据是有问题的。

实际上，教育的公益性并非其固有的性质，而是 200 年前现代公立学校产生以后才出现的一种性质，是针对由国家设置、利用公共财政维持、为不特定人群服务的公立学校而产生的一种外生的性质，是一种法律规定的性质。从逻辑上说，教育也可以是一种营利性的行业。事实上，在现代公立学校产生之前，教育在很长时期里一直是一种可以营利的行业。教育的这种外生性质对于公立学校和民办学校而言应具有不同的表现形式。对于公立学校而言，公益性因其所具有的国家设置、公共财政维持、为不特定人群服务的特点而表现为一种法定的性质，如果允许营利，则意味着是对纳税人合法权益的侵害。对于民办学校而言，则应由其举办者根据自己的举办目的作出选择，并作出必要的意思表示，因而表现为一种意定的性质。如果有人愿意出钱办学，有人愿意出钱上学，其结果不仅双方都获得了好处，社会也获得了人才，这是几全其美的事情。在目前我国财力并不雄厚，教育经费相对短缺的情况下，不仅应通过非营利的公益方式发展教育，而且可以通过营利的方式吸引民间资金举办教育，让更多的人获得受教育的机会和可能，应该说这是另一种可供选择的教育提供方式。事实上近年来民办教育的发展中，这两种方式是并存的。

（四）教师的法律地位

教师职业是一种专门的职业，需要经过专门的培养和经常性的培训才能胜任，因此教师职业具有不可替代性。就此而言，中国的相关法律制度已有规定。但由于《中华人民共和国教师法》对教师法律地位的规定过于笼统，因此还存在一些有待研究和解决的问题。

1. 关于教师职业的公务性质

由于现代教育在很大程度上是一种由国家举办、管理和监督的公共事业，教师根据法律规定的培养目标和教育标准实施教育教学活动，执行的是国家的教育公务，因此世界各国或把教师规定为国家公务员，适用本国的公务员法或专门制定的教育公务员法来进行管理；或把教师规定为国家的公务雇员（Public Employee），由公立学校的责任团体（地方教育委员会或地方教育当局）采取雇佣合同的形式与教师签订工作协议。无论哪种做法，都意在强调教师职业的公务性质。

在我国，根据《中华人民共和国教师法》的规定，公民在取得教师资格证书并获得教师职位后，其身份就是履行教育教学职责的专业人员，相对于 1993 年之前的做法，《中华人民共和国教师法》的这一规定从根本上改变了教师职业的性质和地位。因为 1993 年之前，教师职位的审批权在政府人事部管理部门，师范院校或其他高等院校的毕业生经由政府人事部门的分配和任命后即获得国家干部的身份，并由政府的人事管理部门适用国家干部的管理制度对教师进行管理和任用。因此在政府和教师之间构成的是行政机关与公职人员之间的纵向型隶属关系，即行政法律关系。教师作为国家干部，其工资待遇根据其职务级别所对应的干部级别标准统一确定。教师调动纳入干部人事计划，须经行政机关的批准。教师职务的确定或提升须报行政机关备案或批准。其他有关教师的职责、考核、奖惩及退休等事项的规定也都充分体现了教师职业的公务性质。然而《中华人民共和国教师法》的规定使上述纵向型的行政法律关系发生了改变。《中华人民共和国教师法》第十七条规定："学校和其他教育机构应当逐步实行教师聘任制。教师的聘任应当遵循双方地位平等的原则，由学校和教师签订聘任合同，明确规定双方的权利、义务和责任。"这意味着教师与政府之间的纵向型行政法律关系已经转化为性质不同的横向型民事法律关系，这一变化不仅涉及教师法律身份的变化，而且涉及教师与政府、与学校、与学生的关系变化，涉及教师的权利和义务、资格任用以及工资待遇等变化。甚至在教师的权利受到侵害时，寻求救济的途径和方式也由此发生变化。

当然，国家仍然对教师的管理负有重要的责任，这一点在《中华人民共和国教师法》的第四条中得到了明确的规定："国务院教育行政部门主管全国的教师工作。国务院有关部门在各自职权范围内负责有关的教师工作。"尽管该法第四条同时规定了"学校和其他教育机构根据国家规定，自主进行教师管理工作"，但《中华人民共和国教师法》在多处以公务员为标准对教师的福利待遇等问题作了比照式的规定。例如第二十五条规定："教师的平均工资水平应当不低于或者高于国家公务员的平均工资水平，并逐步提高。建立正常晋级增薪制度，具体办法由国务院规定。"第二十九条规定："教师的医疗同当地公务员享受同等的待遇；定期对教师进行身体健康检查，并因地制宜安排教师进行休养。"但是仅仅作这样的规定还不足以体现教师职业的公务性质。为了体现教师职业的公务性，必须建立一整套完整的、协调的有关教师职业准入、教育教学活动、专业权利和责任等有关教师管理的法律制度。

公立学校是由国家设置的、通过公共财政维持的公共服务机构，因此国家的适度干预就是必要的。在有关教师的管理方面，这种国家干预表现在关于教师的一系列法律、法规上。例如，《中华人民共和国教育法》、《中华人民共和国高等教育法》、《中华人民共和国义务教育法》以及大量的行政法规和政府规章都规定了包括教师的评定、聘任、考核、培训、奖惩、报酬、福利、医疗、退休等涉及教师管理的事项，以强制性规范的形式体现了在教师管理方面的国家意志。但是近年来的公共服务体制变革却使这一问题变得复杂起来。对公立学校进行管理的事业单位管理体制已经开始分化，传统的事业单位以经费的取得为标准，逐步分化为三类不同性质的社会机构：一部分事业单位仍保持其原有的公共性质，由公共财政来维持其运转，向社会提供纯公共物品；另一部分事业单位则通过市场机制运营，实行自负盈亏，国家不再给予财政拨款，其提供的服务已具有某种商品的属性；介于二者之间的第三类事业单位则兼具二者的特点，国家出于公益性的目的还会对这部分事业单位进行经费上的资助，事业单位本身也要通过自身的服务功能来获取收益，但其所提供的服务并不以营利为目的。事业单位的分化、改组对中国现有的七十余万所大中小学所产生的影响是深刻的，根据我国目前的情况，公立学校可能一分为三。大致说来，义务教育学校具有上述第一类事业单位的性质。2006 年 6 月新修订的《中华人民共和国义务教育法》第二条规定："国家实行九年义务教育制度。……实施义务教育，不收学费、杂费。国家建立义务教育经费保障机制，保证义务教育制度实施。"这就是说，义务教育是一种国家的责任，由国家向社会提供义务教育服务，因此应当由国家提供全额拨款。职业培训机构、社会教育机构等应属于自负盈亏的一类事业单位，国家不再负有拨款的责任，通过市场机制来运行。其余的学校教育机构则属于介于二者之间的一类事业单位，通过国家财政性资助和学校自身的社会服务等多种渠道获得办学的经费。应该说，公立学校的这一分化和改组进程还未最终完成，学校的性质也还带有某种不确定性。但可以肯定的是，这种变化将促使公立学校的法律地位发生变化，并逐步改变公立学校的既有面貌。

由于上述变化，未来不同类别的学校教育机构对其教师身份的规定也可能会出现差别。一般来说，为保证国家教育目的和教育标准的实现，义务教育学校与其教师之间的法律关系应更强调纵向的法律性质，而自负盈亏的学校教育机构与其教师之间的法律关系应在确定的法律框架下建立横向型的对等关系。介于二者之间的一类学校教育机构与其教师之间法律关系的性质现在还是一个未知数，将取决于改革决策层的政策选择。为了更好地体现教师职业的性质和特点，其中高中教师应更多强调其公务性质，而高等学校教师则可更多体现其专业性质。

2. 关于教师聘任合同的性质

按照《中华人民共和国教师法》第十七条的规定，学校和其他教育机构实行教师聘任制，学校在聘任教师时，应签订聘任合同。在学校聘任教师时，应遵循双方地位平等的原则，由学校和教师签订聘任合同，明确规定双方的权利、义务和责任。这就是说，在教师聘任制条件下，学校与教师之间的法律关系主要依靠教师聘任合同来调节。

依据《中华人民共和国教师法》的上述规定，教师聘任制实际上可以有两种制度设计：一是把聘任合同视为私法上的合同，把教师聘任关系归入民事法律关系一类；二是把教师聘任合同视为行政合同，把教师聘任关系归入行政法律关系一类。然而就目前我国公立学校的体制现状而言，前一种选择极有可能引发一系列新问题。因为民事合同以私法自治为原则，即当事人在不违反法律的规定以及社会的公序良俗的前提下，享有完全的契约自由，其所构成的关系具有横向型法律关系的特征。因此把公立学校的教师聘任合同视做民事合同，会从根本上改变公立学校的法律地位，并进而改变其与教师的关系。我国的公立学校尽管从 1995 年起取得了法人的资格，但作为一种社会组织，公立学校是以培养人才为目的，由公共财政经费维持的公立公益性机构，因其特定目的的公益性和服务对象的不特定性而享有确定的公权力，因此有别于以私益为归宿的企业法人或单一的民事主体，二者是不能等量齐观的。公立学校的办学权利虽然是以法人权利的形式存在的，但这种权利是一种以公权力为主的复合型权利，为此在公立学校的办学过程中，应保证公权力得到公正的行使。公立学校作为法人依法享有的民事权利不应当损害公立学校的公益性质，必须根据公立学校的功能对其法人权利作出必要的限制。

公立学校的上述定位意味着公益性是公立学校的基本性质。虽然公立学校在社会变迁中也在发生体制上的变化，出现了若干不同的办学类型，因而会与其教师构成性质不同的法律关系，但公益性是其最基本和最重要的性质，任何时候都不应受到损害。舍此则不能保证公立学校社会功能的实现，不能保证国家教育标准的贯彻，更不能保证教育的普及和公平。公立学校的这一性质决定了其与教师之间建立的聘任关系具有其复杂的特点，因而不能完全规定为民事法律关系。从目前我国的学校现状看，由于公立学校及其教师在法律地位上的特殊性，教师聘任制度下的学校和教师法律关系实际上也具有一定的特殊性，学校与教师之间既非典型的行政法律关系，也非典型的民事法律关系，而是一种介于行政法律关系和民事法律关系之间的特殊法律关系。

以这样一种观点来审视现行的教师聘任制，则单一的、以"双方地位平等为原则"签订的聘任合同难以调整当前学校与教师之间的关系。为了保证教育社会功能的实现，保证正常教育教学活动的开展，教师必须遵守国家的法律法规和学校的规章制度，服从学校的行政管理，完成学校交予的工作任务。因此教师聘任合同中的相当一部分条款或由国家规定，或由校方规定，而不由双方平等协商和约定。由此可见学校和教师二者在法律地位上并不平等，这一关系所涉及的相当一部分内容也不允许协商和约定。另外，一位教师一经被学校聘用，就成为学校组织的成员，与其所服务的学校实际构成了组织上的隶属关系，因此完全不同于企业的劳动用工关系。为了能够有效地调整这一关系，教师聘任合同不应简单地等同于合同法所调整的民事合同或劳动法所调整的劳动合同。教师聘任合同是校方以实施公共教育为目的，与教师相对方就有关教育教学事项经协商一致而达成的协议。教师聘任合同所建立的是一种具有组织上的从属性质的法律关系。教师聘任合同的内容应有明确的法律法规作为依据，在维护公共利益的前提下，国家或学校在一些必要的方面应保留对合同权利的单方面处置权。

教师是基于国家的要求向社会提供教育服务，而不是基于合意向聘任方提供服务。为了保证教师教育教学活动所具有的公务性质，强调教师聘任合同与民事合同之间的不同性质是必要的。为此，由学校和教师签订的聘任合同应更多地体现教师工作的公务性特征。教师聘任合同签订后，学校与其教师建立的是一种人事性质的法律关系，应更多地体现学校与教师之间的隶属性质。在教师聘任合同签订的过程中，契约自由的适用应受到行政法治原则和符合教育目的性原则的制约，只能在法律以及教育自身要求的基础上构筑的许可框架中实施。因此教师聘任合同相对于民事合同而言，应具有某种程度的地位不对等和契约不自由的特征。

具体地说，由于教师的教学责任比较特殊，因此这方面的条款不应由学校和教师双方约定。教师聘任合同中的聘任条件如工作时间、工作条件、工资、纪律措施、解聘方式等应由政府来规定。为了更好地调整公立学校与教师的关系，应通过官方提供的格式合同建立一种复合性的合同调节机制，即采用格式条款和非格式条款相结合的合同形式。上述相关内容可以以格式条款的形式出现，其他条件则由教师提出，与校方协商，以非格式条款形式订入合同。在这一设计中为充分体现教师的意愿，应非常重视非格式条款的作用。由于非格式条款反映了相对人的自由意志，体现了公平原则，所以除了不允许协商的条件，其他允许协商的条件均应优先使用非格式条款来约定。在同一合同或构成一个合同的条款中，格式条款与非格式条款意思不一致的，应以非格式条款的效力优先，而且当事人对格式条款的理解发生争执时，不应由原定人解释该条款的意思，而是要首先从常理来解释。其次当对条款有两种以上的解释时，要从有利于相对人的立场来解释。

3. 关于教师职业准入的资格制度

由于教师职业具有专业的属性，为了保证教师能够有效地进行教育教学活动，切实地履行法定的责任和义务，教师职业的准入应有严格的资格制度。

教师职业的专业性包括学科专业素养与教师专业素养两个基本的方面，因此对教师职业的专业性质应该从这两个方面来规定，以此强调教师职业的特殊性。《中华人民共和国教师法》第十条规定了由国家实行教师资格制度，具备规定的学历或者经国家教师资格考试合格，有教育教学能力，经认定合格的，可以取得教师资格；第十一条规定了各类教师资格的学历条件；第十三条规定了教师资格认定的机构。1995 年 12 月 12 日颁发了《教师资格条例》，对教师资格分类与适用、教师资格条件、教师资格考试、教师资格认定等进行了规定。2000 年 6 月 22 日教育部发布了《〈教师资格条例〉实施办法》，对教师资格认定条件、资格认定申请、资格认定、资格证书管理等作了规定。除了如上规定，为确保教师资格证书的权威性、严肃性，还应有相应的机构专门管理教师资格的评估和检定，如全国性的师范教育检定、学术资格授予、职业资格考试的专门性机构。对已取得教师资格证书的在职教师，应建立严格的考核制度，通过考核决定教师的任职资格和职务评定。

当前有关教师资格制度尽管已经有了雏形，但仍有一些应予研究和解决的问题。具体地表现在如下几个方面：

教师资格的一次性认定不能适应社会发展的要求。随着社会的发展变化，对教师的专业要求也越来越高，为了适应教育教学的发展变化，必须要求教师在原有的学历基础上不断地学习，努力提高自身的素质，但现行的教师资格制度未能对教师资格进行定期的重新认定，没有建立教师资格注册登记制度。

　　教师资格的分类过于简单。现行的教师资格制度仅根据学校的层次对教师资格进行分类，而未考虑到教师职业资格的学科性。单一的教师职业资格分类容易忽视对教师学科素质的要求，有可能导致教师资质的下降。此外，现行的教师职业资格分类还忽视了教师的工作资历，没有对临时教师、实习教师与一般教师、资深教师作出必要的区分。

　　教师资格考试对考试对象未予细分。现行制度仅对不具备教师法规定的教师资格的公民作了规定，但对持有教师资格证书但长期脱离教育教学岗位的公民，以及对获得规定学历但非师范院校毕业的公民则未能作出规定。

　　没有规定教师的试用制度。虽然现行的教师管理制度中有初任教师试用期的相关规定，但教师资格制度却未能与这一管理制度相衔接。这就使教师在已经取得教师职业资格之后，实际上还需经过一个聘任的试用期，从而造成制度上的不协调。

　　为了切实地解决以上问题，中国的教师资格制度应是一个非终身的、按照学校类别和学科类别严格分类的、实行开放式职业资格考试的职业资格认定制度。

（五）学生的法律地位

　　如何界定学校及其教师与学生及其家长之间的法律关系，这是法律制定及法律实施中的一个重要问题。由于现行的相关法律如教育法、教师法、未成年人保护法等都没有对此作出明确的规定，因此造成了很大的观点分歧。目前对这一问题大致有如下几种观点：

　　监护权转移说认为，由于未成年学生在校期间，监护人很难完全履行监护职责，确保被监护人的安全，因此需要学校在监护人不能或者不能很好地行使监护职责时代替监护人来履行保护未成年人人身安全的职责。因此，当家长为自己的未成年孩子在某所学校登记注册、交纳学费并把孩子送到学校时起，就意味着原先由家长行使的某些监护职责转移给了学校，学校成为未成年学生在校期间的监护人。这是一种较早形成的，并且在民法学界和司法界有较大影响的法理学观点。提出这一观点的一个主要理由是学校的特殊的社会功能和职业要求，决定了学校在保护学生身心健康方面具有不可推卸的职责，而这种职责与监护人的监护职责从内容看具有某种一致性。然而这一观点忽视了一个重要的问题，即学校与家长行使的是两种完全不同的监护权利。对未成年人的监护权来自民法，《中华人民共和国民法通则》明确地规定了法定监护、意定监护、公设监护三类监护人的产生资格。根据《中华人民共和国民法通则》第十六条和《关于贯彻执行〈中华人民共和国民法通则〉若干问题的意见（试行）》的规定，只有父母、爷爷、奶奶、兄姐、关系密切的其他亲戚、朋友、居委会、村委会、民政部门可以成为未成年人的监护人，其他任何组织和个人都不能成为监护人，因此学校显然不在此列。从这一规定可以看出，监护人与被监护人之间的监护关系是基于亲属关系而成立的一种私权关系，属于亲权的一个组成部分。而学校对未成年学生人身方面的监护权从内容看，尽管与监护人的监护权在内容方面有着某种相似之处，但是其法律性质却截然不同。学校的这种权利是由教育法、教师法、未成年人保护法规定的，是基于教育关系而成立的一种公权关系，属于教育权的一个组成部分。不分清二者性质上的区别，就不能准确地解释学校与学生之间的法律关系。这种观点之所以难以成立，还在于这一观点会造成责任归结上的极大困难。因为按照《民法通则》的规定，监护人承担的事实上是一种无过错责任，即不管什么时间、什么地点，造成他人伤害，监护人都要承担赔偿责任，监护人即使尽了监护职责，也不能免除他的民事责任。而学校所承担的法律责任，根据现行法律的有关规定，应适用过错责任原则。

监护代理关系说认为，当家长把孩子送到学校上学时，即意味着家长把本应由自己行使的监护权委托给了学校，由学校代理本该由未成年学生家长行使的监护权，于是在学校与学生家长之间形成了一种委托代理关系。监护人要对未成年人履行监护职责，对被监护人进行管理和教育，照顾被监护人的生活，但这种观点认为监护人要完全、准确地履行这一职责是非常困难的，因此需要有一个专门的机构在监护人不能行使监护职责时或无法很好地行使监护职责时代替监护人来履行某些职责，尤其是对于只有专业人士才能完成的针对未成年人的教育职责。在这种背景下，就产生了学校。监护人将监护职责中适于学校履行的部分委托给学校，同时向学校支付学费、管理费以及其他各种费用；学校以履行教育职责为主，同时履行监护人授权的其他管理事宜。所以，学校只不过是代理监护人在履行某些监护职责而已。学校与未成年学生及其监护人之间虽然没有明确约定的合同存在，但是由于这种监护代理的绝大部分内容实际上已经由法律予以规定，亦即法律将监护人依法应履行的监护职责中适于且应该由学校履行的部分规定为学校的义务，因此双方可不再以合同形式表现权利和义务。

学校与未成年学生的家长之间是否存在监护的委托代理关系呢？《中华人民共和国民法通则》第六十四条规定："代理包括委托代理、法定代理和指定代理。"其中委托代理是基于委托人授予他人代理权的意思表示而发生的代理。从现实看，学校对未成年学生所具有的教育权（包括人身方面的监护权）不是受托于家长，而是来自于教育法等有关法律的规定，因此不是一种代理权，而是法定教育权的组成部分。不过，在某些情况下，家长与学校之间也会就监护问题产生某种委托代理关系，例如寄宿制学校在课余寄宿期间对寄宿学生的人身监护就应当视为监护的委托代理，因为寄宿本身并不是国家规定的学校教育教学工作的法定内容，而是学校根据自身条件和社会需求，为了满足部分学生家长的特殊需要而提供的一种服务。但现在的问题是这种关系的成立尚无明确的形式。《中华人民共和国民法通则》第六十五条规定："民事法律行为的委托代理，可以用书面形式，也可以用口头形式。法律规定用书面形式的，应当用书面形式。"由于寄宿过程中委托人与受托人之间存在着较复杂的责任关系，并且经常会导致纠纷，因此应当把委托人和受托人之间的共同意思表示规定为这种关系确立的必要条件，并且用书面形式表示为好。

特别权力关系说认为，为了提高公共服务的效率并满足社会的需要，大陆法系国家的国立、公立学校通常都被界定为行政组织的一种，它们既不是企业法人，也不是单一的民事主体，而是负担特定目的、提供专门服务的机构。这种主体的性质决定了学校与学生之间的关系不仅限于平等主体之间的法律关系，而且还应该是一种公务法人与其利用者之间的公法关系。这种关系根据是否出于公务法人的利用方式可将学校与学生之间的关系分为任意利用关系和强制利用关系，根据权力的内容又可以分为一般权力关系和特别权力关系。在我国，学校等事业单位法人与其利用者之间的关系与大陆法系国家公务法人与其利用者的关系非常相似，因此在理论上应属于强制利用关系、特别权力关系。我国现行的教育法在规定我国的学校与学生之间的关系方面有着类似于强制利用关系、特别权力关系的某些特征，然而，把学校与学生的关系界定为这样一种关系，其弊病是很明显的。最初的公务法人产生于自由法治国时期，随着国家任务不断扩充，国家负担大量行政任务，有些任务具有特殊性和技术性。为了执行方便，就成立了承担专门职能的公务法人，由其来执行任务。因此公务法人是为了免于法律保留的拘束，使行政机关得以在高度的自由下完成其特定的任务而设立的。学校作为公务法人大致即产生于这一时期。但是学校的这种特别权力关系在当前学校体制的改革发展中引发了许多问题，因为政府与学校的权力关系已经有了许多根本性的变化，经过一个权力的再分配过程，学校已经逐步获得了较大的自主权，并且确定了学校的民事法律地位，学校在许多情况下已经不再以行政权力行使者的身份出现了。然而特别关系的存在却使学校与学生之间产生了严重的不平等。因为与一般的权力关系有程度上的不同，公务法人对其成员和利用者享有特别的支配权力，即为了达成行为目的，允许特别权力人（公务法人）为相对人设定各种义务，如公立学校对学生所作的各种行为规定等。对于这种限制，相对人有接受的义务。因此，学校与学生之间的这种特别权力关系性质，显然与当前教育体制改革的发展趋势相悖。并且，从实践看，由于不能保证学校在行使权力时得到必要的制约，不能明确地界定特别权力强制利用的界限，其结果不仅不能有效地调节学校与学生之间的关系，反而导致一系列纠纷的发生。从司法实践看，把学校与学生之间的关系确定为特别权力关系也会产生司法上的一系列问题，如学校特别权力的合法性、任意利用和强制利用的适用标准、非公立学校机构能否适用"特别权力理论"等。

契约关系说认为未成年人的父母根据义务教育法规定的义务将子女送入学校，学校依据该法接受学生，他们都是在履行各自的义务。但是在履行法定义务的同时，他们之间也产生了一种关系。这种关系既不是行政管理关系，也不是一般民事关系，而是一种以特定权利义务为内容的契约关系，教育管理为其主要内容。义务教育法、契约和教育管理之间构成了这样一种相互关系：义务教育法引致契约关系的产生，契约又是教育管理的基础，而教育管理又是其内容。这大致如企业之间根据国家下达的指令性任务或者国家订货任务签订合同而产生的权利义务的关系。学校与学生之间的这种契约关系不是行政契约关系，不是身份契约关系，也不是物权契约关系，而是一种以债权债务为内容的契约关系。学生入校的事实意味着学生与学校之间产生了一种默示契约关系。还有的学者把学校与企业相提并论，把学校的办学活动看成是学校向学生及其家长提供的一项性质特殊的服务。学校必须通过提高自己的服务质量来积极招收学生，就像商家招揽客户一样。由于学生人数众多，同时由于学校的规章制度具有公开性，因此学生及其家长一般不须与学校签订书面合同，学籍证明了学校和学生之间的这种法律关系，是证明双方存在民事法律关系的契约。"契约关系说"之所以不能成立在于它错误地理解了教育作为公益性事业的基本特征，把学校简单地等同于企业。事实上，在我国建构市场经济体制的过程中，为了明确地规范学校的行为，对学校仍保持着一种不同于企业等其他社会组织的法律监督。具体地说，由于学校属于公益性机构，因此，在允许其独立自主办学的同时，一般都会对其权能作出必要的限制。在制度安排上，不能把学校这种社会组织与企业简单地相等同。政府对学校的作用也不会因市场的介入而弱化甚至退出。对营利性组织举办的教育都要制定明确的法律规范，使教育这种公共物品在严格的条件下经过转化，进入市场，实现市场运作。营利性组织在进入教育市场时，其所具有的资格和能其所享有的权利也不同于进入其他市场的营利性组织。

从目前学校与学生法律关系成立的前提看，这对关系应具有公权的性质。因为学校开门办学，招收学生所依据的教育权，不是来自家长的监护权，不是受托于家长而形成的代理权，也不是由于提供某种服务而形成的契约之权，而是根据国家相关法律和政策以及行政上的要求而获得的权利。对未成年学生的人身监护而言，事实上存在着两种不同的监护权，即私法上的监护权和公法上的监护权。两种监护职责尽管从内容看有相似之处，但性质完全不同。学校对未成年学生身心方面的监护资格不是来自于私法的规定，不是来自于私法权利的转移，也不是来自于监护人的委托，而是一种在教育与被教育、管理与被管理的过程中产生的权利与义务关系，把这种关系单独列为一类法律关系，有助于我们准确地理解和把握学校与学生这对法律关系的公权性质。我们可以把这对关系叫做教育法律关系，它是学校及其他教育机构依据国家的教育方针和教育教学标准，依法实施教育教学活动的过程中产生的关系，这对关系不同于民事法律关系和特别权力关系，有其自己的法律特征。由于决定这对法律关系的权利和义务都是由教育法明确规定的，因此是一种具有公法特征的法律关系。

（六）法律走近普通百姓

随着法制建设的不断开展，依法治教已初见端倪，教育法律与人民群众之间的关系开始变得日益密切。随着法律知识的逐步普及和法律制度的日渐完善，人们开始尝试运用法律的武器来维护自己的受教育权利。从理论到行动，法治开始大踏步走进生活，法律知识、法律意识、维权能力、法律的影响力开始成为我们生活的一部分。

1995 年 11 月，四川省江津市 3 名小学生因对毕业考试中一道试题的"标准答案"有异议，向法院起诉，状告市教育委员会。事情的原委是这样的：

1995 年 6 月，江津市四牌坊小学毕业语文考试中，有这样一道试题：选择"自作自受"中"作"字的正确读音。校方的标准答案是一声。成绩公布后，部分学生家长提出答案有误，应为四声，要求学校更正，但未被采纳。结果，有 3 名学生因选择四声被扣去一分，失去升入江津中学资格（3 人的个人总分离该校录取分数线均在 1 分之内）。此案揭示出许多引人深思的问题。为一个字的读音之差提起诉讼，说明在新的形势下学生及其家长的法律意识已经有了极大的提高。1995 年教育法明确地规定了受教育者有在学业成绩和品行上获得公正评价的权利。3 名小学毕业生及其家长在发现问题向学校反映未果的情况下诉诸法庭，说明他们已经开始尝试运用法律来保护自己的合法权利。同时，此案也给现行法律制度和司法实践中提出了新问题，促进了现行法制的进一步发展。

1996 年 2 月 29 日，北京某高等学校学生田某在参加电磁学课程补考过程中，随身携带写有电磁学公式的纸条，被监考教师发现。监考教师按照考场纪律，当即终止了田某的考试。该校于同年 3 月 5 日按照本校有关规定认定田某的行为是考试作弊，按退学处理，4 月 10 日填发了学籍变动通知。但是，该校没有直接向田某宣布处分决定和送达变更学籍通知，没有给予田某提出申辩的机会，也未给田某办理退学手续。田某继续在该校以在校大学生的身份参加正常学习及学校组织的活动。在此期间，该高校还为田某补办过丢失的学生证，每学年均向田某收取各种规定的费用，并为田某进行注册、向其发放大学生补助津贴，还安排田某参加了大学生毕业实习设计，并由论文指导教师领取了学校发放的毕业设计结业费。田某还以该校大学生的名义参加考试，先后取得了大学英语四级、计算机应用水平测试 BASIC 语言成绩合格证书。田某在该校学习的 4 年中，成绩全部合格，通过了毕业实习、设计及论文答辩，获得优秀毕业论文及毕业总成绩全班第九名。1998 年 6 月，田某所在高校的有关部门以田某不具有学籍为由，拒绝为其颁发毕业证，进而也未向教育行政部门呈报毕业派遣资格表。田某遂向北京海淀区人民法院提起行政诉讼。北京市海淀区人民法院于 1999 年 2 月 14 日判决：一、被告北京某高校在本判决生效之日起 30 日内向原告田某颁发大学本科毕业证书；二、被告北京某高校在本判决生效之日起 60 日内召集本校的学位评定委员会对原告田某的学士学位资格进行审核；三、被告北京某高校于本判决生效之日起 30 日内履行向当地教育行政部门上报原告田某毕业派遣的有关手续的职责；四、驳回原告田某的其他诉讼请求。第一审宣判后，北京某高校提出上诉。请求二审撤销原判，驳回田某的诉讼请求。北京市第一中级人民法院经审理认为，原判认定事实清楚、证据充分，适用法律正确，审判程序合法，应当维持。上诉人北京某高校认为被上诉人田某已不具有该校学籍，与事实不符，不予采纳。学校依照国家的授权，有权制定校规、校纪，并有权对在校学生进行教学管理和违纪处理。但是法院认为制定的校规、校纪和据此进行的教学管理和违纪处理，必须符合法律、法规和规章的规定，必须保护当事人的合法权益。北京某高校对田某按退学处理，有违法律、法规和规章的规定，是无效的。据此，北京市第一中级人民法院依照行政诉讼法第六十一条第（一）项的规定，于 1999 年 4 月 26 日判决：驳回上诉，维持原判。

上述两起案件都涉及了公民的受教育权利问题。受教育权利是我国宪法第四十六条规定的一项公民基本权利。《中华人民共和国教育法》第九条依据宪法重申了公民的这项权利："中华人民共和国公民有受教育的权利和义务。公民不分民族、种族、性别、职业、财产状况、宗教信仰等，依法享有平等的受教育机会。"

2001 年，最高人民法院在对山东省高级人民法院关于一起冒名顶替上学案适用法律问题的请示的批复中，作出了具有里程碑意义的探索。这是一个历史性的判例和一个历史性的司法解释，它以宪法的名义保护了公民受教育的权利。

据 2001 年 8 月 26 日《北京晚报》报道，原告齐玉苓，与被告陈晓琪原为山东滕州八中学生。在 1990 年的中考中，齐玉苓被山东济宁商业学校录取，陈晓琪落榜。但陈在其父，原村党支部书记陈克政的策划下，冒名领取录取通知书，并以"齐玉苓"的名字从济宁商业学校毕业，后分到中国银行山东滕州支行工作。1999 年 1 月 29 日，得知真相的齐玉苓以侵害其姓名权和受教育权为由，将陈晓琪、济宁商业学校、滕州八中和滕州市教委告上法庭。同年，滕州中院一审判决陈晓琪停止对齐玉苓姓名权的侵害，赔偿齐玉苓精神损失费 3.5 万元，并认定陈晓琪等侵害齐玉苓受教育权不能成立。原告不服，向山东省高院提起上诉。在该案二审期间，围绕陈晓琪等的行为是否侵害了上诉人的受教育权问题，山东省高院向最高人民法院请示。2001 年 8 月 13 日，最高人民法院作出批复，认定"陈晓琪等以侵犯姓名权的手段，侵犯了齐玉苓依据宪法规定所享有的受教育的基本权利，并造成了具体的损害后果，应承担相应的民事责任。"2001 年 8 月 23 日，山东省高院依据《宪法》第四十六条、最高人民法院批复和民事诉讼法有关条款，终审判决此案：一、责令陈晓琪停止对齐玉苓姓名权的侵害；二、陈晓琪等四被告向齐玉苓赔礼道歉；三、齐玉苓因受教育权被侵犯造成的直接经济损失 7000 元和间接经济损失 41045 元，由陈晓琪、陈克政赔偿，其余被告承担连带赔偿责任；四、陈晓琪等被告赔偿齐玉苓精神损害赔偿费50000 元。

2001 年 6 月 28 日，最高人民法院审判委员会第 1183 次会议通过的《关于以侵犯姓名权的手段侵犯宪法保护的公民受教育的基本权利是否应承担民事责任的批复》全文如下：

山东省高级人民法院：

你院 1999 鲁民终字第 258 号《关于齐玉苓与陈晓琪、陈克政、山东省济宁市商业学校、山东省滕州市第八中学、山东省滕州市教育委员会姓名权纠纷一案的请示》收悉。经研究，我们认为，根据本案事实，陈晓琪等以侵犯姓名权的手段，侵犯了齐玉苓依据宪法规定所享有的受教育的基本权利，并造成了具体的损害后果，应承担相应的民事责任。

这是最高人民法院第一次对公民因宪法基本权利受到侵害而产生的法律适用问题进行司法解释。"依据宪法规定"几个字，无疑使这一司法解释具有了不同凡响的深刻意义。最高人民法院对公民因在宪法上所享有的基本权利受到侵害而产生纠纷的法律适用作出司法批复，表明公民在宪法上所享有的受教育的基本权利可以通过诉讼程序获得保障，体现了宪法司法化的重大意义。

该批复在法学界、司法界和社会上引起了强烈的反响。虽然对于本案是否要通过适用宪法条款才能解决有不同看法，但该批复和判决在制度层面上所具有的象征性意义却得到一致肯定，因此被称为"中国宪政史上的里程碑"。该司法解释以宪法的名义保护公民所享有的受教育基本权利，可说是开创了我国宪法司法化的先例。"齐玉苓案"所引出的虽然是一个吸引人和鼓舞人的话题，但也是一个复杂的话题。在中国，如何建立起既符合宪政原理又适合中国国情的宪法实施机制和宪法监督机制，特别是建立违宪审查制度，通过适当的机构（如宪法法院）来裁决"合宪有效"、"违宪无效"，显然还有很长的路要走，还有很多工作需要做。随着我国公民权利意识的不断增强，公民因宪法规定所享有的基本权利受到侵害而产生的纠纷接连涌现，而在普通法律规范中却又缺乏具体适用的依据，因此，实现宪法司法化，审判机关在诉讼过程中将宪法引入司法程序，使之直接成为法院裁判案件的法律依据，已显得十分必要。

五、教育法制建设任重而道远

历史的经验告诉我们，教育的发展需要一个良好的环境，需要法律的保障，一个法制完备的教育体系才是富有效率的、充满活力的教育体系。因此，在改革和发展教育事业的同时，必须十分重视教育立法，建立和健全教育法制。

改革开放 30 年以来，我国的教育法制建设虽然有了很大的进展，但在持续、深入发展的教育体制改革面前，又面临着巨大的挑战。从法律的角度看，改革就是旧的利益关系的打破和新的利益机制的建构。在教育体制改革过程中，教育领域中的各种社会关系正在发生深刻的变化，一些旧的社会关系消失了，一些新的社会关系产生了，还有一些社会关系虽然还存在，但其性质却发生了变化。以政府与学校这对基本的社会关系为例，在计划体制下，它是一种以命令与服从为基本内容的隶属性关系，即行政法律关系，然而从 20 世纪 80 年代以来，一种教育管理和办学的新形式正在出现，从而带来教育领域内社会关系的分化和改组。这种变化表现在政府与学校关系的调整上，其基本问题是如何形成一个既利于政府进行统筹管理，又利于调动各种社会力量参与办学的积极性，学校又有较大的办学自主权这样一种管理关系。这意味着政府必须转变职能，在加强宏观管理的前提下向学校放权，这势必会使政府和学校的主体地位及职权职能都发生很大的变化，并且使原先相当大的一部分具有行政性质的法律关系发生性质上的变化。

建立完备的教育法制，实现依法治教，这是我国教育事业改革与发展的客观要求，也是我们总结历史上的经验教训而得出的深刻结论。但是由于以上所说的这些原因，我国当前的教育法制建设可以说面临着立法和修法的双重任务，即一方面仍然要继续完善教育法制，真正做到有法可依，立法的任务还相当艰巨，例如学校法、成人教育法、终身学习法、考试法等法律的制定工作仍待进行；另一方面，已经制定的法律，由于社会的发展变化，其中一些规定已经过时，或者与变革中的新制度相抵触，因而面临着适时加以修订的问题。就此而言，中国要建成"社会主义法制国家"，依然有很长的路要走，建立健全教育法制仍然是我国教育改革和发展的一项重要任务。

（一） 对教育体制改革两种思路的分析

中国的教育体制改革正处在十字路口，改革的进一步发展取决于如何有效地解决以上问题。深入理解当代教育的基本价值，把握教育改革和发展的复杂性，特别是其中所涉及的利益分配的复杂关系，才能最终提升教育改革的道德水准和改革决策的伦理质量。为了做到这一点，教育体制改革在其目标取向及其路径设计上必须时时关注教育的公益性问题。

如何解决改革中的这一难题，目前存在两种典型的改革思路：一种是公法学的改革思路，一种是民商法学的改革思路。

公法学的改革思路认为，公立学校是国家以培养人才为目的而举办的、由公共财政经费维持的公立公益性机构，因其特定目的的公益性和服务对象的不特定性特征而享有确定的公权力，有别于以私益为归宿的企业法人或单一的民事主体。公立学校的办学权利是一种以公权力为主的复合型权利，为此应保证公权力得到公正的行使。公立学校作为公务法人依法享有的民事权利不应当损害公立学校的公益性质，必须依据公立学校的功能对其法人权利作出必要的限制。应从公法的角度对公立学校法人的法律地位及其权利义务作出必要的规定。

民商法学的改革思路则从现代企业制度中获得改革的灵感，认为市场的资源配置方式和管理方式是可供选择的另外一种学校运营方式，应该建立一种基于新的市场制度的全新的公立学校体系，加强学校自治并打破科层制的束缚。为此它提出借鉴现代企业的组织架构，建立公立学校法人治理结构来协调学校与政府之间、学校内部各利益群体之间利益关系的改革构想。这一改革思路是从政府、社会和学校三者责任出发，对公立学校中各利益相关者的权利和利益进行明确的定位，是以高等学校的法人制度和法人治理结构为核心对公立学校体制改革的整体设计。

应该说，上述两种不同的思路具有各自不同的改革价值取向和对公立学校的社会定位，公法学思路更强调国家的作用，而民商法学思路则更强调市场的调节。从某种意义上说，两种思路甚至具有不可通约的性质。然而在中国，有关公立学校的改革问题有其更为复杂的一面。这种复杂性表现在，二十多年来的社会转型已经导致中国的社会结构发生了深刻的变化，传统的计划经济共同体一分为二，出现了市场领域（私部门）和公共权力领域（公部门）这样两个不同的社会部门。以现代企业为核心建构起来的市场领域（私部门），是一种以自由交易的方式满足私益的机制，"以志愿求私益"是这一领域运行的基本准则。为了保证这一准则的实现，形成了一套依靠私法制度维系的社会机制。以现代政府为核心建构起来的公共权力领域（公部门），则是以政府的公共选择方式满足公共利益的机制，"以强制谋公益"就是这一领域运行的基本准则。为了保证这一准则的实现，形成了一套依靠公法制度来运行的社会机制。从理论上说，在社会转型的过程中还应该分出一个介于公部门和私部门之间的社会领域，即第三部门。这是一个以非企业、非政府的社会组织、公民的志愿性社团、协会、社区组织、利益团体和公民自发组织起来的运动等为核心建构起来的一个社会领域，是一种以民间、自治和非营利的方式满足公益的机制。"以志愿求公益"应是这一领域运行的基本准则。同样的，为了保证这一准则的实现，还应当有一套相应的法律制度来维系非政府的公共选择机制的运行。

尽管学术界对第三部门如何定义还有许多争议，但对学校教育机构属于第三部门却无不同看法。这一定位反映了学校教育机构在现代社会中应有的位置。然而在中国，尽管在社会转型的过程中已经出现了第三部门的萌芽，但并未最终形成成熟的第三部门。与政府分离后的公立学校在运行机制方面或借鉴市场体制，或沿袭计划体制，并未找到体现公立学校组织特征的学校办学机制。就此而言，中国的教育体制改革的未来走向，将取决于社会转型的进一步发展，取决于教育改革决策者的选择。而改革目标取向及其路径设计上如何坚守教育的公益性质则是改革成败的关键。

（二）挑战与机遇：法制建设进入关键期

法制，简言之就是国家的法律制度。在我国，狭义的法律是指宪法和全国人民代表大会及其常务委员会制定的规范性文件。广义的法律则除此之外还包括国务院制定的行政法规，省、直辖市、自治区人民代表大会及其常务委员会、省、自治区人民政府所在地的人民代表大会及其常务委会和法律规定的较大的市的人民代表大会及其常务委员会制定的地方性法规，民族自治地方制定的自治条例和单行条例以及国务院各部委、省级人民政府制定的政府规章等。至于法律制度，则是指法律的制定、遵守、适用、监督以及实施保障等一系列制度。

　　然而，现代法制不仅仅是静态意义上的一套法律或法律制度，就其更深层的涵义来说，现代法制是指按照民主的原则把国家事务制度化、法律化，并严格地依法办事的一种治国方式。它要求国家必须有法律，人人都应在法律之下，不允许任何人置身于法律之上而不遵守法律。贯穿于法制中的一个核心就是"依法办事"的原则，也即十一届三中全会公报中所讲的"有法可依，有法必依，执法必严，违法必究"。为此，法律功能必须普遍化，必须具有自主性、权威性。就此而言，法制就是一个国家法律上层建筑的整个系统，是以现行法为核心的包括相应的法律意识和法律实践这样一些相互联系、相互作用、相互补充的系统。在这个系统中，核心因素是现行法系统，另外还包括一系列法律实践（法律的制定、适用、遵守、监督、保障及法律解释等法律实践活动）以及与现行法律相适应的法律文化（法律观念、法律意识、法律价值取向）。在这个意义上，"法制"、"法治"、"法律化"是通用的，它不仅是法律发展的现代形态，同时也是衡量社会形态是否实现现代化的重要尺度。

　　一个健全的教育法制应是以一套完备的教育法律法规为核心的，包括相应的法律实践和法律文化在内的法律系统，这是一个以行政法为主体，民法相配合，辅之以必要的刑法手段，并以其他法律手段为适当保障手段的完整的法律调控机制。这样的一个法制系统应当具有如下几个基本特征：

　　第一，有完善的法制保证贯彻国家对于教育的基本方针、原则，明确教育的地位和作用，规定教育的根本任务，使各级各类教育的培养目标、学制、各级各类学校的规格及其基本的管理制度规范化，为教育行政管理提供明确的依据和目标。

　　第二，有完善的法制保障公民的受教育权利，使之不受任何机关，组织和他人的侵犯。在公民受教育权利受到损害时，有相应的法律措施予以救济。

第三，有完善的法制保障学校的教学环境和教学秩序，改善办学条件，保护学校、教师和学生的合法权益。

第四，有完善的立法制度和包括法律、行政法规，地方性法规在内的比较完备的教育法规体系，保证教育工作的各个方面都有法可依，不同法律效力的法律规范协调发展，真正发挥其调节作用。

第五，有明确的法律责任规定，做到执法必严、违法必究，有效地保护教育事业的健康发展，追究并处理违反教育法的行为。

第六，有完善的法律监督制度，对教育法的实施情况进行有效的监督，同一切违法与犯罪行为作斗争。

第七，有与现代法治社会相适应的法律文化，维护教育法所体现的价值原则，革除过时的观念和意识，力促观念和思维方式的更新与转变，使现代社会的教育观念、法律观念融入人们的行为之中，形成实施教育法的良好文化氛围。

要达到以上目标，不仅需要制定一套完备的法律，而且要在法律的遵守、适用、监督、救济、宣传以及相应法律文化的建设等方面花大力气。可以说这是一项巨大的社会性的法治工程。

教育投入与中国教育财政体制改革

梁文艳　杜育红

党的十一届三中全会以来，从中央政府制定的"科教兴国"战略，到教育主管部门实施的各种教育"工程"，都彰显出一个曾经辉煌的国家试图依靠"教育先行"实现"伟大复兴"的决心。然而，教育事业的快速发展离不开经费的保障，只有不断扩大教育投入规模、不断优化教育投资结构，才能走上"强国复兴"的道路。本章对改革开放 30 年来我国教育投入状况以及教育财政体制变迁历程进行介绍，就教育财政体制改革的实施内容、所取得的成效以及面临的问题进行深入剖析，以期为中国教育财政体制的改革与完善提出相关建议。

一、中国教育投入的现实状况

教育要发展，投入是关键。教育投入的多少以及教育投入在国民经济中所占的比重，是由社会经济发展水平决定的，经济发展水平既决定着教育投入的需求量，也决定着教育投入的供给能力。改革开放以来，伴随着中国经济的迅速崛起，我国对原有教育体制及其财政体制进行了深刻变革，教育投入规模不断增长，多渠道筹资模式逐步形成，教育事业如饮甘霖、蓬勃发展。

（一）教育经费总量迅速增长

在中央及各级政府的共同努力下，全国财政性教育经费总量从 1980 年的 114 亿元增长到 2006 年的 6348.36 亿元，增长幅度达 50 倍以上[①]。基于财政性教育经费是教育投入最重要的一环，我们可以得出这样的结论：自改革开放以来，全国教育投入有着跨越式的提高。限于数据的连续性与可得性，本章将基于 20 世纪 90 年代以来教育经费的相关数据，对中国教育投入的状况作出描述。

从表 1 中 1990—2006 年全国教育经费投入情况可以看到，2006 年，全国教育经费总支出达 9815.31 亿元，较之 1990 年的 659.38 亿元增长了 9155.93 亿元，增长幅度达 14 倍，年均增长率为 18.56%；2006 年国家财政性教育经费为 6348.36 亿元，较 1990 年的 563.99 亿元增长了 5784.37 亿元，增长幅度达 10 倍以上，年均增长率为 16.53%；2006 年国家教育财政拨款为 5795.72 亿元，较 1990 年的 426.14 亿元增长了 5369.58 亿元，增长幅度接近 13 倍，年均增长率为 18.03%。在这期间，尤其值得一提的是，2006 年国家财政性教育经费以及国家教育财政拨款的年度增长率均创下历史新高，这与 2006 年农村义务教育经费保障机制改革等教育财政改革措施密不可分。

"九五"期间，全国教育经费总支出达 14941.25 亿元，比"八五"期间的 6025.22 亿元增长了 147.98%；国家财政性教育经费达 10563.42 亿元，比"八五"期间的 4800.61 亿元增长了 120.04%；国家教育财政拨款达 7818.22 亿元，比"八五"期间的 3551.64 亿元增长了 120.13%。在"九五"期间教育经费投入快速增长的基础上，"十五"期间全国教育投入进一步增加。"十五"期间，全国教育经费总支出比"九五"期间增长

---

① 本文所有经费数据均采用当年价格计算。

了 114.09%;同期,国家财政性教育经费比"九五"期间增长了 90.53%;国家教育财政拨款的增长速度超过了"九五"期间,增幅高达 128.23%。

表1　1990—2006 年全国教育经费投入情况

年份	全国教育经费总支出		国家财政性教育经费		国家教育财政拨款	
	金额（亿元）	增长率（%）	金额（亿元）	增长率（%）	金额（亿元）	增长率（%）
1990	659.38		563.99		426.14	
1991	731.51	10.94	617.83	9.55	456.73	7.2
1992	867.04	18.53	728.76	17.95	538.74	18.0
1993	1059.94	22.25	867.76	19.07	644.39	19.6
1994	1488.78	40.46	1174.74	35.38	883.39	37.1
1995	1877.95	26.14	1411.52	20.16	1028.39	16.4
1996	2262.34	20.47	1671.70	18.43	1211.91	17.8
1997	2531.73	11.91	1862.55	11.42	1357.64	12.0
1998	2949.06	16.48	2179.06	16.99	1565.68	15.3
1999	3349.04	13.56	2287.39	4.97	1815.85	16.0
2000	3849.08	14.93	2562.72	12.04	1867.14	2.8
2001	4637.66	20.49	3057.14	19.29	2582.25	38.3
2002	5480.03	18.16	3591.33	17.47	3113.75	20.6
2003	6208.27	13.29	3850.62	7.22	3453.86	10.9
2004	7242.59	16.66	4465.86	15.98	4027.82	16.6
2005	8418.84	16.24	5161.08	15.57	4665.69	15.8
2006	9815.31	16.59	6348.36	23.00	5795.72	24.22
1991—1995（"八五"）	6025.22		4800.61		3551.64	
1996—2000（"九五"）	14941.25	147.98	10563.42	120.04	7818.22	120.13
2001—2005（"十五"）	31987.39	114.09	20126.03	90.53	17843.37	128.23
合计	63428.55	18.56	42402.41	16.53	35435.09	18.03

（资料来源：根据历年教育部财务司《中国教育经费统计年鉴》、教育部《全国教育经费执行情况统计公告》相关数据整理计算。）

（二）政府教育投入不断增加

教育投入是现代政府公共支出的重要部分。为了支持教育事业的发展，中共中央在 20 世纪 90 年代提出"三个增长"政策，其中的重点和难点是"各级人民政府教育财政拨款的增长速度高于财政经常性收入的增长"。与此同时，教育部在 1998 年制定的《面向二十一世纪教育振兴计划》中提出"中央本级财政支出中教育经费所占比例连续三年每年比上年提高 1 个百分点"，此后该项政策得到国务院批准并延长两年，即从 1998 年起中央财政教育拨款占中央财政本级支出的比例连续 5 年每年比上年增加 1 个百分点。相关政策和法规的制定，保证了政府教育投入的逐年增加。

1. 不断增加的全国教育财政拨款

2003 年到 2006 年，教育财政拨款的年度增长率基本保持稳定上升状态，并于 2006 年达到了历史最高水平（比上一年增长了 24.22%，比当年全国财政性收入的增长速度高出 1.5 个百分点）。"三个增长"中"政府教育财政拨款的增长速度高于财政经常性收入的增长"的目标，在 2006 年得到实现（见图 1）。

2. 不断增加的中央本级教育专项资金

除了国家财政预算中的教育拨款外，中央政府对教育的投入还包括多项专项拨款。在近十几年中，中央本级财政教育投入最大的亮点在于农村地区义务教育，以下仅以 1995 年以来中央本级财政新增用于农村地区义务教育的资金状况为例，对中央本级财政不断增加的教育专项投入进行简要回顾①。

1995 年到 2000 年，党中央、国务院划拨 39 亿中央专款，实施新中国成立以来投入资金最多、规模最大的教育工程——"国家贫困地区义务教育工程"。该工程使全国 568 个国贫县、284 个省贫县约 2.5 亿人受益，

---

① 中华人民共和国教育部：《跨世纪中国教育》，高等教育出版社 2002 年版，第 512 页。

（单位：%）

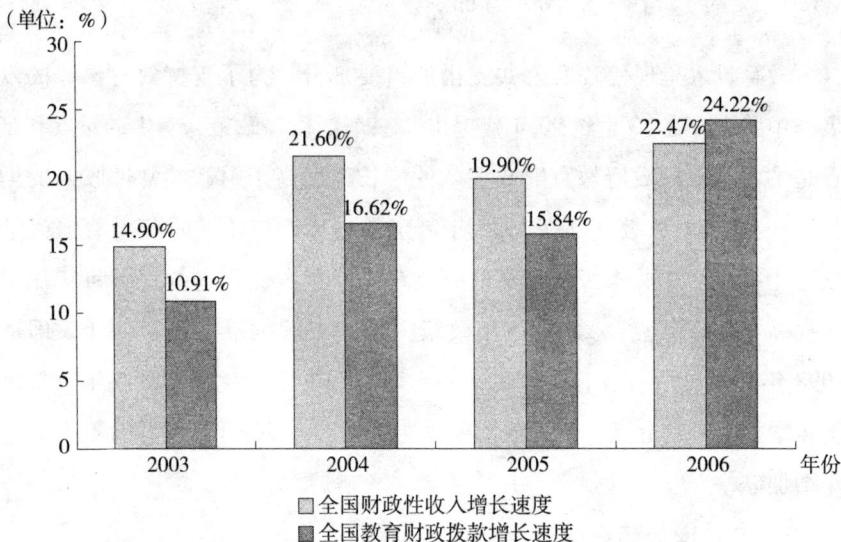

图 1　2003—2006 年教育财政拨款增长速度与全国财政性收入增长速度
（资料来源：财政数据源于《2007 年中国统计年鉴》；教育财政拨款数据源于教育部 2000—2006 年《全国教育经费执行情况统计公告》）

确保了"两基"目标的实现。在"十五"期间，二期"国家贫困地区义务教育工程"继续展开，中央本级财政增拨 50 亿以帮助未通过省级"普九"验收的贫困地区实现"普九"目标。

2001 年到 2005 年，中央本级财政投入 90 亿，在中西部 25 个省实施"农村中小学危房改造工程"，基本消除了现存的中小学危房；投入 46.5 亿作为"免费教科书专项经费"，为国贫县和省贫县农村义务教育阶段家庭经济困难的学生免费提供教科书。

2003 年到 2007 年，中央本级财政共投入 90 亿元实施"农村中小学现代远程教育工程"，目标是为全国约 11 万个农村小学教学点配备教学光盘播放设备和成套教学光盘，使约 510 万山村小学生获得优质的教学资源；在全国 38.4 万所农村初步建立卫星教学收视点，基本满足农村 8142 万小学生的需要；使全国 3.75 万所农村初中基本具备计算机教室，使

3109 万农村初中在校生能够接受信息技术。

2004 年到 2007 年，中央本级财政共投入 100 亿元实施"农村寄宿制学校建设工程"，在西部农村地区以初中为主建立寄宿制学校，该工程覆盖 953 个县，改扩建学校 7727 所，新增校舍面积超过 1380 万平方米，新增寄宿生超过 200 万人。

3. 不断增加的地方教育投入

在我国，教育投入是由中央和地方共同承担的，所谓地方教育投入是指省（自治区、直辖市）及以下各级政府支出的全部教育投入。地方政府投资教育，既是地方政府保障公民受教育权利应尽的义务，也是地方政府发展经济必不可少的人力资本投资。从我国中央财政教育投入和地方财政教育投入的分担比例来看，地方财政分担的教育投入比例在 85% 以上，在全国教育总投入中占主要份额。[①]

进入 21 世纪以来，在中央的带动下，各省（自治区、直辖市）积极出台相应配套政策以保证地方教育投入持续稳定的增长。有鉴于西藏地方财政的特殊性，所以本章在分析时未将西藏计入。通过表 2 可以看到，整体来看，地方预算内教育经费拨款的年度增长率在 2002 年与 2003 年之间有较大的波动，这与 2002 年大范围推行的农村税费改革等国家财政改革不无关系。从 2003 年到 2005 年，地方预算内教育经费拨款的年度增长率呈现出稳步增长的势头，三年的增长率分别为 9.37%、16.82%、17.95%。具体来看，东部发达省份地方预算内教育经费投入数量最大，各年度平均拨款额均大大高于全国平均水平；从 2003 年到 2005 年，东部省份地方预算内教育经费拨款的年度增长率也高于全国平均水平（基本接近 20%）。中西部省份不管是从各年度平均拨款额来看，还是从地方预算内教育经费拨款的年度增长率来看，均低于全国平均水平。从 2002 年到 2005 年，地方预算内教育经费拨款增长率最高的四个省（直辖市）分别为：浙江省（2002 年的 39.65%）、海南省（2005 年的 32.09%）、北京

---

① 沈百福：《地方教育投资研究》，北京师范大学出版社 2003 年版，第 35 页。

市（2004 年的24.02%）、广东省（2003 年的19.65%），增长率高居榜首的全部是东部省份。相对于东部经济发达省份，中、西部省份地方预算内教育拨款基数较低、增长率较慢，这与教育和经济发展水平的地区差异不无关系。

表2　2000—2005 年各地区地方预算内教育经费拨款

	2000 年	2002 年		2003 年		2004 年		2005 年	
	金额 （亿元）	金额 （亿元）	增长率 （%）	金额 （亿元）	增长率 （%）	金额 （亿元）	增长率 （%）	金额 （亿元）	增长率 （%）
全国平均	59.98	90.21	25.47	100.03	9.37	117.35	16.82	137.38	17.95
东部平均	88.58	128.54	24.66	146.38	14.15	172.58	19.98	202.28	20.61
中部平均	56.33	87.04	27.01	94.17	8.05	109.38	16.09	128.84	17.82
西部平均	39.48	62.40	29.77	67.03	7.39	78.58	17.29	91.18	18.56

（资料来源：根据教育部财务司历年《中国教育经费统计年鉴》相关数据整理计算）

（三）生均教育经费稳步增长

从表3 的数据中我们可以看到，进入 21 世纪以来，除了因高校急剧扩招造成的普通高校生均经费指标相对稳定外，普通高中、普通初中以及普通小学（含农村中小学）的生均教育经费、生均人员经费以及生均公用经费的投入水平均逐年提高，这有效地支持了我国教育事业的发展（见表3）。

在各级各类学校生均教育经费迅速提高的同时，义务教育阶段的生均教育经费增长速度最为突出：普通初中生均经费从 1993 年的 552 元增长到 2006 年的 2669 元，增长了 3.83 倍，其中农村初中生均经费从 1993 年的 473 元增长到 2006 年的 2190 元，增长了 3.63 倍；小学生均经费从 1993 年的 278 元增长到 2006 年的 2122 元，增长了 6.63 倍，其中农村小学生均经费从 1993 年的 250 元增长到 2006 年的 1847 元，增长了 6.38 倍；

表3　2002—2005年全国各级各类学校生均教育经费增长情况

（单位：元）

		普通高校	普通高中	普通初中	农村初中	普通小学	农村小学
生均教育经费	2002 年	15119.56	3876.28	1534.66	1129.21	1155.36	953.65
	2003 年	14962.77	3983.47	1668.74	1210.75	1295.66	1058.25
	2004 年	14928.92	4281.98	1926.30	1486.65	1561.81	1326.31
	2005 年	15025.47	4654.79	2278.35	1819.92	1823.34	1572.57
生均人员经费	2002 年	5979.69	1866.83	1007.2	807.47	868.95	747.41
	2003 年	5672.10	1918.60	1088.08	867.12	972.25	831.97
	2004 年	5669.95	2126.49	1268.35	1049.15	1164.36	1028.49
	2005 年	5878.78	2335.81	1487.89	1249.33	1342.09	1197.73
生均公用经费	2002 年	6414.62	1473.6	425.23	276.7	238.15	172.42
	2003 年	6475.66	1585.66	477.30	306.81	280.27	200.49
	2004 年	6452.27	1629.34	547.69	380.02	342.26	259.07
	2005 年	6686.49	1827.36	668.41	495.63	423.02	331.99

（资料来源：根据教育部财务司历年《中国教育经费统计年鉴》相关数据整理计算）

初中生均拨款从 1993 年的 332 元增长到 2006 年的 1963 元，增长了 4.9 倍，其中农村初中生均拨款从 1993 年的 275 元增长到 2006 年的 1764 元，增长了 5.42 倍；小学生均拨款从 1993 年的 168 元增长到 2006 年的 1672 元，增长了 8.85 倍，其中农村小学生均拨款从 1993 年的 147 元增长到 2006 年的 1531 元，增长了 9.4 倍。上述数据表明中国义务教育，尤其是农村义务教育经费在过去十几年保持了快速的增长，同时，财政拨款占教育总经费的比重不断上升，体现了"人民教育人民办"到"人民教育政府办"的转变。

（四）教育投资呈现多元化

改革开放后，我国国民收入的分配格局发生了很大的变化，国家财政收入的份额逐年降低，国民收入的分配逐渐向个人倾斜，人民生活水平大

表4　1995—2005 年全国教育经费各来源渠道所占比例

	1995	1996	1997	1998	1999	2000	2001	2002	2003	2004	2005
教育经费总投入	100	100	100	100	100	100	100	100	100	100	100
国家投入	74.51	73.16	72.82	68.92	68.28	60.9	65.9	63.69	62.01	61.66	61.29
预算内财政经费拨款	54.76	53.57	53.62	53.09	54.22	48.51	55.68	56.82	55.63	55.61	55.42
各级政府征收用于教育的税费	10.07	10.61	10.59	9.46	8.42	7.38	6.07	4.29	3.93	4.02	4.31
企业办学教育经费	5.59	5.13	4.70	4.37	3.94	3.53	3.01	1.61	1.58	1.27	0.91
校办产业、勤工俭学和社会服务用于教育的经费	4.09	3.85	3.91	2.00	1.70	1.48	1.14	0.97	0.87	0.76	0.65
社会投入	9.75	9.46	7.93	6.45	5.64	5.19	5.2	5.47	5.86	6.08	6.47
社会团体和公民个人办学经费	1.08	1.15	1.18	1.63	1.88	2.23	2.76	3.15	4.17	4.80	5.37
社会捐集资办学经费	8.67	8.31	6.75	4.82	3.76	2.96	2.44	2.32	1.69	1.28	1.10
个人投入(学费、杂费)	10.72	11.54	12.88	12.55	13.85	15.46	16.06	16.84	18.06	18.60	18.45
其他	5.02	5.84	6.37	12.08	12.23	18.45	12.84	14	14.07	13.66	13.79

幅度提高。若仍以国家单一投资为主,将不符合现实的需要,多渠道筹资办学成为历史的必然。首先,庞大的教育规模要求巨额教育经费的支持。国家财力有限,单方面靠政府支持教育可能会产生"经济增长与教育消费减少并存"的悖论。其次,在教育供需矛盾尖锐的情况下,改革开放后我国居民不断增长的收入为多渠道筹资模式的确立提供了可能。最后,观念的转变(即企业视人才和教育为生存和发展之本、城乡居民则把子女教育支出视为提高家庭经济状况的最有效途径)刺激了社会和个人对教育的需求,刺激了个人教育支出的增加。

自 20 世纪 80 年代初中央提出建立以政府财政拨款为主,财、税、费、产、社、基等多渠道筹措教育经费的体制后,以"政府投入为主,全社会共同分担"的多元化教育投入体制在我国逐步形成并确立。教育经费投入除了财政拨款外,还包括社会团体和公民个人办学的经费、社会捐集资办学经费以及收取的学杂费等非财政性教育经费。从表 4 中可以看到,经过数十年的努力,我国多渠道筹措教育经费的格局逐步形成。国家教育投入占全国教育经费总投入的比重,从 1995 年的 74.51% 下降到 2005 年的 61.29%;"八五"以来,财政预算内教育拨款占总投入的比例一直保持在 54% 左右(不含教育税费、企业办学经费和校办产业等收入);非财政性教育经费(包括社会团体及公民个人办学、捐集资、学杂费和学校其他自筹收入等)占教育经费总投入的比例有了明显提高,由 1995 年的 25.5% 上升到 2005 年的 38.7%。非财政性教育投入大幅度增加,在一定程度上缓解了教育资源供需矛盾,有力促进了"普九"目标的实现以及高等教育大众化的推进。

二、中国教育财政体制改革

改革开放以来,中国经济和教育的发展都进入了新的历史时期,特别是在党的十二大上更是明确提出要把教育摆在优先发展的战略地位。从上文对教育投入现状的描述中不难看到，我国教育投入规模不断增长、结构不断优化，在这背后是国家财政强有力的保障。教育财政是各级政府为发展本国、本地区教育事业，对其所需教育资源进行的筹集、分配、管理和监督等一系列有秩序的活动。教育财政体制不仅是教育体制的一部分，更是国家财政体制的一部分，受到国家经济和财政制度的约束。改革开放以来，教育财政体制经过多次调整和变革，不断走向成熟与完善。下面将分别对基础教育和高等教育财政体制改革的历程进行回顾与反思，探讨制度变迁的内在逻辑，总结既有经验，找出存在弊端，以期为改革的进一步完善提出建议。

（一）基础教育财政体制改革

作为现代国民教育体系的根基，基础教育的实施关系到国民素质的提高，关系到社会的文明进步，进而影响到国家的繁荣兴盛与长远发展，从某种程度上讲，没有基础教育的强大，就不可能有中华民族的全面复兴。然而要使适龄儿童均能受到良好的基础教育，必须有合理的基础教育财政体制做支撑，以确保基础教育获得充足的投入。在我国，基础教育分为义务教育阶段和非义务教育阶段，其中，九年义务教育是每个中国公民的权利和义务。义务教育阶段的适龄儿童有 2/3 生活在农村，可以说，我国现阶段基础教育财政工作的重点在义务教育、难点在农村。事实上，进入新世纪以来，农村义务教育的经费保障工作被党中央和国务院视为教育工作的重中之重，因此，下面将以义务教育尤其是农村义务教育作为行文的落脚点，对改革开放 30 年以来我国基础教育财政体制的变革进行梳理和探讨。

1. "地方负责、分级管理" 财政体制的形成

改革开放以来，随着国家经济和财政体制改革的不断深化，打破决策高度集中、僵化的基础教育财政管理体制，进行教育财政体制的分权化改革是历史的必然。改革具体的制度安排包含在中共中央、国务院颁发的几

个重要文件和全国人大通过的相关法律中。1985 年《中共中央关于教育体制改革的决定》明确提出"基础教育的管理权属于地方",筹措基础教育经费成为地方的责任。此后,按照《中华人民共和国义务教育法》(以下简称《义务教育法》)、《〈中华人民共和国义务教育法〉实施细则》和《中华人民共和国教育法》等文件的规定和相关法律要求,实施义务教育所需的事业费和基本建设投资,由国务院和地方各级人民政府负责筹措。按国务院规定,地方各级政府在城乡征收教育费附加,主要用于基础教育中的义务教育阶段;义务教育阶段所需的基建投资采取地方拨款、群众捐资相结合的办法筹集,其中农村义务教育学校的校舍建设以乡、村自筹经费为主,中央对经济困难地区予以适当的补助。同时,允许中小学收取一定的学杂费。至此,"地方负责、分级管理"的基础教育财政体制得到确立。

随着基础教育"地方负责、分级管理"这一高度分散的财政体制的逐步确立,地方政府尤其是基层政府实际上成为实施义务教育的主体,承担着义务教育 90% 以上的办学经费。其中,城市义务教育办学经费主要由市财政承担,农村普及义务教育的经费主要由县乡政府负担;中央政府在整个义务教育经费的筹措和分配中仅占较低的比重或份额。相关研究指出,1988 年,我国义务教育阶段预算内经费来源构成中,中央政府预算内经费所占比重仅为 9.15%,此后多年,地方政府预算内教育经费所占比重一般在 90% 左右;在各级地方政府中,省级政府更多是从业务上对义务教育实施统一的指导和管理,对义务教育仅提供了有限的补助。① 可见,改革开放后很长一段时间,中央和省级财政对义务教育的支持非常有限,基础教育的绝大部分资金都来源于基层政府,基层政府对教育财政支出的决策行为,决定了基础教育经费的充裕与否,进而决定了教育的质量。

2. 农村税费改革与义务教育"以县为主"的新体制

进入 20 世纪 90 年代以来,分税制在我国全面实施。尤其是从 1999

---

① 芃景州:《教育投资经济分析》,中国人民大学出版社 1996 年版。

年开始，农村税费改革逐步推行，包括：取消乡统筹费、农村教育集资等专门面向农民征收的行政事业性收费和政府性基金、集资；取消屠宰税，随屠宰税征收的其他收费也一并取消；取消统一规定的劳动积累工和义务工；调整农业税政策；调整农业特产税政策；改革村提留征收使用办法，用农业税附加方式替代村提留。

农村税费改革给农民带来了实惠，有效地改善了农民的收入水平，农民子女接受教育的经济障碍得到消除，对教育的需求大大增加。但是，由于这项改革取消了农村教育费附加和教育集资这两项重要的农村教育投资来源渠道，对农村教育投资带来了重大的影响。以 2002 年为例，农村教育费附加比 1998 年减少了 98 亿元，农村教育集资比 1998 年减少了 35 亿元。教育供给与需求之间出现了巨大的缺口。

虽然中央和省级政府从"九五"开始，通过逐年加大转移支付的力度来缓解巨额经费缺口，但农村学校运转仍有很多难题无法靠自身的力量去化解，导致农村义务教育陷入了困境，呈现出越来越严重的问题，如"普九"负债、教师工资大面积拖欠、农民负担加重等。这些问题的存在影响了基础教育的健康发展，以提升义务教育财政保障重心为出发点的基础教育财政体制改革势在必行。

为了解决农村教育经费的保障问题，2001 年国务院颁布了《关于基础教育改革与发展的决定》，提出建立"以县为主"的新体制。2002 年，《国务院办公厅关于完善农村义务教育管理体制的通知》突出强调义务教育在管理体制上要实现两个重大转变，即把农村义务教育的责任从主要由农民承担转到主要由政府承担，把政府对农村义务教育的责任从以乡镇为主转到以县为主，中央政府给予必要的支持。至此，"在国务院领导下，由地方政府负责，分级管理，以县为主"的义务教育体制得到确立。新体制与原来的体制相比有两个显著的特点：一是中央和省级政府要加大对县级政府的转移支付；二是明确规定县级政府是农村义务教育的主要管理者和提供者（以县为主），教师工资直接由县级财政部门发给教师个人，乡镇级政府在教育上的主要作用是作为县级政府的辅助者。新体制的主要目的在于弥补由于税费改革所带来的财政缺口，确保教师工资按时发放。

在"以县为主"的办学体制下，县级政府负责调整本级财政支出结构，增加教育经费预算，合理安排使用上级转移支付资金，确保按时足额统一发放教职工工资，统筹安排农村中小学公用经费，筹措并安排使用新增校舍建设和危房改造资金，组织实施农村中小学危房改造和校舍建设，购置图书资料、教学仪器，改善办学条件；乡镇政府负担部分公用经费，提供新建、扩建校舍所必需的土地，改善农村中小学办学条件。中央政府设置贫困地区专项补助、困难地区危房改造专项补助、贫困县教职工工资补助、助学金专项补助；省（自治区、直辖市）政府设置贫困县教职工工资补助、困难地区危房改造专项补助；市（自治州）政府设置贫困县教职工工资补助、农村中小学危房改造补助。由此可见，在"以县为主"的办学体制确立之初，中央、省、市财政转移支付资金只有贫困县才能享受，不仅补助的范围狭窄，而且资金非常有限。农村义务教育经费的主要来源是县级财政资金和乡镇财政资金，其中很大一部分包括纳入县级财政收入的由乡镇依法征收的农村教育费附加、乡统筹费、农民义务工（主要用于农村的校舍建设）、义务教育集资费、捐赠款等；县级政府成为了当时我国义务教育的最重要的投资主体，县级财政收入及教育费附加成为了义务教育最主要的财政经费来源。

3. 新机制的实施与义务教育财政重心的上移

较之过去"财政收入保工资、教育附加保运转、教育发展靠集资"的不稳定、不健全、不规范的投入制度，"以县为主"的义务教育办学体制具有重要的进步意义。然而，大量的县级财政状况并不理想：2003年，县、乡（镇）财政收入之和在当年全国财政总收入中所占份额还不到22%，而中央政府占55%，省和地（市）两级占27%；全国2109个县级行政区域中，财政收入过亿的不到600个，财政补贴县却多达1036个①。

---

① 张玉林：《中国农村教育：问题与出路》，来源：中国三农网，http：//www. sannongzhong-guo. net/shownews. asp？newsid = 10740。

县级政府连维持自身的正常运转都力不从心，加之已有的沉重债务负担，若把保证教师工资、保证学校危房改造、保证公用经费等义务教育经费保障责任完全交给县级政府，势必造成"小马拉大车"的矛盾，义务教育投入不足等问题将日益严重。因而，提升义务教育财政保障重心是解决问题的关键。

2005 年以来，我国财政体制改革的重点是减轻农民负担。在这一背景下，一系列教育工程密集实施。作为减轻农民负担的重要举措，中央在建立公共财政的框架下，提出了农村义务教育经费保障新机制。2005 年 12 月 24 日，国务院发布了《关于深化农村义务教育经费保障机制改革的通知》（以下简称《通知》），决定按照"明确各级责任、中央地方共担、加大财政投入、提高保障水平、分步组织实施"的原则，建立中央和地方分项目、按比例分担的农村义务教育经费保障机制。《通知》明确提出，从 2006 年开始，全部免除西部地区农村义务教育阶段学生学杂费；2006 年新的《义务教育法》颁布，进一步明确了新机制的内涵。义务教育经费保障机制应该主要包括以下六个方面：第一，教师工资的保障机制；第二，公用经费的保障机制；第三，校舍建设与改造的保障机制；第四，学生资助的保障机制；第五，多级政府的职责划分；第六，学校预算管理制度的完善。

2007 年按照新机制的实施计划，免除学杂费的政策扩展到中部和东部，同时，免费教科书的覆盖范围也扩大到全部农村学生并补助寄宿生生活费。2008 年国家计划进一步提高公用经费标准，农村小学生均公用经费将达 300 元/年，初中生均公用经费标准将达 500 元/年。另外，贫困寄宿生补助中央与地方按照各 50% 的方式分担。对于校舍改造，按照中央与地方共同分担的方式，每年共投入约 75 亿元，按照目前全国农村义务教育阶段校舍面积的折旧，基本上能够满足义务教育阶段校舍改造的需要。

此次改革的一大亮点是，明确了各级政府的责任，加大了中央以及省级政府投资农村义务教育的责任，提高了义务教育的经费保障重心，将义务教育所需经费纳入财政保障范围。政府为基础教育投入大量资金，使得农村义务教育发展变得血脉畅通。相关统计显示，新机制实施后，2006年、2007年全国各级财政已投入教育资金926亿元，预计"十一五"期间，各级财政投入将累计达2600多亿元；2006年全国用于农村义务教育的总投入达到2177.28亿元，为2002年的1.73倍；农村义务教育投入中，政府预算内拨款所占比重不断提升，2006年已达86.8%；农村义务教育财政预算内拨款总计为1880.5亿元，为2002年的1.9倍；从2007年起的三年内，全国财政将新增经费470亿元左右，用于调整完善农村义务教育经费保障机制改革的有关政策，这将进一步促进农村义务教育政府办目标的实现。

新机制综合考虑了农村义务教育的发展需要，是党中央和国务院总揽全局、高瞻远瞩作出的关于教育工作的一项重大决策，是建设社会主义新农村，减轻农民负担的重大举措，改革的最终目标是逐步把农村义务教育全面纳入公共财政的保障范围，确保农村义务教育的长远发展。截至目前，新机制的实施惠及全国40多万所农村义务教育学校，近1.5亿名农村中小学生免交了学杂费，3800万名家庭经济困难学生得到了免费教科书，780万名家庭经济困难的寄宿生得到了生活费补助。农民的教育负担得到切实减轻，平均每年每个小学生家庭减负140元，初中生家庭减负180元。广大农民高兴地概括了这一变化："种田不纳税，上学不交费，农民得实惠，和谐好社会。"

（二）高等教育财政体制改革

1. 中央和地方之间权力和义务的再分配

1980年以前，我国高等教育办学的权力与义务实质上是中央政府独自承担，高校经费由中央财政统一规划后"戴帽下达"，地方政府不过是中央计划的执行者以及中央财政经费的管理者和"二传手"。1980年以后，伴随着教育财政体制"分灶吃饭"的改革，我国高等教育办学的权力与义务在中央和地方之间进行再分配：1985年《中共中央关于教育体制改革的决定》确定了高校投入实行责任分担的精神；1986年《高等教育管理职责暂行规定》对教育部、国务院有关部门及省级政府的高等教育管理职责和权限作了进一步明确规定。由此，我国的高等教育财政形成了"条块分割"、"共同管理"、"共同投资"的局面，确立了中央、省和中心城市三级办学，中央和省两级管理的高等教育办学和管理体制。高校按照其归属从不同层级的政府获得经费：中央各部委举办和管理的学校由财政部拨款，地方举办和管理的学校由地方财政拨款，中央不再统一高等教育财政。这种高等教育投资体制俗称"谁办谁管谁出钱"，它改变了原来由中央一级财政部门与教育部门联合下达教育事业支出指标后，由地方财政部门负责执行的体制，把地方高等教育的管理权和责任同时交给了地方政府，使它们可以根据本地社会经济发展状况以及实际需要，因地制宜地调整本地的高等教育结构。

自此，我国高等教育办学新体制基本确立，中央政府和地方政府共同分担高校经费，地方高校所需经费由各省财政部门负责计划拨款，中央财政不再统一计划拨款。与原来高度集权的高等教育办学体制相比，新体制的确立将地方高等教育机构发展权力交给地方政府，扩大了地方的高等教育财政自主权，有利于调动地方政府的积极性。地方政府可以根据本省经济发展的实际需要调节地方高等教育的发展，促进地方高等教育事业与当地经济和社会发展的紧密结合。但是，中央和地方之间权力和义务再分配后建立的高等教育办学体制，容易造成区域间教育发展的不平衡，中央的宏观调控作用不可忽视。

2. 高校"成本分摊"制度和学生资助体系的确立与完善

（1）高校"成本分摊"制度的确立

1978 年以前，高等教育一直被视为福利性事业，高校投入的 98% 来自财政，高校学生不仅不需要缴纳学费，同时还能享受较高的助学金。但是，单一化筹资制度的背后是高等教育规模较小，学生毕业后必须服从分配，接受很低的工资收入，形成严重的"脑体倒挂"现象。改革开放后，广大人民群众对接受高等教育的热情不断高涨，扩大高等教育规模势在必行。然而，伴随着高等教育规模的扩大及办学成本的不断攀升，因放权让利已入不敷出的财政无力负担不断提高的教育经费需求，教育需求与供给存在严重矛盾；改革是唯一的出路。自20世纪80年代，高等教育"成本分摊"制度逐步推行并得以确立。实施"成本分摊"改革最大的亮点是高校学费制度的确立，到目前，学费已成为高校经费的第二主渠道，下面将结合高校学费制度的发展历程来介绍高校"成本分摊"制度的确立。

事实上，高校收费是与"双轨制"改革同步进行的。在最初的摸索阶段，少数学校在完成政府的招生计划外，招收少量不包分配的自费生和用人单位急需的委托培养生，对其收取较高的学费或委托培养费。1985年颁发的《中共中央关于教育体制改革的决定》，明确提出"高校在执行国家政策前提下，有权招收计划外委托培养生和自费生，实行国家计划招生、用人单位委托招生、招收少数自费生三种招生办法"。该政策的出台对高等教育投资体制改革具有重要意义，由此拉开了高等教育经费由国家全额负担的旧体制，向国家和个人共同分摊的新体制转变的序幕。

1987年，国家把原来的助学金改为奖学金、助学金和贷学金，并鼓励高等院校拓宽经费来源渠道。1989年，国家教委等三部委联合发布《关于普通高等学校收取学杂费和住宿费的规定》，从政策上肯定了高等教育应该实行成本分摊和成本收回制度。按规定，高等学校计划内新生收取学杂费和住宿费，学杂费每年100元，住宿费每年20元。对计划内学生收费标志着我国高校收费制度普遍实行。

1993年中共中央、国务院颁发的《中国教育改革和发展纲要》提出"改革上大学由国家包下来的做法，逐步实行收费制度"，进一步明确了高等学校要实行学费制度。从1995年开始，我国分步实施高校招生收费的"并轨"政策，并于1997年完成。从1992年到1997年，全国普通高校的学费收入从约5亿元增加到120.8亿元，占高等教育事业费的比例从4.6%增加到17.2%，[①] 学费已经成为高校的第二大稳定收入来源。

① 蔡克勇：《90年代中国教育改革大潮丛书：综合卷》，北京师范大学出版社2002年版，第83页。

　　随着高校学费制度的确立及学费标准的不断提高，高校生均学费占人均国民生产总值（GDP）的比重以及占预算内教育事业费的比重均不断提升（见图2）。高校生均学费占人均 GDP 的比重已经从 1993 年的 20% 上升到 2000 年的 65%，高校生均学费占生均预算内教育事业费的比重从 1993 年的不足 15% 上升到 2000 年的 50% 以上。2000 年以后，高等教育学费整体数量以及占高等教育经费总量的相对比例逐步趋于稳定。

　　我国高等教育"成本分摊"制度尽管起步较晚，但发展很快，通过实施这一制度进行的合理的成本分担，不仅拓宽了教育经费的来源渠道，而且弥补了高校办学经费的不足，有力促进了高等教育事业的发展。

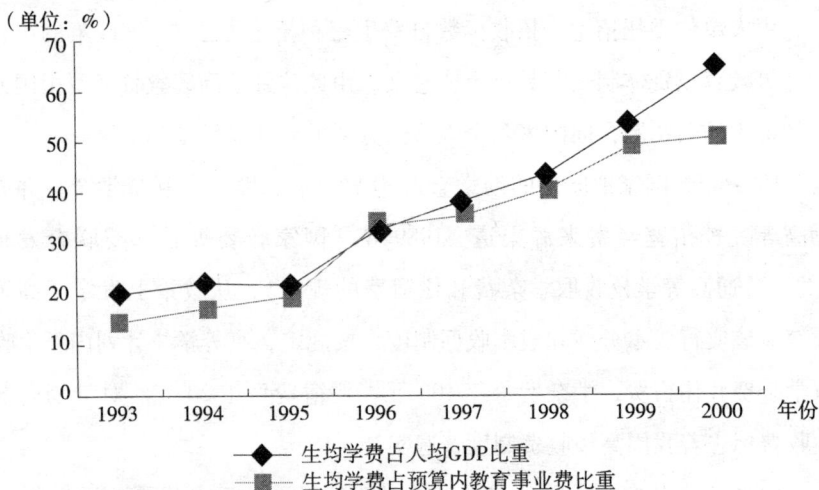

（单位：%）

图 2　1993—2000 年高校生均学费状况

（资料来源：《2000 年全国普通高等学校收费资料汇编》；国家教育委员会财务司编：《中国教育经费统计资料 1994》中国统计出版社 1994 年版；历年《中国教育经费统计年鉴》，中国统计出版社出版）

（2）高校学生资助制度的确立与完善

　　高校学生资助制度与高校学费制度相伴而生，它担负着帮助贫困学生顺利入学、完成学业和维护教育公平的重任。国家教委 1993 年对 19 所高校的调查结果显示，1993年，25%的城市学生、30%的县镇学生、60%的农村学生支付学费有困难，而申请贷款的城市、县镇、农村学生比例均在25%以下，原定贷款限额仅能部分缓解学生吃饭的问题，贷款总金额只占学生总体消费金额的2.3%，80%以上的学生把贷款用于支付生活费中的伙食费①。由此可见，高校学生资助制度落后于"成本分摊"制度。为了解决教育的公平性问题，防止有能力的学生因为贫困无法获得接受高等教育的机会，需要尽快建立一套完善的贫困生资助体系。

为此，国务院在中央财政十分困难的情况下，从1994年至2001年，动用总理预备费，拨出11亿元以上的专款用于贫困生生活补助。从1997年开始，由中国人民银行牵头，教育部、财政部等有关部门配合，就建立教育储蓄、教育保险和国家助学贷款制度进行研究，并起草相关文件，经国务院批准，于1999年起在全国执行。在相关各方的艰苦探索和共同努力下，经过数十年的发展，我国已经基本建立起以奖助学金、学生贷款、勤工助学和学费减免为主的多元化高校学生资助制度。

进入21世纪以来，高校学生资助制度得到进一步完善，具体表现在高校助学贷款新机制的推行、国家助学奖学金和绿色通道的设立这三个方面。

高校助学贷款新机制　2004年，国务院办公厅转发《教育部、财政部、人民银行、银监会关于进一步完善国家助学贷款工作的若干意见》，对国家助学贷款的运行机制进行重大改革。通过改革财政贴息方式、延长还贷年限、采取招标方式确定经办银行、建立风险防范补偿机制、防范贷款风险等，进一步理顺政府、银行、高校和学生之间的经济关系，初步形成风险共担的助学贷款运行机制。截至2005年10月31日，中央部门所属115所高校已全部落实国家助学贷款承办银行，地方政府也基本上落实了公办全日制普通高校的承办银行。全国应开办国家助学贷款的高校共计1595所，已开办1239所，落实比例达77.7%。至2005年年底，全国累计已审批贷款学生206.8万人，审批合同金额172.7亿元。2006年，为实

---

① 马永霞：《改进中国高等教育财政的设想》，《教育与经济》2002年第4期。

现"不让一个学生因为交不起学费而辍学"的承诺，财政部、教育部对高校和地方政府实行严格的规定，从制度上规范和激励相关部门加强高校学生贷款执行力度。2007 年，为进一步完善国家助学贷款政策，生源地信用助学贷款在我国开始推行并已初显成效。

设立国家助学奖学金　根据国务院会议精神，2004 年，中央财政安排 2 亿元设立"国家助学奖学金"，对全国公办全日制普通高等学校在校本专科贫困生进行资助。2005 年，制定并出台《国家助学奖学金管理办法》，专项资金总额增加至每年 10 亿元，其中：国家奖学金额度为每人每年 4000 元，每年资助 5 万人；国家助学金为每人每月 150 元，每年按 10 个月发放，每年资助约 53.3 万人。2007 年实施的新资助体系，中央政府继续设立国家奖学金，标准提高到 8000 元/生/年，每年奖励 5 万人；高校国家助学金标准提高到 2000 元/生/年，每年资助约 340 万人，约占在校生总数的 20%。到目前为止，中国高校奖学金主要涵盖了 7 种形式，分别是：国家助学奖学金；优秀学生奖学金；专业奖学金；定向奖学金；研究生奖学金，包括优秀奖学金和普通奖学金；学校自行设立的各种奖学金；社会组织或个人为资助贫困家庭学生或吸引人才而在学校设立的各种专项奖学金。

设立绿色通道　为保证家庭经济困难学生顺利入学，教育部、国家发改委、财政部规定各公办全日制普通高等学校都必须建立"绿色通道"制度，即对录取入学、家庭经济困难的学生，学校一律先办理入学手续，然后再根据核实后的情况，分别采取不同办法予以资助。2006 年，全国公办全日制普通高校家庭经济困难学生资助总金额约为 174 亿元（不含粮油副食品补贴），共资助近 1000 万人次。在 2006 年，通过"绿色通道"入学的家庭经济困难学生达到 39 万人。

2007 年生源地助学贷款发放 6 亿元惠及 11.3 万人

生源地信用助学贷款是指符合条件的家庭经济困难学生或其合法监护人，向家庭所在地的信用社、银行等金融机构申请办理的无须担保或抵押的助学贷款。生源地助学贷款于 2007 年 8 月开始在江苏、湖北、重庆、陕西、甘肃 5 省市试点推行。试点工作启动 4 个月以来，取得显著成效，截至 12 月 17 日，试点 5 省市共计 443 个县（区）实现生源地信用助学贷款全覆盖，获得贷款总人数 11.3 万人，合同金额 13.5 亿元，今年已发放 6 亿元。重庆、甘肃、陕西 3 个省市的生源地信用助学贷款审批人数已经超过了 2006 年高校国家助学贷款的审批人数，其中，甘肃省是去年的 4 倍。

全国学生资助管理中心副主任马文华说，生源地信用助学贷款的特点主要有：扩大了借款人范围，根据国家有关规定批准设立、实施高等学历教育的全日制普通本科高校、高等职业学校和高等专科学校（含民办高校和独立学院）正式录取，取得真实、合法、有效的录取通知书的新生或高校在读学生都可以提出申请；延长了还款期限，原则上按全日制本、专科学制加 10 年确定，最长不超过 14 年；改变了利息计收方式，学生在校期间利息由财政全额补贴，毕业后由借款人按年度支付；增加了学生家长（或其他法定监护人）作为共同借款人，共同承担还款责任；改进了贷款操作流程，国家开发银行、受国家开发银行委托的其他有关金融机构、县级资助管理机构以及普通高中等有关方面各司其职，互助合作。①

3. 高等教育拨款模式的改革

1986 年以前，高等教育财政拨款模式为"基数加发展"，即政府按高校的规模及日常开支需求核定一个拨款基数，以后各财政年度的经费预算便在上年基数上，按财政状况增减本年度的经费数。由于投入基数的确定缺乏科学依据，各教育机构的拨款基数不一，学生人均经费支出差别较

---

① 资料来源：《中国教育报》2007 年 12 月 19 日。

大，可能造成学校招生增多但生均经费相对下降的不合理现象，从而带来教育发展不均衡。这种资金分配方式不利于高等教育规模的扩大，不利于教育机构成本的节约，因此，高等教育拨款模式改革逐步展开。

（1）"综合定额加专项补助"的拨款模式改革

1986 年，国家教委、财政部联合颁发了《高等学校财务管理改革实施办法》，提出对高等学校教育事业费的拨款办法进行改革，在年度预算核定方式基础上，把原来的"基数加发展"的事业费拨款方式改为"综合定额加专项补助"的拨款方式。

"综合定额"是基于"定员定额"的原理，即经费总量根据有关政府主管部门制定的不同层次、不同类型、不同地区生均经费的定额标准和高校在校生数来核定下达。综合定额部分包括教职工人员经费、学生奖贷学金、行政公务费、教学业务费、设备费、修缮费、其他费用等各个项目。"专项补助"是对"综合定额"的补充，它是在考虑学校的各种特殊需要后，由财政部门和教育主管部门根据国家政策导向和学校特殊需要单独核定下达，"专项补助"大体包括四方面：学校发展建设经费，包括新建学科和专业的开办费，重点学科、专业和实验室的建设经费等；师资队伍培训建设经费，包括研究生、教师等在国内与国外进修与培训的经费等；学生培养不相关经费，包括离退休人员经费等；特殊项目补助，包括外籍专家经费、世界银行贷款的国内配套设备费等。

"综合定额加专项补助"强调高校有权按照"包干使用，超支不补，节余留用，自求平衡"的原则，自主统筹安排使用主管部门核定的预算经费，允许高校将上年度预算结余部分转入下年度使用。这样增加了高校安排经费的主动性、自主性以及责任感，并在一定程度上促进高校加强财务管理、避免浪费以提高资金的使用效益。与过去"基数加发展"拨款模式相比，"综合定额加专项补助"的拨款模式提高了高校经费拨款的透明度，明确和细化了拨款的具体依据，克服了"基数加发展"分配模式的随意性，有着不可忽视的进步意义。

（2）"基本支出加项目预算"的拨款模式改革

尽管"综合定额加专项补助"的拨款模式较"基数加发展"的模式有所改进，但其缺陷也很明显：一是该模式根据前几年生均综合支出水平、经费开支情况确定各高校教育经费的需求量，掩盖了历史中存在的问题①；二是单一政策参数的拨款公式过于粗糙，未能反映高校的实际成本行为，对院校种类间的差异考虑不够；三是把在校生数作为唯一的政策参数后，对高校只具有数量激励效应，高校受经济利益驱动，容易导致一些高校不顾办学条件盲目扩招，进而影响办学质量，产生教学质量、学生能力下降等诸多问题②。进入新世纪以来，为克服"综合定额加专项补助"拨款模式存在的问题，国家进一步改革了高等教育拨款模式。

事实上，高等教育拨款模式的改革是与 2002 年中央部门预算核定方式的改革配套进行的，自此，高等教育拨款模式逐步由"综合定额加专项补助"变为"基本支出加项目预算"，即"基本支出预算＋项目支出预算＋绩效支出预算"，这是一种公式拨款和项目计划预算的混合。基本支出预算以公平为导向，主要解决学校正常运转、完成日常工作任务所需的经费，这部分经费的拨款模式以现行财政拨款模式为主，主要按照生均成本和学生数进行拨付，以保证基本经常费对每所学校、每个学生的起点公平；项目支出预算主要是解决学校的大型修缮和某些专项业务活动而发生的支出，按项目拨款实行项目管理；绩效支出预算以提高资金使用效率和效益为导向，是从中央本级财政教育经费中，每年单独切出一块经费设立绩效拨款基金，在评估的基础上进行拨款改革，并辅之以体现国家利益导向的特色及创新拨款③。

通过改革，从以学生数为单一政策参数的拨款模式变成多政策参数的

---

① 王序坤：《高等教育财政拨款方式的改进》，《浙江社会科学》1999 年第 6 期。

② 柯佑祥：《高等教育财政体制的理论与实践分析》，《江苏高教》1999 年第 2 期。

③ 范文曜、马陆亭：《国际视角下的高等教育质量评估与财政拨款》，教育科学出版社 2004 年版、第 236 页；马陆亭：《高等教育财政拨款模式改革研究》，《北京教育（高教版）》2006 年第 5 期。

拨款模式，较好地反映了高校的成本行为，保证高校保持相应的压力和动力，促使其合理定位、办出特色。当然，改革的道路永无止境，高等教育拨款模式还需要在实践中不断完善并改进。

4. 高校改革的深化及其财政配套

（1）"211 工程"、"985 工程"的实施及其财政配套

是否拥有世界一流大学，是一国高等教育发展水平的标志以及综合国力的集中表现，更是一国经济和社会发展到一定阶段的必然需求。中国是高等教育的大国但并非强国，要缩小与发达国家在高等教育上的差距，最有效的办法是"重点建设带动整体发展"。江泽民指出："为了实现现代化，我国需要若干所具有世界先进水平的一流大学"。20 世纪 90 年代，高等教育改革中浓墨重彩的篇章是"211 工程"和"985 工程"，它们在世纪之交为中国高等教育的发展起到了极大的推动作用，而财政配套是这些工程得以顺利实施的保障。

"211 工程"资金采取国家、部门、地方和高校共同筹集的方式解决。建设资金主要由学校所属的部门和地方政府筹集，中央安排一定专项资金给予支持，并对工程建设起指导和调控作用。部门和地方政府的专项资金，优先保证国家重点学科、高等教育公共服务体系建设的需要，并安排好有关高等学校提高水平所必需的基础设施建设；中央专项资金主要用于国家重点学科和高等教育公共服务体系建设，补助少数高等学校整体水平提高所需基础设施的建设。[1] "九五"期间，"211 工程"的建设资金总计约 109 亿元，其中，中央专项资金 27.6 亿元、部门配套 31.7 亿元、地方政府配套 24.9 亿元、学校自筹 23.6 亿元、其他渠道筹资 1.2 亿元；同时，部门和地方政府还安排了相关的基础设施配套资金 74.7 亿元；在资金的使用上，用于重点学科建设 62.1 亿元、公共服务体系建设 36.8 亿元、基础设施建设 10.1 亿元。[2] "十五"期间，"211 工程"在全国 107

---

[1] "211 工程"部际协调小组办公室：《"211 工程"发展报告》，高等教育出版社 2007 年版，第 8 页。

[2] 李岚清：《李岚清教育访谈录》，人民教育出版社 2003 年版。

所大学实施，建设资金总计约 187.5 亿元，其中中央专项资金 60 亿元、部门和地方配套 59.7 亿元、学校自筹 67.8 亿元；在资金事业上，用于重点学科建设 97.9 亿元、公共服务体系建设 37.1 亿元、师资队伍建设 22.2 亿元、基础设施建设等 30.4 亿元。从 2008 年开始，中央财政将安排 100 亿元（由财政部和发改委各负责 50 亿元）投入"211 工程"三期建设，继续保障"211 工程"的顺利实施。①

"985 工程"建设的总体思路是：以建设若干所世界一流大学和一批国际知名的高水平研究型大学为目标，建立高等学校新的管理体制和运行机制，集中资源，突出重点，体现特色，发挥优势，坚持跨越式发展，走有中国特色的建设世界一流大学之路。"985 工程"建设资金由多方共同筹集，积极鼓励有条件的部门、地方和企业筹集资金共建有关"985 工程"学校。其中中央专项资金重点用于"985 工程"科技创新平台和"985 工程"哲学社会科学创新基地和队伍建设，其他资金可根据学校"985 工程"建设规划进行安排。在"十五"时期，中央财政安排"985 工程"专项资金 158.86 亿元，针对"985 工程"专项资金的分配、使用和管理，财政部、教育部制定了《"985 工程"专项资金管理办法》，从制度上规范并保证高校人才的引进与培养、教学改革以及学科建设。2006 年，中央财政继续安排"985 工程"（二期）专项资金 45 亿元，有力地支持了创办世界一流大学和重点学科的建设。

经过"211 工程"和"985 工程"的建设，我国高等教育发展水平有了较大提高，但与世界一流高校的差距仍然很大。国家仍应保证财政配套，大力支持"211 工程"和"985 工程"的建设，进一步促进我国高等教育的发展。

（2）**加大教育投入，支持高校体制改革，确保学校平稳过渡**

自 20 世纪末开始，按照"共建、调整、合作、合并"的方针，约有

---

① 《介绍"211 工程"十年建设成就及开展三期工程建设的有关情况》，来源：中华人民共和国教育部网站，http://www.moe.edu.cn/edons/website18/13/info1215670620727513.htm。

200 多所中央部委所属的高校下划地方，实行"中央与地方共建，以地方管理为主"的新体制。为确保改革的顺利进行和划转院校的平稳过渡，中央财政按照上年财政拨款扣除一次性专项后再上浮 15%，作为划转地方教育事业费基数 45 亿元。此外，自 2000 年起，中央财政还专门设立了"中央与地方共建高校专项资金"，用于解决共建高校发展中的困难和遗留问题，"十五"期间共计安排 56.4 亿元。

与此同时，针对高校扩招带来的问题，例如，学校基础办学条件不能满足高校扩招后的学生需要、教学质量下降等，中央财政设立了"中央部门所属高校修购专项资金"，支持学校房屋修缮、基础设施改造和大型仪器设备购置。"十五"期间，中央财政总计安排中央高校修购专项资金 91.2 亿元，安排中央在京高校学生公寓建设"4·2·1"工程专项资金 30 亿元，改善了学校教学环境和学生生活环境，提高了教学装备水平，在一定程度上解决了高校扩招带来的新问题。

三、完善教育财政体制、加大教育投入的政策建议

自改革开放以来，中国教育财政体制的改革在构建公共教育财政体制、保障教育经费投入等方面取得了巨大成就：中国从高度集中的教育财政体制转变为中央与地方共同分担的公共教育财政体制；财政的大力支持使中国从一个义务教育保障的低水平国家跻身于世界高水平国家行列，实现了向"人民教育政府办"的转变；从福利式的高等教育经费保障模式转为以"成本分摊"为原则、以政府为主的高等教育多渠道筹资体制；高校学生资助制度的不断深入和完善，保证了教育的公平。但在成绩的背后，我们必须清醒地认识到前行的道路还相当漫长，其间面临着诸多艰难和挑战，例如：我国教育投资水平仍低于国际平均水平，财政性教育支出占国民生产总值 4% 的目标仍未实现；在公共教育经费的分配上，资源配

置的均衡性有待增强；教育多元化投资体制存在着激励与监督缺陷；等等。中国教育财政体制需要不断改革，改革的着眼点不仅是解决眼前的问题与困难，而是建立一套与社会主义市场经济体制相适应的教育投入体制，以保证我国教育事业稳定、持续、健康发展。

（一）激励政府提高投资教育的努力程度

从教育的产品属性、作用和意义出发，政府投入是我国教育经费来源的主要渠道。改革开放以来，各级政府不断加大对教育的投入，中央和地方政府公共支出中教育支出所占比重逐年上升，但与国际比较，我国政府在教育投入中的主渠道作用还显得较为薄弱。就财政性教育支出占国民生产总值的比重这一衡量政府教育投入努力程度的指标来看，1994年世界平均水平达5.2%，发展中国家平均水平也已达到4.2%；而中国，尽管在1993年《中国教育改革和发展纲要》中已经提出"逐步提高国家财政性教育经费支出占国民生产总值的比例，本世纪末达到4%"的教育投入目标，但到目前为止，这个目标还没有实现。直到2006年，国家财政性教育经费占GDP的比重也仅为3.01%；"九五"期间该项指标平均值为2.76%，"十五"期间该项指标平均值为3.08%，较上期提高了0.5个百分点，但离4%的目标还存在相当大的差距。

中国财政性教育经费占GDP比重较低主要有两方面原因：一是我国财政力量不足，并且处在经济转型时期，要解决的社会问题太多，无法对教育大规模投入；二是政府对教育投入缺乏动力。由于当前各级政府大都以经济建设为先，而教育投入存在外溢性和滞后性，投入教育不能使政府官员在短期内获得较大的政绩，因此，政府的教育投入水平一直徘徊在较低水平。解决政府教育投入主渠道作用薄弱第一要靠经济的发展，第二需要改革体制解决官员的短视行为，提高各级政府投资教育的努力程度。

（二）国家首先保障义务教育投入的方向不能动摇

作为现代国民教育体系的根基，义务教育的实施关系到国民素质的提高，关系到社会文明的进步，进而影响到国家安全及长远发展，国家公共财政必须首先为社会提供义务教育这种公共产品。进入 21 世纪以来，保障义务教育尤其是农村义务教育成为国家教育财政投入的重中之重，伴随着一系列工程以及新机制的实施，农村义务教育实现了"人民教育政府办"的转变。在财力有限的情况下，优先解决问题最为严重的农村义务教育问题符合历史发展规律，但是，义务教育经费保障问题在城市同样存在。义务教育经费保障工作并不是三五年就能完成的，需要一个长期的过程，国家首先保障义务教育投入的方向不能动摇。

对于农村义务教育，必须切实落实"以县为主"的管理体制，继续保证较高的经费保障重心，不断扩大中央和省级预算中农村义务教育所占比重，以规范的转移支付制度平衡地区间、城乡间的差异。对此，应按项目划分基础教育的投入责任，明确并加大中央和省级政府在基础教育中的投入责任：农村义务教育人员工资的负担责任全部落实到中央财政；省级政府统一支付农村中小学教师的各项经费补贴；省级政府通过规范的转移支付制度对贫困县给予重点支持；省级政府设立义务教育专项基金，用于城乡义务教育的奖励和补贴以及对弱势群体的救助。[1]

伴随着城市免费义务教育的全面推开，城市义务教育阶段校际间资源分配不均衡所带来的不公平问题亟待解决，城市低保户家庭子女生活资助问题是构建和谐社会中不应忽视的问题，保障城市"流动儿童"接受义务教育同样应引起相关部门高度重视。

通过"流动儿童"义务教育经费投入问题，我们可以看到城市义务教育经费保障问题仍然任重而道远。随着城市化进程的加速，越来越多的

---

[1] 胡平平、张守祥：《农村义务教育投入保障机制及管理体制问题研究》，科学出版社 2003 年版。

人口跨城乡、跨区域流动，然而，我国"地方负责"的义务教育管理与财政体制，以及儿童受教育权依附于传统的户籍制度的做法，阻碍了"流动儿童"获得足够的教育资源，流动儿童"上学难、上学贵"问题严重影响了教育公平。解决流动儿童受教育问题需要国家加大投入，以规范的制度保障儿童受教育权。1. 中央财政应适当改革义务教育投入机制，加大教育经费的转移支付力度，减少地方间义务教育投资水平的差异，降低当前义务教育投资体制下各地生均投入的差异，促进流出地教育质量的提高，缩小流入地和流出地教育水平的差异，吸引学生回流，缓解流入地政府的压力。2. 建立专门的"流动儿童"义务教育经费保障制度，中央政府设立专项资金，对农民工子女聚集地和地区进行补贴；各市级财政对接收农民工子女较多、办学困难的区县、学校给予一定的专项补贴；区县要按照在校生数划拨生均经费保证学校运转。3. 政府及教育主管部门应解决学校农民工子女义务教育的教师编制和人员经费问题。[①]

（三）完善高等教育学费和学生资助制度

高校扩招以来，越来越多的适龄人口跨入高校大门，单靠国家投入已不能满足高等教育"大众化"的经费需求。从教育收益原则出发，大学生上学缴费已得到各方认可，实施学费制度为高校筹集充足的资金，成为高等教育可持续发展的必要条件。然而，高等教育市场并不是完全竞争市场，学费更不是调节供需平衡的工具；高等教育从某种意义上来说，其经费仍是以政府投入为主，学费是其第二来源渠道。因此，在实行高校学费制度的过程中，政府必须发挥好调控作用，完善学费制度，确保学费标准的科学性及可承受性，规范学费收取制度，维护学生的合法利益；同时，建立完善的学生资助制度，避免和减少收取学费带来的高等教育起点和过程不公平问题。

---

① 朱小蔓：《对策与建议——2006—2007 年度教育热点、难点问题分析》，教育科学出版社 2007 年版。

规范高校学费制度的关键是建立必要的宏观调控机制，及时研究高校收费工作中出现的新情况和新问题，严格高校办学成本核算，制定出合理的学费标准。在制定学费标准时，应遵循补充性原则（即高校收取的费用只是作为办学经费不足的一种补充，公办普通高校仍然要坚持以政府投入为主，不允许以收费代替政府的正常拨款）、承受性原则（即收费标准要认真考虑我国的具体国情，充分顾及社会、学生家长或个人的经济承受能力）以及差异性原则（即允许不同地区、不同学校、同一学校的不同专业之间收费标准在严禁"双轨"的前提下可以有所不同）①。基于这三项原则，通过科学的手段核算出合理的高校学费标准，坚决杜绝各种乱收费现象，保障绝大多数家庭子女能上得起大学，防止因高学费而埋没人才，保护大学生及其家庭的利益。

若没有完善的学生资助制度，收取学费必定会使部分家庭贫困学生迫于"上学贵"的压力止步于高校大门之外，或者疲于打工赚钱而荒废学业，由此产生教育不公平问题，但是一旦建立完善的学生资助制度，这些不公平问题完全可以得到解决。目前，我国已建立起国家助学贷款、奖助学金、勤工助学和学费减免等多元化的高校学生资助制度。但由于高校学生资助制度仍不够完善，相关政策没有配套，在执行助学贷款制度时，政府、学校、银行、学生、家庭之间的关系没有理顺，这些政策举措在实施中遇到了不少困难。当前国家助学贷款政策执行得并不顺利，覆盖面偏小；政府和高校对奖学金制度认识不够，贫困生获得资助的难度总体较大、资助额度较小。建立完善的学生资助制度是实现教育公平的重要保证，为此，必须调整和完善国家助学贷款的实施机制、风险防范、组织领导；科学化地制定奖助学金制度，加大奖助学金的力度以及覆盖面，进一步改进和规范绿色通道制度，在减轻学生经济压力的同时激励学生努力学习；在资助对象上，要重点支持经济特别困难的学生；在资助导向上，要有利于高校毕业生到基层，特别是到艰苦地区、行业就业和工作。

---

① 张保庆：《规范高校收费全面落实贫困学生资助政策》，《中国高等教育》2004 年第 19 期。

（四）高校拨款强调与绩效挂钩

我国高等教育财政拨款模式虽然几经改革，但是纵观改革的变迁历程，高等教育拨款模式的质量激励效应还发挥得不够。有鉴于此，我们建议政府在拨款中应重视对学校教育质量的激励效应，借鉴国外拨款的经验，有步骤、有条件地引入实施绩效拨款机制，将政府拨款和高校产出相联系，以提高高等教育对经济和社会发展的贡献。

与传统拨款方式相比，强调绩效的目的是激励高校改进其目标和行为，在满足外部问责制要求的同时提高内部效率。若采用绩效拨款，在对学校拨款时，绩效拨款的评价将基于高校已经达到的成绩，而不是对高校未来将达到产出结果的预期，学校上年度产出质量（主要以教学和科研质量作为衡量指标）应成为学校下期获得拨款金额的重要指标。以美国为例，美国政府的公共拨款中含有大约16%的质量激励因素，在田纳西州的公共拨款机制中有单独的绩效拨款项目，其核心思想是提高教学产出的质量，进而提高国家人力资本。①

高校拨款与绩效挂钩，对高校产出进行科学的评价是关键。为此，国家可以设立专门的高校评价委员会，或招标社会中介机构，对高校教学质量进行评价，将评价的结果按照一定的权重折算，与其他的指标汇总后计算出高校最终拨款量，对于产出质量高的高校予以奖励，对于产出质量差的高校采取适当的惩罚措施。这种教育拨款机制强调"奖优罚劣"，采取绩效拨款的机制后，高校有了提高教育质量的动力，因为学校要获得更多资金，必须努力产出质量，质量提高后，高校能获得更加充裕的资金，学校的教学质量和科研水平更高，周而复始，高等教育的质量在盘旋中实现提升。

实施绩效拨款存在两个主要的困难。其一，如何设计科学合理的评价

---

① 孙志军：《国际比较与启示：绩效拨款在高等教育中的实践》，《高等教育研究》2003年第6期。

指标体系以综合评价高校的产出质量。高校是一个多产出部门,仅以教学为例,包含了本科生、硕士生以及博士生等,评价指标需要体现全面性。高校有不同的类型,对于综合院校与专科院校、文科院校与理工科院校等不同类型的高校,评价指标体系需要求同存异。数据的可得是评价指标得以运用的前提,评价指标需要兼有评价的权威性与数据的可能性。其二,如何保证评价委员会或中介机构在评价中的公正与客观。尽管中国已经出现了一些高校评价机构,但其评价结果并未和高校拨款挂钩,若要将评价结果与拨款挂钩,则对评价者和评价过程的公正性、客观性以及中立性都要作相当严格的规定。

(五) 加强对教育经费的监管力度

为保证教育事业的可持续健康发展,除了应进一步加大投入外,加强经费的监管也不可忽视。中国教育规模庞大,点多面广,情况复杂,资金投入量大,从政府到学校传递链条长,若在这其中经费的监管缺位,那么政府投入的教育经费经过转移支付过程后,学校真正能够得到的份额将难以保证。同时,经费监督不仅在于政府层面,也在于学校等微观层面,对学校、个人使用经费的情况也应加强监管,杜绝挪用,确保经费真正投入教育,切实提高教育水平。

以农村义务教育"新机制"经费的监管为例,财政部长谢旭人认为:"各级财政部门要继续完善农村义务教育经费保障机制专项资金的支付制度,加快拨付进度,对经费运行的全过程实施严密监管。要加强农村中小学财务管理基础工作,建立规范的中小学预决算制度,切实抓好预算执行和决算工作。对弄虚作假、挤占挪用资金等问题,必须及时纠正、严肃处理。同时,也要按照政务公开的要求,适时披露农村义务教育经费保障机制实施中的政策信息,接受社会监督。"①

---

① 《我国将建立农村义务教育经费监督检查机制》,中华人民共和国教育部网站,http://www.moe.edu.cn。

笔者认为，为防止经费被挤占和挪用，最有效的办法是加强制度建设，从中央政府到县级政府到学校，都应建立相关的经费监管制度，明确相关主体在经费使用中的责任及责任追究办法，以制度的力量规范资金的使用。与此同时，还应做到信息的透明化与公开化，通过舆论的力量约束资金规范使用。

参考文献

1. 蔡克勇：《90 年代中国教育改革大潮丛书：综合卷》，北京师范大学出版社 2002 年版。

2. 范文曜、马陆亭：《国际视角下的高等教育质量评估与财政拨款》，教育科学出版社 2004 年版。

3. 胡平平、张守祥：《农村义务教育投入保障机制及管理体制问题研究》，科学出版社 2003 年版。

4. 李岚清：《李岚清教育访谈录》，人民教育出版社 2003 年版。

5. 国家教育发展研究中心：《2006 年中国教育绿皮书——中国教育政策年度分析报告》，教育科学出版社 2006 年版。

改革开放30年教育事业发展的伟大成就

李敏谊

1978 年，党的十一届三中全会开启了中国改革开放的历史新时期。中国人民的精神面貌发生了历史性变化，最根本的就是在党的十一届三中全会重新确立的解放思想、实事求是的思想路线指引下，冲破了长期禁锢人们思想的许多旧观念，摆脱了许多思想上的枷锁和禁锢，振奋起伟大的革新创造精神、开拓进取精神和实干兴邦精神，激发出空前的积极性、主动性、创造性，取得了举世瞩目的发展成就。

改革开放 30 年，中国在经济上取得的成就让世界惊呼"巨龙腾飞了"。从 1978 年到 2007 年，中国国内生产总值（GDP）从 3645 亿元人民币增长到 246619 亿元人民币。1978—2006 年，我国 GDP 实现了年均 9.7% 的高速增长。2005 年，我国 GDP 已经赶超法国和英国，排名跃居世界第四。2006 年，我国 GDP 分别相当于美国、日本和德国的 20%、60.6% 和 91.3%。相应地，我国 GDP 占世界的份额也不断提高，2006 年已达到 5.5%。2002 年，我国人均国民总收入首次超过 1000 美元，达到 1100 美元；2006 年又超过 2000 美元，达到 2010 美元。按照世界银行的划分标准，我国已经由低收入国家步入了中等收入国家的行列。[①] 根据联

---

① 国家统计局：《从十六大到十七大经济社会发展回顾系列报告》，资料来源：中华人民共和国国家统计局网站，http://www.stats.gov.cn/tjfx/ztfx/sqd/。

合国开发计划署的统计，尤其是在 1990—2005 年，我国人均 GDP 的年增长率达到 8.8%，位居"金砖四国"（巴西、俄罗斯、印度、中国）的首位，也远远高于 OECD（经济合作发展组织）国家的 1.8% 和世界 1.5% 的平均水平。[①] 中国经济为世界经济发展作出了巨大的贡献。

经济的快速发展为教育事业的发展带来了春天，改革开放 30 年也是中国教育事业取得跨越式发展的伟大时期，同时深刻体现了教育在国家发展中的基础作用。各国的发展经验表明，教育发展与经济增长呈现正相关的关系。改革开放 30 年，教育事业的发展也为国家的可持续发展提供了基础。一方面，经济发展为教育经费提供了更有力的保障；另一方面，教育为经济发展贡献了更多的优质人力资源，同时各级各类教育，包括基础教育、高等教育、职业教育和民办教育等都发生了深刻的变化。

一、人力资源存量迅速扩大，人力资源水平快速提升

根据教育部的统计数据，1985—2006 年，我国教育人口从 2.3 亿飙升到 3.35 亿，教育人口比重从 22% 上升到 25.6%。[②] 改革开放 30 年来，各级各类教育快速发展，有力地提升了中国的人力资源水平。文盲人口显著减少，人均受教育年限不断提高，受过高等教育的人口比例不断提升，这些都使国民受教育水平和人力资源水平得到了快速的提升。

---

① UNDP(2007), *Human Development Report 2007/2008: Fighting Climate Change*, New York: UNDP, pp. 277—280.

② 教育部 2006 年教育统计数据，资料来源：中华人民共和国教育部网站，http://www.moe. edu.cn/edoas/website18/81/info33481.htm。

（一）国民受教育水平得到显著提高

改革开放 30 年，我国最为突出的教育成就是九年义务教育的普及。根据教育部 2008 年 5 月发布的《2007 年全国教育事业发展统计公报》，到 2007 年年底，我国实现"两基"验收的县（市、区）累计达到 3022 个（含其他县级行政区划单位 205 个），占全国总县数的 98.5%，"两基"人口覆盖率达到 99%。[①] 2001—2004 年，全国共扫除文盲 803 万人，年均扫除文盲 200 多万人，青壮年文盲率控制在 4% 左右，成人识字率居 9 个发展中人口大国的前列。中国的四川省巴中县、山东省五莲县、河南省西平县、新疆维吾尔自治区、全国妇女联合会、甘肃省天水市和青海省等获得了国际扫盲大奖。改革开放 30 年，国民受教育水平得到显著的提高，人口素质有了很大的改善。2000 年，我国 15 岁以上人口的平均受教育年限达到 7.85 年，比 1982 年提高 2.52 年；25 岁以上人口平均受教育年限达到 7.42 年，比 1982 年提高 3.16 年。2007 年，15 岁及以上人口的平均受教育年限更是上升到 8.5 年，充分体现了我国教育进入 21 世纪后的快速发展（见表 1）。

表1　1982—2007 年全国不同人口群体平均受教育年限的变化

（单位：年）

	1982 年	1990 年	2000 年	2007 年
15 岁及以上人口	5.33	6.43	7.85	8.5
25 岁及以上人口	4.26	5.79	7.42	—

（资料来源：1982 年、1990 年和 2000 年国家统计局全国第三、四、五次人口普查数据。2007 年数据来自中华人民共和国国家统计局：《中国统计年鉴 2007》，中国统计出版社 2008 年版）

哈佛大学国际发展研究中心的相关研究表明，同一期间（1980—

[①] 中华人民共和国教育部：《2007 年全国教育事业发展统计公报》，资料来源：中华人民共和国教育部网站，http://www.moe.edu.cn/edoas/website18/54/info1209972965475254.htm。

2000）世界 107 个国家 15 岁及以上人口平均受教育年限从 5. 92 年上升到
6. 66 年，发展中国家从 3. 57 年上升到 5. 13 年，东亚和太平洋地区的国家
从 5. 10 年上升到 6. 71 年。由此可见，我国教育发展与人力资源水平提升
的速度比较快。我们完全可以说，经过 30 年的改革开放，我国教育事业
的发展速度远远高于发展中国家的平均水平，同时也在亚太地区"独占
鳌头"。但是和发达国家在同一时期 15 岁及以上人口平均受教育年限从
8. 86 年上升到 9. 76 年的发展水平相比，我们仍然有差距。而 25 岁及以上
人口平均受教育年限的变化也呈现出同样的发展趋势（见图 1）。①

（单位：年）

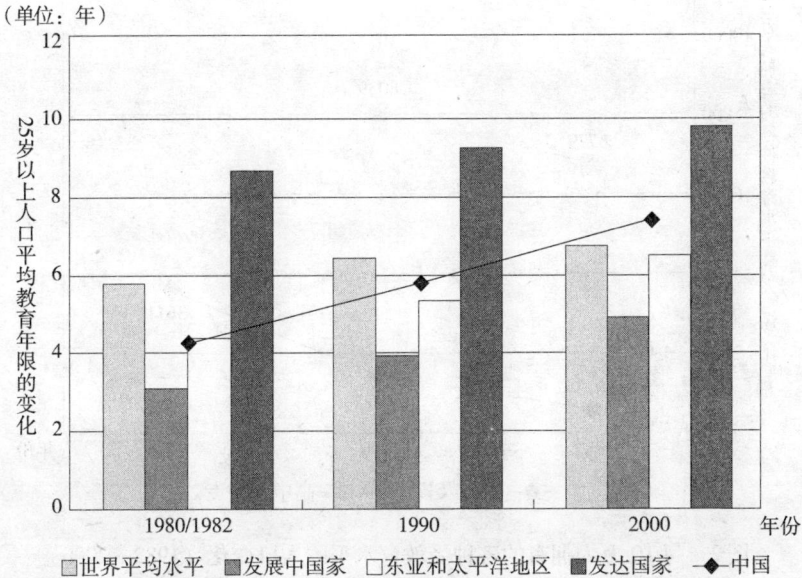

图 1　25 岁及以上人口平均受教育年限的国际比较（1980—2000）
（资料来源：中国的数据来自国家统计局 1982 年、1990 年和 2000 年全国第三、
四、五次人口普查数据。其他数据来自 Barro, Robert J., & Lee, Jong - Wha：*International Data on Educational Attainment：Updates and Implication*（JEL codes：I20,
J24），CID Working Paper, No. 042, pp. 24—29）

---

① Barro, Robert J., & Lee, Jong - Wha：*International Data on Educational Attainment：Updates and Implication*（JEL codes：I20, J24）. CID Working Paper No. 042, pp. 24—29.

（二）劳动力人口的文化程度水涨船高

随着人均受教育年限的提高，我国拥有高中及以上学历的人口也有了较大的飞跃。1982—2000 年，每 10 万人口中具有大专及以上学历的人口从 615 人增加到 3611 人，增长近 5 倍；具有高中和中专学历的人口从 6779 人增加到 11146 人，增加约 65%（见图 2）。

（单位：人）

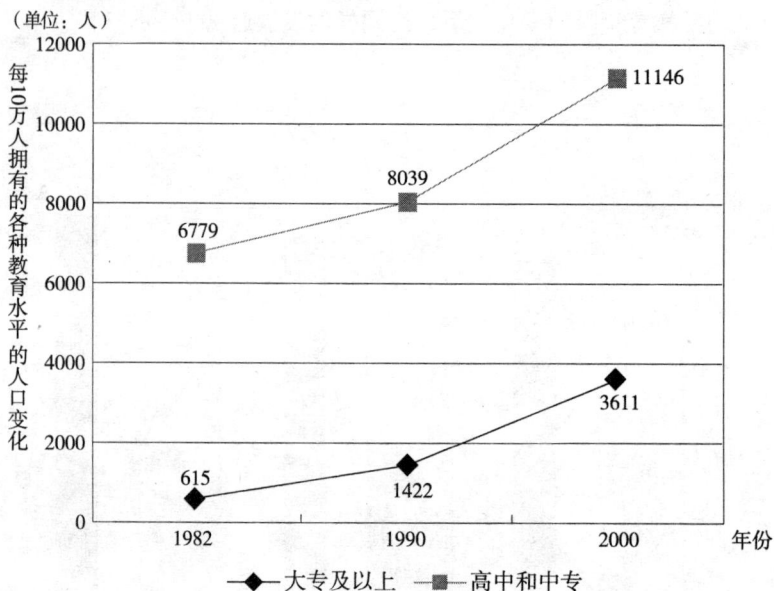

图 2　每 10 万人拥有的各种受教育水平的人口变化（1982—2000）
（资料来源：中华人民共和国国家统计局：《中国统计年鉴 2007》，中国统计出版社 2008 年版）

2006 年国家统计局发布的 2005 年全国 1% 人口抽样调查的主要数据表明：全国人口中，具有大学程度（指大专及以上）的人口为 6764 万人，高中程度（含中专）的人口为 15083 万人，初中程度的人口为 46735 万人，小学程度的人口为 40706 万人。与第五次全国人口普查的结果相比，具有大学程度的人口增加了 2193 万人，高中程度的人口增加了 974

万人，初中程度的人口增加了 3746 万人，小学程度的人口减少了 4485 万人（以上各种受教育程度的人口包括各类学校的毕业生、肄业生和在校生）。①

与此相对应的是，三大产业从业人员的受教育水平也有相应的提高。根据国家统计局的数据显示（见图 3），1982—2000 年，随着我国义务教育的普及程度持续提高，第一产业从业人员的整体素质有了相对较快的提高，而第二、第三产业从业人员中大专以及以上受教育水平的人员比例有了明显的提高。

（单位：年）

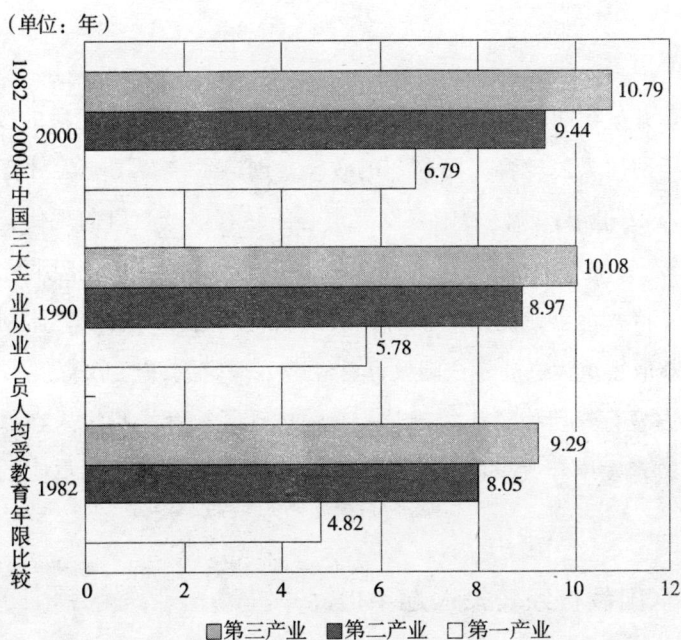

图 3　1982—2000 年我国三大产业从业人员人均受
　　　教育年限比较（1982—2000）

（资料来源：中华人民共和国国家统计局）

———————

① 国家统计局 2005 年全国 1% 人口抽样调查，资料来源：中华人民共和国国家统计局网站，http://www.stats.gov.cn/tjsj/ndsj/renkou/2005/renkou.htm。

但是和发达国家相比，我们的差距显而易见。2000 年，我国 25—64 岁人口的人均受教育年限为 7.97 年，而 1999 年 OECD（经济合作与发展组织）国家中的美国、加拿大、德国和日本均在 12 年以上。[①] 2004 年，OECD 国家 25—64 岁人口的人均受教育年限为 11.9 年，而挪威、德国、美国等国家接近 14 年。[②] 因此，要通过发展教育事业提高劳动力素质来实现产业的顺利转型，我们仍然任重道远。

二、教育投入逐年提高，生均教育事业费增长迅速

改革开放初期，我国的教育投入，尤其是在义务教育阶段的教育投入采用了所谓"人民教育人民办"的政策，创造了"穷国办大教育"的奇迹。进入 21 世纪，伴随着国家发展重心的转移以及政府向现代公共服务型政府转型，在党中央、国务院"科教兴国"战略方针的指引下，全党、全社会支持教育事业的发展，向"人民教育政府办"转变，体制改革和机制创新取得重大进展，全国教育总经费、国家财政性教育经费以及财政预算内教育经费拨款年年飙升，充分体现了教育经费投入在保证、促进我国教育发展和改革中的作用，并成为各级教育事业最重要的支撑与保障。

（一）全国教育经费投入逐年提高

我国政府采取各种有力措施，多渠道筹措教育经费，因此教育经费总投入实现了快速增长。2006 年，我国全国教育经费总投入达到 9815.31 亿元人民币，比 1995 年增长了约 4.2 倍，占 GDP 的比例也从 1995 年的

---

① 中国教育与人力资源问题报告课题组：《从人口大国迈向人力资源强国》，高等教育出版社 2003 年版，第 667 页。

② OECD(2006)：*Education at a Glance: OECD Indicators 2006*, OECD, p. 28.

3.09% 提高到 4.65%（见图 4）。

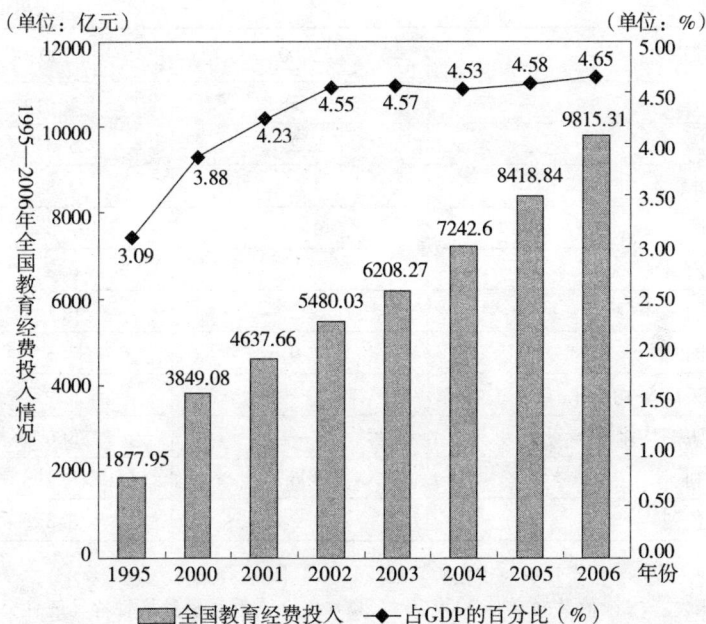

图 4　我国教育经费投入情况（1995—2006）

（资料来源：中华人民共和国国家统计局）

　　与此同时，我国公共财政教育投入也实现了较快增长，国家财政性教育经费占 GDP 的比例也呈现出逐年提高的趋势。2006 年，中国财政性教育经费投入达到 6348.36 亿元人民币，比 2000 年增长约 1.5 倍，占 GDP 的比例从 2000 年的 2.58% 提高到 3.01%。但是，这个比例仍然没有达到 1993 年国务院颁布的《中国教育改革和发展纲要》中规定的 4% 的目标。2007 年，《国家教育事业发展"十一五"规划纲要》明确表示，逐步使财政性教育经费支出占 GDP 比例的 4%。实际上，正如表 2 所示，我国的教育投入与经济发展水平严重失衡，和发达国家相比，我国教育财政性投入亟待提升，刻不容缓。

表 2　国家教育支出占 GDP 比例的国际比较

（单位：%）

	2000	2003
中国	2.58	3.01[a]
德国	5.2	5.3
日本	4.7	4.8
韩国	6.4	7.5
墨西哥	5.5	6.8
英国	5.2	6.1
美国	7.0	7.5
OECD 平均水平	—	5.9
欧盟平均水平	—	5.6
智利	4.6	6.8[b]
以色列	8.2	8.5

说明：a. 2006 年数据；b. 2004 年数据
（资料来源：中国的数据来自 2000 年和 2006 年全国教育经费执行情况统计公告，其他数据来自 OECD（2006）：*Education at a Glance: OECD Indicators 2006*，OECD，p. 205）

（二）义务教育阶段生均教育事业费增长最为迅速

改革开放 30 年，在中央和各级政府的共同努力下，全国各级教育按生均标准的教育投入水平逐年提高，有效支持了我国教育事业的发展。2006 年，普通小学生均预算内教育事业费支出为 1633.51 元人民币，比 1995 年增长 5.15 倍；普通初中为 1896.56 元人民币，同比增长 2.85 倍；普通高中为 2240.96 元人民币，同比增长 1.27 倍；职业中学为 2163.69 元人民币，同比增长 1.41 倍；高等学校为 5868.53 元人民币，同比增长 8%。[①] 由此可见，义务教育尤其是普通小学生均投入增长态势最为突出，

---

① 根据教育部 1995—2006 年全国教育经费执行情况统计公告计算所得，资料来源：中华人民共和国教育部网站，http://www.moe.edu.cn。

政府拨款也呈逐年递增的趋势，各级政府财政转移支付及国家重大工程实施效果得到充分体现。但是如果和发达国家相比，我们可谓"相形见绌"。以 2004 年数据为例，OECD 国家小学生的生均教育经费就达到 5331 美元。①

从各级教育生均预算内教育事业费占人均 GDP 的比例来看（见表 3），各级教育的经费分配不尽合理，义务教育阶段的投入仍然不足，高等教育生均经费比重过大，整个教育系统的教育经费重心过高。根据 UNESCO 的统计数据显示，2005 年大多数发达国家的三级教育生均公共经费占人均 GDP 比例都比较均衡，而且重心基本在初等和中等教育，例如美国三级教育生均公共经费之比是 22∶25.7∶27.6。②

表 3　各级教育生均预算内教育事业费支出占人均 GDP 的比例

（单位:%）

年份	普通小学	普通初中	普通高中	职业中学	高等学校
1995	5.27	9.75	19.52	17.78	107.85
2000	6.26	8.65	16.73	17.17	93.02
2001	7.48	9.48	17.06	17.95	79.06
2002	8.65	10.22	16.66	17.71	65.74
2003	8.84	9.98	15.24	15.98	54.76
2004	9.15	10.10	14.26	14.94	45.01
2005	9.41	10.62	13.89	14.04	38.12
2006	10.16	11.79	13.93	13.45	36.49

（资料来源：根据教育部 1995—2006 年全国教育经费执行情况统计公告计算得出）

---

① OECD: *Education at a Glance: OECD Indicators 2007*, OECD, p.170.
② UNESCO—UIS：Global Education Digest 2007：Comparing Educational Statistics across the World. Montreal：UNESCO—UIS, pp. 164—173.

三、基础教育：公平与效率并重

1990 年 3 月，在泰国宗滴恩召开的世界全民教育大会的重要议题就是在全球范围内实行"全民教育"，这对 20 世纪 90 年代世界各国基础教育改革提出了新的要求，这就是：满足全民的基本学习需求，要求世界各国在现行基础教育服务范围，除了加强正规学校教育渠道外，提倡有效利用各种非正规教育渠道，以保障每一个体受教育的基本权利。20 世纪 90 年代以来，无论发达国家还是发展中国家，基础教育均被提到各国的重要议事日程之上，普及和提高成为各国基础教育面临的两大艰巨任务。

我国从 1986 年制定《中华人民共和国义务教育法》后就开始了"普九"的步伐。为了解决中西部地区学生入学困难等问题，2001 年国家明确提出"两免一补"（免杂费、免书本费、补助寄宿生生活费）政策。2006 年《中华人民共和国义务教育法》重新修订，开始在西部地区农村义务教育阶段全部免除学生学杂费，2007 年扩大到中部和东部地区，2008 年开始扩展到城市。改革开放以来，我国在基础教育阶段，以义务教育为核心、关注两头（幼儿教育和高中教育）、公平与效率并重是这 30 年基础教育发展的主线。

（一）基础教育各阶段的入学率和升学率显著增加

基础教育规模的发展，主要通过入学率和升学率这两个指标来体现。从毛入学率来看（见表 4），从 1992 年到 2006 年，初中和高中的毛入学率都有了大幅度的提高，尤其是高中的毛入学率翻了一倍多。从升学率来看（见表 5），2006 年小学升初中的升学率达到了 100%；而初中升高中的升学率达到 75.7%，差不多是 1990 年的两倍。由于高等教育拓展的政策，高中升高等教育的升学率更是有了跨越式的发展，2006 年达到

75.1%，接近 1990 年的三倍。

表4　基础教育各个阶段的毛入学率

（单位:%）

年份	小学	初中	高中
1992	109.4	71.8	26
1995	106.6	78.4	33.6
2000	104.6	88.6	42.8
2001	104.5	88.7	42.8
2002	107.5	90	42.8
2003	107.2	92.7	43.8
2004	106.6	94.1	48.1
2005	106.4	95	52.7
2006	106.3	101.9	59.2

注：小学的入学率按照各地相应的学龄计算，初中计算的是 12—14 周岁的学童，高中计算的是 15—17 周岁的学童。

表5　各级学校的升学率

年份	小学升初中	初中升高中	高中升高等教育
1990	74.6	40.6	27.3
1995	90.8	50.3	49.9
2000	94.9	51.2	73.2
2001	95.5	52.9	78.8
2002	97	58.3	83.5
2003	97.9	59.6	83.4
2004	98.1	63.8	82.5
2005	98.4	69.7	76.3
2006	100	75.7	75.1

注：高中升学率为普通高校招生数（含电大普通班）与普通高中毕业生数之比。

（数据来源：教育部 1990—2006 年的教育统计数据）

但是如果从每十万人口各级学校在校生数这个指标来看，在基础教育

287

阶段的"基础"—幼儿教育的发展亟待加强（见图5）。

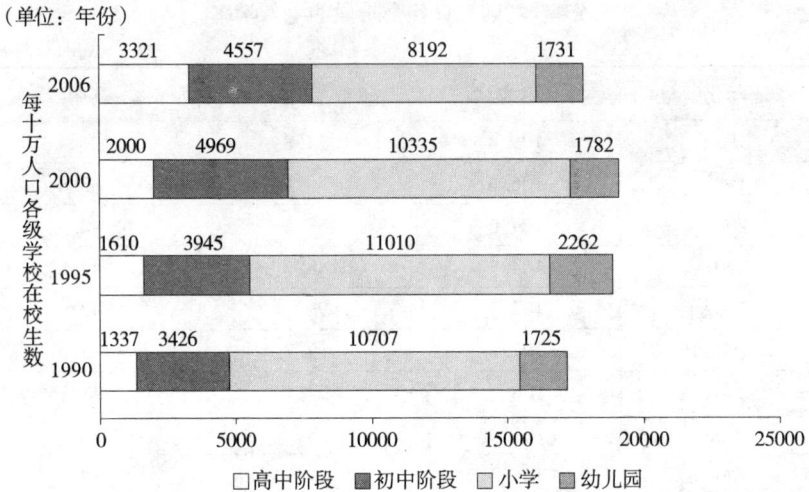

(单位：年份)

	高中阶段	初中阶段	小学	幼儿园
2006	3321	4557	8192	1731
2000	2000	4969	10335	1782
1995	1610	3945	11010	2262
1990	1337	3426	10707	1725

每十万人口各级学校在校生数

□高中阶段 ■初中阶段 □小学 ■幼儿园

图5　我国每十万人口各级学校在校生数的变化情况（1990—2006）

（资料来源：教育部1990—2006年的教育统计数据）

（二）城乡差异和地区差异有所缩小，剑指均衡发展

与其他发展中国家一样，中国义务教育的普及和基础教育实现均衡发展的难点和重点主要集中在经济落后地区，即西部地区和中部的农村地区，这主要表现在城乡差异和地区差异巨大的问题上。近年来，中国各级政府通过国家贫困地区义务教育工程、西部地区"两基"攻坚、农村危房改造工程、农村寄宿制学校建设工程、农村中小学现代远程教育工程、义务教育保障机制建设等措施，力图缩小了城乡差异和地区差异。

以教育经费为例（见表6），就预算内公用经费而言，1995年农村小学和初中的生均经费都是全国平均水平的60%左右，到了2006年，这个比例上升到90%以上；预算内教育事业费支出也呈现出同样的发展趋势。这说明国家采取公共财政优先向农村地区义务教育倾斜、加快薄弱学校改造、对家庭经济困难学生提供补助等保障性政策，大大缩小了城乡中小学教育公共财政投入的差距。

表6　1995—2006 年农村教育经费占全国平均水平的比例

（单位:%）

年份	农村小学生均预算内公用经费占全国平均水平的比例	农村初中生均预算内公用经费占全国平均水平的比例	农村小学生均预算内教育事业费支出占全国平均水平的比例	农村初中生均预算内教育事业费支出占全国平均水平的比例
1995	60	59	83	80
2000	65	52	84	78
2006	92	91	92	91

（资料来源：根据教育部 1995—2006 年全国教育经费执行情况统计公告计算得出）

　　地区差异是我国教育发展长期存在的问题，但我们必须承认，改革开放 30 年，地区间的教育发展差异有所缩小。就义务教育阶段的初中入学率而言，2002 年，初中入学率全国平均为 91%，东部地区高达 95.5%，西部地区仅为 82.1%，东西差距达到 8.8%。随着西部地区"两基"攻坚计划的实施，西部地区初中入学率迅速提高，2006 年达到 89.4%，与东部地区相差 5.8%，东西部差距比 2002 年减少了 3%。①

　　但是，如果从其他指标来看，地区差异还在进一步扩大。例如就生均教育支出而言，1995 年，小学生均教育经费最高的上海市达到 1591.53 元人民币，是全国最低水平贵州省（216.06 元人民币）的近 8 倍。2005 年，小学生均教育经费最高的上海市达到 9767.45 元人民币，这是全国最低水平河南省（972.74 元人民币）的 10 倍多。②

　　北京大学"中国教育与人力资源问题研究"组根据地理和行政特征以及教育发展情况，把中国分成了四类地区：第一类是全国教育水平最高

---

① 陈国良：《中国教育：从指标看发展状况》，中国-OECD 教育决策与教育指标研讨会，北京师范大学，2008 年 4 月 16 日。

② 教育部财务司和国家统计局社会和科技统计司：《中国教育经费统计年鉴 2005》，中国统计出版社 2006 年版。

的京津沪；第二类是教育较发达的东部地区，包括河北、辽宁、江苏、浙江、福建、山东、广东和海南；第三类是教育发展一般的中部地区，包括陕西、吉林、黑龙江、安徽、江西、河南、湖北和湖南；第四类是教育发展滞后的西部地区，包括重庆、四川、贵州、云南、西藏、陕西、甘肃、青海、宁夏、新疆、内蒙古和广西。① 在这四类地区中，教育发展指数（Educational Development Index，EDI）低于 60 的地区有广西、甘肃、青海、云南、贵州和西藏。② 而第三类和第四类地区应该是国家未来基础教育发展的重点。

由此可见，缩小城乡差异和地区差异仍然是我国教育事业发展在未来发展的重中之重，也是实现义务教育均衡发展以及教育公平的关键。

（三）弱势群体得到更多的关注

改革开放 30 年，受教育权作为我国的一项基本人权逐渐得到了国家和政府的共识，在教育事业发展过程中，弱势群体得到了更多的关注，尤其是那些有着特殊需要的儿童、女性以及少数民族。

我国特殊教育事业近年来有了很大的发展，除了招生人数和毕业人数大幅增加之外，由于随班就读政策的实施，更多有着特殊需要的儿童和正常儿童一样接受教育，更有利于弱势群体与整个社会的融合以及消除对他们的歧视。2006 年，我国共有 1605 所特殊教育学校，比 2000 年增加 55 所；小学随班就读招生人数达到 16419 人，比 2000 年（2403 人）增加近 6 倍；普通初中随班就读招生人数达到 12370 人，比 2000 年（470 人）增加了 25 倍多。③ 随着我国教育经费的不断增加，特殊教育事业必然有着更好的发展前途。

---

① 闵维方、王蓉主编：《中国教育与人力资源发展报告 2005—2006》，北京大学出版社 2006 年版，第 19—21 页。
② 同上书，第 200 页。
③ 教育部 2006 年教育统计数据，资料来源：中华人民共和国教育部网站，http://www.moe.edu.cn/edoas/website18/81/info33481.htm。

2000 年的《达喀尔行动纲领》确定了六项全民教育目标，其中一项核心目标就是要在 2015 年消除所有教育阶段性别的差别。中国政府一直以来都致力于消除义务教育阶段的性别差距，不断改善女童的受教育环境。2004 年，男女童入学率分别为 98.97% 和 98.93%，男女差距由 1995 年的 0.7% 下降到 0.04%。政府不断增加对农村义务教育的投入，改善农村地区义务教育环境，保障女童与男童平等地接受义务教育。国家努力保证女性平等接受中高等教育的机会，使各级各类学校中的女性比例显著提高。2004 年，普通初中和高中在校女生的比例分别达到 47.4% 和 45.8%；中等职业学校在校女生的比例达到 51.5%；全国普通高等院校在校女生为 609 万人，占在校生总数的 45.7%，比 1995 年提高 10.3%；女硕士、女博士的比例分别达到 44.2% 和 31.4%，比 1995 年分别提高 13.6% 和 15.9%。2004 年，全国城镇地区 15 岁及以上女性文盲率为 8.2%，比 1995 年下降 5.7%；农村地区 15 岁及以上女性文盲率为 16.9%，比 1995 年下降 10.5%。全国青壮年妇女文盲率为 4.2%，比 1995 年下降了 5.2%，超过总文盲率的下降幅度。第五次全国人口普查数据表明，中国妇女的平均受教育年限为 7.0 年，比 1990 年增加了 1.5 年，十年间男女差距缩小 0.5 年。[1]

根据 2000 年第五次全国人口普查的数据，我国少数民族人口占总人口的比重为 8.41%。而随着教育事业的发展，少数民族人口在教育人口中的比重也越来越体现出其在总人口中的地位，体现出国家对于少数民族教育的重视。2006 年，小学阶段的少数民族学生占学生总人口的 10.09%，比 2000 年提高了一个百分点，而这个教育阶段的少数民族专任教师人数也有所提高。但是在高等教育阶段，少数民族学生所占比例仍然低于其在总人口中的比例，专任教师的情况也不太理想（见表 7）。在教育事业下一步的发展中，国家要继续加强对少数民族地区和少数民族教育的扶持政策，让少数民族为国家的发展作出更大的贡献。

---

[1] 中华人民共和国国务院新闻办公室：《中国性别平等与妇女发展状况》白皮书（2005）。

表7 少数民族人口在教育人口中的比重

（单位:%）

	少数民族学生占学生总人数的比重		少数民族专任教师占专任教师总数的比重	
	2000 年	2006 年	2000 年	2006 年
普通高等学校	5.71	6.19[a]	5.43	4.68
普通中学	6.77	6.74[b]	7.03	6.39
小学	9.08	10.09[c]	9.44	10.24
特殊教育学校	2.91	7.13	5.05	5.5
幼儿园	3.42	6.23	3.43	4.51

注：a. 采用的是普通本专科的数据。b. 采用的是普通高中的数据。c. 采用的是普通小学的数据。

（资料来源：教育部 2000 和 2006 年的教育统计数据）

四、高等教育实现跨越式发展

1977 年，国务院批转教育部《关于 1977 年高等学校招生工作的意见》，正式恢复高等学校招生统一考试的制度，停止了 11 年的高考重新恢复。恢复高考不仅改变了一代人的命运，对整个国家的发展意义重大。高等教育在国家发展中扮演着培养更多优质的创新型人才的重任，为国家经济的转型提供人力资源。

1998 年，中国政府在《面向 21 世纪教育振兴行动计划》中，提出了"到 2010 年，高等教育规模有较大扩展，毛入学率接近 15%"的目标。但由于 1999 年以来全国高等教育扩招使得这个指标提前了 5 年，在 2005 年就得以实现。

（一）高等教育毛入学率快速飙升，普通高校规模急剧扩张

1990 年，中国高等教育的毛入学率只有 3.4%。1998 年，中国高等教

育开始扩招，当年的高等教育毛入学率是 9.8%。2002 年，我国高等教育毛入学率达到 15%，正式进入高等教育大众化阶段，比原计划提前 3 年完成任务。2007 年，中国各类高等教育在学人数达到了 2700 万人（含成人高校），比 2000 年翻了一番，高等教育毛入学率进一步提升到了 23%。中国高等教育的规模先后超过俄罗斯、印度和美国，成为世界第一位。与此相对应的是，为了更快地实现高等教育大众化，普通高校规模急剧扩张。如图 6 所示，2006 年全国普通高校的校均规模是 8148 人，大约是1992 年的 4 倍；其中本科院校的校均规模是 13973 人，是 1992 年的 5 倍多；专科院校的校均规模是 4515 人，是 1992 年的 4 倍多。

（单位：人）

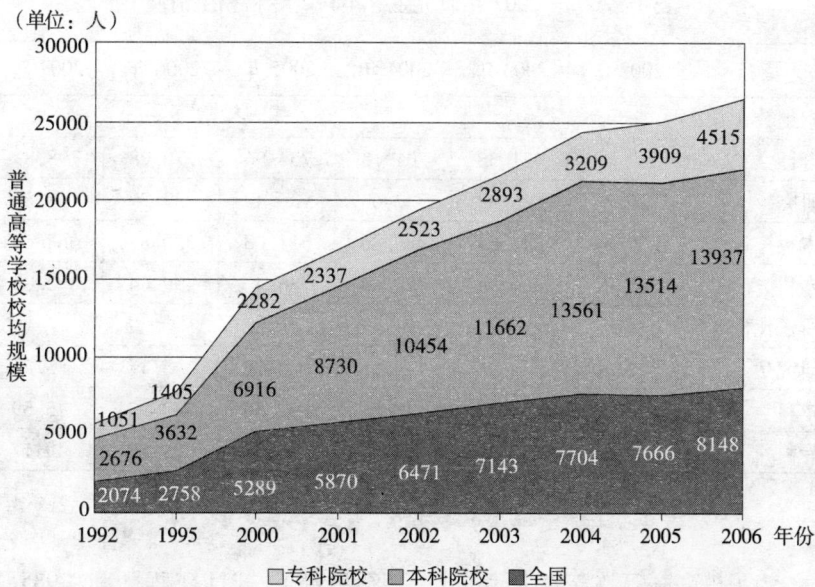

图 6　普通高等学校校均规模变化图（1992—2006）

（资料来源：教育部 2006 年的教育统计数据）

但是，我们要注意的一点是，目前世界上还没有任何一个国家普及高等教育，高等教育毛入学率并不是说越高越好。高等教育在扩招过程中，不仅仅需要做好结构调整以为国家发展作出更大的贡献，还需要提高高等教育质量，以培养更多高素质的人才。

（二）结构有所调整，高等教育质量稳中有升

1978 年，我国招收的研究生只有 10708 人，2007 年我国招收了 41.86 万名研究生。1978 年我国当年招收的本专科生有 40.15 万人，2007 年，我国招收各类本专科生合计超过 756 万人。这种规模发展与结构调整是同步进行的。按照新的统计数据（见表 8），在 2002—2007 年，我国研究生的招收势头最猛，而专科生招收规模的增长速度比不上本科生的扩招速度。由此可见，结构调整仍然有待进一步加强。

表 8　2002—2007 年研究生、本科、专科招生情况

指标	2002 年	2003 年	2004 年	2005 年	2006 年	2007 年
招生数（万人）						
合计	563.08	631.38	701.13	733.96	770.28	798.89
研究生	20.26	26.89	32.63	36.48	39.79	41.86
本科	219.81	243.54	285.86	311.08	330.85	364.18
专科	323.01	360.95	382.64	386.4	399.64	392.85
所占比例（%）						
研究生	3.60	4.26	4.65	4.97	5.17	5.24
本科	39.04	38.57	40.77	42.38	42.95	45.59
专科	57.36	57.17	54.57	52.65	51.88	49.17

（资料来源：教育部 2002—2007 年的教育统计数据）

为了提高高等教育的质量，我国相继出台了"211 工程"和"985 工程"。1995 年中国政府启动实施"211 工程"。"九五"期间，"211 工程"在 99 所高校中实施建设，主要安排了 602 个重点学科和两个全国高等教育公共服务体系建设项目，建设资金为 186.3 亿元，其中中央安排专项资金 27.55 亿元人民币，部门和地方配套 103.2 亿元人民币，学校自筹 55.6 亿元人民币。用于重点学科建设 64.7 亿元人民币，学校和全国的公共服务体系建设 36.1 亿元、基础设施建设等 85.5 亿元。"十五"期间，"211

工程"在 107 所大学中实施建设，主要安排了 821 个重点学科和三个全国高等教育公共服务体系建设项目，并加强了师资队伍建设。"十五"期间，"211 工程"建设资金为 187.5 亿元人民币，其中中央安排专项资金 60 亿元，部门和地方配套 59.7 亿元，学校自筹 67.8 亿元。用于重点学科建设 97.9 亿元人民币，公共服务体系建设 37.1 亿元、师资队伍建设 22.2 亿元、基础设施建设等 30.4 亿元。经过十年建设，"211 工程"学校人才培养、科学研究、社会服务能力都有了很大提高，其中研究生培养能力提高了 5 倍，科研经费增长了 7 倍，SCI 论文发表数增长了近 7 倍，具有博士学位的教师增加了近 5 倍，仪器设备总值增长了 4 倍，一批高水平大学与世界一流大学的差距明显缩小。1995 年全国高校被 SCI 收录的论文数总和，还不及美国哈佛大学和麻省理工学院两所学校同期被 SCI 收录的论文数。我国早期设置研究生院的 28 所"211 工程"大学，与国际公认的美国最好的 61 所大学（美国高校联盟 AAU）的 SCI 论文发表和被引用次数平均值之比，从 1995 年的 1：15.1 和 1：51.7，缩小到 2005 年的 1：3.6 和 1：6.2。"211 工程"成功探索了发展中国家如何从国情出发，集中力量、重点建设高水平大学之路。"211 工程"学校仅占全国高校的 6%，却承担了全国 4/5 的博士生、2/3 的硕士生、1/2 的留学生和 1/3 的本科生的培养任务，拥有 85% 的国家重点学科和 96% 的国家重点实验室，占有 70% 科研经费。[1] 2008 年，国家计划"211 工程"三期建设资金由发改委和财政部各出 50 亿元人民币，中央专项资金主要是创新人才培养，实施队伍建设和全国高校的公共服务系统，同时鼓励社会包括地方政府做进一步的投入。

1998 年中国开始实施"985 工程"，"985 工程"建设的总体思路是：以建设若干所世界一流大学和一批国际知名的高水平研究型大学为目标，建立高等学校新的管理体制和运行机制，牢牢抓住 21 世纪头 20 年的重要战略机遇期，集中资源、突出重点、体现特色、发挥优势，坚持跨越式发

---

[1] 中华人民共和国教育部：《"211 工程"十年建设成效》，资料来源：中华人民共和国教育部网站，http://www.moe.edu.cn/edoas/website18/52/info1206428612278252.htm。

展，走有中国特色的建设世界一流大学之路。教育部通过与各个省市共建一流大学，使得"985 工程"建设在促进高校学科建设、队伍建设、人才培养、科学研究和社会服务等方面也作出了骄人的成绩。"985 工程"一期建设成效显著，调整和优化了学校的学科结构和学科方向，快速集聚了一批优秀人才充实了师资队伍，提高了高层次创造性人才的培养质量，取得了一批接近或达到世界先进水平的研究成果，增强了所建高等学校的整体实力，带动了高等教育整体水平的提高，为在中国建设世界一流大学积累了一定经验，奠定了较好的基础，为国家的经济、社会、文化建设作出了重要贡献。教育部在《2003—2007 年教育振兴行动计划》提出要继续实施"985 工程"，在"985 工程"二期（2004—2007）建设中，巩固一期建设成果，为创建世界一流大学和一批国际知名的高水平研究型大学进一步奠定坚实基础，使一批学科达到或接近国际一流学科水平。目前"985 工程"即将进入第三期的建设周期。

五、职业教育进入发展黄金期

改革开放 30 年，随着我国的工业化进程加快，对技能型人才的需求大大增加；信息化进程加快，产品周期和技术周期缩短，对一线劳动者培训的需求量大大增加；城市化进程加快，将近 2 亿农民从农业岗位向城镇农民工转移时需要培训；这些都已经对加快发展职业教育提出了新要求。

改革开放 30 年，中央政府先后六次召开全国性的职业教育大会。其中，进入 21 世纪以后三次召开全国职业教育工作会议，把职业教育作为经济社会发展的重要基础和教育工作的战略重点，提出了一系列推进职业教育改革与发展的政策措施。在优先发展教育的全局中，明确要大力发展职业教育，加快培养数以亿计的高素质劳动者和数以千万计的技能型专门人才，为全面建设小康社会和构建和谐社会提供强大的智力支持和人才保障。2002 年国家颁布了《国务院关于大力推进职业教育改革与发展的决定》,2005 年又颁布了《国务院关于大力发展职业教育的决定》,这些政策的出台有力地促进了职业教育的发展。

(一) 中央财政加大了对职业教育的投入

2005 年 11 月,国家提出中央财政和发展经费在今后 5 年中将对职业教育的示范院校建设、师资队伍建设、县级职教中心建设以及贫困家庭学生资助等几个行动计划投入 100 亿元人民币,目前该预算已经大大超过这个数字。2006 年,国家示范性高等职业院校建设计划正式启动,2007 年职业院校贫困学生资助计划开始实施,职业教育财政性投入有了新的突破。

"十一五"期间,国家将至少安排专项资金 20 亿元人民币支持 100 所示范性高职院校建设,这是中央财政对高等职业教育的首次巨额投入。国家对中高等职业院校实训基地建设的投入预计为 25 亿元人民币。自 2003 年以来,中央财政已经累计投入 53 亿元人民币,重点支持了 1080 个职业教育实训基地、1235 个县级职教中心和示范性中等职业学校、70 所示范性高等职业技术学院的建设,组织实施了"中等职业学校教师素质提高计划",完成了 1.2 万名骨干专业教师的国家级培训任务。中央财政"十一五"期间将安排 40 亿元人民币,从 2006 年起每年安排 8 亿元人民币设立中等职业教育国家助学金,资助中等职业学校家庭贫困学生。2007 年 5 月,中国政府加大了对普通本科高校、高等职业学校和中等职业学校家庭经济困难学生资助的力度,国家财政每年将安排 500 亿元人民币,资助 2000 万名家庭经济困难学生,使他们能够上得起大学、接受职业教育。按照政策规定,中等职业学校在校一二年级所有农村学生和城市家庭经济困难学生,每人每年都能得到国家财政 1500 元的资助,连续资助两年,共 3000 元。国家还作出规定,中等职业学校在校三年级学生可通过工学结合、顶岗实习获得一定报酬,用于支付学习和生活费用。各项资助政策到位后,全国将有 1600 万名中等职业学校学生受到资助,能够解决学习和生活的基本需求。高等职业教育家庭经济困难学生享受普通高等学校的资助政策。2007 年秋季学期，中央和地方财政用于中等职业学校国家助学金的经费达到 90 多亿元人民币，高职学生也享受到了国家奖学金、助学金和助学贷款，其中高职学生受资助面达到 20% 以上，中职学生受资助面达到 90% 以上。①

（二）规模扩张与基础能力建设双管齐下

职业教育特别是中等职业教育规模快速扩张。2005—2006 年，中等职业学校连续两年分别扩招 100 万人；2007 年再扩大招生 50 万人，当年招生规模达到 801 万人，占整个高中阶段教育的半壁江山，普通高中和中等职业教育的招生规模已经大体相当，提前实现了"十一五"期间中等职业教育规模发展的目标。2007 年，高等职业教育和中等职业教育加起来招生数接近 1100 万人，在校生数接近 3000 万人，基本实现了教育结构调整的战略意图。

中央财政从 2005 年开始，拿出 100 亿用于职业教育的基础能力建设，实施五个计划：第一个计划是实训基地建设计划，"十一五"期间要建 2000 个用于职业院校学生实习实训的场所，提供相应的设备；第二个计划是建设 1000 个县级职教中心；第三个计划是建设 1000 所示范性中等职业学校；第四个计划是建设 100 所示范性高等职业学院；第五个是实施中等职业学校教师素质提高计划。这五个计划的实施对于改善学生的实习实训条件，改善学校的设施，吸引各方面支持职业教育，吸引学生接受职业教育会起到重要的作用，教师素质也会得到较大的提高。

为提高劳动者的就业能力，各级政府的相关部门以及社会机构举办了多种形式的职业技术培训。2007 年，全国资格证书培训共注册学生 467.6 万人次，比 2002 年增加 444.4 万人次，结业学生达到 662.8 万人次，比 2002 年增加 630.9 万人次。岗位证书培训也迅速发展，2007 年全国岗位

---

① 周济：《解放思想改革创新 推动中等职业教育又好又快发展——在 2008 年度职业教育与成人教育工作会议暨中等职业学校招生工作会议上的讲话》，《中国教育报》，2008 年 4 月 3 日。

证书培训共有注册学生 614.1 人次，比 2002 年增加 587.6 万人，结业学生 804.5 万人次，比 2002 年增加 684.7 万人次。[①]

另外，国家通过组织实施"国家技能型人才培养培训工程"、"国家农村劳动力转移培训工程"、"农村实用人才培训工程"、"成人继续教育和再就业培训工程"，年培训城乡劳动者达 1.5 亿人次。

六、民办教育进入新的发展期

中国是历史悠久的文明古国，私立教育源远流长。远在 2400 年前的春秋时期，孔子等就开始兴办私学。战国时期，形成了以儒、墨、道、法等学派为代表的私学"百家争鸣"的局面。自此以后，私立学校在传承中华文明方面发挥了重要作用。改革开放以来，民办教育进入了新的发展时期。

1982 年 11 月 26 日，彭真在第五届全国人民代表大会第五次会议上所做的《关于中华人民共和国宪法修改草案的报告》中提出"两条腿"办教育的方针。1985 年 5 月中共中央发布《关于教育体制改革的决定》，指出"地方要鼓励和指导国家企业、社会团体和个人办学"。这个时期出现的民办教育多是非学历的文化补习性质的培训机构。1992 年以后，随着邓小平同志南方谈话的发表，中国加速了改革开放的进程。同年召开了中国共产党第十四次全国代表大会，大会报告指出"鼓励多渠道、多形式社会集资办学和民间办学，改变国家包办教育的做法"。1993 年 2 月中共中央、国务院颁布的《中国教育改革和发展纲要》规定"改变政府包揽办学的格局，逐步建立以政府办学为主体、社会各界共同办学的体制。""国家对社会团体和公民个人依法办学，采取积极鼓励、大力支持、正确引导、加强管理

[①] 陈国良：《中国教育：从指标看发展状况》，中国-OECD 教育决策与教育指标研讨会，北京师范大学，2008 年 4 月 16 日。

的方针"。民办教育推进到中、高等职业教育和职业培训领域。1997 年，国务院颁布《社会力量办学条例》，这是新中国第一个规范民办教育的行政法规，标志着中国民办教育进入了依法办学、依法管理、依法行政的新阶段。1997 年中国共产党第十五次全国代表大会提出了"科教兴国"战略，政府加大了教育改革与发展的力度。1999 年夏，全国教育工作会议召开，会议提出要大力发展民办教育。会议决定，我国"十五"期间，要基本形成以政府办学为主体，公办学校与民办学校共同发展的教育格局。①

截至 2007 年年底，全国共有各级各类民办学校（教育机构）9.52 万所（不含民办培训机构 2.23 万所），各类学历教育在校学生达 2583.50 万人。其中：民办幼儿园 77616 所，在园儿童 868.75 万人；民办普通小学 5798 所，在校生 448.79 万人；民办普通初中 4482 所，在校生 412.55 万人；民办职业初中 6 所，在校生 2250 人；民办普通高中 3101 所，在校生 245.96 万人；民办中等职业学校 2958 所，在校生 257.54 万人，另有非学历教育学生 29.34 万人；民办高校 297 所，在校生 163.07 万人，其中本科生 21.12 万人，专科生 141.94 万人，另有其他形式教育的学生 22.36 万人；独立学院 318 所，在校生 186.62 万人，其中本科生 165.68 万人，专科生 20.94 万人，另有其他形式教育的学生 0.87 万人；民办的其他高等教育机构 906 所，各类注册学生 87.34 万人。另外，还有民办培训机构 22322 所，884.68 万人次接受了培训。②

2002 年年底，《中华人民共和国民办教育促进法》颁布，我国民办教育又进入了一个新的发展期。政府进一步加强了对民办教育的扶持和规范管理，各级民办教育规模持续发展，特别是非义务教育阶段民办教育的迅速发展，为满足人民群众对教育不断增长的多样化需求提供了更多的选择机会。

---

① 中华人民共和国教育部资料：《中国民办教育发展概况和立法进程》，资料来源：中华人民共和国教育部网站，http://www.moe.edu.cn/edoas/website18/level3.jsp?tablename=217&infoid=3134。
② 中华人民共和国教育部：《2007 年全国教育事业发展统计公报》，《中国教育报》2008 年 5 月 5 日。

（一）民办高等教育蓬勃发展，办学层次逐渐提高

2002 年以来，随着《中华人民共和国民办教育促进法》的出台，民办高等教育取得了长足的发展。2007 年我国普通民办高校飙升到 615 所，比 2002 年（133 所）增长了 3.6 倍。2007 年，我国民办高等教育规模达到 349.7 万人，比 2002 年增长了 9.2 倍。其中民办普通本专科在校生 344.0 万人，比 2002 年增长了 9.8 倍。

此外，民办高等教育的办学层次也在逐渐提高，其中一个指标就是本科生的比例逐年提高，2007 年本科在校生人数更是超过了专科在校生人数，占总人数的 53.4%。而 2002 年的时候，本科在校生人数不过占在校生总人数的 8.6%。（见图 7）

（单位：万人）

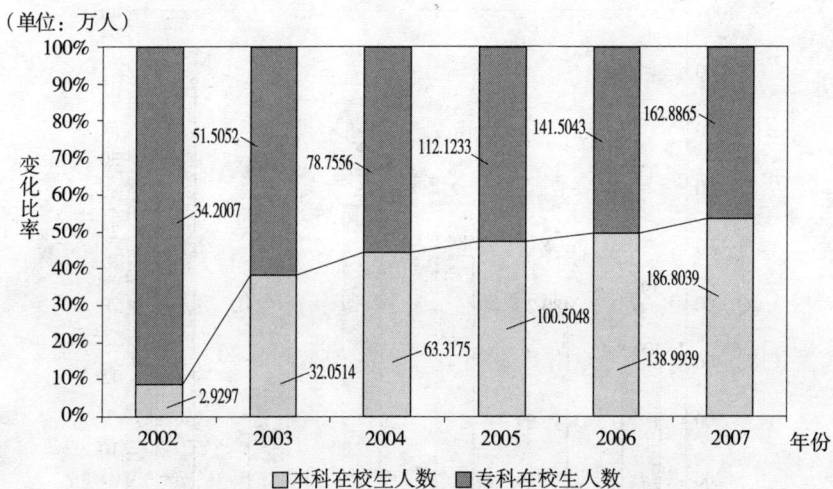

图 7 民办高校本专科在校生的规模变化（2002—2007）

（资料来源：教育部 2002—2007 年的教育统计数据）

（二）民办幼儿教育成为更多家长的选择

近年来，"科教兴国"战略的实施和"教育要从娃娃抓起"观念深入

人心，使我国幼儿教育得到长足发展。随着幼儿教育的发展，接受民办幼儿教育也成为越来越多家长的选择。

无论从民办教育本身来看，还是从幼儿教育事业来看，民办幼儿教育都在其中扮演着重要的角色。2007 年全国共有幼儿园 12.91 万所，在园幼儿（包括学前班）2348.83 万人。2007 年全国共有各级各类民办学校（教育机构）9.52 万所（不含民办培训机构 2.23 万所），各类学历教育在校学生达 2583.50 万人。其中民办幼儿园 77616 所，占所有民办教育机构的 81.5%，占全国幼儿园总数的 60%。在园儿童 868.75 万人，占民办教育在校生总人数的 33.6%，占全国在园幼儿总人数的 37%。2002—2007年，民办幼儿园在园儿童总人数增加了一倍多。（见图 8）

（单位：万人）　　　　　　　　　　　　　　　　　　　　　（单位：%）

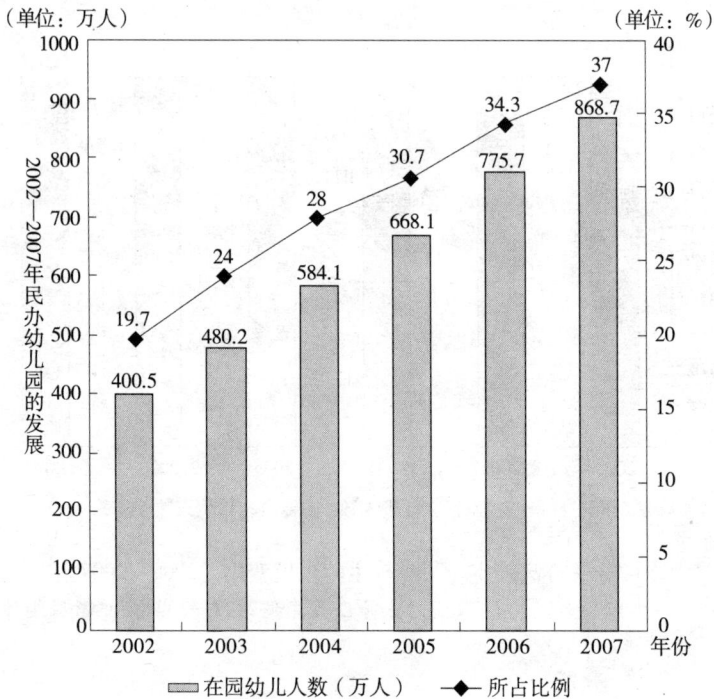

图 8　2002—2007 年民办幼儿园的发展

（资料来源：教育部 2002—2007 年的教育统计数据）

当前我国民办幼儿教育仍然存在不够成熟和不够规范等问题，地方政府亟待对民办幼儿园的管理加强规范和管理。产权不清，园内管理体制不健全；收费制度不具体，缺乏可操作性；教师权益难以保障，师资状况令人担忧等问题都有待在下一步的深化改革中解决。

七、国际教育交流向纵深发展

1978 年 6 月 23 日，邓小平在听取清华大学的工作汇报时明确指出："我赞成留学生的数量要增大"；"这是五年内快见成效，提高我国水平的重要方法之一。要成千成万地派，不是只派十个八个"；"要千方百计加快步伐，路子要越走越宽"。邓小平的指示吹响了青年学生走向世界的号角，迎来了中国历史乃至世界历史上从未有过的留学大潮。

经过 30 年的改革开放，我国今天不仅已成为世界上最大的留学生派遣国之一，同时也有越来越多的留学生回国参加建设。更重要的是，今天中国已经不仅仅是向西方"取经"的求学者，而且还是向西方传播东方文化的"使者"。国际教育向纵深发展，不仅推动了我国经济和教育的发展，也加深了我们和世界各国人民的理解和友谊。

（一）出国留学人员和学成回国人员规模迅速扩大

我国现代意义上的留学教育仅有一个半世纪多的历史，却涌现了若干次颇有影响的留学大潮。第一次留学潮出现于 20 世纪初期，是 1894 年甲午战争后中华民族觉醒的重要标志，直接为辛亥革命做了人才准备，随之而来的是孙中山领导的反清革命的胜利和共和国的旗帜首次在中国的大地上高高飘扬。第二次留学潮涌现在五四运动之后，是中华民族又一次民族觉醒的结果，客观上促进了共产党的创立和社会主义思想的传播，接踵而来的是毛泽东领导的新民主主义革命的胜利和新中国的建立。第三次留学

潮则是新中国成立后，20 世纪 50 年代的留苏热，党中央、毛泽东主席为
迅速改变中国贫穷落后的面貌，高瞻远瞩，向苏联、东欧社会主义国家派
出大批留学生，学习先进的科学文化和管理经验。第四次留学潮则至 20
世纪 80 年代才出现，是中华民族又一次民族觉醒的产物，也是改革开放
结出的硕果，为中国人真正走向世界和现代化建设提供了人才保证。2007
年，国家启动建设高水平大学公派研究生项目，越来越多的优秀人才走向
世界学习先进的理论和经验，然后回归祖国、报效国家。

2006 年，我国共派出出国留学人员 134000 人，是 1978 年（860 人）
的 155 倍。从 2000 年起，随着改革开放的进一步深化，国内经济形势欣
欣向荣，同时，各种各样鼓励回国发展的政策出台，学成回国人员人数大
幅上升，从 2000—2002 年几乎翻了一番，2006 年达到 42000 人，比 1978
年增加了 168 倍。（见表 9）

表9　1978—2006 年出国留学人员和学成回国人员

（单位：人）

	出国留学人员	学成回国人员
1978	860	248
1985	4888	1424
1990	2950	1593
1995	20381	5750
2000	38989	9121
2001	83973	12243
2002	125179	17945
2003	117307	20152
2004	114682	24726
2005	118515	34987
2006	134000	42000

（资料来源：中华人民共和国国家统计局）

（二）来华留学生规模扩大，层次提高，孔子学院走向世界

改革开放初期，来华留学生寥寥无几。进入新千年，越来越多的来自世界各国的留学生涌入中国。2001 年，当年招收 18201 名来华留学生。到了 2006 年，招生人数达到 62612 人，是 2001 年的 3 倍多。从 2004—2006 年的统计数据来看（见表 10），一个重要的发展趋势就是来华留学生中，希望获取学位的人越来越多，而参加短期语言培训的比例在下降。这说明了中国教育事业的发展已经吸引了越来越多的优质来华留学生"取经"。

表 10　2004—2006 年外国留学生招生情况

年份 招生数（人）	2004	2005	2006
研究生	1909	2251	2666
本科	8397	12001	12436
专科	203	640	915
培训	40094	46012	46595
合计	50603	60904	62612
所占比例（%）			
研究生	3.77	3.70	4.26
本科	16.59	19.70	19.86
专科	0.40	1.05	1.46
培训	79.23	75.55	74.42

（资料来源：教育部 2004—2006 年的教育统计数据）

除了吸引留学生进入中国高校学习之外，我们还大胆走出去——在海外建立孔子学院，这是中国政府主导的国家项目之一。设立孔子学院的主要目的是为了推广汉语教学，向其他国家的汉语学习者提供优秀的汉语学习资料，同时传播中国文化。2004 年，第一所海外孔子学院在韩国的首

尔挂牌。截至 2007 年（见表 11），孔子学院已经在海外开设 266 所，遍布 66 个国家。

表 11　2005—2007 年孔子学院的发展情况

年份	分布国家（个）	总数（所）
2005	26	36（加上拟定的共 41 所）
2006	51	125（包括 4 所孔子学堂）
2007	66	266

（资料来源：教育部 2005—2007 年的教育统计数据）

回首 30 年的改革开放，中国教育事业取得了跨越式的发展，成就令世界瞩目。但为了在 21 世纪中期进入中等发达国家的行列，为了建设和谐社会以及实现中华民族的伟大复兴，教育改革与发展的任务仍然非常艰巨。

2003 年发布的《中国教育与人力资源问题报告》深刻指出，在经济全球化和科技发展逐步加快的国际环境中，世界各国竞相制定人才开发战略，大力发展高等教育、努力提升人力资本水平，已成为世界各国增强核心竞争力及实现国家发展的重大战略。为适应人才国际化竞争与流动的变化需求，党和政府正在充分利用新世纪头 20 年的历史性重要发展机遇，努力贯彻科学发展观，以"科技是第一生产力"、"人才是第一资源"的思想为指导，积极实施人才强国战略。

党的十六大把"形成全民学习、终身学习的学习型社会，促进人的全面发展"作为全面建设小康社会的重要目标之一；党的十七大又进一步提出社会建设的新要求，要"加快发展社会事业，全面改善人民生活。现代国民教育体系更加完善，终身教育体系基本形成，全民受教育程度和创新人才培养水平明显提高"，并把教育放在解决民生问题的优先地位，"优先发展教育，建设人力资源强国"。因此，教育改革与发展任重道远。

2008 年，正值改革开放 30 周年。改革开放走过 30 载，国家发展蒸蒸日上。面对成绩，我们不能骄傲；面对各种挑战，我们不能退缩；面对各种机遇，我们要牢牢把握，真正贯彻人才强国的战略，才能实现中华民族的伟大复兴。

参考文献

1. 教育部 1995—2006 年全国教育经费执行情况统计公告，来源教育部网站 www. moe. edu. cn。

2. 教育部 1995—2008 年教育统计数据，来源教育部网站 www. moe. edu. cn。

3. 教育部财务司和国家统计局社会和科技统计司：《中国教育经费统计年鉴 2005》，中国统计出版社 2006 年版。

4. 闵维方、王蓉主编：《中国教育与人力资源发展报告 2005—2006》，北京大学出版社 2006 年版。

5. 中国教育与人力资源问题报告课题组：《从人口大国迈向人力资源强国》，高等教育出版社 2003 年版。

6. 中华人民共和国国务院新闻办公室：《中国性别平等与妇女发展状况》白皮书，（2005）。

7. Barro, Robert J. , & Lee, Jong – Wha (April 2000). International Data on Educational Attainment：Updates and Implication (JEL codes：I20, J24). CID Working Paper No. 042.

8. OECD (2007). Education at a Glance：OECD Indicators 2007. Paris：OECD.

9. OECD (2006). Education at a Glance：OECD Indicators 2006. Paris：OECD.

10. UNESCO – UIS (2007). Global Education Digest 2007：Comparing Educational Statistics across the World. Montreal：UNESCO-UIS.

下　编

普及九年义务教育

余雅风

　　义务教育是国家对适龄儿童和青少年实施的一定年限的学校教育，它具有强制性、普遍性、公益性、免费性等特点。普及义务教育对于提高整个国家的国民素质，促进经济社会和城乡协调发展，构建具有中国特色的现代国民教育体系和建设学习型社会具有重大的现实意义和深远的历史意义。接受义务教育是每个适龄儿童和青少年的基本权利，而普及义务教育则是政府、社会和家庭的共同责任。

　　从 1985 年《中共中央关于教育体制改革的决定》第一次明确提出在全国有计划、有步骤地普及九年义务教育的目标，到 2000 年年底历经 15 年时间，我国九年义务教育的总规模达到 19269.5 万人，实现了基本普及九年义务教育的目标，普及九年义务教育工作取得了令人瞩目的巨大成就。美国普及义务教育用了 70 年时间，日本、法国、英国各用了 35 年、30 和 25 年，苏联则用了 15 年时间普及四年制义务教育①。"一个近 13 亿人口的大国，在比较短的时间内实现了基本普及九年义务教育，这在我国和世界教育史上都可以称之为一个奇迹"②。这个奇迹的实现过程以及当下为巩固和发展这一成就所采取的"攻坚"努力，以及留给我们的经验，

---

① 参见王承绪等：《比较教育》，人民教育出版社 1982 年版，第 106 页。
②《我国普及九年义务教育取得令人瞩目的成就，普九总规模达近两亿人》，《新华每日电讯》2001 年 4 月 7 日。

促使我们思考，更鼓舞我们朝向新的目标努力。

一、世纪的承诺：20 世纪末基本普及
九年义务教育目标的提出

  新中国从诞生的第一天起，就把普及义务教育当做义不容辞的责任和目标。周恩来总理明确提出："普及小学教育是一个大政"，"小学教育的经费要由国家负担"。1956 年毛泽东主席主持的最高国务会议制定的《1956 年—1967 年全国农业发展纲要》中规定，从 1956 年开始，"按照各地情况，分别在七年或十二年内普及小学义务教育"。也就是说，要在 20 世纪 60 年代普及小学教育。1956 年 9 月，党的八大政治报告提出："必须用极大的努力逐步扫除文盲，并且在财政力量许可的范围内，逐步地扩大小学教育，以求在十二年内分区分期普及小学义务教育。"然而，受十年浩劫的干扰，这一目标未能实现。

  "文化大革命"后，刚复出的邓小平同志就开始思考中国的教育问题，指出："要把经济建设搞上去，科技是关键，教育是基础。"① 掷地有声的话语在神州大地掀起了学科学、重教育的热潮。1980 年中共中央 84 号文件《关于普及小学教育若干问题的决定》在充分分析普及小学教育的重要性以及教育在"四化"建设中的重要作用的基础上提出："在 20 世纪 80 年代，全国应基本实现普及小学教育的历史任务，有条件的地区还可以进而普及初中教育。"1982 年 12 月，"普及初等义务教育"，"国家发展各种教育设施"被写进了新修订的《中华人民共和国宪法》。

  1985 年 5 月，改革开放后的第一次全国教育工作会议在北京召开，邓小平在这次会上发表了《各级党委和政府要把教育工作认真抓起来》

---

① 《"两基"：从蓝图到现实》，《人民日报》2001 年 4 月 7 日。

的著名讲话。他指出："一个十亿人口的大国，教育搞上去了，人才资源的巨大优势是任何国家比不了的。"他强调："现在小学一年级的娃娃，经过十几年的学校教育，将成为开创二十一世纪大业的生力军。中央提出要以极大的努力抓教育，并且从中小学抓起，这是有战略眼光的一着。如果现在不向全党提出这样的任务，就会误大事，就要负历史的责任。"就在这次中国教育史上具有历史意义和深远影响的会议上，中共中央作出了进行教育体制改革的决定，根据我国经济和社会发展的新形势，第一次明确提出在全国有计划有步骤地普及九年义务教育的任务。

（一）现实与争议

中国是个发展中国家，却承载着世界上规模最大的教育。人口多，底子薄，经济落后，经济文化发展很不平衡。特别是贫困地区多，人口居住分散，办学条件极差。据不完全统计，20 世纪 80 年代初，全国中小学危房占校舍总面积的 16%，其余的校舍也多是土草房、老祠堂、破庙宇和旧民房①。"有砖不过千，有门没法关，有窗垒着砖，有顶漏着天"；"土坯墙，椽子瓢，用材尽是箭杆杨，没过几天成危房"；"找学堂，不用问，瞅见破房只管进"，这些流传甚广的顺口溜，是当时中国农村中小学校舍的真实写照。

大政方针初定，却在财力上遇到羁绊。国家无力承担全部义务教育经费，短缺的部分只能向社会收取。"当时有人认为'普九'太早了，只能普及五年义务教育。但是持这种意见的人不多，因为'文化大革命'前即已经提出了普及小学教育的目标，1982 年教育部就发布了普及小学教育的文件，这时候怎么能只普及小学教育？"② 时任国家教委分管基础教育的副主任、担任《中华人民共和国义务教育法》起草小组组长的柳斌

---

① 《世纪的承诺——来自中国实现"基本普及九年义务教育和基本扫除青壮年文盲"的报告》，《中国教育报》2001 年 4 月 9 日。
② 柳斌、马昌博、徐卓君：《义务教育，这 20 年为何这么难》，《教师新概念》2007 年第 6 期。

说，"在是否收杂费的问题上有争议，一部分人认为杂费不要收了。一算账，杂费有 6 个亿，1985 年的 6 个亿是很大一笔数字，国家拿不出这笔钱。全国人大讨论后，决定还是只写免收学费"。

20 世纪 80 年代初期，中央几次下文要求加强基础教育，但收效甚微。1982 年人口普查报告显示，中国 29 个省、市、自治区（香港、澳门、台湾除外）的文盲和半文盲人口为 235820002 人，占总人口的23.5%①。也就是说，将近每 4 个中国人中就有一个不识字或识字很少的人。这令人震惊的数字，使每一个在为中国的未来进行思索的人更加认识到普及义务教育的重要性。严峻的现实使普及义务教育工作变得刻不容缓了。在 1985 年中央首次明确提出在全国有计划有步骤地普及九年义务教育的任务后，国家决心用强力普及九年义务教育，并通过法律保障九年义务教育的实施。

（二）决心与目标

1986 年 4 月 12 日，六届全国人大四次会议审议并通过了《中华人民共和国义务教育法》，以国家立法的形式正式确立我国实施九年义务教育，对九年义务教育的性质、对象、学制、教师学历、处罚措施等作了规定。《中华人民共和国义务教育法》是中国历史上第一部普及义务教育的法律，它的颁布和实施不仅结束了我国义务教育长期以来无法可依的历史，使我国普及义务教育有了法律的保障，而且使我国教育事业从此开始走上依法治教的轨道。

在《中共中央关于教育体制改革的决定》和李鹏同志所作的《关于中华人民共和国义务教育法草案的说明》中，对我国三类不同地区的普及义务教育提出了要求。第一类地区是大城市、东南沿海和内地经济文化比较发达的地区，要求在 1990 年前后基本实现九年制义务教育。第二类

---

① 参见范宁：《制订〈义务教育法〉普及义务教育》，《北京师范大学学报》（社会科学版）1985 年第 5 期。

地区是经济文化中等发展程度的城镇和农村，要求1990年前后基本普及初等义务教育，同时积极创造条件，在1995年前后实现九年制义务教育。第三类地区是经济文化不发达地区，要随着经济的发展，争取在20世纪末基本上普及初等义务教育。

实施义务教育，最紧迫的是经费问题。《中华人民共和国义务教育法》明文规定，"国家用于义务教育的财政拨款的增长比例，应当高于财政经常性收入的增长比例，并使按在校学生人数平均的教育费用逐步增长"，"地方各级人民政府按国务院的规定，在城乡征收教育事业费附加，主要用于实施义务教育"。在《中共中央关于教育体制改革的决定》中，也提出了教育经费的"两个增长"，并且规定，地方政府教育拨款的增长也要高于财政经常性收入的增长，"地方机动财力中应有适当比例用于教育，乡财政收入应主要用于教育"。这一系列规定，是筹措实施义务教育经费的重要保证。

进入20世纪90年代，普及义务教育的目标进一步明确、具体地提了出来。1992年10月12日，是共和国教育史上一个值得铭记的日子。在党的十四大上，江泽民总书记向全党全国人民发出号召："必须把教育摆在优先发展的战略地位，努力提高全民族的思想道德和科学文化水平，这是实现我国现代化的根本大计"，提出将"到本世纪末，基本扫除青壮年文盲，基本实现九年义务教育"作为20世纪90年代我国教育事业发展的重要目标。1993年2月，中共中央、国务院印发的《中国教育改革和发展纲要》进一步明确，到2000年，全国基本普及九年义务教育，即以县统计占全国总人口85%的地区普及九年义务教育；初中阶段的入学率达到85%左右；全国小学适龄儿童入学率达到99%以上。在1993年有世界9个人口大国参加的"全民教育大会"上，中国政府向世界庄严承诺，中国将在2000年基本普及九年义务教育。

此后，国务院陆续批准和颁布了《中华人民共和国义务教育法实施细则》等一系列保障义务教育法实施的政策法规，全国各省、自治区、直辖市也相继制定了本地区实施九年义务教育的办法或条例，国家有关部委还制定了各项义务教育行政规章，初步形成了符合中国国情的较完善的义务教育法规体系，保障义务教育的普及。

二、从蓝图到现实：基本普及九年 义务教育战略目标的实现

2001 年 1 月 1 日，江泽民在全国政协新年茶话会上的讲话中宣布，我国如期实现了基本普及九年义务教育的战略目标。到 2000 年年底，我国九年义务教育总规模已达到 19269.5 万人，比 1990 年增加 3111.6 万人，增长 19.25%[①]。

1985 年全国小学在校生 13370.2 万人，小学适龄儿童入学率 95.9%，2000 年为 13013.25 万人，适龄儿童入学率为 99.11%，小学毕业生升学率由 68.4% 上升到 94.89%。15 年间小学毕业生升学率提高了 26.49 个百分点。

1985 年全国普通初中在校生 3964.83 万人，初中阶段毛入学率 36.76%，2000 年为 6167.7 万人，初中生毛入学率为 88.6%，15 年间提高了 51.84 个百分点（见表 1）。

中国是一个人口大国，拥有 13 亿人口，受教育适龄人口巨大。而且，中国又是一个发展中国家，政治、经济、文化发展极不平衡。国家统计局数据显示，2000 年中国人均 GDP 为 7078 元人民币，按当年汇率折算约为 856 美元。在这样的国情下，我国从 1986 年正式以法律形式确定"国家实行九年义务教育"，到 2000 年年底基本实现了在 85% 的人口地区普及九年义务教育，这无疑是一项举世瞩目的成就。所以，联合国教科文组织

[①] 《我国普及九年义务教育取得令人瞩目的成就，普九总规模达近两亿人》，《新华每日电讯》2001 年 4 月 7 日。

指出，过去 10 年中国的基础教育对全世界在小学求学的儿童从 80% 增加到 84% 作出了重要贡献。实现基本普及九年义务教育的目标，不仅为教育的自身发展奠定了基础，也为我国社会主义现代化建设提供了有力的人力资源支持。从普及九年义务教育的提出，到基本普及九年义务教育目标的实现，历经 15 载艰苦奋斗，我国教育事业实现了历史性的跨越。

表1　全国初中毛入学率①

年份	初中学龄人口数 （13—15 岁） （万人）	初中在校生数 （万人）	初中毛入学率 （%）
1985	7652.7	3964.8	51.81
1986	7502.7	4116.6	54.87
1988	6966.8	4015.5	57.64
1990	6417.2	3868.7	62.93
1992	5754.2	4065.9	70.66
1994	5662.1	4379.8	77.35
1996	6029.8	5047.9	83.72
1998	5923.5	5451.7	92.04
1999	6044.9	5721.57	94.65

（一）"人民教育人民办"：20 世纪普及义务教育的主渠道

1986 年，我国正处在改革开放初期，经济体制开始转型，百废待兴，国家财力严重不足。在这样的现实条件下，免费教育没有被写入《中华人民共和国义务教育法》。"我们想，要实现九年义务教育，只能依靠人民办教育。一靠农村教育附加，按农民前一年的纯收入征收，比例是 1%—1.5%，这笔钱是拿来改善办学条件和聘请民办教师的；二靠农村教

---

① 韩清林：《"普九"工作的主要进展和面临的问题——关于我国普及九年义务教育形势与对策的研究报告》，《教育发展研究》2000 年第 9 期。

育集资，这是建校舍的钱，因为农村的学校国家没有专项拨款，不纳入基建计划，纳入基建计划的只是城市学校，农村只能自己管自己。"① 从20世纪 80 年代中期起，我国教育确定了分级办学、分级管理的体制。即把发展基础教育的责任交给各级地方政府，实行县乡村三级办学、县乡两级管理、以县为主的体制。义务教育的发展主要是依靠人民群众，依靠企业和农民的支持，各级政府财政预算投入所占比例还不到义务教育总投入的一半。

　　沂蒙山区自古有"四塞之崮，舟车不通，内货不出，外货不入"之说。建国初期，全市文盲、半文盲占总人口的 95%。十一届三中全会后，沂蒙人义无反顾地开始了"普九"的历史性大飞跃。

　　这是一块英雄的土地，革命战争年代，沂蒙人毁家纾难，戮力支前，在共和国史册上谱写了辉煌的篇章，用小车把革命推过长江的故事至今仍为人们所传颂。改革开放以来，沂蒙人为甩掉贫困的帽子，开始了新的长征。"有米先给孩子吃，有钱先尽教育花"，"宁可碗缺菜，不亏下一代"。按照"治穷先治愚，治愚办教育"的思路，他们勒紧裤带办教育，从 1986 年到 1990 年，沂蒙人打响了"普九"校舍改造的第一仗，在农民人均收入低于全省 100 多元的情况下，投资 5 亿元完成了农村小学校舍改造和乡镇初中建设；1990 年到 1993 年又投资 3 亿元，完成了城镇校舍改造。这期间，全区"普九"第二战役又有了可喜的回报，实现了普及初等义务教育。到 1996 年 6 月，全市 12 个县区"两基"工作全部通过了省政府验收，成为全省第六个实现"两基"的地市，也成为全国经济欠发达地市中实现"两基"的第一家。

---

① 参见柳斌、马昌博、徐卓君：《义务教育，这 20 年为何这么难》，《教师新概念》2007 年第 6 期。

　　自 1990 年以来，该市地方财政教育拨款每年增长 24.8%，由 1.57 亿元增加到 1995 年的 3.91 亿元，用于义务教育的比例也由 1990 年的 60.85% 提高到 1995 年的 73.2%。沂蒙人民在仍不很富裕的情况下，为教育慷慨解囊，全市 1993 年以来投入的 10.23 亿元中，90% 来自社会各界和广大干部人民群众捐资集资。

　　蒙山沂水不会忘记现代沂蒙人为发展教育所作的贡献。曾以震惊中外的孟良崮战役闻名天下的沂蒙老区在"普九"攻坚中，以超人的气魄，在经济欠发达的情况下，实现了教育事业的低起点腾飞。

> ——摘自《中国教育报》，2001 年 4 月 9 日，《世纪的承诺——来自中国实现"基本普及九年义务教育和基本扫除青壮年文盲"的报告》

　　限于当时的经济条件，在经费保障方面，根据当时国家财政对教育的投入不到所需一半的情况，普及义务教育实行"人民教育人民办，办好教育为人民"的政策。从 1986 年到 2000 年之间，群众中掀起了你追我赶集资办学的可歌可泣的热潮，筹措了数千亿资金投入义务教育，维持了近 20 年义务教育的高速发展，使人民群众的平均受教育水平由 1985 年以前的 4.3 年提高到 2001 年的 8.1 年，创造了一大奇迹，为中国经济和社会各方面发展提供了丰富的有较高文化素质的劳动力资源。[1]

（二）"国家贫困地区义务教育工程"：推动义务教育普及

　　为了实现普及九年义务教育规划目标，国务院和国家有关部委努力加大对义务教育的经费投入。"九五"期间，教育部、财政部组织实施了"国家贫困地区义务教育工程"，旨在帮助贫困地区普及义务教育。1995 年至 2000 年实施"国家贫困地区义务教育工程"的一期工程，是新中国

---

[1] 参见柳斌：《关于贯彻新〈义务教育法〉的几个问题》，《求是》2007 年第 19 期。

成立以来中央专项基金投入最多、规模最大的工程，总投入超过 100 亿元人民币，其中中央财政专项投资 39 亿元人民币，地方各级政府配套经费 87 亿元人民币；国家还争取到世界银行贷款，四期共 3.8 亿美元，加上地方政府配套，共投入 60 亿元人民币。一期工程的实施加快了中西部地区"两基"（即基本普及九年义务教育和基本扫除青壮年文盲）进程，确保了全国"两基"目标的实现，改善了贫困地区义务教育办学条件，提高了教育资源利用率。

同时，教育部、财政部还设立了"国家贫困地区义务教育助学金"，建立了每两年表彰一次"两基"先进地区的制度，开展了"东西部地区学校对口支援工程"。国家计委 1983 年设立了"普及小学教育专项资金"，投资 18.7 亿元人民币，带动地方政府和老百姓投入 60 亿元人民币以上。1995 年又设立了"国家扶贫教育工程"专项投资，集中支持贫困农村小学校舍建设。另外，国家税务部门依法足额征收教育费附加，国家审计部门加强对义务教育资金投入和使用情况的审计监督，这些都对普及九年义务教育起到了积极的促进作用。

"十五"期间，国务院决定在中西部贫困地区实施二期工程。中央安排专款 50 亿元人民币，加上地方配套资金 22.5 亿元人民币，共计投入资金 72.5 亿元人民币。按照规划，522 个项目县共新建、改扩建中小学 9827 所；培训中小学校长和教师约 46.7 万人次；添置仪器设备 3.76 万台、套，购置课桌凳 210 万套，新增图书资料 2400 万册；向 1100 万人次的小学和初中学生免费提供教科书；为近 6 万所农村中小学配备信息技术教育和远程教育接收设备。[①] 针对贫困地区财政和教育的实际情况，二期工程减少了地方政府配套资金的比例，并增加了免费为家庭经济困难的学生发放教科书，以及在贫困地区实施信息技术教育等内容。通过二期"义教工程"的实施，促使我国贫困地区基础教育办学条件得到较大改观，师资水平和教学质量得到进一步提高。

---

① 《第二期国家贫困地区义务教育工程实施》，《人民日报》（海外版）2002 年 5 月 10 日。

（三）"希望工程"与"春蕾计划"：义务教育的重要补充

　　1989 年 10 月，共青团中央建立中国少年发展基金会，将解决贫困地区儿童失学问题当做工作重点，首先重点建立救助贫困地区失学少年基金，让因经济困难而失学的孩子重返校园。这项助学扶贫的事业，被命名为"希望工程"。发扬中华民族尊师重教、义务兴学的优良传统，依靠全社会的力量，助学扶贫，推进教育事业，特别是贫困地区教育事业的发展，是"希望工程"的任务和目的。到 2004 年 10 月，"希望工程"累计接受海内外捐款 25 亿多元人民币，改变了 260 万名贫困学子的人生命运，资助援建了 11266 所希望小学，已逐步形成了从小学到大学的教育资助体系①。在中国，希望工程已成为动员社会力量，推进贫困地区教育发展，加快贫困地区脱贫步伐的积极力量。

　　在我国，无论是当时的 1.8 亿文盲，还是每年 14 岁以下的失学儿童中，均有 2/3 的女性。1988 年至 1998 年十年间，我国贫困地区累计有 1000 多万儿童因家庭困难而徘徊于学校大门之外，其中女童占了 70% 以上②。显然，女童教育问题，已成为我国实现义务教育的难中之难。为使千千万万失学女童重返校园，在全国妇联领导下，中国儿童少年基金会发起"春蕾计划"，在海内外民间广泛筹集资金，设立帮助女童入学的专项基金，对贫困地区女童实施免学费初等义务教育，以促进解决农村贫困地区女童上学难的社会问题。"春蕾计划"自 1989 年实施以来，得到海内外各界人士的高度赞扬和热情支持。截至 2007 年，"春蕾计划"共募集资金 6 亿多人民币，累计救助失学女童 170 万人次③。

　　全社会对教育的重视和支持，为我国如期实现基本普及九年义务教育目标奠定了坚实的基础。从我国经济发展总体水平还不高的国情出发，除

---

① 《希望工程资助学生二百六十万》，《人民日报》2004 年 10 月 30 日。
② 鲁西：《为了未来的母亲：来自"春蕾计划"的报道》，《中国贫困地区》1998 年第 8 期。
③ 《黄晴宜："春蕾计划"筹资 6 亿，170 多万女童重返校园》，资料来源：人民网，http://acwf.people.com.cn/GB/99061/107604/6548447.html。

了"人民教育人民办"、国家积极提供经费支持和发展义务教育外，作为补充，从经济上来考虑救助儿童、青少年上学，推进义务教育普及就显得十分必要。"希望工程"、"春蕾计划"对发展我国基础教育作出了重大贡献。

三、一个都不能少：新世纪的攻坚战

2000 年，我国虽然整体上实现了基本普及九年义务教育的历史性任务，但西部地区的任务仍然十分艰巨。截至 2002 年年底，西部地区"两基"人口覆盖率仅为 77%，还有 410 个县尚未实现"两基"，人均受教育年限仅为 6.7 年。完成西部地区"两基"工作难度非常大的原因在于，一是这 410 个县经济社会发展滞后，教育基础薄弱，其中有贫困县 215 个，少数民族县 309 个，边境县 51 个。二是当时全国尚未脱贫的 3000 万人口，绝大部分生活在这些地区，当地适龄儿童少年上学面临诸多困难。三是这些地区自然条件艰苦，多为高山、高原、高寒和荒漠、半荒漠地区，普及义务教育的办学成本、就学成本远远高于其他地区[1]。

（一）义务教育经费的保障

1. "一费制"

"一费制"是指在严格核定杂费、课本费标准的基础上，一次性统一向学生收取费用。[2] 对收费项目的规定为，除住宿生应缴纳的住宿费以外，义务教育阶段的小学、初中学生，只缴纳课本费和杂费。除此之外，学校不得再收取资料费、练习本费、实验费、军训费、上机费、烤火费

---

① 参见赵岩：《"两基"攻坚如期完成，教育之光洒遍西部》，《中国民族教育》2007 年第 12 期。
② 参见任春荣：《"一费制"政策实行状况与对策》，《教育研究》2004 年第 8 期。

等，严厉禁止地方政府和有关部门搭车收费。1990 年以来，教育收费一直呈上升趋势，很多学校擅自加收教育款项，造成乱收费现象。为治理中小学乱收费现象，减轻农民负担，自 2000 年始，经国务院批准，教育部、国家计委、财政部多次下发专门通知，要求各地严格收费审批程序，稳定收费标准，加强监督检查，禁止一切乱收费行为。2001 年 5 月颁布的《国务院关于基础教育改革与发展的决定》规定："采取有力措施，坚决刹住一些地方和学校的乱收费，控制学校收费标准，切实减轻学生家长特别是农村学生家长负担。在国家扶贫开发工作重点县等农村贫困地区义务教育阶段，实行由中央有关部门规定杂费、课本费标准的'一费制'收费制度。"

中共中央办公厅、国务院办公厅 2001 年 8 月召开了"全国减轻农民负担工作电视电话会议"，会议将实行贫困地区农村中小学收费"一费制"，作为减轻农民负担的 7 项重点工作之一。会议上提出将国家规定的杂费和课本费合并收取并确定了收费标准。除此之外，禁止其他各项收费。2002 年 2 月 26 日，教育部、国家计委、财政部又下发了《关于切实做好 2002 年农村贫困地区义务教育阶段"一费制"试行工作的通知》。"一费制"政策试行几年来，基本上达到了政策制定的目的，得到了贫困地区学生和家长的拥护。为此，2004 年 3 月，经国务院批准，教育部、国家发展和改革委员会、财政部下发了《关于在全国义务教育阶段学校推行"一费制"收费办法的意见》，要求从 2004 年秋季开始，在全国政府举办的普通小学和普通初中实行"一费制"，并且要求对进城务工的农民工子女接受义务教育的收费与当地学生一视同仁。

"一费制"规范了农村中小学的收费行为，提高了入学率，降低了辍学率，在制止学校乱收费和教育腐败方面成效显著。但是，由于取消了农村教育费附加和农村教育集资，农村义务教育经费的压力便全部落在了县级政府身上。而大多数县的财政情况都比较困难，使农村义务教育经费缺口加大，公用教育经费减少，贫困生救助难度增大，从而加剧了教育经费紧张，严重影响这些地区的正常教学，并隐含着为弥补缺口而再次乱收费的内在危机。以河北省为例，2003 年，全省 51 个扶贫开发重点县由于实行"一费制"而减少收入约 1.6 亿元人民币，而由此形成的资金缺口财政部门未能予以弥补，导致教育公用经费水平下降。① 另外，教育经费短缺，也使学校运转困难，教师待遇降低，部分教师因收入减少而辞职。部分农村学校由于经费困难，教师进修和教改实验经费严重匮乏，这都在一定程度上影响了教师业务素质的提高。

而"一费制"在一些地区并没有彻底制止乱收费现象，一些重点学校利用优势资源使学生"自愿"交费，数额庞大。例如，北京市 2003 年正式实行"一费制"，但是在各种"自愿"的形式下，通过软收费等办法仍然进行高额的收费。其中择校费占很大比重，2002 年北京择校费就达 10 亿元人民币。由于对"一费制"中的杂费未作充分的规定，为收费部门留下了政策的空当。据《南京晨报》2004 年 8 月 12 日报道，江苏省将杂费上调 20%，引起众多非议。而令家长苦恼至极的赞助费、择校费更是未能囊括于"一费制"之中，甚至都未能列入当时政府听证会的议题。有的地方甚至明确规定了这类费用上限，比如重庆市发文为"择校费"制定标准：市属市级重点中学或示范性高中每个学生每学期收取的费用不高于 5000 元，区县属市级重点中学不高于 4000 元，其他普通高中不高于 1500 元。不少人士称此举让"择校费"合法化。②

上海中小学免费教科书范围确定，"一费制"项目取消

自 2008 年春季起，上海市全市免费向义务教育阶段公办和民办学校中有上海市学籍的在校学生（含外省市借读生）提供教科书和作业本。免费教科书提供的教科书是指，市教委每学期公布的《上海市中小学教学用书目录》义务教育阶段各年级基础型课程教材（包括教材配套附件材料）、学生用教学资料，如

---

① 参见赵文献、岳清海：《"一费制"的实施与公用经费投入机制保障研究初探》，《教育财会研究》2005 年第 2 期。
② 参见谭胜：《"一费制"教育收费政策的两极现象及其分析》，《中国教师》2005 年第 4 期。

《上海市学生成长记录册》、《寒假生活》、《暑假生活》、《各学科教学基本要求》等，及拓展型课程和研究型课程教材。同时，按照上海市义务教育阶段小学 150 元/学期、初中 185 元/学期的标准控制教科书和作业本费用总价。2008 年春季开学起，在全市实施免费提供义务教育阶段教科书和作业本政策后，上海市义务教育阶段公办学校"一费制"收费项目相应取消。

2. "两免一补"

针对农村在校生因贫失学、辍学率上升的趋势，2003 年《国务院关于进一步加强农村教育工作的决定》提出，从西部贫困地区和农村地区开始实施，争取到 2007 年全国农村义务教育阶段经济困难家庭的学生都能享受到"两免一补"政策，努力做到不让学生因家庭经济困难而失学。义务教育"两免一补"是政府对农村义务教育阶段贫困家庭学生就学实施的一项资助政策，主要内容是对农村义务教育阶段贫困家庭学生"免杂费、免书本费、逐步补助寄宿生生活费"，中央财政负责提供免费教科书，地方财政负责免杂费和补助寄宿生生活费。

2005 年 9 月，陕西省延安市宣布，将从 2005 年秋季起每年追加教育财政拨款，并成为第一个实行"两免一补"的城市。2005 年 12 月 26 日，国务院召开农村义务教育经费保障机制改革工作会议，深化农村义务教育经费保障机制改革。决定从 2006 年开始，逐步将农村义务教育全面纳入公共财政保障范围，建立中央与地方分项目、按比例分担的农村义务教育经费保障新机制。"两免一补"政策于 2005 年首先在 592 个国家重点贫困县实施，2006 年在西部农村和部分中部农村地区实施，2007 年春季开学时在全国农村全面实施，惠及 1.5 亿农村义务教育阶段的中小学学生。

按照党中央、国务院的总体要求和部署，2005 年中央与地方财政共安排"两免一补"专项资金 64 亿元人民币，惠及中西部地区农村义务教育阶段的家庭贫困学生约 3000 万名，占中西部农村义务教育阶段中小学生人数的 26%。其中，592 个国家级贫困县共安排资金 30 亿元人民币，

1440 多万名中小学生享受到"两免"资助,占 592 个国家级贫困县义务教育阶段农村中小学生人数的 40%。① 实施"两免一补"政策切实减轻了农民的经济负担,使数以千万计的农民家庭得到了实实在在的好处,深得农民群众的欢迎和拥护。2005 年实施这项政策,直接减轻农民经济负担七十多亿元人民币,农村贫困家庭小学生每人每年平均可免除书本费和学杂费 210 元人民币,初中生 320 元人民币,其中寄宿生还可享受生活补助费 200—300 元人民币。另外,"两免一补"政策的实施进一步巩固了"普九"成果,极大地促进了农村义务教育的发展。据统计,实施"两免一补"政策后,2005 年,中西部农村地区共有 35 万名因贫困辍学学生重返校园。②

农村税费改革和农村义务教育管理体制改革后,农村义务教育逐步纳入公共财政的覆盖范围,特别是农村税费改革将进入到巩固成果、全面推进农村综合配套改革的新阶段,农村义务教育已明确成为各级政府的责任,在保障农村义务教育经费稳定增长方面,县级以上的各级政府将要承担起更多的责任。而"两免一补"政策正是贯彻了这样的思路与改革要求,一方面,以农村义务教育阶段贫困家庭学生作为财政的资助对象,实实在在地将公共财政的资金资助到了农民身上,切实解决"上得起学"的问题;另一方面,以中央和省级财政为主的投入来源与结构保障了资金的投入。

从 2007 年秋季起,国家对西部地区农村义务教育阶段学生全部免费提供国家课程教科书,为近 50% 的寄宿生发放家庭经济困难寄宿生生活补助,基本解决了农村学生"留得住"的问题。广大农民群众高兴地说:"种田不纳税,上学不缴费,农民得实惠,和谐好社会。"③ 此外,免除城市义务教育阶段学杂费已经纳入规划,正在逐步推进。"两免一补"政策

---

① "完善农村义务教育财政保障机制"课题组:《"两免一补"政策实施的宏观效果与前瞻》,《管理世界》2005 年第 7 期。
② 《2005 年"两免一补"工作成效显著》,教育部 2006 年第 10 次新闻发布会散发材料之三。
③ 《农村义务教育进入全面普及和巩固提高新阶段》,《中国教育报》2007 年 10 月 18 日。

加快了普及农村免费义务教育的步伐，对于促进教育公平、提高全民族人口素质将会产生重要而深远影响。

（二）义务教育管理体制改革

农村基础教育实行"地方负责，分级办学，分级管理"的体制，虽然改变了过去教育由国家统包统管的局面，明确了各级政府特别是县、镇两级政府的办学责任，是为了调动广大干部群众以及社会各界的办学积极性，体现"人民教育人民办"，但后来的实践表明，义务教育的责任重心在逐步下移，最后落实到"以乡镇为主"。造成农民收入增长缓慢，城乡差别、工农差别越来越大，城乡二元社会结构造成的一些矛盾越来越突出。根据《1999 年全国教育经费执行情况统计公告》，全国普通小学生均预算内公用经费支出为 35.72 元人民币，农村小学生均为 24.01 元人民币，两者相差 11.71 元人民币。而贵州、宁夏等欠发达地区的生均预算内公用经费支出更是少得可怜。一些贫困地区的农村中小学的预算内甚至没有公用经费。[①] 城乡教育经费支出差距悬殊，造成教育的不公平。

1. "以乡镇为主"到"以县为主"

20 世纪 90 年代末，由于乡镇企业的衰微，特别是国家实行分税制后，地方财政日益困难，中央财政重新占据优势。2002 年，中央财政收入与地方财政收入之间的比例已经达到 61.12∶38.8[②]。随着经济和社会的发展，农民负担过重的问题日益显露出来。2000 年 3 月 31 日《南方周末》的"周末话题"专栏披露了"农村孩子辍学严重"的事实，并配发了"编者按"："科教兴国喊得正响的时候，很多农村的孩子却过早地离开了校园，甚至连九年义务教育都没有完成。对此，仅拿《中华人民共和国义务教育法》找那些父母兴师问罪不但不公平，而且于事无补，因

---

① 肖正德：《农村义务教育实行"以县为主"的必要性》，《基础教育研究》2002 年第 10 期。
② 汪名昆：《农村教育体制之变》，《决策咨询》2004 年第 1 期。

为他们也是迫于无奈。贫困与教育收费的矛盾，就业竞争中的户籍歧视，这些问题若不尽可能加以解决，任其愈演愈烈，农村孩子辍学就会越来越多。而由此造成的损失不但对于那些孩子来说，而且对于全民族的发展，都是难以弥补的。"

2000 年，为减轻农民负担，国家出台了多项重大措施，包括实施农村税费改革，停止农村教育集资，取消农村教育费附加的征收，分离企业所办的中小学等。这些政策的出台，减轻了农民和企业的负担，但也使农村义务教育经费锐减，许多地方农村中小学不能正常运转，拖欠教师工资现象十分严重，学校危房率逐年上升。① 虽然中央加大了财政转移支付力度，但仍不能满足农村教育对资金的需求。随着乡镇财力的萎缩，教育运行的弊端日益加剧，"分级办学，分级管理"、"以乡镇为主"的农村基础教育管理体制难以维系农村教育的发展。2001 年 5 月 29 日，国务院针对农村基础教育发展存在的困难和问题发布了《国务院关于基础教育改革与发展的决定》，规定我国农村义务教育管理"实行在国务院领导下，由地方政府负责，分级管理，以县为主的体制"②。这一重大决策主要是决定将政府投资统筹主体从原来的乡提升到县，同时加大中央和省级财政对农村义务教育的扶持力度。2001 年 6 月，国务院召开了"全国基础教育工作会议"，要求实现两个根本性的转变，即农村义务教育的经费由农民承担为主转为以政府承担为主；农村义务教育的管理由乡镇为主转为以县为主。这是两个非常重要的、带有根本意义的转变，这种变革是基于以省为范围的大致均衡。"以县为主"的农村基础教育投入体制的实行，减轻了乡镇政府的经济负担，促使中国的农村义务教育由原来的"人民教育人民办"开始走向"人民教育政府办"。

以县作为政府投资统筹主体的农村义务教育财政体制，使政府投资主体的重心有所提升，中西部地区获得了较之以前更多的中央财政转移支付

---

① 柳斌：《关于贯彻新〈义务教育法〉的几个问题》，《求是》2007 年第 19 期。
② 中华人民共和国教育部编：《深化农村教育改革，加快农村教育发展——全国农村教育工作会议文件汇编》，人民教育出版社 2004 年版，第 192 页。

资金。但是，以县为主的农村基础教育投入体制并没有从根本上改变农村基础教育投入不足的状况。在税费改革之前，农村义务教育的经费主要来源于三个方面：一是乡镇财政拨款；二是向农民征收的"三提五统"中的"教育费附加"；三是向农民征收的"教育集资"。① 税费改革和"以县为主"的农村义务教育管理体制实行后，作为农村义务教育的主要责任部门——县级政府，大多缺乏足够的财政支持能力，特别是西部地区的大部分县区和中部地区的一些贫困县，县级财政极其困难，无法支撑应该分担的教育投入义务，难以足额筹集教育事业费，乡镇教师工资经常不能按时足额发放，教师专业化发展缺乏基本保障，致使原本就很难支撑的农村义务教育更是雪上加霜。而县以上各级政府的财政支持力度还不能满足实际需要，从而导致农村义务教育各项经费仍然缺乏稳定可靠的保障，经费供给总量依然严重不足，各级政府投资结构不合理以及公共资源配置不公平的问题没有得到根本解决。②

2. "义务教育政府办"

2005年11月10日，教育部发布《中国全民教育国家报告》，提出中国将力争到2010年全国农村地区全部实行免费义务教育，到2015年在全国普遍实行免费义务教育，这是中央政府第一次明确提出实施免费义务教育的时间表。两周之后的11月28日，温家宝总理在联合国教科文组织第五届全民教育高层会上宣布："从明年（2006年）起中国将用两年时间在农村全面免除义务教育阶段的全部学杂费。"从而将在农村实行免费义务教育的时间提前了3年！

2006年6月29日，全国人大常委会通过了新修订的《中华人民共和国义务教育法》，首次确立了基础教育免费的原则。《中华人民共和国义务教育法》第二条明确规定："实施义务教育，不收学费、杂费。国家建

---

① 刘晶、葛颜祥等：《税费改革后农村义务教育投入机制的思考》，《新疆农垦经济》2004年第2期。

② 高如峰：《中国农村义务教育财政体制的实证分析》，见朱小蔓主编：《对策与建议——2004—2005年度教育热点、难点问题分析》，教育科学出版社2005年版，第26页。

立义务教育经费保障机制，保证义务教育制度实施。"该法首次明确国家将义务教育全面纳入财政保障范围。《中华人民共和国义务教育法》第四十二条规定："国家将义务教育全面纳入财政保障范围。国务院和地方各级人民政府将义务教育经费纳入财政预算，按照教职工编制标准、工资标准和学校建设标准、学生人均公用经费标准等，及时足额拨付义务教育经费，确保学校的正常运转和校舍安全，确保教职工工资按照规定发放。"《中华人民共和国义务教育法》将近些年来实行的取消农村教育费附加和农村教育集资、加大对农村义务教育转移支付等有关政策上升为法律规范。据媒体报导，关于这部法律的重新修订，有近1/4的全国人大代表连续3年提出议案，这在我国人大的立法史上是罕见的。

《中华人民共和国义务教育法》确定了经费保障新体系，使农村义务教育投入重心上移，重点加强中央和省级政府对义务教育公共投资和财政供给水平。《中华人民共和国义务教育法》第四十四条规定："义务教育经费投入实行国务院和地方各级人民政府根据职责共同负担，省、自治区、直辖市人民政府负责统筹落实的体制。农村义务教育所需经费，由各级人民政府根据国务院的规定分项目、按比例分担。"该法第四十五条还规定："地方各级人民政府在财政预算中要将义务教育经费单列。"这是对过去"地方负责、分级管理"、"以县为主"的义务教育投入管理体制的重大调整，明确了各级政府的职责，完成和保证了"人民教育人民办"向"义务教育政府办"的根本转变。此外，新法还规定了义务教育经费必须严格按照预算规定用于义务教育。

（三）关注农村义务教育

1. 解决"上学难"问题："农村寄宿制学校工程"

新生人口的不断减少，使我国农村地区尤其是西部农村地区存在的办学规模小、教学点分散问题变得更为突出。这种情况使得教育资源存在浪费的同时，教学条件也不能得到很好的改善，农村学校的布局调整成为必然。2001年，《国务院关于基础教育改革与发展的决定》将调整农村义务教育学校布局列为一项重要内容，指出应"因地制宜调整农村义务教育学校布局。按照小学就近入学、初中相对集中、优化教育资源配置的原则，合理规划和调整学校布局。农村小学和教学点要在方便学生就近入学的前提下适当合并，在交通不便的地区仍需保留必要的教学点，防止因布局调整造成学生辍学"。自 2001 年起，各地政府纷纷制定本地区的农村中小学布局调整规划。2005 年年初，教育部发布的《2004 年中国教育事业发展状况报告》显示，2004 年全年我国撤减小学 3.17 万所，初中 973 所。布局的调整，带来了教育资源的重组和整合，提高了农村学校的办学水平，优化了教师队伍，却也给农村和农村学校带来了新的问题，尤其是许多地方出现了新的"上学难"——上学路途远。

为解决制约西部农村地区普及义务教育的"瓶颈"问题，中央和省级人民政府共同组织实施"农村寄宿制学校建设工程"。从 2004 年起，用四年左右的时间，中央财政投入资金 100 亿元人民币（其中国债资金 50 亿元），帮助西部地区新建一批以农村初中为主的寄宿制学校；同时，在合理布局、科学规划的前提下，加快对现有条件较差的寄宿制学校和不具备寄宿条件而有必要实行寄宿制的学校进行改扩建的步伐，使确实需要寄宿的学生能进入具备基本条件的寄宿制学校学习。

2004 年到 2006 年 3 年时间，中央共下拨 90 亿元人民币用于农村寄宿制学校建设，项目覆盖 23 个省（自治区、直辖市、兵团）的 7651 所项目学校，其中，西部地区批复项目学校 5086 所。到 2006 年年底，西部地区农村中小学新增校舍面积 1076 万平方米，满足了 207 万名寄宿生的就学需求。寄宿制学校工程建设使西部地区农村学校面貌发生了根本变化，学校成为西部社会主义新农村建设的亮点。教育部公布的统计数据表明，2006 年全国中小学共有寄宿生近 3000 万，西部地区小学、初中的寄宿生最多。其中，西部地区小学寄宿生占到 10%，西藏、内蒙古、青海、云南 4 个省区的寄宿生比例则超过了 20%；中西部地区初中寄宿生比例都在 40% 以上，有 7 个省份的寄宿生比例超过 50%，其中，西藏、广西、云南 3 省份的寄宿生比例超过 70%，农村地区的寄宿生的比例更高，西部农村寄宿生比例达到 52%。①

　　针对寄宿制学校建设中和管理过程中出现的问题，2005 年 6 月，教育部、发改委、财政部、国土资源部、建设部联合下发了《关于进一步做好农村寄宿制学校建设工程实施工作的若干意见》，要求地方各级政府和相关部门结合本地实际，出台优惠政策，尽量减免"农村寄宿制学校建设工程"建设收费，提高工程资金的使用效益，督促各地进一步采取切实措施加快工程进度、加强建设质量管理，保证"农村寄宿制学校建设工程"顺利实施。

　　为进一步加强对寄宿制学校的管理，提高管理的科学性和有效性，保障学生安全，2006 年 11 月，国家西部地区"两基"攻坚领导小组办公室根据近两年来对各地项目学校的检查结果和寄宿制学校的具体实际，制定并颁发了《国家西部地区农村寄宿制学校建设工程项目学校管理暂行办法》，对省、县级人民政府及其教育行政部门和寄宿制学校的管理职责进行了明确规定，对寄宿制学校的安全、卫生、饮食、住宿等各个方面进行了规范与限定，要求各地结合当地实际情况制定实施细则，并报国家西部地区"两基"攻坚领导小组办公室备案。

　　按照"办法"的规定，寄宿制学校实行由地方政府负责、以县为主、地方教育行政部门和学校具体组织实施的属地管理体制。这一管理体制明确了省、县级人民政府及其教育行政部门和寄宿制学校的责任，既防止有关部门过多地插手农村寄宿制学校的管理，也防止各级政府及其教育行政部门甩手不管、推卸责任；规定了寄宿制学校自身的管理义务和责任，有利于学校按照国家的有关法律、法规和文件实行有针对性的自主、自我管理，提高管理效能。

　　2. 农村教师队伍建设："农村义务教育阶段学校教师特设岗位计划"

　　教师队伍建设和教师素质的提高，直接关乎教育和教学质量的提高，

① 贾小娜：《农村寄宿制学校建设工程纪实》，《教育》2007 年第 5 期。

关乎民族的未来。普及九年义务教育的关键是建立一支思想素质和业务素质优良、合格而稳定的教师队伍。然而，据2006年3月7日《第一财经日报》上所显示的数据，仅2002年一个暑假，湖北省罗田县就流失教师100多人，襄樊市则流失教师600多人；2001年至2004年3年间，江苏苏北某县先后共流失500多名中小学教师，学校不能正常开课，有些村小学只剩下一个"留守"老师。在流失的教师中，乡镇初中教师和县级高中教师人数最多，各占其专任教师总数的8.4%和6.5%；其次为乡镇小学和地区高中教师，分别占5.4%和4.2%。农村贫困地区教师大量流失，但供给和补充却极为困难。①

2006年5月，经国务院同意，教育部、财政部、人事部、中编办启动了"农村义务教育阶段学校教师特设岗位计划"，中央财政设立专项资金，计划此后5年，每年招募高校毕业生到西部"两基"攻坚县县级以下农村义务教育阶段学校任教，工作年限最低为3年，及时缓解教师不足、素质不高的问题。"特岗计划"的实施在西部地区以及纳入国家西部开发计划的部分中部省份的少数民族地区产生了强烈反响。

特岗这一年……

离开喧嚣的城市，离开温暖的家

来到安静、偏僻的乡镇

虽然到小镇的路很艰险

但挡不住我们走进乡镇课堂的脚步

挡不住孩子们渴望知识的眼睛

和城市相比乡镇很落后

语言不通是难题

缺水停电成必修

---

① 刘琬、王德清：《浅论贫困地区教育人才的"开源"与"节流"——由四部委启动教师"特岗计划"引出的思考》，《当代教育论坛》2006年第11期。

……

虽然还有很多这样那样的不如意

但这里也有城市看不到的风景

漫山遍野的山花和野草

弥漫着浓厚的乡土气息

还有孩子们自然淳朴的笑

特别是他们渴望知识

渴望到大山外看看的眼神

在这里我学会了给每个学生精打细算

学会了在生活中与困难搏斗

学会了在艰苦的条件下快乐地生活

学会了在孤独中寻找自我价值

来到这里是国家赋予我们的使命

少年智则国智

少年强则国强

特岗这一年我收获了很多很多

云南省峨山彝族自治县富良棚中学　施勋

——摘自《云南教育》2007 年第 12 期

　　"特岗计划"实施以来，总体进展顺利。高校毕业生踊跃报名应聘特岗教师，大部分省（区、市）拟招聘人数与报名人数的比例超过 1∶3，新疆维吾尔自治区超过 1∶10，不少省还制定了本地区的优惠支持政策。在中央和地方的共同努力下，2006 年共有 1.6 万余名大学毕业生应聘到湖北、广西、海南、重庆等 12 个省（区、市）和新疆生产建设兵团的 260 多个县（团、场）的共 2850 多所农村中小学任教。2007 年，全国招聘特岗教师约 1.7 万人，比 2006 年略有增加，多数省份报考人数超过拟聘人数的 3 倍到 5 倍。与 2006 年相比，特岗教师的学历层次得到较大提升，本科以上高校毕业生由 2006 年的 39.0% 提高到 2007 年的 68.4%。两年内共招聘特岗教师 3.3 万名，覆盖 13 个省 395 个县，4074 所农村中小学。从 2008 年起，国家对特岗教师中央财政专项资金支持标准，由最初的每年每人 15000 元人民币提高到 18960 元人民币①，提高 3960 元人民币。"实施'特岗计划'是完成西部地区'两基'攻坚任务的一项重要举措，有助于解决西部学生'进得来''留得住'和'学得好'的问题，同时对加强中西部农村教师队伍建设、创新农村教师补充机制也有重要意义"。

特岗教师犹如一股春风吹进广袤的田野，农村孩子不仅能上学，还将听好课。"老师，我很喜欢你的课，谢谢你！"云南省寻甸回族彝族自治县先锋中学学生贺艳青给新老师董双雪写了这样的字条。"有时，学生为我轻轻拍掉沾满衣服的粉笔灰，我感到很温暖！"从云南大学毕业后到寻甸县山区学校先锋中学任教的董双雪说。新学年与她一起通过考试到寻甸县农村中小学任教的大学毕业生有 130 人。参与特岗教师招聘的寻甸县教育局一位姓郭的干部说，获聘的大学毕业生素质比较高，适应能力也很强，他们给边远乡村的孩子带来了新观念。接受特岗教师的一些学校校长表示，这个做法解决了乡村学校多年来梦寐以求却无力解决的难题。"我们农村娃终于有了好老师！"② 教育部部长周济说："教育大计，教师为本。特岗教师计划吸引了高素质人才从事农村义务教育，开辟了农村教师补充的新机制，促进了新农村建设和义务教育均衡发展。特岗教师正在为缩小城乡教育差距尽力。"

3. 同在蓝天下："农村中小学现代远程教育工程"

长期以来，我国农村地区，特别是经济欠发达、教育基础薄弱的中西部地区，教学资源的匮乏和教师整体水平不高，使课堂教育还停留在"一支粉笔一张嘴，一本教案满堂灌"的状态。农村地区教育面临着教育经费困难、基础设施建设薄弱、师资紧缺和适龄儿童失学、辍学率高等诸

---

① 《农村教师"特岗计划"为西部输送 3.27 万名教师》，《中国教育报》2007 年 10 月 14 日。
② 《教育部等四部门联合启动农村学校教师特设岗位计划》，《人民日报》2006 年 11 月 1 日。

多问题。这些问题不解决，农村教育将难以发展。用信息化带动教育现代化，实施"农村中小学现代远程教育工程"，将为"降水不足"的农村教育解决燃眉之急，让孩子们能够共享同一片蓝天。

2003 年 9 月，具有重要历史意义的全国农村教育工作会议召开，下发了《国务院关于进一步加强农村教育工作的决定》，明确提出"实施农村中小学现代远程教育工程，促进城乡优质教育资源共享，提高农村教育质量和效益"。经国务院同意，按照"总体规划、先行试点、重点突破、分步实施"的原则，教育部、国家发改委、财政部共同启动了农村中小学现代远程教育工程试点工作。"工程"规划用 5 年左右的时间，在全国 11 万个农村教学点建设教学光盘播放点，在 37 万所农村小学建设卫星教学收视点，在 3.7 万所农村初中建设计算机教室，通过这三种模式，把优质教育教学资源和教学方法送到农村特别是广大中西部地区农村中小学，让山区、边远地区和贫困地区的孩子们逐步与城镇里的孩子一样享受同等的优质教育资源。

经过 5 年的努力，这项工程即将全部完成。为实施远程教育工程，中央和地方共投入 111 亿元人民币，建设覆盖全国农村的远程教育网络，将使所有中西部农村中小学学生可以共享优质教育资源。远程教育工程共配备教学光盘播放设备 40.2 万套，卫星教学收视系统 27.9 万套，计算机教室和多媒体设备 4.5 万套，覆盖中西部 36 万所农村中小学，1 亿多农村中小学生得以共享优质教育资源，基本形成了适应农村中小学教学需要的资源体系。为配合农村中小学现代远程教育工程的实施，国家还通过面对面培训的方式先后培训了 15000 多名一线教师，各地也有 80 多万教师接受了较为系统的远程教育应用培训。同时，逐步建立和完善以县为主，国家、省、地（市）、县四级技术服务支持体系。孩子们高兴地说："大山再也挡不住知识了，我们同在蓝天下，共同成长进步。"①

---

① 赵岩：《"两基"攻坚如期完成，教育之光洒遍西部》，《中国民族教育》2007 年第 12 期。

4. 为了流动的花朵：进城务工人员子女的义务教育

伴随着中国城市化进程的加快，越来越多的农村剩余劳动力流入城市。由此产生的进城务工人员子女义务教育问题成为中国社会转型期一个独特的社会问题。国务院妇女儿童工作委员会办公室和中国儿童中心对北京、深圳、武汉等九城市的抽样调查表明：九城市进城务工人员子女约为280万人，义务教育阶段入学率为90.7%左右，照此计算，九城市中有26万多进城务工人员子女未入学。① 除部分进城务工人员子女上不了学，还有大部分进城务工人员子女上不了好学校。北京市人民政府公布的数据显示，截至2006年7月，该市进城务工人员子女在公办学校上学的有22.8万人，占62.3%，而在获准民工子弟学校上学的有4.3万，占11.7%，在未获准民工子弟学校上学的有9.5万，占26%，也就是说，有近37.7%约13.8万进城务工人员子女是在已获准或未获准的民工子弟学校上学。②

2004年，全国流动人口的规模达到了1.4亿，超过总人口的十分之一。而流动人口中的儿童，户口类型为农业户口的占74%。也就是说，进城务工就业农民子女已接近1500万③。由于各项条件的限制，进城务工就业农民子女在接受义务教育上还存在诸多的障碍。保证进城务工人员子女公平接受义务教育，不但有助于九年制义务教育的普及和质量提高，也有助于社会的和谐。

2001年国务院颁布《国务院关于基础教育改革与发展的决定》指出，"要重视解决流动人口子女接受义务教育问题，以流入地区政府管理为主，以全日制公办中小学为主，采取多种形式，依法保障流动人口子女接受义务教育的权利"，确定了流动人口子女教育"两为主"的方针。2003

① 陈晓蓓：《中国九城市流动儿童大部分就学有保障》，《中国教育报》2003年11月6日。

② 吴霓：《落实"两为主"政策，保障进城务工就业农民子女平等接受义务教育》，《中国教育报》2006年8月2日。

③ 中央教科所教育发展研究部课题组：《中国进城务工就业农民子女义务教育研究》，《华中师范大学学报》（人文社会科学版）2007年第2期。

年 1 月 15 日,《国务院办公厅关于做好农民进城务工就业管理和服务工作的通知》第六条规定,流入地政府应采取多种形式,接收农民工子女在当地的全日制公办中小学入学,在入学条件等方面与当地学生一视同仁。加强对社会力量兴办的农民工子女简易学校的扶持,将其纳入当地教育发展规划和体系,统一管理。2003 年 9 月 30 日,经国务院同意,国务院办公厅转发教育部、中央编办、公安部、发展改革委员会、财政部、劳动和社会保障部《关于进一步做好进城务工就业农民子女义务教育工作的意见》,规定"进城务工就业农民流入地政府负责进城务工就业农民子女接受义务教育工作,以全日制公办中小学为主。地方各级政府特别是教育行政部门和全日制公办中小学要建立完善的保障进城务工就业农民子女接受义务教育的工作制度和机制,使进城务工就业农民子女受教育环境得到明显改善,九年义务教育普及程度达到当地水平。"

农民子女与城市学生上学收费一视同仁,大大缓解了进城务工人员子女教育的压力,加快了城市化的进程。同时,也促进了义务教育的进一步普及。随着相关政策的出台和保障措施的实施,进城务工人员子女义务教育普及问题正逐步解决。2006 年,福建省义务教育阶段学校共接收农民工子女 48.7 万人。其中,按照免试就近入学的原则,在公办中小学就读的有 40 万人,占农民工子女就读总数的 82%。① 据浙江省教育厅 2006 年的统计,全省的农民工子女达 65 万人,入学率已达到了96.6%。② 以公办学校为主接收进城务工人员子女就学的格局在全国各地逐步形成。

---

① 《福建逾八成农民工子女就读公办学校》,《人民日报》2007 年 5 月 21 日。
② 姜和忠、徐卫星:《基于输入地政府视角的农民工子女教育研究——以浙江为例》,《宁波大学学报》(教育科学版) 2007 年第 2 期。

四、任重而道远：走向高质量、均衡发展的义务教育

在全面普及义务教育的基础上，社会和国民对义务教育提出了更高的要求。政府要提供更为充裕的就学条件，要适应人民群众对于高质量、均衡的义务教育的需求。在当下"义务教育政府办"的发展模式下，国家应全面承担提供义务教育公共服务的责任，充分保障所有适龄儿童接受义务教育的权利，充分保障不同地区的适龄儿童都能平等地接受高质量的义务教育。

（一）均衡发展的义务教育：教育公平的保障

根据《2004 年全国教育经费执行情况统计公告》，2004 年全国普通小学生均预算内事业费支出为 1129.11 元人民币，其中城镇 1244.00 元人民币，农村 1013.80 元人民币，农村比城镇少 230.20 元人民币，仅为城镇的 81.49%。生均预算内公用经费支出为 116.51 元人民币，其中，城镇 137 元人民币，农村 95.13 元人民币，农村比城镇少 41.87 元人民币，仅为城镇的 69.43%。《国家教育督导报告 2005》显示，2004 年，初中生均预算内事业费，东部地区为 1874 元人民币，西部地区为 1017 元人民币，东、西部地区之比为 1.8∶1。初中生均预算内公用经费东部地区平均为 304 元人民币，西部地区为 121 元人民币，东、西部地区之比 2.5∶1。而且，全国尚有 113 个县（区）的小学和 142 个县（区）的初中生，生均预算内公用经费为零，其中 85% 以上集中在西部地区。同年，全国农村小学高级教师的比例为 35.9%，农村初中一级及以上职称教师的比例为 32.3%，分别比城市低 8.9 和 14.5 个百分点。小学高级教师的比例、初中一级及以上职称教师的比例，东、西部地区都相差 12 个百分点。

"今年开学给我娃免去杂费 95 元、课本费 61 元。这可是 156 元啊！"西

安市阎良区武屯镇宏丰小学焦佳鹏的父亲焦启海逢人就说"两免一补"的事儿。相同的语言被西部各地的农民以不同的方言和语调无数次地重复着。不过对于农村义务教育的"两免一补",许多人大、政协代表并不满足。① 他们认为,"教育之车"的"公平之轮"仍需"踩油门",提高转速。保障农村义务教育阶段的学生入学,坚决不让一个孩子因家庭贫困而失学,体现了人民群众的要求,也是让公共财政的阳光更多照耀广大农村的客观要求。

我国义务教育城乡差别、地区差别、校与校之间的差距仍然存在。这种差距是由于城乡分割的二元社会结构和公共财政的不到位造成的。义务教育是一个国家经济发展和进步的基础,承担着为国家培养人才和提高国民素质的基本任务。一个国家、一个民族的发展水平很大程度上取决于其义务教育的普及水平。义务教育是为每个公民终身发展打基础的教育,因此义务教育的公平、公正是社会公平、公正以及社会和谐的重要基础。推动义务教育的均衡发展则是使每个公民公平、公正地接受义务教育的基本保障。义务教育的内在规定性决定了均衡发展是义务教育的首要选择,也决定了义务教育均衡发展的内涵。

义务教育均衡发展既是教育公平的重要内容,又是和谐社会的基本要素和实现途径。推进义务教育均衡发展是各级政府义不容辞的基本职责。从义务教育"投入"的层面来看,义务教育均衡发展包含以下基本内容:①教育经费投入的基本均衡。包括大致均衡的生均预算内教育经费、生均公用经费、基本建设与改造资金支出等。②办学条件的基本均衡。包括学校规模、仪器设备、图书资料、文体器材和信息化水平等诸多方面的均衡。③人力资源的基本均衡。主要是指教师的学历、素质、年龄结构等的大致均衡。②

为此,各级政府应当在经费投入、校长和师资力量安排等教育资源配置上向贫困地区和薄弱学校倾斜,加大薄弱学校改造的力度。③ 要继续推

① 张义学:《"两免一补":中国教育公平工程高调起步》,《新西部》2006 年第 4 期。
② 鲍传友:《义务教育均衡发展:内涵和原则》,《国家教育行政学院学报》2007 年第 1 期。
③ 柳斌:《关于贯彻新〈义务教育法〉的几个问题》,《求是》2007 年第 19 期。

进农村中小学危房改造工程并形成长效机制，大力改善农村中小学办学条件；继续推进农村中小学现代远程教育工程，促进优质教育资源共享；继续推进农村寄宿制学校建设工程，支持中西部地区完成"两基"攻坚任务；加大东部地区对西部地区农村教育的支持力度，做好各地区城市对农村学校的对口支援工作，努力缩小地区、城乡之间的差距。要严格规范办学行为，政府及其教育部门不得将学校分为重点学校和非重点学校，学校不得分设重点班和非重点班；随着学校办学条件差距的缩小，逐步化解择校及高额收费问题；人口流入地政府要加大力度依法解决进城务工人员子女平等接受义务教育的问题。

（二）高质量的义务教育：促进教育公平的关键

义务教育作为"国家统一实施，所有适龄儿童、少年必须接受的教育"，本质上是公平的教育或平等的教育，这种教育首先要求具有统一性。而这种统一性自然寓含着统一的或相同的质量要求。① 因此，从教育公平的角度看，义务教育阶段的教育公平并不仅指适龄儿童、少年均拥有平等的入学机会，同时也指教育过程的平等。国家保障义务教育的实施因而也不只是保障所有适龄儿童、少年能够进入学校，更为重要的是保障儿童、少年能够享有相同质量要求的教育。

2001 年国务院召开的"全国基础教育工作会议"明确指出，实施高水平、高质量的九年义务教育。这一定位，对完成"普九"任务后义务教育的发展，作出三方面界定：一是穷国办大教育的局面并没有改变，短时期内从全国的角度看，要求延长义务教育的年限是不切实际的，发展义务教育仍需要在"九年"之内做好文章；二是虽然我国只用不到 20 年的时间就完成了许多国家用半个多世纪才完成的普及九年义务教育的任务，但是，无论是相对于社会发展对义务教育的要求，还是相对于其他许多国家义务教育发展的水平而言，我们的"普九"都是低水平的，巩固和提

---

① 张乐天：《促进教育公平关键在提高农村义务教育质量》，《江西教育科研》2007 年第 1 期。

高"普九"水平，仍是发展义务教育的重要任务；三是重视育人质量是教育的本质所在。完成"普九"任务之后，提高教育质量应该成为义务教育的工作重心。[①]

目前，虽然实施了义务教育的"两免一补"、免费义务教育，农村义务教育"经费短缺"的矛盾得到极大缓解，农村儿童"有学上"的问题基本得到解决。但是"上好学"的问题仍未解决，义务教育阶段学生辍学，特别是农村初中辍学问题仍十分突出。研究表明，农村学生辍学不只是因为经济贫困，还因为教育质量低下。中共中央党校经济学部中国农村九年义务教育调查组总结出了影响学生继续求学的"五个贫困"因素是："贫困、学困、校困、师困、前景贫困"[②]。其中，除了"贫困"、"校困"属于"经费问题"之外，其余三个"贫困"关涉的都是教育质量问题。当国家相继采取了一系列的农村教育投入与补助政策，经济贫困不再是制约学生上学的主要因素时，教育质量就凸显为影响农村学生辍学的主要因素。农村办学条件差，师资水平低，学校分散且教育质量低，而全国义务教育实行统一的课程计划和教学要求，加上课程与教学脱离农村教育实际，造成大批学生因厌学而辍学。据东北师范大学农村教育研究所2001—2003 年对全国 17 所农村初中的调查，农村初中最高辍学率达74.3%，平均辍学率为43%。[③] 该调查显示，辍学原因是教育质量低下、家庭经济窘迫、教育"出口"不畅和新读书无用论的比率分别占到56.3%、19.6%、9.8%、9.4%。可见，因教育质量低下而辍学的学生占到半数以上。导致教育质量低下的原因是多方面的，教师教学水平低下、教学方法陈旧、课程设置不适应农村学生特点、课程资源匮乏、学校生活单调等都在一定程度上导致了农村学生学习困难、成绩不高、丧失学习兴趣并最终辍学。提高教育质量是避免农村学生辍学的根本策略，下一个阶

① 周浩波：《试论高水平、高质量普及九年义务教育》，《教育科学》2004 年第 5 期。
② 李慧莲：《农村义务教育的现实困境：辍学率反弹拉响警报》，资料来源：新浪网，http://finance.sina.com.cn/g/20050118/00441300441.shtml。
③ 邬志辉：《农村义务教育质量至关重要》，《教育研究》2008 年第 3 期。

段农村教育的数量关注还要持续一段时间,但质量提升已经成为义务教育,特别是农村义务教育在新的社会历史发展时期需要完成的新任务和需要解决的新课题。①

参考文献

1. 柳斌:《关于贯彻新〈义务教育法〉的几个问题》,《求是》2007 年第 19 期。

2. 《世纪的承诺——来自中国实现"基本普及九年义务教育和基本扫除青壮年文盲"的报告》,《中国教育报》2001 年 4 月 9 日。

3. 邬志辉:《农村义务教育质量至关重要》,《教育研究》2008 年第 3 期。

4. 周浩波:《试论高水平、高质量普及九年义务教育》,《教育科学》2004 年第 5 期。

5. 张乐天:《促进教育公平关键在提高农村义务教育质量》,《江西教育科研》2007 年第 1 期。

6. 鲍传友:《义务教育均衡发展:内涵和原则》,《国家教育行政学院学报》2007 年第 1 期。

7. 张义学:《"两免一补":中国教育公平工程高调起步》,《新西部》2006 年第 4 期。

8. 北京市教育科学研究院课题组:《建立发展基准:普及义务教育的再定位》,《人民教育》2006 年第 9 期。

9. 中央教科所教育发展研究部课题组:《中国进城务工就业农民子女义务教育研究》,《华中师范大学学报》(人文社会科学版)2007 年第 2 期。

10. 赵岩:《"两基"攻坚如期完成,教育之光洒遍西部》,《中国民族教育》2007 年 12 期。

11. 韩清林:《"普九"工作的主要进展和面临的问题——关于我国普及九年义务教育形势与对策的研究报告》,《教育发展研究》2000 年第 9 期。

12. 柳斌、马昌博、徐卓君:《义务教育,这 20 年为何这么难》,《教师新概念》2007 年第 6 期。

---

① 邬志辉、王海英:《农村义务教育的战略转型:由数量关注走向质量关注》,《教育理论与实践》2008 年第 1 期。

义务教育经费保障机制改革——免费义务教育的里程碑

庞丽娟　韩小雨

　　义务教育是一国国民教育体系的核心，是国家发展的基石，是以公益性为根本属性，以普及、免费、强制和公平为基本特征的国民素质奠基工程。保障和促进义务教育的健康可持续发展，是提高我国国民整体素质，推动我国由人口大国向人力资源强国转变，实现中华民族伟大复兴的关键，在我国全面建设小康社会、构建社会主义和谐社会中具有全局性、基础性和先导性的作用。新中国建立后，特别是改革开放30年以来，我国党和政府高度重视义务教育事业的改革与发展，自1986年开始推行"双基"① 工程以来，便将普及九年义务教育作为我国长期发展的战略性国策和国家优先发展的重点。在当时国家各项建设尚处于恢复与起步阶段，财力有限、资金紧张的历史条件下，采取多渠道集资办学的方式，广泛发动地方政府和广大人民群众举办九年义务教育。经过十多年的努力，在党中央的正确领导，政府、社会与人民群众等各方的共同努力下，我国于20世纪末基本实现普及九年义务教育，创造了"穷国办大教育"的历史性奇迹，为国家的建设与发展提供了宝贵的人才资源与动力支持。

---

① "双基"指基本扫除青壮年文盲和基本普及九年义务教育。

当前，随着我国综合国力与经济实力的持续、大幅提升，国家发展的重心正由经济建设向构建和谐社会、保障与促进民生转换。构建新时期社会主义公共服务体系，提供基本公共服务已成为我国向现代公共服务型政府转变的最根本职能，而义务教育作为国家最大的公益性事业，必应优先纳入国家公共服务体系范畴，优先予以公共财政保障，以实现其应有的免费教育之本意。这既是我国现代公共服务型政府建设的重要职能与目标，也是破除我国义务教育财政体制特别是农村义务教育经费投入长期重心过低、保障不足的困境与障碍的根本所在。为此，经过长时间的酝酿与部署，随着2005年12月24日国务院《关于深化农村义务教育经费保障机制改革的通知》的出台，一场以建立农村义务教育经费保障新机制为主要内容和突破口，重在理顺机制，按照"明确各级责任，中央地方共担，加大财政投入，提高保障水平，分步组织实施"的原则，逐步将义务教育全面纳入公共财政保障范围，实现在全国范围内普遍实行免费义务教育的义务教育经费保障机制改革（简称新机制），在中央的统一部署下拉开了帷幕：2006年春季学期由西部12个省份、新疆生产建设兵团和中部试点的农村地区开始，2007年春季学期向中东部农村地区全面推行，国家为所有农村孩子免费接受九年义务教育买单；2008年秋季学期起在全国城市地区全面推行，实现全国城乡的义务教育同步免费。免费义务教育，一个数代人的美好愿望与理想，历经几代人的努力，终于迎来了历史性的变革，逐步成为具有切实保障的现实。义务教育经费保障机制改革，在相当程度上解决了我国义务教育适龄儿童特别是农村儿童"上学难、上学贵"的问题，是惠泽百姓、福泽未来的德政工程、民心工程和阳光工程，是我国义务教育实现由"人民办"向"政府办"的转折点和我国义务教育事业改革与发展的新起点，将作为我国教育史上一项具有划时代、里程碑意义的制度变革载入史册。因此，我们特设专章，围绕这一重大事件的背景与过程、主要内容与突破、进展与意义、成效，以及进一步实施中的问题与完善的政策建议等内容进行分析阐述，以期更为全面、深入地认识与理解义务教育经费保障机制改革及其重大现实价值，并有助于进一步推进其在我国的实施。

一、背景与动因：义务教育投入
体制的困境、影响与破解

任何一项教育政策和制度的建立或变革都与其所处的一定时期、社会经济发展水平、阶段性任务等紧密联系，具有独特的历史价值与必然性。义务教育经费投入体制作为义务教育事业健康可持续发展的前提条件与必要保障，是义务教育政策体系中极为重要的基本制度，对其改革背景的回顾、梳理与剖析，将有助于我们更清晰地认识义务教育经费保障新机制，更深刻地理解其改革的动因和重大意义。

（一）"地方负责"和"人民教育人民办"的义务教育投入体制及其历史贡献

改革开放初期，在我国综合国力较弱、财政经费紧缺，人口基数大、教育起点低，特别是农村人口多、受教育水平与年限普遍偏低的现实背景下，为尽快普及九年义务教育和提升国民整体素质，我国义务教育主要采取"地方负责"、社会广泛集资、"人民教育人民办"的投入体制。其标志性政策文件之一是 1985 年颁布的《中共中央关于教育体制改革的决定》，规定"把发展基础教育的责任交给地方"，中小学教育实行"地方负责，分级管理"，而农村义务教育实行县、乡、村三级办学（即"县办高中"、"乡办初中"、"村办小学"）和县、乡两级管理的体制，相应的办学经费分别由县、乡镇和村支付，城市中小学办学经费则由城市政府拨款。而次年的《中华人民共和国义务教育法》（1986 年颁布，以下简称《义务教育法》）没有明确规定义务教育的"免费"特性。其后的《〈义务教育法〉实施细则》（1992 年）进一步明确和细化了城乡义务教育的财政体制，农村义务教育的责任主要落实到乡镇，村级政府也承担了部分筹资责任，同时规定"实施义务教育的学校可收取杂费"，自此，义务教育杂费成为我国城乡居民的主要教育开支之一。在当时，农村地区的人口占我国总人口的80%，由于乡、村两级政府的运转基本靠农民缴纳的各种税费维持，义务教育的成本最终主要由广大农民群众通过其所缴纳的杂费、教育费附加、教育集资等负担。农村中小学教师工资一部分来源于农村教育费附加，公用经费主要来源于杂费收入，校舍维修和危房改造则主要来源于农民投工投料和集资解决。这一体制短期内缓解了我国特别是农村义务教育经费短缺的困难，为我国在20世纪末基本实现"两基"（基本普及九年义务教育、基本扫除青壮年文盲）作出了重大的历史贡献。

（二）义务教育经费困境凸显：分税制与税费改革下的"小马拉大车"

进入20世纪90年代后，随着国家财政体制改革的不断深入，1994年开始实行国税和地税两套税收体制的分税制改革。由于中央转移支付制度的不健全，地方经济尤其是基层政府财政收入的不断向上集中，我国县、乡两级财力持续弱化，义务教育地方负责投入体制重心过低的固有缺陷逐渐暴露，义务教育投入不足，特别是农村义务教育经费短缺的问题日益突出。其结果是县、乡政府将举办农村义务教育的压力，以农村教育费附加和教育集资的方式转为农民负担，农民缴纳的各种教育费用成为支撑农村义务教育经费的主要来源。2000年，为破解"三农"难题，减轻农民负担，中央开始在一些省份试行农村税费改革，取消了农村教育费附加在内的各种收费项目。随着农村税费改革在全国展开，曾占农村义务教育投入总量30%左右，由农民负担的每年300亿—500亿元的教育费附加和教育集资被取消，乡镇政府无力再为农村义务教育提供财力保障，农村义务教育经费缺口急剧加大。为解决我国农村义务教育发展中的突出问题，2001年国务院作出了《关于基础教育改革和发展的决定》，规定政府对农村义务教育的责任从乡镇转移到以县为主，由县统筹九年义务教育经费，并接受中央及省级财政的转移支付，农村义务教育经费来源开始从以农民为主转向以财政为主。但是,这种"以县为主"的管理体制只是初步搭起了政府对农村义务教育的管理框架,仅对各级政府责任作了一些原则性规定,缺少具体的、可操作和易落实的机制。而且,多年来我国县级财政困难的局面一直没有根本改变,很多县级政府的财政状况基本是"吃饭财政"。中西部不少省份,如甘肃、宁夏、贵州、四川等 70% 以上的县属于需要财政补贴的贫困县。在农村税费改革的大背景下,财力薄弱的县级财政无力支撑农村义务教育的经费投入,尽管国家和省级政府采取措施,增加了教育专项投入和转移支付力度,但由于教育经费缺口过大、中央转移支付缺乏规范制度、各级政府职责不够明确,同时缺乏相应的配套政策支持等多方面原因,致使农村义务教育经费短缺的矛盾更加尖锐地凸显了出来,严重影响和制约了我国义务教育特别是农村义务教育事业的健康、稳定和可持续发展。

(三) 新时期义务教育财政投入体制亟待改革与重构

纵观我国近 20 年来的义务教育经费投入体制,特别是农村义务教育经费投入体制,其逐渐走入困境的根本症结在于对不同层级政府义务教育经费投入的责任缺乏明确而规范的制度规定,义务教育经费投入主体重心过低,各级政府之间财权与事权严重不对称,中央和省级政府集中掌握着国家的主要财力,但基本上不负担义务教育投入责任,县乡政府财力薄弱,却承担了绝大部分的义务教育财政经费。这种地方负责、重心过低、高度分散、城乡有别的义务教育财政投入体制,是造成我国特别是广大农村地区义务教育经费短缺,区域、城乡间义务教育发展严重失衡的重要体制性原因。这既不符合义务教育普及、免费、公平的根本宗旨,也严重地损害了农村贫困人群和城市低收入群体的受教育权益,既无法保证义务教育的公平性,更难以实现义务教育的普及和提高的基本要求,使我国义务教育特别是农村义务教育事业的发展陷入了低水平甚至大量负债运转、难以为继的困境。因此,在新时期新形势下,为从根本上解决我国义务教育特别是农村义务教育投入严重不足的窘境与问题,真正为广大适龄儿童提供机会均等的免费义务教育,为全面提高我国国民整体素质,真正推动我国由一个人口大国向人力资源强国转变，同时推进社会主义新农村建设，促进城乡的协调和可持续发展，义务教育经费投入体制亟待改革与重构。迫切需要从改革和理顺机制入手，建立一种新的经费投入机制和渠道以为义务教育提供经费保障。必须明确各级政府对农村义务教育的责任，打破"县级政府负责投入和管理"的原则，提升义务教育公共财政投入的重心，特别是要上移农村义务教育投入的重心，切实加大中央和省级财政对农村义务教育的投入责任，合理调整中央和省级财政的支出结构，充分发挥公共财政职能，建立起保障我国义务教育特别是农村义务教育健康可持续发展的长效投入机制，这是破解我国当前义务教育发展困境和保障义务教育长期可持续发展的根本之策。

义务教育经费保障机制改革前
我国义务教育的经费困境及其影响

由于长期以来我国义务教育尤其是农村义务教育经费投入主体的重心过低，在历经分税制、税费改革和"以县为主"的体制改革后，我国农村义务教育经费仍逃不脱"小马拉大车"的窘境。"最大规模的教育给了最没钱的政府"，财力薄弱的县乡政府几乎承担了义务教育财政支出的全部。农村义务教育成为我国教育事业发展中最为薄弱的一环，发展举步维艰。

1. 不少农村学校运转困难，农民教育负担较重并直接导致部分儿童"因贫辍学"，城乡、区域间教育发展失衡日益凸显

2003 年，全国农村小学和初中公用经费分别为 200 元和 307 元，其中政府拨款部分分别只有 61 元和 85 元，政府拨款分别占小学和初中公用经费的 31% 和 28%[①]。实行义务教育经费保障机制改革前，全国尚有 113 个县（市、区）的小学、142 个县的

---

① 上海市教育科学研究院智力开发研究所：《2000—2003 年我国教育经费投入进展与问题》，《教育发展研究》2005 年第 8 期。

初中预算内公用经费为零，其中 85% 以上在中西部地区，相当一部分地区的农村学校主要依靠向学生收取杂费来勉强维持运转，而这样做又加重了农村群众的教育负担，使一些贫困地区特别是"老少边穷"地区仍然存在适龄儿童"因贫辍学"的现象。由于中西部、农村地区的预算内教育经费偏低，致使我国城乡、区域间教育经费和办学水平差距不断拉大，城乡间义务教育发展失衡状况尤为严重。

2. 农村中小学办学条件差，校舍维修和危房改造问题突出

农村义务教育经费的紧缺使得农村学校办学条件无法得以有效改善，甚至难以解决最基本的危房改造问题。2001 年教育部会同国家计划委员会和财政部实施的普查显示，截至 2000 年年底，除北京、天津、上海、江苏、浙江、广东 6 省（直辖市）及大连等 5 个计划单列市之外的 25 个省（自治区、直辖市）及新疆生产建设兵团，共有农村中小学各类危、破校舍 8400 万平方米，占农村校舍总面积的 9.6%，其中，D 级危房（指房屋整体出现险情，不能继续使用）达 5700 万平方米，C 级危房（指房屋局部出现险情，维修后尚可继续使用）达 2000 万平方米。

3. 义务教育教师工资拖欠与"普九"欠债长期难以解决

教师工资拖欠与"普九"欠债是我国农村义务教育事业发展中两个长期未能解决的历史遗留问题，在农村税费改革后更加凸显。截至 2002 年年底，我国各地累计拖欠农村中小学教师国标工资 134.4 亿元。旧账未还又添新账，2003 年仅 1 月份就有 11 个省（自治区）新欠农村教师工资 2.6 亿元①。据教育部提

---

① 吴若岩：《"两会"期间政协委员特别关注——帮助农村义务教育"脱贫"》，《中国教师报》2003 年 3 月 12 日。

供的数据，全国农村"普九"欠债高达 500 多亿元①。大多数省份都不同程度地存在欠债问题：湖北欠债 21 亿元，四川欠债 30 亿元，贵州欠债 13 亿元，甘肃欠债 8.7 亿元。

二、新机制的酝酿、出台与主要内容

为破解我国长期以来义务教育财政投入体制设计的缺陷，使义务教育特别是农村义务教育走出发展困境并保障其可持续健康发展，为使我国亿万适龄儿童能够接受免费、公平、优质的九年义务教育，一场以明确各级政府投入责任、上移义务教育投入主体重心、将义务教育全面纳入公共财政保障范围为核心的义务教育经费保障机制创新与改革，在党中央、国务院的高度重视和直接领导下逐步铺开。

（一）新机制的酝酿与出台

"两免一补"（即免费提供教科书、免收杂费和补助寄宿生生活费）是我国政府 2001 年开始试点推行、旨在解决我国经济欠发达地区贫困家庭义务教育阶段儿童上学难问题的重要举措。2005 年春季开学后，全国 592 个国家扶贫开发工作重点县 1400 万农村贫困家庭的中小学生全部落实"两免一补"，中西部地区享受免费教科书的农村中小学生人数达到 3000 万。"两免一补"政策的实施与顺利推广，为义务教育经费保障机制改革将义务教育全面纳入财政保障范畴提供了有益的探索和准备。在此基础上，2005 年 3 月的十届全国人大三次会议上，温家宝总理宣布将重点

---

① 周婷玉、艾福梅：《农村"普九"欠债 500 亿元　全国人大常委会建议早解决》，来源：中国经济网，http://www.ce.cn/cysc/agriculture/gdxw/200706/29/t20070629_ 119999/0.shtml，2007 年 6 月 28 日。

加强农村义务教育，完善以政府投入为主的经费保障机制，到 2007 年在全国农村普遍实行"两免一补"政策，使贫困家庭的孩子都能上学读书，完成义务教育；同年 11 月 10 日，国务院新闻办发布《中国全民教育国家报告》，确定了"农村优先实行免费义务教育"原则，提出中国将力争到 2010 年全国农村地区全部实行免费义务教育，2015 年全国普遍实行免费义务教育，这是中央政府第一次明确提出实施免费义务教育的时间表；11 月 28 日，温家宝总理在联合国教科文组织第五届全民教育高层会（EFA）上宣布："从明年起，中国将用两年时间在农村全面免除义务教育阶段的全部学杂费"，从而将在农村实行免费义务教育的时间提前了 3 年。

2005 年 12 月 23 日是我国教育发展史上具有重要意义的一天，就在这天，国务院总理温家宝主持召开国务院常务会议，专题研究农村义务教育经费保障机制改革并作出重大决策。第二天，国务院印发农村义务教育经费保障机制改革的标志性文件——《国务院关于深化农村义务教育经费保障机制改革的通知》，要求按照"明确各级责任、中央地方共担、加大财政投入、提高保障水平、分步组织实施"的基本原则，建立中央和地方分项目、按比例分担的农村义务教育经费保障机制，将农村义务教育全面纳入公共财政保障范围，明确"从 2006 年开始，全部免除西部地区农村义务教育阶段学生学杂费，2007 年扩大到中部和东部地区，对贫困家庭学生免费提供教科书并补助寄宿生生活费。免学杂费资金由中央和地方按比例分担，对贫困家庭学生免费提供教科书的资金，中西部地区由中央全额承担，补助寄宿生生活费资金由地方承担"。第四天，国务院召开工作会议对此进行紧急部署。农村义务教育经费保障机制改革自 2006 年春季始正式在西部 12 个省份、新疆生产建设兵团和中部试点地区拉开帷幕。为确保义务教育经费保障机制改革的顺利推进，2006 年 3 月 5 日第十届全国人大第四次会议上温家宝总理宣布"今后五年国家财政新增义务教育经费累计将达 2182 亿元"；2006 年 6 月第十届全国人大常务委员会第二十二次会议修订通过新《义务教育法》，以法律形式明确了义务教育的免费原则，并对义务教育经费保障机制改革的主要内容予以确立。此后一年多的时间里，国务院多次召开专题会议对义务教育经费保障机制改革加以总结和推动，并在 2007 年第十届全国人大第五次会议和 2008 年第十一届全国人大第一次会议上，分别作出全国农村全部免除义务教育阶段学杂费，2008 年秋季起全面免除城市义务教育学杂费、全国城乡普遍实行免费义务教育的重大决策，庄严承诺"让所有孩子都能上得起学，都能上好学"。

（二）义务教育经费保障机制改革的主要内容与实施步骤

根据改革的整体规划，义务教育经费保障新机制首先在我国农村地区推行。农村义务教育经费保障机制改革的标志性文件，即 2005 年 12 月 24 日国务院印发的《国务院关于深化农村义务教育经费保障机制改革的通知》，对我国农村义务教育经费保障新机制的主要内容与实施步骤作出了五个方面具体规定：第一，全部免除农村义务教育阶段学生学杂费并提高公用经费保障水平。免除学杂费资金由中央和地方按比例分担。西部地区为 8∶2，中部地区为 6∶4，东部地区除直辖市外，按照财力状况分省确定。在免除学杂费时，先落实各省（自治区、直辖市）制定的本省（自治区、直辖市）农村中小学预算内生均公用经费拨款标准，中央 2009 年出台全国农村义务教育阶段中小学公用经费基准定额，所需资金由中央和地方按照免除学杂费资金的分担比例共同承担。第二，为农村义务教育阶段学生免费提供教科书。2006 年春季学期起，为农村义务教育阶段贫困家庭学生免费提供教科书，中西部由中央全额承担，东部由地方自行承担。第三，补助贫困家庭学生寄宿生活费。2006 年春季学期起，为农村义务教育阶段贫困家庭学生补助寄宿生生活费，补助对象、标准及方式由地方政府确定并承担资金。第四，建立农村义务教育阶段中小学校舍维修改造长效机制。2006 年春季学期起，中西部地区，中央根据在校人数、校舍生均面积及使用年限等因素，分省测定每年所需资金，中央和地方按 5∶5 比例分担，东部主要由地方财政自行承担，中央财政给予适当奖励。第五，巩固和完善农村中小学教师工资保障机制。中央继续按照现行体制，对中西部及东部部分地区农村中小学教师工资经费给予支持。省级人民政府要加大对本行政区域内财力薄弱地区的转移支付力度，确保农村中小学教师工资按照国家标准按时足额发放。

农村义务教育经费保障机制改革从 2006 年春季学期起，分年度、分地区逐步实施，其实施步骤如下。2006 年，全部免除西部地区农村义务教育阶段中小学生学杂费；中央财政同时对西部地区农村义务教育阶段中小学安排公用经费补助资金，提高公用经费保障水平；启动全国农村义务教育阶段中小学校校舍维修改造资金保障新机制。2007 年，全部免除中部和东部地区农村义务教育阶段中小学生学杂费；中央财政同时对中部和东部部分地区农村义务教育阶段中小学安排公用经费补助资金，提高公用经费保障水平。2008 年，各地农村义务教育阶段中小学生均公用经费全部达到该省（自治区、直辖市）2005 年秋季学期开学前颁布的生均公用经费基本标准；中央财政安排资金扩大免费教科书覆盖范围。2009 年，中央出台农村义务教育阶段中小学公用经费基准定额，各省（自治区、直辖市）制定的生均公用经费基本标准低于基准定额的差额部分，当年安排 50%，所需资金由中央财政和地方财政按照免除学杂费的分担比例共同承担。到 2010 年，农村义务教育阶段中小学公用经费基准定额全部落实到位。

同时，从 2008 年秋季学期起，全面免除城市地区义务教育阶段中小学生学杂费，在全国城乡普遍实行免费义务教育，国家为所有义务教育阶段中小学生免费接受九年义务教育买单。

三、义务教育经费保障机制改革的体制突破与创新

义务教育经费保障新机制是党中央和国务院在落实教育优先发展、促进社会公平和弱势补偿等价值取向的引领下，总揽全局、高瞻远瞩作出的

一项具有里程碑意义的重大战略决策。新机制通过明确各级政府的义务教育投入责任，建立了中央和地方分项目、按比例分担的义务教育经费投入长效机制，优先将农村义务教育全面纳入公共财政保障范围，初步实现了义务教育"人民办"向"政府办"的历史性转变。此次改革在理念、内容、实施步骤和运行机制等方面均具有不少显著的特点与突破，这不仅是新机制顺利推进并取得积极成效的重要保障，而且其中一些体制性创新还为我国教育事业的深化改革提供了有益的探索和宝贵经验。新机制的体制突破与创新集中体现在以下四大方面。

（一）农村义务教育全面纳入公共财政保障，实现"人民教育政府办"

我国农村义务教育阶段学生约有 1.5 亿，占全国义务教育阶段学生数量的 80%，农村义务教育是我国义务教育体系的主体，将农村义务教育全面纳入公共财政保障将意味着我国免费义务教育理想的基本实现。因此，新机制将改革的核心直接指向农村，优先推行农村义务教育经费保障机制改革，全面支持农村率先实现免费义务教育。通过中央和地方共担机制，将免除农村义务教育阶段学生的学杂费和教科书费，补助贫困家庭学生寄宿费，提高学校公用经费保障水平、教职工工资保障、校舍维修改造等义务教育办学基本经费，全面纳入公共财政保障范围，从而实现农村义务教育全免费，使我国农村义务教育经费投入主体发生了本质变化。各级政府财政成为农村义务教育经费的主体来源和最终保障，从而根本性地扭转了我国农村义务教育经费长期严重不足的困境和多年以来"集资办校、收费办学"的现象，实现了"人民教育人民办"到"人民教育政府办"的历史性转变。

（二）明确各级政府责任，建立中央和地方分项目、按比例分担的长效保障机制

各级政府经费投入责任划分不清、保障不足，难以建立有效的实施执

行和监督问责制，是长期以来困扰我国义务教育事业发展的重要因素。新机制从明确各级政府的投入责任入手，根据农村义务教育经费支出的不同内容，分项目并因地制宜地划分了东部、中部、西部地区中央和地方政府的投入比例，确立了从中央到省、市、县各级政府的财政投入与管理责任体系，特别是实现了义务教育经费投入和管理从"地方政府负责，分级管理，以县为主"到"投入省级政府统筹，管理以县为主"的转变。新机制明确规定省级政府的责任是加大经费统筹力度并承担主要责任，统筹制定辖区内经费保障机制改革的各项具体政策措施等；明确规定县级政府作为农村义务教育经费的直接管理者和使用者，要承担科学合理分配资金、建立健全规范高效的资金拨付制度和各项财务管理制度、确保资金及时足额到位、提高资金使用效益等管理职责。通过建立并规范中央和各级地方政府对义务教育的经费投入与管理责任，新机制抓住了解决我国义务教育经费投入和保障的核心关键问题，使中央和地方各级政府从权责、能力不对称到责任明晰化和规范化，从而实现了我国教育财政投入制度的体制性突破，从根本上保障了由各级政府和公共财政切实承担义务教育投入责任。

（三）财政投入主体重心上移，有效强化中央和省级政府的投入责任

新机制确立了由中央与地方各级财政共同负担、省级政府负责统筹落实的新型义务教育投入体制，提升了义务教育财政投入主体的重心，加强了中央和省级财政的投入责任，从而改变了薄弱的县级财政勉力支撑我国广大地区义务教育的困局。特别是在经济欠发达的中西部农村地区，新机制加大了中央和省级财政对义务教育经费的投入，中央在中西部地区农村义务教育经费保障上承担了主要责任。免学杂费所需资金中央和地方分担比例西部为 8:2，中部为 6:4，免费提供教科书所需资金由中央全额承担，校舍维修改造所需资金中西部地区由中央和地方按照 5:5 分担。同时，省级政府在经费统筹上发挥重要作用，各省结合本地区财力状况，确定省内

各级财政投入的分担办法，整体上体现了"省拿大头"。其中，贵州、广西、陕西、青海、宁夏、新疆等6个西部省（自治区）应由地方承担的资金，全部由省级财政负责；安徽、江西、辽宁、河南的省级财政分别承担了97.3%、75%、75%、62.4%；中东部地区省级财政承担的比例也超过了一半，中部地区接近70%；东部大多数省的贫困县也实现了由省级财政主要负责①。由此，义务教育财政投入主体向高层政府转移，中央和省级财政实际上已成为中西部农村义务教育投入的主体。

（四）法律修订、制度配套与领导组织建设并进，保障新机制的落实

为切实保障和扎实推进新机制，中央和地方各级党委、政府高度重视，采取了多种保障制度确保改革的顺利推进，尤其在领导组织管理方式和法制建设上进行了较大的突破与创新。国务院和国家领导人亲自领导，自2005年起，连续4年在"两会"的政府工作报告中强调新机制的重要意义并对其进展进行总体规划，国务院多次就此召开专门会议进行部署。2006年3月中央成立高规格的全国农村义务教育经费保障机制改革领导小组，国务委员陈至立同志担任组长，教育部部长、国务院副秘书长和财政部部长助理出任副组长，中共中央宣传部、中央农村工作领导小组办公室、发展改革委员会、财政部、教育部、监察部、人事部、农业部、国务院扶贫办公室等部门为成员单位。各省也相继成立了省、市、县三级保障机制改革领导小组和相应办事机构，内蒙古、新疆、贵州、陕西、青海等不少省（自治区）由省（自治区）政府"一把手"担任领导小组组长，领导小组办公室主任则由教育、财政等主要部门领导兼任，从而为义务教育经费保障机制改革工作提供了健全的组织保障。同时，国家教育部、财政部等相关部门围绕新机制中关于加强预算管理、免收学杂费、公用经费

---

① 第十届全国人民代表大会常务委员会第二十八次会议文件，《全国人大常委会执法检查组关于检查〈中华人民共和国义务教育法〉实施情况的报告》2007年6月28日。

支出管理、校舍维修改造专项资金管理、中央专项资金支付管理、加强改革督导等多项重要内容,作出了明确要求与规范,仅 2006 年,国务院及相关部门就出台了近 20 个新机制的配套文件和管理办法。特别是在 2006 年新修订的《义务教育法》中明确写入了免费义务教育的原则与新机制的主要内容,这为新机制的贯彻落实与科学运行提供了坚实的法律和制度保障。

四、义务教育经费保障机制改革的进展与成效

义务教育经费保障机制改革,从根本上破解了长期以来制约我国义务教育特别是农村义务教育发展的瓶颈与根源,为"上学难、上学贵"问题的解决和义务教育的可持续健康发展奠定了坚实的制度保障基础,是惠泽百姓,福泽未来的德政工程、民心工程和阳光工程。这项改革功在当代,利在千秋,对促进我国实现教育公平,推进社会主义新农村建设,促进城乡协调可持续发展,构建和谐小康社会具有重要的现实价值和战略意义,影响深远。

(一)目前进展:从西部到中东部,从农村到城市

根据新机制的总体规划与实施状况,遵循从西部到中东部、从农村到城市的实施路径,义务教育经费保障机制改革的推进过程与进展,可按其覆盖区域与重点的不同划分为三个阶段。第一阶段自 2006 年春季学期开始,这是新机制的开局之年,覆盖范围主要是西部农村地区和中部部分试点地区。包括广西壮族自治区、云南省、贵州省、四川省、重庆市、陕西省、青海省、甘肃省、内蒙古自治区、宁夏回族自治区、新疆维吾尔自治区等 12 个西部省份和新疆生产建设兵团,以及湖南省和安徽省两个中部试点省份的部分地区、湖北省和吉林省两个民族试点的部分地区,共涉及 16 个中西部地区。第二阶段自 2007 年春季学期开始,重点在我国中东部

农村地区全面免除义务教育阶段中小学生学杂费，使新机制的覆盖范围扩大到了我国全部农村地区。第三阶段自2008年春季学期开始，在部分城市地区进行免除义务教育学杂费试点，此项工作目前正在推进过程中。另外，自2008年秋季起将在全国城市地区全面推行新机制，实现我国城乡全面免费义务教育。

特别需要指出的是，为进一步完善义务教育经费保障机制，解决改革过程中遇到的新问题，近两年内国务院和教育部、财政部等陆续出台了多项相关政策文件。特别是2007年11月26日财政部和教育部发布的《关于调整完善农村义务教育经费保障机制改革有关政策的通知》，提高了中西部地区部分省份农村义务教育阶段中小学的生均公用经费基本标准，将原定2009年出台的农村义务教育阶段中小学公用经费基准定额提前到2008年出台，2008年和2009年每年落实公用经费基本标准与基准定额差额的50%，使原定2010年全部落实到位的农村义务教育阶段中小学公用经费基准定额提前到2009年落实，加快了我国义务教育经费保障机制改革的进程。具体的政策调整还包括：（1）2007年秋季学期起向全国农村义务教育阶段学生免费提供国家课程教科书，所需资金由中央财政承担；2008年春季学期起免费提供地方课程教科书，所需资金由地方财政承担；（2）2007年秋季学期起按照小学生2元/生/天、初中生3元/生/天、年均在校250天的标准，对农村义务教育阶段家庭经济困难的寄宿生发放补助，所需资金中西部由中央和省级财政按5:5比例分担，东部由地方财政自行承担，中央财政给予适当奖励；（3）提高中西部地区农村义务教育阶段中小学校舍维修改造测算单价标准，2007年起中部和西部地区每平方米分别提高到400元和500元。此外，为解决我国农村义务教育长期遗留的"普九"债务问题，确保新机制的顺利推进，2007年12月19日国务院办公厅转发了国务院农村综合改革工作小组《关于开展清理化解农村义务教育"普九"债务试点工作意见的通知》，在内蒙古、吉林、黑龙江等省（自治区）开展清理化解"普九"债务试点工作，按照"谁举债谁负责、先清理后化解、先化解后补助"的原则，由省级政府统筹、县政府具体实施，多渠道筹集资金，从 2007 年 12 月起用 2 年左右时间，基本完成"普九"债务化解工作。中央财政给予激励性补助，重点支持中西部地区并适当兼顾东部地区。

义务教育经费保障机制改革大事记

• 2005 年 12 月 24 日，国务院印发《关于深化农村义务教育经费保障机制改革的通知》（国发〔2005〕43 号），正式拉开改革序幕。

• 2005 年 12 月 26 日，国务院召开全国农村义务教育经费保障机制改革工作会议，第一次全面部署农村义务教育经费保障机制改革工作。

• 2006 年 3 月 9 日，国务院印发《国务院办公厅关于成立全国农村义务教育经费保障机制改革领导小组的通知》，全国农村义务教育经费保障机制改革领导小组正式成立。

• 2006 年 8 月 4 日，财政部、教育部联合印发《关于在中部地区开展农村义务教育经费保障机制改革试点工作的通知》（财教〔2006〕88 号），决定 2006 年秋季在河北省等 7 省各选择一个县开展农村义务教育经费保障机制改革试点工作。

• 2006 年 8 月 24 日，国务院召开全国农村义务教育经费保障机制改革电视电话会议，重点总结西部地区农村义务教育经费保障机制改革工作经验，动员和部署中东部地区农村义务教育经费保障机制改革工作。

• 2006 年 11 月 23 日至 24 日，国务院在广西壮族自治区南宁市召开国家西部地区"两基"攻坚暨农村义务教育经费保障机制改革现场汇报会。

• 2007 年 2 月 1 日，国务院在北京召开中东部地区农村义务教育经费保障机制改革座谈汇报会，检查中东部各省农村义务教育经费保障机制改革工作准备情况、落实情况，研究如何解决当前工作中存在的共性问题，部署下一阶段工作。

● 2007 年 11 月 26 日，发布《财政部教育部关于调整完善农村义务教育经费保障机制改革有关政策的通知》（财教〔2006〕337 号），作出提高中西部地区部分省份农村义务教育阶段中小学的生均公用经费基本标准、提前到 2009 年落实全国基准定额等多项调整政策，加快了改革的进程。

● 2008 年 4 月 24 日，发布《教育部关于进一步做好城市义务教育免除学杂费试点工作的通知》（教财〔2008〕19 号），对城市地区的试点推行工作进行部署和安排。

（二）意义与成效：夯实教育公平的制度基石，初步解决"上学难、上学贵"问题

此次义务教育经费保障机制改革，优先将农村义务教育全面纳入公共财政保障范围，逐步增加财政投入，建立了中央和地方分项目、按比例分担的经费投入长效保障新机制，反映出我国教育政策价值取向由效率为主向公平为主的重要转变，体现了以人为本、注重社会公平的政策理念。新机制作为我国政府深入践行"三个代表"重要思想，贯彻落实科学发展观和优先发展教育的重大战略举措，是当前我国促进教育公平、全面提高全民族素质、全面建设小康社会的有力保证；是贯彻"工业反哺农业、城市支持农村"和"多予少取放活"方针，进一步减轻农民负担，推进社会主义新农村建设的重要内容；是完善公共财政支出体系，强化政府公共服务能力和推进基本公共服务均等化的重要体现，对保障和促进我国社会经济的全面、协调、健康可持续发展，推进和谐社会建设进程具有重要的现实价值和深远的历史意义。突出表现在以下几个方面。

1. 彰显强烈的公平导向，实现了对弱势地区和群体的倾斜与补偿

新机制在政策目标的确立、政策方案的选定、实施步骤的推进等方面

都以保障公平为首要的价值取向，优先对弱势地区和弱势群体给予倾斜与补偿，高度关注和充分考虑到了我国城乡和区域间存在巨大发展差距的基本国情。按照"农村优先城市"、"不同地区实行不同分担比例"的原则，实行分年度、分地区推进的渐进路径，先从经济落后地区和社会贫弱阶层开始，采取按贫困状况逐级扩张和按区域逐渐扩大相结合的方式推进。同时，新机制根据我国西部、中部、东部地区间经济发展的差距，实行有区别的中央与地方投入分担政策，较好地平衡了由于地区经济差异而引起的教育资源分配不均。

2. 保障适龄儿童的义务教育机会均等，真正实现免费义务教育之本意

义务教育机会均等是最基本的起点公平。新机制通过免除学杂费、教科书费和补助贫困寄宿学生生活费等举措，有效地保障了每个适龄儿童特别是农村义务教育阶段学生，不论其家庭经济和生活状况，都平等享有接受义务教育的机会，使义务教育真正成为免费的教育，成为面向人人、面向大众的平民教育，从最大程度上、在最大范围内实现了义务教育的机会均等，体现了社会主义教育的本质要求，是党和政府关注民生、执政为民，维护广大人民群众根本利益之举。

3. 基本解决了我国义务教育投入不足、保障不健全的问题，为义务教育的持续、健康、均衡发展奠定了坚实的法律与制度基础

经费保障是义务教育事业发展的根本与核心问题，绝非简单地通过一次性投入或短期投入就能解决，而必须建立科学有效、强有力的稳定机制予以保障。此次改革着眼于从制度上理顺各级政府的义务教育投入责任，合理划分财权与事权，从而确保义务教育事业发展具有稳定、长期的财政投入来源。新机制在免除学杂费的同时，分步提高义务教育阶段中小学公用经费的保障水平，首先要求同一省份内的农村中小学运转水平基本均衡，2009 年达到中央制定的生均公用经费基准定额。这有益于弥补过去因各地经济发展差距和学杂费标准不同所造成的义务教育经费省际差异，基本实现城乡、区域间的义务教育公用经费的均衡，从而为巩固和提高我

国义务教育普及水平，促进城乡、区域间义务教育的均衡发展，特别是保障我国农村义务教育的健康可持续发展奠定了坚实的制度基础。

4. 促进政府社会管理、公共服务职能和公共财政体系的建立与完善

公共教育财政投入体制是国家财政体制的重要组成部分，当前我国正致力于建设现代公共服务型政府，大力加强政府的社会管理和公共服务职能，构建和完善新时期社会主义公共财政与服务体系，努力使基本公共服务均等化。新机制从制度和法律层面强化了中央和地方各级政府对义务教育事业发展的责任，强化了政府提供基本公共服务和公共产品的职能和能力，使公共财政恢复了为义务教育等公共事业服务的本来功能。这既优化了我国公共财政的支出结构，同时又提高了政府的公共管理水平与公共服务质量，推进了基本公共服务的均等化。

新机制在农村地区的实施成效

目前，新机制已基本上覆盖了我国所有农村地区，由于新机制减免了农村中小学生的学杂费和教科书费，并对寄宿生生活费给予补助，大大降低了农民子女的教育成本，切实减轻了广大农村家庭的经济负担。许多因贫困而失学的农村学生开始返校上学，农民群众奔走相告，欢欣鼓舞，新机制赢得了亿万农民群众的衷心拥护和热烈欢迎，取得了显著的成效。

1. 有效遏制了"因贫辍学"和"上学难、上学贵"问题

新机制实施后，我国农村、贫困地区学生"因贫辍学"现象明显减少，许多因贫困而失学的学生开始返校上学。不仅如此，不少随父母外出的流动儿童也纷纷重回农村学校就读。2006年，仅广西壮族自治区就回流21万名学生，四川省回流的学生也达20万之众；西部12省小学毕业生升学率均达到较高水平，四川、陕西、内蒙古、广西、新疆和重庆6省市升学率高达100%，甘肃、宁夏、贵州、云南和青海均达到96%—99%的较

高水平，原来基础最差的西藏，其小学毕业生升学率也达到93.1%，创历史最好水平。我国农村地区适龄儿童"上学难、上学贵"的问题得到基本解决，农村学生入学率出现整体性、较大幅度提升，"普九"成果得到了进一步巩固。

2. 切实减轻了农民群众的教育负担

新机制是继农村税费改革和取消农业税后，党和政府进一步减轻农民负担的重大惠农政策。据初步测算，西部农村地区仅免除学杂费一项，平均每名小学生年减负140元、初中生180元；享受免费教科书的贫困生，平均每名小学生年减负210元、初中生320元；既享受免费教科书又享受生活费补助的家庭经济困难寄宿生，平均每名小学生年减负510元、初中生620元。中部农村地区免除学杂费一项，平均每名小学生年减负约180元、初中生约230元。这些数字对我国广大农村地区的农民家庭有着重要的现实意义，对农民而言，减负就是增收，广大农民群众从义务教育经费保障机制改革中得到了最大的实惠。不少地方的农民群众自发地在中小学门口击鼓舞狮，表达自己的喜悦之情，通过横幅、对联、儿歌等方式，真实地表达对党和政府无比的感激与拥戴。

3. 义务教育的财政投入水平大幅提高，农村中小学获得的财政拨款显著增加

新机制实施以来，我国农村义务教育财政投入大幅增长，保障水平明显提高。按照国务院确定的改革方案，2006年至2010年5年间，中央与地方各级财政累计将新增农村义务教育经费约2182亿元，其中，中央新增1254亿元，地方新增928亿元，同步安排资金提高农村中小学公用经费的保障水平。农村义务教育将实现由公共财政全面保障，特别是将通过由中央制定统一的公用经费基准定额，保障所有的农村学校都拿到由政府按学生人数和标准拨付的公用经费，彻底改变过去农村中小学运转经费主要

靠收取杂费，财政拨款很少的状况，使农村中小学获得的财政拨款显著增加。

五、完善新机制、扎实推进免费
义务教育的政策建议

作为一项涉及面广、改革力度大的新制度，义务教育经费保障新机制在具体实施过程中也暴露出了一些新问题，亟待政府和教育、财政等相关部门给予高度关注与研究解决。其中，最主要的问题是农村中小学预算内生均公用经费补助标准偏低。新机制实施后财政补助的公用经费拨款标准，主要参考各地前两年原有的生均公用经费水平和"一费制"标准。受经济发展水平所限，我国许多地区尤其是西部农村地区教育投入长期不足，其自定的生均公用经费水平和"一费制"标准偏低，在此背景下参考各地原有水平而制定的新公用经费标准普遍过低。加之不得再收取一切杂费与综合服务费，新机制实施后一些农村地区中小学校实际可用财力下降，实际运转经费总量未能得到有效增长，与新机制实施前相比，反而出现一定程度的普遍下降现象。学校办学、正常运转产生困难，管理和发展遭遇新问题，办学条件的改善、教师激励机制、教师在职培训和信息技术教育的开展等均缺乏经费来源。第二是新机制的相关配套政策措施不健全，特别是缺失了关于农村教师津补贴、"三险一金"等，社会福利待遇保障的配套政策制度安排。新机制实施前，大多数农村地区中小学教师的津补贴和"三险一金"等，实际上主要依靠学校收取各种杂费与综合服务费来承担和支付。新机制实施后，学校停收一切杂费与综合服务费，而且新机制中明确规定公用经费不能用于人员津补贴和奖金等。禁止公用经费挪作他用本身是正确和合理的，但由于新机制缺乏相关的配套政策措施，并没有安排专项财政资金来保障教师的津补贴、奖金和"三险一金"等社会福利待遇的落实，因此新机制实施后，各地纷纷反映农村教师的津补贴、奖金和"三险一金"等失去了经费支持，致使农村中小学教师的实际收入下降，影响了农村教师队伍的稳定与工作积极性，在一些地区已出现了教师流失的现象。为保障新机制的顺利推进，确保这项立意为民、福泽未来的好政策能够真正促进我国义务教育健康可持续发展，中央与地方各级政府和教育财政等相关部门应密切关注和高度重视新机制的实施效果与出现的新问题，并及时采取有效措施加以改进与完善。

（一）尽早出台并实施全国统一的义务教育公用经费标准，切实提高经费保障水平

建议从 2008 年起出台并实施全国统一的义务教育阶段中小学公用经费基准定额，具体标准应以基本保障中小学校正常运转以及实现必须的有效发展为目标进行科学测算，并根据物价与中小学发展的需求进行动态调整，建立农村义务教育阶段中小学生均公用经费最低需求保障的刚性机制。同时，由于我国地区间经济发展水平差异较大，各地可基于全国基准定额适当调整本地生均公用经费水平，但不得低于全国基准，以切实保障和提高中小学校公用经费水平，确保其正常运转与发展。

（二）研究和完善地方分担经费的保障机制，确保地方政府承担经费全额到位

由于我国长期以来区域间经济发展失衡，省际间财政力量差距较大，在进一步推行新机制的过程中，对一些地方财力特别薄弱的省份和地区，建议中央考虑予以特殊的倾斜与支持，特别是适当加大对特别贫困、欠发达地区农村义务教育经费的分担与投入力度。同时，抓紧研究出台地方分担经费的有效保障机制，确保地方政府承担部分经费的全额到位。并且应研究相应的完善机制，确保中央和省市级财政下拨的公用经费不被截留、中转或挪作他用，以确保新机制实施后农村中小学校经费保障水平的切实

提高。

（三）尽快研究完善相应的配套政策与措施，保障并落实农村教师应有的待遇

建议国家将农村教师的工资、政策性津补贴以及"三险一金"全额纳入财政预算，并在《义务教育法》中加以补充、修订，以法的形式明确和保障教师应有的权益。对于各种政策性津补贴，应依据哪级政府出台政策就由哪级政府负责经费的原则，将各种中央和地方政策性津补贴纳入相应政府的财政预算，以保证落实兑现。同时，为保障和提高农村教师工作的积极性，建立有效的教师激励机制，建议新机制适当调整公用经费的开支项目和比例，增设教师绩效劳务费和奖金项目，该项目经费数量可按目前学校公用经费的30%设置，由中央和地方政府按比例分担，纳入各级财政预算。

（四）实事求是、因地制宜地允许学校收取部分必要的合理费用

从各地实施新机制后的情况看，完全"一刀切"地停止学校所有杂费的收取存在一定的不合理性，同时给学生和家长的生活、工作，也给学校的正常管理、运转带来了新的问题。建议对乱收费和必要的合理收费应区别对待，针对各地学校办学和学生、家长需求的实际情况，实事求是、因地制宜地允许学校中一定收费项目的存在。主要包括以下三类：1. 必要的服务性费用，如蒸饭费、托管费、自行车看管费等；2. 合理的教学辅助费用，如信息技术费和校外实践活动费；3. 合法的代收费用，如防疫体检费、作业本费等。这既能解决学校正常运转与管理的需要，也能解决学生正常学习、生活的需要，还能为家长提供方便。与此同时，各地可以市为单位，研究制定合理的收费条目与适当的收费标准，报省市物价、教育部门审核批准，并加强过程性的经常性审计与监管，以确保费用收取和使用的合理性、规范性与合法性。

（五）加强研究，扎实、稳步推进城市免费义务教育

对于新机制在全国城市地区的全面推进，需要先期作扎实、科学、充分的研究。特别是城市和农村地区的情况有何主要不同，在城市地区全面推开免费义务教育可能会带来哪些新问题，其重点应是什么，主要应采取怎样的政策措施，东部、中部、西部地区的城市在实行新机制时面临的情况将有何主要不同，相应政策措施又是否应有不同等等，对于这些问题都需要作深入、扎实的研究。建议中央政府针对这些问题切实展开深入、细致的科学研究，发现问题，解决问题，总结经验，不断充实与完善新机制。鉴于我国城市中不同人群和不同区域间的城市地区在经济发展水平、经济收入状况与需求程度上存在着较大差异，在国家财力总量有限的情况下，建议在推行城市免费义务教育时重点并优先保障低收入、下岗、零就业、待业家庭子女，残障儿童和流动儿童等城市困难和弱势人群。不同区域城市免费义务教育的推行，可参考和借鉴农村地区新机制的经验，按照各地经济发展水平的不同，分地区实行中央和地方按不同比例共同承担的机制，中央财政重点保障和推进贫困、经济欠发达地区的城市免费义务教育。

参考文献

1. 胡平平、张守祥：《农村义务教育投入保障机制及管理体制问题研究》，科学出版社 2007 年版。

2. 周满生、王建：《一项具有里程碑意义的决策——解读国务院〈关于深化农村义务教育经费保障机制改革的通知〉》，《国家教育行政学院学报》，2006 年第 5 期。

3. 袁桂林：《新机制　新希望　新问题——农村义务教育财政政策回顾与展望》，《人民教育》，2006 年第 10 期。

4. 付卫东：《"新机制"实施后农村义务教育取得的成绩、面临的问题及对策——基于湖北省农村中小学的调查研究》，《教育财会研究》，2007 年第 5 期。

5. 邬志辉、马青：《当前我国农村义务教育公用经费的困境与破解》，《教

育科学》，2007 年第 6 期。

6. 徐瑞娥：《关于农村义务教育经费保障机制的研究综述》，《经济研究参考》，2007 年第 48 期。

农村基础教育步入
最佳发展期

袁桂林　王正惠

我国举办着世界上最大规模的基础教育。根据 2007 年的统计数据，在遍布全国的城市和农村的 45 万多所中小学校，9 万左右农村教学点，12 万多所幼儿园中，农村中小学校学生有近 2 亿 1 千万，幼儿园儿童约 2 千 2 百万，全国近 80% 的中小学和幼儿园在农村。[①] 这个体系的建立和不断完善，不仅保障了人民群众享有接受教育的机会，而且为全面建设小康社会和加速推进社会主义现代化建设提供了强有力的人力资源保证。改革开放 30 年来，农村基础教育发展势头良好，鼓舞人心的教育政策不断推出，使农村教育步入了最佳发展时期。

一、农村基础教育改革发展的背景与动力

（一）教育优先发展成为基本国策

改革开放之初，面对世界经济和科技竞争的形势，面对我国经济实力

---

① 李微微：《我国八成中小学及幼儿园在农村》，资料来源：新华网，http://news.xinhuanet.com。

薄弱、资源不足、人口众多而且发展很不平衡的基本国情，邓小平明确指出，我国还处于社会主义初级阶段，社会主义的根本任务就是发展生产力，而科学技术是第一生产力；强调"要实现现代化，关键是科学技术，不抓教育不行"。他从社会主义的战略全局和中华民族历史命运高度，重视教育在经济、科技和社会发展中的基础作用，把教育发展和改革纳入改革开放与现代化建设的总体设计之中。

1982 年 9 月，党的十二大首次将教育确定为今后社会主义现代化建设的重点之一，同年，全国人大通过的《中华人民共和国宪法》把教育方针、地位和作用等列入了根本大法。1985 年 5 月，全国教育工作会议结束后，中共中央正式发布了《中共中央关于教育体制改革的决定》，确立了"教育必须为社会主义建设服务，社会主义建设必须依靠教育"的指导思想，在教育体制改革上作出一系列重大决策。

1986 年，全国人大四次会议颁布了《中华人民共和国义务教育法》，正式把普及义务教育的国家政策转变为法律条款，从而在我国历史上首次建立了九年义务教育制度。1987 年 10 月，党的十三大进一步明确提出把发展科学技术和教育事业放在首要位置，使经济建设转移到依靠科技进步和提高劳动者素质的轨道上来。

1992 年，党的十四大报告指出："我们必须把教育摆在优先发展的战略地位，努力提高全民族的思想道德和科学文化水平，这是实现我国现代化的根本大计。"1993 年，党中央和国务院发布了《中国教育改革和发展纲要》，确定了到 20 世纪末我国教育改革与发展的基本目标和任务。同年，全国人大通过了《中华人民共和国教师法》。1994 年，党中央和国务院召开全国教育工作会议，进一步动员全党全社会认真实施"纲要"。会后不久，国务院发布了关于"纲要"的实施意见。

1995 年，江泽民同志代表党中央在全国科学大会上正式提出了"科教兴国"的发展战略，党的十四届六中全会提出了面向 21 世纪实施科教兴国战略的政策建议，全国人大通过了《中华人民共和国教育法》。1996年，国家在制定国民经济和社会发展"九五"计划和 2010 年远景目标的过程中，又确定了我国的长期教育发展目标和改革的总体思路，全国人大又通过了《中华人民共和国职业教育法》。

党的十六大以来，以胡锦涛同志为总书记的党中央，全面落实科学发展观和构建社会主义和谐社会等重大战略部署，强调教育的基础性、先导性、全局性地位和作用，指出中国的未来发展、中华民族的伟大复兴，归根结底靠人才，人才培养的基础在教育。教育是提高人民思想道德素质和科学文化素质的基本途径，是发展科学技术和培养人才的基础工程。提出在新的时代条件下，必须全面实施科教兴国战略和人才强国战略，继续坚持好、落实好把教育摆在优先发展的战略地位的方针，大力倡导尊师重教，大力发展教育事业，大力提高全民族素质，为全面建设小康社会、加快推进社会主义现代化、实现中华民族伟大复兴提供强大的人才和人力资源保证。

（二）农村基础教育的战略地位得到彰显

从 20 世纪 70 年代末至 80 年代中期以来，我国确立了教育优先发展的基本国策，同时基础教育的地位也日益明确。基础教育是使我国从人口大国转变为人力资源强国的奠基工程。

1984 年 6 月 30 日，邓小平会见第二次中日民间人士会议日方委员会代表团时强调，中国的发展要"从中国的实际出发，我们首先要解决农村问题。中国有百分之八十的人口住在农村，中国稳定不稳定首先要看这百分之八十稳定不稳定。城市搞得再漂亮，没有农村这一稳定的基础是不行的"。①

1990 年，我国政府领导人参加了联合国教科文等国际组织在泰国召开的世界全民教育大会和 1993 年在印度召开的九个人口大国全民教育会议，同意《世界全民教育宣言》的目标，签署了《德里宣言》，就本世纪末中国普及义务教育向全世界作了承诺。

---

① 邓小平：《建设有中国特色的社会主义》（增订本），人民出版社 1987 年版。

1998 年，《中共中央关于农业和农村工作若干重大问题的决定》指出，"发展农村教育事业是落实科教兴农方针、提高农村人口素质的关键。必须从农村长远发展和我国现代化建设全局的高度，充分认识发展农村教育的重要性和紧迫性"[1]。

2001 年，《国务院关于基础教育改革与发展的决定》指出："基础教育是科教兴国的奠基工程，对提高中华民族素质、培养各级各类人才，促进社会主义现代化建设具有全局性、基础性和先导性作用。"该《决定》指出："加强农村义务教育是涉及农村经济社会发展全局的一项战略任务"，"要依靠大力发展农村教育，提高劳动者整体素质的思想，切实重视和加强农村义务教育。"但是，我国农村大部分地区经济落后，教育基础薄弱，城乡基础教育发展不均衡，严重制约着农村经济社会的发展。

2003 年，《国务院关于进一步加强农村教育工作的决定》提出，到 2007 年，争取全国农村义务教育阶段家庭经济困难学生都能享受到"两免一补"，努力做到不让学生因家庭经济困难而失学。

据统计，在全国 5 亿农村劳动力中，拥有小学及以下文化程度的占40%，高中以上的只占12%，全国92%的文盲半文盲在农村。[2]

目前，我国国民人均受教育年限达到 8.5 年，新增劳动力平均受教育年限提高到 10 年以上。全国总人口中有大学以上文化程度的已达 7000 多万人，从业人员中有高等教育学历的人数已位居世界前列，我国已经完成从人口大国向人力资源大国的转变。

（三）农民对其子女的教育需求更加突出

从税费改革、种粮补贴到免费义务教育，农民子女接受教育的经济障碍正在消除。

---

[1]《中共中央关于农业和农村工作若干重大问题的决定》(1998 年 10 月 14 日中共十五届三中全会通过)，《光明日报》1998 年 10 月 19 日。
[2] 李定仁、肖正德：《基础教育在新农村建设中的战略地位》，《光明日报》2006 年 08 月 23日。

2000 年，国务院决定在安徽省以及其他省的一些县、市进行税费改革试点，2003 年在全国全面实施。税费改革的内容是，取消屠宰税、乡镇统筹款和教育集资等专门面向农民征收的行政事业性收费和政府性基金；逐步减少直至全部取消统一规定的劳动积累工和义务工；调整农业税政策和农业特产税征收办法；改革村提留的征收和使用方法等。从 2004 年到 2006 年，国务院又决定按省分批在全国逐步免征农业税。农业税是农民税费负担中的"以征收粮食为主"的一个税种，免征农业税是为了减轻农民负担，鼓励农民种粮积极性。

与此同时，农村学校实施的"一费制"、"两免一补"、"新机制"等也大大减轻了农民子女上学的经济负担。可以说，在过去由于经济原因辍学的现象基本消失了。

近年来，农民对农村教育的需要主要体现为两方面。一方面是希望子女接受到高质量的教育，很多地方农村家长带子女到城里择校读书，使得农村学校生源大大减少。这就提出了一个尖锐的问题：如何提高农村教育质量，促进城乡教育均衡发展？另一方面，农民希望农村教育向农民提供与农村发展相关的文化科技知识。农村的土地承包关系和小康社会目标促使农民学知识学技术，而农村教育如何与农村发展相适应，改变相对滞后的状况已经成为令人关注的问题。20 世纪 80 年中期代开始，教育部、科技部、农业部等部门实施的"燎原计划"、"星火计划"和"丰收计划"实质是为了满足农民、农业和农村的需要而开展的跨域联合项目，为农村教育发展创造了良好的契机。

二、农村义务教育跨越式发展历程

1986 年《中华人民共和国义务教育法》的颁布，被认为是我国基础教育改革发展的里程碑。虽然《中华人民共和国义务教育法》的内容只有 18 条，但"国家实行九年制义务教育"从此成为法定义务，不仅"对接受义务教育的学生免收学费"，还应"设立助学金，帮助贫困学生就学"。

20 世纪 80 年代中期，中国开始实施九年义务教育。经过近二十年的努力，中国基本普及了九年义务教育，这是一个奇迹。同时，由于中国区域间、城乡间发展不平衡，使中国各地区的教育不能同步发展，至今还有数百个县没有达到"普九"目标。国内外许多社会组织和个人，出于一种公益目的和人道主义目的，对我国贫困地区、少数民族地区和农村地区给予大量援助，这些援助促进了中国教育的均衡发展。但中国作为人口大国和教育大国，义务教育发展的主导力量是中国各级政府。政府必须在教育经费上对教育发展作出优先考虑。中国发展过程中的主要矛盾是城乡和地区间的发展不平衡，因此，我们要重视农村和弱势群体的义务教育，理顺各级政府的教育管理体制和义务教育投入机制，调动一切可以调动的社会力量促进义务教育均衡发展。

1995 年至 2000 年，党中央、国务院决定增拨 39 亿元人民币中央专款，地方配套资金 87 亿元人民币，共计 126 亿元人民币，实施新中国成立以来中央投入资金最多、规模最大的教育工程——"国家贫困地区义务教育工程"，以支持贫困地区发展义务教育，确保全国"两基"目标实现。"义教工程"实施范围集中在 22 个省、自治区、直辖市及新疆建设兵团的 852 个贫困县。2000 年年底，"工程"完成了各项任务，实现了规划目标，加快了中西部地区"两基"进程，确保了全国"两基"目标的实现。

2001 年，第二期"国家贫困地区义务教育工程"开始实施。虽然第一期"国家贫困地区义务教育工程"取得了很大成绩，但是贫困地区的"普九"目标尚未完全实现。到 2000 年年底，全国尚未"普九"的县（旗、团场）还有 522 个，其中有 315 个国家级贫困县，85％以上在西部地区，覆盖大约 1.24 亿人口，其中少数民族人口 0.49 亿，占 40％。党中央、国务院决定，在"十五"期间，再投入中央专款 50 亿元人民币，地方配套资金 22.5 亿元人民币，共计投入资金 72.5 亿元人民币，帮助贫困地区实现普及九年义务教育的目标。通过二期"义教工程"的实施，促使我国贫困地区基础教育办学条件得到较大改观，师资水平和教学质量得到进一步提高。

2006 年，教育部、财政部开始实施农村义务教育经费保障机制，免除义务教育阶段农村学生的杂费，免费提供教科书，提高公用经费标准，改造农村学校危房，改善农村教师待遇等，这些措施极大地鼓舞了农村儿童上学的热情。

到 2000 年，我国如期实现了基本普及九年义务教育、基本扫除青壮年文盲的宏伟目标。高中阶段教育发展迅速，少数民族教育也迅速发展。这些都为提高中华民族的科学文化素质奠定了重要基础。大力发展职业和成人教育，基本建成了结构较完整、专业门类齐全的职业和成人教育体系，进一步满足了各种教育需求。全面推进素质教育作为教育创新的重要内容，是教育思想和人才培养模式的重大进步。各级各类学校全面贯彻教育方针，始终坚持把德育放在首位，注重培养学生的创新精神和实践能力，大力推行课程、教材和教学方式的改革，素质教育全面推进。

为了加快推进、巩固和发展普及义务教育的成果，2003 年国务院决定实施西部地区"两基"攻坚计划。到 2007 年，全国 410 个"两基"攻坚县中已经有 317 个县实现了目标，西部地区"两基"人口覆盖率由 2003 年的 77% 提高到 96%。民族自治地区的 699 个县中，已经有 614 个县实现了"两基"，占民族自治地区总县数的 87.8%。"两基"攻坚计划的实施，有力地促进了西部地区农村义务教育的发展，使农村学校的办学条件大大改善，教学质量得到提高。其中"农村寄宿制学校建设工程"，中央财政累计投入了 100 亿元人民币，使 7000 多所学校受益，可满足 200 多万新增寄宿生的学习、生活，使这些地区的孩子再也不用为上学每天翻山越岭、长途跋涉发愁了。"农村中小学现代远程教育工程"在 2007 年年底完成，中央和地方政府累计投入 110 多亿元人民币，建设了覆盖全国农村的远程教育网络，使所有中西部农村中小学学生可以共享优质教育资源。孩子们高兴地说："大山再也挡不住知识了，我们同在蓝天下，共同成长进步。"①

2006 年，小学学龄儿童净入学率达到 99.27%，比 2002 年提高 0.69 个百分点；初中毛入学率达到 97%，比 2002 年提高 7 个百分点；高中阶段教育毛入学率达到 59.8%，比 2002 年提高 17 个百分点；学前教育进一步发展，毛入园率达到 42.5%。②

三、教育管理体制和经费投入保障机制的嬗变

新中国建立之初，国家没有实施义务教育。在国家实施义务教育之前，基础教育管理体制都是与国家财政经济体制相关的。从 1950 年至 1953 年，基础教育实施"集中统一，以条为主"的管理体制，教育经费实行"统收统支"的财政政策。后来，到 1979 年，国家财政体制改为"划分收支、分级管理"，即开始了"条块"结合，以"块块"为主的体制。因此，基础教育开始实行中央统一领导，中央、省（市）、县三级管理的"块块为主"体制，教育经费列入国家预算计划。

改革开放以来，农村基础教育，特别是农村义务教育的嬗变过程主要经历了以下几个阶段：

（一）地方财政的增强与乡镇办学热情的高涨

改革开放初期，从 1980 年开始，国家进行了经济体制改革，实行"划分收支，分级包干"的新财政体制，即财政分权。在此背景下，基础教育财政管理体制也下放给地方基层政府。"划分收支，分级包干"的财

---

① 周济：《坚持教育优先发展努力办好让人民满意的教育——党的十六大以来教育事业改革发展回顾》，资料来源：中华人民共和国教育部网站，http://www.moe.edu.cn。
② 数据参见 2002 年与 2006 年《全国教育事业发展统计公报》。

政体制使地方财政能力增强，地方完全负责基础教育的财政管理。

1986 年，国家开始实施义务教育时，中央与地方财政之比是 38：62。在这种背景下，农村基础教育（包括农村义务教育）实行分级办学、分级管理的体制，即县、乡、村三级办学，县、乡两级管理，简称"三级办学、两级管理"体制。实行"人民教育人民办"等政策是可行的，① 大大地调动了地方与群众办学的积极性，基础教育得到了空前的发展。这一阶段，我国对农村义务教育的投资逐步建立起了以国家财政拨款为主，辅之以教育费附加、教育集资、学杂费、校办产业收入、社会捐资集资和设立教育基金等多种渠道筹措教育经费的体制，概括为六个字：财、税、费、产、社、基。

"三级办学、两级管理"阶段，义务教育的经费投入的特点是，调动了县乡政府和广大农民对教育投入的积极性，但是教育投入重心偏低，缺乏经费保障的长效机制。虽然为确保义务教育的健康发展，国家作出了"三个增长"的重要承诺：国家用于义务教育的财政拨款的增长比例，应当高于财政经常性收入的增长比例；使按在校学生人数平均的教育费用逐步增长；切实保证教师工资和生均公用经费逐年有所增长。② 并且提出了"逐步提高国家财政性教育经费支出（包括：各级财政对教育的拨款、城乡教育费附加、企业用于举办中小学的经费、校办产业减免税部分）占国民生产总值的比例，本世纪末达到 4%"③。但从整体来看，县、乡（镇）两级政府特别是乡（镇）政府是农村义务教育经费筹措的主体，村虽然不是一级政府，但也通过出工出料等形式在农村义务教育发展中起重要作用。

---

① 参见 1985 年《中共中央关于教育体制改革的决定》、1986 年《中华人民共和国义务教育法》、1993 年中共中央、国务院《中国教育改革和发展纲要》和 1995 年《中华人民共和国教育法》等文献的规定。

② 《中华人民共和国义务教育法》（1986）第 12 条；中共中央、国务院《中国教育改革和发展纲要》（1993）第 48 条；《中华人民共和国教育法》（1995）第 55 条。

③ 中共中央、国务院《中国教育改革和发展纲要》（1993）第 48 条。

（二）税费改革，农村义务教育实施"以县为主"的管理体制（2005 年以前）

20 世纪 90 年代中期以后，国家实行了"分税制"改革，加大了中央财政在全国财政总量中的比重。到 2000 年，全国财政收入共 1.34 万亿元人民币，其中，中央占 51%，省级占 10%，市级占 17%，县乡占 23%。与此同时，各级政府对义务教育经费的分担情况却与此形成了强烈的反差。据国家教育发展研究中心对全国 7 省市 26 个县的抽样调查，1998 年，样本县义务教育经费总支出（含预算外经费）中，各级政府的教育补助专款约占 12%，县财政约占 9.8%，其余 78.2% 为乡村负担。[①] 义务教育经费筹措体制与财政体制不匹配，农村义务教育发展受到极大挑战。

20 世纪末，农村基础教育经费短缺的问题比较明显，尤其是在"老、少、山、库、边、穷"地区，基础教育的发展难度极大，许多地区还没有解决校舍无危房、班班有教室、学生人人有课桌椅，即"一无两有"的问题。"暗房子、破桌子、石凳子"的现象依然存在。2000 年，全国初级中学危房面积达 225.5 万平方米，农村初级中学达 174.2 万平方米，占初级中学总危房量的 77.3%，全国小学危房面积 539.1 万平方米，农村小学达 440.6 万平方米，占小学总危房量的 81.6%。[②]

2000 年，根据中共中央和国务院的部署，安徽省全省和其他地区的部分县（市）进行的农村税费改革试点。税费改革的宗旨是，以规范的税收取代一些收费项目，减轻农民负担。其中取消了向农民征收的教育集资。农村税费改革于 2003 年在全国全面实施。

为了适应税费改革带来的农村教育投入减少的情况，农村义务教育管理体制改革势在必行。

2001 年《国务院关于基础教育改革与发展的决定》规定，农村义务

[①] 王善迈：《2000 年中国教育发展报告——教育体制的变革与创新》，北京师范大学出版社 2000 年版，第 35 页。
[②] 参见《中国教育经费统计年鉴 2000》，中国统计出版社 2001 年版，第 44 页。

教育实行"在国务院领导下，由地方政府负责、分级管理、以县为主"新体制，简称"以县为主"的管理体制。"以县为主"的标志性文献还有《国务院办公厅关于完善农村义务教育管理体制的通知》，《国务院关于进一步加强农村教育工作的决定》。在义务教育管理体制改革的同时，义务教育财政体制也作出了相应调整。在新体制下，各级政府对农村义务教育经费投入承担的责任发生了改变。中央、省（自治区）、地（市）、县、乡（镇）五级政府承担的义务教育经费投入责任具体如下：

中央政府对义务教育经费投入的责任是通过转移支付，增强财政困难县义务教育经费的保障能力，特别要加大对贫困地区和少数民族地区义务教育的扶持力度，同时要对中西部困难地区建立农村中小学教师工资保障机制，对中小学校舍改造给予适当补助。此外，还要通过设立中小学助学金、逐步扩大免费发放教科书的范围等形式支持中西部农村地区家庭经济困难学生就学。

省（自治区）对义务教育经费投入的责任是要逐县核定教师编制和工资总额，核定本地区农村中小学公用经费的标准和定额，确定农村中小学收费项目和标准；要逐县核实财力水平，统筹安排财力，加大对财政困难县的转移支付力度。在专项资金上，省级政府承担的责任主要是"三个确保"，① 此外，省（自治区）级政府还要设立专项资金，逐步帮助学校免除家庭经济困难学生的杂费，对家庭经济困难的寄宿学生提供必要的生活补助。

地（市）级政府承担的义务教育责任主要是通过增加转移支付，增强财政困难县义务教育经费的保障能力。在专项资金上，地（市）级政

---

① 参见 2003 年《国务院关于进一步加强农村教育工作的决定》，"三个确保"，即对财力不足、发放财政供养人员工资确已达到合理比例仍有困难的县，通过调整财政体制和财政支出结构、增加省级财政转移支付资金、合理安排中央财政转移支付资金等办法，帮助并督促县级人民政府确保农村中小学教职工工资按时足额发放；增加危房改造专项资金投入，建立消除农村中小学危房的工作机制，确保师生安全；对实行"一费制"的国家扶贫开发工作重点县和财力确有困难的县，省级政府对其公用经费缺口要予以补足，确保学校正常运转。

府的责任可以概括为"三个补助",即对财政困难县,对农村中小学教师工资和危房改造、公用经费缺口给予补助。此外,地(市)级政府同样要设立专项资金,逐步帮助学校免除家庭经济困难学生的杂费,并对家庭经济困难的寄宿学生提供必要的生活补助。

县级政府对本地农村义务教育负有主要责任,要将农村义务教育经费全额纳入预算。要确保按时足额发放教职工工资,按照省级政府制定的标准拨付公用经费,组织实施农村中小学危房改造和校舍建设,改善办学条件。同时,还要开展助学活动,设立专项资金,逐步帮助学校免除家庭经济困难学生的杂费,并对家庭经济困难的寄宿学生提供必要的生活补助。

乡(镇)政府对本地义务教育承担的责任是原财政收入中用于农村中小学教职工工资发放部分要相应划拨上交到县级财政,按有关规定划拨新建、扩建校舍所必需的土地,还要积极筹措资金,安排公用经费不足部分,改善农村中小学办学条件。同样也要设立专项资金,逐步帮助学校免除家庭经济困难学生的杂费,并对家庭经济困难的寄宿学生提供必要的生活补助。

从以上规定中可以看出,"以县为主"的义务教育经费管理体制的特征如下:

(1)各级政府均有对农村义务教育投入的责任。政府间的责任分工明确,实现了从"人民教育人民办"向"人民教育政府办"的历史性转变。

(2)农村义务教育投入的重心由乡镇上移至县一级。要求县级政府将义务教育经费全额纳入预算。

(3)提出了"分级"、"分项"承担模式,如按教师工资、校舍、公用经费等分项规定各级政府的责任。对省级政府的责任,特别是在教师工资、危房改造和公用经费方面的责任强调得越来越多。

(4)中央政府的责任有所强化。特别是对中西部贫困地区和少数民族地区的扶持,而地(市)级政府的责任则相对较弱,缺乏硬性规定。

(5)转移支付途径得到加强。中央、省(自治区)、地(市)对地方义务教育的扶持是主要通过转移支付的形式实现的，只有县级政府义务教育经费要求全额纳入预算。转移支付是一种非常规的教育经费划拨形式，具有不稳定性和随机性。

（6）重视社会力量对教育事业的支持。除了加大政府义务教育投入力度外，中国政府还特别鼓励社会力量对教育事业发展的支持，采取提倡、政策优先吸引、自愿等方式鼓励国内外对中国教育事业发展有热情和有兴趣的团体和个人依照某些具体规范在中社会组织和个人捐资助学、群体自愿集资办学、社会力量办学、提供义务劳动及其他帮助中国教育事业发展的行为。

截至 2005 年年底，"以县为主"管理体制仍处于试运行阶段，各地情况差异很大，经济发达地区较好地实现了国家预期的管理目标；但是在经济落后地区，有些县"主不起来"。我们实践调查发现，无论是经费的筹措、配置还是使用均存在一些问题，具体表现为农村中小学杂费被挪用或被上级提成，政府下拨的转移支付经费立项审批比重较大，造成了人为的"跑部钱进"无序竞争，经费管理和使用过程不透明，有些学校搭车收费、乱收费，群众意见较大，等等。随着 2006 年《中华人民共和国义务教育法》修正案颁布实施，明确了"以县为主"主要是指管理，而不完全包括教育投入，教育投入由中央和地方统筹解决，基本上解决了农村教育投入问题。

（三）多项改革保障农村义务教育经费

为了更好地完善和发展"以县为主"管理体制，国家及时推行了"一费制"、"两免一补"和新的农村义务教育经费投入机制（以下简称"新机制"）等多项措施，这些政策措施的目的是减轻农民教育负担，保障在"以县为主"管理体制下农村教育健康发展。

1. 确定基数，制止"乱收费"

进入 21 世纪以来，受"教育市场化"和"教育商品化"思潮的影响，加上国家财政性教育经费没有起到根本保障作用，导致有些地方学校出现了"乱收费"情况。社会上对此反响比较强烈。但在农村地区，情况则有所不同，除了个别发达地区学校外，大多数农村学校的所谓"乱收费"基本属于生存性收费，完全是为了学校的正常运转。但是，就全国而言，义务教育阶段的收费应该加以规范。

2001年，教育部在国家级贫困县进行了义务教育"一费制"收费试点。2003年，根据党中央、国务院的要求和中纪委二次全会精神，教育部、国家发改委、财政部在认真总结经验、深入调查研究的基础上，制订了《关于在全国义务教育阶段学校推行"一费制"收费办法的意见》，经国务院批准后下发。"意见"要求从2004年秋季开学起，在全国义务教育阶段学校逐步实行"一费制"。"一费制"收费标准由省级人民政府按照因地制宜、实事求是的原则确定，目的是治理"乱收费"。到2005年秋季开学，全国所有省份都实施了"一费制"。

实施"一费制"的意义有两个方面：

第一，对于遏制"乱收费"，特别是遏制为了搞福利而进行的"乱收费"有一定的作用。我们调查了解到，学生交费情况比较复杂，名目繁多。例如，杂费、教材费、住宿费、伙食费、上机费、电教费、仪器费、班费、二课堂费……金额也有地区差异。实施"一费制"后收费标准普遍比"一费制"前低，其中减幅最大的华北某县，农村小学每学期每生减少了29元，农村初中每学期每生减少了74元。

第二，为国家出台新的农村义务教育经费保障政策奠定了基础。国家从2006年开始实施的"新机制"，在制定中央和地方按项目和比例分担农村义务教育经费方面，就参照了各省"一费制"的数量标准。

但是，"一费制"的局限性也很明显。其一，在规范中小学收费的同时，也使农村学校公用经费大幅度削减，因此，很多中小学校长反映，在新的财政支持政策出台，特别是公用经费保障机制建立以前，这一体制引起的经费困难使学校正常运转难以维系。其二，没有大幅度减少农村学生教育负担。我们认为，推行"一费制"是解决农村义务教育投入不足的措施之一，在"一费制"基础上还需要有相关的政策措施配套进行。很快，"两免一补"和"新机制"就出台了。

2. 确定受益人，多级政府配套资助困难学生

在中西部很多地方，困扰农村学校儿童完成义务教育阶段学业的一个障碍就是学生家庭经济困难。为此，2003 年《国务院关于进一步加强农村教育工作的决定》提出，要建立健全资助家庭经济困难学生就学制度，争取到 2007 年全国农村义务教育阶段家庭经济困难学生都能享受到补助，努力做到不让学生因家庭经济困难而失学。

困难学生救助历来是我国的一项教育政策，但是，专门针对农村学生的大面积的救助这还是第一次。国家向农村义务教育阶段（小学和初中）的贫困家庭学生免费提供教科书，免除他们的杂费，并给寄宿生补助一定生活费，简称"两免一补"。该政策首先在国家扶贫开发工作重点县农村开始，然后扩大到所有农村贫困学生，再扩大到农村所有学生，最终实现免费义务教育目标。这个目标随着"新机制"的实施已经提前实现了。对困难学生的救助不仅体现了党中央、国务院落实"三个代表"重要思想和执政为民的理念，而且对促进农村义务教育持续健康发展，提高义务教育的普及率，明晰中央政府、地方政府和农村群众对义务教育的责任均有积极意义。

在中原大省河南省，根据 2007 年 8 月该省政府办公厅转发的《河南省农村义务教育两免一补实施方案》[①]，该省免学杂费补助资金由中央、省、省辖市本级财政按 6∶2∶2 比例分担；国家课程和省定地方课程必设科目免费教科书资金由中央和省级财政负担；寄宿生生活费补助资金由县级财政负担。河南省的情况很有代表性。

"两免一补"政策的实施也遇到了一些困难，例如，有些地方财政配套时，感到即应该积极响应配套，又力不从心。所以，有些省上报应该得到补助的学生数量时处于一种矛盾状态，一方面希望多报一些，从中央财政得到的经费多些，使获得资助的学生数多些，但另一方面，又发现自身

---

① 资料来源：河南省人民政府网站，http://www.henan.gov.cn。

财力不足，配套部分很难兑现，只好少上报学生数量，以减少地方财政的开支。

3. 确定目标，各级财政协调保障农村义务教育经费

为了从根本上解决农村义务教育经费问题，2005年12月24日，国务院发出了《国务院关于深化农村义务教育经费保障机制改革的通知》。12月26日，国务院召开了全国农村义务教育经费保障机制改革工作会议，国务院决定从2006年春季学期开始实行"新机制"。

根据"新机制"，2006年至2010年，中央与地方各级财政累计将新增农村义务教育经费约2182亿元人民币。"新机制"明确了的教科书资金由中央财政承担；杂费和提高农村义务教育阶段中小学公用经费保障水平所需资金，西部地区，由中央和地方按照8:2的比例分担；中部地区，中央和地方按照6:4比例分担；补助寄宿生生活费的资金由地方承担。东部地区的杂费和提高公用经费水平，除直辖市外，按照财力状况分省确定。农村中小学校舍维修改造资金，中西部地区由中央、地方按5:5分担，东部地区主要由地方承担，中央给予适当奖励性支持。对贫困学生提供免费教科书资金，中西部地区由中央全额承担，东部地区由地方自行承担；对贫困寄宿学生的生活费补助，由地方承担。

"新机制"还规定，享受城市居民最低生活保障政策家庭的义务教育阶段学生，与当地农村义务教育阶段中小学生同步享受"两免一补"政策，经费由所在地城市提供；在城市义务教育阶段学校就读的进城务工农民子女，与所在地城市同等阶段学生享受同样政策，经费由流入城市提供。

"新机制"的实施步骤如下：

从2006年开始，西部11个省市区、新疆生产建设兵团、中部地区和享受西部政策的地区，以及安徽省的金寨县、青阳县农村中小学生免除学杂费。从数量上看，近4800万西部农村的孩子和部分中部地区的孩子享受了完全免费的教育。

2007年春季，全国所有农村地区义务教育阶段学生的学杂费全部被

免除。

2008 年，农村义务教育阶段公办学校学生人均公用经费全部达到省（市）定基本标准；扩大免费教科书发放的范围。

2009 年，农村义务教育阶段公办学校学生人均公用经费基本标准低于中央基准定额的差额部分，当年安排 50%，所需资金由中央财政与地方财政按西部 8:2，中部 6:4 的比例共同承担。取消农村义务教育阶段公办学校寄宿制学生住宿费，并实现农村义务教育阶段公办学校学生的免费教育。

2010 年，农村义务教育阶段公办学校国定公用经费基准定额全部落实。

"新机制"运行的保障措施包括：公开透明、专款直拨、独立核算、校财局管、审计监督、舆论监督、群众监督等。

根据我们的调查，2006 年率先实施"新机制"的省市区，教育经费已经落实到位，学校、学生、教师、家长开始受惠。2007 年春季，全国所有农村地区义务教育阶段学生的学杂费都免除了，更是鼓舞人心。在湖北省，某学生家长创作了一副对联表达了广大农民群众的心声。对联写到："泱泱大国　免除皇粮税　造福老百姓；莘莘学子　不交学杂费　感谢共产党"，横批："民富国强"！

据统计，农村义务教育实施免费，最直接的好处就是减轻了农民的经济负担，其实惠不亚于免收农业税。全国 1 亿多农村学生，每人每年少交 400 多元钱左右，总计是 400 多亿元人民币，全国免掉的农业税也就 400 多亿元人民币。这是"新机制"带来的新希望，是为新农村建设增添的浓重的一笔光彩，也使得农村义务教育在各级政府参与下的经费投入问题得到了根本保障。

四、农村学校办学模式和培养模式异彩纷呈

改革开放以来，全国各地农村学校积极探索发展道路，总结出很多独具特色的办学模式和培养模式。这些探索包括在义务教育阶段实施"普职分流"和"三教统筹"，建立新型的农村学校与农村社区关系，农村学校走出农村，走向城市，走向国际等。

（一）"普职分流"、"三教统筹"——黑龙江省呼兰县的经验

20世纪80年代初期，黑龙江省呼兰县每万名农业人口中，农业科技人员不足6人；平均7000亩地只有一个农业技术人员；全县平均每年升入大专院校的学生近千人，但回到呼兰工作的不足300人，到农业生产第一线的更是寥寥无几。调查发现，全县每年初、高中毕业生有7000多名，而升入上一级学校的每年只有900多名，85%以上的毕业生不得不带着失落的心情回乡务农。"干坐生"、"陪读生"，他们厌学、逃学直至辍学，使得当时初中生流失率高达20%以上。

1986年，呼兰县教委紧紧围绕着"一个农业县的教育怎么办"这个中心，首先在农村初中大用中学迈出了农村教育综合改革的第一步。他们大胆地提出了改革课程结构，在完成普通教育教学任务的同时，引进职业教育教学内容，首先探索出了"2+2"分流教育的办学模式。所谓"2+2"分流教育就是学生读完初二后，一部分升入初三，这部分学生有望升学继续深造；另一部分升入四年制农职班，再读两年毕业。四年制的学生除了完成国家规定的文化课学习内容外，还要学习适合农村就业的专业技术，比如果树培植、农机修理、畜牧等内容的专业课，毕业时既学到了相应的文化知识，又掌握了有关技能。

该县的大用中学采取内调、外聘、送出去、请进来等办法，建立了专

业课教研组。并与黑龙江省农科院、县农业技术部门建立联系，聘请专业技术人员定期到校讲课。没有教材，他们就结合当地农业生产和师生的实际情况，选编、摘编了《作物栽培》、《土壤肥料》、《植物保护》等富有乡土气息的专业课教材，改变了过去那种"千校一面，万人一书"的局面。

基础性是农村初中教育的基本特点，无论是文化课还是农职课，都是学生终身学习与可持续发展不可缺少的基石。为此，大用中学在狠抓文化课质量的前提下，还在文化课里渗透专业课的知识。数学课增添了浓度计算、土地测量等；物理课增添了用电知识、机电维修、排水灌溉等；化学课增添了土壤养分含量和酸碱度速测分析等；语文课增添了农村应用文教学，教学生写承包合同书、生产技术方案，阅读掌握各种农药化肥使用说明书等；地理课增添了农业气象、地温变化测试等。各学科紧密结合当地生产实践，使学生感到知识就在身边，看得见，"摸"得到，用得着，极大地激发了学生学习文化课的兴趣，培养了学生实践、应用、创新的能力。

在调整充实文化课教学内容的同时，大用中学还大胆改革教学结构，针对学生的知识基础状况，把学生按不同层次进行分类，分层次教学，最大限度地为不同层次的学生提供学习条件和学习机会，全面落实人才培养目标。分流班的学生，毕业几年后就成为了当地农村的热点人物，如"水稻专家"、"养鸡大王"、"脱贫致富带头人"、"科学种植标兵"等。

佟家小学根据当地的地域资源优势引进果树栽培、嫁接技术等，自编乡土教材。除了学生学习外，还向农民传播嫁接、剪枝、栽培、防治病虫害等技术，使全村林果业迅速发展。佟家村 5 个自然屯 800 多户全都栽上了果树，1998 年被国家林业局授予"果树千佳村"的称号。全县所有小学在校内都开辟了"三小园"，即小果园、小农园、小菜园。农村小学把农业科学技术辐射到了千家万户，真正成为传播科学文化知识基地、农业科技成果普及基地、农村"两个文明"建设基地。

呼兰人形象地把他们的农村教育改革思路总结为"修教育渠，引科技水，灌农业田，结富民果"。

2002 年 8 月 6 日至 8 日，民盟中央、民进中央、中国陶行知研究会、中国教育学会、中华职业教育社在黑龙江省呼兰县召开了深化农村教育改革现场研讨会。与会的 100 多名代表听取了呼兰县的经验介绍，观摩了党政干部论坛、校长论坛、教师论坛、毕业生论坛、课程建设五个模块，参观了 12 所农村中小学校，并就 21 世纪农村教育发展的理念、改革的思路和应对的措施进行了研讨。

（二）"多种联合"小学校办出大教育——南京市江浦区行知小学的经验

行知小学原名是五里小学，1981 年，五里小学的面积仅 8 亩，5 间校舍。

1985 年，征得村民和村委会的支持，农民自发集资 20 万元，帮助学校易地扩建，学校确立了以陶行知的教育思想为指导，全体教师集体签名向教育局申请，将"五里小学"更名为"行知小学"。这不仅仅是简单的更名，而是一种教学思想的转变，是办学方向的确立，它为学校的发展提供了无限的空间，开辟了广阔的舞台，孕育了萌动的种子。学校当时只有 6 个教学班，一百余名学生。后来，村里一次又一次地给学校划拨土地，使学校一次一次地扩建发展。学校还与幼儿园联合，创办行知幼儿园。

1989 年，行知小学和晓庄师范签订协议，成为晓庄师范第二附属小学，行知小学为晓庄师范提供学生见习的场所，晓庄师范为行知小学培训师资，提供业务指导。

20 世纪 90 年代初，行知小学利用农村学校在土地资源和自然资源上的优势，办起了行知小学实验农场。当时正值中日两国儿童"夏令营的较量"引发国内广泛而深刻关注的时候，行知小学抓住这一契机，于 1994 年，正式创建了中小学生体验乡村生活的"行知基地"，成为南京市 30 家优秀学校的定点基地。基地的发展给行知小学带来了收入；最重要的是行知小学的师生有了更多的机会和城市优秀学校的师生交流沟通的机会，极大地促进了师生综合素质的提高。城市孩子到农民家食宿、交流，对提升农民的自信心、提高农民的认知能力起到了积极的影响作用。

2000 年，行知小学又和知名农民专家、农民企业家"种莲大王"联合，在校园东面租下 400 亩地，种下 500 多种荷花和睡莲，并在荷花池四周建起了"艺莲苑"荷文化长廊；2002 年，又和"果树大王"在学校附近开发 200 亩枣园，种出 80 多种枣树；他们和五里村近百户人家成为行知实践基地"农户接待站"，每户可接待 6—8 名学生。这些都使实践基地规模不断扩大，内容不断丰富。

2004 年至今，行知小学引起了南京市和江苏省教育、教研部门和领导的高度重视，铸造全国名牌学校，打造江苏教育品牌，不单单是行知人的愿景，而是列入了政府的教育发展规划。在行知小学的基础上，行知幼儿园、行知初中、行知基地、行知科技园先后动工兴建，现在学校占地 300 亩，建成了南京市行知基地。昔日落后的村办小学已发展成为"江苏省模范小学"、"南京市示范小学"、"南京市实验小学"。成为一所体现着科学育人、科研开发、服务示范、形象宣传、自我造血等多功能的中国新型乡村小学。

杨瑞清校长在联合办学上通过三次创新突破，将学校推上一个又一个台阶，即第一次以 1982 年五里村农民集资为学校易地新建为标志，开始了"村校联合"；第二次以 1994 年行知基地的挂牌为标志，实现了"城乡联合"；第三次以 2005 年接待新加坡学生中华文化浸儒活动为标志，达成了"国际联合"。

分析行知小学的发展历程，可以发现依靠、联合、经营三个理念。杨瑞清校长说"'学会依靠'主观能动性发挥的程度要小一点，因为弱小，需要依靠大家来帮助。'学会联合'，主观能动性发挥到了一半，因为联合很大程度还要取决于另一方的态度，它是一种互利互惠，是一种资源互换。只有'学会经营'才能让我们的校长，让我们的老师，让我们的学生成为学校的主人，充分发挥主观能动性，更加积极主动、更加有力地促使学校发展。"如果说行知小学靠"依靠、联合、经营"构建了学校良好的育人环境，那么，赏识教育则给了行知小学充满活力和自信的生命灵魂，带动了行知小学一步一步的良性发展。

城市的学生在行知学校实践基地可以观察到大田作物、蔬菜水果、苗木花卉、野生植物、家禽家畜、能源气象……可以了解到结构调整、土地流转、医疗卫生、文化教育、劳动就业、乡风民俗、环境保护……可以体验到粗茶淡饭、集体住宿、简单洗浴、田间漫步、营火晚会、烟花爆竹、轮流帮厨、野外生存……行知学校成为城市孩子体验劳动生活的场所。当地农民向学生介绍农村生产生活情况，指导学生干农活，安排学生食宿，农民成了城市学生的农事辅导员，又成了城市文明的受益者。学生给农民讲述城市里的变化，辅导农民孩子的功课。行知小学已经成为城乡孩子手拉手的平台。新加坡等国的孩子络绎不绝地来到这里和行知小学的学生们一起看果园，割麦子，参加主题夏令营活动等，使乡土化、城市化和国际化相交融。

（三）"村校一体"——山西省柳林县前元庄的经验

山西省吕梁山区柳林县的前元庄是地处深山的一个偏僻小山村，群山环抱，2300多亩土地都是山坡地，过去一直是穷得出了名的村子，世世代代的百姓原先过着"荒年吃糠、灾年逃荒"的日子。自从村里创办了实验学校后，改变了前元庄人的文化素质，改变了前元庄人的思想观念，改变了前元庄的经济结构，使前元庄实现了小康，村民们走向脱贫致富的路子。

1987年，前元庄实验学校在原先农民夜校的基础上开始创办，学校创办之初就是作为吕梁山区农村教育改革的一块实验田办起来的。据调查，在实验学校创办之前十多年，村里先后毕业的高初中生只有7人留在村里务农。办这样一所实验学校目的就是解决农村建设需要的人才问题。吕梁行署教育局局长和学校老校长共同商议，决定通过农村学校培养懂得科学技术，带头脱贫致富的人才入手，改变穷村子的面貌。在办学过程中，前元庄学校实践陶行知教育思想，因地制宜地开展为农村所需要的教育，探索出了校长和村长交叉任职，"村校合一"的管理模式。学校办学理念从关注少数到关心多数，认为农村学校教育既要有"为升学"，保证农村青年向上的社会流动；也需要有"为城市"，对进入城市的劳动力进行培训和服务；同时，还必须"为农村"，通过教育改善农村的状况。

培养学生热爱家乡的观念，锻炼学生谋生的技能，是前元庄实验学校办学的基本思路。在前元庄实验学校，初中有四个年级，课程表上，劳动技能课受到重视。初中一年级的劳动技能课是种植，二年级是养殖，三、四年级是汽车、摩托车维修。劳动技能课程最多可占到总课时的 20%。劳动技能课的课堂是田间地头，老师带他们认识各种农作物，看树上结的苹果，扒土里长的山药。在保证文化教育的同时，着重培养动手能力，传授种瓜菜果、养鸡、养猪等技术，这样做是让孩子从小形成一种观念：自己的家乡种什么都能长，是个好地方。即便考不上高中，考不上大学，自己也不是一个没有用的人。

为了贯彻把教学指导思想转变到以服务当地经济建设为主、兼顾升学的轨道上的办学思路，前元庄实验学校既搞九年义务教育和基础教育，又抓职业技术教育，还要为村子开展成人教育和科技服务，即所谓的基础教育、职业技术教育、成人教育"三教统筹"，教学、科研和劳动三项活动兼顾。使基础教育与职业技术教育相互渗透，职前教育与职后教育相互衔接。学校还聘请农业专家、高级缝纫师等，开办多种教学示范基地，把更多的精力用在培养当地农村发展所急需的技术人才上，成功地走出了一条"村校合一"、学有所用的具有农村特色的学校办学之路。

据统计，近年来学校毕业初中生中，有多半回村后成了村里的养殖、种植方面的技术能手，而学校对村子的科技带动和示范作用也很大。村子里几家年人均收入达到四五千元的养猪专业户都是在学校用来教学而办的养猪厂带动下发展起来的。学校办学提高了村民科技素质，科学种田已蔚然成风，也促进了当地精神文明建设。前元庄连续多年被山西省政府评为"精神文明村"和"红旗党支部"。

前元庄实验学校的办学历程说明，"办好一校"就能"致富一村"。

学校改革实验的重点是解决学生缺乏农村劳动意识和技术的问题。以往的学校教育只关注少数能升学的学生，而不能升学的"陪读"生，人数虽占到90%，却既没有务农的思想准备，也没有务农的技术准备。

1996年，李岚清副总理接见过前元庄实验学校校长，并在有关前元庄实验学校的材料上批示："符合经济不发达地区办教育的实际和方向。"

1999年10月，胡锦涛同志曾专程视察该校，对该校的教育改革成果给予充分的肯定。

2003年3月7日，温家宝总理在有关前元庄实验学校的调研报告上批示："农村教育必须改革。坚持农教结合的办学方向，实行基础教育、职业教育、成人教育'三教统筹'，教育、科技和生产相结合。柳林县前元庄实验学校的做法和经验值得重视。"

（四）走出农村，走向城市，走向国际——江苏省江阴市华士实验学校的经验

华士实验学校，位于江苏省江阴市华士镇，最初是1991年建成的一个小学。

1997年在9月华士实验小学创办江苏省第一所九年一贯制学校，从此华士学校开始出现了较大发展。2003年它成为中央教科所附属学校，通过联合办学，学校得到很大扩张。2007年7月31日，江阴华士教育集团英桥国际学校隆重揭牌。从1997到2007年，短短的10年，华士实验学校先后创办了华士实验小学、华士实验中学、华士国际学校、上海张江英桥国际幼儿园、江阴英桥语言培训中心、江阴英桥国际学校等六所学校，经历了乡村办学、国际办学、集团办学等快速发展历程。现已形成了拥有800名教师、9000多名学生的一个现代化、国际化、集团化的名校。其中，幼儿部是江苏省示范性实验幼儿园，小学部是江苏省模范学校、江苏省实验小学，初中部是江苏省实施教育现代化工程示范初中。华士实验学校发展的经济支撑是校办实业公司。江阴华士学校还与著名企业"娃哈哈"联合，闯出了一条农村城市一体的办学格局，学校不仅办到江阴

市，还办到上海这样的大都市中。学校成立的国际部是一所私立学校，收学费，扩大了融资渠道，也使得办学思路更加灵活。

江阴华士实验学校校园环境优雅大气，文化气息浓郁，学校师资力量雄厚，拥有一大批省市特级教师，并有多名外籍教师在校任教。英、日、韩、俄等语言课程、艺术课程，以全球为视野，努力让学生成为"优秀的世界公民和永远的中国人"，与世界模范学校帕夫雷什中学结为友好学校，师生定期互访交流，资源共享。还与美、加、日、韩等国的世界著名院校合作，走国际联合办学道路。从幼儿园到高中，推行"一条龙"英语教学，着力培养学生听、说、读、写能力及语言交际能力，定期举办境内外的英语夏令营活动。学校注重的是国民道德之培养，传承陶行知"捧着一颗心来，不带半根草去"的精神，锻炼儿童健康的身心，增进生活必需之技能。

华士实验学校拥有现代化的体育馆、游泳馆、塑胶跑道、人工草坪，学校还不断加快教育现代化工程实施的步伐，相继建置了语音室、计算机房、演播厅、多功能电教室和校园网，率先成为江苏省多媒体教育网络实验学校，中国公共多媒体通讯网高级委员会单位。教学楼的过道与回廊洋溢着浓郁的文化艺术氛围，插花、根雕、织物挂件、废旧物品做成的装饰画、画作与书法条幅等艺术品琳琅满目，全部是教师创造的作品。依据"田园化"的理念，建设建筑内的田园风光和户外田园风光，使学生能够亲近自然、亲近土地、爱护环境。

华士实验学校初中部提出"科技浸染人生"的目标，多位教师联手开发的"科技创新校本课程"，创办"华士实验少年科学院"等活动，开发出系列学校本位课程。学校有数百项小发明，获得了国家专利，在第十六届全国发明展览会上，荣获了一个金奖、四个银奖的好成绩。

学校注重培养学生"带得走"的能力，即解决问题的能力、使用资讯的能力、运用科技的能力和终身学习的能力。所谓"带得走"的能力是一种超越学科、超越书本、超越具体知识的能力，是一种能够从课堂和学校带进更广阔的生活和工作中的能力，是能够伴随学生的一生，使学生终身受益的能力。具体学生必备的 15 项基本能力，包括：能保持身心健康、能和谐人际关系、会写自传、会自我介绍、会写读书计划、会写小论文、参加社团活动、担任自治班干部、参加社区服务、会游泳、会操作与使用电脑、最少会使用一种乐器等。

华士学校的发展是得力于江阴市的经济发达和城市化进程，是农村学校城市化、现代化的典型。

以上几个典型从办学模式、培养模式、学校管理、课程设置、资源配置、城乡结合等角度给我们作出了有益探索。

呼兰县和前元庄学校的模式完全是从本地实际需要出发探索的一条发展道路，强化了农村学校为农村发展服务的功能，农村中小学教育、职业教育和成人教育统筹考虑，协调发展，教育资源（经费、师资、校舍等办学设施）共享。同时，我们应该看到，在培养模式方面，以课程结构改革入手，实施"三教统筹"和"农科教结合"是当时当地的成功经验，一定程度上形成了为学生的可持续发展服务和为农民脱贫致富服务的农村社区终身学习机制。其中，"农科教结合"，在教育、科技和农村经济之间架起了一座桥梁，不仅解决了教育为当地经济和社会发展服务的外部条件，成为农村教育综合改革的一个突破口，而且找到了一条依靠教育、运用科技、发展农村经济和各项社会事业的新路子，具有强大的生命力。同时，我们也应该认识到，"三教统筹"的改革还有一定局限性，农村有多种教育类型存在，不能仅仅局限于三种教育的统筹，也不能把农村学校培养目标限制在培养留在农村的新农民方面。行知小学和华士实验学校的经验就具有更加开拓的精神。行知小学的"联合"与"经营"，走出了一条农村小学也能办好大教育的道路。华士实验学校的城乡联动、校企双赢，打破所有制限制的经验闯出了农村教育走出农村，走向城市，走向世界的新思路。他们的经验中蕴含着冲破思想的牢笼、"发展才是硬道理"的丰富内涵。

五、思考与展望

（一）中国农村基础教育的基本经验

1. 群众办学的热情很高

我国尊师重教的优良传统在农村基础教育改革发展的过程中得到了充分体现。20 世纪 80 年代和 90 年代之初，农村普及义务教育的积极性反映出农民对教育的支持，政府将农村教育投入重心下放符合当时中国国情，也利于调动群众的积极性。

2. 政府的作用不断增强

改革开放以来，农村基础教育的发展在政府主导下进行，中央政府和地方政府的责任分配日趋明确，并且上级政府的责任逐步增加。从"三级办学、两级管理"到"以县为主"的转变就体现了这一趋势。

3. 各地的改革模式多样

为了克服"应试教育"的弊端，在解放思想改革创新的背景下，农村教育改革有全国范围的改革，也有不同区域的改革，还有各个农村学校的改革。改革内容丰富，模式多样。全国范围的管理体制、投入机制、教师评聘制度等改革是影响全局的改革，而安徽铜陵的城乡教育均衡化改革则体现了地方政府的优势，起到了局域内的良性发展。学校层面的改革无计其数，从不同角度和方向为农村教育发展注入了活力。

4. 非政府组织介入和国际间交流不断增多

我国基础教育事业庞大，非政府组织、企业和私人的关心以及资源的介入起了重要作用。同时，我国基础教育事业发展也开始接受国际援助。非政府组织和国际的支持成了基础教育和义务教育融资的重要渠道。

1989 年 3 月，共青团中央等单位在北京联合创办了中国青少年发展基金会。同年 10 月 30 日，该基金会宣布实施"希望工程——百万爱心行动"。目的是以民间的方式广泛动员海内外财力资源，资助失学及贫困儿童，改善贫困地区的办学条件，促进贫困地区基础教育事业的发展。

中英甘肃基础教育项目（GBEP）是一项针对贫困地区基础教育的实验性项目，是国际义务教育援助项目典型案例。该项目从 1999 年开始启动，规划 5 年完成。作为一个实验性项目，其基本策略是：从体制变革入手，强调干预行动的系统性、连贯性。在项目设计初始阶段，针对项目县教育体制中的实际问题采取一系列新的解决方法，并且期望这些经验能够在中国其他贫困地区推广。整个项目由学校发展计划、参与式教学方法、早期教育、特殊教育需求、校长培训、教育财政预算改革、新的督导制度、开发补充读物、提高入学率的策略、学校布点规划、土建工程、教育规划、研究课题、检测与评估等十余个部分组成，它们之间相互联系，几乎囊括了基础教育的所有领域，既互相依赖又彼此加强。其中，项目的两个关键领域是学校发展计划和参与式教学，而所有的领域都围绕学校这个核心来展开，所有领域都有自己的特色和创新之处。该项目对我国义务教育的融资问题有很大启发。现在，该项目已经结束，而其后续的"中英西南基础教育项目"还在进行中。

（二）政策调整和制度完善势在必行

改革开放的 30 年，农村基础教育的成就举世瞩目，同时我们需要反思的问题也很多。

1. 关于农村初中普职分流

1983 年，中共中央、国务院《关于加强和改进农村学校教育若干问题的通知》指出，初中要增设劳动技术课程，或在初中三年级时分为普通科和职业科。这种政策导向在实践中被概括为"普职分流"，即农村初中阶段普通课程和职业课程分化，或者称"农村初中培养模式的改革"，在农村比较流行。许多农村学校还总结了经验，例如，2＋1 模式、2.5＋0.5 模式、3＋X 模式，以及全程渗透模式等。但是，农村初中普职分流政策存在误区，误区之一是将国家统一的"普九"质量标准降低了，误区之二是将农村初中教育视为农村儿童一生最后阶段的教育。

为什么说国家统一的"普九"质量标准降低了呢？

农村学校九年义务教育的课程标准和城市学校相同，但是农村教师队伍质量较低，教育条件资源匮乏，在这种现实情况下，农村学校完成九年义务教育的任务十分艰巨。"农村初中培养模式的改革"是占用了大量教育教学时间搞"分流"教育，其做法值得商榷。

义务教育阶段普通教育和职业教育"分流"是许多国家的惯例，比如，英国小学之后学生分别进入综合中学、现代中学、技术中学；法国学生短期初中阶段之后接续的是普通中学、技术中学和职业中学，德国中等教育划分为主要学校、文实中学、文科中学等。但是，我国的"分流"仅仅限于农村，城市学校不提倡"分流"，这是明显的城乡二元结构思维，是不公平的。

为什么说农村初中教育不应该视为农村儿童一生最后阶段的教育呢？

2001 年，我国初中毕业生升学率仅为 52.6%。换句话说，50% 左右的初中升学率意味着每年有近一半的合格初中毕业生无法升学。他们将直接参与就业或是在家待业。从地区分布来看，东部和西部地区的升学率相对高一些，分别为 56.7% 和 55.7%。中部地区相对低一些，只有 47.3%。这只是平均水平，中部一些人口大省的初中毕业生升学率还在 45% 左右徘徊。如果我们将城市和农村数据分开统计，农村初中毕业生升学率更少，辍学率则居高不下。一大半的农村初中毕业生不能升学的后果很明显，这将会在农村积聚大批初中以下受教育水平的劳动者，必然对我国人力资源整体素质的提升形成不利影响。"农村初中培养模式的改革"就是默认了这种后果。应该要求完成义务教育规定的课程内容，使他们达到素质教育的基本要求，在此基础上吸引他们参加各种各样的社区文化教育活动，参与各类创业教育和职业培训，甚至还可以将他们组织起来在社会公益活动中得到锻炼和提高。

2. 关于"三教统筹"

20 世纪 80 年代，我国农村教育改革过程中出现的"三教统筹"得到了各级政府的提倡和支持。"三教统筹"的一般含义是指农村基础教育、职业技术教育和成人教育要统筹规划,相互配合,共同发展。可见,"三教统筹"问题也是与农村基础教育发展密切相关的一个问题。各地农村相继出现了一些"三教统筹"的典型经验,例如,有些乡镇将农民夜校、农业技术推广站、种子站等机构整合、撤并到农村中学,农村初中"一校挂三牌"实施"三教统筹";农村初中教师学习农业技术并承担当地农村农业技术推广的工作;农村学校开发有关课程,培训农民技术员,对农民开展扫除文盲、扫除科盲教育;农村中学办学模式改革,校内课程分化,学生选择分流;农村中学将"三教统筹"与"绿色证书"挂钩,等等。

不可否认,农村学校开展的"三教统筹"是农村教育改革的有益尝试,是发挥农村教育为农村、农业、农民服务的可喜成果,符合一定时期内农村教育发展的方向。但是"三教统筹"并非是农村教育改革发展的长期策略,也不是所有农村地区都必然开展的一项改革措施。农村教育随着城乡差别的缩小,最终和城市教育一样不限于三种教育,不限于制度化的教育,多种教育繁荣,"多教结合"才是农村教育发展的前景。为什么我们既要肯定农村"三教统筹"的历史价值,也要预见未来农村"多教结合"的趋势呢?

第一,"三教统筹"的内涵表述不完全一致,没有公认的解释。

"三教统筹"可以从许多文献和各级领导人的讲话中找到来源依据。例如,1987年国家教委、财政部《关于农村基础教育管理体制改革若干问题的意见》,1990年国家教委关于印发《全国农村教育综合改革实验区工作指导纲要[试行]》的通知,1993年中共中央、国务院《中国教育改革和发展纲要》,2001年国务院《关于基础教育改革与发展的决定》等文献中都论及了"三教统筹"。但是,在1993年中共中央、国务院《中国教育改革和发展纲要》谈到大力发展农村成人教育时重点谈的是扫除青壮年文盲,同时,该文献还特别指出,要注重发展面向广大农村的专科教育。1999年中共中央、国务院《关于深化教育改革全面推进素质教育的决定》提出，促进农村普通教育、成人教育和职业教育的统筹协调发展。党的十六大提出全面建设小康社会以后，2002 年 12 月 27 日，媒体披露教育部小康社会教育远景规划中涉及农村教育时谈到切实加强农村基础教育，实现普通教育、职业教育和继续教育协调发展。2003 年 5 月 30 日，温家宝总理在中南海主持召开国家科技教育领导小组第一次会议时指出，促进农村义务教育、职业教育、成人教育"三教统筹"和"农科教结合"。2003 年 9 月 20 日，《国务院关于进一步加强农村教育工作的决定》指出，农村教育要实行基础教育、职业教育和成人教育的"三教统筹"。

从党中央、国务院、教育部等文献和领导人的讲话中看，"三教"中的职业技术教育有时表述为职业教育。另外，普通教育、义务教育、继续教育、扫盲教育、专科教育等有时也被强调。可见，各种表述都是有意义的。在农村提倡"三教统筹"的根本动机是发挥农村学校教育的优势，利用农村学校的房舍、设施，因地制宜为"三农"服务。因此，我们不应该仅仅关注"三教"到底指的是哪"三教"，并且仅仅局限于"三教"思考农村教育发展战略。"三教结合"内涵的实质是一个将农村视为一个大社区的整合教育思想，目的是依托农村学校寻找合适的切入点，观照不同地区农村教育的具体状况，探讨农村教育改革经验。

第二，农村教育应该倡导"多教结合"。

"三教统筹"表述的多样性就给我们提出了一个问题，是去澄清哪种表述正确呢，还是解放思想，不限于"三"的束缚，各地可以自行实验，探讨行之有效的教育改革模式？

谈到不同教育相结合，我们首先要明确参与结合的教育都应该是实实在在存在的教育，而且实实在在存在的教育为了寻找新的增长点，新的发展机会才可能与其他类型的教育结合，优势互补，共谋发展。结合并不是撤并，每种教育的性质和任务都是截然不同的，任何一种教育都不能被另一种教育所取代。有的地方在办学模式经验中介绍，将农村原来比较脆弱的职业技术教育和成人教育机构取消，合并到农村初中，以达到"三教统筹"的目的。从发展的视野看问题，这种做法值得商榷。

目前我国农村存在的教育种类很多。无论从哪个角度分类，扫盲教育、学前教育、义务教育、高中阶段教育、职业技术教育、高等教育、成人教育、社区教育等多种教育同时存在是事实。从全国来看，各地农村教育发展很不均衡，农村许多类型的教育发展程度都不能和城市同类型教育相提并论。至于哪种教育在哪个农村地区开展得较好，要具体考察。在某一个具体农村地区，提倡哪几种教育统筹结合更要因地制宜。国家宏观指导思想应该是"多教结合"，给地方留有选择的余地，鼓励地方创造出各具特色的经验。国家在提出"多教结合"宏观指导思想的同时还要强调发展重点，这是国家教育发展战略的要求。根据我们的调查研究，目前我国农村义务教育、高中阶段教育和职业技术教育的优先发展应该是重点。

农村"三教统筹"也缺少制度化的整体设计。因为农村教育资源总体上少于城市，农村职业技术教育和成人教育资源更是稀缺，有的地方，连机构、人员等载体都没有。农村基础教育机构搞些农业技术培训和成人夜校，应该被看做是农村基础教育为地方服务功能的发挥，其实没有增加农村教育资源。政府真正应该做的是增加农村教育资源，设计并提倡的"新三教统筹"，即城市教育、县镇教育和乡村教育的联系、互动与统筹发展。

3. 关于"绿色证书"

在我国，"绿色证书"最初是20世纪90年代初期农业部推行的对青年农民实施农业技术考核的认证制度。2001年，教育部和农业部发出《关于在农村普通初中试行"绿色证书"教育的指导意见》，从此，"绿色证书"政策开始出现。其含义是，农村学生在初中毕业时，除了获得正常的毕业证书，同时还要获得一个标志掌握了某方面农业知识和技术，可以在回乡务农后选择合适项目发展农业的证书。对于此项政策，有以下问题需要讨论：

（1）**城乡义务教育的培养目标应该是一体化还是应该有差别？**

长期以来，受城乡二元经济结构的制约，农村教育不能与城市教育同步发展，滞后于城市，这是不争的事实。发展程度的差距是否就必然要提出不同的培养目标呢？我们回答是否定的。培养目标应该体现公正、平等、一视同仁、城乡一体。将农村义务教育另立目标，必然冲击国家统一的义务教育质量标准，直接威胁国家义务教育的基本原则。

这种"农村义务教育传授农业发展需要的知识，培养农村需要的技能"的认识误区，直接根源在于过去的一个口号："农村教育为'三农'服务！"其实，"三农"本身就包含农村教育，农村教育本来就需要扶持、支持、援助和被服务，它怎么能为"三农"服务呢？为"三农"服务也包含为农村教育服务。"三农"中的农村教育，应该得到城市的大力支援，得到政府的政策倾斜。所以，农村教育为"三农"服务，在逻辑上讲不通。

合理配置城乡教育资源，以城乡一体化的思路制定农村学校培养目标，就应该同等对待农村儿童和城市儿童。要彻底改变传统的歧视观念，重新认识农村义务教育培养目标，无论城市义务教育还是农村义务教育都要提倡为了培养合格的公民服务。

（2）要不要再提倡培养"新型农民"呢？

从前瞻性的角度看问题，中国的发展目标是减少农民，因此，农村义务教育不宜通过"绿色证书"来培养"新型农民"。在此，有几个问题要明确：

第一，农民在我国历来是身份的象征，是阶层的概念。农民在革命战争年代曾经很荣耀，是革命的中坚力量。新中国成立以后，农民这一概念渐渐失去了往日的光彩。实际上，农民地位在不断下降，受到各种习俗和政策的歧视。而且凡是涉农的事业，都成了弱势事业。在这种情况下，不如将农民作为一个历史概念对待，不要作为学校教育培养的目标。有人分析，中国当代十大社会阶层是国家与社会管理者、经理人员、私营企业主、专业技术人员、办事人员、个体工商户、商业服务业员工、产业工人、农业劳动者（农民）和无业失业半失业者。农民处于社会阶层的底部，农民约占全国总人口的40%，比重较大，今后很长一段时期应该是减少农民人口，推进我国城市化进程。

第二，面向未来的教育，不宜再培养农民了。用城乡一体化的思路考虑问题，应该提倡培养合格公民。我们应该实事求是地承认和反思过去在培养目标上的模糊认识，从而建立平等的公民教育观。

第三，农民不是职业的概念。制度化的教育往往是以合格公民加某些职业为培养目标的。例如，技术专家、科学家、教师、医生等。

第四，"新型农民"还是传统农民，如何界定是个说不清楚的问题。"绿色证书"是近年来在农村初中阶段提倡的一种培养形式，其宗旨是培养"新型农民"。给农村初中学生造成一种心理影响，即"我毕业后还是农民"。实际上"绿色证书"根本没有起到促进农村人口向城市转移的作用。从现在"绿色证书"的课程内容看，还是大众化的务农经验。另外，目前农村教师队伍实际状况，也只能传授简单的农业生产常识，其结果培养的只能是传统农民。

(3) "绿色证书"在社会中有实用价值吗？

任何证书的授予或颁发，均应该考虑其社会实用价值，即在社会上如何起到一定的证明作用，或可以获得哪些政策关照。例如，军人证、记者证、毕业证、学位证、退休证等。"绿色证书"设计者也设想到"绿色证书"持有者可以在买化肥、买种子、农业信贷等方面有优惠，然而，事与愿违，实践中不仅获得"绿色证书"的人群需要这些优惠政策时根本没有什么优惠，而且现在国家许多鼓励农民种粮积极性的政策均涵盖了"绿色证书"所配套的政策。

现在的中国，"离农教育"也不符合城乡一体化的发展思路。城乡一体化思路下的教育不是鼓励农村教育培养的学生完全脱离农村，而是站在缩小城乡差距的战略高度，发展农村教育，使城乡学校培养的学生均具备进一步发展的潜力，均具备不受城乡条件限制的创业能力，他们走出校门之后，无论选择在农村还是选择进入城市均有用武之地。培养目标不宜提倡培养"新型农民"绝不是歧视农民、歧视劳动。培养合格公民的教育目标定位中就包含了尊重劳动人民、热爱农村、热爱劳动的基本素质。

4. 关于农村学校布局的调整

2001 年，国务院《关于基础教育改革与发展的决定》指出，"因地制宜调整农村义务教育学校布局。按照小学就近入学、初中相对集中、优化教育资源配置的原则，合理规划和调整学校布局。农村小学和教学点要在方便学生就近入学的前提下适当合并，在交通不便的地区仍需保留必要的教学点，防止因布局调整造成学生辍学。学校布局调整要与危房改造、规范学制、城镇化发展、移民搬迁等统筹规划。调整后的校舍等资产要保证用于发展教育事业。在有需要又有条件的地方，可举办寄宿制学校。"农村中小学布局调整的政策出台，有两个大背景不能忽略，一是农村学龄阶段人口逐年下降，二是农村实行了"以县为主"的义务教育管理体制。在这样两个大背景下审视农村学校教育，可以看出，农村学校过于分散，基建战线太长，办学成本较高，教育质量低下等问题日益凸显。农村学校布局调整的出发点值得肯定，布局调整的优越性和面临的新问题也值得我们关注。

首先，促进了教育质量的提高。农村学校布局调整以后，教师相对集中，在比较大的学校里，教学条件得到改善，教师能优化组合，较好的资源、条件可以共享，提高教育质量，甚至还可以提高教师的待遇，这应该是布局调整对农村学校教育质量带来的益处。

其次，减轻了一部分教师的负担。农村学校网点分散，有的村小学相互间隔较远，那里的课程还需要教师去上，有的地方出现了"巡教"，或者称"走教"的做法。比如外语课，村小学没有老师，乡镇中心小学的外语老师就一周几次定时到村小学授课，使不撤并的村小学也可以达到资源共享，当然老师很辛苦。布局调整以后，学校网点减少了，教师只需轮流到无法撤并的村小学去上课，从总体来讲对减轻教师负担有所帮助。

第三，"方便学生就近入学"是农村小学布局调整的前提。国务院的这项规定意义重大，有力地控制了因为布局调整出现的辍学现象。但是，有些地方在实施布局调整过程中有一哄而上，"一刀切"的现象。在调查过程中，我们发现有些地方布局调整也是造成辍学率上升的一个原因。有些农村小学和教学点撤并以后，学生离学校远了，家长出于安全和成本的考虑，就不让孩子上学去了。

毫无疑问，农村学校布局调整利大于弊。其弊端主要体现为就农村小学布局调整的政策本身而言，没有把不增加农民教育成本作为前提条件，这是值得进一步改进的。布局调整以后，从国家的角度来看，减少学校网点，节约了教育经费，优化了教育资源。但从农民的角度来看，却是教育成本的增加，因为他们要解决交通费和食宿费问题，还有的个别地方，还可能面对安全隐患问题，小学生过河爬山，家长很担忧。所以，农村学校布局调整既要考虑到国家利益，又要考虑到农民的负担。

在实践操作过程中，尽管有些地方教育当局和学校提供了一些交通工具和补贴，但是在很多方面，农民的负担还是加重了，而这种负面影响正在慢慢暴露。有的人分析说，这是一种成本转移，对国家而言，布局调整以后，国家付出的教育成本下降了，原来的村小，要盖房子，危房改造，操场围墙都要修，现在不用这些花费，只要建好一两所中心校就行了；但这种下降的成本不是消失了，而是转移到农民身上去了。

总之，农村中小学布局调整还应该逐步完善。2006 年 6 月，教育部针对农村学校布局调整出现的新问题发出通知，强调要解决农村儿童上学远的问题，"在交通不便的地区仍须保留必要的小学和教学点，防止因过度调整造成学生失学、辍学和上学难问题"[1]。这些要求，目的是防止布局调整中的盲目性和带来的弊端。

国外的一些经验可以借鉴，例如美国流动的"教学车"，日本的教学点和农村社区联盟，澳大利亚的"单班学校"、"函授小学"等。我国历史上和现实中也有"马背小学"、"流动学校"、"复式学校"等成功经验，这些经验值得继续发扬和借鉴。从我国农村居民居住相对分散的实际情况看，农村中小学布局调整应与社会主义新农村建设协调一致，与当地

---

① 毛小瑞：《教育部：调整农村学校布局，解决学生上学远问题》，《农民日报》2006 年 6 月 16 日。

社区文化建设相结合，统筹兼顾。其实，农村小学虽然层次不高，但毕竟还是农村的一个文化机构。农村社区教育还要有个载体，文化部也在规划新农村，建设农村村级文化站，所以，布局调整不仅仅是教育部门的事情，还要有多个部门共同协调商议。应该从整个社会的协调发展来全盘考虑，将村小学改造成农村社区的活动场所。这些村小学，可以白天上课，晚上和双休日变成社区文化活动站，即保留了村小学，为年龄较小的农民子女在家附近就读小学一年级到三年级提供了方便，又可以为农民业余闲暇时间健康的文化活动解决场地，事半功倍。

（三）未来农村基础教育：从数量的饱和到质量的提升

毫无疑义，农村基础教育在国家政府的主办下，成就辉煌，处于最佳的历史发展时期，特别是经费投入和硬件建设方面，成就非常显著，可以说发展的数量指标已经饱和或者接近饱和状态。但是，我们也要清醒地认识到，从发展的眼光看，农村基础教育与城市基础教育相比较还有很大差距，主要体现在教育质量方面。影响教育质量的最重要因素是教师问题。

经调查研究发现，农村基础教育教师与城市教师相比，教师队伍的各种结构（身份、学历、年龄、职称、性别、学科等）均不合理，农村教师中还有一些代课教师，农村教师学历和职称普遍较低，年龄偏大，音、体、美、外语、计算机教师普遍缺乏，在少数民族地区女性教师缺乏，等等。农村教师问题的根源是城乡社会发展差距，以及制度、政策等原因。因此，要从以下几个角度思考如何解决农村教师问题。

第一，完善教师编制制度

教师编制问题对素质教育的影响很大。现行城乡教师资源配置受制于教师编制，不利于素质教育开展。教师编制标准主要是根据中央和省级政府颁布的文件，根据 2001 年事业发展的基数确定的。其特点是仅仅考虑了生师比一个维度，缺乏素质教育理念，缺乏城乡均衡发展导向，农村学校教师编制数普遍少于城市。我们认为，要从两方面入手解决问题：

1. 以农村学校为单位核定教师编制。学校是素质教育直接的实践机构，某行政区域内教师编制数量符合国家有关规定标准，不能说明该区域内每一个学校的教师队伍的实际编制数量符合标准；某行政区域内教师队伍机构合理，不能证明该区域内每一所学校教师队伍机构均合理。教师一般不可能跨学校工作，因此，教师编制要服从教育工作实际的要求，就应该以学校为单位核定。这是实践的逻辑。

2. 核定教师编制要多维度考虑。从真正的素质教育要求出发，教师编制除了考虑教职工和学生的比率之外，还要考虑任课门数与教职工人数之比，周课时数与教职工数之比等因素。规模小的农村学校还要考虑年级数与教职工人数之比。素质教育在实践中的基本要求是学校开设的课程门类要齐全。如果农村学校因为教师编制数量紧缺，不得不将教师主要集中于开设中考和高考要求的必修科目，实施素质教育也就落空了。同时，为了提高教育质量也不能不考虑控制教师上课的周课时数，给教师学习、进修、备课的必要时间，计算教师编制时忽略周课时数与教职工数比也是与素质教育理念背道而驰的。

第二，建立城乡教师双向流动机制

就农村教师的现状分析，教师流动实质需要建立双向流动机制。双向流动包括两方面：其一，城市教师支援农村教育；其二，农村教师定期到城市学校进修学习。近年来，各地建立的教师交流制度，大多属于前一种。一般是运用政策导向，引导超编学校教师调整充实到缺编学校任教，城市超编教师调整到农村和边远地区任教。但是，在运行过程中也存在一些问题，一是将教师交流与评职晋级挂钩，导致乡村学校教师感到，"乡村学校是城市学校教师练手的地方"；二是交流时间较短，一般为一年左右，且不知道下批交流人员是否还接续进行。显然，这种做法有一定缺陷。因此，要解决农村教师问题，创造农村教师定期到城市学校进修机会很必要。农村教育的发展不能忽略农村教师队伍建设，提高农村教师自身素质才是解决农村教师问题和农村教育问题的根本。

第三，出台农村教师流失补偿政策

吉林省抚松县一位农村学校校长说："农村教师一旦有了工作业绩就

容易被城市或者发达地区学校吸引走，我们一方面希望教师成为业务骨干，另一方面又怕教师出名了流失，有时外出开会我都不敢让教师去，怕被挖走……"

我们在江西省调研时了解到，近四年中，某农村中学有 36 名业务骨干教师，包括副校长、教导主任等，被广东、浙江、福建以及本省内的城市学校招聘过去，大大影响了该学校的教学质量。类似现象在全国屡屡发生。

为了消除一些地方领导对农村优秀教师流失的担心，应该出台相应的政策加以规范管理。对于农村教师被城市学校无偿吸引走的情况，国家应该有补偿政策加以规范。例如，建立相应的补偿制度，使流入地对流出地有所补偿，流出地用补偿金再聘用其他合适教师，或者为在岗教师提供进修和提高的机会，这样才有利于保护农村教育。

第三，从身份管理到岗位管理

据报道，1996 年，农村中小学有民办教师 163.2 万人。① 在不能让民办教师继续存在的政策下，民办教师基本没有了。可是，有些民办教师又成为代课教师，继续工作。经过近年的转正聘用，到 2000 年全国农村中小学仍有代课教师 65.6 万人。② 现在这个数字还是稳定在 60 多万人左右。

对于农村教师问题，是继续实行身份管理还是采用新的聘任制度，取消身份的偏见，实行岗位管理，这是目前面临的大问题。为了克服现有弊端，应该实行岗位管理，按照需要聘用教师，同时，放宽教师职务评聘必须一致的管理误区，借鉴其他国家公职人员评聘的经验，真正把农村教师队伍建设好。教师职务确实具有某些特殊性。诸如既要教书，还要育人，言传身教，以身示范等。但是，这种特殊性不应该成为教师职务评聘过程与别的职务评聘过程不同的依据。别的职务评聘是可以实现评聘分开，教

① 参见《1996 年全国教育事业发展统计公报》，《中国教育报》1997 年 4 月 14 日。
② 参见《中国教育事业统计年鉴 2000》，人民教育出版社 2001 年版，第 63、85 页。

师岗位为什么唯独教师职务不能评聘分开？我们在农村学校调研了解到，有些地方教师资格和职务分开有利于调动教师工作的积极性。实际上，评聘分开还是评聘合一是具体操作层面的问题，在这个层次上国家教育行政部门的政策导向宜粗不宜细，只要符合国家宏观人事管理制度就应该允许各地选择不同的操作模式。

总之，农村基础教育过去 30 年的发展历程，值得回顾和研究的经验教训还很多，要与时俱进，保持农村基础教育发展的最佳状态，最终实现城乡教育均衡、科学、协调发展。

参考文献

1.《中华人民共和国宪法》（1982 年）。

2.《中共中央关于教育体制改革的决定》（1985 年）。

3.《中华人民共和国义务教育法》（1986 年）。

4. 中共中央、国务院《中国教育改革和发展纲要》（1993 年）。

5.《中华人民共和国教师法》（1993 年）。

6.《中华人民共和国教育法》（1995 年）。

7.《中华人民共和国职业教育法》（1996 年）。

8.《中华人民共和国义务教育法》（修正案）（2006 年）。

9. 中共中央、国务院《关于深化教育改革全面推进素质教育的决定》（1999 年）。

10.《国务院关于深化农村义务教育经费保障机制改革的通知》（2005 年）。

11. 中共中央、国务院《关于加强和改进农村学校教育若干问题的通知》（1983 年）。

12.《国务院办公厅关于完善农村义务教育管理体制的通知》（2002 年）。

13.《国务院关于基础教育改革与发展的决定》（2001 年）。

14.《国务院关于进一步加强农村教育工作的决定》（2003 年）。

15.《中共中央关于农业和农村工作若干重大问题的决定》（1998 年 10 月 14 日中共十五届三中全会通过），《光明日报》1998 年 10 月 19 日。

16. 邓小平：《建设有中国特色的社会主义》（增订本），人民出版社 1987 年版。

17. 联合国教科文组织：《世界全民教育宣言》（1990 年）。

18. 教育部、国家发展改革委员会、财政部：《关于在全国义务教育阶段学校推行"一费制"收费办法的意见》。

19. 国家教委、财政部：《关于农村基础教育管理体制改革若干问题的意见》（1987 年）。

20. 国家教委：《全国农村教育综合改革实验区工作指导纲要〔试行〕》（1990 年）。

21. 教育部、农业部：《关于在农村普通初中试行"绿色证书"教育的指导意见》（2001 年）。

22. 毛小瑞：《教育部：调整农村学校布局解决学生上学远问题》，《农民日报》2006 年 6 月 16 日。

23.《1996 年全国教育事业发展统计公报》，《中国教育报》1997 年 4 月 14 日。

24.《中国教育事业统计年鉴 2000》，人民教育出版社 2001 年版。

25.《中国教育经费统计年鉴 2000》，中国统计出版社 2001 年版。

26. 王善迈：《2000 年中国教育发展报告——教育体制的变革与创新》，北京师范大学出版社 2000 年版。

中小学德育课程的
变迁与发展

檀传宝　　班建武

党和国家一直高度重视学校的德育工作。然而，在十年"文化大革命"期间，学校德育的正常工作受到了极大的破坏。改革开放后，中小学德育逐渐从"文化大革命"的浩劫中走出来，开始了新的探索和发展。在30年的发展历程中，我国德育在课程建设、活动安排、政策制定、环境营造等方面都取得了显著的成绩。30年德育的发展波澜壮阔，对这段历史进行全面、系统的总结是一项浩大的工程。基于学校德育课程的变革在整个德育改革发展中的基础性和先导性作用，本文将主要以改革开放后学校德育课程①的变迁为基本线索，对这段历史进行提纲挈领式的梳理和总结。总体而言，改革开放至今30年间，我国中小学德育课程建设大致经历了恢复重建、规范化探索以及专业化发展三个主要阶段。

一、中小学德育课程的恢复与重建（1978—1984）

从1978年到1984年这段时间里，我国中小学德育的一个基本任务就

---

① 这里的课程指学校显性的直接德育课程体系，主要包括德育课程标准和教材两大方面。

是尽快恢复和重建被"文化大革命"严重破坏的德育工作。围绕这一中心任务，这一时期的主要工作包括：（1）将学校德育从扭曲的政治宣传教育中解放出来，恢复学校德育的独立性。（2）重新厘定学校德育的内容，建构被"文化大革命"破坏的社会价值体系，营造良好的德育氛围。这两方面工作主要是通过德育课在学校教育中的恢复而得以全面推进的。

（一）学校德育课程恢复的背景和动因

改革开放之初，学校恢复和重建德育课的背景和动因主要有以下两个方面：首先，社会价值体系的"失范"带来了一系列问题，对年青一代的成长造成了极大的负面影响，迫切需要教育，特别是学校德育重塑新的、符合时代发展潮流的价值规范，承担起对青少年进行价值引导的重任。"文化大革命"十年带来的不仅仅是社会经济文化的极大破坏，更为严重的是，"文化大革命"对社会价值观所造成的破坏更是严重影响了人们的世界观、人生观和价值观，在很大程度上造成了社会价值体系的"失范"。这种"失范"突出表现为，一方面，"文化大革命"中所树立、倡导的政治崇拜随着"四人帮"的垮台而失去了它在社会上的号召力和凝聚力；另一方面，社会还没有形成一套有效的价值体系为人们的精神生活和日常行为提供新的评判标准和参照。在这种情况下，社会普遍处于一种焦灼的信仰危机之中，迫切需要重建新的价值体系。面对这样一种价值"失范"的社会现实，在"文化大革命"中成长起来的年青一代，处在了一种更为深刻的迷茫之中，找不到人生的价值和意义。20 世纪 80 年代初围绕"潘晓的来信"所展开的人生观大讨论，在很大程度上是青少年精神危机的重要体现。由精神危机所导致的诸如青少年犯罪等一系列社会问题引起了社会各界的广泛关注。面对这样一种现实，人们将解决问题的希望寄托在了学校教育，特别是德育的恢复和重建之上。

然而，当时的学校德育却很难担负起这样的历史重任。"文化大革命"期间，学校德育由于受极"左"路线的影响和控制，沦为一种不健康的政治意识形态的灌输工具，这不仅造成了德育实效性不高等问题，而且还败坏了学校德育的声誉。在"文化大革命"期间，中华民族的传统美德、社会公德等对人伦关系以及社会精神风貌具有重要调节、维系作用的道德内容由于被贴上了"封资修"的标签而遭受到了无情的消解，这就使得整个社会陷入了一种极其不健康的政治迷狂状态，对学校德育环境、德育内容等造成了严重破坏，包括德育在内的学校教育基本演化为一种扭曲的政治运动和政治宣教。这一时期的德育已经严重异化，成为一种非健康的政治意识形态的灌输工具，其根本目的是禁锢人们的头脑，杜绝教育对象在思想上独立判断的机会。在这样一种功能定位的基础上，学校德育在内容上传递的主要就是语录化、口号化的政治宏大叙事与高度个人崇拜的现代神话，在形式上则表现为一系列的"运动"。这种依附于社会政治运动的学校德育严重地破坏了德育的社会形象，引起了社会以及教师、学生的厌恶和反感。学校德育迫切需要从"污名"化的社会境况中解放出来，还原其育人的根本功能。

基于学校德育的重要作用与其现实地位低下之间的矛盾，"文化大革命"结束后，学校德育在党中央、教育部以及社会各界的高度关注下，开始逐渐恢复和重建。

（二）从依附到独立：学校德育课程恢复与重建的历史进程

学校德育课程的恢复和重建，基本上是在教育部的统一部署和安排下，有计划、有步骤地进行的。党的十一届三中全会后，教育部根据社会发展的现实以及学校教育和青少年身心发展的实际，重新确定了德育在学校教育工作的首要地位。1979 年 4 月 22 日到 5 月 7 日，教育部召开全国中小学思想政治教育工作座谈会，着重讨论了思想政治教育工作。同年 9 月 5 日，教育部印发了这个会议的《纪要》。《纪要》从开展学校思想政治教育的背景、目的、主要任务、领导力量以及社会、家庭支持系统等方面，对改革开放初期学校德育工作的具体展开作了原则性的说明，指出了当时思想政治教育工作的主要任务是帮助学生确立对四项基本原则的正确、全面认识，并从教材建设、规范制定、方法改革、教师队伍等方面全面部署了学校思想政治教育恢复和重建的具体内容和方式。《纪要》明确提出了当时思想政治教育工作的首要任务是要下大力气开发一套政治课教材。由此，教育部以政治课教材建设为抓手，协调各方力量，开始了改革开放之后第一次全国范围内的政治课教材的编订工作。

"文化大革命"前，小学没有政治课，直到 1979 年，我国才在小学设立思想品德课。当时，政治课在小学称为"思想品德课"，中学则称为"政治课"。1981 年，教育部发出了《关于小学开设思想品德课的通知》。从当年秋季开始，小学各年级普遍设立了思想品德课。1982 年 5 月，教育部制定了《全日制五年制小学思想品德课教学大纲（试行草案）》。这是新中国成立以来第一个思想品德课教学大纲。经过三年多的实验和广泛征求各方意见，1982 年，教育部对《全日制五年制小学思想品德课教学大纲（试行草案）》进行了修订，修订后的大纲于 1986 年 5 月由国家教委颁发。

在小学思想品德课逐渐恢复和建立的同时，中学政治课在教材建设上也进行了多方面的改革和探索。应该说，中学政治课的教材建设是这一时期学校德育恢复和重建工作的重点。1979 年 4 月，教育部召开全国中小学思想政治教育工作座谈会后，立即组织北京师范大学、华东师范大学、东北师范大学和部分省、市教育局的力量研究政治课的课程设置、制定教学大纲，并编写初中一年级到高中二年级的政治课教材。1980 年 3 月，教育部在济南召开会议，着重讨论了中学政治课教材的编写问题。同年 4月 1 日，教育部发出了《关于委托编写中学政治课教材的通知》。1980 年9 月 12 日，教育部发出了《关于改进和加强中学政治课的意见》，对学校政治课的性质和任务、改进课程设置、编写教材、保证教学时数、改进教学、提高教学质量、加强教师队伍建设以及加强政治课教学的领导等方面作了明确的规定。《意见》对中学政治课体系提出了如下建议：初一开设《青少年修养》，初二开设《政治常识》，初三开设《社会发展简史》，高一开设《政治经济学常识》，高二开设《辩证唯物主义常识》。

1981 年 3 月 30 日到 4 月 11 日，教育部在苏州召开了新中国成立以来的第一次全国范围的关于使用全国政治课教材的讨论会。1981 年 12 月 1 日至 24 日，教育部在北京召开中学政治课教材修订工作会议。次年 1 月，教育部在《关于一九八二年秋季中学政治课教学用书的通知》中，明确规定了使用修订过的《青少年修养》、《社会发展简史》、《法律常识》、《政治经济学常识》、《辩证唯物主义常识》五本试用教材和教学参考书。为贯彻党的十二大精神，1982 年 10 月 21 日到 11 月 7 日，教育部在北京再次召开了中学政治课教材修订工作会议，对五套试用教材作了进一步的补充和完善。至此，改革开放后第一套较为系统的德育教材得以编制完成。

★《青少年修养》以道德品质教育为主要内容，着重分析道德规范；同时还包括革命理想、情操和智、体、美等方面修养的内容。设置这门课的目的是对学生进行思想品德教育，使他们逐步树立正确的道德观念、革命理想和情操，形成良好的行为和习惯。

★《社会发展简史》是一门讲述人类社会由低级阶段向高级阶段发展的一般过程及其规律的课程，它是对中学生进行马克思主义基础知识教育的启蒙课。开设本课程的教育目的是使学生初步掌握人类社会发展的规律和历史唯物主义的基本观点，为逐步树立共产主义世界观打下初步基础。

★《法律常识》是一门讲述我国法律、特别是宪法基本知识的课程。在初三开设本课程是为了使学生懂得我国法律、特别是宪法的基本知识，提高学生对于社会主义民主和法制的认识，增强国家主人翁的责任感，提高守法、护法的自觉性。

★《政治经济学常识》的教学目的是使学生初步掌握马克思主义政治经济学的基础知识，初步掌握资本主义经济和我国社会主义经济的基本特征和发展规律，认识资本主义制度的本质和必然灭亡的趋势，认识社会主义制度的本质和按规律办事的重要性，从而教育学生正确看待资本主义国家的经济现象，自觉抵制资产阶级腐朽思想的侵蚀；热爱社会主义制度，坚定走社会主义道路的决心。

★《辩证唯物主义常识》课程教学目的是使学生初步了解和掌握辩证唯物主义的基础知识，划清什么是唯物主义，什么是唯心主义，什么是辩证法，什么是形而上学，什么是辩证唯物主义认识论，什么是唯心主义认识论，为树立科学的世界观打下基础。①

除了德育课程本身的建设外，与之相配套的刊物、科研机构等也开始出版和建立。这为德育课程的恢复和重建创造了良好的舆论氛围，极大地促进了德育课程恢复和重建的步伐。这一时期最为突出的事件就是《中学政治课教学》的创刊和北京师范大学中学政治教育研究中心的建立。

1981 年 3 月，《中学政治课教学》在中宣部、教育部有关精神的指导和北京师范大学学校党委的直接领导下创刊。创刊伊始，该刊物就提出了全心全意为中学政治教师的教学服务的办刊宗旨，并确定了专业性、学术性和政治性的办刊方向。该刊物的创办发行，有效地促进了中学政治课教学的规范化和科学化，并成了讨论有关政治课性质、教学等方面问题的重要阵地。

1983 年，由北京师范大学、华东师范大学和华南师范大学共同承担的"我国学校思想政治道德教育大纲研究"项目被教育部确立为全国教育科学"六五"重点课题。该课题的研究成果为教育部后来制定中小学德育大纲提供了依据。1984 年，北京师范大学以哲学系思想政治教研室为基础，成立了北京师范大学中学政治教育研究中心，《中学政治课教学》编辑部同时并入该中心。这一研究中心的建立，为我国德育课程建

---

① 课程教材研究所编：《20 世纪中国中小学课程标准·教学大纲汇编》，人民教育出版社 2001 年版，第238—264 页。

设的规范化、科学化奠定了良好的基础。

为配合学校德育课程的恢复和重建工作，重塑学校德育的内容体系，营造良好的德育环境，1981 年 2 月 25 日，全国总工会、团中央、全国妇联、中国文联、中国爱卫会、全国伦理学会、中华全国美学学会等 9 个单位联合发出《关于开展文明礼貌活动的倡议》，号召全国人民，特别是青少年开展以"讲文明、讲礼貌、讲卫生、讲秩序、讲道德"和"语言美、心灵美、行为美、环境美"为主要内容的"五讲"、"四美"文明礼貌活动。"五讲四美"的口号一提出来，很快就为广大人民群众所接受，成为社会生活中一个公认的指导原则，有效地扭转了当时的社会风气，并成为学校德育课程的重要内容和价值原则。

（三）德育课程恢复与重建时期取得的主要成绩及存在的问题

1. 取得的主要成绩

第一，学校德育逐渐从单纯、扭曲的政治运动中解放出来，开始按自身发展的规律进行初步的探索和建设。从前文论述可以看出，"文化大革命"时期的学校德育完全依附于社会的政治运动，在形式上则主要表现为一种非理性的政治灌输。这种极端的政治教育实际上取消了学校德育的独立性，破坏了德育的内在发展逻辑和社会声誉。改革开放后，党中央、教育部及时对德育问题进行了反思，对德育在十年浩劫中所遭受的破坏进行了检讨，重申了学校德育在学校教育乃至整个社会发展中的首要地位，明确了德育的性质、任务和要求，并动员、组织全国力量开始恢复和重建学校德育体系。应该说，这一阶段的努力为我国德育的发展奠定了良好的基础。

第二，建立了较为完整的学校德育课程体系。"文化大革命"期间，学校德育主要依据的是当时的各种政治文件、政治语录、党报党刊等开展相应的教育活动。另外，这些内容又过多地受政治局势的影响，这就不可避免地带来德育内容选择上的易变性和主观性，缺乏必要的稳定性、系统性和客观性。这一方面使得教师、学生无所适从，另一方面也削弱了德育内容本身的合法性。改革开放后，党中央、教育部恢复和重建学校德育工作的一项重要举措就是组织力量开发和研制一套相对稳定且较为体系化的德育课程。经过几年的努力，形成了从小学到高中的较为完整的德育课程体系，有效地克服了改革开放前德育课程过于随意化的问题。

第三，创办了专门的德育刊物，建立了相应的德育研究机构。学校德育在恢复和重建阶段除了在课程建设方面进行了卓有成效的努力外，一个引人注目的事件就是德育刊物的创办和德育研究机构的建立。这对于改革开放之初德育的恢复和重建意义重大。首先，通过德育刊物，可以以当时最为经济有效的方式在全国范围内宣传、普及相应的德育知识，提高广大一线教师对德育的性质、地位以及具体的教育教学方式的了解和实践。其次，通过德育刊物，还可以把广大教师在德育实践过程中遇到的问题、困惑收集上来进行广泛讨论，有利于问题的解决。第三，德育研究机构对德育问题的深入研究，可以为德育的改革和发展提供科学的依据和方向，确保德育改革的科学性。

2. 存在的问题

第一，这一时期学校德育主要强调的仍是政治知识的灌输，而对学生情感、态度等方面的熏陶重视不够。改革开放后，学校德育虽然已经从"文化大革命"期间对政治运动的依附中走出来，但政治形势对学校德育的影响仍然十分巨大。突出表现为：一方面，学校德育在内容选择上主要侧重于政治的需要；另一方面，学校德育对学生的政治素养要求过高。这就容易导致在具体的德育过程中过分强调政治知识的灌输，而缺乏对学生情感、态度等方面的关注。

第二，中小学德育的衔接问题没有得到足够的重视。在学校德育的恢复和重建过程中，中学德育的建设问题相对于小学得到了更为充分的关注。应该说，中学德育的重建构成了改革开放之初学校德育建设的重点。相比较而言，小学德育无论是受重视程度还是建设的力度上都要弱于中学德育。这种局面导致的一个直接后果就是中小学德育的衔接问题并没有得到很好地解决。中小学德育在内容、要求上存在着不同程度的重复现象。

第三，德育课程内容与青少年学生的身心发展特点和生活实际仍存在较大差距。改革开放初期的学校德育在内容的选择上，更多地是以学科的逻辑和成人或主流话语的要求来编排，强调的是知识本身的系统性和全面性。这就不可避免地带来与学生实际不相符合的弊端。随着改革的不断深入，这一阶段教材建设中存在的内容偏多、偏深等问题不断突出，需要进一步地调整和变革。

二、中小学德育课程的规范化探索（1985—1996）

经过第一阶段的恢复和重建之后，德育在学校教育系统以及整个社会发展中的首要地位得以重新确立。接下来的工作重点就是如何使已经初步确立的德育课程体系能够更科学、更规范地提高学生思想政治素质。基于这样的任务，本阶段中小学德育课程主要在两方面进行了积极的探索：（1）编制德育大纲，力求使中小学德育走上依纲管理、依纲育人、依纲考评的科学化、规范化道路。（2）开展全国范围内的德育课改实验。

（一）中小学德育课程规范化探索的背景分析

中小学德育课程的恢复和重建，其依据主要是党的教育方针以及新中国成立以来思想政治课教学实验的经验。德育课程通过恢复和重建，奠定了学校德育发展的基石，不仅对于当时思想界的拨乱反正具有积极的正面引导意义，而且对青少年学生正确世界观、人生观的确立也有着重要的积极影响。但是，不可否认的是，这一时期学校德育课程的恢复和重建，由于缺乏足够的经验以及科学的指导等原因，不可避免地存在一些问题。如理论性太强，教材编写多从概念出发，内容偏多、偏深，对社会发展以及学生思想实际重视不够，大中小学德育课程体系的衔接问题没有得到足够重视，内容简单重复，等等。① 这些问题随着历史条件的发展变化而逐渐凸显，严重制约了学校德育的实效性，亟须通过改革进一步完善。这就构成了本阶段德育课程改革和发展的内部原因。

1984 年 10 月，党的十二届三中全会一致通过了《中共中央关于经济体制改革的决定》。这个决定，根据马克思主义基本原理同中国实际相结合的原则，阐明了加快以城市为重点的整个经济体制改革的必要性、紧迫性，规定了改革的方向、性质、任务和各项基本方针政策，成为当时指导我国经济体制改革的纲领性文件。经济领域改革的新举措必然要求学校德育课程做出必要的调整和变革。

20 世纪 80 年代末 90 年代初，国际、国内局势发生了重大变化。国际上，东欧剧变和苏联解体，国际共产主义运动遭受了重大挫折。在国内，则发生了严重的政治风波。面对这样一种政治局面，防止资产阶级自由化成了学校德育工作的重中之重。为此，党和政府决定进一步加强中小学思想政治教育工作。1989 年 7 月，国家教委编写了《高级中学形势教育学习材料》，教育学生认识到资产阶级自由化思潮的泛滥所造成的严重危害。由此，国家对中小学德育课程采取了更为严格的管理制度，逐渐将各地德育课程统一起来管理。

1992 年春，邓小平的南方谈话为加快经济体制改革、活跃市场气氛提供了新的思想保证。同年 10 月召开的党的十四大明确了中国经济体制改革的目标是建立社会主义市场经济体制。这一目标的提出迫切需要学校德育课程做出主动的调适，以适应国家经济建设改革与发展的大局，深刻影响着学校德育课程的改革。

1994 年 8 月，中共中央印发了《爱国主义教育实施纲要》，指出要把爱国主义教育贯穿到幼儿园至大学的教育教学中去。同年 9 月，中共中央颁发《中共中央关于进一步加强和改进学校德育工作的若干意见》，分析了形势与任务，明确了指导思想，并对德育工作原则、体系内容、途径方

---

① 参见张志建：《中学思想政治课发展史》，北京师范大学出版社 1994 年版，第 321 页。

法和组织实施等方面提出了指导性的意见。这些意见以不同的形式都在中小学德育课程体系中有所体现。

（二）"一纲多本"：德育课程规范化探索的历史进程

针对前一阶段学校德育存在的问题，根据正在调整的社会经济体制，1985年8月1日，中共中央发出了《中共中央关于改革学校思想品德和政治理论课程教学的通知》（以下简称《通知》），明确指出大、中、小学思想品德和政治理论课程教学改革的必要性，提出了加强党政领导、制定教学大纲、编写教材、改革教学方法和考试制度以及培训教师等一系列措施和要求。

为了全面贯彻1985年中共中央《通知》精神，国家教委于1985年10月召开了10个省、市中学思想政治课改革汇报会，着手组织北京、上海、天津、吉林、贵州、广东六省市和北京师范大学（与人民教育出版社合作）七个改革实验单位，从1986年开始有计划、有步骤地在全国范围内进行中学思想政治课的改革实验和中学德育整体改革实验。为保证本次改革实验的组织性，1986年国家教委建立了中小学思想政治教材研究中心，成立了七个思想政治课改革实验教材编委会，以便组织领导好新中国成立以来最大的思想政治课教材编写工作。这项改革实验的重要成果主要包括两个方面：（1）德育大纲的编订。（2）形成七套思想政治课实验教材。

1986年3月，国家教委召开了中学思想政治课改革实验大纲的讨论会。同年5月，国家教委颁发了重新修订后的《全日制小学思想品德教学大纲》，允许各地根据大纲要求，实行"一纲多本，委托编写，审查通过，自由选用"的原则。与此同时，中学政治课改革也在进行。1985年，中学政治课名称确定为"思想政治课"。1986年6月，国家教委颁布了《中学思想政治课改革实验教学大纲（初稿）》，大纲明确规定了中学阶段思想政治课程设置依年级顺序为《公民》、《社会发展简史》、《中国社会主义建设常识》、《科学人生观》、《经济常识》、《政治常识》。教材强调注重思想性、知识性、科学性、实践性、趣味性原则。与小学相同，也实行一纲多本。根据大纲，北京、上海、天津、吉林、贵州、广东六省市和北京师范大学（与人民教育出版社合作）七个改革实验单位编写了七套教材，按计划边实验，边修改，边试用。

★《公民》课程的教学目的是使学生懂得做一个社会主义公民必须具备的基本道德规范、法律规范和社会生活准则；逐步培养爱国主义和社会主义人道主义的道德品质及高尚的审美情趣和劳动观念；初步树立社会主义的法制观念和自觉的纪律观念，养成遵纪守法、遵守民主集中制的良好行为习惯；具有初步的辨别是非、善恶、美丑，抵制不良影响的能力，为培养有理想、有道德、有文化、有纪律的公民打下良好基础。

★《社会发展简史》使学生初步认识社会发展的一般规律，初步懂得资本主义必然要被社会主义、共产主义所代替的历史趋势，为逐步树立共产主义人生观和世界观奠定初步基础。

★《中国社会主义建设常识》是一门对初中毕业生进行社会主义建设常识教育的课程，使学生对我国社会主义的实际情况和发展方向，社会主义制度的优越性和党的十一届三中全会以来的路线、方针、政策的正确性有一个初步认识；并使学生初步具有运用正确的观点分析实际问题的能力和抵制资本主义腐朽思想侵蚀和封建主义思想残余影响的能力。

★《科学人生观》课程主要是使学生正确认识人生的目的和意义，处理好个人和社会的关系，端正对人生的态度，懂得人为什么活着和应当怎样做人的道理，为树立共产主义人生观奠定初步基础。

★《经济常识》课程教学目的是使学生初步掌握马克思主义经济学的基本知识，初步学会正确分析常见的经济现象和经济形势。同时，使学生初步认识资本主义剥削制度的实质、资本主义的基本矛盾及资本主义制度的暂时性；认识社会主义制度的优越性；认识党的十一届三中全会以来，我国经济政策的正确性以及建立充满生机的社会主义经济体制的重大意义。

　　★《政治常识》课程的教学目的是使学生初步掌握马克思主义政治科学的基本知识，初步掌握马克思主义关于阶级、国家、政党、民族、宗教、国家关系等问题的科学观点；了解社会主义和资本主义两种社会政治制度的本质区别，认识社会主义政治制度的优越性。①

　　1987年春，在北京召开了新教材试点工作经验交流会。同年4月，国家教委下发了《国家教育委员会关于进一步扩大中学思想政治课改革实验的通知》。当年秋，思想政治课改革实验的试点范围进一步扩大。随着中小学德育课程规范化探索的不断推进以及社会环境的改变，特别是1987年10月党的十三大提出和论述了社会主义初级阶段理论和党的基本路线后，德育课程的改革和实验在指导思想方面获得了重大突破。其中，在学校德育课程的设置上，增加了有关社会主义初级阶段理论的内容。1987年11月，根据党的十三大精神和七个改革实验单位的改革经验，修订了《中学思想政治课改革实验教学大纲（初稿）》，并送审。1988年1月4日至12日，国家教委在北京召开会议，对《中学思想政治课改革实验教学大纲》的送审稿做了必要的修改后原则通过，同年4月正式公布。各试点单位依据新修订的大纲，对原有教材进行了进一步地修改和完善。1988年12月，中共中央发出了《中共中央关于改革和加强中小学德育工作的通知》，全面部署了德育整体改革实验工作，为优化德育整体环境建设创造了条件，在很大程度上也促进了德育课程与其他德育渠道之间的相互配合。1988年12月5日至10日，国家教委组织召开中学思想政治课教

---

① 课程教材研究所编：《20世纪中国中小学课程标准·教学大纲汇编》，人民教育出版社2001年版，第238—264页。

材审查会议，对七套改革实验教材进行了审查，并提出了修改意见。1989年秋，七套修改后的教材以及教参在全国中学全面使用。

上海政治课改革实验的基本步骤：

第一阶段：1986年7月至1987年7月。主要在7所试点学校进行以六个年级的教材改革为中心的试点工作。经过一年的努力，基本建立了新的教材体系，并初步摸索出与新教材相适应的教学方法。

第二阶段：1987年7月至1988年7月。主要工作是在第一批7所学校改革实验试点的基础上，把试点的范围扩大到79所学校。这个阶段的改革实验，仍以教材改革为中心，并相应地进行教学方法和考核方法的改革，着手进行全面使用新教材的师资培训工作。

第三阶段：1988年7月至1989年底。改革实验工作全面展开，上海全市800所中学，40万学生和约4000多政治课教师都参与思想政治课改革实验工作。

在几年的改革实验过程中，华东六省和湖北省以及重庆市都先后采用上海编的思想政治课教材进行试点和推广。[1]

七家单位所编写的教材在全国推广使用后，得到了广大教师和学生的认可。但是，在使用的过程中，也发现了一些问题，引起了各方的广泛讨论。针对这些问题，国家教委在总结前期课程改革实验的经验教训的基础上，通过几次讨论，逐步形成了完善新一轮课程改革设置的设想[2]：初中将《社会发展简史》与《中国社会主义建设常识》打通，初二主要讲人

---

① 上海市中学思想政治课教材编审委员会、上海市教育局：《上海市中学思想政治课改革实验报告》，见贺允清主编：《思想政治课改革的理论与实践》，人民教育出版社1992年版，第69—70页。

② 张志建：《中学思想政治课发展史》，北京师范大学出版社1994年版，第324页。

类社会发展的一般规律，对与《中国社会主义建设常识》内容重复的社会主义部分讲简单些，大部分内容放到初三讲授。

1990 年下半年，国家教委根据这些设想，组织力量着手编写新的教学大纲。1991 年 3 月，江泽民致信国家教委领导，要求在中小学中加强"中国近代史、现代史和国情教育"，同年 8 月，国家教委印发《中小学加强中国近代史、现代史及国情教育的总体纲要》。1991 年冬，国家教委又组织全国力量根据新教学大纲编写新教材，并开展了全国大范围的师资培训工作。国家教委在分析研究了多年来思想政治课以分列课名设置课程的利弊以及实际教学效果之后，从 1992 年 9 月开始，将中学的各门政治课统一称为《思想政治》，这样有利于课程内容的综合化。

经过几年的实验，1992 年 8 月，国家教委颁布了《九年义务教育全日制小学思想品德课教学大纲（试用)》，紧接着国家教委于 1993 年正式颁发了《小学德育纲要》。同年，国家教委制定了《九年义务教育全日制初级中学思想政治课教学大纲》，1995 年正式颁布《中学德育大纲》，明确了中学德育目标、内容、途径、评定和管理等问题。从此中小学德育走上了依纲育人、依纲管理、依纲考评的科学化、规范化的道路。

（三）中小学德育课程规范化探索时期的主要成绩及存在的问题

1. 取得的主要成绩

（1）德育大纲的确立促进了德育工作的规范化、科学化。改革开放后，我国德育经过第一阶段的恢复和重建，已经在中小学建立起了较为完整的德育课程体系，有效地扭转了"文化大革命"期间学校德育在内容选择上的主观性和易变性等问题。但是，在恢复和重建阶段建立起来的德育课程体系所依据的更多地是一种经验的总结和领导的指示，缺乏充分的科学论证和指导。在德育课程的规范化探索阶段，学校德育发展所取得的一个突出成绩就是形成了一套从小学到中学完整的德育大纲。这套大纲的形成，是建立在较为全面、科学的调查研究基础上的，因此具有较强的科学性和规范性。这就结束了我国德育无纲可依的经验总结阶段，有效地促进了德育的规范化和科学化发展。

（2）"一纲多本"政策的实施有效地解决了国家课程和地方课程的关系。我国幅员辽阔，存在着十分明显的地区、城乡差异。而以往的德育教材主要采取的是"一纲一本"的形式，因此不能够很好地满足不同地区、不同学校的具体教学需求。"一纲多本"的政策一方面为解决国家课程与地方课程的关系提供了新的思路，另一方面在实践中也得到众多实验学校和地区的欢迎和认可。

（3）德育课程改革的推进具有广泛的参与性，确保了改革的群众基础。本轮德育课程改革的力度和广度远远超过了改革开放之初的德育恢复和重建时期。参与本轮德育改革的不仅有中央以及各级地方政府相关职能部门，而且还包括众多专家、出版社、实验学校、班级、教师和学生。另外，本轮德育改革的时间跨度较之以前更长，其产生的社会效果也更为明显。

2. 存在的问题

（1）德育课程受社会形势变迁影响过大，内容更替过快。学校德育作为影响一个人思想政治道德素质的重要力量，其内容应该具有相对的稳定性，以确保它的权威性和合法性。但是，这一阶段的学校德育在内容的更替上显然受社会形势的影响过大，变化过快。其中，最为明显的是1989 年政治风波前后，学校德育在内容和要求上发生了较大的变化。诚然，学校德育应该紧扣时代脉搏，内容应该反映最新的认识成果，但是，这并不意味着学校德育可以毫无原则地对社会形势的变化亦步亦趋，它应该有自身发展的逻辑和要求。因此，如何处理好德育内容中的变与不变，是学校德育在社会进一步改革和发展中应该着力解决的重要问题。

（2）知识性内容所占比例仍然比较大，与学生生活实际存在较大差距。应该说，这一阶段的学校德育所采取的分科教学的方式与第一阶段相比并没有什么实质性的变化。对于知识体系和内容的强调使得德育课往往演变为简单的概念辨析和命题推论，缺乏必要的生活指向，离学生的生活实际较远。一方面，不能够很好地引起学生的情感共鸣，不利于学生对这些知识的内化；另一方面，则难以回答学生在日常生活中所遇到的各种问题。

三、中小学德育课程的专业化发展（1997 年至今）

德育大纲的制定和颁布，有效地扭转了学校德育长期以来凭经验办事、缺乏科学依据的自发状态，促进了学校德育各项工作的规范化和制度化。接下来德育改革和发展的重点就在于，如何确保学校德育在日益规范化的基础上，不断朝专业化的方向迈进。专业化的德育不同于规范化的德育的核心就在于，前者不仅仅要解决德育工作的依据、标准的有无问题，还需要解决这个依据、标准的专业化程度问题，即这个标准、依据是否符合德育自身发展的逻辑以及能否促进教育对象思想品德的健康发展。在学校德育的专业化发展进程中，生活化无疑是其中最为突出的价值取向。

（一）德育课程专业化发展的时代背景

改革开放的纵深发展带来了社会政治、经济、文化格局的重大调整和变革。在这些变革中，经济全球化、信息社会化以及文化多元化对社会以及人们思想观念、生活方式的影响最为巨大。对于学校教育特别是德育而言，这些影响突出表现在：在文化层面上，文化和价值观念的多元化一方面有利于人们解放思想、尊重不同文化之间的差异；但另一方面，这种多元化在一定程度上也制约了学校德育正面价值引导功能的发挥。知识经济在当代社会中的重要作用极大地彰显了工具理性的经济价值，在很大程度上却忽视、削弱了价值理性对个人成长和发展的精神涵养和引领作用。与此同时，大众文化、现代传媒的蓬勃兴起，也在很大程度上改变了人们认知世界的方式。

面对变化了的社会环境，已有的学校德育显然不能够很好地适应这种现实。这种不适应主要表现在：德育在学校教育中的首要地位没有得到切实的体现。德育工作更多地是一种单向的知识灌输，忽视了学生的道德体验、道德情感以及道德学习的主体性。在具体工作方式上，政治意识形态的影响仍然过大，学校德育容易受到各种外在形势的影响和左右。德育内容、形式、方法等与学生的生活实际仍然存在较大的差距。这些问题的存在，严重地制约了学校德育的专业化发展和实效性的提高，迫切需要进一步地变革和完善。

1997 年，党的十五大胜利召开，提出了"高举邓小平理论伟大旗帜，把建设中国特色社会主义事业全面推向 21 世纪"的伟大号召，并把邓小平理论确立为党的指导思想。这实际上成了新时期德育改革的重要政治方向。1999 年 9 月，中共中央颁布了《关于加强和改进思想政治工作的若干意见》，强调"学校的思想政治工作要围绕培养社会主义事业的建设者和接班人的根本任务来进行"。为认真贯彻落实江泽民同志 2000 年 2 月 1 日《关于教育问题的谈话》和在中央思想政治工作会议上的重要讲话精神，进一步加强和改进中小学（含中等职业学校，下同）德育工作，正确引导和帮助青少年学生健康成长，2000 年 7 月，中央召开中小学德育工作会议，制定并颁布了《关于适应新形势进一步加强和改进中小学德育工作的意见》，对新形势下的德育工作提出了明确的要求。

本轮学校德育改革除了由于自身存在的问题以及社会发展提出的新课题等因素的推动外，一个重要的动因就是整个基础教育的深刻变革。基础教育改革的大环境奠定了学校德育变革的基调和主要发展方向。2001 年，教育部颁发了《基础教育课程改革纲要（试行）》（以下简称《纲要》）。这一《纲要》的颁布，为德育改革在内的所有课程改革提供了新的指导思想和依据。《纲要》至少在以下三个方面对学校德育课程改革具有直接的指导意义：

首先，《纲要》对课程管理体制的变革赋予了学校在课程设置及安排方面极大的自主性，有利于增强德育课程的针对性。《纲要》提出的国家、地方和学校三级课程管理体制对学校德育课程的设置而言意义重大。

其次，《纲要》对课程结构的重新规划为德育课程的体系及结构建设提供了新的依据。其中，《纲要》主张在义务教育阶段设置综合课程以及在高中阶段设置必修课与选修课相结合的课程结构对德育课程改革具有实质性的意义。

再次，《纲要》对教学改革的要求突出了学生在学习中的主体性，这对于纠正德育长期以来的单向"灌输"具有十分重要的意义，对于进一步增强学校教育与学生生活实际的联系、发挥学生道德自主建构的能动性等方面也具有很强的现实指导意义。

2001 年 9 月，中央印发《公民道德建设实施纲要》。2004 年 2 月，中共中央、国务院又颁发了《关于进一步加强和改进未成年人思想道德建设的若干意见》。2006 年 3 月，中共中央提出了在全社会特别是青少年中开展社会主义荣辱观的要求。加强荣辱观教育，成了当前学校德育的重要内容。2007 年，党的十七大明确提出了社会主义核心价值体系的内容，为当前和今后学校德育课程的内容选择提供了重要的价值依据。

（二）回归生活：德育课程专业化发展的价值内涵

为贯彻落实中共中央于 1994 年颁发的《中共中央关于进一步加强和改进学校德育工作的若干意见》，国家教委基础教育司在人民教育出版社的协助下，组建了新的课程标准编制小组。在小组成员的协同努力下，国家教委在 1996 年 4 月颁发了《全日制普通高级中学思想政治课课程标准（试行）》。1997 年 4 月，国家教委在现行小学思想品德教学大纲和初中思想政治课课程教学大纲的基础上，编制并颁发了《九年义务教育小学思想品德课和初中思想政治课课程标准（试行）》。这是新中国成立后学校德育第一次将九年义务教育作为一个有机的系统进行整体的综合设计，是对克服小学与中学德育相脱节问题的一次主动尝试。另外，这次新颁布的课程标准的一个突出变化就是用"课程标准"取代了原有的"教学大纲"的称谓。2001 年 10 月，教育部又颁布了《九年义务教育小学思想品德课和初中思想政治课课程标准（修订）》。

2002 年 5 月，教育部正式颁布了供小学使用的《全日制义务教育品德与生活课程标准（实验稿）》和《全日制义务教育品德与社会课程标准（实验稿）》。在编制初中《思想品德》课程标准前，课程标准研制小组从 2002 年 8 月底到 10 月初，在北京、重庆、广东、宁夏四省、自治区、市抽样调查了当前初中思想政治课教材的使用状况。这项调查为新课程标准的编制提供了有力的事实依据。

在课程标准研制小组调查研究的基础上，2003 年 5 月，教育部颁布了供初中使用的《全日制义务教育思想品德课程标准（实验稿）》。2004 年，颁布了供高中使用的《普通高级中学思想政治课程标准（实验稿）》。这几个新课程标准的出台，标志着我国德育课程建设在专业化方向上有了重大的突破。这些突破主要反映在德育课程的生活化日益明显，更加符合青少年学生身心发展的特点及其生活经验，容易引起学生的兴趣和共鸣，这在小学和初中阶段尤为明显。

★品德与生活课程是以儿童的生活为基础，以培养品德良好、乐于探究、热爱生活的儿童为目标的活动型综合课程。本课程具有开放性、生活性和活动性的特征，认为道德存在于儿童的生活之中，引导儿童热爱生活，学会做人是该课程的核心，珍视儿童生活的价值，尊重儿童的权利，在与儿童的生活世界联系中建构课程的意义。①

★品德与社会课程根据小学中高年级学生社会生活范围不断扩大的实际、认识了解社会和品德形成的需要，以儿童的社会生活为主线，将品德、行为规范和法制教育，爱国主义、集体主义和社会主义教育，国情、历史和文化教育，地理和环境教育等有

---

① 见中华人民共和国教育部：《全日制义务教育品德与生活课程标准（实验稿）》，北京师范大学出版社 2002 年版。

机融合，引导学生通过与自己生活密切相关的社会环境、社会活动和社会关系的交互作用，不断丰富和发展自己的经验、情感、能力、知识，加深对自我、对他人、对社会的认识和理解，并在此基础上养成良好的行为习惯，形成基本的道德观、价值观和初步的道德判断能力，为他们成长为具备参与现代社会生活能力的社会主义合格公民奠定基础。①

★九年义务教育初中思想品德课是为初中学生思想品德健康发展奠定基础的一门综合性的必修课程，具有思想性、人文性、实践性、综合性的特点，其课程总目标是以加强初中学生思想品德教育为主要任务，帮助学生提高道德素质，形成健康的心理品质，树立法律意识，增强社会责任感和社会实践能力，引导学生在遵守基本行为准则的基础上，追求更高的思想道德目标，弘扬民族精神，树立建设中国特色社会主义的共同理想，逐步形成正确的世界观、人生观和价值观，为使学生成为有理想、有道德、有文化、有纪律的好公民奠定基础。②

★高中思想政治课进行马克思列宁主义、毛泽东思想、邓小平理论和"三个代表"重要思想的基本观点教育，以社会主义物质文明、政治文明、精神文明建设常识为基本内容，引导学生紧密结合与自己息息相关的经济、政治、文化生活，经历探究学习和社会实践的过程，领悟辩证唯物主义和历史唯物主义的基本观点和方法，切实提高参与现代社会生活的能力，逐步树立建设中国特色社会主义的共同理想，初步形成正确的世界观、人生观、价值观，为终身发展奠定思想政治素质基础。③

---

① 见中华人民共和国教育部：《全日制义务教育品德与生活课程标准（实验稿）》，北京师范大学出版社2002年版。

② 见中华人民共和国教育部：《全日制义务教育思想品德课程标准（实验稿）》，北京师范大学出版社2003年版。

③ 见中华人民共和国教育部：《普通高中思想政治课程标准（实验稿）》，人民教育出版社2004年版。

新的课程标准出台后，新教材的编写工作便如火如荼地在全国展开。本轮新教材编写的一个重要特点是在小学和初中恢复了过去的"一纲多本"。新课程标准颁布后，教育部以教材编写立项的形式，面向全国各个出版社招标，凡是通过教育部审核认定的出版社都有资格编写教科书。以初中《思想品德》为例，2003 年以来，经全国中小学教材审定委员会审查通过的教科书有 9 套，包括广东教育出版社、湖南师范大学出版社、山东人民出版社、江苏人民出版社、陕西人民教育出版社、人民教育出版社、教育科学出版社、北京师范大学出版社、人民出版社等 9 家单位。而《品德与生活》、《品德与社会》审查通过的教材则有 15 套之多。另外，参与本次德育教材编写的人员不仅包括学科专家，还包括了一线教师以及教育学、心理学等方面的专家。应该说，这是新中国成立以来教育学、心理学方面的专家参与德育课程开发和研制人数最多的一次。教育与心理方面的专家的加盟，大大提高了本次课程标准研制和教材编写的专业化水平。

在前几轮改革中没有得到很好处理的"社会发展简史"部分在本次课程改革中得到了较好的解决。总体而言，本轮课程改革在内容上删减了"社会发展简史"部分的内容，将其与《历史与社会》课程相结合，避免其与历史课程重复。但在《思想品德》课程的教学中，特别是"国情"教育部分渗透了唯物史观的教育。

（三）中小学德育课程专业化发展取得的主要成绩及存在的问题

1. 取得的主要成绩

（1）教学大纲向课程标准转变。本轮德育课程改革所取得的一个突出成果就是实现了德育"教学大纲"向"课程标准"的转变，这对于德育课程的发展具有里程碑式的意义。教学大纲与课程标准相比，一个突出的不同就在于前者较为刚性，对课程的设置及内容的选择、教学的要求、评价的方式等各方面规定得较多、较死，缺乏必要的灵活性和弹性。而课程标准突出的是达成一定教育目标的质量要求，在这一总的质量要求的前提下，教育者可以根据教育教学的实际情况，自主选择相应的教育内容，因地制宜，采取灵活多样的教育方式。它可以极大地解放教师和学生在道德学习中的主体性，这对于德育的发展意义重大。

（2）分科课程向综合课程转变。长期以来，学校德育在课程设置和安排上采取的是一种界限分明的分科教学的形式。虽然 1992 年之后中学德育课统称为"思想政治"，但是，教材基本上还是依据各门学科的内容和结构来进行编排。这种分科式的德育教学固然有利于学生较为全面、系统地掌握各门学科的知识，但是，德育不仅仅是一种单向的知识传递，在本质上，它更是一种道德情感、道德意志、道德信念和道德行为的养成。另外，一个人道德品质的形成并不是单个力量影响的结果，在很大程度上，它是多种因素共同作用造就的。因此，采取分科课程的形式不能很好地促进学生品德的全面发展。本轮课程改革的一个重要变化就是实现了德育课程由分科化向综合课程的转变。小学《品德与生活课程标准》明确指出："品德与生活课程是以儿童生活为基础，以培养品德良好、乐于探究、热爱生活的儿童为目标的活动型综合课程。"《品德与社会》则是一门"在小学中高年级开设的以儿童社会生活为基础，促进学生良好品德形成和社会性发展的综合课程"。《思想品德》是"为初中学生思想品德健康发展奠定基础的一门综合性的必修课"，这门课程围绕成长中的我，我与他人，我与集体、国家和社会等关系，整合了道德、心理健康、法律和国情教育等内容。由此可见，当前的学校德育课程已经较好地实现了由分科课程向综合课程的转变。这种转变有利于整合不同学科的知识内容，打破学科壁垒，能够最大程度地促进学生思想道德素质的全面发展。

（3）学科逻辑向生活逻辑转变。正如前文所述，以前的学校德育课程在表现形式上是一种分科教学，其内在的结构安排遵循着一种学科逻辑。如果说这种以学科知识体系为教材主要编写依据的课程结构对于知识性较强的学科具有合理性的化，那么，它对于以学生价值观、态度、情感方面的变化和相应道德行为的养成为目的的德育而言，则显得十分不合理。另外，这种学科化的道德教育由于过于专注学科体系的完整以及相关道德知识的辨析和识记，在很大程度上忽视了这些知识与学生日常生活的有机联系，忽视了学生的道德经验对其道德成长的重要作用。新一轮德育改革的一个基本理念就是德育要回归生活世界，按照学生生活的逻辑来重新设计、组织德育课程的内容、结构及其呈现方式。如小学的《品德与社会》课强调以儿童的社会生活为基础，从家庭、学校、家乡（社区）和祖国四个方面由近及远地介绍了与儿童生活密切相关的各种关系、活动和社会环境。这对于克服学校德育长期以来与生活相脱节、忽视学生道德经验的教育意义具有十分重要的作用。

（4）小学德育层次性更加分明。本轮德育改革的一个亮点就在于小学德育课程的层次性更加分明，针对性更强。应该说，在很长一段时间里，我们对小学德育课程建设的重视是不够的。其中一个重要的表现就是不能够很好地针对小学生身心发展的实际设计出一套切实可行的德育教材。本轮改革的一个重要突破就是明确地在小学划分出了两个阶段：对于小学一、二年级，开设《品德与生活》课程，而对于三至六年级，则开设《品德与社会》课程。这较好地解决了以往小学德育课程与小学生身心发展实际不够契合的问题，增强了教材的针对性和适应性，同时，也提高了小学德育内部的衔接性以及小学与初中的连续性。

（5）高中德育的模块化以及选修课的设置。高中德育相对于小学和初中德育而言，其政治性更加突出。在很长一段时间里，高中德育课程的管理和改革的力度相对而言要小于小学和初中。本轮高中德育课程改革的一个突出成绩就在于高中德育课程改变了过去大一统的学科教学模式，同时，增加了选修课的内容。必修课部分由经济生活、政治生活、文化生活、生活与哲学四个模块组成。选修课主要有科学社会主义常识、经济学常识、国家和国家组织常识、科学思维常识、生活中的法律常识和公民道德与伦理常识六个模块。这种课程结构的变迁，一方面更好地适应了高中学生的认知特点及其思想道德发展水平，另一方面也增强了学生在政治社会化、道德社会化等方面的自主性和主动性。

（6）教育学和心理学专家及一线教师的加盟保证了德育课程的专业

化水平。长期以来，中小学德育课程的开发和研制，主要依托高校政教系的师资力量，教育与心理方面的专家参与得较少。这容易使课程的编制更强调内容的政治性和学科性，而较少考虑到青少年学生的身心发展特点及其道德认知、道德成长的内在规律对课程编制的制约作用，从而不可避免地出现要求过高、与学生生活实际相脱离等问题。本轮德育课程改革从一开始就积极吸纳广大教育学、心理学方面的专家广泛参与，从课程标准的研制到教材的编写，都活跃着一大批教育学和心理学专家的身影。他们的加盟，极大地促进了德育课程的专业化水平。另外，本轮德育教材的编写也吸纳了大量的一线教师、教研人员参与，这从另一方面提高了教材的针对性和可操作性。

（7）校本德育课程的开发增强了学校德育的针对性和自主性。德育课程管理体制的三级管理赋予了学校在德育课程建设方面更多的主动性和创造性，大量地方德育课程、校本德育课程应运而生。如一些地方所开发的新童谣、国学等受到了广大学生的欢迎，也引发了学生自我开发德育课程的兴趣。另外，义务教育阶段学校德育课程实行的"一纲多本"也在很大程度上赋予了地方在教材选择方面的自主权。

2. 存在的问题

（1）教材的综合性对教师的教育教学水平提出了更高的要求，当前教师在这方面存在着较多的不适应。新一轮德育课程改革后，课程的综合性明显增强，这对教师原有的知识结构和教育教学方式提出了很大的挑战。另一方面，本轮课程改革在教材编写方面的一个重要原则是充分尊重教师和学生在道德学习中的主体性和主动性，因此，教材在内容的选择与呈现方面往往是点到为止，而不像以前的教材那样注重概念、结构的完整性，这给教师的教学留下了很大的自由发挥的空间。但是，在实践中，相当多的教师很难适应这种"留白"，普遍认为教材的这种编排方式增加了教师的教学负担。为了弥补教材的不足，教师需要在课前花费大量的时间和精力去进一步充实教材的内容。另外，新的教材设计了很多活动，这些活动在有限的课堂时间内很难完成。即使是那些课后开展的活动也往往由于条件的限制而难以开展。因此，德育教材的编排和设计如何处理好教师主动性的问题将是进一步改革和完善当前德育课程必须要充分考虑的现实问题。这一问题解决不好，非但不能调动教师教育教学的积极性和主动性，反而会使他们产生畏难情绪，甚至产生抵制心理。

（2）教材存在一定程度的要求过低的问题。如果说以往的德育课程过分拔高了道德教育的要求的话，那么，新的课程改革后所编写的德育教材则在一定程度上走向了另一个极端，即教材的编写在内容的选择和活动的设计上存在诸多幼稚化的倾向。这一问题同样制约了德育课程对学生思想品德的提升作用。2006 年，北京师范大学公民与道德教育研究中心在一次关于当前学校德育中存在的问题的全国调查中发现，相当多的德育课教师认为，当前的德育课内容的幼稚化现象比较明显。

（3）德育课程生活化作为本次德育改革的重要价值取向已经深入人心，但是，对于何为生活化的德育课程在理论和实践领域均存在不同程度的误解。一部分人认为生活化的德育就是要将德育与生活完全等同，将生活中的各种事件不加以必要的加工就直接应用于学校德育课程之中，这在一定程度上放弃了德育所具有的超越性品格，从而使德育变成一种对生活的媚俗。

从前文对改革开放 30 年来我国中小学德育课程发展历程的简要梳理和分析中我们不难看出，中小学德育 30 年的发展是一个不断解放思想、勇于创新的过程。在这 30 年中，党和国家始终高度重视学校德育在教育体系中的首要地位，并通过各种方针、政策确保德育的健康、科学发展。德育在这 30 年的发展中，逐步实现了从依附于政治运动到按自身逻辑发展的转变，其专业化水平也不断提高，为青少年学生思想道德水平的发展做出了巨大的贡献。展望未来，我们有理由相信，在党和政府的继续关心和指导下，通过广大专家、教师、学生和家长的共同努力，中小学德育的发展必将会迎来一个更加美好、广阔的明天。我们认为，随着改革的不断深入以及人们对德育性质认识的不断加深，学校德育的专业化程度将得到进一步的提升，道德教育的生活化取向将日益明显，公民教育将成为政治教育的现代转型。

参考文献

1. 张志建：《中学思想政治课发展史》，北京师范大学出版社 1994 年版。

2. 课程教材研究所编：《20 世纪中国中小学课程标准·教学大纲汇编》，人民教育出版社 2001 年版。

3. 贺允清主编：《思想政治课改革的理论与实践》，人民教育出版社 1992 年版。

4. 贺允清编：《面向 21 世纪中等学校思想道德素质教育对策研究》，人民教育出版社 2000 年版。

5. 全国教育科学规划领导小组办公室编：《中国教育科学规划回顾与展望——从"六五"到"十五"》，教育科学出版社 2006 年版。

6. 教育部基础教育司、思想品德课程标准研制组：《思想品德课程标准解读》，北京师范大学出版社 2003 年版。

基础教育课程与教学发展、变革的历程及成就

王永红　丛立新

　　改革开放30年来，我国教育事业实现了跨越式的发展，教育事业各领域都发生了翻天覆地的变化。基础教育领域课程与教学上的变革是30年来中国教育发展史上的大事。课程与教学主要解决"教什么"和"怎么教"的问题。它们是学校教育活动的落脚点，是学校教育工作的核心。好的教育规划、健全的教育制度，都必须落实到课程与教学上才能真正得以实现。世纪之交，基础教育课程改革更是在世界范围内受到重视。中共中央、国务院把基础教育课程改革作为增强国力、积蓄未来国际竞争力的战略措施加以推行。新世纪的基础教育领域的课程和教学改革，正在全国范围内轰轰烈烈地开展着。

一、30 年基础教育课程与教学变革的三个阶段

　　在我国，课程与教学30年的发展道路，总的看来是逐步实现现代化的过程。从时间上看，它大致经历了三个阶段：第一阶段从1978年至1984年，这一阶段的主要任务是学校课程与教学秩序的恢复重建；第二

阶段从 1985 年至 2000 年，这一阶段的主要任务是开始全面探索课程与教学的现代化，进行多样化的实验与改革；第三阶段从 2001 年至今，这一阶段的主要任务是进行以素质教育为指导思想、由教育部发起和推进的新课程改革运动。

（一）1978 年至 1984 年，课程与教学秩序的恢复重建

"文化大革命"期间，我国的基础教育事业几近瘫痪，学校秩序混乱，中小学的课程教材建设遭受重创。"文化大革命"结束后，党和政府采取了一系列措施进行拨乱反正，中小学的课程与教学秩序也得以恢复重建。这一时期的重要事件有：

1. 邓小平同志亲自抓教育工作，要求教育部恢复重建人民教育出版社，组织全国统一教材的编写

"文化大革命"期间，我国中小学课程教材建设一片混乱。从前编写的教材被视为"封、资、修大杂烩"，负责课程与教材研发的人民教育出版社"被污蔑为黑据点，被勒令撤销"，取而代之的是各地自编的教材。这些自编教材大多数片面强调突出政治和联系实际，严重削弱了系统知识的教学。"几乎所有教材都有大量牵强附会、'穿靴戴帽'、同本科知识毫无关系的内容。文科教材塞进了'四人帮'要求塞进的和大量谬误的内容，有些地区把中国历史改成儒法斗争史。数理教材大多采用'典型产品带知识'，物理教材结合三机一泵（拖拉机、柴油机、电动机、水泵）讲物理知识；化学教材用大量篇幅讲土壤、化肥、农药；生物教材主要讲'三大作物（稻、麦、棉）一头猪'；数学教材中会计、测量、视图的知识占很大比重。上海、辽宁等地取消了物理、化学、生物课程，改设'工业生产知识'、'农业生产知识'课程。"①

粉碎"四人帮"后，邓小平负责教育战线的拨乱反正，一开始就敏

① 叶立群：《回顾与思考——中小学教材建设 40 年（1949—1989）》，《华东师范大学学报（教育科学版）》，1992 年第 2 期。

锐地抓住了教育改革的核心——教材问题。他在 1977 年强调指出:"教育制度中有很多具体问题。一个是学制问题。是否先恢复小学五年,中学五年,以后再进一步研究。现在意见还不一致,这关系不算太大。关键是教材。教材要反映出现代科学文化的先进水平,同时要符合我国的实际情况。"①

根据这一精神,教育部马上组建工作组,编写统编教材。"据《中国教育报》登载,原教育部副部长浦通修同志回忆说,当时的教育部真是一副烂摊子,乱糟糟的。原来编教材的机构和人员都没有很多了,原人民教育出版社的班子早已发配到外地。当时任党中央副主席的邓小平同志果断地指示:要组织一个很强的班子,编大中小学教材。教材要组织专门班子编写。根据邓小平同志的指示精神,教育部党组为尽快增强人民教育出版社的编辑力量,以适应编写教材的急切需要,报请中央批准从各省、市抽调一批编辑出版干部。邓小平同志看到这份报告后,不几天就作了明确批示,指出:编好教材是提高教学(质量)的关键,要有足够的合格人力加以保障。所提要求拟同意。他还指出:教育要管教材,不能设想我们国家没有统一的中学教材。在邓小平同志的亲自关怀下,教育部为我社(人民教育出版社)从全国 18 个省、自治区、直辖市抽调了大批干部,连同本社干部,共 200 余人,以'全国中小学教材编写工作会议'的名义,按中小学学科,分 12 个编写组开始工作。"②

根据邓小平同志指示,中央在外汇紧缺的情况下拨给教育部 10 万美元专款,人民教育出版社在我国驻外使馆的协助下,从美国、英国、联邦德国、法国、日本等国家选购了大批教材,并通过空运尽快运回国内,供编写我国教材参考。人民教育出版社组织人员认真研究了各国教材,并提交了报告。教育部于 1977 年 9 月 15 日以"简报增刊"的形式将报告报送

① 邓小平:《关于科学与教育工作的几点意见》,见何东昌主编:《中华人民共和国重要教育文献 1976—1990》,海南出版社 1998 年版,第 1573 页。
② 《永远铭记邓小平对中小学教材建设与改革的丰功伟绩》,见课程教材研究所主编:《课程教材研究 15 年》,人民教育出版社 1998 年版,第 1 页。

中央。邓小平同志对此十分关心，并很快作出指示。9 月 19 日他在同教育部负责人的谈话中说："我看了你们编的外国教材情况简报。看来，教材非从中小学抓起不可，教书非教最先进的内容不可，当然，也不能脱离我国的实际情况。"到 1978 年 2 月，我国引进的外国教材已达 2200 册。

1978 年 1 月，全国统一的《全日制十年制中小学教学计划试行草案》颁布实施。该计划草案明确了中小学的任务和学制，提出了制订教学计划的基本原则，要求正确对待"主学"和"兼学"，规定了每周学校统一安排的活动总量、课程设置及有关说明等。该计划虽仍有"文化大革命"时期的痕迹，但在一些重大问题上明确了立场。比如，明确了中小学教育是基础教育，强调要大力加强文化课教学，要求学生学好先进的文化科学基础知识；学校课程设置恢复正常，门类设置较齐全；文化课程的内容强调反映现代科学成果；要求从全局出发，对"主学"和"兼学"，各门学科的不同要求和相互关系，小学、中学和大学的衔接，城市、农村、少数民族的共同要求和不同特点，统筹兼顾，合理安排。配合该计划草案，教育部颁布了全国统一的教学大纲。

1980 年，根据新的教学计划和大纲编制的全套教材出齐。这是"文化大革命"后第一套全国通用的中小学教材。这套教材吸收了国际中小学课程改革的经验和教训，进行了教学内容的现代化，注重基础知识的选择，清除了"文化大革命"时期出版的教材中的许多谬误，为拨乱反正、正本清源、提高教育质量、稳定社会秩序起到了不容低估的作用。

2. 重新确定十二年的基础教育学制

学制是一个国家教育制度的重要组成部分。新中国成立以来，党和政府就一直很重视学制的改革。在 1978 年以前，新中国的学制改革和改革实验就进行了三次，一次是在 1952 年，一次是在"大跃进"时期，一次是在"文化大革命"时期。后两次改革实验的目的都是希望能够通过缩短学制，早出人才，结果都以失败告终。"文化大革命"期间各地学制混乱，至"文化大革命"后期，各地中小学实行的学制不一，从九年到十一年不等。

1978 年 1 月，教育部颁发了《全日制十年制中小学教学计划试行草案》，要求在具备条件的全日制中小学试行十年制。

1979 年 4 月初，《人民日报》，发表了宫景隆等人《建议把中小学学制恢复到十二年》的文章。文章发表后引起了强烈的反响，其他一些报刊随后也发表了相关文章。1979 年 6 月教育部发出通知，要求各地讨论学制改革问题。

1980 年 12 月，中共中央、国务院颁发了《关于普及小学教育若干问题的决定》。《决定》指出："中小学学制，准备逐步改为十二年制。今后一段时期，小学学制可以五年制与六年制并存，城市小学可以先试行六年制，农村小学学制暂时不动。教育部应当尽快提出学制改革方案，确定统一的基本学制。"

学制调整的一个直接结果就是我国中小学的学制出现了六三三、六三二、五三三、五三二（在一些边远山区还有五二二）并存的现象。学制的多样化必然带来教学计划、教学大纲和教材的多样化。考虑到城乡教育发展水平的差异，教学计划有城市小学教学计划和农村小学教学计划之分。一般中学的教学计划可由各省、自治区、市教育厅（局）另行制定。条件好的重点中学经省、自治区、市教育厅（局）批准，还可变更教学计划。

1981 年教育部颁布《全日制六年重点中学教学计划试行草案》，并对全日制五年制中学教学计划试行草案提出了修订意见。草案规定：五年制中学各年级教材修订本 1982 年秋季开始陆续停止供应；六年制重点中学全国统编教材 1983 年开始陆续供应；中学学制定位六年；由五年制向六年制过渡。多数地区争取在 1985 年前，把中学学制改为六年。

1984 年颁布的《关于全日制六年制小学教学计划的安排意见》调整了小学的课时制度。一节课由原来的 45 分钟改为 40 分钟，也可试行 35 分钟。

总之，中小学学制逐渐向十二年过渡，必然影响到课程设置和教材的编写。由于全国各地的学制尚未完全统一，课程设置和教材编写也保持着多种形式并存的局面。

3. 整顿教学秩序，提高教学质量

"文化大革命"期间，学校教学工作失常，出现了"政治活动时间要多少有多少，教学时间剩多少算多少"和"教师不敢教，学生不敢学，领导不敢抓"的怪现象。教学在学校工作中的中心地位被否定，教师失去在教学中的主导地位。

1977 年 9 月 25 日，《光明日报》发表社论《建设世界第一流的科学技术队伍》。社论指出，科学人才的培养，基础在教育。要办好小学、中学、大学，真正搞好教育革命，提高教育质量。要整顿教学秩序，严格学校纪律。要改革教材和教学方法，力求以最新的科学知识教育青少年。[①]

为整顿教学秩序，提高教学质量，1978 年 9 月 22 日教育部颁发了《全日制中学暂行工作条例（草案）》、《全日制小学暂行工作条例（草案）》。草案针对教学工作作出了一系列规定，具体内容有：规定了以教学为主的原则；学校必须根据中华人民共和国教育部统一规定的教学计划、教学大纲和教科书进行教学，以教学为主，努力提高教学质量；必须妥善地安排教学、劳动、放假和社会活动的时间，保持学校正常的教学秩序；要发挥教师在教学中的主导作用，充分调动教师的积极性。

> 为了贯彻以教学为主的原则，全日制中学必须保证全年有九个月的教学时间，一个月的兼学时间，两个月的寒暑假，必须按期完成教学计划。
>
> 在保证教育质量的前提下，提倡教学改革。全日制中学必须切实加强基础知识的教学和基本技能的训练。语文和数学是学习和从事工作的基本工具，必须用最大的努力，保证提高这两门课程的教学质量。
>
> 教学应遵循理论与实际相结合的原则。必须重视书本知识的

[①] 《中华人民共和国现行教育法规汇编（1949—1989）》，人民教育出版社 1991 年版，第 974—975 页。

教学，也适当地通过学工、学农、学军，参加社会活动和科学实验，使学生得到一定的直接知识。

教师讲课必须把教材内容讲解清楚。一般不要把语文、历史、地理等课程讲成政治课，也不要把语文课讲成文学课。

教学必须根据学生的特点和接受能力，严格要求，严格训练，注意启发学生的学习自觉性和积极性。不要把学生的接受能力估计得过低，不适当地放慢教学进度，降低教学要求；也不要把学生的接受能力估计得过高，使学生的学习负担过重。要注意使学生巩固地熟练地掌握所学的知识和技能。

学习知识要靠日积月累，坚持不懈。提倡勤奋学习，刻苦钻研。在学校中不得搞突击教学。

对学生的学习应该有统一的要求，又要承认差别，因材施教。在加强班级教学的同时，要认真加强个别辅导，积极培养有特长的学生的才能，耐心帮助学习较差的学生。可以按学生程度实行分班教学，使他们在各自原有的基础上都得到不同程度的提高。

课堂教学是教学的基本形式。教师必须钻研教材，了解学生的学习情况，改进教学方法，认真备课，提高课堂教学的质量。

教育行政部门和学校应该加强对教学研究工作的具体领导，认真总结和交流教学经验，帮助教师提高业务水平。

考查和考试主要是了解学生学习和运用基础知识的情况，督促学生复习功课，巩固所学知识，同时便于研究和改进教学。必须以平时考查为主，发现教学上有缺陷，要及时弥补。

提倡启发式，教学方法不应该强求一律。改革单一的课堂教学形式。

——《全日制中学暂行工作条例（草案）》

中小学暂行工作条例的颁布使得学校秩序的重建有了法规依据。除此之外，教育部在重建学校教学秩序方面的举措还有：对广大中小学教师进行在职培训，加强对中小学教师的管理；重新制定了中小学学生守则；要求各地分期分批办好重点小学和重点中学；加强电化教育，改善教学条件；等等。一些学校，如北京的景山学校，"文化大革命"期间被迫中断的一些教改实验也逐步恢复。进入20世纪80年代，各地积极热情地投入教学改革实验中。特别是在邓小平同志为景山学校的题词"教育要面向现代化，面向世界，面向未来"发表以后，中小学探索课程与教学现代化的改革力度加大，课程和教学的发展开始步入正轨并初见成效。

（二）1985年至2001年，课程与教学改革蓬勃开展，九年义务教育课程与教学体系基本形成

随着我国改革开放的深入发展，1985年中共中央、国务院发布了《关于教育体制改革的决定》，1986年国家颁布了《中华人民共和国义务教育法》。《中华人民共和国义务教育法》第一次提出了在全国有步骤地实施九年义务教育。于是，义务教育课程、教材和教学研究成为这一时期的中心任务。

1. 在深化基础教育阶段的课程改革方面，取得了一些标志性成果

（1）教材制度打破"国定制"，开始走向"审定制"。

新中国成立以来，中小学教材一直实行"国定制"。全国统一使用由人民教育出版社编辑、出版的教材。1985年1月，教育部颁布《全国中小学教材审定委员会工作条例（试行）》，工作条例指出："今后中小学教材建设，把编写和审查分开，人民教育出版社负责编，省、自治区、直辖市教育部门可以编，有关学校、教师和专家也可以编，教育部成立全国中小学教材审定委员会负责审，审定后的教材，由教育部推荐各地选用。"①

---

① 《中华人民共和国现行教育法规汇编（1949—1989）》，人民教育出版社1991年版，第974—975页。

1986 年 9 月，首届全国中小学教材审定委员会和各学科教材审查委员会正式成立。聘请了专家、教师和教育行政领导干部二十余人任审定委员，二百余人任学科审查委员。这标志着我国中小学教材制度由"国定制"改为"审定制"，是我国教材体制的一个历史性转变。

（2）颁发《九年义务教育教材编写规划方案》，进一步推动教材的多样化。

同正在酝酿中的义务教育课程方案相配套，国家教委开始着手组织义务教育教材的编写，并于 1988 年 5 月召开义务教育教材规划会议。同年 8 月颁发了《九年义务教育教材编写规划方案》。

方案指出："根据我国地域辽阔，人口众多，经济文化发展不平衡的国情，九年制义务教育的教材，必须在统一基本要求、统一审定的前提下，逐步实现教材的多样化，以适应各类地区、各类学校的需要。""把竞争机制引入教材建设，通过竞争促进教材事业的繁荣和教材质量的提高。"方案提出的目标是用四五年时间逐步完成以下四种不同类型的编写工作：A. 教材内容的要求和程度达到大纲规定，面向全国大多数地区，适合一般水平的学校使用的六三制教材；B. 教材内容的要求和程度达到大纲规定，面向全国大多数地区，适合一般水平的学校使用的五四制教材；C. 教材内容的要求和程度适当高于大纲的规定，主要面向经济文化比较发达的地区和办学条件较好的小学和初中选用的教材；D. 教材内容的要求和程度基本达到大纲的规定，面向经济文化基础比较薄弱的边远地区、农牧地区，以及教学设备较差学校使用的小学和初中教材。此外，在不长的时间内编写出适应小学复式班教学要求的教材，等等。

据此方案，人民教育出版社等单位报送了教材编写方案。1989 年，国家教委批准人民教育出版社编写 A、B 两种类型的教材；北京师范大学编写 B 类教材；广东省教育厅和华南师范大学编写 C 类教材；四川省教委和西南师范大学编写 D 类教材；八所高等师范院校出版社协作委员会编写教材。上海、浙江根据本地区科技、经济、社会发展的需要，制订具有本地区特点的教学计划和课程标准，并编写教材。河北省教委制订编写适合复式教学的课程教材。1989 年开始新教材的实验。①

（3）1992 年 8 月，国家教委正式颁发《九年义务教育全日制小学、初级中学课程计划（试行）》和 24 个学科的教学大纲，从此，"教学计划"更名为"课程计划"。

该课程计划努力体现时代要求，积极吸收新的教育科研成果，具有许多新特点：

第一，在培养目标上增加了新的要求：结合时代要求，加强思想品德教育；首次提出个性心理品质的教育目标；首次把科学态度和科学方法列入教学目标。

第二，把课程的统一性和灵活性进一步结合起来。国家安排课程在整个课程计划中占 90% 以上的比重，以必修的文化基础课程为主。地方课程在整个课程计划中所占的比重很小，但在全国统一的计划中明确规定设置地方课程。地方课程的设置是课程计划的一个突破性的改革，这是新中国成立以来所制订的教学计划中从未有过的。此外，把课程的统一性和灵活性相结合，还表现在对某些教学科目的两级教学水准的规定上，例如外语和数学。

第三，课程结构和学科比例更加科学合理。

第四，以分科课程为主，适当增设综合课，第一次在国家课程计划中设置了活动课。

第五，革新体例，增加新的构成部分。

新教学大纲和教材也共同体现了义务教育的性质和任务；加强了思想性，重视选取社会主义现代化建设需要的教学内容；注重遵循学生的认知规律；适当降低了难度，拓宽了知识面，使学生过重的学习负担有所减轻；重视打好基础，培养能力；义务教育教材的印刷质量有较大提高。②

---

① 吴履平：《基础教育教材建设回顾：1986—1998》，《课程教材研究 15 年》，人民教育出版社 1998 年版，第 14 页。
② 白月桥主编：《九年义务教育学制课程纵横比较与施教建议》，北京师范大学出版社 1993 年版，第 39—53 页。

（4）开展普通高中新课程的实验研究。

1996 年国家教委基础教育司印发《全日制普通高级中学课程计划（试验）》。1997 年在两省一市（江西省、山西省和天津市）实验普通高中新课程方案。该计划与九年义务教育课程方案相衔接。它规定普通高中的课程由学科类课程和活动类课程组成。学科类课程包括必修、限定选修和任意选修三种方式。活动类课程包括必须参加和自愿选择参加两类。实验两年之后，教育部又印发了修订稿，修订稿对实验稿进行了较大的修改。

首先，在课程设置上不再分学科类和活动类。

其次，增添了"综合实践活动"这个新科目。国家规定"综合实践活动"为必修课，包括研究性学习、劳动技术教育、社区服务和社会实践四部分。其中研究性学习每周 9 课时，共有 288 个课时，仅少于语文、数学、外语和物理。劳动技术教育和社会实践每学年 1 个星期，社区服务则利用校外时间安排。

再次，增加了"课程实施"和"课程评价"两个部分。课程实施主要涉及教材、教师、学生、教学组织等因素。在课程评价部分明确提出不允许公布学生的考试成绩和名次，要利用学分制管理综合实践活动，课程管理部分也有变动。

最后，在课程管理体制上仍坚持使用三级管理体制，但对各级的管理职责作了调整。如：原来由国家教委负责的规划、组织编写和审查教材的工作，该修订稿没有规定；强调了地方课程的开发。

该课程方案具有鲜明的特点，有学者概括为"一个目标，两段设计，三级管理，四个结合"。所谓"一个目标"，是指该方案强化了目标意识，首次把普通高中作为一个独立学段，把"双重任务"和"两个侧重"规定在培养目标之中。所谓"两段设计"，即九年义务教育和普通高中各作为一段，过去是小学一段，中学一段。这种分段适应了九年义务教育的要求，是一种崭新的构建。所谓"三级管理"，就是中央、地方和学校对课程管理都有一定的权限。所谓"四个结合"，即：内容上，德智体美与劳动、技术、职业教育相结合，学术课程与技术课程相结合；形态上，学科类课程与活动类课程相结合，分科课程与综合课程相结合；学期课程与短期课程相结合；类型上，必修课与选修课相结合；范畴上，显在课程（正式课程）与潜在课程（非正式课程）相结合。①

到 20 世纪末，我国基础教育课程体系与"文化大革命"前后相比都有了明显的变化，主要表现在：第一，改变了全国统一的课程传统，形成了统一性和灵活性相结合的课程计划；第二，改变了单一的学科课程体系和课程结构，纳入了活动课程；第三，打破了必修课程一统天下的局面，增设了选修课程；第四，打破了只有"分科课程"的状况，开始发展综合课程；第五，改变了过分集中的管理制度，建立了中央、地方、学校三级管理的课程体制。教材多样化必然导致更多的教育部门和出版部门参与教材的编写和出版，教材研究工作广泛开展。很多从事教学理论研究的人开始转向课程研究，课程理论研究成果从少到多，课程论学科逐步发展。基础教育阶段的课程体系基本上确立起来。

2. 继续深化教学研究，大力提高教学质量

高考制度恢复以后，上大学成为人民群众子弟成才的理想途径。进入 20 世纪 80 年代中期以来，片面和盲目追求升学率的现象愈演愈烈。基础教育各阶段的学校中出现了许多违背教育规律和全面发展教育方针的现象。学生负担过重、高分低能及人的发展失衡等问题受到了社会和教育界的广泛关注。克服教育上的这一弊端、全面提高学生素质的呼声日益高涨。

1985 年 5 月，中共中央、国务院召开了改革开放以来第一次全国教育工作会议。邓小平同志在会议讲话中指出，我们的国家和国力的强弱、经济发展的后劲大小，越来越取决于劳动者的素质，取决于知识分子的数量和质量。会议颁布的《中共中央关于教育体制改革的决定》指出，在整个教育体制改革过程中，必须牢牢记住改革的根本目的是提高民族素

---

① 吕达：《关于普通高中新课程方案的思考》，《课程教材研究 15 年》，人民教育出版社 1998 年版，第 31—37 页。

质，多出人才，出好人才。

1986 年 3 月 10 日，当时兼任国家教委主任的李鹏同志在 1986 年工作会议上的讲话中指出："中小学要有效地减轻学生的学习负担，防止和纠正盲目追求升学率的偏向。在中小学教育中，应当使青少年儿童德、智、体全面发展，受到比较全面的教育。"① "克服片面追求升学率，全面提高国民素质"成为这一时期教学改革的主要任务。

在理论界，《教育研究》杂志从 1986 年第 4 期至 1987 年第 4 期，开辟专栏进行"端正教育思想，明确教育目标"的讨论。学者们撰文论述了"素质概念"、"国民素质"、"劳动者素质"、"人才素质"、"素质与培养目标"、"素质与社会发展"、"素质与人的发展"等问题。1987 年柳斌同志提出"素质教育"概念以后，围绕"素质教育"的理论探究就一直是基础教育教学领域的热点问题。

在实践领域，以 20 世纪 80 年代以来教学改革取得的成效为基础，这一时期的教学改革围绕"克服片面追求升学率，提高国民素质"，在更高、更深、更全面的层次上展开，涌现了一批很有影响的整体改革实验，比如"愉快教育"、"成功教育"、"和谐教育"、"创造教育"、"主体性教育"等。这些实验探索突破了以往以发展智力为核心的教学体系，将教学改革推向深入。这时期的教学继续探索减轻学生负担的教学方式，面向结果的教学与面向过程的教学并重，智力因素与非智力因素并重，教师指导与学会学习并重，一般能力培养与形成创新能力并重。有些实验探索经概括提升成为一种新的教学模式，丰富了中小学的教学实践。

> 1984 年，我们认真学习了邓小平同志关于"教育要面向现代化，面向世界，面向未来"的题词，以及邓颖超同志在全国少先队代表会上向全国少年儿童发出的"三个创造"（树立创造的志

---

① 国家教育委员会政策法规司编：《十一届三中全会以来重要教育文献选编》，教育科学出版社 1992 年版，第 220 页。

向、锻炼创造的才干、开展创造性的活动）的号召，深感这些理
念是学校办学的依据，于是提出了学校工作的新思路：以"三面
向"、"三创造"推动附小教育思想、教育科研、教育质量三发展。
全校教师共同研究制定了附小的办学宗旨："让孩子们都有幸福的
童年，美好的心灵，创造的才干，健壮的体魄，活泼的个性。"认
定使孩子们都有幸福的童年，是我们今天办学的出发点。

⋯⋯⋯⋯⋯⋯

按照我校的办学宗旨，我们的教育科研，把注意力从研究教
师的"教"延伸到研究学生的"学"。让孩子都有幸福的童年，
就是要让孩子们的身心都愉快地成长。我们逐步认识到，教育在
适应社会发展需要的同时，还必须遵循自身的规律，必须从实际
出发。一切成功的教育，最终要能唤起学生的自觉，唤起学生主
动积极地追求，愉快地接受教育。长期以来，我们搞儿童教育，
却很少研究儿童的心理需要，在教育教学工作中，成人化的东西
太多。例如，对待学习，很多人只强调读书艰苦的一面，使小学
生一接触学习，就有一种压力，望而生畏。当然，不是说不要艰
苦努力地学习，而是要在儿童化上多下工夫，把教与学组织在游
戏中，组织在富有情趣的活动中，让儿童对学习产生兴趣，主动
追求知识，高高兴兴地学会各种本领，让他们花了劳动换得快
乐。于是，我们就确定用"愉快教育"作为教育整体改革的
主题。[1]

（三）2001 年至今，全面推进素质教育，重建基础教育课程与教学体系

1999 年 6 月，第三次全国教育工作会议作出的《中共中央、国务院

---

[1] 倪谷音主编：《愉快教育》，华东师范大学出版社 1992 年版，第 20—22 页。

关于深化教育改革、全面推进素质教育的决定》和 2001 年国务院《关于基础教育改革与发展的决定》指出，高度重视和加快发展教育，提高全国人民科学文化水平，提高民族素质，多出人才，出好人才。完全克服仍然存在的"轻视教育、轻视知识、轻视人才的错误思想"，根本扭转教育工作不能适应社会主义现代化建设需要的局面。全面贯彻党的教育方针，全面推进素质教育。党的十六大将教育方针写入了党的报告，素质教育被提升为党和国家的重大决策。为使素质教育的实施能够扎实有效地推进并力争取得突破性进展，李岚清副总理从 2000 年以来，多次召开座谈会，深入基层调研，提出要抓住核心问题和关键环节，推进素质教育。他提出要突出抓好的核心问题和关键环节有四个方面：一是积极推进课程改革；二是改进和加强德育；三是改革考试评价制度；四是建设高素质的教师队伍。课程改革被鲜明地提到促进素质教育取得突破性进展的关键位置上。2001 年《国务院关于基础教育改革与发展的决定》进一步明确了"加快构建符合素质教育要求的基础教育课程体系"的任务。根据国务院这一决定的精神，教育部经过酝酿和研究，同年 6 月颁布了《基础教育课程改革纲要（试行）》。我国新一轮基础教育课程改革在世纪之交正式启动。

这次课程改革是新中国成立以来的第八次课程改革。

它的总目标是：

基础教育课程改革要以邓小平同志关于"教育要面向现代化，面向世界，面向未来"和江泽民同志"三个代表"的重要思想为指导，全面贯彻党的教育方针，全面推进素质教育。

新课程的培养目标应体现时代要求。要使学生具有爱国主义、集体主义精神，热爱社会主义，继承和发扬中华民族的优秀传统和革命传统；具有社会主义民主法制意识，遵守国家法律和社会公德；逐步形成正确的世界观、人生观、价值观；具有社会责任感，努力为人民服务；具有初步的创新精神、实践能力、科学和人文素养以及环境意识；具有适应终身学习的基础知识、基本技能和方法；具有健康的体魄和良好的心理素质，养成健康的审美情趣和生活方式，成为有理想、有道德、有文化、有纪律的一代新人。

它的具体目标是：

改变课程过于注重知识传授的倾向，强调形成积极主动的学习态度，使获得基础知识与基本技能的过程同时成为学会学习和形成正确价值观的过程。

改变课程结构过于强调学科本位、科目过多和缺乏整合的现状，整体设置九年一贯的课程门类和课时比例，并设置综合课程，以适应不同地区和学生发展的需求，体现课程结构的均衡性、综合性和选择性。

改变课程内容"难、繁、偏、旧"和过于注重书本知识的现状，加强课程内容与学生生活以及现代社会和科技发展的联系，关注学生的学习兴趣和经验，精选终身学习必备的基本知识和技能。

改变课程实施过于强调接受学习、死记硬背、机械训练的现状，倡导学生主动参与、乐于探究、勤于动手，培养学生搜集和处理信息的能力、获取新知识的能力、分析和解决问题的能力以及交流与合作的能力。

改变课程评价过于强调甄别与选拔的功能，发挥评价促进学生发展、教师提高和改进教学实践的功能。

改变课程管理过于集中的状况，实行国家、地方、学校三级课程管理，增强课程对地方、学校及学生的适应性。

这六个具体目标构成了新一轮基础教育课程改革的总体框架。在此框架下，20 世纪 80 年代以来几经努力初步形成的基础教育课程与教学体系将被彻底重建。

改革首先从对"课程"和"教学"概念的重建开始，重新界定了课程与教学的定义，力求实现课程观和教学观的根本转变。

在课程与教学的关系上，课程改革专家认为，课程是矛盾的主要方面，课程观是主导因素。课程观决定教学观，并因此决定教学改革的深度、广度。在以往的教学论概念系统中，"课程"被理解为规范性的教学内容，而这种规范性的教学内容是按学科编制的，因此"课程"又被界定为学科或各门学科的总和。这就意味着，"课程"只是政府和学科专家关注的事，教师无权也无须思考课程问题，教师的任务只是教学。课程与教学成为两个彼此分离的领域，课程是学校教育的实体或内容，它规定学校"教什么"，教学是学校教育的过程或手段，它规定学校"怎么教"；课程是教学的方向、目标和计划，是在教学过程之前和教学情境之外预先规定的，教学过程就是忠实而有效地传递课程的过程，而不应当对课程做出任何调整和变革。教师只是既定课程的阐述者和传递者，学生只是既定课程的接受者和吸收者，这就是传统课程所倡导的教学观。

新课程倡导的教学观是：课程由专家研制走向教师开发，由学科内容走向学生经验，课程不只是"文本课程"，更是"体验课程"。课程的内容和意义在本质上并不是对所有人都相同的。在特定的教育情境中，每一位教师和学生对给定的内容都有其自身的理解，对给定内容的意义都有其自身的解读，从而对给定的内容不断进行变革与创新，以使给定的内容不断转化为"自己的课程"。因此，教师和学生不是外在于课程的，而是课程的有机组成部分，是课程的创造者和主体，他们共同参与课程创造与开发的过程。教学过程因此成为课程内容持续生成与转化、课程意义不断建构与提升的过程。这样，教学与课程相互转化，相互促进，彼此有机融为一体。课程也由此变成一种动态的、生长性的"生态系统"和完整的文化，这意味着课程观的重大变革。

其次，课程改革专家对教与学的关系问题进行了崭新的阐释。他们认为，教学的实质是交往、互动，把教学过程看成是师生交往、积极互动、共同发展的过程。认为把教学本质定位为交往，是对教学过程的正本清源。在这个过程中教师和学生分享彼此的想法、经验和知识，交流彼此的情感、体验与观念，丰富教学内容，求得新的发现，从而达到共识、共享、共进，实现教学相长和共同发展。总之，创设基于师生交往的互动、互惠的教学关系，是本次教学改革的一项重要内容。

再次，是学习方式的转变。强调学习方式的转变是本次课程改革的显著特征。课改专家认为，传统的学习方式过分突出和强调接受、掌握，冷落和忽视发现、探究，从而在实践中导致了对学生认识过程的极端处理，使学生学习书本知识变成仅仅是直接接受书本知识，学生学习成了纯粹被动地接受、记忆的过程。转变学习方式就是要改变这种状态，使学习过程成为学生发现问题、提出问题、分析问题、解决问题的过程，强调发现学习、探究学习和研究性学习。

最后，是学校教学管理制度的重建。具体内容包括：第一，建立以校为本的教学研究制度；第二，建立民主科学的教学管理机制；第三，建立旨在促进教师专业成长的考评制度。[1]

总之，新世纪的基础教育课程改革希望通过概念重建和范式转型，实现课程与教学体系的彻底变革。

二、30 年课程与教学发展变革的成就

30 年来，在改革开放政策和解放思想、实事求是思想路线的指引下，我国中小学课程与教学变革既有鲜明的阶段性又有高度的一致性。在历史

---

① 朱慕菊主编：《走进新课程——与课程实施者对话》，北京师范大学出版社 2002 年版，第 113—120 页。

发展的不同阶段有着不同的改革任务和发展主题，但是总体来看，又都有一个共同的追求，就要改变中小学课程与教学不适应现代化建设需要的状况，实现课程与教学的现代化，更好地培养社会主义现代化建设需要的各种人才。

总结这 30 年来的改革成就主要有：

（一）思想观念越来越开放，改革的力度越来越大，速度也越来越快

"文化大革命"后，我们打破了长期封闭的局面，引进了世界上其他国家新的课程与教学理论。一些地区和学校积极学习、掌握国外的课程与教学理论并运用到改革实践中，取得了一定的效果。

新世纪以来，我国又一次掀起了介绍西方课程与教学理论的浪潮。新课改更是大胆解放思想，理论上直接和西方理论对接，实践上把在西方学术界有价值的理论直接拿来作为国家课程改革的理论指导。一套前所未有的理论话语和实践话语主导着当前的课程与教学理论与实践。

（二）课程与教学目标渐趋全面丰富

长期以来，我国课程与教学的基本目标就是"双基"（基本知识和基本技能）。"文化大革命"期间，"双基"目标受到冲击。"文化大革命"结束后，在世界新技术革命和世界改革的宏观背景下，适应我国社会发展和人的发展的新世纪需要，针对我国教育实践长期轻视知识的状况，教育界提出要加强"双基"。1978 年出台的《全日制十年制中小学教学计划》、1980 年颁布的各科教学大纲和教科书都充分体现了对这一目标的追求。例如，强调掌握语文和数学的重要性；数学课要"加强数学基础知识和基本技能的训练"；物理课要"加强现代科学技术所需要的物理学基础知识的教学"、"加强物理实验技能的训练"；体育课要"加强体育基本知识的讲授和基本技能的训练"，等等。

后来，我国教育界学习并引进了国外先进的教学理论，紧跟国际教学

的发展潮流，进一步提出要"加强双基，培养能力，发展智力"。随后又认识到单纯强调智力因素的不足，提出要重视非智力因素的培养。在1992年的义务教育课程标准里，明确把促进学生个性心理品质的健康发展作为培养目标。20世纪90年代以后又注重学生主体性品质、创新能力和实践能力的培养。培养个性全面发展的人的目标越来越具体。

（三）学生主体观念深入人心

20世纪90年代人们就开始了对学生主体性的探索。尊重学生，视学生为学习的主人，已成为最基本的教学观念。理论上的分析论证，明确了现代学生观的基本内涵。这一内涵的基本内容是：学生是发展的人，学生是独特的人，学生是教育活动的主体，学生是责权主体。

实践上，广大教师普遍树立了学生主体观念，尊重、赏识每一位学生的发展。在教学上重视学生的自主性和独立性，给学生更多自主发展的空间，积极鼓励学生独立学习。

（四）课程与教材建设实现多样化

这种多样化首先体现在区域的多样化，照顾了我国地区的差异，编制了适宜各地区的教材，真正实现了"一纲多本"。其次，照顾了学生的个别差异，编制了适宜各种水平和类型的学生的教材。再次，教材编写和出版的主体多样化，教材引入市场竞争机制，给学校和教师更多的选择空间。最后，是教材样式的多样化，除了文本教材，还有电子教材。此外，课程管理的三级体制也真正得以落实。

（五）教学模式走向多样综合

单一的教学模式不可能再独步天下。人们通过实践和理论上的探索积累了各种各样的教学模式，大大丰富了教学理论与教学实践联系的方式。

（六）教学手段实现现代化

30 年来，科学技术迅猛发展为教学手段实现现代化提供了很好的社会条件。一开始主要是把幻灯片应用到教学中，后来逐步扩展到运用电影、唱片、录音、录像、广播、电视、语言实验室等技术手段，电化教育慢慢完善起来。接着，电子计算机进入学校，最初只是用来进行计算机辅助教学和计算机辅助管理；发展到今天，条件好的学校几乎每个教室都装备了多媒体教学设备，中小学也基本实现网络上的"校校通"。电子资源极其丰富，教学的便利性大大增强，能熟练使用现代化教学手段的教师越来越多。现代化教学手段在提高教学效益方面的功能得以充分发挥。

（七）课程与教学评价方式多元化

在课程与教学评价方式上，考试作为唯一标准的局面被打破。成长记录袋、学习日记、情景测验等质性的评价方法，在中小学开始普遍应用。

在考试方面，也比以前灵活了。首先，在考试内容上，重视考查学生分析问题、解决问题的能力；其次，在考试方式上，倡导给予多次机会，综合应用多种方法，打破只用纸笔测验的传统做法；再次，在考试结果的处理上，要求做具体的分析指导，不得公布学生的考试成绩和按考试成绩排名。在升学考试与招生制度方面，倡导改变将分数简单相加作为唯一录取标准的做法，应考虑学生综合素质的发展，建议参考其他评价结果（如学校推荐性评语、特长、成长记录袋等）；将毕业考试与升学考试分开，前者重在衡量学生是否达到毕业水平，后者具有选拔的性质；逐步扩大高一级学校的招生自主权；等等。

（八）多种多样的实验探索

改革开放以来，宽松的社会环境使得多种力量主导的实验探索能够协调起来，共同推动着教学改革的深入发展。

1. 实践领域自发的实验探索

这些实验的共同特点是都从实际出发，先积累经验再逐步提升到理论上的自觉。比如20世纪80年代上海第一师范附小、北京第一师范附小等七所小学进行的"愉快教育"实验，就是这些学校自发组织的实验探索。

此外，较有影响的还有李吉林老师的"情境教学"实验、魏书生的"课堂教学六步法"实验等。

2. 学术力量主导的实验探索

学术力量主导的实验，其共同特点是先有理论假设再进行实践探索，理论在实践探索中修正，实践在理论的指导下得到提升。

例如，始于1992年由北京师范大学的学术力量主持的"小学生主体性发展实验"，至今在国内仍较有影响。该实验的理论假设是：依据马克思主义关于人的全面发展学说和教学认识论的基本原理，以小学生的主体性发展为目标，通过树立教育主体思想，严肃严格地进行基本训练，诚心诚意地把小学生当做主人，逐步调整、改造现行的教材、教法和管理办法，从而达到提高小学生的独立性、主动性和创造性的目的。[①]

又如始于1994年由华东师范大学的学术力量主导的"新基础教育"研究。该研究采用理论研究域与行动研究结合，滚动式推进。理论研究在先，在提出理论假设和学校改革总体框架设计后，开展行动研究，在行动研究中检验、丰富、发展、推进和完善理论与形成模式，最终把理论假设转化为新的基础教育学校实践模式。该实验"从人的生命和学校基础教育的整体出发，运用综合渗透、主动参与的方法，以满足时代需要和促进学生的终身学习与终身发展为宗旨，构建面向21世纪新基础教育的模式"。[②]

3. 行政力量主导的实验探索

行政力量主导的实验探索最具代表性的就是新基础教育课程改革

---

① 裴娣娜：《小学生主体性发展实验与指标体系的建立测评研究》，《教育研究》1994年第12期。

② 叶澜主编：《"新基础教育"探索性研究报告集》，上海三联书店1999年版，第11页。

〔关于这次实验参见本篇一、(三)〕。

我国课程与教学中的改革性探索形成了一股热潮,不同目标、不同类型的实验遍及全国各地,课程与教学改革朝着促进学生个性全面发展的方向进行着积极有益的探索。

(九) 课程与教学理论大发展

1. 课程论成为独立的学科领域

课程研究作为一个正式研究领域,在我国始于 20 世纪 20 年代初期。① 新中国成立后,学习苏联的教育科学,把课程论作为教学论的一个组成部分来研究,课程论作为专门学科就不存在了。改革开放之后,课程论在中国进入了新的阶段。尤其是 1989 年以来,课程论进入重建阶段。重建后的课程论经历了异常迅速的进步,取得了显著的成就。这期间,翻译、介绍了大量有理论价值和代表性的国外课程论著作,出现了我国学者自己撰写的课程论专著,产生了大量针对国内课程问题的专门研究。② 1997 年 3 月,全国课程专业委员会成立,这是我国第一个专门从事课程研究的学术性团体。

2. 教学论日益科学化、现代化和中国化

进入 20 世纪 90 年代,教学论由一个传统学科发展成一个学科群。③相对于课程论,教学论的发展则更深入,取得的理论成果也更为系统和丰富,所达到的理论化程度也更高。

改革开放以来,教学论学者首先对历史进行了深刻的反思,认真检讨了新中国成立以后乃至近现代几十年来教学论发展的教训,揭露了教学实践中发生过的一系列偏差的教学论根源,清算了教条主义、经验主义、

---

① 张廷凯:《我国课程论研究的历史回顾:1922—1997》,《课程教材研究 15 年》,人民教育出版社 1998 年版,第 51 页。
② 丛立新:《课程论问题》,教育科学出版社 2000 年版,第 66—67 页。
③ 王策三:《教学论十年》、《教学论学科发展三题》,《教育论集》,人民教育出版社 2002 年版,第 176、197 页。

"长官意志"在教学研究中的各种表现和影响。其次，改革开放引进了国外先进的教学理论，开阔了思路，对教学领域的一系列重大问题进行了理论上的热烈讨论。最后，在方法论上，努力防止和克服把马克思主义庸俗化和简单化以及用一般方法论代替具体研究方法的偏差，教学研究的方法也具体多样了。

进入 20 世纪 90 年代，教学论呈现分化趋势。一方面，跟哲学等学科结合，分化出教学认识论、教学辩证法、教学逻辑学、教学科学学、教学系统学、教学信息学、教学控制论等。另一方面，跟应用技术学科结合，分化出新的领域或学科，如课程论、教学模式论、教学方法学、教学技术学、教学艺术论、教学评价学、教学管理学等。横向上，跟其他学科结合，分化出教学伦理学、教学社会学、教学论史、比较教学论、教学生态学、教学病理学、教学实验论等。20 世纪 90 年代以来，教学论的研究达到了一个高峰，课堂上的活动日益丰富起来。

理论上的大发展促进了实践的变革。踏入现在的中小学，一些新变化、新局面扑面而来。比如，课堂上，教学过程和方法多种多样；使用现代化多媒体教学手段的教师越来越多；学生的情感体验和价值观的目标受到重视；教师对教材运用得更加灵活；教师的思想观念发生了变化，学生主体性高扬，探究学习、发现学习、小组合作蔚然成风，课堂的气氛活跃了，学生活动实践机会多了，单纯传授知识、简单传授知识的状况正在逐步得到改变。30 年变革发展的成绩显著。

三、理论争鸣与实践困惑

30 年来，在课程与教学领域，理论上，人们围绕一些基本问题展开了激烈的讨论；实践中，在一些问题上仍存在很多困惑。

（一）关于教学过程的本质的争论

什么是教学过程的本质？长期以来理论界围绕这一问题进行了许多有益的探索。有学者对各种各样的观念进行了归纳，总结了十类教学观，包括认识说、发展说、层次类型说、传递说、学习说、统一说、实践说、认识-实践说、交往说和价值增值说等。[①]

其中最有影响的应该是"教学的特殊认识说"，大多数争论基本上都是围绕着"教学的特殊认识说"，或肯定或否定。"教学的特殊认识说"之所以有如此大的理论影响力，跟它内在的理论品质是分不开的。首先，它具有理论的彻底性，直达教学内部，彻底地揭示了教学过程的内部矛盾，没有丝毫的折中和妥协。其次，它的表达非常简洁，其核心要点用这样一句话就能概括：教学过程是一种间接的、有教师领导和教育性的学生个体认识的过程。最后，它很容易为实践者掌握。尽管这一论述从理论上遭到了各种各样的质疑，但直到今天，我们还能看到它就像一个"幽灵"一样在学校里游荡。新课程改革主张要重建教学观，针对的就是"教学的特殊认识说"。它把"教学的特殊认识说"视为传统教学理论的代表予以批判，主张"把教学本质定位为交往，是对教学过程的正本清源"[②]。

只要学校存在，恐怕"教学的特殊认识说"这个"幽灵"就不会散去，围绕"教学的特殊认识说"的理论争鸣也将持续下去。

（二）关于课程本质的讨论

课程论作为一个学科领域，带有浓厚的英美国家的特色，它们的传统是经验主义和实用主义。所以，在 20 世纪 20 年代课程论被介绍到中国来时，课程的经验本质说大行其道。

---

① 李定仁、徐继存主编：《教学论研究二十年 1979～1999》，人民教育出版社 2001 年版，第 59—76 页。

② 钟启泉等编：《为了中华民族的复兴，为了每位学生的发展——〈基础教育课程改革纲要（试行）〉解读》，华东师范大学出版社 2001 年版，第 272 页。

新中国成立后由于受苏联的影响，作为学科的课程论没有了。课程论探讨的问题进入教学论的分支领域"教学内容"中。改革开放后，虽然在教学论中有"课程"这一部分，但解释框架仍是苏联模式，强调课程内容的知识本质。

课程论恢复重建后，受英美课程理论的影响，我国关于课程本质的种种定义大多来自英美学者。唯一具有中国特色的是课程的知识本质说。但这一本质说是在教学论的解释框架下得出的，所以，经验说和知识说的论争如鸡同鸭讲，各说各的道理。

30 年来，虽然关于课程本质的讨论并不少，观点也有很多，但仍缺乏像"教学的特殊认识说"那样的核心理论。因此，在和国际课程理论对话时，我们使用的都是西方话语，课程论的研究仍留在翻译、引介和学习上的水平，自主独立的探索还刚刚起步。所以，关于课程本质的探讨也仍将继续。

（三）关于师生关系的讨论

师生关系问题在教学论史上一直都是理论论争的焦点，影响最广的就是"教师中心说"和"学生中心说"之间的论争。新中国成立以来，我们受苏联影响，在处理师生关系上所持的基本观点是教师的主导作用和学生的主动性相结合，这一论点明显带有折中的色彩。从实践来看，还是重在教师的"教"上，对学生的"学"有些轻视，研究很不够。20 世纪 80 年代，我国教学论学者基于对师生矛盾关系的深入研究，提出了"教师的主导作用和学生的主体地位的辩证统一"的观点。这一观点认为，在教学过程中，教师发挥着主导作用，学生处于主体地位。教师的主导是对学生主体的主导，学生主体则是教师主导下的主体，二者辩证统一。"主导主体"说第一个从理论上明确了学生在教学中的主体地位。它在教学论史上对师生关系的认识具有突破性意义，是我国教学论学者对教学论作出的重大理论贡献。

然而，新世纪以来，新课程教学观对"教师主导学生主体说"提出了挑战。新课程的教学观认为，教师和学生形成"学习共同体"，学生的教师和教师的学生不复存在，代之而起的是新的术语：教师式学生和学生式教师。教师不再仅仅去教，而且也通过对话被教，学生被教的同时，也同时在教。

在学生的主体性观念深入人心的同时，教师的主导作用却受到了质疑甚至否定。"教师的教"和"学生的学"再一次被机械地分裂开来。如若不能做到辩证地理解"教师主导和学生主体"的关系，关于师生关系的认识上的困惑仍将在相当长一段时间内困扰着人们的思想和行为。

（四）围绕课程结构展开的论争

在课程理论与课程实践中，反复争论不休的问题有很多，其中涉及内容最多的还是课程结构问题。它涉及学科课程和活动课程的关系，必修课程和选修课程的关系，普通课程与职业课程的关系，分科课程与综合课程的关系，国家课程、地方课程与校本课程的关系，还有各学科之间的比例结构关系，等等。

当前新课程改革的基本方向是："改变课程结构过于强调学科本位、门类过多和缺乏整合的现状，整体设计九年一贯的课程门类和课时比例，并设置综合课程，以适应不同地区和学生发展的需要，体现课程结构的均衡性、综合性和选择性。"具体到实践操作上，增加了活动课程、选修课程、职业课程、综合课程、地方课程和校本课程的课时。

合理调整课程的结构必须根植于对课程本质的清晰认识。经验本质的课程和知识本质的课程在课程结构上的要求是不一样的。所以，在课程结构的一些具体问题上的争论，其实质是对课程观的分析。

（五）新世纪以来，围绕新课程理念展开的激烈论争。

在课程与教学理论界，这是一场影响深远的论争。论争起缘于 2004 年《北京大学教育评论》第 3 期发表的王策三先生的一篇文章《认真对待"轻视知识"的教育思潮——再评由"应试教育"向素质教育转轨提法的讨论》。

该文提醒人们警惕在一些流行口号中隐藏着的"轻视知识"的思想倾向。王先生认为，指导我国教育事业改革发展的思想理论和根据是全面发展学说。全面发展学说的一条最基本的原理是，培养全面发展个人的唯一方法就是教育与生产劳动、社会实践相结合，使劳动者、最广大的人民群众掌握科学文化知识。把素质教育与知识教育对立、轻视知识的传授和学习，这与我们一贯遵循的教育基本理论不合。与素质教育真正对立的是"轻视教育、轻视知识、轻视人才"的错误思想。

王先生在文中对当前颇为流行的"轻视知识"的教育思潮表示了深深的忧虑。"这次新一轮课程改革中许多正确积极的设想，如更新内容、改善结构、重视学生经验和主体性，加强综合性、实践性，切实关注道德教育实效性，改进传授方法，提倡研究性学习，等等，许多改革实验，如不同新编教材的实验、情境教学实验、主体性教育实验、综合课实验、愉快教育实验、合作学习实验等，都是广大教育工作者多年在正确的理论、政策指导下，根据实际情况探索和创造的。要把广大群众创造的教育、课程改革的大好形势跟这种教育思潮的影响严格区别开来。但是，上面也已提到，这一思潮宣传流行很长时间，影响已相当深广，已在课程改革的理论与实践中有所反映，因此，对它认真进行探讨、辨析、澄清和克服，尽量减少一些消极因素的干扰，避免太多的损失，不致付出过高的代价，应该说是必要的，有意义的。"

2004年10月，课程论专家钟启泉教授和有宝华博士在《全球教育展望》杂志上发表《发霉的奶酪——〈认真对待"轻视知识"的教育思潮〉读后感》一文，认为王先生的文章存在很多理论问题。两位专家结合人们在认识我国新一轮基础教育课程改革中所产生的疑惑，从新课程所倡导的教育价值观、知识教育观以及新课程在继承与借鉴、追求理想与面对现实等四个维度，试图澄清新课程的基本理念。同时，两位专家还批驳了以"凯洛夫教育学"为代表的教育思想，认为"凯洛夫教育学"是"发霉的奶酪"，是"幽灵"，提出教育理论工作者要敢于放弃陈旧、"发霉"的思想，坚持与时俱进。

接下来，越来越多的人参与到论争中来。有支持王策三先生的，有站在钟启泉教授一边的，也有人想超越二者，寻求中间道路。论争一直持续至 2006 年。《中国教育报》2006 年 8 月 26 日第 3 版发表王本陆的文章《当前课程与教学改革理论之争》，文章对这次理论论争进行了梳理，指出争论的问题主要集中在以下几个方面：

第一，关于课程与教学改革的理论基础。有些学者主张借鉴西方哲学、教育学、心理学研究的一些新成果，建立国际视野，指导本土行动，以此来推进我国中小学课程与教学改革。他们认为，后现代主义和建构主义是国际上最新的、最先进的和最科学的学术成果，明确要求以后现代主义和建构主义为理论基础，对我国现行教育学理论体系进行概念重建，建立一套新的教育学范畴体系。有的学者批评这是简单的拿来主义，照搬国外理论，脱离中国教育实际，理论与实践严重脱节。而且这些流行的西方理论本身就有颇多争议，其科学性尚待确定。如果课改以这样的理论为基础，势必导致实践上的混乱。

第二，关于课程与教学改革的基本目标。一些学者认为我国长期以来形成的课程与教学体系是传统教育体系、应试教育体系、凯洛夫教育体系，是陈旧的落后的。这种课程与教学体系不符合时代潮流，弊端重重，扼杀学生个性和创造力，祸国殃民，可谓有百害而无一利。因此，需要推倒重建，实现课程与教学的范式转型。

另有一些学者则对这种推倒重建论进行了批评。他们认为，我国现行的课程与教学体系的确存在不少问题，必须坚定而积极地开展课程与教学改革，但是，不能因为存在问题就全盘否定整个课程与教学体系。从历史发展的基本线索和现代教学的基本特征来判断，我国现行中小学课程与教学体系本质上属于现代课程与教学体系，它体现着现代教育的基本规定性，并具有一定中国特色。改革的使命不应是颠覆，而是改进、完善和发展有中国特色的现代课程与教学体系。

第三，关于课程与教学改革的基本策略。一种是激进革命论，主张采用颠覆性手段来变革现实。反对者则认为，应把改革理解为主要是调整、修正、充实、完善和提高的波浪式前进的量变过程。改革应该以温和、渐进和自我完善的方式进行。

对课程与教学改革的这种深层次的理论争鸣，一方面，促使教育理论工作者进行自我反思：在影响国家教育事业发展的重大问题上，教育理论工作者应该采取什么样的态度；什么样的教育科学理论才能承担指导基础教育课程改革的历史重任。另一方面，争鸣还把一些隐藏的理论问题暴露了出来，为人们提供观察和思考改革主张与行动措施的不同视角，对保障改革健康推进发挥了重要的作用。

2005年8月，根据中央领导的指示精神，有关部门组织力量开展了系统的素质教育调研，对基础教育课程改革进展状况的调研也是其中很重要一部分内容。调查报告分析认为，基础教育课程改革取得了一定的成就，但由于多方面的因素，在课程改革的推进思路、体制和机制上暴露出一些问题。这些问题有些是基础教育课程改革自身存在的，有些在课程改革之前就长期存在而在本次改革中凸显出来。比如，片面追求升学率现象依然存在，升学竞争有了新特点，学生负担越来越重。

　　当前的升学竞争表现出一些新的特点：一是竞争目标不断提高，许多学生、家长在发展预期上追求高学历，不仅仅是都想上大学，而且都想上重点大学。仅2004年，北京等6省市600分以上的高分复读生就有3000多人。二是竞争重心不断向下，许多家长从幼儿园阶段就开始为孩子增加大量的校外辅导班、兴趣班、家教等课程，各种社会补习班十分火爆。三是优质教育资源还难以满足群众的需求，部分大中城市择校现象愈演愈烈，教育乱收费现象屡禁不止。四是扭曲了教育的目的和学校教学行为，一些地方的学校和教师面临着不断增大的工作压力，教育教学片面地适应升学的需要，忽视学生的人格养成、身心健康和能力发展；国家规定的课程计划难以落实，许多初高中往往提前结束课程，实行"题海战术"，反复考试训练；有些学校甚至采取半军事化管理，学生承受着家庭、学校和社会各方面的高压，拼时间、拼精力、拼健康。

学生课业负担过重仍未能有效扭转。据国家统计局、教育部的调查，35% 的校长、3% 的教师、58% 的中学生认为负担"比较重"或"过重"，晚上 11:30 睡觉的超过 40%。假期补课现象仍较为普遍，其中周末上课平均超过 6 小时，暑期补课平均超过 21 天。一些城市调查，80% 的小学生都参加过各种形式的奥赛班、兴趣班、考级班，并多数在两个以上。许多中小学生作业多、补课多、考试多和睡眠少、体育活动少、社会实践少，因此失去快乐的童年、自由成长的空间和多样性发展的可能。[①]

这些问题及论争的存在反映了 30 年的改革历程并不是一帆风顺的，成绩固然很突出，问题也还存在。课程与教学现代化的道路是曲折的，还需教育界及社会各界的共同努力。

参考文献

1. 课程教材研究所编：《课程教材研究 15 年》，人民教育出版社 1998 年版。

2. 王策三：《教育论集》，人民教育出版社 2002 年版。

3. 课程教材研究所编：《课程改革整体论》，人民教育出版社 2003 年版。

4. 素质教育调研组编著：《共同的关注——素质教育系统调研》，教育科学出版社 2006 年版。

5. 素质教育调研组编著：《共同的关注——素质教育系统调研（续）》，教育科学出版社 2006 年版。

---

① 素质教育调研组：《共同的关注——素质教育系统调研》，教育科学出版社 2006 年版，第 11、19—20 页。

体现人权的残疾人
特殊教育

朴永馨

1949 年以前，各类残疾儿童的特殊教育与民众教育馆、博物馆、图书馆、体育场、电影院、补习学校等被归为一类，总称为社会教育。这时的特殊教育学校多为教会举办和私立，属于社会救济慈善事业。新中国成立后，在 1951 年周恩来签署的《政务院关于改革学制的决定》中，盲、聋等特种教育被纳入国家教育体系，成为国家教育事业的一个组成部分。教育部设立了盲哑教育处，接管和改造了原有的特殊学校，使特殊教育的性质发生了改变，特殊教育得到了发展。1948 年全国盲聋学校有 42 所，学生 2380 人，教职工 360 人；到 1965 年已发展到学校 266 所，学生22850 人，教职工 3722 人。"文化大革命"使特殊教育事业遭到了破坏和干扰，1978 年特殊教育学校只有 292 所。

改革开放后，特殊教育得到恢复和发展。1984 年特殊教育学校恢复、发展到 330 所，其中除盲、聋学校外，有 4 所专门的弱智学校。1988 年特殊教育学校 577 所，学生 57617 人，教职工 16056 人；2007 年基础教育的特殊教育学校 1618 所，学生 413143 人（含随班就读残疾学生 265877人），教职工 44862 人。改革开放 30 年来，人们对特殊教育的认识有了巨大变化和进步，残疾人的特殊教育不仅得到了恢复，还有极大的发展和变化：有中国特色的特殊教育体系和发展道路正在形成；在残疾人教育方面体现的人权、社会主义人道主义、教育公平在稳步实现；特殊教育促进社会和谐发展的作用在加强；社会对残疾人和特殊教育的认识有了极大提高；特殊教育正逐步取得适应整个社会和教育事业发展的重要地位，成为促进小康和谐社会建设的组成部分。

一、有中国特色的残疾人特殊教育指导思想的形成

1987 年全国残疾人抽样调查推算，我国有视力残疾、听力语言残疾、智力残疾、肢体残疾、精神病残疾和多重残疾人口 5164 万人，占当时人口总数的 4.9%。推算 1986 年年底 0—14 岁残疾儿童占总人口的 7.75‰，约 817 万人。由于我国人口增加和结构变动、残疾标准修订等因素，按 2006 年第二次全国残疾人抽样调查推算，我国残疾人占全国总人口的 6.34%，为 8296 万人，涉及 2.6 亿人口的家庭，其中 0—14 岁残疾儿童约 389 万人。因此，残疾人教育是我国教育事业的重要组成部分，必须高度重视。

纵观新中国成立以后的几十年，特别是近 30 年残疾人特殊教育的发展变化，每一步都体现了党和政府以及国家领导人的关怀、重视。在改革开放初期，党的第二代领导人就指出，中国需要改进对残疾人的服务。1986 年中国残疾人联合会成立，成为推动特殊教育事业发展的一支重要力量。改革开放以来，国家为保障残疾人的权益采取了一系列措施：颁布《中华人民共和国残疾人保障法》；制定和实施国家残疾人事业发展计划；设立专门协调残疾人事业的统一机构；大力倡导关心和帮助残疾人的社会风尚；在残疾人中广泛开展自立自强活动；响应联合国《关于残疾人的世界行动纲领》（1982 年）、《儿童权利公约》（1989 年）、满足全民基本学习需要的《世界全民教育宣言》（1990 年）、9 个世界人口大国全民教育的《德里宣言》（1993 年）、关于特殊教育的《萨拉曼卡宣言》和《行

动纲领》（1994年），实施了很多改善残疾人状况和发展特殊教育的计划和行动。这些措施使我国残疾人事业和特殊教育走上了一条适合中国国情的发展道路并取得了举世瞩目的历史性成就。

残疾人教育观念的变化首先体现在指导思想的变化上。1991年5月9日，中共中央总书记江泽民同志在同全国自强模范、助残先进集体、个人代表座谈时发表的重要讲话中说，残疾人问题也是一个人权问题，残疾人事业是社会主义事业的一部分，残疾人是社会主义大家庭的一员。残疾人事业的发展水平，是社会文明、进步的标志之一。1992年1月21日，江泽民在考察江苏常州特殊教育学校后专门题词"特殊教育造福后代"。党的第三代领导集体运用马克思主义观点，结合世界和我国残疾人事业的实践，着眼于我国残疾人状况的改善和经济社会的协调发展，就残疾人问题，历史地、全面地、深刻地阐述了一系列重要思想。

残疾，是人类发展进程中不可避免要付出的一种社会代价。残疾人有人的尊严和权利，有参与社会生活的愿望和能力，同样是社会财富的创造者。帮助他人，特别是帮助残疾人，是对自我的完善和精神的升华，也是发扬中华民族助人为乐的传统美德。人道主义，是处理人与人之间关系的基本道德规范；人权保障，是国家的责任。对残疾人这个困难群体给予帮助，是人类文明和社会进步的一个重要标志。我们共产党人是以人类解放为最高宗旨，我们的社会主义国家以实现全体人民的富裕幸福为建设的根本目的，更应尊重残疾人的公民权利和人格尊严，保护他们不受侵害。同时，对这个特殊而困难的群体还应给予特别的扶助，通过发展残疾人事业，使他们的权利得到更好的实现，使他们以平等的地位和均等的机会参与社会生活和国家建设，共享社会物质文化的成果。残疾人参与社会生活，有赖于社会的帮助，也取决于自身的奋斗。残疾人要有求生存、图发展的志气，要履行应尽义务。

　　2007 年胡锦涛总书记在中国共产党第十七次全国代表大会报告中提到"优先发展教育，建设人力资源强国"时直接提到"关心特殊教育"的问题。[①] 这是"特殊教育"第一次出现在党的全国代表大会的报告中。2008 年 3 月 28 日，中共中央、国务院发布了《关于促进残疾人事业发展的意见》，再次重申"关心残疾人是社会文明进步的重要标志，残疾人事业是中国特色社会主义事业的重要组成部分"。文件在第四部分《促进残疾人全面发展》中专门提出："发展残疾人教育。鼓励从事特殊教育，加强师资队伍建设，提高特殊教育质量。完善残疾学生的助学政策，保障残疾学生和残疾人家庭子女免费接受义务教育。发展残疾儿童学前康复教育，加快发展高中阶段特殊教育，鼓励和支持普通高等学校开办特殊教育专业。逐步解决重度肢体残疾、重度智力残疾、失明、失聪、脑瘫、孤独症等残疾儿童少年的教育问题。采取多种措施扫除残疾青壮年文盲。积极开展残疾人职业教育培训，有条件的地方实行对残疾人就读中等职业学校给予学费减免等优惠政策。支持师范院校培养特殊教育师资。实施中西部地区特殊教育学校建设工程。落实特殊教育学校教师特殊岗位津贴政策。各级各类学校在招生、入学等方面不得歧视残疾学生。"

　　上述有中国特色的现代社会的残疾人观、特殊教育观，是 30 年来特殊教育快速变化发展的重要原因和指导思想。这些思想上的变化使特殊教育与普通教育逐步同步发展并逐步融合。中国特殊教育成为中国社会文明进步的重要标志之一，成为中国实现人权、社会主义人道主义、全民教育和教育公平、社会和谐的重要体现之一。在马克思主义的残疾人观指导下，残疾人的特殊教育有了很多适合中国国情的历史性变化。

---

① 胡锦涛：《高举中国特色社会主义伟大旗帜　为夺取全面建设小康社会新胜利而奋斗——在中国共产党第十七次全国代表大会上的报告》，人民出版社 2007 年版，第 37 页。

二、从单一教育安置盲聋儿童形式到多种安置形式

在中国，从 1874 年由英国传教士办起第一所盲童学校、1887 年美国传教士办起第一所聋校起，教育安置盲、聋儿童的是独立设置的特种学校。有条件的家长把适龄入学或超龄的盲、聋儿童送到个别大中城市中设立的慈善救济性质的盲、聋学校，学一些文化和职业技能，根本就谈不上与普通同龄儿童就近平等入学。1949 年后盲聋儿童入学的性质有了变化，人数有了增加，但以单独特殊学校形式远离居住地教育安置盲、聋儿童的格局没有改变。

改革开放后，人们解放了思想，对残疾人及其工作有了新的认识。1988 年 11 月 18 日，经国务院批准，国家教委、民政部、中国残疾人联合会联合召开专门会议研究残疾人特殊教育问题，这是中国历史上第一次全国特殊教育工作会议。这次会议研究制订了《关于发展特殊教育的若干意见》，并在次年由国务院向全国转发。会议提出："发展残疾人教育事业，实行普及与提高相结合、以普及为重点的方针，着重发展义务教育和职业教育，积极开展学前教育，逐步发展高级中等以上教育。"这个方针随后以法律形式确定下来，为建立适合中国国情的、平等的特殊教育体系明确了方向，指导了一个历史时期的特殊教育发展。

中国残疾儿童人数多、特殊教育学校少，而作为发展中国家，中国不可能办成千上万个特殊教育学校来满足普及特殊教育的需要，当时特殊教育儿童入学率仅 6%。根据上述国情，国家教委副主任在这次会议的讲话中指出："为了加快特殊教育的发展步伐，必须改革过去只举办特殊教育学校的单一模式，实行多种形式办学。要在办好特殊教育学校的同时，有计划地在一部分普通小学附设特殊教育班或吸收能够跟班学习的残疾儿童随班就读。逐步形成以一定数量的特殊教育学校为骨干、以大量特教班和

随班就读为主体的残疾少年儿童教育的格局。"① 此后，特殊教育学校、特殊教育班和随班就读成了我国安置残疾儿童的三种主要形式，形成了有中国特色、适合中国国情的特殊教育发展的道路，这是根据中国实际和经验总结出的发展道路和格局。这一办学格局的提出，改变了多年来用大量经费和人力在大中城市建立特殊教育学校的单一模式，实行了多种形式办学，即在办好少部分残疾学生就学的特殊教育学校并发挥其骨干和中心作用的同时，大力发展普通学校设特殊教育班和吸收残疾儿童入普通学校随班就读，从而使大多数残疾儿童，特别是相对集中于农村、贫困地区的残疾儿童少年能就近平等入学，加快了残疾儿童少年义务教育的普及。实践证明，这样做，既有利于特殊教育与普通教育的相互渗透和促进，又有利于残疾儿童与正常儿童的发展，从而逐步形成一条投资少、见效快、效益大的残疾儿童教育发展的路子。这种多样安置残疾儿童就学的形式使残疾儿童可以尽快就近入学，还可以使学生更好地融入社会，促进社会和谐。

中央和地方教育行政部门做了各类残疾儿童大量随班就读的实验和研究工作，进行了多次总结和推广，制定了《关于开展残疾儿童少年随班就读工作的试行办法》，全面推进了随班就读工作。经过多年努力与发展，1988 年提出的以随班就读和特教班为主体、以特殊教育学校为骨干的残疾儿童少年教育新格局在很多地区已基本形成。基础教育阶段的残疾学生入学率在全国超过 70%，在东中部多数地区已超过 90%。随班就读的三类残疾学生人数到 2007 年已达到 265877 人，占教育部统计的盲、聋、弱智三类基础教育在校生总数的 60% 以上，几乎是特殊教育学校学生总数的 2 倍。其中随班就读的盲生和弱智生数量占该类学生在校学生数量的 80% 以上，随班就读的聋生数量占在校聋生数量的 1/4。2002 年，教育部在总结随班就读的经验时指出："随班就读是发展我国特殊教育事业的重要策略，是我国基础教育工作者参照国际上其他国家的融合教育的做法，结合我国特殊教育实际的一种教育创新，是一条符合我国国情的普及

---

① 何东昌：《在全国特殊教育会议上的讲话》，《特殊教育》1988 年第 4 期。

残疾儿童少年义务教育的有效途径。"这不仅是在基础教育中加快教育公平的适合中国的做法，也是各级各类教育应体现的一种融合教育的思想和做法，是实现残疾人的人权、体现以人为本的残疾人观的措施。

三、全方位、多层次的残疾人特殊教育体系的形成

新中国成立后，国家开办了一些特殊教育学校，有更多的盲、聋儿童可以去学校学习。除在 20 世纪 50 年代末曾短期有过北京、大连办起的"低能（智力落后）班"、聋幼儿和聋职业班外，特殊教育基本是学生晚几年入学（一般是到 9 岁或更晚才入学，有时 13—16 岁还可进入盲聋校一年级或超龄班）、盲生接受 6 年、聋生接受 10 年的小学程度教育。这比过去有了进步，但受教育对象仅有盲、聋两类残疾儿童，受教育程度仅是小学，远远达不到发达的文明社会应有的教育公平。

（一）特殊教育对象的扩大

1987 年全国残疾人抽样调查的数据表明，在 0—14 岁视力、听力、智力、肢体、精神病和综合各类残疾中，盲童占 2.3%，聋童约占 14%，智力残疾儿童占 65%。人们逐渐认识到，盲、聋以外的其他残疾儿童少年的教育，特别是智力落后儿童的教育也应该被提上日程。

首先得到发展的是智力落后儿童的教育。改革开放后，在国家提出普及九年义务教育后，教育工作者发现，小学入学的儿童中有部分学生不能跟上全班进度，全国很多地方都遇到了这个问题。针对这一情况，各地展开了智力落后儿童教育的有益探索。上海 1979 年的一项调查发现，在一个区的 41 所小学中就有 270 名智力落后学生。为了能对这类学生因材施教，上海第二聋哑学校设立了智力落后儿童特殊班，命名为"辅读班"，后改为附属辅读学校，单独施教。大连在两个区建立了智力落后儿童启智

学校，并在 7 所学校建立了弱智儿童班。江苏省江都县在 1983 年创办了农村弱智儿童辅读班。北京提出恢复智力落后教育，在 1984 年成立了两所独立的培智学校，吸收经过神经精神科医生严格检查确诊的学生入学。1985 年 3 月，教育部在上海专门召开了全国弱智教育经验交流会，总结和交流了全国 12 个省市的办学经验。会后教育部向全国印发了这次会议纪要，推动了人数众多的智力落后残疾儿童教育的快速发展。从 1984 年起，教育部的特殊教育统计中除传统的盲校、聋校外，还增加了对培智学校的统计，当时仅有 4 所；到 1994 年独立的培智学校已有 370 所，2007 年达到 380 所。此外，还有智力落后儿童教育与聋童教育合并在一起的特殊教育学校 600 多所。

1989 年国务院发出的《关于发展特殊教育若干意见》指出，重点抓好盲、聋、弱智三类残疾儿童普及教育的同时，要注意其他类残疾儿童的教育。文件指出，各地学校"要继续创造条件，积极吸收肢体残疾和有学习障碍、语言障碍、情绪障碍的少年儿童入学，并努力改进教学方法，探索教学规律，使他们受到适当的特殊教育"。1994 年 7 月，国家教委基础教育司委托北京市教育局进行孤独症（自闭症）儿童教育训练实验。实验取得了积极成果，随后，这一工作扩大了规模。

言语和语言障碍儿童、学习障碍儿童以及肢体残疾儿童的教育也在普通教育机构中逐步得到了重视和实施。江苏邳州就建立了一所专门的教育训练与治疗结合的肢体残疾儿童学校。2008 年 3 月，中共中央、国务院发布的《关于促进残疾人事业发展的意见》明确指出要逐步解决重度肢体残疾、重度智力残疾、失明、失聪、脑瘫、孤独症等残疾儿童少年的教育问题，采取多种措施扫除残疾青壮年文盲，进一步推动了多种类型残疾儿童特殊教育的发展。

（二）多层次的残疾人特殊教育体系的形成

残疾儿童的早期教育在普通幼儿园、专门幼儿园（班）、特殊学校学前班、康复中心等多系统、多种形式的机构内进行。人们认识了对残疾儿童早期干预的重要性，提出了"三早"，即早期发现、早期诊断矫治、早期教育训练，减少或消除残疾带来的消极影响与后果。这不仅对儿童的发展有利，同时在经济上也是合算的，早期花在残疾儿童身上 1 元钱，可以节约入学后花在残疾学生身上的 6 元钱。1991—1995 年，各级聋儿康复机构已达到 1765 个，对 6 万名耳聋幼儿进行了听力语言训练。

随着九年义务教育的推行，特殊教育也由小学教育变为九年义务教育。1993 年教育部颁布了九年制盲校课程计划，第一次确定了与普通中学近似的盲校初中计划。聋校和弱智学校也根据教育对象的实际情况，确定了受教育年限与普通教育相同但内容要求有差别的、适合该类学生的课程计划。在发达和中等发达地区，残疾儿童的义务教育已经得到普及，一些发达地区甚至提出普及残疾人 12 年义务教育。

残疾人义务教育后的职业教育在 20 世纪 80 年代以后也有了很大发展。国家有了专门的计划和实施方案，多种形式的机构和措施并行。例如，到 1995 年年底，全国已建立残疾人中等职业学校 29 所，职业高中 42 所，技工学校 28 所，在校学生累计 1.08 万人，普通中专、技校、职高录取残疾学生累计 1.73 万人。另有非学历教育残疾人职业培训机构 1968 所，累计培训 11.57 万人。2006 年，残疾人职业培训机构有 4457 个，职业培训 647389 人次，获职业资格证书 74432 人次。此外还有残疾人中等职业教育机构 117 个。

为填补残疾人高中教育的空白，受国家教委和中国残疾人联合会委托，1992 年，南京聋校和青岛盲校分别举办了我国第一个正式的聋人高中和盲人高中。为实现教育公平，为残疾人平等进入高等院校准备条件，1995 年，这两个学校的第一届高中毕业生全部升入相关高校学习。随后高中阶段的盲、聋教育在全国多个地方得到发展。2006 年特殊教育普通高中机构已有 69 个，其中盲人普通高中 15 个，聋人普通高中 54 个。

过去，只有屈指可数的个别盲、聋精英，经过特殊批准和照顾进入过高校接受高等教育。1985 年 2 月，教育部等有关部委发出《关于做好高等院校招收残疾青年和毕业分配工作的通知》，规定"各高等学校应从残疾考生的实际出发，贯彻德智体全面考核、择优录取的原则，对上述残疾考生，在全部考生德智条件相同的情况下，不应仅因残疾而不予录取"，还规定残疾考生毕业后由国家统一分配工作。这为残疾（当时仅指肢体残疾）考生接受高等教育打开了合法途径。1985 年 9 月，中国第一个专门招收肢体残疾学生的大学本科专业系——山东滨州医学院医学二系成立，残疾考生参加全国高校招生统一考试，统一录取。经过中国残疾人联合会和吉林省共同努力，1987 年长春大学建立了招收盲、聋和肢体残疾三类残疾青年的特殊教育学院，面向全国招生，设立适合不同残疾学生的针灸推拿、音乐表演、绘画、艺术设计、动画、会计学 6 个本科专业。1991 年天津理工大学建立了专门招收聋人的高等工科学院，当时叫特殊教育部，现名聋人工学院。随后全国各地建立了多个专门招收残疾青年的特殊教育机构（学院、班）。除这类特殊教育机构外，在普通高校还有随班就读的个别事例。

2003 年 3 月，教育部、卫生部、中国残疾人联合会共同发布《普通高等学校招生体检工作指导意见》，把强制性的体检标准改为指导意见，体现了对考生平等权益的保护和以人为本的理念。这个文件进一步放宽了对患病和有残疾者的录取要求，指出生理缺陷如果不影响专业学习，录取时一般不应受限制。这就为残疾青年开辟了进入高等学校大门的途径。这些规定以后又以法律法规的形式得以确定，保证了其执行。有残疾的青年可以依据自己的能力读专科、本科、硕士和博士研究生，例如，北京大学等大学就培养过耳聋的博士研究生，内蒙古师范大学等学校培养过聋人硕士研究生，北京师范大学有过盲生读数学系、肢残生读心理系与教育系的事例，培养过肢残等残疾本科生、研究生的高校更多。已经有一批残疾青年成才并融入社会，为国家做出了贡献。还有部分国内高校毕业的聋、盲等残疾青年到国外留学，并获得了硕士、博士学位。《中国残疾人事业年鉴 2007》表明，2006 年全国高等特殊教育学院录取残疾学生 986 名，普通高等学校达到录取分数线残疾学生 4371 名，录取 4148 名，其中本科 2159 人（盲 145 人、聋 254 人、肢体残疾 1760 人），高职专科 1989 人。

残疾人也可以参加其他成人教育方式，例如成人教育、高等教育自学考试、中央广播电视大学特殊教育学院等。

除公办的特殊教育学校外，作为公办教育的补充和教育的组成部分，很多地方建立了民办的特殊教育训练机构，为发展中国特殊教育事业做出了很大贡献。热心特殊教育的人士，早在20世纪80年代就在北京成立了新运养育院，招收智力落后幼儿；广州成立了至灵残疾儿童教育机构。后来成都建立了圣爱早期残疾幼儿教育机构；北京建立了第一个中国自闭症儿童教育训练机构。在政策的允许和鼓励下，在各地残疾儿童家长、热心人士及国外慈善机构等的帮助下，建立了很多这类机构。仅针对孤独症（自闭症）儿童的民办教育训练机构全国就有几十家，还有民办的特殊教育学校。国家关于民办教育的规章制度和条例的出台，为特殊教育事业的发展开辟了新的途径。

从群众性科研组织方面来看，中国教育学会、中国高等教育学会、中国职业教育学会等都设有二级的特殊教育专业委员会或研究分会。

30年来，残疾人的特殊教育初步形成了从残疾幼儿教育到盲、聋、肢残等残疾青年高等教育的体系。这种与普通教育紧密联系又相对独立的、包括从幼儿到高等教育各层次、招收各类残疾人的较完整的教育体系，彻底改变了过去残疾人只能受到小学教育、只能从事简单手工劳动的局面，使残疾人从儿童到青年，都可以接受发展其潜能的平等教育，使他们有可能充分参与和融入社会，为社会发展贡献自己的才能。这是改革开放30年来，中国逐步形成的适合自己国情的特殊教育体系，是实现残疾人人权和教育公平、全民平等受教育原则的又一体现。

四、从个别法规到法律体系的逐步形成

改革开放后，我国加强了法制建设，特殊教育逐渐纳入了"依法治

教"、"依法办特教"的轨道，逐渐形成了与普通教育法律体系有基本共同点又有特殊性的特殊教育的法律法规体系。这个法律法规体系有如下四个层次：

（一）国家根本法的规定

1982 年《中华人民共和国宪法》中除对公民的受教育权有一般规定外，特别在第四十五条规定："国家和政府帮助安排盲、聋、哑和其他残疾公民的劳动、生活和教育"。在国家根本大法中单独列出残疾人教育问题在我国是第一次，在世界上也是很少见的。宪法中这一规定是制定残疾人教育法律法规的根本依据和出发点，是除一般保障公民权利的规定之外对残疾人的人权和平等受教育权的根本保证。

（二）国家专项法律法规的规定

1986 年，《中华人民共和国义务教育法》第九条明确规定"地方各级人民政府为盲、聋哑、弱智儿童和少年举办特殊教育学校（班）"。这里把盲、聋、弱智等残疾儿童和少年的教育作为一种政府行为，列入了国家义务教育的范畴，规定了残疾儿童和少年平等接受义务教育的权利。2006 年，在《中华人民共和国义务教育法》的修订中，再次明确了包括残疾儿童在内的适龄儿童少年接受九年义务教育的权利，而且还对责任、受教育方式、教师待遇、经费、主管人员职责以及处罚等，均有了更明确的法律规定。

1990 年，国家颁布了《中华人民共和国残疾人保障法》，其中第三章专门规定了残疾人的教育问题，再次宣布了"国家保障残疾人受教育的权利"，"国家、社会、家庭对残疾儿童少年实施义务教育"。同时对残疾人教育的发展方针、办学渠道、普通教育方式、特殊教育方式、成人教育、师资、辅助手段等都做了规定。同时还规定了残疾人的定义和种类，即包括视力残疾、听力残疾、言语残疾、肢体残疾、智力残疾、精神病残疾、多重残疾和其他残疾 8 类。这就不仅为重点进行的 3 类（盲、聋、弱智）残疾儿童教育，而且为其他类别的残疾人享受平等教育权做了法律规定。2008 年修订的《残疾人保障法》又重申了这些规定。

此外，国家的很多专项法律中都有关于特殊教育的条款，例如《中华人民共和国未成年人保护法》（1991 年）、《中华人民共和国教师法》（1993 年）、《中华人民共和国教育法》（1995 年）等。

1994 年，国务院颁布了《残疾人教育条例》，这是我国最高行政部门制定的有关残疾人教育的国家专项行政法规。该条例共九章 52 条，内容丰富，涉及了特殊教育的性质、地位、方针、政策、体系、领导，以及从学前教育到成人教育的各级各类特殊教育、教师、物质条件保证等各个方面，这些规定既具有世界特殊教育的普遍特点，又有中国特色。

（三）国家教育行政等部门有关特殊教育的规章

教育部等国家行政部门为实施国家有关特殊教育的法律法规制定了一系列有法律法规性质的文件，有解释性质的细则、实施意见等，如《关于实施〈义务教育法〉若干问题的意见》（1986 年）、《义务教育法实施细则》（1992 年），还有各类特殊教育学校的课程计划（方案）、建设标准、教学仪器设备名录等。1998 年，教育部发布了《特殊教育学校暂行规程》。这是中央教育行政管理机构发布的在特殊教育学校全面贯彻教育方针、实现教育教学规范化管理的文件，对九年义务教育的特殊教育学校的培养目标、入学和招生、教育教学、考核、校长老师、日常管理等都做了具体规定。

（四）地方关于特殊教育的法规

地方人民代表大会和政府以及地方教育行政部门根据国家在特殊教育方面的法律法规，依据地方实际情况制定了很多具体实施办法、规定、条例、细则等。这一层次的规定更具体、更有可操作性，在基层特殊教育学校更易实施。

上述四个层次的特殊教育法律法规构成了相对独立的教育法体系，加上普通教育的法律法规，残疾人受教育的权利有了法律法规的保障，特殊教育的发展和管理纳入了法治轨道。改革开放 30 年来，特殊教育法律法规体系随着社会发展而不断发展、丰富和完善，为残疾人特殊教育的发展提供了强有力的支持和保障。

五、特殊教育的师资培养取得长足进展

新中国成立初期，特殊教育学校的教师多由社会招募或在普通中等师范学校毕业生中挑选，再在特殊教育学校实践中用"师傅带徒弟"的方法培养。改革开放后各地特殊教育发展很快，对特殊教育师资的需求也极大增加，原来的个别培养方法已经不能满足需求。1981 年黑龙江省的特殊教育学校有 61 所，约占全国特殊教育学校总数的 1/5。为满足本省特殊教育教师的增员需要，黑龙江省于 1981 年在肇东（中等）师范学校成立了特师部，专门培养特殊教育学校教师，每年招生 90 人。这是我国第一个设在普通师范学校内的特殊教育教师培养培训机构。随后，受教育部委托，江苏省教育厅于 1982 年开始筹建我国第一所中等特殊教育师资培训机构——南京特殊教育师范学校，为全国各地培养盲、聋、弱智三类特殊教育学校的教师，学制 4 年，1985 年开学，每年招收 160 名全国各地学员。学校由教育部直接领导，委托江苏省教育厅和南京市教育局具体管理。与此同时，山东省人民政府决定把昌乐师范学校改建为特殊教育师范学校，自 1985 年起面向全省招生，为全省培养特殊教育师资，以适应山东这个特殊教育大省的需要。辽宁省也在 1986 年决定将原营口幼儿师范学校改建为特殊教育师范学校。

为加强中等特殊教育师范学校建设，国家教委于 1989 年 11 月 16 日印发了《中等特殊教育师范学校教学计划（试行）》，对中等特殊教育师范学校的培养目标、课程设置等一系列问题作出了明确规定。这是培养盲、聋、弱智三类学校教师的、3—4 年制的中等师范学校使用的计划，在培养目标中除了一般师范学校的德智体要求外，特别提出了"热爱并愿意从事特殊教育事业，理解和尊重残疾儿童；掌握从事初等特殊教育所必备的中等文化科学知识和专业技能"等要求。这个教学计划结合我国实际，适合当时中国情况，与普通师范相比既有共性又有特殊性。

1994 年，为适应教育事业的发展与改革，在陕西召开了全国中等特殊教育师范教育改革研讨会，总结经验、分析存在的问题和研究之后的工作，会后发表了《研讨会纪要》。到 1995 年，这类特殊教育师范学校（部、班），已基本遍布全国大多数省，总数达到 33 所。

1980 年，北京师范大学率先调入专业人员，在教育系建立了特殊教育研究室，为教育、心理专业的学生开设了特殊教育与心理课程；1986 年 9 月北京师范大学教育系设立特殊教育专业，第一次在全国招收了 15 名特殊教育专业的本科生。从 20 世纪 80 年代中期开始，为培养高层次的特殊教育人才，国家教育部门统一安排，有计划地在全国六个大区的部属师范大学建立特殊教育专业。1988 年华东师范大学心理系、1990 年华中师范大学教育系、1993 年西南师范大学和陕西师范大学教育系相继建立特殊教育专业，招收特殊教育的大学生，之后，辽宁师范大学、南京师范大学等校也设立了本、专科层次的特殊教育专业。1989 年 10 月，国家教委师范司在北京师范大学召开全国高等师范院校特殊教育专业课程方案研讨会，会后印发了《高等师范院校特殊教育专业教学计划（草案）》。该文件规定，高等师范院校特殊教育专业的主要任务是培养中等特殊教育师范学校（班）、普通中等师范学校中特殊教育专业课的师资，以及特殊教育科研人员、行政管理人员和社会工作者。同时该文件对培养目标、学制、课程设置等也作了规定。这对当时的特殊教育专业发展起到了指导和规范作用。

在国家三级师范改革为二级师范、逐步取消中等师范的过程中，原中等特殊教育师范学校也采取适合当地情况的多种方式升格为高等师范教育。北京第一师范学校的特殊教育师范部在 2000 年独立成为北京联合大学特殊教育学院，集培养特殊教育师资和招收盲、聋等残疾青年的双重功能于一身。南京特殊教育师范学校于 2002 年经江苏省政府批准升格为应用型高等专科学校，改名为"南京特殊教育职业技术学院"。有的学校的特殊教育师范部与师专或其他职业学院合并，培养大专层次的特殊教育大学生，例如 1997 年福建泉州中等特殊教育师范学校与泉州师专合并，成立了包含培养特殊教育师资和普通小学师资的专门院系。

北京师范大学早在 1984 年就以比较教育专业的名义招收过特殊教育方面的硕士研究生。1993 年北京师范大学、辽宁师范大学建立了特殊教育硕士点，开始招收特殊教育专业的硕士研究生。2004 年华东师范大学 3 位由方俊明教授任导师的大陆第一批特殊教育专业博士生通过了答辩。2007 年起，北京师范大学开始由王雁教授招收特殊教育专业博士研究生。

此外，特殊教育高等教育自学考试，与康复有关的特殊教育语言训练、听力康复学等相邻、相关学科的专业人员培养的机构和系统也逐步建立和形成。

随着特殊教育师资培养的发展，特殊教育的科研机构也相应建立。1988 年，在原特殊教育研究室的基础上，北京师范大学成立了特殊教育研究中心。该中心由国家教委设立，并由国家教委和北京师范大学双重领导。同年，中央教科所建立了特殊教育研究室，一些大学建立了特殊教育研究所（室）。特殊教育的群众性科研机构（研究会）在全国和各省纷纷建立，积极开展群众性的教育教学科研工作。内部的和公开的特殊教育杂志创办和发行，大量特殊教育文集、专著、译著等得到出版。

在短短的 30 年中，中国特殊教育的师资培养从无到有，从仅有中师到建立高师、学院（系），从培养中师生、大学本科生到特殊教育硕士生、博士生，从地方自办到国家有计划地举办，走过了发达国家用近百年时间所走的路。我国特殊教育师资的培养走上了有中国特色的正轨和多元化的道路。有了中国自己的特殊教育的师资培养和科研体系，落实残疾人的受教育权利就有了保障。

六、特殊教育逐渐融合为社会系统工程的一部分

改革开放后，第一次全国特殊教育工作会议由国家教委、民政部、中国残疾人联合会共同主持，会议文件由国务院转发各地政府。文件中特别提出特殊儿童教育要与当地实施义务教育工作逐步实现统一规划、统一领导、统一部署、统一检查，使残疾儿童的义务教育工作与教育部门主管的整个教育工作融为一体。以后的法律法规明确规定了政府教育、卫生、民政以及残疾人组织在特殊教育中的责任，规定了国务院有关部委既分工又合作的机制：教育行政部门负责贯彻执行国家关于特殊教育的方针政策，对特殊教育进行宏观指导和具体管理；民政部门负责组织儿童福利机构和社区服务机构，对残疾儿童进行文化教育和职业技术教育；劳动部门协助有关部门组织推动残疾青年的就业前培训、在职培训和介绍就业等工作；卫生部门负责残疾儿童少年的分类分等和检查诊断以及招生鉴定工作，对康复医疗进行指导、宣传等；计划和财政部门负责特殊教育事业发展规划的综合平衡，积极支持特殊教育工作；残疾人联合会把发展特殊教育作为自己的重要任务之一，协助政府，动员社会，完成政府委托的工作；工会、共青团、妇联等社会各界也结合各自实际，支持和帮助特殊教育事业发展。

为协调残疾人工作包括特殊教育工作，国务院于 1993 年 5 月成立了"国务院残疾人工作协调委员会"，由一位国务委员任主任，由有关部委的一位副部长任副主任，由国家财政、计划、人事、劳动、教育、卫生、民政、体育等 33 个相关部委和社会团体的负责人任委员，具体工作由中国残疾人联合会承担，秘书处设在中国残疾人联合会。该委员会的职责是综合协调有关残疾人事业的方针、政策、法规、规划、计划的制定，协调解决残疾人工作中的重大问题，组织协调联合国在中国有关残疾人事务的

重要活动，每年召开一次会议。2006 年经国务院批准更名为"国务院残疾人工作委员会"。改革开放后，教育部在初等教育司（后改名基础教育司）内设特殊教育处，主管全国特殊教育工作。但随着特殊教育在小学层次的基础上的不断延伸，特殊教育已涉及基础教育之外的职业教育、高等教育、师范教育等司局的工作。1994 年 4 月，国家教委为协调有关司局涉及特殊教育的工作，成立了"教育部特殊教育办公室"的非常设机构，由一位副部长主持召开有关司局负责人开会，研究解决特殊教育中的重要问题。办公室设在基础教育司，并承担日常工作。办公室既管理残疾人基础教育，也协调残疾人成人教育、职业教育、高等教育等。各省、自治区、市教育部门和地方均由一位领导成员分管特殊教育工作，设专职或兼职人员具体管理特殊教育工作。

教育行政领导机构和协调机构的不断完善与发展，推动特殊教育逐渐成为社会系统工程的一部分，保障了残疾人的受教育权和教育公平的实施。

中国残疾人的特殊教育取得了巨大进步和成绩，得到了全社会和世界的认同。但中国是最大的发展中国家，也是残疾人总量最多的国家，中国的特殊教育是世界上最大的特殊教育。全社会需要不断提高对特殊教育的认识，以适应建设和谐小康社会的要求；各地区的特殊教育发展不平衡，需要加强中西部地区的特殊教育发展；各级各类特殊教育的发展不平衡，盲、聋、智力落后之外的其他类型残疾人的教育，义务教育之外的学前、高中及以上学历的教育和职业技术教育、成人教育还很薄弱；残疾人特殊教育的融合教育方式，即在各级各类普通教育机构中的随班就读工作需要进一步加强，特别要加强在基础教育之外其他教育阶段的融合教育；特殊教育师资培养和相应的政策需要完善；特殊教育相关的法律法规要进一步健全和不断丰富、完善；有中国特色的特殊教育的科学研究和学科的建设需要大力加强；特殊教育的经费政策要切实落实；地方的教育行政部门对特殊教育的领导与支持要进一步落实；民办特殊教育的政策也要进一步落实。

中国的残疾人特殊教育要进一步体现人权、社会主义人道和教育公平，促进社会和谐，还有很长的路要走，还有很多工作要做。有了不断发展的科学残疾人观和现代社会的特殊教育观，有了正确的方向和中国特色的发展道路，我国的特殊教育将取得更大的成就，将对世界的特殊教育事业做出更大贡献。

参考文献

1. 中华人民共和国教育部：《共和国教育 50 年》，北京师范大学出版社1999 年版。

2. 中国残疾人联合会：《中国残疾人事业年鉴》，华夏出版社 2002 年版。

3. 国家教委初等教育司：《特殊教育文件、经验选编》，人民教育出版社1989 年版。

4. 中国残疾人联合会、中华人民共和国教育部基础教育司：《特殊教育文件选编（1996—2001）》，华夏出版社 2002 年版。

5. 历年《中国教育年鉴》，中国大百科全书出版社出版。

6. 何东昌：《中华人民共和国重要教育文献》，海南出版社 1998 年版。

高等教育的跨越式发展

刘宝存　鲁妩媚

改革开放以来，特别是 1999 年高校扩招以来，我国高等教育实现了跨越式的发展。至 2007 年，我国各类高等教育总规模达到 2700 万人，已成为世界上规模最大的高等教育，是 1949 年高等学校在校生人数 11.65 万的 231 倍；毛入学率达到 23%，进入世界公认的高等教育"大众化"阶段。当人们庆贺我国高等教育实现了大众化并拿到规模"世界第一"之时，也有越来越多的人面临着"毕业即失业"的就业困境，越来越多的大学、企业抱怨毕业生素质低下。对于通过扩招而实现的高等教育跨越式发展，讴歌与批判并存，可谓是众说纷纭，莫衷一是。但不可否认的是，高等教育的跨越式发展不但顺应了广大人民群众接受高等教育的强烈愿望和需求，也为我国经济的快速增长提供了强有力的人才支撑，而且改善了高等学校的办学条件，提高了高等学校的人才培养能力，并对我国高等教育的未来发展产生了深远的影响。

一、高等教育跨越式发展的背景与动因

作为一项重大战略决策，1999 年高等学校的扩招一方面带来了教育

理念、教育制度的深刻变化，对国民经济和社会发展起到了重要的推动作用；但另一方面，政策制定时许多没有预料到的问题相继出现，也对社会和谐产生了消极影响。那么这项创造高等教育发展史上奇迹的政策又是怎样制定出来的呢？高校扩招政策最终是否达到了预期的政策目标？它又导致了哪些问题？要回答这些问题，我们首先需要考察高校扩招政策制定的背景和动因。

（一）新中国成立以来我国高等教育的初步发展

在我国高等教育发展的历史过程中，并不是在 1999 年才出现第一次扩招。新中国成立以来，我国高等教育有过几次大的发展，1999 年高校的扩招是在以前扩招的基础上发展而成的。在考察 1999 年高校扩招政策之前，有必要对 1949 年到 1999 年间我国高等教育的发展历史进行简单的回顾和总结。

1949 年新中国成立，当时我国有高等学校 205 所，在校生 11.65 万人。此后不久进行院系调整，高校数量有少量的变动，但在校生数则是逐年增长。至 1957 年有高等学校 229 所，学生 44.12 万人。此后 3 年"大跃进"，1960 年高等学校猛增到 1289 所，在校生达 96.16 万人。1961 年以后开始调整压缩，至 1965 年高校数为 434 所，学生 67.44 万人。1966 年"文化大革命"爆发，高等学校连续 4 年完全停止招生，即使 1970 年开始招收工农兵大学生，数量也很少。直到 1977 年恢复高考之后，中国高等教育才走上稳步发展的轨道。1999 年扩招，高等教育又进入一个快速发展的时期。[①]

新中国成立五十多年来，我国高等教育取得了举世瞩目的成就。1949 年，中国仅有普通高校 205 所，普通高校在校学生数为 11.65 万人，招收本科生约 9.4 万人，专科生约 2.3 万人，研究生仅为 69 人，教职工数为

[①] 刘海峰：《中国高等教育发展的起伏与进退——以介绍分析一份重要的高等教育统计为中心》，《现代大学教育》2001 年第 2 期。

4.6 万人，其中专任教师为 1.6 万人。到 1998 年，全国普通高校共有 1022 所，增长了将近 5 倍，普通高校在校生数为 360.1 万人，增长了近 31 倍，招收本科生 65.31 万人，增长了近 7 倍，招收专科生 43.05 万人，增长了 18.7 倍，招收研究生 7.3 万人，教职工为 102.96 万人，其中专任教师 40.72 万人。高等教育毛入学率从 1949 年的 0.26% 提高到 1998 年的 9.8%。[①] 1999 年高校扩招政策正是在 1949 年至 1999 年间我国高等教育发展已取得的成就的基础上而制定出来的。

（二）社会经济发展对高素质人才的需要

一个国家的国力、整个社会物质与精神文明的进步，很大程度上取决于高等教育所培养的人才的数量和质量。而实际上，我国高等教育无论从适龄人口的在学率、大学生在校生人数，还是从受教育者在总人口中所占的比例来看，都远远落后于国民经济的发展规模、速度，高级人才的储备、劳动者素质、科技竞争力等方面也还不能满足知识经济的要求。

从纵向发展来看，新中国成立以来我国高等教育有了巨大的发展，但从横向比较来看，1981 年我国高中毕业生的升学率是 5.7%，高等院校在校生的人数是 127.9 万人，平均每万人中不到 13 人。而美国 1975 年高等院校的在校生为 1120 万人，即每万人中有 520 名；苏联高等院校的在校生数为 490 万人，每万人中近 200 名；日本 1977 年高等院校的在校生为 236 万人，平均每万人中也有 200 多名。[②] 1997 年我国注册的大学生总数达 608 万人（其中研究生 18 万人，全日制普通高校学生 317 万人，成人高等学校学历生 273 万人）。中国人口占世界人口总数的 22%，而大学生仅占世界大学生总数的 7%，每万人在校大学生仅有 48.2 名，比许多发展中国家还低很多。

据 1993 年的统计资料，世界一些国家高等教育适龄人口的在学率为：

---

① 1949 年数据来自《中国教育事典（高等教育卷）》，河北教育出版社 1994 年版，第 544 页；
1998 年数据来自《1998 年全国教育事业发展统计公报》。
② 于光远：《教育要力争走在前面》，《北京师范大学学报（社会科学版）》1983 年第 1 期。

美国 72.2%，加拿大 71.2%，芬兰 48.2%，新西兰 44.5%，阿根廷 39.9%，法国 39.6%，韩国 37.7%，泰国 23%。① 而中国到 1997 年才达到 6%，不但远远低于上述国家，甚至低于经济发展远不如我们的印度、孟加拉国、卢旺达、乌干达等国。而且，我国与发达国家在具有高等教育程度的人力资源或高层次人才的数量上还存在很大差距，需要培养更多的大学生。比如每百名居民中具有大学文化程度的人数，美国为 46.5 人，加拿大为 21.4 人，日本为 20.7 人，菲律宾为 18.7 人，韩国为 13.4 人，泰国为 5.1 人，而我国仅为 2.7 人。② 而根据有关部门的统计，我国每万名劳动力中从事研究与开发的科学家和工程师为 84 名，仅相当于中等发达国家的 1/5 或发达国家的 1/9；1998 年，我国的专业技术人才总量为 3877 万名，占从业人口的 5.5%，相当于发达国家的 1/4 至 1/3，这其中，大学本科及以上学历的仅占 17.5%，中专以下学历占一半以上。③

相对于国民经济和社会发展的需要而言，世纪之交，我国高等教育总体上仍严重滞后，高素质人才仍然相当匮乏。因此，我国政府提出了"必须把教育摆在优先发展的战略地位"，在十五大上提出"实施科教兴国和可持续发展战略"。所以，实施高校扩招，推进高等教育大众化迫在眉睫，它已成为我国实现"科教兴国"战略、增强国家综合国力、全面建设小康社会、推动经济和社会可持续发展的必经之路。

（三）人民群众日益增长的接受高等教育的需要

众所周知，在当代社会，受教育程度的高低直接影响着职业的选择、经济收入和社会地位。当发达国家先后在 20 世纪六七十年代高等教育入学率达到50%，高等教育发展进入普及化阶段时，我国到 20 世纪 90 年代末高等教育入学率仍然低于 10%，还没有达到 15% 的大众化标准。无论是高等教育的入学率还是每万人口中的大学生数，我国都远远落后于发

---

① 转引自史朝：《对我国高等教育大众化的探讨》，《高等教育研究》1999 年第 1 期。
② 杨凯：《高校扩招后的战略调整：回顾与展望》，《高等教育研究学报》2005 年第 4 期。
③ 杜静丽：《我国高等教育大众化问题探析》，天津大学硕士学位论文，2003 年，第 27 页。

达国家，高等教育的发展还有相当大的空间。特别是随着我国经济的持续高速发展，一方面社会经济发展需要更多的高素质人才，另一方面国家支撑高等教育发展的能力和人民群众接受高等教育的支付能力也大大提高。

随着普及九年义务教育的基本完成和中等教育规模的扩大，人民群众接受高等教育的需求越来越强烈。近年来，尽管我国高校一直在扩大招生规模，但仍不能满足广大学生和家长的迫切要求。而且，研究表明，我国高等教育学龄人口（18—21 岁）的高峰期为 2006—2010 年，年平均数为 8955 万人，峰顶为 2007 年，达 9200 万人，2010 年为 8660 万人。按照毛入学率 15% 的目标，2010 年高等教育在校生规模将达到 1300 万人左右（1998 年为 642.99 万人，仅包含普通高校和成人高校本专科学生与研究生）。如果高等教育不扩大招生，会为未来留下一大批低素质的劳动者，受教育程度在高中阶段以下的大批从业人员显然不能适应信息化社会的需要，对我国迈向小康社会和现代化国家的战略目标也大大不利。因此，扩大高等教育的招生人数，一方面可以将这批劳动力储存起来，使他们暂时不进入就业市场，另一方面为迎接学龄人口的高峰压力做好准备。

（四）推动素质教育发展的需要

在 20 世纪 70 年代末到 80 年代前半期，我国教育界就开始对基础教育改革进行探索。针对基础教育中普遍存在的片面追求升学率的应试教育倾向，教育界先后提出了"加强双基"（即基础知识、基本技能），"加强双基，培养能力，发展智力"，"加强智力因素培养同时注意非智力因素培养"。1985 年出台的《中共中央关于教育体制改革的决定》明确指出："教育改革的目的是提高国民素质。" 1987 年，原国家教委副主任柳斌同志在《努力提高基础教育的质量》一文中呼吁实施"素质教育"。1993年，中共中央颁布的《中国教育改革和发展纲要》中要求"中小学要从应试教育转向全面提高学生素质的轨道，面向全体学生全面提高学生的思想道德、文化科学、劳动技能和身体心理素质"。1994 年 8 月《中共中央关于进一步加强和改进学校德育工作的若干意见》，首次在中央文件中明确使用了"素质教育"的概念。而这一时期在全国各地进行的教育整体改革实验，包括"愉快教育"、"和谐教育"、"成功教育"、"主体性教育"等实验，则为素质教育的出台奠定了实践基础。1996 年春，《人民日报》长篇报道了湖南汨罗市大面积实施素质教育的经验，使改革实验进入了区域推进的阶段。1997 年，国家教委颁发了《关于当前积极推进中小学实施素质教育的若干意见》。1998 年，教育部制定《面向 21 世纪教育振兴行动计划》，明确规定要实施"跨世纪素质教育工程"，要求将素质教育转入整体推进和制度创新为主的阶段，即主要通过课程改革、教育评价的改革和加强师资队伍建设全面贯彻教育方针。

但是，这些举措并没有减轻学生的课业负担，应试教育成了教育界的一个顽症。如何适应现代社会对人才素质的要求，把亿万学生从"应试教育"中解脱出来变得越来越尖锐和复杂，也越来越被社会各界所关注。人们逐渐认识到，应试教育并不仅仅是基础教育阶段的问题，而且与接受高等教育的机会密切相关，与社会发展给人提供的发展机会密切相关。要使基础教育走出应试教育怪圈，必须扩大高等教育规模。于是，高校扩招也就成为解决上述矛盾的一个突破口。

（五）关于高等教育规模与发展速度问题的争论

有关高等教育规模与发展速度的讨论在改革开放初期就出现了，而且在改革开放 30 年间从来没有间断过。恢复高考后不久，面对百废待兴的教育事业，在采取什么样的发展战略方面有着不同的声音。1980 年 2 月 18 日，时任国务院副总理的方毅同志在首都教育工作者春节联欢会上讲话指出："我们的四化建设需要大批有社会主义觉悟、有现代科学技术知识的专门人才。由于林彪、'四人帮'的十年大破坏，耽误了整整一代人的培养和成长。现在各方面的建设，都遇到了人才青黄不接的困难。我们的教育事业虽然取得了很大成绩，但整个说来还是很落后的。在人才的培养上，无论数量还是质量，都远远不能适应四化建设发展的需要。如何尽快缩短这个差距，是时代向我们全体教育工作者所提出的紧迫任务。""我们广大的教育工作者，应该围绕'快出人才、出好人才'这个根本任务，进一步解放思想，广开学路，广开才路，善于发现人才，不拘一格培养人才。"① 方毅同志的这种观点并没有得到教育部的支持。1982 年 1 月 3 日，时任教育部部长的蒋南翔同志在《北京日报》上发表了题为《略论高等教育的发展速度和单纯追求升学率的问题》一文，文章认为："发展高等教育，解决数量问题易，解决质量问题难，而质量问题具有更重要的意义。所以，现在值得严重注意的问题，不在发展速度太慢，而在如何做好巩固工作，更好地贯彻中央的调整、改革、整顿、提高的方针，使近几年来迅猛发展的数量，能够名实相符，不至成为虚假的数量。总之，特别要注重质量上的提高。""回顾建国以来发展高等教育的几次大起大落，得到的结果是'欲速则不达'，质量不能保证，数量也落空，并且长期留下后遗症。高等教育的发展，必须根据需要和可能，在保证质量的前提下，积极而又稳步地发展数量。"② 尽管存在着争论，我国高等教育在 20 世纪 80 年代初还是获得了较快的发展。1982 年，我国普通高等学校为 715 所，1983 年上升为 805 所，1984 年为 902 所，1985 年为 1016 所（不包括各省属的职业大学），平均每年增加近百所。

1985 年颁布的《中共中央关于教育体制改革的决定》，使我国教育界的思想获得解放。面对高等教育迅猛发展的势头，论争再次出现。时任国家教育规划办公室主任的周贝隆在 1986 年发表了《我国高等教育发展战略的几个问题——需求、限制、效益、对策》一文，指出："教育规模的发展首先是基础教育，其次才是高等教育……我国基础教育薄弱，高等教育的发展应建立在巩固的基础教育之上。"接着，焕章于 1987 年发表了《试论我国高等教育的膨胀——对教育改革与发展中若干问题的思考》一

① 方毅：《方毅同志在首都教育工作者春节联欢会上的讲话》，《人民教育》1980 年第 4 期。
② 蒋南翔：《略论高等教育的发展速度和单纯追求升学率的问题》，《北京日报》1982 年 1 月 3 日。

文，对周贝隆的观点表示赞同。而不同的声音来自于袁连生，他于1988年发表了《我国的高等教育发展是否速度太快、规模过大?》一文，认为"我国高等教育不能缩小规模，而要在改革中发展，到90年代还要保持适当的加速度发展，才能满足社会经济的需要，促进社会经济的发展"。但这种观点并没有得到积极响应。其原因在于，当时"控制派"的观点和国家教委与国务院主要负责人的观点不谋而合。我国高等教育的发展规模在1985年之后，从政策上受到了扼制。20世纪80年代前期高等教育的增长势头被人为抑制，而且1986年和1989年高等教育招生人数还出现了负增长。

在数年的缓慢增长或负增长之后，1992年，我国高等教育迎来了又一次扩张。1992年，全国普通高校招收本专科学生75.42万人，比上年增加13.43万人，年增长率为21.66%；研究生招生达3.34万人，比上年增加0.37万人，增长率为12.5%。1993年，全国普通高等学校本专科招收92.4万人，比上年增加17万人，增长22.5%；研究生招收4.21万人，比上年增加0.87万人，增长26%。经过短短两年扩张，1993年普通高校招生人数是1991年的1.57倍。但在1994年，高等学校招生人数又呈负增长，到1996年普通高等学校招收本专科生96.58万人，研究生5.94万人，才基本上恢复到1993年的水平。

高等教育发展速度的反复波折再次引发了人们关于高等教育应以什么样的速度发展的讨论。1996年，周贝隆发表了《高教发展规模的战略选择》一文，明确地提出高等人才培养的"宁紧勿松"原则。他认为："高等教育发展的速度应低于经济发展的速度，二者之间的比例关系是2:3。"与之相反，1997年，温松岩发表《关于我国高等教育发展规模速度问题的几点思考》一文，他认为："有过剩才能有竞争"，通过"一定程度的人才过剩还能改变一些毕业生自视过高的想法，使大部分高层人才自愿流动到更需要他们的基层岗位上去"；要"通过多种形式办学和筹措资金的方法来积极发展我国的高等教育事业"。郭峰在《关于我国普通高等教育的规模和发展速度的思考》一文中认为："17年（1980—1997年）来，我国高等教育的规模和速度并不快，总体上说低于社会和经济发展的水平，还远不能满足经济和社会发展的需要。"① 1998 年，伴随着高等教育大众化的热点讨论，有关高等教育发展规模和速度的讨论达到高潮。中科院院士何祚庥在 1998 年发表了《高等教育适度发展，还是大力发展?》一文，从经济发展指标、高等教育发展指标等八个方面详细论证了"应大力发展高等教育"，并提出"分三步走"，力争在 2010 年或稍后，使我国高等教育适龄人口入学率达到甚至超过中等收入国家 20 世纪 90 年代初 27% 的水平。② 该篇文章可谓石破天惊，一下子使论争的焦点发生了转移，人们转而关注大力发展还是适度发展，而不是去讨论要不要发展了。1999 年，普通高校本专科招生人数达 159.68 万人，与 1998 年的 108.4 万人相比增幅达 47.4%；研究生招生人数达 9.22 万人，比上年增加 1.97 万人，增长 21.38%。

以上只是 1999 年我国实行高校扩招政策的背景，但促使这一政策出台的最主要的动因还是人们通过扩招"拉动内需、刺激消费、促进经济增长与缓解就业压力"的期待。

（六）拉动内需、刺激消费、促进经济增长与缓解就业压力的期待

改革开放以来，我国经济持续高速增长，1992 年和 1993 年国内生产总值的增长速度分别达到 14.2% 和 13.5%；与此同时，经济运行中也出现了投资过热和通货膨胀，以至于中央不得不采取措施进行"软着陆"。从 1993 年下半年开始，中央政府相继出台了一系列旨在加强宏观调整的政策措施，经济增长速度开始逐步回落。到 1996 年年底，通货膨胀得到了有效控制，宏观经济运行成功实现了"软着陆"。

但从 1997 年下半年开始，受亚洲金融危机的影响，我国经济发展的增幅开始出现全面下滑，需求不足成为经济发展的主要矛盾。一些经济学家在寻求解决经济困境的对策时，发现教育是刺激消费、拉动内需的最有潜力的市场。因此，一些专家把目光转向了高等教育事业，鼓励我国国民

---

① 郭峰：《关于我国普通高等教育的规模和发展速度的思考》，《高等工程教育研究》1997 年第 3 期。
② 何祚庥、兰士斌：《高等教育适度发展，还是大力发展?》，《教育发展研究》1998 年第 7 期。

拿出积蓄来对下一代进行教育投资，以拉动内需。他们认为，较大幅度地增加高等院校招生人数，推动高等教育发展，对于扩大内需（增加智力投资）、增加就业（学校及相关行业的就业机会）和延缓就业压力、提高中长期人才供给质量，都具有重要意义。

1999 年 2 月，亚洲开发银行经济学家汤敏博士与亚洲管理学院左小蕾教授策划出一个刺激疲软经济的方案。① 即：以每年递增 25%—30% 的速度，3 年使我国高校（含成人高校）招生量扩大一倍，从 200 万人增加到 400 万人；新增学生自费，学费每年 1 万元。这个建议最终得到了有关领导的认可。1999 年 6 月 15—18 日，第三次全国教育工作会议在北京举行。这次会议从社会主义现代化建设全局和发展战略的高度，对我国面向新世纪的教育改革和发展作出了重要部署。会议期间，发布了中共中央、国务院《关于深化教育改革　全面推进素质教育的决定》，并宣布了大幅度扩大高等学校招生规模的决定。很显然，这一决定与我国持续快速发展的经济需要更多的高素质人才，广大群众普遍渴望子女都能受到高等教育，全面推行素质教育困难重重等因素有关，但直接目的还是拉动内需、刺激消费、促进经济增长与缓解就业压力。

二、高等教育跨越式发展的历程

自新中国成立至 1999 年，我国高等教育共经历了四次大规模的扩张，并且在每次大规模扩张后都会伴随一段时间的收缩与调整。

高等教育第一次大规模扩张起因于 1955 年下半年开始的高等学校区域布局的调整，而始于 1958 年的"大跃进"进一步加速了这种扩张的进程。这次扩张历经 5 年，一直持续到 1960 年结束。经过这次扩张，我国

---

① 转引自杨崇龙：《我国高校扩招政策的提出和终止》，《云南民族大学学报》2007 年第 2 期。

高等教育在校生数从 1955 年的 30.8 万人增加到 1960 年的 175.9 万人，年均增长 41.6%。这次大扩张，使高等教育与中等教育出现了严重的比例倒挂（从 1954 年到 1960 年，全国普通高中毕业生数累计为 129.2 万人，而同期全国普通高等院校招生数累计为 134.4 万人），再加上国民经济从 1960 年开始出现连续三年的负增长，使高等教育规模超出了国民经济的承受能力，中央政府于 1961 年上半年开始进行高等教育规模的收缩调整，关闭了 800 多所高校（从 1961 年到 1963 年，全国关闭的高校数占 1960 年高校总数的 68%），使我国高等教育在校生数出现了连续 5 年的负增长（人数从 1960 年的 175.9 万人下降到 1965 年的 109.2 万人，但下降速度逐年放缓）。始于 1966 年的"文化大革命"更进一步加速了这种收缩的进程。到了 1970 年，高等学校在校生数只有 4.8 万人，远低于 1949 年的 11.73 万人。

高等教育第二次大规模扩张起始于 1970 年。高校停止招生 4 年后，部分试点高校开始招收"工农兵学员"，高校招收"工农兵学员"的政策延续到 1976 年。这次扩张属于恢复性扩张，到了 1976 年，高等教育在校生数达到 187 万人，已超过 1960 年的水平。1977 年，高校停止招收"工农兵学员"，全国恢复高考制度，这一政策使高等教育规模又经历了长达 6 年的收缩调整。

高等教育第三次大规模扩张起始于 1983 年。1982 年召开的党的十二大确定了我国至 20 世纪末国民生产总值比 1980 年翻两番的奋斗目标。十二大的召开，促使我国高等教育在校生规模出现了始于 1983 年的第三次大扩张。这次持续了 4 年的扩张使高等教育在校生数从 1982 年的 184.2 万人增加到 1986 年的 384.6 万人，年均增长 20.2%。

高等教育第四次大规模扩张始于 1999 年。这次扩张受 1997 年亚洲金融危机和知识经济的双重影响，直接的发动号角是 1998 年 12 月 24 日教育部发布的《面向 21 世纪教育振兴行动计划》，该计划明确提出"到 2010 年，高等教育规模有较大扩展，入学率接近 15%"。1999 年 6 月，党中央、国务院召开了改革开放以来的第三次全国教育工作会议，主题是振兴教育事业，提高全民族文化科学素质和创新能力，实施科教兴国战略。这次会议精神促使 1999 年普通高校本专科招生人数达到 159.68 万人，与 1998 年的 108.4 万人相比增幅达 47.4%；研究生招生人数达 9.22万人，比上年增加 1.97 万人，增长 21.38%。

总的来说，从改革开放到 1999 年，这期间我国高等教育发展规模与同期国内发生的主要政治事件息息相关（见表 1）。

表1　20 世纪八九十年代我国高等教育发展规模与
同期主要政策对照

年份	高等教育规模发展情况	主要政策
1977—1982	高校招生年均递增 7.7%	党的十一届三中全会及教育工作会议召开
1982—1985	高校招生年均递增 25.3%	国务院批准《关于加速发展高等教育的报告》
1986—1991	1991 年与 1985 年的招生数持平，7 年保持不变	贯彻《中共中央关于教育体制改革的决定》，控制招生
1992—1993	加快改革，积极发展，年均递增 22.1%	邓小平南方谈话强调"经济发展，教育科技先行"
1994—1998	1994 年比上年下降 2.6%，以后低速增长	国务院发布《关于〈中国教育改革和发展纲要〉的实施意见》，提出我国高等教育应走以内涵发展为主的道路
1999	1999 年招生规模较上年增长 44%	国务院"扩大内需、拉动经济"的政策出台

（资料来源：潘懋元：《中国高等教育百年》，广东高等教育出版社 2003 年版，第 367 页）

而 1999 年到 2007 年期间，我国高等教育跨越式发展的历程可以从政府颁发的相关文件中窥见一斑。

1998 年 12 月，教育部制定的《面向 21 世纪教育振兴行动计划》提出，到 2000 年，积极稳步发展高等教育，高等教育毛入学率达到 11% 左右；到 2010 年，高等教育规模有较大扩展，毛入学率接近 15%，若干所高校和一批重点学科进入或接近世界一流水平。

1999 年召开的第三次全国教育工作会议对高等教育的发展方针作出

了重大决策，中共中央、国务院《关于深化教育改革全面推进素质教育的决定》提出：扩大高等教育的规模，"通过多种形式积极发展高等教育，到 2010 年，我国同龄人口的高等教育入学率要从现在的 9% 提高到 15% 左右"。这次会议的决定大大促进了我国高等教育的发展和繁荣。

第三次全国教育工作会议期间，有关领导同志介绍了高校扩招方案，中央政治局通过讨论，原则同意，提请与会代表讨论。会后，中央决定当年高校扩大招生规模。同时，为解决扩招后的后勤保障问题，决定推行高校后勤社会化改革；为解决贫困学生的学费问题，决定建立高校贫困生助学贷款，并围绕高校扩招制定了若干政策。[①]

1999—2001 年，国务院先后在上海、武汉、西安召开了三次高校后勤社会化现场会议，推广这三个市的经验。从中央到地方，为推进高校后勤社会化制定了若干优惠政策，高校后勤社会化吸纳了企业、社会的大量资金，改善了高校后勤保障的条件。在国务院领导下，教育部、财政部、中国人民银行、银监会制定了若干为普通高校学生提供助学贷款的政策措施，到 2006 年 4 月，全国已有 230 万名大学生获得助学贷款 190.9 亿元人民币。[②]

2001 年年初，我国政府在所公布的《全国教育事业发展第十个五年计划》中，又将原定在 2010 年实现的高等教育规模和入学率目标进一步要求提前五年实现。

在高校扩招政策推行的最初几年，大多数人认为扩招有助于提高我国高等教育的供给量并且带动市场竞争和经济的增长，普遍对高校扩招政策比较看好。但是，经过几年的发展，扩招政策所带来的负面影响以及政策执行过程中出现的诸多矛盾逐渐显现，政府决策部门以及公众开始反思高校扩招政策的得失。其中，2005 年关于高校扩招政策的争论尤其明显，

---

① 《国务院办公厅转发中国人民银行、教育部、财政部〈关于国家助学贷款管理规定（试行）〉的通知》、《教育部、财政部关于进一步加强高校资助经济困难学生工作的通知》，《中华人民共和国重要教育文献（1998—2002）》，海南出版社 2003 年版，第 299—301、306 页。
② 转引自杨崇龙：《我国高校扩招政策的提出和终止》，《云南民族大学学报》2007 年第 2 期。

带有较强的批判色彩。鉴于此，教育部宣布，我国高校招生将秉承"稳定高等教育规模，适当控制高校扩招幅度"的原则，同时下发了一系列通知，制止各地区及高校擅自扩大本地区或本校的招生规模。

2006 年 3 月，第十届全国人大第四次会议通过的《国民经济和社会发展第十一个五年规划纲要》提出，"十一五"期间，我国优先发展教育的主要任务是："全面实施素质教育，着力完成'普及、发展、提高'三大任务，加快教育结构调整，促进教育全面协调发展，建设学习型社会。"三大任务之一的"提高"即提高高等教育质量。也就是说，把高等教育发展的重点放在提高质量和优化结构上，加强研究与实践活动，培养学生的创新精神和实践能力，提高高层次人才培养质量。

高等教育发展的重心转为"提高高等教育质量"，显然同 1999 年以来高校的连年扩招不无关系。扩招后，办学条件紧张，生均经费下降，学费大幅度上升，贫困生增多，师资力量不足，扩招后的管理跟不上等原因导致高等教育质量出现了一些问题。2006 年 4 月 18 日，教育部部长周济在一次讲话中指出："在充分肯定高等教育取得巨大成绩的同时，必须清醒地认识到存在的问题和面临的考验，主要表现在以下几个方面：一是我国高等教育的数量和质量还不能够很好地适应经济社会发展的需要，尤其是质量问题更为突出；二是深化改革的任务还相当艰巨，……特别是教育教学方面的改革还面临着深层次的艰巨任务；三是教育教学投入不够，不能满足提高教育质量的需要，……特别是高校教学工作面临着精力投入不足、经费投入不足的问题。"[1]

2006 年 5 月 10 日，温家宝总理主持召开国务院常务会议，听取高等教育工作汇报。会议在肯定了近几年我国高等教育发展和改革取得明显成就后决定："根据当前高校的实际情况，有必要适当控制招生增长幅度，相对稳定招生规模，这样做，有利于集中必要的财力，改善办学条件，优

---

[1] 周济：《教学评估是提高教育质量的关键举措——周济部长在普通高等学校本科教学评估工作经验交流暨评估专家组组长工作研讨会上的讲话》，《中国教育报》2006 年 5 月 19 日。

化育人环境；有利于集中精力，加快学科专业结构调整，深化人才培养方式改革；有利于逐步解决当前高校存在的矛盾和问题，特别是缓解高校毕业生就业的压力，从而实现高等教育的可持续发展。高校招生规模的确定，要从实际出发，因地制宜，区别对待，不搞一刀切。在稳定高校招生规模的同时，要加强对迎接高中毕业生的毕业教育和就业前的职业技能培训；大力发展壮大职业教育、各种形式的成人和继续教育，为国民提供多样化的接受高等教育的机会；要严格规范高校办学行为，坚决制止'乱收费'，对办学条件达不到国家规定要求的要限期整改。"① 这一决定昭示了 1999 年以来大规模扩招政策的终止，并指明了今后高等教育发展和改革的方向。根据国务院的决定，教育部提出：（1）严格执行国家下达的招生计划，2006 年国家下达的高校招生规模增长幅度是 5%。（2）加强宏观调控的力度，对超计划招生、违规招生的，在博士点、硕士点新增高校备案审批、基建投资等方面予以限制，超招学生不予电子注册。（3）严格规范办学行为，对专升本学校严格审批，对军队院校招收地方学生也要加强管理，同时还要加强对独立学院的管理，特别是对办学质量和办学条件经评估没有达到办学要求的，要亮红黄牌，向社会公示。（4）实行"阳光招生"，杜绝招生工作中的不正之风。（5）采取疏堵结合，一方面控制高校的扩招规模，另外要以科学发展观指导各级各类高校协调有序发展。对招生比较好的职业院校大力扶持，促进中等职业教育和高等职业教育积极健康地发展。②

2007 年教育蓝皮书《2006 年：中国教育的转型与发展》指出，国家"十一五"规划的制定和 2006 年国务院决定将高等教育扩招的增幅控制为 5%，成为中国高等教育走向结构调整、质量提高的最显著标志。至此，已步入大众化阶段的中国高等教育告别了持续 8 年的"扩招时代"，

---

① 《温家宝主持召开国务院常务会议听取高等教育工作汇报：切实把重点放在提高质量上》，《中国教育报》2006 年 5 月 11 日。
② 翟帆、时晓玲：《各地要严格执行国家下达的高校招生计划》，《中国教育报》2006 年 5 月 26 日。

回到了高等教育规模、质量、结构、效益协调发展的轨道。

三、高等教育跨越式发展的成就与问题

1999 年以来的高校扩招，顺应了社会经济发展的潮流，取得了令人瞩目的成绩。规模扩张不仅推进了高等教育在数量上的跨越式发展，在相当程度上满足了群众接受高等教育的需要，而且带来或催生了高等教育体制的改革以及发展的新模式、新格局，高等教育也因此受到全社会的高度重视，形成了全社会关注高等教育改革与发展的良好氛围，为高等教育的持续发展打下了良好的基础。

（一）高等教育跨越式发展的成就

具体而言，我国高校扩招以来所取得的成就主要体现在以下四个方面：

1. 高等教育规模实现了跨越式发展，建立了世界上规模最大的高等教育体系

1999 年，根据当时经济社会发展的重大需求和人民群众希望更多接受高等教育的强烈愿望，党中央、国务院审时度势，作出扩大高等教育招生规模的重大决策。八年多来，经过各地区、各部门和高等院校的共同努力，我国高等教育的发展取得了巨大成就。1998 年到 2007 年，全国各类高等教育总规模由不到 800 万人增加到 2700 万人，增长了 2.4 倍。全国高校数量也逐年递增，1998 年，全国高等学校共有 1984 所，其中普通高等学校 1022 所，成人高等学校 962 所；到 2007 年，全国共有高等学校 2321 所，其中普通高等学校 1908 所，成人高等学校 413 所。普通高校本专科招生人数 1998 年为 108.36 万人，2007 年达到 565.92 万人，是 1998 年的 5.2 倍。随着本专科生人数的增加，研究生招生人数也在逐年递增。

研究生招生人数由 1998 年的 7.25 万人,增加到 2003 年的 26.89 万人,再到 2007 年的 41.86 万人。高等教育毛入学率也由 1998 年的 9.8%,提高到 2002 年的 15%,再到 2007 年的 23%,我国已经进入高等教育大众化时代。① 高等教育的大众化,为更多的城乡青年提供了接受高等教育的机会,也使我国由人口大国向人力资源强国迈出了关键性的步伐(见表 2)。

表 2 1998—2007 年我国高等教育发展情况数据统计表

年份	1998	1999	2000	2001	2002
普通高校数量(所)	1022	1072	1041	1225	1396
普通高校本科招生人数(万人)	65.31	93.67	116.02	138.18	158.53
普通高校专科生招生人数(万人)	43.05	61.19	104.59	130.10	145.23
研究生招生人数(万人)	7.25	9.22	12.85	16.52	20.26
高校教师数量(万)	50.38	52.33	55.62	61.99	70.73
高校平均规模(人)	3335	3815	5289	5870	6471
毛入学率(%)	9.8	10.5	11	13	15
年份	2003	2004	2005	2006	2007
普通高校数量(所)	1552	1731	1792	1867	1908
普通高校本科招生人数(万人)	182.53	209.92	236.37	253.09	本专科共招生 565.92
普通高校专科生招生人数(万人)	199.64	237.43	268.104	292.97	
研究生招生人数(万人)	26.89	32.63	36.48	39.79	41.86
高校教师数量(万)	80.98	94.45	105.01	115.74	124.85
高校平均规模(人)	7143	7704	7666	8148	8571
毛入学率(%)	17	19	21	22	23

(资料来源:根据 1998—2007 年教育统计数据编制,中华人民共和国教育部网站,http://www.moe.edu.cn)

---

① 数据来源于教育部发布的 1998—2007 年《全国教育事业统计公报》。

2. 高等教育体制改革取得了历史性突破

高校扩招后，高校招生人数与在校学生人数剧增，在这样的情况下，高校必须在教育体制方面作出相应的调整。我国通过采取"共建、调整、合作、合并"等措施，形成了中央和省两级管理、以省为主的管理新机制，组建了一批学科综合和人才汇聚的综合性大学。高校内部管理体制改革不断深化，高校后勤社会化、校内人事和分配制度、招生考试制度、毕业生就业制度和高校成本分担制度等重大改革取得明显成效，贫困学生资助政策与制度体系逐步完善，民办高等教育有了较大发展。教育部《2000年普通高等学校招生工作规定》，取消了原来对应届"三校生"（职业高中、中专和技校）必须工作两年才能参加高职招生考试的限制，从而架通了中等职业教育与高等教育连接的"立交桥"，从制度层面解决了"三校生"接受高等教育的机会。又如，从2000年开始，上海、北京、天津、安徽、内蒙古等省（市、自治区）部分高校开始试点，实行春季高考招生。2000年，北京市与安徽省首次就招收本科、高职（专科）学生2448人。春季高考使高中生多了一次高考机会，终结了一考定终身的历史，有助于素质教育的推进。再如，高校在扩招中打破了传统的封闭模式，更为开放地面向社会办学。2001年，教育部取消了高考招生25周岁以下的年龄限制，为更多想上大学但超出年龄限制的人敞开了大学之门。"非传统学生"人数的增加，与学习化社会相适应的终身教育体系的构建，奠定了大众化时代高等教育的制度性基础。而且许多贫困生也有更多的机会进入高校学习，并通过资助政策或银行贷款项目来完成学业。这些重大改革，为高等教育发展奠定了良好的体制基础。

3. 高等教育结构渐趋合理

我国高等学校的扩招，是与世界一流大学和高水平大学建设同步进行的教育改革。从"九五"到"十五"，伴随着高等教育的扩招和大众化进程，我国通过实施"985"工程和"211"工程，在推进各类高等教育全面协调发展的同时，集中力量加强了重点学科、创新平台和创新团队的建设，创建世界一流大学和建设高水平大学得到深入推进，在高校中汇聚了一大批高层次人才，高校科研水平和创新实力不断增强，产生了一批具有国际先进水平的学科和研究成果，初步形成了一批有中国特色的高水平大学，缩小了与世界一流大学的差距，带动了我国高等教育办学水平和竞争力的提高，并完善了高等教育结构布局，形成了研究型大学、教学型大学和高等职业技术学院并存，综合性大学、多科性大学和单科性学校并存的新格局。

　　高校扩招后，伴随着本科生教育以及研究生教育的迅猛发展，我国高等职业教育也得到了迅猛发展。1998 年，全国独立设置的普通高职高专院校仅有 431 所，到 2007 年年底已经达到 1168 所，基本上实现了在每个地市至少设立一所职业院校的格局；此外，还有 612 所本科学校举办高等职业教育（见表 3）。1998—2007 年间，普通高等学校专科招生人数由 43.05 万人增加到 292.97 万人。2006 年，高等职业教育的在校生是 479 万人，占整个普通高等教育本专科在校生的 43%。① 无论是从学校数量看，还是从发展速度看，高等职业教育已经承担起了实现高等教育大众化

表 3　1998—2007 年间全国高校发展情况

年份	1998	1999	2000	2001	2002
普通高校数量	1022	1072	1041	1225	1396
本科院校数量	591	598	599	597	629
高职（专科）院校数量	431	474	442	628	767
研究生培养单位数量	736	775	738	728	728
年份	2003	2004	2005	2006	2007
普通高校数量	1552	1731	1792	1867	1908
本科院校数量	644	684	701	720	740
高职（专科）院校数量	908	1047	1091	1147	1168
研究生培养单位数量	720	769	766	767	795

（资料来源：根据教育部 1998—2007 年全国教育事业发展统计公报的数据编制而成）

---

① 纪宝成：《中国高等教育结构的战略性转变》，《三江学院学报》2006 年增刊。

的重要责任。尽管高等职业技术教育仍然是我国高等教育体系中最为薄弱的部分，对其办学方向、培养目标、学生就业等存在着模糊认识，但是扩招以来，我国的高等教育结构渐趋合理，满足了社会经济发展的需要和广大人民群众接受高等教育的需求。

4. 高等学校为社会主义现代化建设作出了重要贡献

高校扩招后，高等学校为社会经济发展服务的能力显著增强，在人才培养、基础研究、高新技术研发、成果转化以及产业化等方面取得了丰硕成果。高校扩招大幅度提高了高中阶段教育各类学校毕业生升学的机会，缓解了巨大的就业压力，积极有效地发挥了高等教育对劳动力的蓄水池和充电器功能。对个人而言，经过大学教育，个人的综合素质得到提升，创业能力、就业竞争力也得到加强；对国家而言，不仅缓解了当前的就业压力，而且，未来新增的劳动力水平和结构也将得到有效改善。仅"十五"期间，全国高校就为各行各业输送了1397万名毕业生，为转变经济增长方式、调整产业结构和推动科技创新提供了强有力的人才支撑。同时高校向国家贡献了一大批科技创新成果，累计获得国家自然科学奖75项，占全国授奖总数的55.07%；国家技术发明奖64项，占全国授奖总数的64.4%；国家科技进步奖433项，占全国授奖总数的53.57%。其中国家自然科学一等奖一项，国家技术发明一等奖两项，后者打破了我国连续6年无国家技术发明一等奖的局面。高校科技成果转化也取得新的进展，为经济社会发展提供了重要的科技支撑。高校哲学社会科学繁荣计划的实施，为发展先进文化、全面建设小康社会作出了突出贡献，很好地发挥了"思想库"和"智囊团"的作用。另外，扩招也同时带动了教育文化、餐饮服务、交通运输、出版印刷等相关教育服务业的发展，直接或间接地创造了数以百万计的新就业岗位。

（二）高等学校扩招所产生的问题

高校扩招以来，我国高等教育取得了辉煌的成就，但也出现了很多问题。归纳起来，主要包括以下几点：

1. 教育投入不足，办学条件紧张，区域差距较大

近年来，随着我国经济的持续发展，财政性教育投入总量也不断增加，2006 年达到 6348 亿元人民币，高等学校各项基本办学条件不断改善。从 1999 年到 2006 年，全国普通高校校园占地面积从 71.8 万亩增加到 212 万亩；教学仪器设备从 373 亿元人民币增加到 1424 亿元人民币；图书从 5.7 亿册增加到 11 亿册。但是，由于高等教育财政性经费投入的增长速度赶不上在学人数的增长速度，部分高校特别是地方高校校舍、教学仪器设备、图书和师资等办学条件明显不足。由于政府投入不足，许多高等学校靠自收经费和贷款维持。据《2006 年：中国社会形势分析与预测》蓝皮书发布的数字，从 1999 年到 2005 年，大概形成了 2000 亿到 2500 亿元人民币的高校债务。沉重的债务负担不仅制约着教育教学质量的改善，而且成为学校发展的瓶颈（见表 4）。

表4　1998—2006 年全国普通高校教育经费执行情况表

年份	国家财政性教育经费（亿元）	生均预算内教育事业费（元）	生均预算内公用经费（元）	国家财政性教育经费支出占国内生产总值的比例（%）
1998	2032.45	6775.19	2892.65	2.55
1999	2287.18	7201.24	2962.37	2.79
2000	2562.61	7309.58	2921.23	2.87
2001	3057.01	6816.23	2613.56	3.19
2002	3491.40	6177.96	2453.47	3.32
2003	3850.62	5772.58	2352.36	3.28
2004	4465.86	5552.50	2298.41	2.79
2005	5161.08	5375.94	2237.57	2.82
2006	6348.36	5868.53	2513.33	3.01

（资料来源：《1998—2006 年全国教育经费执行情况统计公告》，中华人民共和国教育部网站，http://www.moe.edu.cn）

国家财政性教育经费支出占国民生产总值的比例，是衡量政府投入水

平最重要的指标。1993 年的《中国教育改革和发展纲要》提出，国家财政性教育经费支出占国民生产总值的比例在 2000 年要达到 4%，但直到 2006 年，国家财政性教育经费占国内生产总值比例只有 3.01%，与 4% 的目标相差甚远，与世界平均水平（5.1%）相距更远。在世界上有此项统计的 128 个国家和地区中，我国排在 100 位之后。财政性教育经费投入总量的长期不足，必然使得政府对高等教育的投入不足。1999 年高校扩招以来，高校的招生规模上去了，但政府的高等教育经费投入却没有跟上。[①] 而且高校设备、图书、校舍等方面的办学条件也未能适应扩招的需要。这既影响了师生的正常生活，又对学习和工作造成了不利的影响。

　　而且扩招以来，由于地区间经济发展水平与财力投入水平差异较大，改革深入程度也有所不同，部分地区普通高校生均经费与生均办学条件有相当程度的下降，难以保证基本的教学质量与正常的教学秩序，严重影响了高等教育的可持续发展（见表 5）。

表5　2005 年、2006 年普通高校生均预算内经费增长情况

（单位：元）

地区	普通高校生均预算内教育事业费增长情况			普通高等学校生均预算内公用经费增长		
	2005 年	2006 年	增长率（%）	2005 年	2006 年	增长率（%）
总计	5375.94	5868.53	9.16	2237.57	2513.33	12.32
北京	17036.50	18228.36	7.00	10688.17	11389.27	6.56
天津	9134.45	9158.63	0.26	4021.63	4458.83	10.87
河北	2757.33	3625.97	31.50	635.49	974.93	53.41
山西	4049.50	3939.48	−2.72	1100.27	1128.57	2.57
内蒙古	3314.83	4109.84	23.98	709.46	889.36	25.36
辽宁	4352.45	4386.89	0.79	1596.77	1613.14	1.03
吉林	3992.94	4024.89	0.80	1994.67	2104.04	5.48
黑龙江	3511.08	3844.39	9.49	1131.22	1158.20	2.39

---

① 纪宝成：《我国高等教育大众化进程中的挑战与对策》，《高等教育研究》2006 年第 7 期。

续表

地区	普通高校生均预算内教育事业费增长情况			普通高等学校生均预算内公用经费增长		
	2005 年	2006 年	增长率（%）	2005 年	2006 年	增长率（%）
上海	11500.73	11942.85	3.84	6865.05	7043.95	2.61
江苏	4971.73	5315.15	6.91	2189.23	2227.27	1.74
浙江	6417.74	7154.51	11.48	2273.32	2331.51	2.56
安徽	3468.17	3485.29	0.49	548.77	671.21	22.31
福建	4914.56	4522.93	−7.97	1885.04	1531.68	−18.75
江西	2206.07	2219.41	0.60	625.15	503.11	−19.52
山东	3195.17	3371.39	5.52	787.01	848.02	7.75
河南	3727.09	4487.95	20.41	1280.46	1873.67	46.33
湖北	2636.97	3325.72	26.12	1009.59	1367.31	35.43
湖南	2685.48	2722.43	1.38	970.47	840.62	−13.38
广东	7529.40	8272.89	9.87	3399.36	3591.04	5.64
广西	3968.03	4084.73	2.94	1408.09	1444.92	2.62
海南	3968.48	2693.09	−32.14	1011.47	386.68	−61.77
重庆	3652.81	3597.32	−1.52	2095.82	2045.05	−2.42
四川	2076.09	2352.76	13.33	940.53	1207.24	28.36
贵州	3721.96	3905.26	4.92	939.30	891.12	−5.13
云南	4874.59	4663.75	−4.33	1873.91	2100.14	12.07
西藏	11864.34	9872.67	−16.79	4596.24	2932.52	−36.20
陕西	3283.87	3466.76	5.57	1266.14	1249.96	−1.28
甘肃	3979.20	4734.26	18.98	980.48	1551.38	58.23
青海	5972.89	7343.27	22.94	1216.21	1126.37	−7.39
宁夏	3157.96	5861.48	85.61	883.17	1238.84	40.27
新疆	3135.87	3651.19	16.43	925.64	1357.19	46.62

（资料来源：教育部、国家统计局、财政部：《2006 年全国教育经费执行情况统计公告》，中华人民共和国教育部网站，http://www.moe.edu.cn）

从表 5 可以看出，2006 年普通高校生均预算内教育事业费北京市为 18228.36 元人民币，江西只有 2219.41 元人民币；普通高等学校生均预算内公用经费北京市为 11389.27 元人民币，海南省仅有 386.68 元人民币。

这种区域间差距较大，我国政府应当引起足够重视。

表6　1998—2007年我国普通高校本专科学生专任教师比

年份	1998	1999	2000	2001	2002
本专科生在校人数（万）	340.87	413.42	556.09	719.07	903.36
教职工人数（万）	102.96	106.51	111.28	121.44	130.36
专任教师人数（万）	40.72	42.57	46.28	53.19	61.84
职工人数（万）	62.24	63.94	65	68.25	68.52
职工占教职工总数的比例（%）	60.45	60.03	58.41	56.20	52.56
学生专任教师比	8.37:1	9.71:1	12.02:1	13.52:1	14.61:1
在校生增长率（%）		21.28	34.51	29.31	25.63
专任教师增长率（%）		4.54	8.72	14.93	16.26
职工数增长率（%）		2.73	1.66	5.00	0.40
年份	2003	2004	2005	2006	2007
本专科生在校人数（万）	1108.56	1333.50	1561.78	1738.84	1884.90
教职工人数（万）	145.26	161.07	174.21	187.26	197.45
专任教师人数（万）	72.47	85.84	96.58	107.6	116.83
职工人数（万）	72.79	75.23	77.63	79.66	80.62
职工占教职工总数的比例（%）	50.11	46.71	44.56	42.54	40.83
学生专任教师比	15.30:1	15.53:1	16.17:1	16.16:1	16.13:1
在校生增长率（%）	22.72	20.29	17.12	11.34	8.40
专任教师增长率（%）	17.19	18.45	12.51	11.41	8.58
职工数增长率（%）	6.23	3.35	3.19	2.61	1.21

（资料来源：根据1998—2007年全国教育事业发展统计公报编制）

2. 专任教师数量不足，教师整体素质有待提高

高校扩招后，教师数量的增加速度赶不上学生数量增加的速度，从专

任教师的数量和专任教师的质量（这里主要指专任教师的学历）这两个方面来看，扩招后教师数量不足，整体素质有待提高。先从专任教师的数量来看。

由表6可以看出，随着高校规模的扩大，我国普通高等学校本专科在校学生数在 2000 年达到 556.09 万人，其增长率达到近几年最高点34.51%，从 2001 年开始，其增长率开始下降，说明我国高校扩招的速度在下降。2007 年，本专科在校学生数达到 1884.90 万人，是 1998 年的5.53 倍；2007 年专任教师数达到 116.83 万人，是 1998 年的近 3 倍。1998年我国普通高等学校本专科学生与专任教师的比例为 8.37:1，扩招后，到 2007 年，学生与专任教师的比例已经上升到 16.13:1。通过比较，可以看出，高校扩招后，虽然专任教师的数量在上升，但是专任教师数和教职工数的增长远远赶不上在校生数量的增加；尽管职工占教职工总数的比例逐年下降，但到 2007 年，仍占 40.83%，说明我国专任教师不足，这将影响高等教育的质量和可持续发展，若不继续加大引进和培养教师的力度，高校教师的数量和质量将会对高校总体规模扩张、高等教育教学质量提高和国家人力资源开发战略的落实等产生严重的制约。

由于连年扩招，高等学校急需补充大量的师资。在高质量的教师资源不足的情况下，一些高等学校不得不降格以求，补充了一些学历、职称较低的教师，本科毕业教本科生的现象屡见不鲜，导致教师队伍整体质量下滑，学历、职称、年龄结构都有待优化。

由表7可以看出，尽管拥有博士、硕士、学士学位的专任教师的数量是逐年递增的，但是拥有学士学位的教师仍占很大的比重。而且，在专任教师中，具有讲师或中级职称的教师仍占据很大的比重。虽然教育部在2001 年就印发了《关于加强高等学校本科教学工作提高教学质量的若干意见》，规定"对于不主讲本科课程，或达不到本科教学基本工作量和质量要求的教师，不能聘任副教授或教授职务"，但是高等学校仍然大量存在教授不讲主干课、基础课，名师不上讲台，只听讲师讲、不见教授教的现象。

表7　1998—2006年全国普通高等学校专任教师学历、职称情况表

（单位：万人）

年份	1998	1999	2000	2001	2002	2003	2004	2005	2006
专任教师人数	40.72	42.57	46.28	53.19	61.84	72.47	85.84	96.58	107.6
博士学位	1.89	2.31	2.82	3.49	4.34	5.36	7.05	8.85	10.86
硕士学位	9.42	10.05	10.82	12.16	14.94	18.25	22.39	26.90	31.78
学士学位	20.40	21.77	24.11	28.01	39.73	45.85	53.27	57.84	62.02
教授（正高级）	3.67	3.934	4.37	5.07	6.02	7.01	8.32	9.66	10.89
副教授（副高级）	11.59	12.59	13.88	16.13	18.63	21.62	25.03	27.82	30.48
讲师（中级）	15.45	15.64	16.66	18.72	21.12	24.06	28.09	31.20	35.22
助教（初级）	7.84	8.32	8.901	10.134	12.02	14.61	18.33	21.47	23.95
教员（无职称）	2.17	2.08	2.46	3.13	4.07	5.18	6.07	6.44	7.06

（资料来源：根据1998—2006年全国教育事业发展统计数据编制，中华人民共和国教育部网站，http://www.moe.edu.cn）

3. 高等教育质量还不能完全适应经济社会发展的需要

在1999年高校实行扩招后，高校规模的急剧扩展给高等学校办学造成了巨大的压力，特定的环境使得高等教育数量与质量的矛盾凸显出来。社会各界都十分关心高等教育的质量问题。学生数量的急剧增加，政府投入的相对不足，师资力量的欠缺，生均经费低和较高的生师比，高校后勤和管理滞后，都导致高等教育质量不尽如人意。招生数量的成倍增长，使每所高校都面临着教育教学两方面软硬件的严峻考验。校舍、实验室等一些必要硬件设施的缺乏，但可以在较短时间里依靠政府的大力支持和社会力量办学等多方面筹措资金得以解决。但是教学、科研和科技产业这三支队伍从数量到质量的严重不足带来的矛盾与压力，继续下去势必导致教学质量下滑。面对成倍增长的新生，办学的忧虑在于，有两大难题在较短时间内解决不了：一是政府及社会对重点高校的衡量标准，已不仅是人才的培养，还有对地方经济发展中科技含量的贡献，以及高校科技产业的发展

等。这必然迫使高校把一部分优秀师资调配到适应当地经济发展的科研及学校科技产业，致使教学一线所剩无几的优秀教师要长时间承受满负荷教学的压力。二是扩招后生源质量高低差距很大，为保证高素质人才培养，如果仍沿用精英教育的模式，肯定有一部分学生毕不了业，再加上教学管理跟不上，必然还会有相当一部分学生滥竽充数地走上社会。

4. 大学生就业形势严峻

由于多年持续扩招，高校毕业生数量剧增，再加上高等教育质量不尽如人意和高等教育专业设置结构性失调，大学生就业难问题不但没有缓解，而且有加剧之势，近几年每年全国至少有上百万毕业生无法按时就业，加重了农村和城镇贫困家庭的负担。

从 2003 年扩招后的第一批学生走入社会开始，大学生就业难问题就开始成为社会各界关注的话题。随着就业难现象的出现，社会上质疑高校扩招的声音也越来越大。1999 年开始的高校扩招的最直接后果是增加了大学生供给，在人才需求量一定的情况下，大学生就业竞争异常激烈，就业形势日趋严峻。学生就业压力增大，出口不畅，就业向低层次发展，社会对人才文化程度的需求呈梯度攀升，越来越多的本科毕业生选择了考研。人才高消费现象由此产生，且愈演愈烈，人力资源被无谓浪费，出现了教育"过度"问题。研究生、博士生含金量逐渐降低，教育的"过度"导致了知识的失业，反过来，知识的失业又促进教育层次的进一步扩张。由于本科毕业生在就业中越来越被动，普通高校不遗余力地争取硕士点、博士点，名校则拼命扩大硕士生、博士生的招生规模。

这些困难、矛盾和问题的存在，不仅直接影响高等教育自身的健康发展，而且会削弱高等教育对经济社会发展应有的支撑作用，如果不及时解决，任其滋长，甚至会导致严重的社会问题。

四、数量与质量均衡发展战略的启动

无论对于整个高等教育而言还是对于一所高等学校来说，并不是规模越大越好，合理的规模才能取得最佳的效益。科学的高等教育发展观强调高等教育规模、质量、结构、效益的协调发展，追求扩大规模、提高质量、优化结构、增强效益的统一。自扩招以来，我国高等教育发展的主旋律便是规模的扩张，但是规模持续扩大的同时，党和政府始终把提高教育质量放在重要位置，始终将质量作为高等教育发展的生命线。我国于1995 年实施"211 工程"，1998 年实施"985 工程"，2003 年启动"研究生创新教育计划"，2006 年启动"国际示范性高等职业院校建设计划"，2007 年启动"高等学校本科教学质量与教学改革工程"，这些都是落实党中央、国务院"把高等教育发展的重点放在提高质量上"战略部署的重要举措。

1. 国家示范性高等职业院校建设计划

"国家示范性高等职业院校建设计划"是教育部、财政部按照《国务院关于大力发展职业教育的决定》的要求，于 2006 年启动的旨在引导一批发展水平相对较高的高职、高专院校进一步办出水平、创出特色的建设计划。实施"国家示范性高等职业院校建设计划"，是贯彻党中央、国务院关于高等教育发展要切实把重点放在提高质量上的战略部署和《国务院关于大力发展职业教育的决定》精神，在教育领域落实科学发展观的一项重要举措。

自 2000 年以来，我国职业教育取得的成就是巨大的，特别是高等职业教育呈现出前所未有的发展势头，规模进一步扩大，服务经济社会的能力有了较大提高，对完善我国高等职业教育结构，实现高等教育大众化发挥了积极作用。但是，我们也必须清醒地认识到，高等职业教育不同程度地存在着院校规模发展过快、办学条件相对较差、专业教师数量不足、质量保障体系不够完善、办学机制改革有待突破等问题。为推动我国高等职业教育持续健康协调发展,教育部从 2004 年开始正式启动了五年一轮的高职、高专院校人才培养水平评估工作。在此基础上,经国务院同意,2006 年教育部、财政部联合下发了《关于实施国家示范性高等职业院校建设计划,加快高等职业教育改革与发展的意见》,国家示范性高等职业院校建设计划正式启动并付诸实施。示范院校建设计划的主要内容是:支持建设 100 所高水平示范院校;建成 500 个左右产业覆盖广、办学条件好、产学结合紧密、人才培养质量高的特色专业群,每个专业带动区域和行业内 3 个以上相关专业主干课程水平的提高,教学质量显著提升;建成4000 门左右优质专业核心课程;完成 1500 种特色教材和教学课件;推动示范院校与经济欠发达地区的对口支援,与区域内中高等职业院校的对口交流等;促进高等职业教育整体质量的提升。

2006 年 11 月 13 日,教育部、财政部联合召开视频会,介绍实施"国家示范性高等职业院校建设计划"的有关情况,国家示范性高职院校建设项目正式启动:在"十一五"期间,中央财政至少安排 20 亿元人民币资金用于该建设计划。2006 年 12 月 8 日,财政部、教育部正式批准 28所高职院校为第一批立项建设国家示范性高职院校。进入 2007 年后,示范性院校建设工作围绕示范性院校建设的主要内容层层展开。

2007 年 2 月,正式筹建项目建设运行监测中心。该中心主要任务是对各建设院校的发展动态进行实时跟踪,具体通过若干观测点进行信息采集和监测,并分别提出详细的分析报告。与此同时,运行绩效与监控信息项目启动。国家示范性高职院校建设计划运行绩效与监控信息分析项目持续时间初步确定为 5 年,将于 2011 年基本完成。项目将以"十一五"期间相继立项的 100 所建设院校为基点,围绕其整体发展情况建立信息采集与绩效监控分析系统,对建设院校的计划实施情况作出全面的信息数据系统跟踪及监控分析,以确保建设计划实施的效益。

2007 年 7 月 4 日,教育部、财政部印发《国家示范性高等职业院校建设计划管理暂行办法》。按照"地方为主、中央引导、突出重点、协调发展"的原则，建设计划实行中央、地方和项目院校分级管理的方式，以院校管理为基础，地方管理为主。建设计划专项资金由中央、地方和项目院校共同承担，按照统一规划、专账核算、专款专用、结余留用的原则，实行项目管理。同时，教育部、财政部共同成立建设计划领导小组，领导示范性高等职业院校建设计划日常工作。

2. 高等学校教学质量和教学改革工程

本科生教育是高等教育的基本组成部分，是专科生教育和研究生教育的主要参照系。2001年，教育部出台了《关于加强高等学校本科教学工作提高教学质量的若干意见》，即4号文件，其中就加强教学工作明确提出了12条针对性很强的要求，对提高教学质量起到了重要作用。

2003年，为进一步贯彻教育部2001年4号文件的精神，巩固高等教育改革与发展的成果，深化教学改革，提高教学质量，教育部决定实施"高等学校教学质量和教学改革工程"。"高等学校教学质量和教学改革工程"包括：高等学校教学改革、学科专业结构调整与评估、精品基础课程建设、表彰奖励教学名师、大学英语教学改革、示范教学基地建设、教育部基础课实验教学示范中心建设、示范性高职高专院校建设、高职高专教育精品专业建设、大学生全面素质教育、医学教育改革、高等学校教学评估等12个建设项目。由于教育部自身经费有限，难以全面推开各个项目的建设，但在精品基础课程建设、表彰奖励教学名师、大学英语教学改革、高等学校教学评估方面取得进展，有力地推动了高等学校的教学改革。

2004年12月，教育部召开了第二次全国普通高等学校本科教学工作会议，会议全面总结了1998年第一次教学工作会议以来高等学校教学工作取得的成就和经验，围绕"大力加强教学工作，切实提高教学质量"的主题，研究了加大教学投入，强化教学管理，深化教学改革，以更多的精力、更大的财力进一步加强教学工作的政策和措施。2005年1月，教育部下发了《关于进一步加强高等学校本科教学工作的若干意见》，即1

号文件，就高等教育的发展提出 16 条要求，强调高等教育必须坚持科学发展观，实现高等教育工作重心的转移，在规模持续发展的同时，把提高质量放在更加突出的位置，培养数以千万计德、智、体、美全面发展的高素质专门人才和一大批拔尖创新人才。

随着我国社会经济发展对高等教育提出的新的要求，以及高等教育规模扩张与质量提高矛盾的转化，党中央、国务院面对新的发展形势，高瞻远瞩，多次强调："'十一五'期间，高等教育发展要全面贯彻落实科学发展观，切实把重点放在提高质量上。"《国民经济和社会发展第十一个五年规划纲要》中明确指出："把高等教育发展的重点放在提高质量和优化结构上，加强研究与实践，培养学生的创新精神和实践能力。"2006 年 5 月 10 日，温家宝总理主持召开国务院常务会议时强调："高等教育要全面贯彻落实科学发展观，适当控制招生规模增长幅度，相对稳定招生规模，切实把重点放在提高质量上。"2006 年 8 月 29 日，胡锦涛总书记在中共中央政治局第 34 次集体学习时强调："普及和巩固义务教育，大力发展职业教育，提高高等教育质量，是'十一五'规划纲要对教育事业发展提出的三项主要任务，必须切实抓实抓好。"党中央、国务院关于"高等教育的发展必须以科学发展观为指导，切实把重点放在提高质量上"的战略决策和部署，完全符合高等教育发展的规律和我国高等教育的实际，科学反映了经济社会发展和现代化建设对高等教育的需求，体现了国家的意志和人民的愿望。

为了贯彻落实党中央、国务院的这一战略决策和部署，2007 年 1 月，经国务院批准，教育部、财政部联合下发了《关于实施"高等学校本科教学质量与教学改革工程"的意见》，正式启动了"高等学校本科教学质量与教学改革工程"（以下简称"质量工程"）。"质量工程"的主旨在于充分发挥高等教育在建设创新型国家和构建社会主义和谐社会中的关键作用，促进我国高等教育规模、结构、质量和效益全面协调可持续发展，办人民群众满意的高等教育，促进学生全面发展。为此，"质量工程"建设内容包括专业结构调整与专业认证，课程、教材建设与资源共享，实践教学与人才培养模式改革创新，教学团队与高水平教师队伍建设，教学评估与教学状态基本数据公布，对口支援西部地区高等学校 6 个方面，设立 17 个建设项目。这是继"211 工程"、"985 工程"和"国家示范性高等职业院校建设计划"之后，我国在高等教育领域实施的又一项重要工程，是提高高等学校本科生教学质量的重大举措，在高等学校、教育界乃至全社会都引起了强烈反响。

3. 研究生教育创新计划

"研究生教育创新计划"于 2002 年酝酿并提出。2003 年，教育部启动"研究生教育创新计划"，并列为《2003—2007 年教育振兴行动计划》的重要内容，要求推动研究生教育观念、体制和运行机制的创新，改革研究生选拔制度，推进学分制并调整修业年限，推行研究生培养导师负责制和研究生助研、助教和助管岗位制，推进培养成本分担制度改革。采取评选优秀博士学位论文、举办博士生学术论坛等各项措施，鼓励并资助研究生科研创新，促进研究生教育与生产劳动和社会实践紧密结合，提高研究生培养质量，促使拔尖创新人才脱颖而出。"研究生教育创新计划"实施以来，发动面稳步扩大，项目类型逐渐增加，内容不断丰富，取得了明显成效，在全国产生了较大影响，初步形成了激励和支持研究生创新的良好氛围。在教育部立项支持一批项目的同时，各研究生培养单位和有关主管部门也采取多种形式开展研究生教育创新计划活动，积极探索提高研究生培养质量的有效途径，在推动我国研究生教育的全面改革与快速发展上发挥了积极作用。

从 2003 年开始，教育部通过立项的方式支持了一批研究生教育创新计划项目，并逐年扩大支持面，增加新的项目类型。2003 年，通过学校申报，教育部批准了 11 个学校的 13 个创新计划项目，这些项目包括：举办全国博士生学术论坛、建设研究生创新中心、开设研究生精品课程以及优秀博士生科研创新和国际联合培养等。2004 年，教育部扩大了支持面，批准了 20 个学校的 22 个创新计划项目。2005 年，在研究生培养单位高度重视、积极申报的基础上，共批准 42 个单位的近 50 个创新计划项目。同时，项目类型有所增加，可分为：举办全国博士生学术论坛、举办全国研究生暑期学校、建设研究生创新中心、开展研究生培养及课程改革、组织研究生访学等。2006 年和 2007 年，承担项目的单位进一步增加，同时也增加了项目类型，如举办确定科学主题的全国博士生学术会议，通过立项方式推动一批学校开展研究生培养机制改革试点工作，推动各省级学位与研究生教育管理部门开展本地区或区域合作的研究生教育创新计划活动等。

回顾我国高等教育的发展历程可以发现，新中国成立以来特别是改革开放以来，我国高等教育事业取得了辉煌的成就，实现了高等教育的跨越式发展。在这个发展过程中，规模扩张与质量提高一直是主要矛盾，也是争论的焦点所在。在不同的发展阶段，或强调规模扩张，或强调质量提高，或强调规模与质量并重。不同发展战略的选择，既反映了一个时期中央和教育主管部门对局势的判断和意愿，也反映了社会经济发展和人民群众接受高等教育的需求。高等教育需要正确处理规模与质量的关系，需要规模、质量、结构、效益的协调发展。我们高兴地看到，在科学发展观的指导下，在经过 1999 年以后连续多年的规模扩张之后，我国高等教育终于走上规模、质量、结构、效益协调发展的道路。

参考文献

1. 陈倩：《高校扩招六年的成绩、问题与对策》，《统计与咨询》2006 年第 1 期。

2. 康宁：《论教育决策与制度创新——以 99 高校扩招政策为案例的研究》，《高等教育研究》2000 年第 2 期。

3. 李娜：《我国高校扩招政策的经济学分析》，硕士学位论文，东北师范大学 2006 年。

4. 李艳：《我国高校扩招政策的效应分析》，《华南农业大学学报》2007 年第 1 期。

5. 潘懋元：《中国高等教育百年》，广东高等教育出版社 2006 年版。

世界一流大学——
中国人的世纪梦想

刘宝存 孙 岩

1998 年 5 月 4 日，江泽民同志在北京大学建校 100 周年庆祝大会上庄严宣布："为了实现现代化，我国要有若干所具有世界先进水平的一流大学。"1998 年 12 月 24 日，教育部正式发布《面向 21 世纪教育振兴行动计划》，明确提出要"创建若干所具有世界先进水平的一流大学和一批一流学科"。从此，创建世界一流大学，不仅成为我国高等教育改革的重要措施，而且成为一批著名高等学府的奋斗目标。从新中国成立后的重点大学建设，到 20 世纪 90 年代的"211 工程"和"985 工程"，无不渗透着中国人创建世界一流大学的梦想。

一、新中国成立至改革开放初期
我国的重点大学建设

新中国成立后，我国高等教育的发展掀开了崭新的一页，进入到新的历史时期。但是我国高等教育也面临相当多的困难和挑战：高等教育总体规模较小，新中国成立初期，全国共有高等学校 205 所，其中公立大学 124 所，私立大学 81 所；高等教育区域发展极不平衡，全国高等学校华东地区最多，有 73 所，西南地区有高校 42 所；学科设置繁杂，科类结构不合理；教师队伍紧缺，办学条件简陋，教育水平良莠不齐，等等。新中国成立后，随着我国社会主义建设事业的逐步兴起和发展以及全面学习苏联政策的制定，重工业被摆在了优先发展的位置，但是涉及相关行业的工程技术人才却非常缺乏。为了改变高等教育系统不能为优先发展重工业提供足够的工程技术人才的问题，抓紧建设一批重点大学，加快相关人才培养，对我国社会经济的发展具有极为重要的意义。我国的重点大学就是在旧中国遗留下来的高等学校的基础上，在全面学习苏联经验、实现强国经济战略和高等教育恢复发展的背景下逐步发展起来的。

（一）20 世纪 50 年代我国的重点大学建设

经过 1951 年到 1953 年的院系调整，到 1954 年，我国的高等教育基本形成了苏联特色的高校办学模式，也意味着我国高等教育基本上进入了全面学习苏联的阶段。为了进一步摸索高等学校的管理经验，全面深入地学习苏联的先进经验，当时的高等教育部决定在全国高等学校中确定一批重点高校，以使这些学校能在贯彻中央所制定的方针政策、学习苏联先进经验、进行教学改革、加强行政领导等各方面先走一步，取得经验，由高等教育部及时总结推广，以带动其他学校共同前进。1954 年 10 月 5 日，经政务院文化教育委员会批准，高等教育部发布了《关于重点高等学校和专家工作范围的决议》。《决议》明确指出重点学校的主要任务有以下三方面：第一，必须培养质量较高的各种高级建设人才及科学研究人才；第二，为高等学校培养师资，包括培养研究生及进修师资，举办必要的培训班，并争取多留一些本科毕业生做高等学校师资；第三，在培养师资和教学工作、教学资料等方面经常予以其他学校以帮助，此外还应帮助高等教育部进行必要的重点实验的工作，解决有关重大课题，接受外国留学生及创设函授班等。[①]

---

① 中央教育科学研究所编：《中华人民共和国教育大事记（1949—1982）》，教育科学出版社 1984 年版，第 114 页。

《决议》还提出了确定重点高等学校的条件和原则："第一，师资设备等条件较好；第二，有苏联专家的指导和帮助；第三，行政领导比较健全；第四，教学改革有较显著的成绩和经验。重点高校不宜过多，以便于加强领导。"① 根据当时高等学校的情况，《决议》暂确定中国人民大学、北京大学、清华大学、哈尔滨工业大学、北京农业大学、北京医学院6所院校为全国性的重点学校。这是新中国成立后我国第一次确立重点大学，国家通过师资调配、聘请外国专家、高校基础设施建设和专业设置等方式对重点大学予以支持。经过几年的发展，上述重点大学在教师队伍建设、校园基础设施建设、教学质量和人才培养方面得到提高，加快了学习苏联高等教育的进程，重点大学的综合实力进一步提升。

（二）20世纪60年代我国的重点大学建设

从1958年到1960年，伴随着我国经济建设上的"大跃进"，高等教育也深受"左"的思想影响，出现了盲目发展的现象。由于盲目发展，很多学校缺乏必要的物质和师资条件，不仅无法保障教学质量，而且还使国家经济不堪重负。针对这种情况，中共中央于1959年1月在北京召开了教育工作会议，会议指出教育工作的方针主要是"巩固、调整和提高"，并在这个基础上有重点地发展，要保证重点学校的质量，在不削弱重点学校的前提下照顾一般学校。1959年5月17日，中共中央下发了《关于在高等学校中指定一批重点学校的决定》。《决定》指出，为了能发展高等教育，又能防止因平均使用力量导致高等教育质量的普遍降低，以及为了便于将来逐步提高高等教育的质量起见，从现有的比较有基础的高等学校中指定少数学校，从现在开始就采取措施，着重提高教育质量是必要的。这次被指定为全国重点学校的16所高等学校包括：北京大学、中国人民大学、复旦大学、中国科学技术大学、上海第一医学院、哈尔滨工业大学、清华大学、天津大学、上海交通大学、西安交通大学、华东师范

---

① 罗云：《中国重点大学与学科建设》，中国社会科学出版社2005年版，第66页。

大学、北京工业学院、北京航空学院、北京农业大学、北京医学院、北京师范大学。为了办好这16所学校,《决定》还提出了下述要求:(1)上列重点学校,从现在起,即应着重提高质量,非经中央同意不得再扩大学校规模,不得增加在校生数目和增设科系。在招生时,应保证新生具有良好的政治条件、文化水平和健康条件。在办学中应遵守精简机构和勤俭办学的原则,不得铺张浪费。(2)上列重点学校,必须招收和认真培养研究生,适当地担负高等学校教师进修的任务,同其他学校交换教材、交流教学经验等,以这些方式为提高全国高等教育服务的质量服务。(3)上列重点学校,其领导关系照旧不变。根据中共中央《关于在高等学校中指定一批重点学校的决定》精神,教育部党组制定了关于16所重点高等学校的专业设置、招生名额及发展规模的意见。① 随后,中央又决定增加中国协和医科大学、哈尔滨军事工程学院、第四军医大学及军事通讯工程学院(西安电子科技大学)4所学校为全国重点高等学校。

1960年10月22日,中共中央又发出《中共中央关于增加全国重点高等学校的决定》,增加吉林大学、南开大学、南京大学、武汉大学、中山大学、四川大学、山东大学、山东海洋学院、兰州大学、大连工学院、东北工学院、南京工学院、华南工学院、华中工学院、重庆大学、西北工业大学、合肥工业大学、北京石油学院、北京地质学院、北京邮电学院、北京钢铁学院、北京矿业学院、北京铁道学院、北京化工学院、唐山铁道学院、吉林工业大学、大连海运学院、华东水利学院、华东化工学院、华东纺织工学院、同济大学、武汉水利电力学院、中南矿业学院、成都电讯工程学院、北京农业机械化学院、北京林学院、北京中医药学院、中山医学院、北京外国语学院、国际关系学院、北京政法学院、北京对外贸易学院、中央音乐学院、北京体育学院44所高校为全国重点高校。至此,全国重点高等学校达到64所。1963年至1964年,又增加浙江大学、厦门大学、上海外国语学院、南京农学院4所学校为重点高校。这样,全国的重

---

① 罗云:《中国重点大学与学科建设》,中国社会科学出版社2005年版,第66页。

点高校共有 68 所，其中综合大学 14 所、工科院校 33 所、医药院校 5 所、农林院校 4 所、政法财经院校 3 所、师范院校 2 所、外国语院校 2 所、艺术院校 1 所、体育院校 1 所、军事院校 3 所。

为了办好重点大学，教育部在 1960 年先后召开了两次重点高等学校的工作会议，讨论重点高校的作用、任务、规模、专业设置及管理问题，并于 4 月 12 日发出了《对全国重点高等学校专业设置及发展规模的意见（草稿）》。同年 10 月 22 日，中共中央转发了教育部《关于全国重点高校暂行管理办法》。1961 年 1 月 26 日—2 月 4 日，教育部又在北京召开了全国重点高等学校工作会议，着重研究贯彻执行"调整、巩固、充实、提高"的八字方针，对重点高校实行"四定"的原则，即"定规模、定任务、定方向、定专业"，并强调通过调整建立完善的教学秩序，大力提高教学质量，加强对全国重点高等学校的集中管理。9 月，教育部发布了《教育部直属高等学校暂行工作条例（草案）》（简称"高校六十条"）。此后，在一系列条例的规范和指导下，我国重点大学的建设工作的迫切问题得到解决，逐步走上了稳步发展的轨道。

（三）20 世纪 70 年代到改革开放初期我国的重点大学建设

1966—1976 年，我国发动了"文化大革命"，受到极"左"路线的影响，一些重点大学被撤销、合并、停办，或者迁往农村、内地，许多校舍被占用，仪器、图书被大量破坏，党政领导干部和教师受到严重冲击。许多教师不得不中断了教学和科研工作，不少人离开了高等教育战线，极大地影响了我国高等教育事业的发展，使得一代人的培养和成长被贻误，造成一定时期内我国各种专门人才缺乏，严重影响了我国经济社会的发展。

"文化大革命"结束后，在党中央的领导下，尤其是在邓小平同志的亲自主持和大力推动下，高等教育领域率先进入了拨乱反正、恢复重建的新阶段。1977 年 7 月 29 日，邓小平在听取教育部工作汇报时指示："要抓一批重点大学。重点大学既是办教育的中心，又是办科研的中心。"1977 年 8 月 8 日，邓小平在科学和教育工作座谈会上作了《关于科学和教育工作的几点意见》的讲话。他指出："高等学校，特别是重点高等院校，应当是科研的一个重要方面军，这点应该定下来。它们有这个能力，有这方面的人才。"①

1978 年 1 月 27 日，教育部党组向党中央、国务院提交了《关于恢复和办好全国重点高等学校的报告》，2 月 17 日即得到了国务院的同意和转发。在该报告中所附的《关于恢复和办好全国重点高等学校的意见》中，教育部提出确定全国重点高等学校的原则：现有师资、设备、校舍等办学条件较好，能够较快地扩大培养能力，提高教育质量，开展科学研究工作，为实现四个现代化作出较大贡献；有利于加强薄弱环节和薄弱地区，加强边疆少数民族地区高等教育事业的建设，等等。

在第一批确定的全国重点高等学校中，恢复原有的 60 所院校（当时未复校的中国人民大学、北京政法学院、国际关系学院、南京农学院、中国医科大学 5 所学校除外），新增 28 所：云南大学、西北大学、湘潭大学、新疆大学、内蒙古大学、广东化工学院、长沙工学院、南京航空学院、西北电讯工程学院、河北电力学院、大庆石油学院、阜新煤矿学院、东北重型机械学院、湖南大学、镇江农业机械学院、西北轻工学院、湖北建筑工程学院、长春地质学院、南京气象学院、武汉测绘学院、江西共产主义劳动大学、大寨农学院、四川医学院、西南政法学院、中央民族学院。这样，全国的重点高校共有 88 所，约占当时全国高校总数 405 所的 22%。后来，"文化大革命"中停办的 5 所院校相继复校，仍然列为全国重点高校。此后，国务院又批准将西北农学院、西南农学院、华中农学院、华南农学院、沈阳农学院、山西农业大学列为全国重点高校。由于后来广东化工学院并入华南工学院，撤销大寨农学院。至 1979 年年底，全国共有重点高校 97 所。②

---

① 何东昌主编：《中华人民共和国重要教育文献（1949—1997）》，海南出版社 1998 年版，第 1055 页。

② 中央教育科学研究所编：《中华人民共和国教育大事记（1949—1982）》，教育科学出版社 1984 年版，第 510 页。

二、"211 工程"、"985 工程"与世界一流大学建设

1983 年 5 月 15 日,全国高等教育工作会议在武汉召开。会议期间,南京大学、浙江大学、天津大学和大连工学院 4 所高校的名誉校(院)长匡亚明、刘丹、李曙森、屈伯川 4 位老教育家联名向中央提出了《关于将 50 所左右高等学校列为国家重大建设项目的建议》,建议从全国 700 余所高校中,遴选 50 所基础好、力量强、教学和科研水平高的院校,"作为高等教育建设的战略重点,列为国家重点建设项目,集中投资",重点建设。该建议完全符合邓小平同志关于重点大学"既是办教育的中心,又是办科研的中心"的思想,得到了邓小平等中央领导同志的高度重视和国务院有关部委的大力支持。在邓小平同志的亲自关怀下,匡亚明等同志的建言得到中央领导同志的支持,并开始付诸实施。1985 年 5 月,国家计委正式发文,将北京大学、清华大学、复旦大学、西安交通大学和上海交通大学 5 所大学的建设列为国家"七五"重点建设项目。除正常经费外,分属中科院、农牧渔业部和卫生部管辖的中国科技大学、北京农业大学及中国医科大学 3 所高校,也分别获得了数额不等的国家重点投资。1990 年,"努力办好一批重点大学"和"努力使一批重点学科达到国际先进水平"的设想,作为我国高等教育发展的一个战略思想被写进政府工作报告,并见诸《国民经济和社会发展十年规划和第八个五年计划纲要》。当年,国家计委决定,在"八五"期间,除了继续支持北大、清华等 5 所高校的重点建设外,又增加中国人民大学、北京师范大学、南京大学、浙江大学、南开大学、天津大学 6 所高校,列入国家重点建设项目。这样,在"八五"期间列入国家"重中之重"建设项目的大学共有 11 所。①

---

① 罗云:《中国重点大学与学科建设》,中国社会科学出版社 2005 年版,第 72 页。

在 21 世纪即将到来之际，全球化和知识经济的浪潮将世界推向以经济和科技实力为基础的综合国力竞争的新时代，综合国力的竞争对高等教育的发展提出了更高的要求，中华民族伟大复兴的迫切需要也对我国高等教育的整体水平的提升提出了更高的要求，建立若干所世界一流大学对我国高等教育的发展、综合国力的提高、经济社会和谐发展都具有极为重要的现实意义。在这种形势下，以世界一流大学为目标的重点大学建设目标逐渐浮出水面。1991 年 7 月 27 日，国家教委向国务院正式上报了《关于重点建设好一批重点大学和重点学科的报告》。文件建议由国家教委设置重点大学和重点学科建设项目，该项目简称为"211 工程"。1991 年 12 月 31 日，经过充分协商，国家教委、国家计委和财政部联衔，向李铁映、邹家华、王丙乾同志报送了《关于落实建设好一批重点大学和国家重点学科的实施方案的报告》。报告提出，两委一部经过认真讨论，"一致同意国家设置与国家经济、社会发展相适应的'重点大学和重点学科建设项目'"。1992 年 12 月，国家教委制订了《关于加快改革和积极发展普通高等教育的意见》，提出"发展高等教育必须把提高质量放在突出的位置。有条件的省、自治区、直辖市和国务院有关部门着重办好一两所代表本地区、行业先进水平的高等学校和一批重点学科、专业。在此基础上，国家教委会同国务院有关综合部门有计划地选择其中一批代表国家水平的高等学校和学科、专业，入选国务院已原则批准的'211 工程'计划，分期滚动实施"。

（一）"211 工程"建设

1993 年 2 月 13 日，中共中央、国务院联合印发了《中国教育改革和发展纲要》。《纲要》指出："为了迎接世界新技术革命的挑战，要集中中央和地方等各方面的力量办好 100 所左右重点大学和一批重点学科、专业，力争在下世纪初，有一批高等学校和学科、专业，在教育质量、科学研究和管理方面，达到世界较高水平。"根据《纲要》精神，1993 年 7 月，国家教委制定并印发了《关于重点建设一批高等学校和重点学科点

的若干意见》。《意见》决定，设置"211 工程"重点建设项目，即面向
21 世纪，重点建设 100 所左右的高等学校和一批重点学科点。1994 年 7
月 3 日，国务院颁发《关于〈中国教育改革和发展纲要〉的实施意见》，
明确提出：实施"211 工程"，面向 21 世纪，分期分批重点建设 100 所左
右的高等学校和一批重点学科，使其到 2000 年在教育质量、科学研究、
管理水平及办学效益等方面有较大提高，在教育改革方面有明显进展，争
取有若干所高等学校在 21 世纪初接近或达到世界一流大学的学术水平。

1. "211 工程"建设的主要目标

1995 年，经国务院批准，国家计委、国家教委、财政部联合发布
《关于印发〈"211 工程"总体建设规划〉的通知》（以下简称《规划》）。
《规划》是"211 工程"建设的指导性文件，明确规定了"211 工程"总
体建设目标。这既是总体目标，也是"211 工程"一期建设的目标，即：
面向 21 世纪，重点建设一批高等学校和重点学科。经过若干年的努力，
使 100 所左右的高等学校以及一批重点学科在教育质量、科学研究、管理
水平和办学效益等方面有较大提高，在高等教育改革特别是管理体制改革
方面有明显进展，成为立足国内培养高层次人才、解决经济建设和社会发
展重大问题的基地。其中，一部分重点高等学校和一部分重点学科，应接
近或达到国际同类学校和学科的先进水平，大部分学校的办学条件得到明
显改善，在人才培养、科学研究上取得较大成绩，适应地区和行业发展需
要，总体处于国内先进水平，起到骨干和示范作用。

"211 工程"一期建设取得了很好的成效。在总结"211 工程"一期
建设经验的基础上，国家发展和改革委员会、教育部和财政部于 2002 年
9 月联合下发了《关于"十五"期间加强"211 工程"项目建设的若干意
见》，明确提出了"211 工程"二期建设目标：继续重点建设"211 工程"
学校，使其中大多数学校整体教学、科研水平达到国内领先地位，成为国
家和地方解决经济、科技和社会重大问题的基地。

2. "211 工程"建设的主要任务

1995 年国家计委、国家教委、财政部联合发布的《"211 工程"总体

建设规划》，对"211 工程"建设的总体任务进行了明确规定，主要包括学校整体条件、重点学科和高等教育公共服务体系建设三大部分。其中，学校整体条件建设是基础，重点学科建设是核心，是体现教学科研水平的重要标志，是带动学校整体水平提高的有效途径。高等教育公共服务体系以重点建设的学校为依托，按照资源共享、服务全国的原则，从整体上加强我国高等教育基础设施建设，提高高等学校的办学水平和效益。

《"211 工程"总体建设规划》提出"211 工程"一期建设规划的任务是：（1）重点建设若干所高等学校，使其在教学、科研和人才培养的整体水平上，接近和达到世界先进水平，并在国际上确立较高的声誉和地位。（2）着重提高和改善一批与我国社会主义建设密切相关、重点学科比较集中、承担较多公共服务体系建设任务的高等学校的教学和科研基础设施条件，使其在人才培养质量上有显著提高，一些重点学科接近或达到国际水平，并在高等学校中起到骨干和示范作用。要注重支持与基础产业、支柱产业密切相关的院校和重点学科点的建设，加大国家急需的高级专门人才和应用技术人才的培养力度，以体现"211 工程"建设面向经济建设主战场。（3）加强一批与经济社会发展、科技进步和国防建设密切相关的重点学科点，增强持续培养适应社会主义市场经济需要的相关领域高水平人才的能力。（4）完成高等教育公共服务体系的基本框架建设，主要包括中国教育和科研计算机网、高等教育文献保障体系等建设内容，为高等教育的可持续发展、重点学科的建设提供有效的条件支撑。《"211 工程"总体建设规划》被列入国民经济和社会发展中长期规划和第九个五年计划，从 1995 年起正式实施。

2002 年 9 月，国家发展和改革委员会、教育部和财政部联合下发了《关于"十五"期间加强"211 工程"项目建设的若干意见》，明确提出了"211 工程"二期建设的三项主要任务：

（1）加强重点学科建设。重点学科建设主要包括四项措施：①"十五"期间着力建设和发展 800 个左右"211 工程"重点学科建设项目。其中，对"九五"期间已建设且需要加强发展的"211 工程"重点学科建设项目继续进行支持，另外选择一批新的学科项目进行重点建设。②加大结构调整力度，支持发展新兴和交叉学科，大力发展信息、生命、环保、新材料、新能源等高新技术学科和建立社会主义市场经济体制迫切需要的人文、社会科学，力争使其中部分学科接近或达到世界先进水平，建成我国高等教育布局和结构比较合理的重点学科体系。③充实和改善重点学科的教学和科研条件，加强学科梯队建设，提高高层次创新人才培养、高水平科研成果产出基地的现代化装备水平。

（2）完善高等教育公共服务体系，加快高等教育信息化步伐。具体措施包括：①实施中国教育和科研计算机网高速地区主干网升级工程，为"211 工程"学校及全国高等学校日益增长的高速接入需求提供方便快捷的通道；同时加强 36 个主节点的接入能力、网络管理能力、安全防范能力和重点学科公共信息系统的服务能力，尽可能地使全国所有具备条件的高等学校用光纤直接引接到其所在城市的主节点。②实施高等教育文献保障体系二期工程，继续完善和发展中国高等教育文献保障体系的各项服务功能，加强引进数据库的建设和服务，建设中文全文数字资源、数据仓库、数字图书馆基地、联机编目中心和公共服务平台，设立省级文献信息服务中心，促进全国高校图书馆的自动化和网络化，进一步提高高等学校图书馆的整体信息化水平；支持"高等学校中英文图书数字化国际合作计划"的实施，为高等学校教学科研提供强有力的数字资源支持，推动图书数字化资源的共享。③构建仪器设备和优质资源共享体系，使高等教育公共服务体系的运行环境得到较大幅度的改善。为有利于重点学科的优质教育、设备、信息等资源的共享，结合重点学科建设及仪器设备的购置，建立分层次的仪器设备共享网络和重点学科的信息、环境和名师名课等共享资源体系，形成高等学校优质资源共享机制，建立起辐射全国高等学校、带动我国高等教育整体水平发展的信息服务平台。

（3）"211 工程"学校整体建设。围绕对重点学科和公共服务体系建设的支持，加强"211 工程"学校的整体条件建设，推进和深化教育改革，较大幅度地提高师资队伍、教育质量、科学研究、管理水平和办学效益，进一步发挥"211 工程"学校对整体高等教育发展的示范带动作用。

"211 工程"是新中国成立以来直接投资最大的高等教育项目。为此，国务院专门成立了"211 工程"部际协调小组，协调决定工程建设中的重大方针政策问题。"211 工程"一期建设在 99 所高校中实施，主要安排了 602 个重点学科和两个全国高等教育公共服务体系建设项目。一期建设资金为 186.3 亿元人民币，其中中央安排专项资金 27.55 亿元人民币，部门和地方配套 103.2 亿元人民币，学校自筹 55.6 亿元人民币；用于重点学科建设 64.7 亿元人民币，学校和全国的公共服务体系建设 36.1 亿元人民币，基础设施建设等 85.5 亿元人民币。"211 工程"二期建设在 107 所大学中实施，二期建设资金为 187.5 亿元人民币，其中中央安排专项资金 60 亿元人民币，部门和地方配套 59.7 亿元人民币，学校自筹 67.8 亿元人民币；用于重点学科建设 97.9 亿元人民币，公共服务体系建设 37.1 亿元人民币，师资队伍建设 22.2 亿元人民币，基础设施建设等 30.4 亿元人民币。

根据"211 工程"建设的规划要求，"九五"期间，全国有 99 所高等学校（后调整合并 8 所，实为 91 所）入围国家计委批复的"211 工程"国家重点项目名单。其中，教育部直属院校 57 所，中央部委所属院校 11 所，省属院校 20 所，军事院校 3 所。后来，进入"211 工程"的高等院校增加到 95 所。"211 工程"二期建设末期，又新增 13 所学校。因院校合并，现在"211 工程"院校总数为 107 所（见表 1）。

"211 工程"实施以来，经过十多年的努力，"211 工程"学校人才培养质量不断提高，学科建设取得明显成效，创新能力得到提升，一些学科接近国际先进水平，产生了一大批有影响的成果，我国高等教育整体实力显著增强。2008 年 1 月 16 日，国务院总理温家宝主持召开国务院常务会议，听取高等教育"211 工程"建设工作汇报。会议同意进行"211 工程"三期建设（2007—2011），并要求认真总结经验，明确目标，统筹兼顾，加快高水平大学和重点学科建设，带动我国高等教育整体发展。目前，教育部在总结"211 工程"建设成就和经验的基础上，正在会同国家发展和改革委员会以及财政部按照国务院常务会议审议通过的"211 工

程"三期建设的总体方案，研究编制"211 工程"三期的建设方案，为
"211 工程"三期建设做好准备。

表 1 "211 工程"学校名单

北京大学	中国人民大学	清华大学	北京交通大学
北京工业大学	北京航空航天大学	北京理工大学	北京科技大学
北京化工大学	北京邮电大学	中国农业大学	北京林业大学
北京中医药大学	北京师范大学	北京外国语大学	中国传媒大学
对外经济贸易大学	中央音乐学院	中央民族大学	中央财经大学
北京体育大学	中国政法大学	华北电力大学	南开大学
天津大学	天津医科大学	河北工业大学	太原理工大学
内蒙古大学	辽宁大学	大连理工大学	东北大学
大连海事大学	吉林大学	延边大学	东北师范大学
哈尔滨工业大学	哈尔滨工程大学	东北农业大学	东北林业大学
复旦大学	同济大学	上海交通大学	华东理工大学
东华大学	华东师范大学	上海外国语大学	上海财经大学
上海大学	第二军医大学	南京大学	苏州大学
东南大学	南京航空航天大学	南京理工大学	中国矿业大学
河海大学	江南大学	南京农业大学	中国药科大学
南京师范大学	浙江大学	安徽大学	中国科技大学
合肥工业大学	厦门大学	福州大学	南昌大学
山东大学	中国海洋大学	中国石油大学	郑州大学
武汉大学	华中科技大学	中国地质大学	武汉理工大学
华中农业大学	华中师范大学	中南财经政法大学	湖南大学
中南大学	湖南师范大学	国防科技大学	中山大学
暨南大学	华南师范大学	华南理工大学	广西大学
四川大学	西南交通大学	电子科技大学	四川农业大学
西南财经大学	重庆大学	西南大学	云南大学
贵州大学	西北大学	西安电子科技大学	西北工业大学
西安交通大学	长安大学	第四军医大学	西北农林科技大学
陕西师范大学	兰州大学	新疆大学	

（资料来源：中华人民共和国教育部网站，http://www.moe.edu.cn）

（二）"985 工程" 及其建设

在世纪之交，知识经济初露端倪，知识、信息、技术在社会经济发展中的作用越来越大，大学特别是高水平大学成为社会经济发展的动力站和发动机。在这种形势下，党和政府高瞻远瞩，站在民族伟大复兴的高度，作出了我国要建设若干所世界一流大学的英明决策。1998 年 5 月 4 日，江泽民同志在北京大学百年校庆的讲话中明确指出："为了实现现代化，我国要有若干所世界先进水平的一流大学。这样的大学应该是培养和造就高素质的创新人才的摇篮，应该是认识未知世界、探求客观真理、为人类解放面临的重大课题提供科学依据的前沿，应该是知识创新、推动科学技术成果向现实生产力转化的重要力量，应该是民族优秀文化与世界先进文明成果交流借鉴的桥梁。"为了落实江泽民同志的讲话精神，1998 年 12 月 24 日，教育部制定了《面向 21 世纪教育振兴行动计划》。该《计划》决定：要相对集中国家有限的财力，调动多方面的积极性，从重点学科建设入手，加大投入力度，对若干所高等学校和已经接近并有条件达到国际先进水平的学科进行重点建设。今后 10—20 年，争取若干所大学和一批重点学科进入世界一流水平。这项建设计划简称"985 工程"。

1. "985 工程" 建设的总体思路

1999 年 1 月 13 日，国务院批转教育部《面向 21 世纪教育振兴行动计划》，其中对"985 工程"一期建设的总体思路作出了规定：以建设若干所世界一流大学和一批国际知名的高水平研究型大学为目标，建立高等学校新的管理体制和运行机制，牢牢抓住本世纪头 20 年的重要战略机遇期，集中资源，突出重点，体现特色，发挥优势，坚持跨越式发展，走有中国特色的建设世界一流大学之路。

"985 工程"一期建设成效显著，调整和优化了学校的学科结构和学科方向，快速集聚了一批优秀人才充实了师资队伍，提高了高层次创造性人才的培养质量，取得了一批接近或达到世界先进水平的研究成果，增强了所建高等学校的整体实力，带动了高等教育整体水平的提高，为在中国建设世界一流大学积累了一定经验，奠定了较好的基础，为国家的经济、社会、文化建设作出了重要贡献。在一期建设的基础上，2004年6月2日，教育部、财政部联合发布了《关于继续实施"985工程"建设项目的意见》，《意见》中明确指出了"985工程"二期建设总体思路。根据《关于继续实施"985工程"建设项目的意见》的规定，"985工程"二期（2004—2007）建设中，应该本着以下目标：巩固一期建设成果，为创建世界一流大学和一批国际知名的高水平研究型大学进一步奠定坚实基础，使一批学科达到或接近国际一流学科水平，经过更长时间的努力，建成若干所世界一流大学；通过管理体制创新、运行机制创新，积极探索世界一流大学建设的新机制；造就和引进一批具有世界一流水平的学术带头人和学术团队；结合国家创新体系建设，重点建设一批"985工程"科技创新平台和"985工程"哲学社会科学创新基地，促进一批世界一流学科的形成和推动学科建设。

2. "985工程"建设的总体任务

在有关部门和各参与单位总结"985工程"一期建设经验的基础上，教育部、财政部发布了《关于继续实施"985工程"建设项目的意见》，对"985工程"二期建设的主要任务作出了明确的规定。

（1）机制创新。按照世界一流大学建设的要求，改革现行的管理体制和运行机制，以适应世界一流大学建设的需要。加快人事制度改革，建立以竞争、流动为核心的人事管理机制、人才评价机制和科学合理的分配激励机制，形成有利于优秀人才脱颖而出、吸引和留住拔尖人才、充分发挥聪明才智的氛围。突破以传统学科界限为基础的科研管理与学科组织模式，建立有利于创新、交叉、开放和共享的运行机制，以适应现代科学发展的综合化趋势。建立以投资效益为核心的公开、公平、公正的绩效考核和评价机制。

（2）队伍建设。提供优越的研究条件和配套保障条件，面向国内外招聘具有国际先进水平的学术带头人、优秀学术骨干和大学高级管理人才，重视有潜力的中青年骨干的培养和深造，通过提高水平、营造氛围、严格培养等多种途径吸引优秀青年人才，形成一支以博士生和博士后为生力军的创新力量，加快建设一支具有世界一流大学水平的教师队伍、管理队伍和技术支撑队伍。

（3）平台建设。以国际科技前沿和国家现代化建设重大需求为导向，以学科建设规划为指导，围绕国家重大基础研究、战略高技术研究和重大科技计划，整合、建设一批高水平的"985 工程"科技创新平台，与国家实验室、国家重点实验室、国家工程研究中心、国家工程技术研究中心等国家创新平台建设计划有机衔接。在平台建设中，要加大学科结构调整力度，拓展学科发展空间，促进学科交叉，推进资源共享，组建高水平学术团队，建立开放、共享、竞争、高效的管理和运行机制，建设、改善平台的教学、科研条件和基础设施。通过平台建设，大力提高所建高校的创新能力和解决国民经济建设中的重大科技问题的能力，增强承担国家重大任务、开展高水平国际合作的竞争实力，促进学科优化和交叉，形成一批重大科技成果和世界一流学科，在国家创新体系建设中发挥重要作用。围绕国家、区域社会发展、经济建设中的重大问题，建设一批跨学科，具有创新性、交叉性、开放性的"985 工程"哲学社会科学创新基地。推动人文社会科学与自然科学、工程技术等的交叉、互渗与融合，孕育和催生新的学科研究领域和研究方法，形成一批能够解决具有全局性、战略性、前瞻性的重大理论及现实问题，为党和政府决策咨询服务、为社会主义现代化建设服务、为建设社会主义物质文明、政治文明和精神文明服务的国家级哲学社会科学中心。

（4）条件支撑。加快建设公共资源与仪器设备共享平台，建设配置合理、设施完备的教学科研用房。加强教学科研信息化、数字化环境建设，构建基于现代教育理论和教育技术的教学科研环境。使所建高校的图书馆、电子资源库和自动化程度在整体上接近或达到国际先进水平。继续改善所建高校的教学科研基础设施。

（5）国际交流与合作。建设有利于国际学术交流与合作研究的环境，聘请世界著名学者来校讲学、合作研究，与世界一流水平的大学或学术机构开展实质性合作，建立高层次人才联合培养及研究基地，开展高水平的国际合作科研项目，召开高水平的国际学术会议，加大吸引外国留学生来华留学的力度，推动我国高等教育国际化进程。

"985 工程"建设项目正式启动后，1999 年，北京大学、清华大学首批入围，分别获得国家 18 亿元人民币资金支持。随后，教育部先后与江苏省、上海市、陕西省、浙江省、天津市、湖北省、福建省、山东省、湖南省、辽宁省、重庆市、四川省、广东省、北京市、安徽省、黑龙江省等省、直辖市及国防科学技术委员会、中国科学院等部、委、科研单位重点共建复旦大学、上海交通大学、南京大学、浙江大学、西安交通大学、北京师范大学、中国人民大学、中国科技大学、哈尔滨工业大学等学校。"985 工程"一期建设学校 34 所，分别是：清华大学、北京大学、中国科技大学、南京大学、复旦大学、上海交通大学、西安交通大学、浙江大学、哈尔滨工业大学、南开大学、天津大学、东南大学、华中科技大学、武汉大学、厦门大学、山东大学、湖南大学、中国海洋大学、中南大学、吉林大学、北京理工大学、大连理工大学、北京航空航天大学、重庆大学、电子科技大学、四川大学、华南理工大学、中山大学、兰州大学、东北大学、西北工业大学、同济大学、北京师范大学、中国人民大学。

"985 工程"二期建设新增 5 所高等学校，分别是：中国农业大学、国防科技大学、中央民族大学、西北农林科技大学、华东师范大学。截至2006 年，"985 工程"两期建设学校共计 39 所。"985 工程"重点大学地域分布（2006 年）名单（见表2）：

表2 "985 工程"建设学校名单

省市	学校	数量	比例
北京	北京大学、清华大学、中国人民大学、北京师范大学、北京理工大学、中国农业大学、中央民族大学、北京航空航天大学	8	20%
上海	复旦大学、同济大学、上海交通大学、华东师范大学	4	10%

续表

省市	学校	数量	比例
陕西	西安交通大学、西北工业大学、西北农林科技大学	3	7%
湖南	中南大学、湖南大学、国防科技大学	3	7%
湖北	武汉大学、华中科技大学	2	5%
四川	电子科技大学、四川大学	2	5%
江苏	南京大学、东南大学	2	5%
辽宁	东北大学、大连理工大学	2	5%
山东	山东大学、中国海洋大学	2	5%
天津	天津大学、南开大学	2	5%
广东	华南理工大学、中山大学	2	5%
安徽	中国科技大学	1	3%
浙江	浙江大学	1	3%
黑龙江	哈尔滨工业大学	1	3%
重庆	重庆大学	1	3%
甘肃	兰州大学	1	3%
福建	厦门大学	1	3%
吉林	吉林大学	1	3%

三、世界一流大学建设的成就

新中国成立以来，特别是改革开放以来，党和政府立足国情，根据高等教育发展规律积极制定各种政策和措施，不断加快我国建设重点大学的步伐，逐渐走出了一条基于中国国情的建设高水平大学之路，有力地促进了一批重点高等学校的跨越式发展，显著提高了这些学校的整体实力，缩小了它们与世界一流大学的差距，推动了整个中国高等教育发展跃上新的台阶。尤其是"211 工程"、"985 工程"的实施，坚持高水平建设，不断突破传统，不断创新机制，推动我国重点大学多方参与国际竞争，逐步跻身于世界一流大学行列。回顾重点大学的建设历程，我国重点大学建设已经取得了丰硕的成果。

（一）重点建设学校的整体实力显著提高，缩小了与世界一流大学的差距

通过多年建设，各重点建设学校的整体实力显著提高，缩小了与世界一流大学的差距。我国1996年就设有研究生院的30所大学中，其中有28所大学可以与美国大学联盟（AAU）学校进行对比：（见表3）在科研经费方面，我国28所大学科研总经费、纵向科研经费的平均值与AAU大学的平均值之比，从1995年的1:23.4和1:34，分别缩小到2005年的1:6.2和1:6.8；在SCI论文发表和被引频次方面，从1995年的1:15.1和

表3　中国28所大学与AAU大学有关指标平均值的对比

指标	1995 年			2005 年		
	中国 28 所大学	AAU 大学	比例	中国 28 所大学	AAU 大学	比例
在校生人数	10443	18719	1:1.8	30426	21516	1:0.7
研究生与本科生比例	0.24:1	0.26:1	—	0.36:1	0.26:1	—
授予博士学位人数	68	381	1:5.6	452	362	1:0.8
专任教师人数	1459	1384	1:0.9	2206	1548	1:0.7
科研总经费（亿美元）	0.09	2.11	1:23.4	0.64	3.96	1:6.2
纵向科研经费（亿美元）	0.04	1.36	1:34	0.39	2.65	1:6.8
SCI 论文发表篇数	180	2714	1:15.1	1172	4162	1:3.6
SCI 论文被引次数	126	6514	1:51.7	1543	9509	1:6.2

（资料来源：李玉兰：《"211工程"：让世界认可中国大学》，《光明日报》2008年3月26日）

1:51.7，分别缩小到 2005 年的 1:3.6 和 1:6.2。从这一个侧面说明，通过十年"211 工程"和"985 工程"建设，我国一批重点学校与 AAU 高校的差距正在缩小，特别是在科研能力和高层次人才培养方面差距缩小显著①。

（二）构筑了一批高水平的学科基地，学科建设取得重大成效

学科是大学教学、科研、服务活动的依托，因此，学科建设是我国"211 工程"、"985 工程"的核心内容。"211 工程"在重点学科建设的宏观布局上，按照统筹兼顾的原则，"九五"期间安排了 602 个建设项目，"十五"期间安排了 777 个建设项目。这些重点学科建设项目适应我国社会主义建设各领域的需要，既有瞄准国际同学科前沿和先进水平、争取重大突破的原始创新性基础学科项目，又有更多的服务于国家和区域建设、经济建设、社会发展的应用学科项目，还有一些着眼于未来、对学科布局结构具有补充和调整作用，需要培育和扶持的薄弱学科项目。② "985 工程"实施过程中，学科建设被置于突出地位。"985 工程"建设学校通过共建、调整、合作、合并的途径，促进学科优势互补，增强学科的综合性。在"211 工程"、"985 工程"建设过程中，一大批以国家重点学科和省部级重点学科为依托的国家重点实验室、国家工程中心、教育部人文社会科学重点研究基地、省部级重点实验室和工程中心得到了加强和有力的支持，促进了高水平学科基地的建设。各重点建设大学瞄准学科发展的趋势和国家建设的重大需求，加大调整和优化学科结构的力度，加强和巩固基础学科，大力发展新兴学科和交叉学科，推动了国家重点学科体系的建设。经过多年的建设，我国重点建设大学的学科整体水平有了较大提高，已经初步形成适应国家需要、结构布局较为合理、能够全面支撑学科发展

① "211 工程"部际协调小组办公室编：《"211 工程"发展报告（1995—2005）》，高等教育出版社 2007 年版，第 20、21 页。

② "211 工程"部际协调小组办公室编：《"211 工程"发展报告（1995—2005）》，高等教育出版社 2007 年版，第 20、21 页。

和符合我国现代化建设需要的重点学科体系，一批重点学科的实力明显增强，其中部分学科已经接近或达到国际先进水平。

值得注意的是，人文社会科学领域的基础学科在"211 工程"建设中受到了高度重视，有力地促进了高校人文社会科学领域基础学科的发展。多年来，一批教育部人文社会科学重点研究基地在"211 工程"和"985工程"建设的支持下，加强了资料信息网络等基础条件建设，构筑了一批国际学术交流平台，建设了一批特色性学术网站，改善了教学科研环境，实现了高校人文社会科学研究跨越式发展。重点研究基地已经成为全国知名的思想库和咨询服务中心。[①]

（三）吸引和汇聚了一大批优秀人才，培养了一大批创新人才

近年来，我国"211 工程"和"985 工程"专任教师队伍稳步增长，结构不断完善。截至 2005 年，"211 工程"学校专任教师总数已达到163581 人。在教师队伍规模增长的同时，教师队伍结构进一步得到改善，中青年教师已经成为教师队伍的主要力量。其中，45 岁以下具有高级职称教师的比例逐年提高，2005 年已经达到 33%；具有研究生学历的教师比例明显增加，其中具有博士学位的占 31%；教师队伍学缘结构得到优化，具有校外教育经历的教师比例逐年递增。"211 工程"和"985 工程"学校围绕学科前沿的重大问题和国家经济建设和社会发展重大需求，组织多方面力量联合攻关，从而促进了创新团队建设。

经过"211 工程"和"985 工程"一期和二期建设，我国研究型大学产生了一批具有国际先进水平的学科，凝聚着一大批高水平的科学家、学科带头人，使研究型大学成为高层次人才集聚的战略高地。现在，38.7%的两院院士在高校，其中"211 工程"和"985 工程"院校占了其中的80% 以上。根据国家整体规划，目前依托高校建设的国家重点实验室为

---

① "211 工程"部际协调小组办公室编：《"211 工程"发展报告（1995—2005）》，高等教育出版社 2007 年版，第 23、24 页。

113 个（"211 工程"和"985 工程"院校的国家重点实验室数占了其中的 90%），占总数的 61.7%。已经启动试点的国家实验室，有 50% 设在高校。另外，35.3% 的国家工程研究中心建在高校，80% 的哲学社会科学研究人员也在高校。① 这些人才特别是高层次人才大部分在"211 工程"和"985 工程"院校工作，他们是国家创新人才的基本力量，是国家科技创新的一支生力军。

在积极引进大师级学者的同时，"211 工程"和"985 工程"学校也高度重视引进和培养具有良好潜质的优秀青年学者，并积极为拔尖人才的成长创造条件，扶持和激励这些优秀人才尽快成长。现在，一大批优秀青年学者已经迅速成长为学术带头人。截至 2005 年，"211 工程"学校累计共有 2340 名年轻学者入选教育部"新世纪优秀人才计划"；有 764 位高校教师获得"国家自然科学杰出青年基金"资助，占全国高校教师人数的 56%；有 63 个团队入选国家基金委创新研究群体，占全国研究团体总数的 54%；871 人入选教育部"长江学者奖励计划"特聘教授；112 个团队入选教育部"长江学者和创新团队发展计划"。

各重点大学通过几十年的建设，学校人才培养的整体环境得到显著改善。"211 工程"一、二期建设共安排资金约 178.76 亿元人民币用于改善学校的基础设施、公共服务体系和教学科研设施建设，使得育人能力大幅提升。此外，教育教学改革成果明显，学校不断拓展校际之间、校企之间、高校与科研院所之间的合作，开辟第二课堂，积极营造有利于培养学生创新精神和实践能力的校园文化氛围，普遍建立了大学生进入开放性、创新性实验室的基本制度和运行机制，通过组织学生参与教师科学研究项目或自主确定选题开展研究等多种形式，提高了学生自主学习和独立研究的能力。

经过十几年的建设，重点大学的人才培养能力大幅度提升。1995 年，"211 工程"学校在校本科生为 62.15 万人，研究生为 10.08 万人，其中

---

① 周济：《创新与高水平大学建设：在第三届中外大学校长论坛上的演讲》，《国家教育行政学院学报》2006 年第 9 期。

博士研究生为 2.19 万人。到 2005 年，在校本科生增至 157.95 万人，研究生增至 62.88 万人，其中博士研究生为 14.3 万人。2005 年本科生和研究生的培养规模分别是 1995 年的 2.5 倍和 6.2 倍。十年间累计毕业的本科生、硕士生、博士生人数分别为 242.17 万人、50.62 万人、11.69 万人，为我国社会经济发展提供了强有力的人才支撑。

（四）科学研究能力显著提升，产生了一大批标志性成果

经过十多年的建设，"211 工程"和"985 工程"建设院校承担国家重大科研任务的能力以及科研综合实力明显增强，科研经费总量大幅增加。"八五"期间，"211 工程"学校的科研经费总量仅为 122.72 亿元人民币；"九五"期间，科研经费总量达到 336.22 亿元人民币；"十五"期间增加到 1019.82 亿元人民币，是"八五"期间的 8.3 倍。

以"211 工程"和"985 工程"建设院校为核心力量，我国高等学校承担了一大批国家重点项目，取得了许多创新性成果，成为我国科技创新的主阵地。近年来，"由高校承担的国家自然科学基金项目占全国的近三分之二，'863 计划'项目占全国的三分之一，国家科技攻关项目占全国的 14%。高校在国内外发表的论文数量和获得国家自然科学奖项目数均占全国的 60% 左右。在 1998 年的职务发明专利授权总量中，大专院校和科研机构合计占 66.43%，企业占 21.4%"。① "十五"期间，我国的高校累计获得科研经费 1300 多亿元人民币，承担各类科研课题 61.9 万项，发表论文 146.3 万篇，其中国际三大检索论文 17.6 万篇。截至 2005 年年底，全国高校专利拥有量达 3.5 万项，其中发明专利拥有量 2 万项。我国高校在基础研究和高技术前沿领域取得了许多创新性成果，"十五"期间全国高校累计获得国家自然科学奖 75 项，占全国授奖总数的 55.07%；国家技术发明奖 64 项，占全国授奖总数的 64.4%；国家科技进步奖 433 项，占

---

① 曾华国、李斌：《让知识爆发更大能量：我国高校科技企业透视》，《中国教育报》2000 年 12 月 2 日。

全国授奖总数的 53.57%，其中，国家自然科学一等奖一项，国家技术发明一等奖 2 项，后者打破我国连续 6 年无国家技术发明一等奖的局面。[①]

在哲学社会科学方面，"211 工程"学校承担国家哲学社会科学重大项目数和科研经费总量大幅增加。"九五"和"十五"期间，"211 工程"学校承担国家哲学社会科学基金的项目数分别为 1496 项和 2671 项；获得的研究经费分别为 8.9 亿元和 38.7 亿元。"十五"期间获得的研究经费是"八五"期间的 19.6 倍。"211 工程"和"985 工程"学校通过承担和完成哲学社会科学领域重大项目，为认识世界、传承文明、创新理论、咨政育人、服务社会作出了重要贡献，产生了一批高水平的研究成果，在推动社会主义政治建设、先进文化建设、继承和传播优秀民族文化等方面作出了重要贡献，多项成果获得中共中央宣传部精神文明建设"五个一"工程奖、全国高校人文社会科学优秀成果奖。

（五） 社会服务功能明显强化，为社会经济发展作出重大贡献

"211 工程"和"985 工程"学校学科水平和实力的提高，进一步增强了学校服务社会的能力。这些重点建设的大学在培养优质高产农作物新品种、畜禽品种和重要林木品种等方面取得一系列重大成果，为加快农业现代化进程作出了重要贡献；紧紧围绕先进装备制造业、信息产业、新材料等产业发展需求，致力于核心技术的开发和关键技术的集成，为推动产业技术进步和装备国产化提供了重要的科技支撑；遴选了一批与能源、环境、交通等事关国民经济、社会发展和国家安全且亟待科技提供支撑的产业和行业相关的重点学科建设项目给以支持，取得一大批关键技术的新突破；通过医学学科和生物技术领域其他学科的交叉与融合，在重大疾病早期预警诊断、疾病危险因素早期干预、新药创新、中医基础理论创新以及中医经验传承与挖掘等领域取得了一批重要成果，为保障人民健康作出了

---

① 周济：《创新与高水平大学建设：在第三届中外大学校长论坛上的演讲》，《国家教育行政学院学报》2006 年第 9 期。

新的贡献；面向国防科技工业发展、国防现代化和武器装备发展的迫切需要，通过整合资源和合作，承担一大批重大国防科研任务，取得了一大批重大科技成果，等等。[①] 重点建设的大学学科力量的加强和在关键技术上取得的突破，为相关产业的发展提供了有利的技术支持，有力地推动了社会经济发展。

随着社会服务能力的增强，重点建设的大学越来越成为区域社会经济发展的骨干力量，通过科学研究、人才培养、技术转让、融资消费、社区服务等活动，引领区域的经济与社会发展。近十几年来，我国高等教育管理体制的一个重要措施就是大力推进部属高校的省部共建工作，使这些高水平大学更加紧密地融入区域经济社会发展中去。经过多年的努力，省部共建已经取得了很大的成绩。浙江大学、复旦大学、华中科技大学、山东大学等研究型大学已经走入了区域经济社会发展的中心，成为区域创新体系中的一支不可缺少的重要力量。以浙江大学为例，该校已与浙江省20多个市、县、区达成了全面科技合作的协议，每年有2000多名教授、博士生、硕士生组成的研发创业团队奔走、活跃在各具特色的区域经济舞台上，成为当地经济的"人才泵"、"思想库"、"创新源"。

四、我国世界一流大学建设存在的问题和对策建议

通过几十年的建设，我国重点大学在学科建设、科学研究、人才培养、师资队伍建设等方面都取得了骄人的成绩，整体实力和学术声誉日益提高。但是，由于各方面的原因，与世界一流大学相比，我国重点大学仍然存在较大的差距，我国的世界一流大学建设依然任重道远。

---

① "211工程"部际协调小组办公室：《"211工程"发展报告（1995—2005）》，高等教育出版社2007年版，第54—56页。

（一）我国世界一流大学建设存在的问题和差距

"世界一流大学"是一个历史的、比较的概念，因此，我国的世界一流大学建设必须被放在国际的大视野下，放在我国社会经济发展需求的大背景下加以审视。我们不否认我国世界一流大学建设取得的成就，但也不能忽视我们仍然存在的问题和差距。

1. "世界一流大学"概念模糊，影响各学校制定发展战略目标

在教育界，对于"什么是世界一流大学？""世界一流大学的内涵具体是什么？""世界一流大学的评价标准是什么？"等问题，至今仍然众说纷纭，没有统一的看法。正是由于"世界一流大学"概念的模糊性，一些高水平大学出于不同的原因提出了在近期内建成世界一流大学的发展目标。例如，北京大学在 1999 年提出，到 2015 年左右用 17 年时间建成世界一流大学。清华大学提出到 2020 年建成世界一流大学的目标。浙江大学提出用不到 15 年的时间，到 2017 年建成世界一流大学的目标。东南大学在建校 100 周年时提出用 50 年时间，到 21 世纪中叶建成世界一流大学。由于我国大学与世界一流大学相比仍有不小的差距，这些大学的发展目标不能说没有急于求成、好大喜功、迎合舆论或者争取政府支持之嫌。也正是由于世界一流大学概念本身的模糊性，如何客观评价我国重点建设大学建设"世界一流大学"的进展和成就，也是一个不小的难题。

2. 缺少科学的办学理念，现代大学制度还没有建立

大学的办学理念是人们在对教育规律的认识的基础上所形成的关于大学的性质、职能、使命、目的、大学与社会的关系等一系列大学基本问题的理性认识。大学理念对大学的发展具有定向作用，有什么样的大学理念就有什么样的大学实践。

我国是世界四大文明古国之一，拥有悠久的历史和灿烂的文化，有着探索高深学问的传统，在历史上曾出现过成均、稷下学宫、太学、书院等探索高深学问的机构，但是，这些机构都不是今天意义上的大学。我国的大学理念和大学制度都是西方大学理念和大学制度传入我国的产物。我国

对大学理念的探索始于清朝末期，后来经蔡元培、梅贻琦、张伯苓等教育家的努力，在 20 世纪 30 年代前后逐步确立了欧美式的大学理念，并对我国大学的发展产生了深刻的影响。1949 年中华人民共和国的成立，揭开了中国历史的新篇章。在中国共产党的领导下，中国开始探索既适合社会主义政治经济制度，又符合大学发展规律的大学理念，"中国现代大学的发展开始了一个以政治家的策略和理念主导发展的时代"①。几十年来，我国对大学理念的探索历程是迂回曲折的。在新中国成立初期，受苏联大学理念的影响，我国建立起一套以苏联模式为基础的大学理念体系，开始探索与工业化相适应的大学理念。但是，这种对于大学理念的探索进程被"文化大革命"打断并扭曲，直到改革开放以后才在更为宽广的视野下得以继续，并逐渐走上以欧美传统大学理念为模板的发展道路。在这个过程中，将大学政治化、行政化或经济化、企业化的倾向仍然时隐时现，影响着我国大学的办学理念和实践。由于缺乏科学的大学理念，我国大学至今尚未真正建立起现代大学制度，难以正确处理大学与政府、大学与社会以及大学内部的各种关系。

3. 办学经费短缺，资金使用不合理

虽然世界一流大学的成功并非全靠金钱，但如果没有足够的资金，则一所大学根本不可能发展成为世界一流的大学。充足的办学经费是世界一流大学形成与发展的最基本的物质条件，也是世界一流大学的一个重要特征。世界一流大学的年度经费一般在数亿至十多亿美元左右，且来源广泛。以几所世界知名的大学为例，2003—2004 财政年度，美国斯坦福大学的年度支出达到了 23 亿美元，哈佛大学的年度支出达到 25 亿美元，加州大学洛杉矶分校 2002—2003 年度支出达到 24 亿美元；英国剑桥大学的支出达到 6.46 亿英镑，牛津大学 2002—2003 年度支出约为 4.6 亿英镑；日本的东京大学在 2003 年度的支出也达到 20 亿美元。② 近年来，我国重

---

① 杜作润：《中国大学理想的回首与新探》，《高等工程教育研究》1997 年第 3 期。
② 资料来源：哈佛大学、斯坦福大学、牛津大学、剑桥大学、东京大学年度财务报告。

点建设的大学经费虽然不断增长，但办学经费紧张的局面却一直没有得到缓解，与世界一流大学之间的差距更大，影响着我国创建若干所世界一流大学的宏伟目标的实现。

此外，虽然"211 工程"和"985 工程"一期和二期建设投入了不少经费，但经费更多地用于硬件建设和人头费，对学科发展重视不够，对科研能力和服务社会解决问题的能力的提升重视不够，对人才培养模式改革和教学过程的投入不够，影响了有限资金投入的使用效益，并在一定程度上造成了浪费。

4. 缺少世界一流的学科以及影响世界学科发展方向的重大研究成果

一流的学科是一流大学的基础，世界一流大学必须具有世界一流水平的学科。世界一流大学所以著名，也正是有赖于其拥有一流的学科，综观世界著名学府，无一例外。如哈佛大学的工商管理、政治学、化学、哲学，斯坦福大学的心理学、电子工程、植物学、教育学，麻省理工学院的电机工程、计算机工程、经济学、语言学、物理学、生物学，普林斯顿大学的数学、哲学、理论物理、天文学、化学，剑桥大学的物理学、医学、数学，牛津大学的古典文学、数学、计算机科学、物理、生物学、医学等。虽然经过多年的建设，我国很多重点大学的学科门类已经相对齐全，但是与欧美主要国家的一流大学相比，仍然缺乏引领世界学术发展的学科。一些大学注重扩大学科领域的覆盖面而忽视学科的内涵建设，无疑是不可取的。

卓越的教师队伍和充足的研究经费，使世界一流大学得以开展高水平的科学研究，成为创造性的甚至划时代意义或影响本学科研究方向和研究趋势的重大科研成果的重要产床和摇篮，也正是凭借卓越的研究成就，一些大学获得了世界一流大学的声誉。经过多年的重点大学建设、"211 工程"和"985 工程"建设，我国重点大学的科研能力不断增强，并且取得了大量的科研成果。但是我们也必须看到，我国大学高质量的研究成果不多，无论是高质量论文的数量还是引用率，都远远低于世界一流大学，至今仍然没有人获得诺贝尔奖。

表4 我国部分大学与美国著名大学综合实力比较

大学	诺贝尔奖		N & S		SCI 论文		科研经费		博士学位教师比例	师均博士后	教师与本科生之比	研究生中留学生比例	研究生与本科生比例	总分
	总数	师均	总数	师均	总数	师均	总数	师均						
哈佛大学	100	58	100	58	100	62	64	30	99	100	38	57	100	100
A组平均	53	51	50	50	47	42	58	40	97	40	51	60	69	69.6
B组平均	14	18	26	24	51	21	84	27	93	14	21	48	24	45.6
C组平均	0	0	2.4	11	12	10	19	13	90	5.2	18	40	14	20.0
清华大学	0	0	0.3	2.9	20	11	18	7.8	36	13	43	2.9	46	17.2
北京大学	0	0	0.8	3.9	21	6.8	8.4	2.1	23	7.8	60	6.9	44	15.6
南京大学	0	0	0.6	5.9	16	16	3.3	2.5	33	10	23	4.8	24	11.8
复旦大学	0	0	0.3	3.7	13	11	5.5	3.4	27	12	25	7.6	31	11.7
上海交大	0	0	0.03	1.2	7.3	5.8	12	7.4	27	7.8	25	2.9	24	10.2
浙江大学	0	0	0.06	1.2	15	5.9	15	4.6	19	6.1	23	0.7	18	9.6
西安交大	0	0	0.00	0.0	4.5	2.4	5.5	2.3	13	2.6	25	1.9	17	6.1

注：表格中的 A 组学校代表一流私立大学：哈佛大学、斯坦福大学、麻省理工学院、加州理工学院、耶鲁大学、普林斯顿大学、哥伦比亚大学。B 组学校代表一流公立大学：加州大学伯克利分校、加州大学洛杉矶分校、华盛顿大学西雅图分校、密歇根大学、威斯康星大学、伊利诺伊大学、北卡罗莱纳大学。C 组学校代表知名公立大学：科罗拉多州立大学、新墨西哥大学、华盛顿州立大学、康涅狄格大学、特拉华大学、俄克拉荷马大学、田纳西大学。

（资料来源：刘念才、程莹、刘莉、赵文华：《我国名牌大学离世界一流有多远》，《高等教育研究》2002 年第 2 期）

5. 与世界一流大学相比，我国大学整体实力仍有不小的差距

根据国内主要的世界大学排行榜，美国、德国、英国、日本、加拿大等国家的大学几乎占据了前100位世界一流大学的80%，排名前200位的大学的70%。这几个国家拥有全世界绝大多数优秀的大学和科研机构，有着雄厚的科研实力。中国内地没有进入前100名的大学，前200名中仅有2所，即北京大学（192）、清华大学（196）。按国际可比指标 SCI 论文发表数统计，各著名大学在 SCI 和 SSCI 论文数量、引文数量、在 Nature 和 Science 上发表的论文数量、教师中获得诺贝尔奖的人数方面都高于国内的大学，而这些指标恰恰是评价一所大学是否是世界一流大学的重要指标。虽然我国部分重点大学已有40多个学科已接近国际先进水平，但是我国重点大学在上述领域的整体实力却表现不佳。通过表4可以清晰地看出我国大学与美国著名大学在综合实力上的差距，尤其反映出中国内地大学的科研水平还处于相对落后的地位，缺乏优秀的研究团队和科研体系来提升高校的科研竞争力。①

（二）关于我国建设世界一流大学的对策与建议

在知识经济时代，大学逐渐从社会发展舞台的边缘走向舞台的中心，成为社会的重要机构，在促进国家和地区的经济发展和社会进步方面发挥着动力站的作用。特别是在国际竞争日趋激烈的形势下，高水平大学正在成为一个国家核心竞争力的重要组成部分。我国要增强在世界上的竞争力，提高我国的综合国力，就必须依靠一批世界一流大学的创建和发展。在我国确立创建创新型国家的战略目标后，我国大学面临着难得的发展机遇和巨大的挑战，创建世界一流大学的任务也愈加迫切。我国应该紧跟时代发展脉搏，借鉴国外大学的经验，加快我国的世界一流大学建设。

1. 树立正确的大学理念，建立科学的指标体系

创建世界一流大学，首先必须树立正确的大学理念。在大学发展史

---

① 邱均平等：《世界一流大学及学科竞争力评价研究报告》，科学出版社 2007 年版，第 220 页。

上，纽曼、洪堡、弗莱克斯纳、雅斯贝尔斯、赫钦斯、科尔、蔡元培、梅贻琦等中外教育家，都对大学理念进行了探讨。如纽曼在《大学的理念》一书中指出："大学是探索普遍学问的场所。"① 弗莱克斯纳认为："大学是学问的中心，致力于保存知识，增进系统的知识，并在中学之上培养人才。"② 赫钦斯继承并发展了这一观点，他在《学习化社会》中指出："大学是人格完整的象征、保存文明的机构和探求学术的社会。"③ 雅斯贝尔斯则认为，社会希望在它的疆界之内的某个地方开展纯粹的、独立的、没有偏见的科研，提供探索真理的服务，那么大学就是社会需要的这种机构，它把以探索、传播科学真理为职业的人联合在一起，共同追求真理。因此，他在《大学的理念》的前言中开宗明义地指出："大学是一个由学者和学生共同组成的追求真理的社团。"④ 从这些观点可以看出，大学是学者的社团，是探索和传播高深学问的场所，是探索和传播普遍学问的场所。创建世界一流大学，我们必须确立正确的大学理念，把大学看做探索和传播高深学问的学者社团，而不是追求权力和官阶的官僚机构或者追求经济利益的企业组织。

创建世界一流大学，除了要有先进的办学理念，还要制定世界一流大学的标准和具体的指标体系，用以科学地衡量我国大学向世界一流大学迈进的步伐。我们可以以世界一流大学的基本特征为依据，参考国内外现有的大学排名指标体系，构建可操作性的世界一流大学标准和指标体系，为我国建设世界一流大学提供参照。

2. 增加教育经费投入，合理运用教育经费

如前所述，充足的办学经费是世界一流大学的一个重要特征，也是世界一流大学形成与发展的最基本的物质条件。由于我国大学历史较短，学

---

① John Henry Cardinal Newman. *The Idea of a University*: *Defined and Illustrated*. Chicago. Ill. Loyola University Press, 1987. 464.

② Abraham Flexner. *Universities*: *American*, *English*, *German*. New York, etc.: Oxford University Press, 1930. 230.

③ ［美］赫钦斯:《教育现势与前瞻》，姚柏春译，香港今日世界出版社1976年版，第22页。

④ Karl Jaspers. *The Idea of the University*. London: Peter Owen Ltd, 1965. 19.

术积累薄弱，要进入世界一流大学行列，更需要长期的高投入。

十几年来，我国通过"211 工程"和"985 工程"一期和二期对一百余所大学进行重点投入和重点建设，取得了很好的效益。现在"211 工程"三期建设已经启动，"985 工程"三期建设也在规划当中，而且将加大投入力度，这对我国建设世界一流大学来说是一个好消息。但从我国经济发展的现实条件看，仅靠政府增加对大学的投入是不够的，国外大学特别是世界一流大学积极开拓经费来源、实现筹资渠道多样化的经验值得我国借鉴。首先，政府应该通过设立专门的扶持基金、税收减免等措施，鼓励大学加强与企业界的联系，大学通过委托研究、技术转让、专家咨询、人才培训等途径帮助企业解决发展中的难题，企业则为大学提供经费支持，并且可以为大学的技术开发提供测试基地，为人才培养提供实践基地。其次，政府可以采取优惠措施，鼓励大学以高科技研究成果为基础建立高科技企业，鼓励大学高科技公司上市融资。再次，政府应该借鉴国外的经验，鼓励基金组织、社会团体和个人捐赠大学，对相应的捐赠实行税收减免政策。最后，政府可以借鉴国外大学的筹资经验，允许大学发行债券、彩票，依靠其在社会上的良好信誉筹资融资，并对其收入给予税收减免优惠。

3. 加强学科建设，创建世界一流学科

学科建设是大学最具有整合性与影响力的工程，也是建设世界一流大学的基础。为了创建世界一流大学，我国大学应该充分了解世界科技发展的趋势、我国科学技术发展的水平和基础，根据我国经济建设和社会发展的需要，确立一批具有战略性的、对国民经济和社会发展产生重大影响的、符合我国大学发展基础的学科领域和研究主题。

我国科学和技术的发展战略，是在统筹安排、整体推进的基础上，对重点领域及其优先主题进行规划和布局，为解决经济社会发展中的紧迫问题提供全面有力的支撑。作为我国自主创新的主阵地之一，我国大学必须适应创新型国家建设的要求，在整体提升办学水平和教育质量的基础上，根据《国家中长期科学和技术发展规划纲要（2006—2020 年）》确立的我国科学和技术发展的重点领域及其优先主题，采取重点突破战略，找准学科发展的突破点，把握学科发展方向。我国大学要充分发挥多学科优势，促进跨学科集成、多学科合作以及新学科生长，并以新理论、新技术带动新产业的兴起。

人文社会科学与自然科学一样，是创新型国家建设中不可缺少的重要组成部分，也是国家创新体系中不可忽略的重要支撑。我国大学人文社会科学建设，必须围绕国家发展中的一系列重大深远的问题进行研究，充分发挥人文社会科学在传播和创造中华文明、弘扬国家先进文化、提升国民精神面貌和人文素养、提出解决重大社会问题的策略等方面发挥应有的重要作用。

当然，任何一所大学都不可能面向所有的国家重点发展的学科领域和社会问题，而必须立足学科特点和区域的特殊需求，集中有限资源建设重点学科，在部分有条件的学科形成突破，形成学科建设上的相对优势。同时，一所大学也不可能对学科建设平均用力，而是要突出重点，在有可能取得突破的学科领域形成优势和特色。

4. 营造自由宽松的学术氛围，为建设世界一流大学创造良好的文化环境

哈佛大学校长洛厄尔曾经指出："经验已经证明，而且谁也无法否认，知识的增进，依赖于两个方面的途径：其一是从事某一领域的研究者可以无拘无束地探究真理；其二是他可以将他发现的真理完全自由地传授给他的学生。"这已成为高等教育的公理。我们相信，不管研究者是正确的发现，还是错误的发现，如果给予足够的阐释，不久便会发现事物之间的联系，舍此则别无他途。教授在自己领域的教学活动应享受绝对的自由，他必须教授他发现或看到的真理，这是学术自由的基本条件，任何违背都会使智力发展处于危险境地。① 洛厄尔的继任者博克也要求大学"努

---

① Samuel Eliot Morison. *Three Centuries of Harvard: 1636－1936*. Belknap Press of Harvard University Press, 1994. 454.

力使学者们免受大学自己造成的人为限制的约束，努力做到不处罚持不同观点的教授，努力保护教授言论自由的权利，使其不受大学外部敌对压力的侵扰"。①

与哈佛大学的两位校长一样，许多教育家都把学术自由看做是大学的灵魂。德国存在主义教育家雅斯贝尔斯指出，大学作为探索高深学问和追求真理的机构，只应服从真理的标准而拒绝服从任何权威。只有具有安全和自由保证的学者才能探索科学真理，也只有在学术自由的条件下，才可能产生创造性的成果，培养出创新人才。

世界一流大学的建立和发展与自由宽松的学术氛围密切相关。可以说，没有自由宽松的学术环境，就不可能培养一流的人才，不可能产生一流的研究成果，不可能形成一流的学科，不可能形成一流的大学。我国要创建世界一流大学，也必须营造良好的学术氛围，鼓励学术争鸣，让学者在自由探索和碰撞中产生新的思想，形成新的理论，从而推进学科建设。

5. 完善评价机制，保障世界一流大学建设的顺利进行

如前所述，几十年来特别是"211 工程"和"985 工程"实施以来，我国在建设世界一流大学方面投入很大。对于这些投入的使用效益，我国多以报表和检查验收的形式加以评价，缺乏相应的教育、经济、文化等视角的分析，更没有投入使用效益和效率的评价以及相关的整改措施。这种做法不仅可能造成投入的浪费，而且难以判断我国世界一流大学建设的进程和发展方向。

因此，为了保障世界一流大学建设的顺利进行，我们必须建立和完善相关的评价机制，对进入"211 工程"和"985 工程"重点建设的大学予以跟踪调查，按照世界一流大学的评价标准和指标体系考察我国大学建设世界一流大学的进展情况，对投入进行成本—效益分析，并建立相应的奖励制度和责任制度，对于经费使用效益高、收益大的大学予以追加投资，

---

① ［美］德理克·博克：《走出象牙塔——现代大学的社会责任》，徐小洲、陈军译，浙江教育出版社 2001 年版，第 27 页。

对于经费使用效益低、收益小的大学予以减少投入，对于浪费国家投入的大学要追究责任。

参考文献

1. 王英杰、刘宝存：《世界一流大学的形成与发展》，山西教育出版社 2008 年版。

2. 罗云：《中国重点大学与学科建设》，中国社会科学出版社 2005 年版。

3. "211 工程"部际协调小组办公室：《"211 工程"发展报告（1995—2005）》，高等教育出版社 2007 年版。

4. 邱均平等：《世界一流大学及学科竞争力评价研究报告》，科学出版社 2007 年版。

5. 胡炳仙：《中国重点大学政策：历史演变与未来走向》，博士学位论文，华中科技大学 2006 年。

教师教育改革和发展

张斌贤　李子江

教师教育是教育事业的"工作母机",是造就培养人才的基地。百年大计,教育为本;教育大计,教师为本。没有高质量的教师教育,就没有高质量的教师,就没有高质量的人才。改革开放以来,我国不断探索教师教育体制改革,教师教育事业在许多方面已经取得了较大的发展。为了普及义务教育和满足各级各类教育发展的需求,进行了教师教育体制改革,提供了一支数量充足、结构合理、素质较高的教师队伍;为了提高教师的专业化水平和教师队伍整体素质,进行了教师教育布局结构调整和培养模式的探索,逐步形成了师范院校与综合大学共同培养教师的多元开放的新格局;为了形成依法治教的局面,相继颁布实施了《中华人民共和国教师法》(以下简称《教师法》)、《中华人民共和国教育法》(以下简称《教育法》)、《教师资格条例》,教师队伍建设开始步入规范化、法制化轨道。回顾30年来我国教师教育所走过的历程,总结教师教育的成绩和经验,对于推动我国教师教育的改革与发展具有重要的意义。

一、教师教育体系的恢复与重建

"文化大革命"期间,我国的师范教育遭到毁灭性的破坏,整个师范教育基本上处于瘫痪状态。师范院校长期停止招生以及中小学教师大量流失，导致中小学教师数量不足，进而出现大量的民办教师，师资队伍的质量严重下降。据统计，1977年普通中学教师中，民办教师占39.94%；小学教师中，民办教师占65.8%；全国小学教师中具有中等师范及以上学历的只占28%，初中教师中具有高等专科学校毕业或肄业及以上学历的只占14.3%，高中教师中具有高等学校本科及以上学历的只占33.2%。[①]小学毕业教小学、中学毕业教中学的现象相当普遍，教师队伍"青黄不接"的现象十分突出。"文化大革命"结束以后，党中央肯定了知识分子是工人阶级的一部分，为教师摘掉了所谓的"臭老九"的帽子，重新肯定了教师在学校教育中的主导地位，从而为提高教师和师范教育的地位，恢复发展师范教育创造了有利条件。

（一）正确认识师范教育的性质，确立师范教育的重要地位

为了全面恢复师范教育，提高教育质量，1978年4月20日至5月16日，教育部召开了全国教育工作会议，邓小平同志在会议上发表了重要讲话，提出教育事业必须同国民经济发展的要求相适应，同时还特别谈到要尊重教师劳动，提高教师素质，从而为教育事业的恢复和发展确定了指导方针。

为了确立师范教育的地位，必须解决长期困扰师范教育发展的路线之争。新中国成立以来关于师范教育的性质与发展模式一直存在不同的争论，争论的核心问题主要围绕高等师范教育中的师范性和学术性的关系，其实质在于师范教育是独立设置还是混合发展。新中国成立后，我国借鉴苏联的经验建立了独立设置的师范教育体系。我国针对当时师范教育存在的理论脱离实际的问题，提出了师范院校"面向中学"的口号，强调从中小学实际出发，大力加强教育理论课程的教学和教育见习、实习等实践环节。但是由于没能全面完整地理解师范教育的师范性，导致在实际工作

---

① 金长泽、张贵新：《师范教育史》，海南出版社2002年版，第152、156页。

中片面强调从中小学实际出发，强调中小学需要什么就学什么，降低了师范院校的学术水平。因此，1960 年 4 月教育部在河南新乡召开了师范教育座谈会，会上有人提出师范院校应向"综合大学看齐"，主张由综合大学取代高师院校，取消师范院校的教育理论课程，加强高深的科学文化知识和专业知识的教学。1961 年教育部在北京召开全国师范教育工作会议，会上再次开展了要不要独立设置师范院校的讨论，经过热烈讨论，大家对师范教育的重要性有了较为深刻的理解，会议提出高等师范教育不是办不办的问题，而是如何办好的问题。有关高师体制问题的争论暂时平息下来。① 1980 年 6 月，教育部在北京召开了第四次全国师范教育工作会议，会议认真总结了师范教育的历史经验，分析了当前师范教育面临的问题和形势，提出师范教育是教育事业中的"工作母机"，是造就人才的基地。会议明确了师范教育的地位、性质、任务，重申了各级师范院校的培养目标。全国师范教育工作会议之后，教育部先后采取了一系列促进各级师范教育发展的措施，有力地推动了我国师范教育的发展。

（二）重建三级师范教育体系，大力发展各级各类师范教育

新中国成立之初我国就确立了相对独立的师范教育体系，形成了从中等师范学校、师范专科学校到高等师范学校的三级师范教育体系，从事教师教育的机构自成体系，从修业年限到教学内容，从招生、升学、就业，到课程专业设置，教学方式、实习制度的建立，等等，都有不同于其他非师范院校的特色和模式。与基础教育相对应，中等师范学校培养小学教师，高等师范专科学校培养初中教师，师范学院或师范大学培养高中教师。中等师范学校一般招收初中或初级师范毕业生，修业年限为 3 年。师范专科学校招收初中和高中毕业生，招收初中毕业生的师范专科学校修业年限为 3 年，招收高中毕业生的师范专科学校修业年限为 2 年；师范学

---

① 刘捷、谢维和：《栅栏内外：中国高等师范教育百年省思》，北京师范大学出版社 2002 年版，第 186 页。

院、大学招收高中或中等师范学校的毕业生，修业年限为4年。在"文化大革命"期间我国的师范教育体系遭到严重破坏。为了克服"文化大革命"造成的师范教育的混乱局面，促进各级师范教育走上正轨，"文化大革命"结束后，国家颁布了一系列政策文件，恢复和重建三级师范教育体系。1977年国务院批转了教育部《关于1977年高等学校招生工作的意见》，明确指出废除推荐入学制度，实行统一考试、择优录取的招生制度。1977年，全国570万青年报考高等学校，高等学校共招收新生273000人，其中师范院校招收94586人，占新生总数的34.6%。① 恢复高考和师范院校招生工作步入正轨为师范教育的恢复和发展奠定了基础。此后，各师范院校对教学工作进行了全面整顿，恢复正常的教学秩序，制定规章制度，抓好教材和教师队伍建设，努力提高教育、教学质量；同时国家恢复和增设了一批师范院校，1978年恢复和增设169所普通高等学校，其中师范院校77所，占恢复和增设学校总数的45.56%，到1980年又增加了15所，师范院校总数达到172所，相当于1977年59所的3倍。②

为了培养初等教育的合格教师，大力发展中等师范教育，实施办学条件标准化，不断提高中等师范教育的质量。1980年教育部颁布了《关于办好中等师范学校的意见》，在肯定中等师范学校的重要作用的同时，提出必须从中等师范教育的实际出发，继续贯彻"调整、改革、整顿、提高"的方针，明确办学方向，解决学制、教学计划、办学条件等基本问题，建立和恢复正常的教学秩序。此外，教育部还颁布了《中等师范学校规程》、《中等师范学校教学计划（试行草案）》，对中等师范教育的方针政策和规章制度，以及中等师范教育的培养目标、修业年限、课程设置、教育实习等一系列问题作了明确的规定，对提高中等师范教育质量和管理水平起了重要作用。中等师范学校主要是面向农村小学培养师资，能否面向农村培养合格的小学师资，是关系到农村能否普及初等教育的关键

① 刘英杰：《中国教育大事典》（上），浙江教育出版社1993年版，第970页。
② 金长泽、张贵新：《师范教育史》，海南出版社2002年版，第153页。

问题。1987 年 5 月，国家教育委员会师范教育司召开了中等师范学校办学座谈会，会议围绕中等师范学校今后如何更好地面向农村培养合格师资的问题进行了研讨，重申了中等师范教育面向农村培养合格小学教师的办学方针。不久，国家教委师范司又连续召开中等师范学校改革研讨会，进一步落实中等师范学校面向农村培养合格小学教师的办学方针。在这些会议的精神指导下，全国各中等师范学校开始了面向农村小学的改革实践，不断探索优化农村师范教育的路子，形成了面向农村培养合格师资的特色。为了改善中等师范学校的办学条件，不断提高中等师范学校的办学质量，国家增加了对师范学校的投资，大力推进中等师范学校办学条件标准化建设。国家教委于 1987 年在福建召开了加速中等师范学校办学条件标准化建设座谈会，会议要求各地必须采取有效措施加强中等师范学校的建设，尽快实现中师办学条件标准化。据统计，从 1986—1992 年，全国中师基本建设投入达到 22 亿元人民币，全国中师基建面积接近 1419 万平方米，设备总价值约 5.39 亿元人民币，图书总数 2920 万册。[1] 中等师范学校的办学条件得到了改善，中等师范学校的面貌发生了根本性的变化，师范学校的社会地位和作用得到了提高，这为全面提高教育教学质量奠定了基础，为基础教育培养了大批合格小学教师。

十一届三中全会以后，我国加快了高等师范学校发展的进程。据统计，1985 年我国独立设置的高等师范院校已经发展到 253 所，在校生 42.56 万人。[2] 1987 年，全国高等师范学校达到了 260 所，招生人数为 18.95 万人，在校生人数为 50.80 万人，在当时创造了历史新高。[3] 整个 20 世纪 80 年代，我国的高等师范院校共为基础教育事业培养了 120 多万高师毕业生，促进了我国社会主义现代化事业的发展。为了适应基础教育迅速发展的形势，深化高师改革，1986 年 3 月，国家教委在《关于加强

---

[1] 金长泽、张贵新：《师范教育史》，海南出版社 2002 年版，第 214 页。

[2] 金长泽、张贵新：《师范教育史》，海南出版社 2002 年版，第 189—190 页。

[3] 刘捷、谢维和：《栅栏内外：中国高等师范教育百年省思》，北京师范大学出版社 2002 年版，第 143 页。

和发展师范教育的意见》中提出了一系列有关高师教育改革的方针和措施，要求对高师的教育思想、教学内容和方法以及教学制度进行系统的改革。1987年3月，国家教委师范司在北京召开了高师工作座谈会，会议明确提出，为基础教育服务是高师改革的方向，能否更好地为普及九年制义务教育服务是检验师范教育改革效果的根本标准，高师的教学改革必须紧紧围绕培养合格的中学教师这一根本任务进行。1989年12月，国家教委师范司在河北石家庄召开了全国师范专科学校工作会议，确定了师范专科学校的办学重点和发展方向，把培养合格的初中教师作为我国师范专科学校的主要任务，加速了师范专科学校的改革步伐，极大地促进了我国高等师范专科学校的发展。

（三）建立在职教师培训体系，不断提高教师学历水平

在师范教育不断恢复和发展的同时，中小学在职教师的培训工作也在有步骤地进行。"文化大革命"前，在我国独立的师范教育体系下，各级师范院校只是承担教师培养的任务，教师的在职教育（继续教育）通常由独立的教师继续教育机构承担，即由省级教育学院、地区级教育学院和县级的教师进修学校承担中小学教师继续教育的任务。省级教育学院更多地关注中学教师的继续教育，而地区教育学院和县级教师进修学校主要承担小学教师的继续教育任务。"文化大革命"期间，教师的继续教育工作处于停顿状态。为了使师资培训工作适应普及初等教育的需要，1977年教育部召开了师资培训工作座谈会，讨论和研究加强师资培训工作的问题，对教师进修学校以及教育学院的性质、地位、任务、教师队伍、经费等问题作出了明确规定。会后，各地恢复或建立了教师进修学校或教育学院，作为本地区培训在职教师的基地。1982年国务院下发了130号文件，提出师资队伍调整的要求和措施，明确了教育学院、教师进修学校是培训中小学在职教师的重要基地。这些政策的出台促进了教育学院和教师进修学校的发展，为基础教育师资培训提供了前提条件。1983年教育部下发了《关于中小学教师队伍调整整顿和加强管理的意见》（以下简称《意

见》），提出了合格教师质量标准的原则规定，并在学历上规定高中教师应具备高等师范学校本科毕业的学历或同等学历，初中教师应具备高等师范学校专科毕业学历或同等学历，小学教师应具备中等师范学校毕业学历或同等学历。根据《意见》精神，各级教育行政部门在抓教材教法过关培训工作的同时，实施中小学教师《专业合格证书》考试制度，提高中小学在职教师的整体素质。中小学教师《专业合格证书》考试在社会上产生了良好的影响。到 1991 年，我国小学教师中取得《专业合格证书》的有475862 人，中学教师中取得《专业合格证书》的有 211292 人①，大大提高了中小学教师的教学能力和教学水平。此外，国家还建立了函授、广播电视教育、自学考试相结合的教师培训模式，充分发挥多种培训形式的优势，最大限度地组织不具备合格学历的教师参加学习，提高他们的教育教学水平。

经过多年的努力，我国基本形成了以各级师范学院和其他各种教育机构为主体的职前培养与由各级教师进修院校和其他形式的职后培训组成的比较完备的师范教育体系。1999 年全国共有独立设置的高等师范院校 209所，中等师范学校 683 所，教育学院 139 所，教师进修学校 2087 所。从1980 年到 1999 年，高等、中等师范学校共培养了 740 万毕业生，教师进修学校培训了近 600 万中小学教师。我国小学、初中、高中教师学历合格率到 1999 年分别达到 95.90%、85.63%、65.85%②，适应了我国基础教育的发展所提出的教师合格学历的要求，各级师范院校的发展为我国的基础教育事业作出了历史性贡献。

二、教师教育体制改革与结构调整

党的十一届三中全会以后，我国的教育事业得到了一定程度的恢复和

---

① 金长泽、张贵新：《师范教育史》，海南出版社 2002 年版，第 251 页。
② 金长泽、张贵新：《师范教育史》，海南出版社 2002 年版，第 265 页。

发展，但是与我国现代化建设的需要还存在较大的差距。1985 年《中共中央关于教育体制改革的决定》的颁布拉开了教师教育改革的序幕。1993 年颁布的《中国教育改革和发展纲要》（以下简称《纲要》）指出：师范教育是培养中小学师资的工作母机，各级政府要努力增加投入，大力办好师范教育。该《纲要》同时也对教师教育的发展提出了培养合格师资的紧迫要求。20 世纪 90 年代，随着我国普及义务教育任务的基本完成、素质教育的全面展开和高等教育发展的大众化，师范教育改革与发展的背景发生了很大变化，进而导致对教师素质提出更高的要求，教育关注的重点进入了从追求教师数量向提高教师质量的转变。提高教师学历水平和整体素质，成为教师队伍建设、教师教育的主要任务。

（一）建立开放的教师教育体系，提升教师教育的办学层次

1999 年 6 月，中共中央、国务院颁布了《关于深化教育改革全面推进素质教育的决定》（以下简称《决定》），该《决定》明确指出："鼓励综合性高等学校和非师范类高等学校参与培养、培训中小学教师的工作，探索在有条件的综合性高等学校中试办师范学院"。这样做的目的在于通过鼓励综合性大学和非师范类高等学校参与教师教育来提高师资队伍建设的质量。到 2001 年，教育部宣布全国基本实现"双基"战略目标。我国教育发展主要矛盾正式从总量不足转变为质量的提高上来。2001 年 5 月国务院颁布的《国务院关于基础教育改革与发展的决定》指出要"完善教师教育体系，深化人事制度改革，大力加强中小学教师队伍建设"，这是首次在正式的国家教育政策文本中使用了"教师教育"概念。2002 年，教育部发布的《教育部关于"十五"期间教师教育改革与发展的意见》中第一次对教师教育作出了一个相对完整的解释："教师教育是在终身教育思想指导下，按照教师专业发展的不同阶段，对教师职前培养、入职教育和在职培训的统称"。2002 年 9 月江泽民在北京师范大学建校 100 周年庆祝大会上讲话时提出："要进一步建立和完善适应我国教育发展需要的开放灵活的教师教育体系，努力造就一支献身教育事业的高水平的教师队

伍。全国各级各类师范院校，都要适应新形势新任务的要求，深化改革，锐意进取，为建设有中国特色教师教育体系作出新的贡献。"① 教育部也提出要建立"在终身教育思想指导下，按照教师专业发展的不同阶段，对教师的职前培养和在职培训一体化"，以及"以现有师范院校为主体，其他高等学校共同参与，培养与培训相衔接，体现终身教育思想的、开放的教师教育体系"。②

此后，我国长期以来独立设置的师范教育体系被打破，高等师范院校开始出现了综合化趋势，一是师范大学大量举办非师范专业，二是师范专科学校和教育学院等一批专科层次的院校与本科院校合并、升格为本科院校。师范教育综合化趋势是与师范教育独立与否的争论联系在一起的，关于教师培养制度是否应该独立的争论，自中国师范教育制度建立以来就一直是一个争论不休的问题。新中国成立以来的不同历史时期，我国曾经出现师范院校是否需要独立设置的争论。20 世纪 90 年代以来，我国经济文化和教育事业的蓬勃发展提出了对高质量师资的需求，全国又一次出现了师范院校发展方向的争论。1996 年 9 月 9 日全国师范教育工作会议召开，会议虽然强调师范院校在教师培养中的主渠道作用，但也为非师范院校参与教师教育打开了一条通道。此次会议提出："形成符合中国国情的中小学教师培养培训体系。发挥各级各类师范院校培训教师的主渠道作用及非师范院校培养培训教师的积极作用；通过实施教师资格制度，规范教师职业标准，认定师范毕业生教师资格，吸收师范专业毕业生及社会优秀人才从教。"③ 教师资格制度首次作为吸引非师范毕业生从教，以及确保各类院校的教师教育质量的检测性措施得以实施，为打破独立封闭的师范教育体系做了制度上的准备。20 世纪 90 年代中后期，特别是进入 21 世纪以

① 江泽民：《在庆祝北京师范大学建校 100 周年大会上的讲话》，《中国青年报》2002 年 9 月 9 日。
② 《教育部关于"十五"期间教师教育改革与发展的意见》（教育部［2002］1 号）。
③ 何东昌：《中华人民共和国重要教育文献》（1991—1997），海南出版社 2003 年版，第 4041—4044 页。

后，随着发达国家教师教育体系研究的深入，全国出现了师范院校与非师范院校合并、升格成为综合性大学，参与教师教育的局面。这一时期全国多数师范专科学校卷入了这一浪潮。这个时期大约有143所师范院校（以师范专科学校为主，包括教育学院和极少的师范学校、师范学院）与非师范院校合并升格为综合性学院或大学；有82所专科层次的师范学校（包括教育学院）与师范院校合并或升格为师范学院或师范大学。有5所师范专科学校与其他学校合并升格为职业技术学院，有25所中等师范学校（包括极少的中师层次的教育学院）升格为师范专科学校，有8所师范学校（以中等师范学校为主，包括个别师范专科学校和个别中师层次的教育学院）与非师范学校合并升格为综合性专科学校。传统的师范院校在数量上发生了根本性的变化——我国师范院校最多时是1987年，当年师范专科学校达到187所，师范学院达到73所。而今天，全国独立的本科师范学校有129所，独立的师范专科学校有55所。[①] 从这个角度上说，通过合并升格，我国师范院校（包括教育学院）办学层次已经获得了很大的提高。

目前参与教师教育的各院校培养的教师包括了我国初、中等教育的各个领域，打破了原来我国的高等师范院校只培养普通中学教师的局面。不少省属师范大学和地方师范院校，以及综合性院校涉足小学教师和职业学校教师的培养。由于传统上我国的本科院校是承担中学特别是高中教师的培养任务，随着中等师范学校和师范专科学校的升格，原来承担教师教育任务的各个院校依然延续过去培养中学教师的任务。不少院校（包括师范院校和综合性学院）合并了原先的中等师范学校和师范专科学校，但小学教师的培养并未由此取消，而是以成立初等教育学院的形式，或以设置本科、专科小学教育专业的形式培养小学教师，形成了教育学院或教育科学学院培养教育研究人才、教育行政人才和中学教师，初等教育学院培

---

① 张斌贤：《当前我国教师教育转型现状暨教师培养模式改革研究报告》，教育部师范司委托课题，2006年。

养小学和幼儿园教师的格局。例如，首都师范大学合并了北京市第三师范学校，在其基础上成立初等教育学院，专门培养本科层次的小学教师。目前它是国内小学教育本科办学规模最大的初等教育学院之一；华南师范大学在教育科学学院设立教育学专业（小学教育专业），培养小学教师；南京师范大学教育科学学院设立小学教育、学前教育等专业，培养小学和幼儿园教师。

经过世纪之交我国师范教育的转型，我国当前的教师教育出现了多渠道办学的局面，中小学教师培养逐步打破了从师范院校选拔的单一做法，初步形成了师范院校与综合大学共同培养教师的格局，使教师职前培养层次结构重心逐步上移，提高了中小学教师的学历层次。

教师教育从封闭定向走向开放多元是历史发展的必然，是教育发展规律和世界教师教育的大势所趋。但是我国教师教育的改革也存在一些需要引起重视的问题。首先，教师教育的专业性（师范性）削弱。我国师范院校在从旧的三级向新的三级发展与转轨过程中，将工作重心转向了追求专业的综合性和学术性，各级师范类学校都在极力向综合性大学靠拢，削弱了师范专业的师范性。从目前大多数高等师范学校的发展看，无论是在人才培养目标还是专业学科设置方面，都存在着向综合性大学靠拢的趋势，以及师范类人才培养目标不明确、特色不突出的现象。在专业设置中，师范类院校近年来都在不断地加大非师范类专业的申报和招生，部分院校的非师范类专业在规模上甚至已经超过了师范类专业；由于非师范类专业的增设，学校在招生过程中加大了非师范类学生的招生。师范院校的发展定位不明确，直接导致了高等师范院校发展思路和具体措施的偏差，师范生的培养质量下降，对师范类人才的培养和学科教育研究产生了消极影响。其次，多数转型的院校仍未脱离传统的教师培养模式。多数院校的教育专业课程依然是以教育学、心理学、教学法为代表的"老三门"，课程设置中缺乏结合当前基础教育改革的内容，教育实习流于形式，实习质量难以保障，导致师范专业的毕业生不能完全适应新一轮基础教育课程改革的需要。最后，高校的师范专业对优秀中学生没有多大吸引力，师范院校生源质量明显下降。师范院校如何在转型中建立起既符合学校自身的特点，又适应社会对教师教育要求的新的教师教育体系，这是需要进一步思考的问题。

首先，由于我国地域辽阔，地区经济、文化、教育发展水平极不平衡，经济发达地区的教师教育质量和规模都已达到相当高的程度和水平，而广大中西部地区的教师教育在质量和规模上仍然存在极大的提升空间。基础教育教师队伍数量的满足和质量的提高，仍有赖于师范院校发挥主导作用，独立设置的师范院校在相当长的时间内仍然占据着一定的地位。我国的教师教育体制转型不能盲目遵循、生搬硬套外国经验，必须考虑地区差异，分层次、分步骤地推进我国的教师教育改革。① 其次，新中国师范教育的巨大成就是人类教育史上宝贵的经验财富，多年来师范院校形成的教育学科的专业优势，已成为师范院校的品牌学科。在不断推进对现有师范院校改革的过程中，必须保持教师教育的特色和传统。由于教育实习工作在教师教育培养模式中有着重要的作用，教师教育教学能力的培养与提高不仅只能通过教学实践活动才能实现，而且只有使未来的教师在亲身经历的教育情境中去体会教育事业的崇高与艰辛、去感受教学活动的苦与乐，才能真正培养其教师职业道德与情感。因此，必须加强实习基地建设和制度建设。政府应颁布相应的法规，明确教育实习的地位作用及各部门的责任，加强师范院校与中小学校的合作，推进建立较为稳定、运行有序、合作有保障的教学实习基地。也可以采取安排师范专业学生到农村中小学顶岗实习，原岗位教师"回炉"师范院校进修的方式，既解决学生实习问题，又解决基层教师进修深造的问题。此外，政府要建立和完善优秀毕业生到中小学，特别是农村边远地区任教的制度保障。

（二）探索多元化教师教育培养模式改革，培养高层次师资

在构建教师教育新体系的同时，我国也在探索教师教育培养模式的改

---

① 钟秉林：《教师教育的发展与师范院校的转型》，《教育研究》2003 年第 6 期。

革。为了适应我国经济、社会和文化教育事业的发展形势，适应我国的教师教育体系日趋开放的现实，以北京师范大学为代表的传统师范大学率先进行新形势下教师培养模式的改革，提出了"大学 + 师范"的教师教育模式。即把"学科专业人才培养与教师教育剥离，将教师教育的重心上移到研究生阶段，大力加强研究生层次的高素质的职前与在职研究型教师的培养"的改革思路。为此，北京师范大学提出了在本科阶段按综合性研究型大学专业培养计划对学生进行专业培养，提出实施"4 + X"人才培养模式，通过选择和分流培养，形成培养规格上移的多样化人才培养模式。具体模式如下：

- "4 + 0"模式，指学生完成本科阶段学习后即进入社会就业。学生毕业时，通过与用人单位的"双向选择"到各行业就业。如果希望毕业后从事教师职业，就读各专业的学生均可通过选修教师教育模块课程，或修读教育学辅修—双学位课程等多种形式，获得从事教师职业的资格证书。
- "4 + 2"模式，指本硕贯通培养的学士后教师教育模式。非教育专业的学生修完本科专业课程后进入教育学院，接受为期2 年的专门的教师职业培养，毕业后到中小学任教。（见表1）
- "4 + 3"模式，指学生完成本科阶段学习后即进入硕士研究生阶段学习，实现本硕贯通培养。

"4 + X"模式的主旨是将学科专业人才培养与教师教育剥离，将教师教育的重心上移到研究生阶段，大力加强研究生层次的高素质研究型教师的培养。在本科阶段的第三学年末，对毕业后志愿从事教师职业的学生经过考核筛选，从中确定进入"4 + 2"模式培养的人选。这些学生在第四学年继续完成本科专业学习，取得学士学位；同时修读部分研究生课程，实现本硕衔接。第五学年开始进入教育学院进行2 年教师专门化培养，并最终获得教育学硕士学位。

表1　北京师范大学"4+2"模式教师教育课程模块

课程类别	课程名称及学分
公共必修课	马克思主义政治理论（4），外语（4），专业基础课（9），专业方向课（9），教育学原理（3），教育心理学（3），教育研究方法概论（2），课程与教学论（3），教师伦理专题（2），现代教育技术概论（1），中外教育史（4），教学见习，教学实习
公共选修课	研究型学习的设计与评价（1），综合课程的理论和实践（1），STS课程及实践（1），数据统计与分析（1），个案研究（1），实验研究（1），计算机辅助教学（1），课件制作（1），网络教育（1），学习障碍及诊断（1），教学评价的理论与实践（2），教材研究与课程设计（2），中外教育史专题（2），基础教育改革和发展（3），当代心理学专题讲座（2），各种微型课程（如性别教育、多元文化与教育、农村教育等，1）研究报告
专业基础课	按各学科单位要求实施
专业方向课	按各学科单位要求实施
专业选修课	按各学科单位要求实施

　　除了北京师范大学外，其他师范大学也进行了教师培养模式的改革。例如：华东师范大学探索实行"基本要求＋需求选择"的多元化教师教育培养模式。该校围绕"宽口径、厚基础、强能力、高素质"的核心理念，根据"基本要求＋需求选择"的多元化培养模式，按大类招生，不分具体专业。进校后，按大类进行通识培养，1—2年后按学生的专业志愿和自身条件由学生自主选择。① 这些院校目前的改革还处于初期阶段，尚未形成成熟有效的经验和模式，但它们改革的思路、模式将为今后我国教师教育质量的提高探索新路，并带动全国各地从事教师教育院校的改革。

　　在教师教育体系发生变化之前，我国的高等师范教育机构主要培养本科和专科层次的中小学教师。随着我国开放的教师教育体系的形成，多数师范院校开始培养研究生层次的中小学教师，为我国培养学士后中小学教师进行了有益的探索。

---

① 来源：华东师范大学招生网，http://www.zsb.ecnu.edu.cn。

（三） 建立教育硕士专业学位制度，不断提升教师的专业化水平

我国目前有 1000 多万中小学教师，拥有世界上规模最大的基础教育教师队伍。为进一步提高中小学教师和教育管理干部的综合素质，适应基础教育改革与发展对优质教师资源的迫切需求，1996 年 4 月 13 日，国务院学位委员会第 14 次会议审议并通过了《关于设置和试办教育硕士专业学位的报告》，批准设置教育硕士专业学位，并决定北京师范大学等 16 所高校为首批试点培养单位。教育硕士学位作为一种具有教师职业背景的专业性学位，主要培养具有较高的教育学科理论素养及从事基础教育教学的能力，掌握现代教育教学技术与方法，面向基础教育教学和管理工作需要的高层次人才。

1997 年 9 月，首批攻读教育硕士专业学位的学员入学，掀开了我国教育硕士专业学位教育事业发展的序幕。此后，为了适应我国基础教育和教师教育发展的客观需要，我国不断探索教育硕士专业学位教育，取得了丰富的经验。教育硕士的招生对象不断扩大，从最初只招收普通高中在职教师或教育管理人员，扩大到初中专任教师、中等师范学校专任教师或教育管理人员，以及其他类型中等教育专任教师等。到 2003 年，教育硕士的招生对象涵盖了基础教育各级各类学校的专任教师，以及各级教育行政部门的管理干部，形成了一个全方位、多层次的，服务于基础教育战线的教育硕士招生体系。与此同时，教育硕士招生和培养的专业领域逐步拓展。1997 年，教育硕士招生和培养的专业领域仅有教育管理和学科教育 2 个专业、6 个专业方向。从 2002 年起，先后增设了 4 个专业和 11 个专业方向。到目前为止，教育硕士招生和培养的专业领域包括：教育管理、学科教学、现代教育技术、小学教育、科学与技术教育、心理健康教育 6 个专业、17 个专业方向，基本形成了适应我国基础教育需要的教育硕士专业学位专业体系。另外，参加教育硕士培养的院校不断增加，截至 2007 年，承担教育硕士培养的院校从最初的 16 所增至 57 所，全国教育硕士累

计招生约 6.5 万人，目前在校生规模为 3.5 万人。截至 2007 年 6 月，先后有近 3 万人获教育硕士专业学位，其中绝大多数成为学校的教学骨干，2000 多人走上教育局长、中小学校长、幼儿园园长岗位。教育硕士已成为我国培养规模最大的专业学位教育类型之一。（见图 1）目前，我国的教育硕士专业学位教育已经形成了具有中国特色的高层次、高素质的教育职业型人才的培养体系，成为我国专业学位教育体系的重要组成部分。十多年来，教育硕士专业学位教育事业取得了丰硕的成果，对基础教育和教师教育的改革发展发挥了重要作用，产生了巨大的社会影响。教育硕士专业学位的设置，不仅完善了我国学位与研究生教育结构和学位制度，而且为基础教育战线教育工作者获取硕士学位开辟了一条有效渠道，提升了广大中小学教师的学历水平和学术涵养，促进了教育领域理论与实践的多元融合，对探索教师专业发展道路起到了相当大的促进作用。

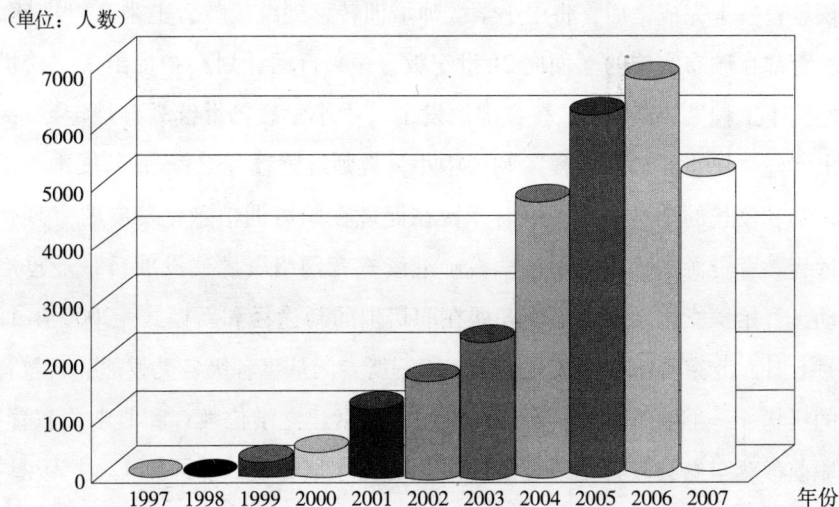

图 1　1997—2007 年 6 月获得教育硕士学位人数统计表①

---

① 全国教育硕士专业学位教育指导委员会：《继往开来，改革创新，大力推进教育硕士专业学位教育发展——庆祝教育硕士专业学位教育十周年》，《中国教育报》2007 年 12 月 15日。

（四）完善教师职后培训制度，构建具有中国特色的教师继续
教育体系

20 世纪 90 年代以前，由于我国相当一部分中小学教师未达到国家规定的学历合格标准，教师培训和进修制度实际上是对师范教育制度的补充，教师培训以"学历补偿教育"为重心，主要对不具备相应学历的教师进行学历培训。随着我国中小学教师学历达标率的逐步提高，90 年代以后，我国的中小学教师培训进入到继续教育与学历补偿教育并存，并逐步由学历补偿教育转移到继续教育的新阶段。1990 年 10 月，国家教委召开了全国中小学教师继续教育工作座谈会，并于 12 月下发了《全国中小学教师继续教育工作座谈会会议纪要》，明确规定了中小学教师继续教育的原则、内容、形式、途径等，极大地促进了全国中小学教师继续教育的发展。1996 年 9 月召开了第五次全国师范教育工作会议，提出在学历补偿教育基本完成之后，将中小学教师培训转移到继续教育上来。1998 年，教育部在颁布实施的《面向 21 世纪教育振兴行动计划》中提出了"跨世纪园丁工程"。1999 年，教育部颁发了《中小学教师继续教育规定》，提出实施"跨世纪园丁工程"和"中小学教师继续教育工程"，开展中小学教师和校长的全员培训。同时，旨在促进在职培训信息化发展的"现代远程教育资源工程——中小学教师继续教育网络资源建设项目"业已启动，开始探索用现代化手段开展在职培训的新途径和新模式。2000 年 12 月 6 日，北京师范大学成立了全国第一所专门从事各级各类教师继续教育的机构——继续教育与教师培训学院，探索建立学位教育和非学位教育、职前教育与继续教育相结合的一体化的人才培养模式。同年 12 月 21 日，中国中小学教师网正式开通，利用计算机网络对中小学教师开展继续教育。中国中小学教师网为我国 1000 多万中小学教师的终身学习提供了一个广阔的平台，对于推进中小学教师继续教育工程，完善中小学教师继续教育制度，提高中小学教师队伍的整体素质具有十分重要的意义。

目前，随着我国中小学教师继续教育类别、形式和模式日趋多元化，

开展继续教育的机构呈现出多元化格局，除教师进修院校外，师范院校、综合性大学、研究机构和广大中小学校等都积极参与中小学教师继续教育，已基本形成了以现有师范院校为主体，其他高等院校和中小学校共同参与，职前培养与职后培训相沟通的多形式、多途径的教师继续教育体系。中小学教师通过各种渠道接受继续教育，显著提高了学历水平，更新和扩展了专业知识，转变了教育思想和观念，增强了科研意识和能力。到 2007 年，我国小学专任教师学历合格率达到了 99.1%，初中专任教师学历合格率为 97.18%，高中专任教师学历合格率为 89.30%。[①] 我国中小学教师队伍的整体素质有了较大提高，为我国的教育事业发展发挥了十分重要的作用。

三、教师教育政策的调整与完善

教育是"民族振兴的基石"，振兴教育的希望在教师，教师素质的高低直接关系着亿万青少年学生的健康成长，直接关系着国家的发展和民族的未来。为了提高教师整体素质和业务水平，我国政府相继出台了一系列改革和完善教师教育的政策、制度，对优化教师队伍结构，提高教师社会地位和整体素质等方面都发挥了重要作用。

（一）实施教师资格制度：推动教师队伍建设法制化进程

新中国成立初期我国确立了与基础教育相对应的独立的师范教育体系，承担基础教育各个阶段的师资培养任务，中等师范学校培养小学教师、师范专科院校培养初中教师、师范本科院校培养高中教师。长期以来，我国以独立设置的师范院校为主体的师范教育体系，几乎承担了全部基础教育师资培养的任务，支撑了世界上最庞大的中小学教育，为各级各

---

① 教育部：《2007 年全国教育事业发展统计公报》，《中国教育报》2008 年 5 月 5 日。

类学校特别是中小学输送了大批师资，为稳定教师队伍，支持基础教育以及促进我国教育事业的发展作出了巨大贡献。但是由于我国自新中国成立以来缺乏对教师任职资格条件的法制规范，缺乏衡量从业人员政治思想素质、知识结构和工作能力的尺度，致使在相当长的时间里，不按教师资格条件录用教师的现象较为普遍，大量的不具备教师资格条件者进入教师队伍，教师队伍素质参差不齐，整体素质得不到保证。20 世纪 90 年代以来，教师教育的重点从满足教师数量的扩充向提高教师质量转变，提高教师学历水平和整体素质，成为教师队伍建设、教师教育的主要任务。高质量的教师需要严格的制度保障，教师资格制度因其在保证教师质量方面所表现出来的不可替代作用，必然成为教师质量保障体系的核心内容。因此，改革教师教育体制，实行教师资格证书制度，成了我国提高教师质量的重要途径。

20 世纪 80 年代后期我国开始酝酿建立教师资格制度。1986 年 4 月 12日，第六届全国人民代表大会第四次会议通过的《中华人民共和国义务教育法》（以下简称《义务教育法》）第三十条规定："教师应当取得国家规定的教师资格。"1986 年 9 月 6 日，国家教委发布了《中小学教师考核合格证书试行办法》，规定对不具备国家规定学历的教师，经培训并通过相应考核后颁发"教材教法考试合格证书"或"专业合格证书"。这一制度实行后，大批学历不合格的中小学教师参加了两证书的考核，教师学历达标率有了明显的提高。仅 1987 年度，就分别有 77 万、37 万、6 万学历不合格的小学、初中、高中教师参加了"专业合格证书"的考试，分别占小学、初中、高中学历不合格教师的 67%、31%、24%。专业合格证书制度带有明显的过渡性质，但却为实行严格的教师资格制度打下了基础。到 1991 年年底，小学、初中、高中教师学历合格的比例已经分别达到 80.7%、51.8%、47.2%，有 60 多万中小学教师取得了"专业合格证书"，中小学教师的素质有了明显的提高。①

---

① 金长泽、张贵新：《师范教育史》，海南出版社 2002 年版，第 252 页。

1993 年 10 月 31 日，第八届全国人大常务委员会第四次会议审议通过了《中华人民共和国教师法》（以下简称《教师法》）。《教师法》第十条提出："国家实行教师资格制度"。《教师法》不仅规定了教师的权利和义务及保障权益、保障教师待遇的具体措施，而且分别对取得教师资格的对象及其条件等事宜作了规定。《教师法》第一次以国家法律形式确立了教师资格条件的国家标准，它的颁布是我国教师资格制度建设的新的历史起点，标志着教师资格制度开始迈入法制规范阶段。1995 年 3 月通过了《中华人民共和国教育法》，再次以国家法律形式明确规定国家实行教师资格制度。1995 年 12 月 12 日，教育部颁发了细化《教师法》有关教师资格条款的《教师资格条例》，提出了实施教师资格制度的具体规划，对教师资格的分类与使用、申报教师资格的条件、教师资格考试、教师资格认定等都做了详细的规定。1995 年 12 月 28 日，国家教委颁发了《教师资格认定过渡办法》的通知，依照《过渡办法》对符合条件的在职在岗教师的资格进行认定。

为积极稳妥地做好全面实施教师资格证书制度的准备工作，教育部从 1998 年 4 月至 1998 年年底在上海、江苏、湖北、广西、四川、云南6 个省（市、自治区）的部分地区进行了面向社会认定教师资格的试点工作。在总结教师资格过渡工作和面向社会认定教师资格的试点工作经验的基础上，又经过深入调查研究，最终于 2000 年 9 月颁布了《〈教师资格条例〉实施办法》。2001 年 4 月以来，教师资格认定工作全面铺开。

《〈教师资格条例〉实施办法》与此前颁布的《教师法》中确立的"国家实行教师资格制度"的原则规定、《教师资格条例》中确立的教师资格制度实施的具体规划，共同构成了我国教师资格制度法制规范的完整体系。教师资格制度的全面实施对于我国教师队伍建设和教育事业的发展具有十分重要而深远的意义。自 2001 年全面实施教师资格制度以来，教师资格制度对我国教师队伍建设和教师教育产生了很大的推动作用，教师队伍素质已经获得明显提高。从 2001 年开始我国全面实施教师资格制度，到 2007 年年底共有 1963 万多人取得教师资格。[①] 截至 2007 年年底，全国共有中小学专任教师 1052 万，其中农村教师 491.7 万。在学历构成方面，中小学教师队伍中拥有大专学历的小学教师达 66%，拥有本科学历的初中教师占 47%。[②] 教师资格制度的实施，促进了教师来源的多元化和教师储备队伍的高质量，为建立多元化的教师教育体系提供了制度保障，促使我国教师队伍建设逐步走上科学化、法制化和规范化的轨道。但是，我国的教师资格制度还刚刚起步，与国外成熟的教师资格制度相比，还存在着很多问题。如教师资格制度建设仍停留在法规、政策方面，制度规定的内容宽泛、笼统，不易进行实际的操作，适宜现代社会需要的教师资格认证标准、教师资格认证体系等还没有建立起来。这些问题都是制约我国教师资格制度走向成熟和完善的障碍。因此，需要积极推进《教师法》、《教师资格条例》、《〈教师资格条例〉实施办法》的修订和完善工作，针对教师资格认定过程中出现的新情况和新问题，提高教师资格标准，强化教师教育教学能力要求，研究制定教师资格制度实施工作的政策；加强对教师资格制度实行情况的监督管理，积极推进教师资格认定工作的信息化建设，严格操作程序，推进教师资格认定工作的科学化、规范化和标准化；大力支持学术界对教师资格制度开展深入研究，科学借鉴国外教师资格制度的经验，为教师资格制度的实践操作提供更多的理论支撑。同时建立教师资格制度的配套措施，做好教师资格制度与教师任用制度和职务聘任制度的衔接工作。

（二）重启免费师范教育之门：倡导尊师重教的社会风尚

长期以来，我国师范教育为基础教育输送了大批合格师资，为教育事业发展作出了巨大贡献。20 世纪 90 年代以来，随着市场经济改革的深化，我国各地区间经济和社会发展不平衡状况加剧，教育发展不均衡、不公平的现象比较突出。解决这些问题的关键是提高教师地位和职业吸引

---

① 杨晨光：《我国取得教师资格人数近 2000 万》，《中国教育报》2008 年 4 月 17 日。
② 李江涛、郭燕：《中国拟提高教师从业门槛，适当调整资格认定权限》，来源：中国教育新闻网，http://www.jyb.com.cn。

力，建设德才兼备的教师队伍，促进教育均衡发展和教育公平，不断满足人民群众日益增长的接受高质量教育的需求。师范生免费教育政策的目标就是要培养大批优秀的教师，进一步形成尊师重教的浓厚氛围，让教育成为全社会最受尊重的事业。

新中国成立后，国家长期对师范教育实行免费政策，对师范生不仅免收学费和其他费用，而且每个月还发放生活费，并为家庭困难的学生设立助学金，吸引了许多家境贫寒而又学业优秀的学生，对促进师范教育发挥了极为重要的作用。由于国家财力不足，难以支撑庞大的高等教育开支，我国在 20 世纪 90 年代开始引入教育成本分摊机制，向学生收取学费，师范生也不例外。1993 年，国家出台《中国教育改革和发展纲要》，规定非义务教育阶段收取一定比例的培养成本费用。此后，除农林、师范、体育等专业外的其他专业开始收费。1997 年之后，我国实行高等教育培养机制改革，确定了非义务教育阶段按照成本分担原则缴费入学，高等师范院校从 2003 年开始对师范生实行全额收费。不久，师范教育收费的负面影响开始显现。在师范生收费教育制度实施以前，由于免收学费，师范大学或学院还能招到许多优秀的学生，但自师范生收费教育制度实施以后，出于成本效益的考虑，许多优秀高中毕业生放弃了报考教师教育专业，报考师范院校的优秀生源明显减少，师范院校的生源质量迅速下滑。加之缺乏相关优惠政策支持，比较优秀的师范毕业生不愿意从事教育工作，更不愿意到农村以及边远贫困地区任教，导致教师资源分布不均衡。

与师范院校收费相伴而生的突出现象是，近几年来师范类院校不断撤并、升格，很多师范院校在合并过程中消失，有实力的师范大学纷纷向综合性大学转型以脱掉"师范"帽子，淡化或削弱了原有的教师教育的特色与优势。1999 年到 2005 年，全国师范专科学校由 140 所减少到 58 所（其中新建 17 所），中等师范学校由 815 所减少到 228 所（含幼儿师范学校 62 所），而高等师范本科院校却由 87 所增加到 96 所。① 师范院校综合

---

① 《吸引最优秀的学生 师范教育为何重归免费时代》，《光明日报》2007 年 4 月 11 日。

化、向综合性大学转型的目的是提高师范专业的学术水平，但在实践中这些学校大都热衷于扩大非师范专业，忙于升格，想跻身于名牌高校，因而有不少学校不是借用综合学科的优势来加强师范专业，而是抽调师范专业的教师去充实其他新建立的学科，反而削弱了师范专业。其后果是师范院校数量急剧下降，教师教育被边缘化，师范生生源质量明显下降，教师专业吸引力下降，农村教师队伍出现结构性短缺。①

为了改变这种局面，中央政府决定在教育部直属六所师范大学实行师范生免费教育，其目的就是要进一步形成尊师重教的浓厚氛围，让教育成为全社会最受尊重的事业；就是要培养大批优秀的教师；就是要提倡教育家办学，鼓励更多的优秀青年终身做教育工作者。"三个要"成为理解中央政府推出师范生免费教育的一个根本出发点。

2006 年 5 月 4 日，温家宝总理视察北京师范大学，与师范大学的师生进行了座谈。2006 年 7 月至 11 月，温家宝总理在中南海先后主持召开四次教育工作座谈会，邀请了教育界专家，分别就教育形势、基础教育、职业教育、高等教育展开座谈。在 2006 年 8 月 22 日的基础教育座谈会上，温总理提出要大力支持师范教育，在 6 所部属师范大学率先实行免费师范教育。温总理的提议得到了教育部和部属师范大学的高度重视。从2006 年 11 月到 12 月，教育部和相关学校开始讨论制定部属师范大学师范生免费方案和招生、培养、就业等有关政策。2007 年 2 月 4 日，温总理到东北师范大学调研实施免费师范生政策。对于当时的情形，东北师范大学党委书记盛连喜描述道：当时总理说，"现在在报纸、杂志宣传讲科学家的多，讲文学家、艺术家的也不少，但讲教育家的不多，要大张旗鼓地讲教育家，宣传教育家，中国得有成千上万的杰出的教育家来办学"。"国家的兴亡和发展，最终在于国民的素质，在于教育，在于人才。""我们让最好的学生，包括家里最困难的学生，都积极地投考师范院校，让最好的学生去当老师。因为这个社会，只有最好的学生，最有才华的人，也就是

---

① 顾明远：《我国教师教育改革的反思》，《教师教育研究》2006 年第 6 期，第 4 页。

说，德智体美全面发展的人去当老师，才能把年青一代带好、教好、培养好。这恐怕是关系子孙后代、关系国家发展的大局的事情。"① 从温总理的言谈中我们可以感受到他对师范教育和教师地位的关切和重视。

2007 年 3 月 2 日，国务委员陈至立主持召开会议，听取教育部、财政部关于师范生免费教育工作汇报，免费师范教育实施方案的总体思路和基本原则得到确定。2007 年 3 月 5 日，国务院总理温家宝在十届全国人大五次会议《政府工作报告》中宣布，为了促进教育发展和教育公平，将在教育部直属师范大学实行师范生免费教育，进一步形成尊师重教的浓厚氛围，让教育成为全社会最受尊重的事业，鼓励更多的优秀青年终身做教育工作者。5 月 9 日温家宝总理主持召开国务院第 176 次常务会议，讨论并原则通过《教育部直属师范大学师范生免费教育实施办法（试行）》。会后国务院办公厅转发了《教育部等部门关于〈教育部直属师范大学师范生免费教育实施办法（试行）〉的通知》，决定从 2007 年秋季起在教育部直属的北京师范大学、华东师范大学、东北师范大学、华中师范大学、陕西师范大学和西南大学等 6 所部属师范大学实行师范生免费教育，免费师范生在校学习期间免缴学费、免缴住宿费，还将获得生活费补助。所需经费由中央财政安排。部属师范大学师范专业实行提前批次录取，择优选拔热爱教育事业，有志于长期从教、终身从教的优秀高中毕业生。免费师范生入学前须与学校和生源所在地省级教育行政部门签订协议，承诺毕业后回生源所在省份中小学任教并从事中小学教育工作 10 年以上。此后，教育部等有关部门即与 6 所部属师范大学的校长讨论新政策的具体实施办法，采取提前批次录取、重点招收中西部地区生源、完善教育教学等措施，吸引优秀学生报考。

2007 年 7 月，6 所部属师范大学开始招收免费师范生，共招收免费师范生 10933 人，免费师范生在各地的招生提档线平均高出省重点线约 30 分，平均成绩高出省重点线约 41.7 分，生源结构和质量均好于往年，这

---

① 《总理调研师范生免费政策：要让最好的学生当老师》，《中国青年报》2007 年 3 月 6 日。

在中西部地区更为明显。中西部地区生源有所增加，占全部生源的 90.8%；农村生源占全部生源的 60.2%，比上年增加 16 个百分点；男生比例有所增加，达到 38.7%。[①] 部属师范大学实行师范生免费教育，意味着中国近代以来在相当长时间内实行的师范生免费制度重返大学校园。

● 师范生免费教育政策的主要内容

师范生四年在校学习期间免缴学费、住宿费，领取生活费补助；免费师范生入学前与学校和生源所在地省级教育行政部门签订协议，承诺毕业后从事中小学教育十年以上。到城镇学校工作的免费师范毕业生，应先到农村义务教育学校任教服务二年。国家鼓励免费师范毕业生长期从教、终身从教。

● 免费师范生享受的四项优惠政策

一是由中央财政负责安排免费师范生在校学习期间的学费、住宿费和生活费补助；二是由省级教育行政部门负责落实免费师范毕业生的教师岗位；三是免费师范毕业生在协议规定服务期内，可在学校间流动或从事教育管理工作；四是为免费师范毕业生在职攻读教育硕士提供便利的入学条件。[②]

师范生免费教育政策的出台得到了社会各界的广泛热烈欢迎。中国教育学会会长、北京师范大学教授顾明远说："当我听到国务院总理温家宝在十届全国人大五次会议政府工作报告中宣布，在教育部直属师范大学实行师范生免费教育时，心里特别激动。在 8 月 22 日参加温家宝总理主持的教育工作座谈会上，我曾给总理建议，实施师范生免费教育。没想到这个建议写进了政府工作报告，成为了国家的一项教育政策，这表明政府对

---

① 教育部 2007 年第 8 次例行新闻发布会，来源：新华网，http://www.xinhuanet.com/zhibo/20070827/wz.htm。

② 《教育部有关负责人解读师范生免费教育政策》，《中国教育报》2007 年 5 月 23 日。

这件事早有考虑。"① 实行师范生免费教育表明了党中央、国务院优先发展教育和振兴师范教育的决心。当前，提高义务教育教师质量是我国农村教育的关键问题之一，在我国许多地区，特别是广大贫困、边远、条件艰苦的农村地区，义务教育阶段存在着严重的师资不足的状况，亟须补充合格的教师，培养造就一大批优秀教师是当前教育发展的迫切需求，实行师范生免费教育是适应这一需求的重要举措。这次国家对师范生实行免费培养，是我国落实教育优先发展战略、促进教育公平的一个积极信号，对自上而下形成重视师范教育的观念，对师范大学吸收更多、更优秀的人才投身我国的教育事业具有深远的意义。西南大学的调查结果显示，69.9%的同学认为这样的政策出台能够增强师范专业的招生竞争力，72%的同学认为此举能够让更多优秀的贫困生上得起好大学，促进教育公平。② 师范院校更是感到十分振奋，因为学校可以吸引更多优秀而家庭贫困的学生走进师范大学校门。由于我国经济发展不均衡，农村经济比较落后，加上社会保障和资助体系不健全，使得一些下岗工人和农村贫困家庭的子女面临失学，这显然有悖教育公平，也不利于社会阶层的正常流动与社会和谐发展。而师范生免费教育制度的全面恢复在一定程度上可以缓解这一矛盾，促进社会公平，有利于和谐社会建设。一些家庭经济困难的学生也坚定了报考师范大学做教师的想法。"如果没有免费师范政策出台，我可能就上不了大学了。"19 岁的武汉女孩王潇，父母都是下岗职工，家境困难。在收到华中师范大学免费师范生录取通知书的当晚，她控制不住激动的心情，给温家宝总理写了一封信，表示感谢。此外，师范教育免费政策能够在社会上进一步形成尊师重教的浓厚氛围，提高师范专业的吸引力，减轻学生家庭的经济负担，吸引优秀青年选择读师范，有助于教师素质的整体提高。

---

① 张英、张怡微：《温总理力推师范生"免费"变革 提得最多是"公平"》，《南方周末》2007 年 9 月 27 日。
②《调查显示：师范生免费教育政策引起师范生关注》，来源：中国教育新闻网，http://www.jyb.com.cn。

　　为落实这项重大举措，需要尽快在招生、培养、就业等方面进行细致的制度设计。我国新中国成立以来曾长期实行师范生免费教育。但是，在社会主义市场经济体制下，随着师范大学教师培养模式的改革和大学生择业方式的转变，师范生免费教育政策不可能按照原来计划经济体制下的方法来实施。如何建设与师范生免费教育相关的系列制度，进行新的制度设计，保障这些制度的落实和执行显得刻不容缓。在招生制度设计方面，如何从制度上保证能够让优秀生源进入师范院校，是实施师范生免费教育政策、解决中小学优质师资缺乏的起点；在培养制度设计方面，如何对现行教师培养模式进行改革，提高师范生的教研能力和创新能力，培养师范生的职业精神，使学生毕业后真正乐于扎根农村、扎根西部，乐于从事中小学教育工作；在就业制度设计方面，如何保证接受免费师范教育的毕业生"下得去"、"待得住"，成为西部地区农村中小学稳定的教师来源，才是保证师范生免费教育政策实施效果的关键。在计划经济时期，所有师范生都是免费的，并且毕业都包分配工作，而自实施师范生收费教育制度后，毕业生就业主要是双向选择，自主择业。那么，重新实施师范生免费教育政策以后，如何保证免费师范生毕业后服务基层将面临挑战。虽然根据权利与义务对等的原则，免费师范生入学之初，学生、学校，以及生源所在地的省、市、县人事和教育主管部门可以通过签订就业服务合同，或者由教育主管部门统一设计免费师范生入学承诺书，规定免费师范生毕业后的服务年限、就业地区和学校类型等，但是，毕业生不愿意到基层农村任教、农村教师不足、质量不高的关键原因，主要在于城乡差异和不同学校差距的扩大，各种政策优先向城镇学校倾斜，农村教师待遇低、工作压力大。从长远来看，如何改善西部农村教师的待遇和工作环境，让他们安心在基层工作才是更为重要的。因此，从改变基层教育条件入手，提高边远地区教师准入的要求，不断提高西部地区教师的地位和待遇，吸引师范生到师资匮乏的困难地区就业，是解决农村教师不足、质量不高的关键。

　　另外，如何在教育部六所直属师范大学免费试点工作的基础上，在地方师范院校逐步实施师范生免费教育政策也是将要面临的问题。免费师范教育的回归，真正体现了国家"教育优先"、"教育为本"发展理念，目的在于解决长期以来困扰我国中西部落后地区的师资问题、教育资源流失问题，在某种程度上调整东西部的教育不公平现象。目前，从6所试点院校招生计划来看也是如此，绝大部分免费师范生招生名额都偏向中西部考生，只有少数名额在东部地区投放。然而，我们要想解决中国落后地区的教育问题，仅靠这6所部属院校的力量是远远不够的。从师范生的总量和基层就业的分布看，地方师范院校培养的师范生数量更多，他们是教师队伍中的主力军。更重要的是，地方师范院校中的贫困生以及到农村学校工作的学生比例更高，对免费政策的需求更加迫切。然而，地方推行免费师范生教育却存在财政困难。在师范生免费教育政策提出之初，就有大量专家为地方师范院校的发展呼吁更大的关注和支持，提出在每个省、市、自治区范围内对中小学和幼儿园的师资需求作认真、周密的调查研究，按照学科、城乡需求做好中长期师资需求预测，然后再制订免费师范专业的发展规划和年度招生计划。按照各地、市、县上报的需求进行定向的定单培养，更有利于把师范生教育的质与量同基础教育需求对接起来。中央政府可根据各地区的实际情况，加大对中西部地区的财政转移支付的力度，重点助推西部地区。

总之，师范生免费教育是一项系统工程，除从招生、培养方案、就业、体制机制等方面统筹规划外，还需要其他配套保障措施，比如：地方政府如何为师范生就业、继续教育、职业发展和社会保障提供支持，创造良好的条件和环境使师范生免费教育政策能够真正吸引优秀青年从事教育工作。可以预计，"师范生免费教育"将为农村贫困地区输送一批又一批高水平的优秀教师，有效改善当地的师资水平。但要让这些毕业生自愿扎根农村、矢志不渝地服务教育，还必须从根本上解决问题，这就是花大力气提高教师待遇，提高教师的社会地位，改善他们的生活环境，让教师职业本身具有更多的吸引力，真正做到让人民教师成为太阳底下最光辉的职业。

参考文献

1. 何东昌：《中华人民共和国重要教育文献》（1976—1997 年），海南出版社 1998 年版。

2. 顾明远、檀传宝：《2004：中国教育发展报告——变革中的教师与教师教育》，北京师范大学出版社 2004 年版。

3. 金长泽、张贵新：《师范教育史》，海南出版社 2002 年版。

4. 刘捷、谢维和：《栅栏内外：中国高等师范教育百年省思》，北京师范大学出版社 2002 年版。

改革开放30年中小学
教师队伍建设

朱旭东　康晓伟　王　桢

百年大计，教育为本；教育大计，教师为本。振兴民族的希望在于教育，振兴教育的希望在于大批优秀的教师。因此，改革开放的初期，国家便把发展教育事业、建设高质量的中小学教师队伍作为社会主义现代化建设的重要组成部分。

一、改革开放 30 年中小学教师队伍建设概况

改革开放 30 年来，我国中小学教师队伍建设取得了可喜的成就。我们每隔十年抽取一个时间点作为研究对象，以探究在改革开放的 30 年中教师队伍在数量、学历等方面的变化情况。具体表现在如下几个方面：

（一）教师队伍蓬勃发展，教师成为人们羡慕的职业之一

改革开放后，党和国家对教师队伍建设高度重视。教师职业逐渐成为人们羡慕的职业，越来越多的人加入到教师队伍之中。在各个教育阶段，教师人数都有了明显提高（见表1）。

表1 各级普通学校专任教师人数

（单位：万人）

年份	小学	普通初中	普通高中	总计
1978	522.55	244.07	74.13	840.75
1988	550.13	240.27	55.69	846.09
1989	581.94	305.47	64.24	951.65
2006	558.76	346.35	138.72	1043.83

（资料来源：《中国教育统计年鉴》（1989）第12页，《中国教育统计年鉴》（1998）第12页，《中国教育统计年鉴》（2006）第2页）

从表1可以看出，不论是小学、普通初中还是普通高中阶段，专任教师的数量都有明显增多，特别是在普通高中阶段表现最为明显。专任教师数量的上升固然与就学学生数增多有很大关系，但从中我们也可以看出教师队伍逐渐壮大。

（二）教师学历逐步提升，教师整体素质不断提高

改革开放30年来，中小学教师的学历有了很大提升，教师整体质量有了很大提高。中共中央、国务院1993年在《中国教育改革和发展纲要》中提出："到本世纪末，通过师资补充和在职培训，小学和初中教师中具有专科和本科学历者的比重逐年提高。"[1] 1998年12月教育部在《面向21世纪教育振兴行动计划》中进一步明确提出，"2010年前后，具备条件的地区，力争使小学和初中专任教师分别提升到专科和本科层次。"[2]下面选取1989年、1998年和2006年作为研究对象，从小学、普通初中和普通高中三个不同阶段，分别介绍专任教师的学历情况。

---

[1]《中国教育年鉴1994》，人民教育出版社1995年版，第1页。
[2]《中国教育年鉴1999》，人民教育出版社1999年版，第107页。

表2 小学专任教师学历情况（1989 年）

（单位：人）

	合计	中师、高中毕业及以上的	中师、高中肄业及初师、初中毕业的	初师、初中肄业及以下
人数	5543818	3955785	1376580	211453
%	100	71	25	4

（资料来源：据《中国教育统计年鉴》（1989）第 76 页数据整理）

表3 小学专任教师学历情况（1998 年）

（单位：人）

	合计	大学本科毕业及以上	大学专科毕业	中专毕业	高中毕业	高中毕业以下的
人数	5819390	31380	715514	4273176	484333	314987
%	100	0.54	12.30	73.43	8.32	5.41

（资料来源：据《中国教育统计年鉴》（1998）第 86 页数据整理）

表4 小学专任教师学历情况（2006 年）

（单位：人）

	合计	研究生毕业	本科毕业	专科毕业	高中阶段毕业	高中阶段毕业以下
人数	5587557	2158	510232	2955535	2056326	63306
%	100	0.04	9.13	52.90	36.80	1.13

（资料来源：据《中国教育统计年鉴》（2006）第 164 页数据整理）

从表 2、表 3、表 4 可以看出，在 1989 年小学专任教师中学历为中师、高中毕业及以上的所占比例最大，在 1998 年小学专任教师中学历为中专毕业的所占比例最大，而在 2006 年小学专任教师中学历为专科毕业的所占比例最大。值得一提的是，在 1989 年小学教师队伍中已经出现了一定比例的大学本科及以上学历的教师，在 2006 年小学教师队伍中甚至出现了一定比例的研究生学历的教师。

表5　普通初中专任教师学历情况（1989 年）

（单位：人）

	合计	高等学校本科毕业及以上	高等学校专科毕业和本专科肄业两年以上	高等学校本专科肄业未满两年	中专、高中毕业	中专、高中肄业及以下
人数	2426580	152662	849142	52303	1279189	93284
%	100	6.29	34.99	2.16	52.72	3.84

（资料来源：据《中国教育统计年鉴》（1989）第 58—59 页数据整理）

表6　普通初中专任教师学历情况（1998 年）

（单位：人）

	合计	大学本科毕业及以上	大学专科毕业	中专毕业	高中毕业及以下的
人数	3054658	347503	2200943	409441	96771
%	100	11.38	72.05	13.40	3.17

（资料来源：据《中国教育统计年鉴》（1998）第 62—63 页数据整理）

表7　普通初中专任教师学历情况（2006 年）

（单位：人）

	合计	研究生毕业	本科毕业	专科毕业	高中阶段毕业	高中阶段毕业以下
人数	3463478	8647	1415008	1913017	123892	2914
%	100	0.25	40.86	55.23	3.58	0.08

（资料来源：据《中国教育统计年鉴》（1998）第 140—141 页数据整理）

从表5、表6、表7 中可以看出，1989 年、1998 年、2006 年初中专任教师均以专科学历的教师为主，但是这一比例依次增大，本科学历的教师的比例在这三个时期也是逐步提高的，从中我们可以看出，改革开放 30 年来，普通初中专任教师队伍的发展方向是本科层次和专科层次学历。

表8　普通高中专任教师学历情况（1989 年）

（单位：人）

	合计	高等学校本科毕业及以上	高等学校专科毕业和本专科肄业两年以上	高等学校本专科肄业未满两年	中专、高中毕业
人数	2426580	152662	849142	52303	1279189
%	100	6.29	34.99	2.16	52.76

（资料来源：据《中国教育统计年鉴》（1989）第 58—59 页数据整理）

表9　普通高中专任教师学历情况（1998 年）

（单位：人）

	合计	大学本科毕业及以上	大学专科毕业	中专毕业	高中毕业及以下的
人数	642442	407860	220967	10168	3447
%	100	63.49	34.39	1.58	0.54

（资料来源：据《中国教育统计年鉴》（1998）第 62—63 页数据整理）

表10　普通高中专任教师学历情况（2006 年）

（单位：人）

	合计	研究生毕业	本科毕业	专科毕业	高中阶段毕业	高中阶段毕业以下
人数	1387182	19079	1180242	184267	3472	122
%	100	1.38	85.08	13.28	0.25	0.01

（资料来源：据《中国教育统计年鉴》（2006）第 70—71 页数据整理）

　　从表8、表9、表10 可以看出，在这不同的三个时期高中教师的学历要求发生了新的变化：1989 年、1998 年和 2006 年普通高中教师学历分别以高中中专学历、专科学历和本科学历为主。特别是在 2006 年，普通高中专任教师中研究生学历获得者已经占到 1.38%，而且由于教师待遇的逐步提高，这一比例还将继续加大。

　　总之，无论是在小学、普通初中还是普通高中阶段，教师的学历要求越来越高。"要想给学生一杯水，教师要有一桶水。"随着知识经济社会的到来，基础教育对中小学教师的要求越来越高，扎实的学术能力就是一个重要的衡量指标。

（三） 教师节的设立及相关法律法规的实施为教师队伍的持续健康发展奠定了坚实的制度基础

30 年来，党和国家为建设一支高素质的教师队伍作出了不懈努力。其中设立教师节、颁布一系列重要相关法律法规就是一个鲜明体现。

1. 教师节的设立。为了进一步提高人民教师的政治地位和社会地位，逐步使教师工作真正成为社会上最受尊敬、最值得羡慕的职业之一，形成尊师重教、尊重知识、尊重人才的社会风气，1985 年六届全国人大常委会第九次会议通过了提议将每年 9 月 10 日定为教师节，新中国成立以来教师首次有了自己的节日。

2. 《中华人民共和国教师法》的颁布实施。为了保障教师的合法权益，建设具有良好思想道德修养和业务素质的教师队伍，促进社会主义教育事业的发展，1993 年 10 月 31 日第八届全国人大常委会第四次会议通过了中华人民共和国教师法。《中华人民共和国教师法》的颁布实施对保障中小学教师的合法权益、规范中小学教师队伍建设起着非常重要的作用。

3. 《教师资格条例》的颁布实施。随着基础教育改革和素质教育的推进，对教师的专业素质要求越来越高，中小学教师不仅要具备扎实的文化素养，而且要具备教育专业的素养。为此，国务院于 1995 年 12 月 12 日发布《教师资格条例》，教育部于 2000 年 9 月 23 日发布了《〈教师资格条例〉实施办法》。教师资格条例及其实施办法的颁布使进入教师行列的门槛有了很大提高，这也从整体上优化了教师队伍。

总之，在改革开放的 30 年中，我国教师队伍逐步壮大，教师学历不断提高，教师地位明显上升。教师队伍建设的显著成就为我国基础教育的发展打下了坚实的基础。根据教师队伍的成长历程，我国教师队伍建设可以分为三个阶段：（1）教师队伍建设的恢复期（1978—1993 年）；（2）教师队伍建设的发展期（1993—1998 年）；（3）教师队伍建设的成熟期

（1998 年至今）。本文针对不同的历史时期，从教师职业道德及规范、教师资格及任用、教师培养及培训、教师考核及奖励、教师待遇等方面对我国中小学教师队伍建设进行回顾，主要从国家颁布的相关政策性文本中揭示教师队伍建设的发展脉络。

二、中小学教师队伍的恢复阶段

改革开放以后，我国进入了新的历史发展时期。全国教师队伍建设经过拨乱反正和初步调整、改革、整顿、提高，开始走上正轨。

（一）教师职业道德及规范

1981 年 12 月 28 日，出席全国中小学工会思想政治工作经验交流会全体代表共同发出了《建设社会主义精神文明 开展"五讲四美"为人师表活动倡议书》，倡议全国教育工作者"道德高尚，严以律己，言传身教，为人师表"，做社会主义精神文明的积极建设者。[①] 在 1983 年 4 月，教育部、全国教育工会在北京召开全国"五讲四美"为人师表活动先进代表会议，在这次会议上对一些先进个人和集体进行了表彰。开展"五讲四美"这一活动，充分体现了党和国家对中小学教师职业道德建设的重视。这也是改革开放后党和国家第一次开展对中小学教师职业道德建设活动的倡议和表彰。

为了进一步提高中小学教师队伍的职业道德水平，1984 年教育部和全国教育工会联合颁发了《中小学教师职业道德要求（试行）》。它的颁布不仅是改革开放后第一个对中小学职业道德的政策性规定，而且也为中小学教师的职业道德建设指明了发展方向。

---

① 《中国教育年鉴（1982—1984）》，湖南教育出版社 1986 年版，第 358—359 页。

1984 年颁布的《中小学教师职业道德要求（试行）》对中小学教师职业道德的提高起到了积极作用，但是，社会发展和教育改革的深入对中小学教师队伍建设提出了更高的要求。为此，国家教委和全国教育工会结合实际对《中小学教师职业道德要求（试行）》进行了修订，作为《中小学教师职业道德规范》颁布。这次颁布的教师职业道德规范共分六条，从基本政治素质、业务能力到生活作风方面都有涉及，可以说《中小学教师职业道德规范》是改革开放以来最完整的关于教师职业道德及规范的法规。

（二）教师资格及任用

严格实行教师资格及任用制度，对保证教师质量具有重要作用。这一时期的教师资格及其任用处于探索阶段。

1. 中小学教师任用

1979 年 10 月 31 日，教育部、财政部、粮食部、国家民委、国家劳动总局联合发布《关于边境县（旗）、市中小学民办教师转为公办教师问题的几项规定》。文件规定在边境 136 个县（旗）、市，凡是在 1978 年以前任教的在职中小学民办教师（含职工），经考核后合格的全部转为公办教师。这一措施的实施对那些长期任教于边境 136 个县（旗）、市的中小学民办教师而言，无疑是对他们致力于教育工作的肯定。

从 1986 年下半年开始，对中小学教师实行教师职务聘任工作试点。试点实践表明，中小学教师职务聘任工作的各项政策基本符合中小学实际，是可行的。

1987 年 4 月 24 日至 26 日，国家教委在成都召开中小学教师职务聘任工作会议，总结了 1986 年实行的中小学教师职务聘任试点的经验，拟定了《关于中小学当前实行教师职务聘任制工作中若干问题的意见》，该《意见》指出：中小学实行教师职务聘任制，是我国中小学教师管理制度的一项重大改革。通过这项改革，要调动广大中小学教师教书育人的积极性，建设一支合格而稳定的教师队伍，进一步提高教育质量。《意见》还对如下几个问题作了明确规定：（1）具有高中毕业学历的现职小学教师，应视为具有小学教师的合格学历；（2）中小学民办教师应同公办教师一样实行教师职务聘任或任命制；（3）企业办的中小学实行教师职务聘任或任命制。①

2. 中小学教师及校长任职资格

关于中小学教师的任职资格，改革开放初期并没有明确的规定，直到1983 年 8 月 22 日发布了《国家教育委员会关于中小学教师队伍调整整顿和加强管理的意见》，才对教师的任职资格作了要求：高中教师应具备高等师范学校（或其他高等学校）本科毕业的学历或同等学力；初中教师应具备高等师范学校（或其他高等学校）专科毕业的学历或同等学力；小学教师应具备中等师范学校毕业的学历或同等学力。② 这一法规的颁布为教师任职资格提出了明确要求，也从制度层面保证了教师队伍整体素质的提高。

关于中小学校长任职资格的要求，体现在 1991 年 6 月 25 日国家教委发布的《全国中小学校长任职条件和岗位要求（试行）》。除了具有基本的政治素质外，乡（镇）完全小学以上的小学校长应有不低于中师毕业的文化程度，初级中学校长应有不低于大专毕业的文化程度，完全高中、高级中学校长应有不低于大学本科毕业的文化程度；中小学校长应分别具有中学一级、小学高级以上的教师职称，都应有从事相当年限教育教学工作的经历，都应接受岗位培训，并获得"岗位培训合格证书"。③

1992 年 12 月 10 日中央组织部、国家教委发布了《关于加强全国中小学校长队伍建设的意见（试行）》，它提出了选拔中小学校长要贯彻党的干部队伍"革命化、年轻化、知识化、专业化"的方针和德才兼备的原则，将那些政治坚定、德才兼备、工作成绩突出的优秀教师和行政干部列为其重点培养对象。此法规的发布标志着对中小学校长领导队伍建设的

---

① 《中国教育年鉴 1988》，人民教育出版社 1990 年版，第 107 页。
② 《中国教育年鉴（1982—1984）》，湖南教育出版社 1986 年版，第 102 页。
③ 《中国教育年鉴 1991》，人民教育出版社 1992 年版，第 748 页。

新要求。

（三）教师培训及进修

改革开放初期，由于中小学师资的极度紧缺，中小学教师队伍中充斥了大批不合格的教师，这严重地影响了教师队伍的健康发展乃至教育水平的提高。为此，国家通过培训和进修的手段来解决中小学教师文化业务水平偏低的现状，争取在一个较短的时期内实现教师队伍整体素质的提升。

1. 中小学教师培训及进修

1980 年 8 月 22 日，国家教委发布了《关于进一步加强中小学在职教师培训工作的意见》。针对中小学教师培训和进修，该《意见》提出了七点要求：（1）制定和调整中小学在职教师培训规划；（2）充分发挥各级教师进修院校、师范院校和各级教学研究室（部）的作用；（3）逐步实行全国统一的教学计划；（4）建立和健全在职教师进修的考核制度；（5）大力改善教师进修院校的办学条件；（6）结合培训工作，做好部分中小学教师的调整工作；（7）加强师训工作的领导。[①]

1991 年 12 月 3 日国家教委发出了《关于开展小学教师继续教育的意见》，《意见》指出："小学教师的继续教育，是对取得教师资格的在职教师进行以提高政治素质、师德修养、教育理论、教育教学能力为主要目标的培训。""继续教育的任务是：通过教育教学实践与培训，使每个教师的政治业务素质不断得到提高，从中成长出一批教育教学骨干，有的逐步成为小学教育教学专家。"[②] 另外，《意见》还对继续教育的内容、形式与方法等作出了相关规定。

民办教师是我国特定历史条件下形成的中小学教师队伍的重要组成部分，党和国家历来十分重视民办教师的培训和进修，为提高民办教师的地位和待遇进行了不懈的努力。国家教委、国家计委、人事部、财政部于

[①]《中国教育年鉴（1949—1981）》，中国大百科全书出版社 1984 年版，第 760 页。
[②]《中国教育年鉴 1992》，人民教育出版社 1993 年版，第 179 页。

1992 年 8 月 6 日联合发布了《关于进一步改善和加强民办教师工作若干问题的意见》。该《意见》要求通过函授、广播、电视、自学考试、专业合格证书考试、进修和教研活动等多种渠道和多种形式，培训提高民办教师，并且要求各地政府、各有关部门要在培训基地和物质条件等方面为民办教师培训工作提供方便。

2. 中小学校长培训及进修

1982 年教育部下发了《关于加强普通教育行政干部培训工作的意见》，各级教育行政部门采取多种形式，积极开展中小学校长培训工作，提高了这支队伍的政治觉悟和工作能力，中小学校的教学与管理工作有所改善。

但是随着社会的发展，全国中小学校长队伍的政治、业务素质已经不能适应基础教育事业发展和深化改革的需要。1989 年 12 月 19 日，国家教委发布了《关于加强全国中小学校长培训工作的意见》，提出要采取多种形式开展培训工作，争取用 3 至 5 年时间将全国中小学校长再轮训一遍，使大多数中小学校长的政治、业务素质得到较大提高，能够具有一定的马克思主义理论和政治素养，自觉地坚持四项基本原则和社会主义办学方向，反对资产阶级自由化，正确理解和贯彻执行党和国家的教育方针，确立正确的教育思想，掌握教育基本理论和学校管理知识与方法，基本适应学校办学、育人以及基础教育改革与发展任务的需要；还应通过长期努力，培养一批具有较高马克思主义思想水平和丰富管理经验、办学卓有成效的中小学教育专家。要将干部的培训与考核、任用紧密地结合起来，逐步建立起比较完善的中小学校长培训制度。①《意见》从培训目的和要求、培训时间与方法、课程设置、教学要求、考核与结业等具体方面对中小学校长培训工作指明了方向。

1992 年 12 月 10 日中央组织部、国家教育委员会联合发布了《关于加强全国中小学校长队伍建设的意见（试行）》。《意见》提出："八五"

---

① 资料来源：库尔勒市教育信息网，http://www.yuanding.gov.cn/fgk/003.html。

期间，要对全体中小学校长进行一遍岗位培训，以后每五年轮训一次，形成校长培训制度；应以各种形式组织接受过岗位培训的校长，结合工作实际继续深入学习、研讨，及时总结经验，以争取尽早培养出一批马克思主义理论水平较高和管理经验丰富、办学卓有成效的中小学教育专家；开展培训要与对校长的任用、考核、奖惩紧密结合；中小学校长要持证上岗。

总之，经过改革开放十多年的发展，中小学教师培训已经有了很大的成就，它对提升整个中小学教师队伍乃至整个基础教育的质量起到了非常积极的作用。

（四）教师考核及奖励

教师的考核对保证教师队伍的质量有着重要作用。对教师的奖励将极大激励教师工作的热情和积极性。而对教师的奖励往往和对教师的考核结合在一起的，这样，一方面可以激励上进者，另一方面又可以对落后者起到鞭策的效果。

为了提高人民教师的政治地位和社会地位，对优秀的教育工作者应当大力予以表扬和奖励。1978 年 12 月 17 日教育部、国家计委印发的《关于评选特级教师的暂行规定》提出从两个方面对特级教师进行考核：政治考核和业务考核。这要求特级教师不仅具有良好的业务素质，而且要具备扎实的业务素质。而且评选的比例控制到万分之五以内，可以说对特级教师的考核近乎苛刻。对特级教师的奖励办法是：（1）提高政治地位和社会地位（例如可以推荐特级教师为各级人大代表或政协委员，或参加一定的社会活动。退休后，可由学校聘请做名誉校长、教育顾问，或由有关学术团体安排相当的名誉职务）；（2）提高工资待遇：小学特级教师每月补贴 20 元，中学特级教师每月补贴 30 元。民办中小学教师评选为特级教师的，享受同样补贴，由教育经费开支；（3）发挥专长：可被聘请做特约讲师、特约研究员和特约编审等。[1]

---

① 《中国教育年鉴（1949—1981）》，中国大百科全书出版社 1984 年版，第 715 页。

1979 年 10 月 31 日，教育部、财政部、粮食部、国家民委、国家劳动局联合印发了《关于边境县（旗）、市中小学民办教师转为公办教师的几项规定》，其中关于民办教师转为公办教师也是从两大方面来考核：政治审查和业务考核。与 1978 年的特级教师考核所不同的是这次考核加入了文化课考试，而且也参考了本人的健康情况。依照这一规定，民办教师转为公办教师的考核工作分批进行。

为了使中小学教师具有扎实的文化水平，1987 年国家试行了中小学教师考核合格证书制度试点。为进一步完善中小学教师考核合格证书制度，1989 年对考试工作做了调整，调整的主要内容有两方面：（1）从1990 年起，高中教师和初中教师的"教育学、心理学基本原理"考试科目合并；（2）将中学教师考试命题工作交给省（自治区、直辖市）教育行政部门负责。这次中小学教师考核合格证书制度的权力由中央下放到地方教育行政部门，中央教育行政部门进行宏观指导，地方在中央的指导下发挥作用，这就增强了中小学教师考核合格证书制度的灵活性和针对性。

为了进一步鼓励我国广大教师和教育工作者长期从事教育事业，奖励在教育事业中作出显著成绩的教师和教育工作者，1992 年 10 月 26 日国家教委发布了《教师和教育工作者奖励暂行规定》。《规定》提出："对长期从事教育、教学和管理、服务工作并取得显著成绩的教师和教育工作者，分别授予'全国优秀教师'、'全国优秀教育工作者'称号，颁发相应的奖章和证书；对其中有突出贡献者，授予'全国教育系统劳动模范'称号，颁发相应的奖章和证书，对获得'全国教育系统劳动模范'称号的教师，同时颁发'人民教师'奖章和证书。"[1]

（五）教师待遇

教师待遇的高低在某种程度上决定着教师地位的高低。改革开放以来，党和国家非常重视提高中小学教师的待遇，制定了一系列改善中小学

---

[1]《中国教育年鉴 1993》，人民教育出版社 1994 年版，第 777 页。

教师待遇的措施。这些措施有力地改善了中小学教师的工作和生活条件，从而为中小学教师更积极地投身于教育事业奠定了良好的经济基础。

1. 工资

1979 年国家曾大规模地提高职工工资，但由于受"文化大革命"影响，中小学教师工资并没有很快得到重视。为了适当改善中、小学教职工、民办教师的生活待遇，调动他们的积极性，更好地办好基础教育事业，教育部于 1981 年 9 月 28 日决定提高中、小学和民办教师的工资，并且颁布了《关于调整中、小学教职工工资的办法》和《关于增加中、小学民办教师补助费的办法》，这一决定得到了国务院的肯定。为了更好地贯彻这两个决定，教育部于 1981 年 11 月 30 日印发了《关于调整中小学教职工工资中若干具体政策问题的处理意见》。《意见》从中小学教职工工资的调整范围、实施办法等方面做了明确规定。

1987 年 11 月 28 日国务院发布《国务院关于提高中小学教师工资待遇的通知》，决定进一步提高中小学教师的工资水平。具体办法是从 1987 年 10 月起，将中小学教师现行的工资标准提高 10%。

针对民办教师为我国农村教育和农村社会发展作出了不可磨灭的贡献，1992 年 8 月 6 日国家教委、国家计委、人事部、财政部发布了《关于进一步改善和加强民办教师工作若干问题的意见》。《意见》要求地方各级政府要进一步采取有效措施，改善民办教师获得劳动报酬的合法权益，改善民办教师的工资福利待遇。《意见》提出了几点具体要求：（1）在国家调整公办教师工资时，应相应增加民办教师工资，由各地政府根据实际情况作出具体规定；（2）民办教师较多的地区，在一定时期内，可实行以县为单位的民办教师国家补助费（应扣除民办教师转为公办教师的部分）总额包干制，精简民办教师数量，不减补助费，节余部分专项用于提高在职民办教师工资待遇；（3）各省区要分别规定不同经济水平民办教师工资的最低保证数。[①]

---

① 《中国教育年鉴 1993》，人民教育出版社 1994 年版，第 799 页。

2. 补贴

为了对特别优秀的教师进行奖励，1978 年 12 月 17 日教育部、国家计委联合印发了《关于评选特级教师的暂行规定》。《规定》提出要对评选出的特级教师给予补贴，补贴办法为：小学特级教师每月补贴 20 元，中学特级教师每月补贴 30 元。民办中小学教师评选为特级教师的，也享受同样补贴，由教育经费开支。① 这一规定对提高人民教师的政治地位和社会地位起了积极作用。

为了鼓励教师做好班主任工作，提高教育质量，按照"各尽所能、按劳分配"和"多劳多得"的原则，教育部于 1979 年 11 月 27 日印发了《关于普通中学和小学班主任津贴试行办法（草案）》，提出从 1979 年 11 月开始在公办教师中试行班主任津贴。津贴标准一般定为："中学每班学生人数在 35 人以下发 5 元，36 人至 50 人，发 6 元，51 人以上发 7 元；小学每班学生人数在 35 人以下发 4 元，36 人至 50 人，发 5 元，51 人以上发 6 元。每班人数在 20 人以下的，可酌情减发。"② 这是改革开放后第一次针对中小学教师补贴的法规。

考虑到中小学校长工作的特殊性，1992 年 12 月 10 日中央组织部、国家教育委员会联合发布的《关于加强全国中小学校长队伍建设的意见（试行）》中提到，各地要从当地实际情况出发，及时解决校长工作、学习及生活中的实际困难。为体现按劳分配，鼓励中小学校长认真做好学校管理工作，应注意提高他们的待遇，逐步实行校长职务津贴制度。根据学校管理工作的特点，中小学校长在阅读文件、参加会议等方面，应享受相应的待遇。

3. 住房

1992 年 7 月 29 日国家教委、建设部、全国教育工会联合发布了《关于"八五"期间解决城市中小学教职工住房问题的意见》，《意见》提出

---

① 《中国教育年鉴（1949—1981）》，中国大百科全书出版社 1984 年版，第 741 页。
② 《中国教育年鉴（1949—1981）》，中国大百科全书出版社 1984 年版，第 716 页。

争取在"八五"期间,城市中小学教职工的住房达到全国城镇居民人均居住面积 7.5 平方米及成套率 40%—50% 的水平。并且强调各省、市、自治区"八五"期间要以解危解困为主,重点解决无房户及人均居住面积在 3—4 平方米以下的困难户。《意见》还针对实施这个目标提出了具体的措施。这也是改革开放以来党和国家首次对中小学教师的住房问题采取的积极措施。

三、中小学教师队伍建设的发展阶段

十一届三中全会以来,我国全面恢复了教育事业的建设和发展,教育改革逐步展开,并取得了显著成就。但我们应该看到,这一阶段我国教育事业在总体上还比较落后,不能适应加快改革开放和现代化建设的需要。1992 年 10 月 12 日,中国共产党第十四次全国代表大会召开,会议在建设有中国特色社会主义理论的指导下,确定了 20 世纪 90 年代我国改革和建设的主要任务。其中对我国教育事业发展有重大指导性作用的是明确提出"必须把教育摆在优先发展的战略地位,努力提高全民族的思想道德和科学文化水平,这是实现我国现代化的根本大计"。为全面落实党的十四大提出的这一战略任务,中共中央、国务院制定了指导 20 世纪 90 年代教育改革和发展的《中国教育改革和发展纲要》。

该纲要指出了我国当时教育面临的形势,和新形势下教育事业的主要任务,以及建设有中国特色社会主义教育体系的七项主要原则;并根据我国社会主义现代化建设"三步走"的战略部署,指定了到 20 世纪末,我国教育事业的总体发展目标、发展战略和指导方针,以及各级各类教育事业发展的具体目标。该纲要也规定了各级各类教育体制改革的具体方向,并将"全面贯彻教育方针,全面提高教育质量"作为根本要求和目标。其中,"教师队伍建设"被单列一章,以此来凸显教师地位和作用的重要性，也为未来十年教师队伍建设提出了规划和建设。

《中国教育改革和发展纲要》首先明确："振兴民族的希望在教育，振兴教育的希望在教师。建设一支具有良好政治业务素质、结构合理、相对稳定的教师队伍，是教育改革和发展的根本大计。要下决心，采取重大政策和措施，提高教师社会地位，大力改善教师的工作、学习和生活条件，努力使教师成为最受人尊重的职业。"在此基础之上，纲要分别从职业道德、师资培养和培训、教师工资待遇及教师福利、编制任用、民办教师及对优秀教师的奖励等方面，对教师队伍建设提出了具体要求。

《中国教育改革和发展纲要》颁布之后，国家教育部等有关部门又颁布了一系列与教师队伍密切相关的法律法规，如将中国教育事业发展法制化的《中华人民共和国教育法》、将教师职业规范化的《中华人民共和国教师法》，还有其他将教师队伍建设各方面进一步细化完善的法律法规和政策文件。这些政策制度，从各个方面规范了我国教师职业的秩序，明确规定了教师的权利和义务，有利于教师踏实工作、积极进取，对提高我国教师队伍的质量有极大的推动作用。

（一）教师职业道德建设

《中国教育改革和发展纲要》对教师的职业道德建设提出了新的更高的要求。《纲要》指出：教师是人类灵魂的工程师，必须努力提高思想政治素质和业务水平；热爱教育事业，教书育人，为人师表；精心组织教学，积极参加教育改革，不断提高教学质量。

之后，在1993年10月第八届全国人民代表大会上通过的《中华人民共和国教师法》中，提出了教师应履行的六项义务，即：（1）遵守宪法、法律和职业道德，为人师表；（2）贯彻国家的教育方针，遵守规章制度，执行学校的教学计划，履行教师聘约，完成教育教学工作任务；（3）对学生进行宪法所确定的基本原则的教育和爱国主义、民族团结的教育，法制教育以及思想品德、文化、科学技术教育，组织、带领学生开展有益的社会活动；（4）关心、爱护全体学生，尊重学生人格，促进学生在品德、智力、体质等方面发展；（5）制止有害于学生的行为或者其他侵犯学生合法权益的行为，批评和抵制有害于学生健康成长的现象；（6）不断提高思想政治觉悟和教育教学业务水平。虽然《教师法》中没有对教师的职业道德提出明确要求，但这六项教师应履行的义务，也向完善教师职业道德规范迈出了一大步。

1997 年，我国国家教委、全国教育工会联合重新发布了《中小学教师职业道德规范》，这是我国继 1984 年颁布《中、小学教师职业道德要求（试行）》后，第一次在教师职业道德方面颁布专有法规。《规范》从八个方面，规定了教师的职业道德规范：

——依法治教。要求教师学习和宣传马列主义、毛泽东思想和邓小平同志建设有中国特色社会主义理论，拥护党的基本路线，全面贯彻国家教育方针，自觉遵守《教师法》等法律法规，在教育教学中同党和国家的方针政策保持一致，不得有违背党和国家方针、政策的言行。

——爱岗敬业。教师要热爱教育、热爱学校，尽职尽责、教书育人，注意培养学生具有良好的思想品德。认真备课上课，认真批改作业，不敷衍塞责，不传播有害学生身心健康的思想。

——热爱学生。关心爱护全体学生，尊重学生的人格，平等、公正对待学生。对学生严格要求，耐心教导，不讽刺、挖苦、歧视学生，不体罚或变相体罚学生，保护学生合法权益，促进学生全面、主动、健康发展。

——严谨治学。树立优良学风，刻苦钻研业务，不断学习新知识，探索教育教学规律，改进教育教学方法，提高教育、教学和科研水平。

——团结协作。谦虚谨慎、尊重同志，相互学习、相互帮助，维护其他教师在学生中的威信。关心集体，维护学校荣誉，共创文明校风。

——尊重家长。主动与学生家长联系，认真听取意见和建议，取得支持与配合。积极宣传科学的教育思想和方法，不训斥、指责学生家长。

——廉洁从教。坚守高尚情操，发扬奉献精神，自觉抵制社会不良风气影响。不利用职责之便谋取私利。

——为人师表。模范遵守社会公德，衣着整洁得体，语言规范健康，举止文明礼貌，严于律己，作风正派，以身作则，注重身教。

《规范》从教师的道德修养、专业素质、人际关系等方面对教师提出了详细的要求，符合了当时时代的发展对教师职业发展的需求，也逐渐体现出教师职业道德的重要性。

（二）教师资格及任用

《中国教育改革和发展纲要》虽然没有对教师资格和任用作出规定和规划，但《中华人民共和国教师法》对教师的"资格和任用"单列一章，表明我国教育主管部门已经认识到教师资格认定的重要性，这是关系教育事业未来发展成败的大事，必须严抓紧抓。《教师法》在第三章中规定：

——国家实行教师资格制度。中国公民凡遵守宪法和法律，热爱教育事业，具有良好的思想品德，具备规定的学历或者经国家教师资格考试合格，有教育教学能力，经认定合格的，可以取得教师资格。

——分别规定了小学教师、初中教师取得教师资格应当具备的相应学历。

——本法实施前已经在学校或者其他教育机构中任教的教师，未具备本法规定学历的，由国务院教育行政部门规定教师资格过渡办法。

——中小学教师资格由县级以上地方人民政府教育行政部门认定。取得教师资格的人员首次任教时，应当有试用期。

——受到剥夺政治权利或者故意犯罪受到有期徒刑以上刑事处罚的，不能取得教师资格；已经取得教师资格的，丧失教师资格。

——各级师范学校毕业生，应当按照国家有关规定从事教育教学工作。国家鼓励非师范高等学校毕业生到中小学或者职业学校任教。

——国家实行教师职务制度，具体办法由国务院规定。

——学校和其他教育机构应当逐步实行教师聘任制。教师的聘任应当遵循双方地位平等的原则，由学校和教师签订聘任合同，明确规定双方的权利、义务和责任。实施教师聘任制的步骤、办法由国务院教育行政部门规定。

中小学校长是教师队伍的领导，事关整个中小学教师队伍建设的大局，要严把中小学校长任命关。国务院《关于〈中国教育改革和发展纲要〉的实施意见》中提出"争取在 1997 年左右全国实行中小学校长'持证上岗'制度"；中组部、国家教委 1992 年发布的《关于加强全国中小学校长队伍建设的意见》指出"今后新任命的校长应取得岗位培训合格证书，持证上岗"。为坚持和完善中小学校长持证上岗制度，《关于加强全国中小学校长队伍建设的意见》规定：

——凡担任国家举办或社会力量举办的普通中小学校长的，必须参加岗位培训，并获得"岗位培训合格证书"，已获得教育管理专业专科（含）以上毕业证书或学位证书的，可免修与培训内容相同的课程；已获"岗位培训合格证书"的校长每五年要参加规定时数的培训。

——加强对证书的管理，省级教育行政部门统一印制、统一编号，有权根据《意见》规定收回合格证书。

——各地可依据《意见》规定制定实施中小学持证上岗制度的具体办法。

（三）教师培养及培训

《中国教育改革和发展纲要》指出，要制定教师培训计划，促进教师特别是中青年教师不断进修提高，使绝大多数中小学教师更好地胜任教育教学工作；到 20 世纪末，通过师资补充和在职培训，使 95% 以上的小学教师和 80% 以上的初中教师达到国家规定的合格学历标准，小学和初中教师中具有专科和本科学历者的比重逐年提高。这既对教师的培训工作提出了要求，也设置了目标。随后，1995 年颁布的《中华人民共和国教育法》，也将"通过培养和培训提高教师素质，加强教师队伍建设"以法律条文的形式规定下来，并在 1995 年 10 月国家教委《关于〈中华人民共和国教师法〉若干问题的实施意见》中明确指出："各地应当设立教师培训的专项经费，各级人民政府的教育行政部门、学校主管部门、各级各类学校及其他教育机构，应当制订教师培训规划和计划，保障教师进修和培训的权利。教师的培训应当根据学校的安排，因地制宜，学用结合，以自学为主，不脱产为主。"下面从骨干教师培养、中小学岗位评估、小学新教师试用期培训三个方面来谈谈教师培养与培训。

骨干教师是教师队伍的中坚力量，在教师队伍建设中起着承上启下的重要作用，但由于历史原因，我国中小学教师队伍特别是小学教师中，骨干力量比较薄弱。因此，在《中国教育改革和发展纲要》颁布后，国家教委于 1993 年 7 月 26 日印发了《关于加强小学骨干教师培训工作的意见》。该《意见》阐述了骨干教师的重要性，并提出了小学骨干教师应具备的要求：（1）有良好的师德修养；（2）具有较高的文化素养和较强的自学能力；（3）教育思想正确；（4）有较强的教育科研能力和教学改革意识。该《意见》基本秉承 1991 年印发的《关于开展小学教师继续教育的意见》的主要内容，对小学骨干教师的培养提出了总目标，以及培训的原则、内容、形式和方法等有关规定。同时根据骨干教师培训的特殊性，提出了应该注意的几点要求：（1）骨干教师具有相对性，培训活动组织要因时因地制宜；（2）骨干教师主要在岗位上成材，要特别重视与教育教学实践紧密结合的培训活动，重视发挥学校自培、教学研究、以老带新以及教师自学自练等培训形式的作用；（3）要把集中培训和分散指导结合起来；（4）骨干教师的培训重点是：对有培养前途的中青年教师按教育教学骨干的要求进行培训，同时也要根据不同层次骨干教师的要求，对现有骨干教师通过组织专题研讨班、给予教改科研课题任务等形式开展培训工作。

根据《中国教育改革和发展纲要》和 1992 年中组部、国家教委联合印发的《关于加强全国中小学校长队伍建设的意见》，国家教委印发了《全国中小学校长岗位培训评估工作指导意见》。中小学校长岗位培训评估工作是在国家教委指导下开展的"普九"评估的一项重要内容，由各省、自治区、直辖市负责组织实施。该《意见》共由三部分构成：评估目的——检查地方教育行政部门和承担中小学校长培训任务的学校开展中小学校长培训工作的情况和成效；内容要点——检查教育行政部门组织领导、培训规划、培训措施政策制定情况和办学单位的教学工作、教师队伍及培训成效；评估的组织领导——强调了评估工作的重要性，要求各级严肃对待。

试用期是新教师成长的一个关键时期。小学新教师试用期培训是教师队伍建设的一个重要环节，是小学教师继续教育的一个重要组成部分。积极开展小学新教师试用期的培训，对加强小学教师队伍建设、实施九年义务教育、深化小学教育教学改革、提高初等教育水平，都具有重要的意义。因此，国家教委于 1994 年 11 月印发了《关于开展小学新教师试用期培训的意见》，《意见》主要包括下列内容：

——小学新教师的培训目标：使新教师进一步巩固专业思

想，热爱小学教育工作，热爱学生；熟悉有关教育法规和教育教学环境；初步掌握所教学科教学大纲、教材和教育教学常规，尽快适应小学教育教学工作；

——培训对象：新分配到小学任教的中等师范学校、其他中等学校及以上层次学校的毕业生；

——培训内容和要求：专业思想教育、政策法规教育、熟悉教育教学环境、教育教学常规训练，非师范毕业生还要进行教育理论和学科教学法的培训。

——培训时间：一年试用期内，不少于 120 课时（每学期以 15 个教学周计算，每周 4 课时），具体安排由各地自定，集中培训时间不得少于总课时数的 1/3。

——考核方式和领导管理。

（四） 对教师的奖励

对在中小学教育教学中有特殊贡献的优秀教师进行奖励，可以鼓励广大中小学教师长期从事教育事业，进一步提高中小学教师的社会地位。《中国教育改革和发展纲要》中规定："各级政府和学校对优秀教师和教育工作者，要进行精神和物质的奖励；提倡和鼓励各级政府、社会团体、企业和个人建立教师奖励基金。"《中华人民共和国教师法》第七章规定：（1）教师在教育教学、培养人才、科学研究、教学改革、学校建设、社会服务、勤工俭学等方面成绩优异的，由所在学校予以表彰、奖励；国务院和地方各级人民政府及有关部门对有突出贡献的教师，应当予以表彰、奖励；对有重大贡献的教师，依照国家有关规定授予荣誉称号。（2）国家支持和鼓励社会组织或个人向依法成立的奖励教师的基金组织捐助资金，对教师进行奖励。国家教委《关于〈中华人民共和国教师法〉若干问题的实施意见》中指出："国务院教育行政部门、有关部门和地方各级人民政府及其有关部门组织实施的教师奖励，依照《优秀教师和优秀教育工作者奖励暂行规定》、《教学成果奖励条例》及有关法律、法规执行。社会组织和公民个人对教师进行奖励的，应当征求县级以上教育行政部门的意见。"下面主要谈谈特级教师评选与《教师和教育工作者奖励规定》。

1993 年国家教委、人事部、财政部联合发布《特级教师评选规定》这是继 1978 年 12 月发布《关于评选特级教师的暂行规定》之后，我国第一次发布关于评选特级教师的规定。"特级教师"是国家为了表彰特别优秀的中小学教师而特设的一种既具有先进性、又有专业性的称号。特级教师应是师德的表率、育人的模范、教学的专家。特级教师评选条件的规定，有利于鼓励各级教师按照规定要求努力工作，不断提高自身素质。《暂行规定》中列出了评选特级教师的适用范围、特级教师的条件及比重（由 1978 年规定的大城市教师总数的万分之五，提高到千分之一点五）、评选特级教师的程序、特级教师的奖励办法及其退休后的待遇、特级教师应起到的积极作用以及撤销"特级教师"称号的情况，这是 1978 年《暂行规定》所没有的。

继 1992 年 10 月国家教育委员会发布《教师和教育工作者奖励暂行规定》后，国家教委正式发布《教师和教育工作者奖励规定》，该《规定》中提出："对长期从事教育教学、科学研究和管理、服务工作并取得显著成绩的教师和教育工作者，分别授予'全国优秀教师'和'全国优秀教育工作者'荣誉称号；对其中作出突出贡献者，由国务院教育行政部门会同国务院人事部门授予'全国模范教师'和'全国教育系统先进工作者'荣誉称号。"并规定了各种荣誉称号的评选条件、评选办法、管理办法及撤销情形，同时废除《教师和教育工作者奖励暂行规定》。

（五）教师工资待遇

工资待遇问题是事关教师生计的大问题，这个问题处理不好，会影响教师队伍稳定。《中国教育改革和发展纲要》明确提出："改革教育系统工资制度，提高教师工资待遇，逐步使教师的工资水平与全民所有制企业同类人员大体持平。'八五'期间，教育系统平均工资要高于当地全民所有制职工平均水平，在国民经济十二个行业中居中等偏上水平。"

"要建立符合教育特点的工资制度和正常的工资增长机制，切实保证教师的工资水平随国民收入的增长逐步提高。要贯彻按劳分配原则，克服平均主义、论资排辈的倾向，使贡献大的、教学质量高的教师有更高的工资收入。改革过于集中统一的工资管理体制，在国家宏观调控的前提下，使地方、部门和学校享有自主权。国家规定教育系统工资制度的基本原则和基本工资标准，由各省、自治区、直辖市政府和中央主管部门，在不低于基本工资标准的前提下确定具体工资标准，不搞全国'一刀切'。学校具有调整内部工资关系、增加工资和学校基金分配的自主权。"可以说，《纲要》为教师工资提出了明确的方向，也规定了工资涨幅的标准，对各级行政部门对教师工资的现实操作提供了指导。

《中华人民共和国教师法》第六章对教师的待遇问题作了明确规定：(1) 教师的平均工资水平应当不低于或高于国家公务员的平均工资水平并逐步提高，建立正常晋级增薪制度；(2) 中小学教师享受教龄津贴和其他津贴；(3) 地方各级人民政府对教师以及具有中专以上学历的毕业生到少数民族地区和边远贫困地区从事教育教学工作的，应予以补贴；(4) 对城市教师住房的建设、租赁、出售实行优先和优惠，应为农村中小学教师解决住房提供方便；(5) 教师的医疗同当地国家公务员享受同等待遇；定期对教师进行身体健康检查，并因地制宜安排教师进行休养；(6) 教师退休后享受国家规定的退休或者退职待遇；(7) 各级人民政府应当采取措施，改善国家补助、集体支付工资的中小学教师的待遇，逐步做到在工资收入上与国家支付工资的教师同工同酬，具体办法由地方各级人民政府根据本地区的实际情况规定。

1995 年 10 月国家教委《关于〈中华人民共和国教师法〉若干问题的实施意见》针对《教师法》中关于教师待遇的每一部分作出了细致的解释，与本文上一段对照，如：(1) 中所指"平均工资水平"指：按国家统计局规定的工资总额构成的口径统计的平均工资额。(2) 中的津贴包括教龄津贴、班主任津贴、特殊教育津贴、特级教师津贴及根据需要设置的津贴。（4）中提到的住房问题，《意见》中指出要认真落实《国务院办公厅转发国家教委等部门关于加快解决教职工住房问题意见的通知》，尽快使城市教职工家庭人均住房面积达到或者超过当地居民平均住房水平。各地应当集中一定财力，为城市教师建设住房，并在城市统建住房中，向教师提供一定比例的住房。向教师出售、租赁住房，应当规定优惠办法等。（7）中的国家补助、集体支付工资的中小学教师指现阶段农村中小学中经政府认定的民办教师，"同工同酬"是指：民办教师和公办教师在同等条件下，履行相同的教师职责，在工资收入上享受同等待遇。

1993 年前后，不少地区拖欠教师工资问题大范围出现，问题相当严重。因此，1993 年 11 月国务院办公厅发布《国务院办公厅关于采取有力措施迅速解决拖欠教师工资问题的通知》，对各级人民政府提出了以下几点要求：（1）按时足额领取劳动报酬，是教师最基本的合法权益；（2）理顺教育经费管理体制，完善保障机制，确保教师工资按期足额到位；（3）认真落实中共中央、国务院《中国教育改革和发展纲要》精神，努力增加教育投入；（4）解决拖欠教师工资问题，事关我国基础教育发展和社会稳定的大局，各级人民政府主要负责同志要亲自过问，狠抓落实，有关部门要积极配合；（5）各级人民政府要把解决拖欠教师工资问题作为当前宣传贯彻《中华人民共和国教师法》的一项重要工作内容，抓紧落实。

1994 年，人事部、国家教委根据国务院颁发的《事业单位工作人员工资制度改革方案》和国务院办公厅下发的《事业单位工作人员工资制度改革实施办法》，印发了《中小学贯彻〈事业单位工作人员工资制度改革方案〉的实施意见》。该《意见》是继 1981 年和 1987 年之后，国务院及有关各部门第三次颁布提高中小学教师工资的办法。《意见》规定了此次中小学工作人员工资制度改革的实施范围，中小学工作人员的职务（技术）等级工资标准及各种津贴、奖励、增资的实施办法，并对新参加工作人员的工资待遇、离退休人员待遇做了新的规定，最后还对 1993 年10 月 1 日开始进行的中小学工作人员工资制度改革做了相关规定。

四、教师队伍建设的成熟阶段

党的十一届三中全会以来,特别是 1993 年《中国教育改革和发展纲要》颁布实施之后,我国的教育事业取得了显著成就,为 21 世纪教育事业的振兴奠定了坚实基础。但是,我国教育发展水平仍然偏低,教育结构和体制、教育观念和方法以及人才培养模式尚不能适应现代化建设的需要。在当前及今后一个时期,缺少具有国际领先水平的创造性人才,已经成为制约我国创新能力和竞争能力的主要因素之一。因此,顺应时代要求,振兴我国教育事业,是实现社会主义现代化目标和中华民族伟大复兴的客观需要。

1. 中国共产党第十五次全国代表大会提出了跨世纪社会现代化建设的宏伟目标与任务,对落实科教兴国战略作出了全面部署。为了实现党的十五大所确定的目标与任务,全面推进教育的改革和发展,提高全民族的素质和创新能力,教育部在贯彻落实我国《教育法》及《中国教育改革和发展纲要》的基础上制定了《面向 21 世纪教育振兴行动计划》,它是跨世纪教育改革和发展的施工蓝图。《面向 21 世纪教育振兴行动计划》在第二部分中明确规定要"实施'跨世纪园丁工程',大力提高教师队伍素质",具体要求如下:

——大力提高教师队伍的整体素质,特别要加强师德建设。三年内,以不同方式对现有中小学校长和专任教师进行全员培训和继续教育,巩固和完善中小学校长岗位培训和持证上岗制度。加强中小学教师继续教育的教材建设。中小学专任教师要接受计算机基础知识培训。2010 年前后,具备条件的地区力争使小学和初中专任教师的学历分别提升到专科和本科层次,经济发达地区高中专任教师和校长中获硕士学位者应达到一定比例。

——重点加强中小学骨干教师队伍建设。1999 年、2000 年，在全国选培 10 万名中小学及职业学校骨干教师（其中 1 万名由教育部组织重点培训）。通过开展本校教学改革试验、巡回讲学、研讨培训和接受外校教师观摩进修等活动，发挥骨干教师在当地教学改革中的带动和辐射作用。

——实行教师聘任制和全员聘用制，加强考核，竞争上岗，优化教师队伍。要拓宽教师来源渠道，向社会招聘具有教师资格的非师范类高等学校优秀毕业生到中小学任教，改善教师队伍结构。认真解决边远山区和贫困地区中小学教师短缺问题。鼓励各级政府机关公务员到中小学任教。

自改革开放以来，《面向 21 世纪教育振兴行动计划》第一次将"加强师德建设"提到如此高的地位；而且随着时代的发展和科技的进步，要求"中小学专任教师要接受计算机基础知识培训"，并对中小学教师和校长的学历提出了更高的要求。

为努力实现党的十六大提出的历史性任务，构建中国特色社会主义现代化教育体系，为建立全民学习、终身学习的学习型社会奠定基础，在顺利实施《面向 21 世纪教育振兴行动计划》的基础上，教育部于 2004 年 2 月 10 日，发布了《2003—2007 年教育振兴行动计划》。该《计划》强调"重点推进农村教育发展与改革"、"实施'新世纪素质教育工程'"、"实施'教育信息化建设工程'"。在此精神的指导下，《计划》提出要"实施'高素质教师和管理队伍建设工程'"，具体规定如下：

——全面推动教师教育创新，构建开放灵活的教师教育体系。

改革教师教育模式，将教师教育逐步纳入高等教育体系，构建以师范大学和其他举办教师教育的高水平大学为先导，专科、本科、研究生三个层次协调发展，职前职后教育相互沟通，学历与非学历教育并举，促进教师专业发展和终身学习的现代教师教育体系。起草《教师教育条例》，制定教师教育机构资质认证标准、课程标准和教师教育质量标准，建立教师教育质量保障制度。

——完善教师终身学习体系，加快提高教师和管理队伍素质。

实施"全国教师教育网络联盟计划"，促进"人网"、"天网"、"地网"及其他教育资源优化整合，发挥师范大学和其他举办教师教育高等学校的优势，共建共享优质教师教育课程资源，提高教师培训的质量水平。组织实施以新理念、新课程、新技术和师德教育为重点的新一轮教师全员培训，组织优秀教师高层次研修和骨干教师培训，不断提高在职教师的学历、学位层次和实施素质教育的能力。强化学校管理人员培训，加快培养一大批高素质、高水平的中小学校长、高等学校管理骨干和教育行政领导，全面提高管理干部素质。将干部培训与终身教育结合起来，构建开放灵活的干部培训体系。

——进一步深化人事制度改革，积极推进全员聘任制度。

加强学校编制管理，按照"精干、高效"的要求，科学设置学校机构和岗位；实施教师资格制度。依照按需设岗、公开招聘、平等竞争、择优聘任、严格考核、合同管理的原则，推行中小学教职工聘任制度，实行"资格准入、竞争上岗、全员聘任"。加强教师职业道德建设，将教师职业道德修养和教学实绩，作为选聘教师、评定专业技术职务资格和确定待遇的主要依据，实行优秀教师和优秀教学成果奖励制度。

（一）教师职业道德建设

为贯彻落实江泽民同志《关于教育问题的谈话》和《中共中央国务

院关于深化教育改革全面推进素质教育的决定》精神，建设一支适应全面推进素质教育要求的高素质教师队伍，进一步增强广大教师教书育人、为人师表的自觉性，充分调动广大教师实施素质教育的积极性，2000 年 8 月教育部印发了《关于加强中小学教师职业道德建设的若干意见》。《意见》充分认识到加强中小学教师职业道德建设的必要性，提出了加强中小学教师职业道德建设的基本要求：要拥护四项基本原则，遵守国家的法律法规；要宣传普及科学知识；要热爱学生，尊重学生人格；为人师表，廉洁从教；要模范遵守社会公德，语言规范健康，行为举止文明礼貌；努力实施素质教育，不断提高教学质量，正确评价学生；密切与学生家长的联系，坚持进行家访；关心集体，尊重同事。同时，要求各级学校采取多种有效方式大力加强教师职业道德教育，并要求各级教育行政部门和中小学加强领导，建立健全中小学教师职业道德建设的保障机制。

《中共中央国务院关于进一步加强和改进未成年人思想道德建设的若干意见》和《中共中央国务院关于进一步加强和改进大学生思想政治教育的意见》颁布后，教育部为全面落实这两个文件的精神，于 2005 年 2 月发布了《教育部关于进一步加强和改进师德建设的意见》。该《意见》由四部分 15 条组成，基本上基于 2000 年《关于加强中小学教师职业道德建设的若干意见》。2005 年的《意见》将加强和改进师德建设定义为是全面贯彻党的教育方针的根本保证，是进一步加强和改进青少年学生思想道德建设和思想政治教育的迫切要求，《意见》提出：

——加强和改进师德建设的总体要求是：以马克思列宁主义、毛泽东思想、邓小平理论和"三个代表"重要思想为指导，紧紧围绕全面实施素质教育、全面加强青少年思想道德建设和思想政治教育的目标要求，以热爱学生、教书育人为核心，以"学为人师、行为世范"为准则，以提高教师思想政治素质、职业理想和职业道德水平为重点，弘扬高尚师德，力行师德规范，强化师德教育，优化制度环境，不断提高师德水平，造就忠诚于人民教育事业、为人民服务、让人民满意的教师队伍，为培养德智体美全面发展的建设者和接班人作出贡献。

——加强和改进师德建设的主要措施是：强化师德教育，重视法制教育和心理健康教育；加强师德宣传，通过各种表彰活动、宣讲活动展现当代教师的精神风貌；严格考核管理，进一步完善教师资格认定和新教师聘用制度；加强制度建设，修订《中小学教师职业道德规范》；等等。

（二）教师资格和人事制度建设

我国自改革开放以来，一直不断完善教师的入职规定，要建设一支高素质、高质量、高业务水平的教师队伍，就要从教师准入制度抓起。

2000 年 9 月，教育部正式发布《〈教师资格条例〉实施办法》，共六章 29 条，该实施办法根据《中华人民共和国教师法》和《教师资格条例》制定，规定了教师资格认定机构、资格认定的条件、资格认定申请的程序、资格认定的具体办法和资格证书管理措施，并定于颁布之日起施行。

《教师资格条例》实施办法颁布实施之后，由于我国第一次实行教师资格制度，为了保证教师资格制度的顺利实施，教育部于 2001 年 5 月印发《关于首次认定教师资格工作若干问题的意见》，就当时教师资格实施工作中 15 个方面的具体问题，如教师资格的性质、首次认定教师资格的范围、教师资格认定程序等，对教师资格认定制度的实施进行具体的指导。

为加强教师资格证书的管理，维护教师资格制度和教师资格证书的严肃性，教育部于 2001 年 8 月印发了《教师资格证书管理规定》。此《规定》共有 15 条，对教师资格证书的用途、管理机构、认定机构、主要内容、证书规格、收回证书的条件及编号方法等做了详细规定。

为全面推进素质教育，促进基础教育的改革和发展，进一步完善基础教育管理体制，转换学校运行机制，提高教育质量和管理水平，加快中小学人事制度改革的步伐，建立符合中小学特点的人事管理制度，人事部、教育部于 2003 年 9 月发布了《关于深化中小学人事制度改革的实施意见》。中小学人事制度改革的总体目标是：以实行聘用（聘任）制和岗位管理为重点，以合理配置人才资源，优化中小学教职工结构，全面提高教育质量和管理水平为核心，加快用人制度和分配制度改革，建立符合中小学特点的人事管理运行机制，建设一支高素质专业化的中小学教师队伍和管理人员队伍。主要任务是：加强编制管理，调整优化中小学教职工队伍结构；进一步完善校长负责制，改进和完善校长选拔任用制度；实行教职工聘用（聘任）制；完善中小学教职工工资保障机制，建立健全分配激励机制；促进人才合理流动。

（三）教师的培养培训

教师队伍素质的提高，是这一时期的重要工作任务，教育部和国家相关部门在不同层面对教师的培养培训作出了具体规定。

1. 中小学教师的继续教育

为提高中小学教师队伍整体素质，教育部于 1999 年 9 月 13 日发布了《中小学教师继续教育规定》，该《规定》指出：

——参加继续教育是中小学教师的权利和义务，各级人民政府教育行政部门要采取措施，要坚持因地制宜、分类指导、按需施教、学用结合的原则，依法保障中小学教师继续教育工作的实施；

——中小学教师继续教育原则上每五年为一个培训周期，主要内容包括：思想政治教育和师德修养；专业知识及更新与扩展；现代教育理论与实践；教育科学研究；教育教学技能训练和现代教育技术；现代科技与人文社会科学知识；等等。

——国务院教育行政部门宏观管理全国中小学继续教育工

作，指导各省、自治区、直辖市中小学教师继续教育工作，地方
各级人民政府教育行政部门要保障中小学教师继续教育经费拨
款，并建立中小学教师继续教育考核和成绩等级制度。

在《中小学教师继续教育规定》颁布实施后，教育部于 2000 年 3 月
6 日印发了《中小学教师继续教育工程方案（1999—2002）》及实施意见，
"工程"面向全体中小学教师，突出骨干教师培养，以提高教师实施素质
教育的能力和水平为重点，以提高中小学教师的整体素质为目的。工程方
案由工程目标、行动计划、基础建设项目、条件保障四部分组成。

此后，教育部于 2002 年 2 月印发《关于"十五"期间教师教育改革
与发展的意见》、2002 年 9 月印发《关于加强专科以上学历小学教师培养
工作的几点意见》、2004 年 9 月印发《2003—2007 年中小学教师全员培训
计划》，这些都对教师的继续教育提出了具体要求，对教师队伍的整体建
设有巨大的促进作用。

2. 农村教师教育

本时期内，加强农村教师队伍建设也是教师队伍建设的重中之重。为
贯彻落实《国务院关于深化改革加快发展民族教育的决定》和第五次全
国民族教育工作会议精神，教育部以《2003—2007 年教育振兴行动计划》
和《中小学教师继续教育规定》为依据，组织开展以"新理念、新课程、
新技术"和师德教育为重点的新一轮民族、贫困地区中小学教师综合素
质培训工作，积极探索和努力开展教师学习型组织的创建工作，努力造就
一支具有较高素质的学习型教师队伍，为全面推进素质教育和促进农村教
育的改革和发展提供人力资源保障。2004 年 11 月，教育部发布了《关于
启动新一轮民族、贫困地区中小学教师综合素质培训项目暨新课程师资培
训计划（2004—2008 年）的通知》，要求"坚持积极进取，实事求是，分
区规划，分类指导，分步推进，促进综合素质培训项目的均衡发展；坚持
以教师发展为本，面向全员，突出骨干，倾斜农村，促进综合素质培训项
目的协调发展；坚持开展校本研修，自学为主，指导为辅，强调反思，促

进综合素质培训项目的可持续发展"，按照"围绕一个主线、突出二个加强、强调三项原则、抓好五个重点"的工作思路，促使教师从"适应型学习"进入更高层次的"创造型学习"，引领教师专业发展。

而且，为解决农村师资暂时落后的问题，教育部对农村师资实行"引进来、走出去"的原则，即为农村学校培养教育硕士师资，大力推进城镇教师支援农村教育工作。如 2006 年 2 月，教育部印发了《教育部关于大力推进城镇教师支援农村教育工作的意见》，并于当年 3 月下发《关于做好 2006 年为农村学校培养教育硕士师资工作的通知》。

3. 中小学校长培训

1999 年 12 月 30 日，教育部发布实施《中小学校长培训规定》，科学地总结了这些我国中小学校长培训的基本经验，对中小学校长培训的内容和方式、组织和管理、培训责任等方面做出了明确规定。

4. 中小学班主任培训

中小学班主任是中小学教师队伍的重要组成部分，是班级工作的组织者、班集体建设的指导者、中小学生健康成长的引领者，是中小学思想道德教育的骨干，是沟通家长和社区的桥梁，是实施素质教育的重要力量。教育部于 2006 年 6 月发布了《教育部关于进一步加强中小学班主任工作的意见》，说明了充分认识加强中小学班主任工作的重要意义，进一步明确中小学班主任的工作职责，并要求各级教育行政部门要认真做好中小学班主任的选聘和培训工作，切实为中小学班主任工作提供保障。

根据《教育部关于进一步加强中小学班主任工作的意见》的要求，教育部于 2006 年 8 月 31 日决定启动实施中小学班主任培训计划。该计划从宏观上规定了中小学班主任培训的宗旨和意义、目标与任务、培训原则、培训内容、培训管理等内容，并要求各省、自治区、直辖市教育行政部门结合当地实际，研究制定具体实施方案。

5. 教师教育网络化

为适应信息化社会的发展要求，以信息化带动教育现代化，促进教师教育跨越式的发展，积极推进教师教育信息化建设是一项紧迫的重要任务。教育部于 2002 年 3 月发布了《教育部关于推进教师教育信息化建设的意见》，这是进入 20 世纪以来，我国第一次提出有关教育事业信息化建设的意见。《意见》指出了"十五"期间教师教育信息化建设的发展目标：

——加快以各级各类师范院校为主体的教师教育机构信息基础设施和资源建设，逐步构建全国教师信息化网络教育体系。

——全面推进现代化信息技术和教育技术在教师教育中的普及和应用，显著提高中小学教师的信息素养，促进信息技术与学科课程的结合。

——积极促进教师教育教学方法和手段、管理体制和办学方式的改革创新，探索并初步构建信息环境下教师教育的有效模式。

《教育部关于推进教师教育信息化建设的意见》中提出的措施如下：加快教师教育信息基础设施建设；加快教师教育信息资源建设；以科学研究为先导，积极探索和构建现代信息技术环境下教师教育教学与教学管理新模式；加强领导、管理和评估。

根据国务院批转教育部《2003—2007 年教育振兴行动计划》的总体部署，教育部于 2004 年 9 月下发《教育部关于加快推进全国教师教育网络联盟计划，组织实施新一轮中小学教师全员培训的意见》。实施教师网络联盟计划，是大幅度提高教师队伍特别是农村教师队伍整体素质的有效途径。《意见》要求加快全国教师网联计划实施步伐，努力促进教师教育体系和卫星电视网、计算机互联网及其他教育资源优化整合，有效运用现代远程教育手段，充分发挥相关高校的优势，按照教师网联计划"三步走"的发展方针，争取用五年左右时间，构建以师范院校、其他举办教师教育的高校和教育机构为主体，以高水平大学为先导和核心，区域教师学习与资源中心为支撑，中小学校本研修为基础，职前职后教育一体化，学历教育与非学历教育相沟通，覆盖全国城乡、开放高效的教师教育网络体系，共享优质教育资源，提高教师培训的质量水平。

2005 年，教育部办公厅转发《中央广播电视大学关于实施教师网联计划进一步加强和改进教师教育工作意见的通知》，通知中说明：现代远程教育作为构建教师终身学习体系的重要手段，是大规模、高效益开展教师培训的重要渠道。中央广播电视大学作为全国教师教育网络联盟的成员单位，按照《教育部关于加快推进全国教师教育网络联盟计划，组织实施新一轮中小学教师全员培训的意见》精神，在广泛征求各方面意见的基础上，研究制订了《中央广播电视大学关于实施教师网联计划，进一步加强和改进教师教育工作的意见（试行）》，各地教育行政部门要重视利用中央电大的办学特色和资源优势，充分发挥电大系统在构建我国灵活开放的教师终身学习体系，开展现代远程教师培训中的重要作用。

五、结　论

改革开放 30 年来，我国中小学教师队伍建设不管是在量的方面还是在质的方面都取得了举世瞩目的成就。这些成就的取得与改革开放、与党和国家对教育乃至教师队伍建设的重视是分不开的。同时，教师队伍建设过程中也存在着一系列的问题。

（一）成功经验

在改革开放的 30 年中，教师队伍总体人数显著增长；教师队伍素质大幅度提高，学历水平已基本达到国家标准；教师资格认证制度越来越完善；教师地位提高，获得了社会的普遍认可；教师的工资待遇也有极大改善；为了鼓励教师爱岗敬业，对优秀教师的奖励制度也逐渐完善。

同时，《中华人民共和国教师法》、《中华人民共和国教育法》、《中小学教师职业道德规范》、《〈教师资格条例〉实施办法》等重要法律法规的颁布实施，标志着我国有关中小学教师队伍建设的法律法规体系框架基本完成。在这个从无到有逐渐完善的过程中，我们积累了如下经验：

1. 有关教师队伍建设的政策法规更具时代性。信息科技时代带来的信息爆炸、知识爆炸、经济飞速发展，对我国的人才要求提出了更高的要求。高素质人才的培养要依靠更高素质、更高业务水平的教师队伍。因此，我国教师队伍建设也要与时代同步，不能墨守成规，这也就要求我国政府及各级教育行政部门要紧随时代步伐，不断制定和改进与中小学教师队伍建设有关的法律法规，保障我们的教师队伍建设走在我国建设和谐社会的最前方。

2. 因地制宜地制定有关教师队伍建设的法律法规，避免了"一刀切"。在过去的 30 年，我国经济发展地区差异较大，这就导致各地对教育投入的不平衡，而在现阶段乃至今后的很长一段时期内，这种情况还将普遍存在，因此在制定教师队伍建设的法律法规时，要充分考虑到这个现实情况，不能搞全国"一刀切"，既不能为了落后地区降低对教师队伍建设的要求，也不能为了发展较快的地区就不顾落后地区的实际情况而"揠苗助长"。

3. 有关教师队伍建设的法律法规更加完善。回顾过去的 30 年，我国中小学教师队伍建设的法律法规的内容越来越充实，从起初的概括模糊变得越来越具有操作性。虽然我国中央及教育行政主管部门颁布的教育法规等都是具有统领全局的指导性纲领，具体的操作细则由各地教育行政部门自行规定，但是，教育行政主管部门也要尽可能考虑到各种情况，使各地在执行这些法律法规时能做到有法可依。

（二）存在问题及政策措施建议

1. 我国中小学教师队伍在地区之间、城乡之间发展极其不平衡

根据教育部发展规划司公布的数据，"十五"期间我国中小学教师学历在东部、中部和西部之间存在着不平衡，如表 11、表 12、表 13 所示：

表11 "十五"期间分区域小学教师学历合格率

	2001 年	2002 年	2003 年	2004 年	2005 年
合计	96.81%	97.39%	97.85%	98.38%	98.62%
东部地区	98.06%	98.41%	98.75%	99.04%	99.27%
中部地区	97.60%	98.12%	98.44%	98.77%	98.96%
西部地区	94.40%	95.35%	96.14%	96.95%	97.51%

表12 "十五"期间分区域初中教师学历合格率

	2001 年	2002 年	2004 年	2005 年
合计	88.8%	90.4%	93.8%	95.2%
东部地区	91.3%	92.5%	95.1%	96.3%
中部地区	88.6%	90.3%	93.6%	94.9%
西部地区	86.0%	87.8%	92.5%	94.6%

表13 "十五"期间分区域高中教师学历合格率

	2001 年	2003 年	2004 年	2005 年
合计	70.71%	75.71%	79.59%	83.46%
东部地区	75.92%	81.12%	84.20%	87.48%
中部地区	70.15%	75.07%	78.98%	82.56%
西部地区	63.42%	68.60%	73.76%	78.99%

另外, 国家教育督导团于 2005 年对中西部六省区 15 县 109 所中小学进行的调查也显示: 六省区普遍存在着城市教师超编、农村教师缺编的现象, 东部地区教师超编, 而中西部地区教师严重缺编; 中西部地区教师总量严重不足, 甚至出现了负增长的情况。[①] 因此, 国家在政策制定及实施

——————————

① 庞丽娟、韩小雨:《我国农村义务教育教师队伍建设: 问题及其破解》,《教育研究》2006 年第 9 期。

过程中要对中西部地区、农村地区进行适度的倾斜，以避免这种差距越来越大。

2. 我国中小学教师资格制度有待进一步改进和完善

在 2000 年颁布的《〈教师资格条例〉实施办法》中明确提出"中国公民在各级各类学校和其他教育机构中专门从事教育教学工作，应当具备教师资格"。然而现实的情况是许多没有教师资格证书的人员也同样可以被聘为教师。申请认定教师资格者的教育教学能力中明确要求"具备承担教育教学工作所必须的基本素质和能力"①，而且，教育部在 2001 年 5 月 14 日印发的《关于首次认定教师资格工作若干问题的意见》中也提出"申请人员的教育教学能力条件包括身体条件、普通话水平和承担教育教学工作必需的基本素质和能力"，"教育教学基本素质和能力主要通过面试、笔试、试讲等方式进行考察"。身体条件和普通话水平相对来说容易测量，但是承担教育教学必需的基本素质和能力如仪表仪态、行为举止、思维能力以及口头表达能力很难通过一次面试测量出来，而这些条件是作为教师很重要的素质和能力。因此，如何改进《教师资格条例》，使其更具有操作性，是我们应该重视的问题。

3. 我国中小学教师队伍建设领域存在盲区

从改革开放近 30 年颁布的政策文本中可以看出，党和国家对教师队伍建设越来越重视，颁布的法律法规涉及教师职业道德建设、教师资格及任用、教师培养及培训、教师考核及奖励、教师待遇等多个方面。然而，我国中小学教师队伍建设所包括的内容还很丰富，例如对中小学教师的晋升、权利与义务、教师岗位管理、薪酬制度、申诉等方面重视不够，出现了中小学教师队伍建设的盲区。因此，国家应该加大对教师队伍建设的研究，建立起一套规范化的中小学教师队伍建设制度，使我国中小学教师队伍建设逐渐步入正轨。

---

① 《中国教育年鉴 2001》，人民教育出版社 2001 年版，第 810 页。

4. 对中小学教师的激励制度不够健全

我国中小学教师对基础教育做出了突出贡献，一方面我们对他们要进行物质上的奖励，另一方面要对他们进行精神层面的激励。改革开放30年来我们对中小学教师关注较多的是物质上的奖励，并建立了一系列的物质奖励措施，如增加工资，提供各种各样的津贴、奖金，在住房、医疗、保险等方面给予特殊政策，然而关于教师荣誉制度的建设却很少涉及，仅在1978年和1993年提及过评选特级教师，在1992年和1998年涉及过教育工作者奖励，还有临时性的荣誉称号，如人民教师、劳动模范等。到目前为止，国家还没有颁布过制度性的教师激励制度。因此，有必要深入研究，以建立完善的教师激励制度。

异军突起的职业教育

俞启定　张　宇

一、改革开放前职业教育历经坎坷

（一）建国之初技术教育取代职业教育

中华人民共和国成立之初，在重新审视、改造旧教育的过程中，职业教育首当其冲遭到批判。其出发点是将发展职业教育看做为剥削阶级培养合格劳动力、剥夺劳动人民接受完全教育的机会，因为一旦进入职业学校，就难以再升学了。在当时相当于宪法的《共同纲领》关于发展各级各类教育的规定中，提出要"注重技术教育"。1950 年 4 月，中华职业教育社开会总结、检讨过去的工作，教育部领导到会，强调要把新中国的技术教育与旧中国的职业教育相区别，前者是无产阶级革命主义，后者是资产阶级改良主义；前者是唯一正确的，后者是注定要灭亡的。职业教育遂被技术教育取代。

建国初期技术教育的主要办学形式是中专和技校。中专培养中等专业干部，由各主管行业部门办学，性质和办学模式均与高校类似，只是低一个档次而已，职业教育的意识和色彩已是十分淡薄。技校培养中级技术工人，由劳动部门主管，行业乃至企业办学，虽然就业意识和教学的岗位适应性较强，但毕竟是先定位后培养，被录取进中专和被录取进技校，也就意味着分别完成了招干和招工手续，学校及专业（工种）的设置、招生和毕业生分配都是高度计划的，这是当时计划经济及劳动就业制度下的产物，与一般意义上的职业教育有明显区别。

（二）职业教育一度复苏

新中国成立后，基础教育事业快速发展。1957 年初中在校生是 1949 年的 6.5 倍，初中生与高中生的比例由 4.02∶1 扩大到 6.95∶1，升学和就业的压力陡增。国家对高校和中专、技校的发展已尽了最大努力，但归口性的部门办学终究受条件所限，要使不能升学的学生掌握一技之长以便就业，还必须开辟新的途径。在这种形势下，国家又重新提倡职业教育，主要是兴办农业中学和城市职业中学。1963 年 10 月，周恩来总理召集有关部委负责人讨论中小学教育和职业教育问题，强调"光有普通中小学教育而没有职业教育是不行的"，"必须努力办好职业教育"[1]。20 世纪 60 年代前期，各种职业学校发展很快，中专、技校也有很大的数量增长。1965 年，全国中专、技校、职业中学（包括农业中学）在校生已占到当时中学在校生总数的 34.8%。但当时对于职业学校定位偏低，大多是初中程度，"实施一般劳动就业训练性质"[2]，固然符合实际需要，却也为随后而来的打击埋下了伏笔。

（三）"文化大革命"对职业教育的毁灭性摧残

1966 年"文化大革命"爆发，此前 17 年的教育被定性为受"反革命修正主义路线"支配而遭否定和全面批判，职业教育更是被看做是资产

---

[1] 周恩来：《重视中小学教育和职业教育（一九六三年十月十八日）》，《周恩来教育文选》，教育科学出版社 1984 年版，第 223 页。

[2] 1963 年 5 月，教育部、劳动部联合召开城市职业教育座谈会，教育部部长杨秀峰在会上谈到普通教育、中专、技校都有很大的发展，但"实施一般劳动就业训练性质的职业学校"则发展不够。

阶级"双轨制"教育体制的翻版，遭到毁灭性摧残。据 1971 年的调查，"文化大革命"前的中专 45% 以上停办，400 所技校仅剩下 39 所。劫后余生的中专、技校在 20 世纪 70 年代初开始陆续恢复招生，而职业学校则遭灭顶之灾，多数改为普通中学。"文化大革命"后期大力普及中学教育，到 1976 年，全国中学在校生 5836.5 万人，其中高中生 1483.6 万人，当时的大学、中专和技校学生总数只有 125.5 万人，也就是说，全国 90%—95% 的中学生得不到职（专）业训练就要走上工作岗位。"文化大革命"造成的损害不仅是少培养了数百万高、中级专门人才，劳动力素质全面下降更是严重制约了生产发展以及社会就业①。

二、中等教育结构改革和重点发展职业教育的方针

（一）拨乱反正后教育结构畸形面临的尴尬

1976 年 10 月粉碎"四人帮"后，开始拨乱反正，各级各类教育逐步走向正轨，国民经济的恢复和发展对各行各业专门人才和技术工人的需求日见迫切。"文化大革命"期间片面发展普通高中，造成中等教育结构的严重失调，在当时毕业生无法直接升学、普遍上山下乡的体制下，矛盾尚能被掩盖住。1977 年底，高等学校招生考试恢复，此时上山下乡被叫停，于是升学和就业的问题都尖锐地凸显出来。尽管教育部门尽力挖掘潜力，扩大招生，中专、技校多数也改由高考招生，然而最初几届高考的录取率还不到 5%，形成"千军万马过独木桥"的尴尬局面，而绝大部分无缘过"桥"者又缺乏一技之长，教育与社会和个人需求之间的矛盾顿时激化起来。

长期以来，广大农村一直发挥着储备城镇待业人员的"蓄水池"的

---

① 1980 年全国 9600 万职工当中，受过系统专业教育的只有 525 万人。

作用，如干部职工下放、知识青年下乡之类措施。"文化大革命"结束，特别是随之而来的农村经济体制改革，导致生产劳动制度和分配方式的剧变，安置城镇人员到农村无论主观上还是客观上都难以再行得通。城镇必须自行开展全面的就业及再就业工程，农村也出现了不曾有过的就业、立业问题。以往的劳动就业体制不能维持下去，教育体制的改革也就势在必行了。

一代伟人邓小平敏锐地认识到这一问题。1978 年 4 月 22 日，他在全国教育工作会议上强调，"整个教育事业必须同国民经济发展的要求相适应"，"应该考虑各级各类学校发展的比例，特别是扩大农业中学、各种中等专业学校、技工学校的比例"①。邓小平率先提出了改革中等教育结构的问题，从而拉开了以发展职业教育为重点措施的新时期教育改革的大幕。

（二）中等教育结构改革

1980 年 10 月 7 日，国务院转批教育部、国家劳动总局《关于中等教育结构改革的报告》，认为目前中等教育结构单一化，与国民经济发展需要严重脱节，改革势在必行。报告强调改革中等教育的结构、发展职业技术教育是当前亟待解决的问题，指出中等教育结构改革主要是改革高中阶段的教育，"应当实行普通教育与职业、技术教育②并举，全日制学校与半工半读学校、业余学校并举，国家办学与业务部门、厂矿企业、人民公社办学并举的方针"，"要提倡各行各业办职业（技术）学校。可适当将一部分普通高中改办为职业（技术）学校、职业中学、农业中学。经过调整改革，使各类职业（技术）学校的在校学生数在整个高级中等教育

---

① 邓小平：《在全国教育工作会议上的讲话（一九七八年四月二十二日）》，《邓小平文选》（第二卷），人民出版社 1983 年版，第 104、105 页。

② 为处理好新兴的职业教育与传统的技术教育的关系，1985 年起草《中共中央关于教育体制改革的决定》时折中称为"职业技术教育"，此后多有人呼吁使用"职业教育"的称谓，至 1996 年《中华人民共和国职业教育法》颁布得以法律形式确定。

中的比重大大增长"。《报告》提出，城镇职业中学的学生国家不包分配，由劳动部门推荐，经用人单位考核，按专业对口的原则择优录用，也可以自由选择职业，农村职业学校毕业生由社队安排①，择优录用为各种技术人员。该报告是新中国职业教育史上一个具有战略意义的重要文件。

根据国务院文件的精神，中等教育结构改革全面开展起来，主要措施就是将部分普通高中改建为职业高中，同时根据条件新建一些职业学校。在中央和地方追加补助经费等条件的支持下，职业学校得以迅速发展，至1985年已发展到8070所，在校生229.6万人（其中职业高中184.3万人），相当于当年中专、技校在校生人数之和的1.3倍，而同年普通高中在校生741.1万人，比1978年的1553.1万人减少了52.3%②（见图1）。中等教育结构严重失调的局面得到扭转。

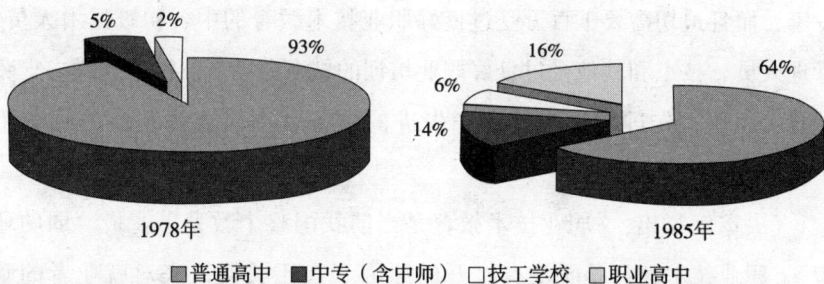

■普通高中 ■中专（含中师）□技工学校 □职业高中

图1　1978年和1985年高中阶段各类教育在校生规模

（三）中专、技校纳入职业教育体系

经历了一段时间的磨合，中等专业学校和技工学校正式被纳入职业技术教育体系。"文化大革命"结束后，多数中专招收高中毕业生，层次实际上与大专持平，相当一批中专获准升格，导致中专的性质一度含混不

① 当时人民公社制度还存在，故有此说。
② 1985年全国普通高中招生257.5万人，相比1977年招生993.1万人，减少了近3/4。

清。但是，无论从理论界定还是从实际需要来看，中专都应该也只能定位于中等教育层次，否则就不成其为中专了。随着职业教育的迅速发展及社会重视程度的提高，中专也认同归并到职教系列中来，逐步恢复以招收初中毕业生为主。1982 年 8 月，教育部将中等专业教育司改为职业技术教育司，综合管理中专、职业学校和农业学校。至于技校，原本就认同于职教，且与其他职业培训一样属于劳动部门管理，故归并到职教系列是理所当然之举。

（四）"大力发展职业技术教育" 成为教育体制改革的重点

1985 年 5 月 27 日，《中共中央关于教育体制改革的决定》发布，将调整中等教育结构、"大力发展职业技术教育"作为我国教育体制改革的一个重点。《决定》指出："社会主义现代化建设不仅需要高级科学技术专家，而且迫切需要千百万受过良好职业技术教育的中、初级技术人员、管理人员、技工和其他受过良好职业培训的城乡劳动者。没有这样一支劳动技术大军，先进的科学技术和先进的设备就不能成为现实的社会生产力。"

《决定》指出："职业技术教育是当前我国整个教育事业最薄弱的环节"，职业技术教育局面没有打开的原因"在于长期以来对就业者的政治、文化、技术缺乏应有的要求，在于历史遗留的鄙薄职业技术教育的陈腐观念根深蒂固"，为此"一定要采取切实有效的措施，改变这种状况，力争职业技术教育有一个大的发展"。当前应"以中等职业技术教育为重点，同时积极发展高等职业技术院校"，"力争在五年左右，使大多数地区的各类高中阶段的职业技术学校招生数相当于普通高中的招生数"。《决定》还首次提出了建立职业教育体系的方针，即"从初级到高级，行业配套，结构合理，又能与普通教育相互沟通"。《决定》提出了发展职业教育的主要措施，一是更新观念，要求树立劳动就业必须有一定的政治、文化和技能准备的观念；二是在改革教育体制的同时改革有关的劳动人事制度，实行"先培训、后就业"的原则和持证上岗的制度。"今后各单位招工，必须首先从各种职业技术学校毕业生中优先录取。一切从业人员，首先是专业技术性较强行业的从业人员，都要像汽车司机经过考试合格取得驾驶证才许开车那样，必须取得考核合格证书才能走上工作岗位。"这些规定开辟了教育与就业良好对接的全新局面，而且抓住了职业教育得以开展的关键性配套措施。

三、职业教育的新葩——职业高中和短期职业大学

（一）职业高中的兴办——中等职业教育的奠基

所谓职业高中，尽管具体的校名、办学方式各有差异，但其共同点就是在原来普通中学基础上建立起来的职业学校。在中等教育结构的改革过程中，一些中学从试办职业班开始，逐步使整个高中部都改为职业高中，多数学校后来将初中部剥离，成为单纯的职业高中校。有的职业高中最初有主体专业领域，类似传统的中专、技校，如外事职业高中、财会职业高中等。有的则没有特定的专业、行业倾向，而是根据社会需要和自身条件设置和增减相应专业，这也是后来各类职业学校趋同发展的路子。

职业高中的主要特点有：

第一，毕业生不包分配，择需录用，择优录用。这是职业高中和当时中专、技校的一个最主要的区别。毕业生的出路是职业高中办学的生命线，有出路才能设置相应专业，才能吸引生源，才能稳定教学，才能获得经费，为此职业高中必须注重教学质量和效果，因为毕业生的出路不仅取决于社会需求，也取决于自身质量。学校要努力改进教学，学生要努力学习职业技术，混日子是没有出路的，"以质量求生存"在职业高中是一条实实在在的法则。

第二，人才培养高度联系实际。职业高中的专业设置、培养目标和规格都是高度实用型的、职业化的，许多专业就是针对特定的职业岗位的需

要和要求来展开教学,力争使毕业生胜任岗位工作的适应期压缩到最短,甚至上岗就是熟练工作者,从而获得就业竞争的优势。在思想方法和行为决策上,职业高中不墨守成规,现实感强,适应性强,应变力强,富于创新和开拓精神。

第三,办学形式多样化。职业高中的办学形式大体上有三类:一是教育部门自办,开设社会适应性较强和教学设备、场所较为容易解决的专业,或者是为教育系统服务的专业。二是教育部门和业务部门联合办学,一般是由教育部门提供校舍、文化课师资、管理人员和原有的教学经费、仪器设备,业务部门提供部分专业课和实习指导师资、专业教学设备、实习场地、补助经费,并参与部分管理工作。三是教育部门与用人单位协议培养人才,由用人单位提出所需人数和标准要求,学校以此设立专业和招生培养,用人单位予以不同程度和方式的协作,学生毕业后由用人单位根据协议录用。这种方式兼有单独办学和联合办学的优点,所以逐渐成为职业高中办学的主要形式,现又称为"订单式培养"。

第四,办学经费来源多样。职业高中有教育主管部门延续过去普通中学由财政拨款的经费来源,还可以获得一些职教补助费或项目费。但财政拨款尚不足以维持办学的全部所需,职业高中办学所需的必要经费中,相当一部分还要靠学校自己筹集。具体途径,一是靠联合办学,对方给补充经费;二是靠委培及有偿培养,用人单位支付培养费;三是靠产教结合、有偿服务,以盈利供给办学经费;四是靠学费收入。由于前三项不是任何学校或任何时间都能充分保障的,所以相当一部分职业高中主要还得靠学费来维持办学。

职业高中的发展又是艰难的,多数职业高中是由原来的基础薄弱校改建而来,师资、设施条件先天不足,社会地位不高。职业高中要用很大精力去寻求学生就业出路和筹措经费,专业设置、办学措施不易稳定,也影响教学方面的投入和改进,所以办学者经常有"夹缝中求生存"的感觉。职业高中本身因条件所限,开设需要高投入设备及高技术水平师资的专业难度较大,它与产业界联系相对薄弱,接触高新技术有限,也难以提高教学层次。另外，职业高中受普通教育传统模式的浸染较深，其中的弊端也不可忽视。

职业高中是改革开放后职业教育兴起的具体标志，它利用原中学的基础，投入小、见效快、促成了中等教育结构改革，有效地实现了初中毕业生分流，缓解了高校升学压力，而且培养了一大批有一技之长的劳动者，也促进了就业体制的改革，这是一个历史性的贡献。一大批职业高中"摸着石头过河"，克服了办学的种种困难，始终坚持职业教育的办学特色，勇于开拓创新，密切联系社会，打造出适应人才市场需要的培养品牌，确立了自身坚实的地位。由于老中专、技校纷纷升格或并入高校，原职业高中出身的学校现在已成为支撑中等职业教育的主要力量。

（二）短期职业大学的兴办——高等职业教育的奠基

清末学制中曾有高等实业学堂的设置，民国建立后改为专科学校，从此职业教育限定在中等以下教育层次。直到 20 世纪 80 年代初，随着中等职业教育的兴起，在高等教育领域也产生了回应。由于经济的恢复和发展，对人才的需求剧增，而当时普通高校毕业生数量有限，又是计划分配，走向主要是国有大单位，地方和基层的一般单位很难分配到大学毕业生，短期职业大学就是为补充地方所需人才尤其是应用型人才而产生的。

短期职业大学都是地方举办，招收自费、走读生，学制 2—3 年，毕业后不包分配，由用人单位择优录用。例如北京城市学院（原海淀走读大学），就是由北京市和海淀区支持，清华、北大、人大等高校协作，采取民办公助的方式创办起来的。职业大学的性质类似于职业高中，它的专业设置和教学内容均重视应用性、针对性及适应性，像金陵职业大学的园林绿化专业、广州大学的酒店管理专业、天津职业大学的眼镜专业、北京联合大学的商品检验专业等，都是以往普通高校所没有的。职业大学为地方培养了急需的应用人才，用人单位评价职业大学毕业生是"要得到，用得上，留得住"。到 1985 年，职业大学已发展到 128 所。

1995 年 10 月，教育部《关于推动职业大学改革与建设的几点意见》

指出："职业大学是我国高等教育的一种办学形式，是高等职业教育的重要组成部分。职业大学直接面向地方经济建设，面向基层，面向中小企业和乡镇企业，担负为地方经济建设和社会发展培养高级（部分中级）实用技术和管理人才的任务。"该《意见》强调要"密切围绕培养应用型人才的特点，深化教学领域的改革"，"要从职业分析入手，根据一定的职业岗位（群）所需的知识能力结构，并兼顾长远需要"来确定培养目标和设置专业，教学上要以能力培养为中心。

职业大学的办学困难和职业高中类似，由于先天基础较差，地位不高，又不包分配，缺乏社会认同度，国家承认学历的只是小部分，因此发展难度很大。但职业大学对高等职业教育具有历史性的开拓贡献。可以说，正是由于职业大学出现，才导致高等职业教育的推出。

1996 年 6 月全国职业教育工作会议上，李岚清副总理提出要发展高等职业教育，为上不了大学的人提供接受高等职业教育的机会。他认为发展高等职业教育不能刮"新建"风，主要应利用现有教育资源。职业大学、高等专科学校和部分独立设置的成人高校要通过改革、改组、改制措施，办出高等职业教育特色，可以批准具备条件的重点中专进行高等职业教育，名称逐步规范为"职业技术学院"，这就是被概括为"三改一补"的办理高等职业教育的办法。到 1999 年年初，国务院批转的《面向 21 世纪教育振兴行动计划》进一步提出，"部分本科院校可以设立高等职业技术学院"，从而开拓了多渠道、多规格发展高等职业教育的道路。

高等职业教育的提出

1985 年《中共中央关于教育体制改革的决定》已提出要积极发展高等职业教育。1986 年 7 月，时任国务院副总理的李鹏在全国职业技术教育工作会议上指出："高等职业学校，一部分广播电视大学、高等专科学校，应该划入高等职业技术教育这个层次。"但作为这个层次实力最雄厚的高专，追求的是升格为本科院校的发展路径（实际上多数高专也先后实现了升格），并不情愿纳入高等职业教育。

按照 1999 年 1 月《教育部、国家计委关于印发〈试行按新的管理模式和运行机制举办高等职业技术教育的实施意见〉的通知》中的解释，高等职业教育由以下机构承担：短期职业大学、职业技术学院、具有高等学历教育资格的民办高校、普通高等专科学校、本科院校内设立的高等职业教育机构（二级学院）、经教育部批准的极少数国家级重点中等专业学校、办学条件达到国家规定合格标准的成人高校等。

四、引进国外职业教育模式和经验

（一）"MES"模块式技能培训的引进

职业教育作为改革开放后新兴的教育类型，更需要借鉴国际先进经验。其中劳动部与联合国开发计划署国际劳工组织（ILO）的合作开展较早并且成效显著。1985 年，双方共同建立了"天津高级职业技术培训中心"，作为对外开放的一扇窗口，该中心的一项主要任务就是进行"MES"模块教学法的培训、推广工作①。

"MES"即英文"Modules of Employable Skills"的缩写，可译作"就业技能模块组合"或"模块式技能培训"，它是国际劳工组织召集一些从事职业教育研究的专家学者，经过近十年的时间开发出来的一种新型职业培训方法。MES 的总出发点在于用最短的时间和最有效的方法使学员学到一门技能，它的培训基于对每个工种、任务和技能的深刻分析，严格按

---

① 从 1985 年至 1991 年，国际劳工组织共援助资金 126 万美元，进行了两期旨在推广先进模式的培训项目。

照工作规范，开发出不同的培训模块，类似于积木组合式的教学形式，从而保证用什么学什么。

1987 年 10 月，这种模式被正式引入中国。天津高级职业技术培训中心翻译出版了《模块式技能培训》一书，并积极开展有关音像教材制作和组织管理人员的各项培训。MES 由此在工人岗位培训、技术等级培训、管理人员培训、就业训练和中学劳动技能教学等领域进行了广泛试点。例如邮电部成立了模块式技能培训教材开发小组，共编写出 5 个工种、17 个岗位、111 个模块、526 个学习单元，拿到各地实验均取得显著成效。云南煤炭厅开发出 16 个工种、22 个岗位的教材，共计 845 个学习单元，印刷了 3650 套，另加培训大纲，总计 330 万册，仅用一年就销售一空。[①] 开发教材数量之多，销量之大，销售之快，在全世界 MES 教材建设的历史上都是从未有过的。正如国际劳工组织北京局局长圭亚（Jean－Victro Gruat）先生所言："MES 以实用实效的特点，很快在中国得以推广，由于它比较适合中国的情况，而受到中国政府和广大企业的普遍欢迎。在 MES 的推广实践中，政府和企业还针对一些具体的问题召开了许多研讨会，使这种培训方法更加贴近中国的实际，效果更好。"[②]

到 20 世纪 90 年代中期，接受 MES 培训的骨干已达万余人，辐射面约百万人，分布在中国大陆除西藏外的各省（自治区、直辖市），涵盖大部分行业和系统。由我国自行编写的 MES 教材涉及数百个工种。模块教学法已经在中国生根结果，就连"模块"一词也很快成为各类教育研究者热衷使用的词汇，其影响远远超出了职业教育的范围。但是，MES 因其特点所限，主要适用于岗前培训与职工继续教育，至于正规的职业学校教育还需引入另外的模式。

（二）"双元制"职业教育模式的引进

中国和联邦德国在职业教育领域大规模的合作开始于 20 世纪 80 年

---

① 周远翔：《MES 在中国大有可为》，《职业教育研究》1995 年第 1 期。
② 丛冲：《访圭亚先生》，《中国培训》1994 年第 7 期。

代。当年国内派往德国的经济和教育考察团几乎都对独具特色的德国职业教育产生了浓厚的兴趣，而此时德国方面也希望通过职业教育领域的交流来扩大影响，为德资企业开拓广阔的中国市场，用他们自己的话说就是"为双方创造繁荣和富裕"。于是在两国有关部门的积极推动下，德国当时成了中国最重要的职业教育合作伙伴。

1983 年，德国汉斯·赛德尔基金会（Hanns Seidel Stiftung）与南京市教育局共同建立了南京建筑职业技术教育中心，借鉴"双元制"（Dual System）① 模式培养建筑行业及其相关职业的技术工人和技术员，开创了"项目引进型"实验首例。之后又陆续在二汽技工学校、上海电子工业学校、北京精密机械培训中心等单位建立了一批类似项目，到 1995 年总共出现了 32 个以"双元制"为模式的职教中心或职业学校。这些项目开展多年，取得了一定的成果，但也暴露出企业缺乏积极性的问题。

为了把改革从学校一级的"实验点"变成更大范围的"实验田"，1988 年 7 月，国家教委组织苏州、无锡、常州、芜湖、沙市、沈阳六市主管副市长和教育、劳动局长参加学习德国"双元制"经验培训班，并赴德国考察。他们切实感受到"双元制"的特点是学校教育与企业培训紧密结合，而必须要以企业培训为主，从 1989 年到 1995 年，这六个城市分别进行了区域性的"双元制"试点实验。为在实践中加强校企联系，各地纷纷采取措施，调整职业教育的管理组织，以所在城市的主管副市长牵头，组成由教育、劳动和经济部门参加的领导小组，制定了一些地方性政策（如对于试点学校新建的实训车间给予优惠政策，对于合格毕业生优先安排劳动指标等），明确了联办企业的责任，以行业局领导为组长的企校联合领导小组则由行业局、联办企业和学校组成，研究、解决试点中的具体问题。

不过，随着中国经济体制的转轨，这些经验并没有进一步推广开来，

---

① "Dual System"（按直译应为"双体制"）最初被引入中国的时候出现了两种官方译法：教育部门使用"双元制"，劳动部门使用"双轨制"，后来才逐渐统一为"双元制"。

但其副产品则是促进了两国之间有关研究机构的合作。1988 年，时任国家教委主任李铁映在与德国经济合作部商谈有关事项时，德国方面表示愿意无偿援助建立一个中央职业技术教育研究所和两个地方职业技术教育研究所，并支持它们的运行。经过多次协商，国家教委和德国经济合作部签署了两国政府会谈纪要，20 世纪 90 年代初，作为中德合作项目的职业技术教育研究所先后在北京、上海和沈阳建立起来。

（三）"能力本位"（DACUM／CBE）教育的流行

"能力本位教育"（Competency Based Education，简称 CBE）源自北美，是国际流行的一种以胜任岗位要求为出发点的教学体系。1969 年，加拿大爱德华王子岛的荷兰学院（Holland College）正式将这种模式及其课程开发的"DACUM"（Develop a Curriculum，即"开发一个教学计划"的英文缩写）方法应用于职业教育。它的主要特点是通过对岗位要求的系统分析，组成一系列教学模块或单元，使不同起点、不同要求的受教育者都能根据自己的情况取舍。从 1989 年开始，加拿大国际开发署资助设立了"中加高中后职业技术教育项目"（CCCLP）。作为这个项目的延伸活动，1991 年 11 月，"中加高中后职业技术教育课程设计研讨班"在成都举办，加拿大派出三位课程设计专家前来介绍 DACUM 模式，引起了参加者的极大兴趣，遂有"中国赴加拿大 CBE 专家考察组"造访该国，推进了该模式的广泛引进。

赴加拿大 CBE 专家考察组中方顾问高奇教授记录

CBE 模式至少在两个环节对大家触动很深：一是课程大纲的设计，二是其后的教学过程。"CBE 课程大纲是通过学校邀集企业的代表，组成委员会，按照企业的需要，用层层分解的方式，确定出明确、具体、详细、可操作的培养目标，再由学校组织相关教学人员，按照教学规律，用归纳的方法制定出来的"。"CBE 教学管理的突出特点是为学生服务，可以说是一种以培训对象为中心的管理制度","其教学管理不追求整齐划一,而是尽可能地个别化"。①

截至 1996 年 CCCLP 项目结束时,加拿大通过 32 所社区学院与中国 11 个省(自治区、直辖市)、9 个行业建立了密切的联系,中方共有 29 所院校参与其中②。具体做法包括对计划经济体制下的专业设置原则和办法进行改革,利用 CBE 理论和 DACUM 方法模拟市场运作,从而使职业学校的专业设置和教学更能反映社会需求。有些单位还通过建立学校董事会和专业顾问委员会,创造出一种在经济转型时期吸引企业参与专业开发与教学开发的过渡性办法。与德国的"双元制"相比,CBE 的整个过程较多体现了学校一方实施职业教育的主动性,就这一点来说是与中国的国情更为贴近的。

在合作项目开展过程中,不断有中方人员到加拿大进行为期三周至半年不等的访问或业务进修,加方来华讲学和交流的专家也络绎不绝③,随之而来的结果是"能力本位"的提法日益深入人心,如今,以"能力本位"取代"学科本位"已经成为国内职业教育课程与教学改革的基本理念。

总体来看,改革开放后,职业教育对于国外先进理论与模式的引进(包括这一阶段前后学习日本、英国、澳大利亚等国的经验)不仅动手较早,而且就其深度和广度而言,在我国整个教育领域都是很突出的。能够取得如此成绩自然离不开政府的重视与推动,而在具体的操作过程中,中国的职教工作者也充分发挥了自身的主观能动性:他们并非机械地套用国外固有的"模版",而是结合自身实际情况加以适当的变革④。正如中国

---

① 高奇:《加拿大社区学院 CBE 的教学管理》,《中国职业技术教育》1997 年第 4 期。
② 包括中等专业学校 22 所,短期职业大学 4 所,普通高等专科学校 2 所,普通本科大学 1 所。
③ 在 6 年多的时间里,中方先后有 200 人赴加拿大进修,考察访问的有 95 人;加方来华的专家有 148 人。
④ 仅以"课程模式"而论,中国研究者就开发出"群集式模块课程模式"、"多元整合课程模式"、"职业活动导向课程模式"等多种,并进行了部分推广实验。

赴加拿大 CBE 专家考察组所言："中国这样一个发展极不平衡的大国，不可能照搬任何国家的现成经验作为唯一的模式，我们最终要走自己的路。"①

五、中等职业教育的发展高潮

（一）外延发展

1985 年《中共中央关于教育体制改革的决定》颁布后的十余年间，中等职业教育一直保持着良好的发展势头，不仅体现为办学规模的扩大，而且体现为占高中阶段教育的比例扩展，即所谓"职普比"（职业学校与普通高中的招生数或在校生数的比值）的扩大，这是体现中等教育结构的要素。《中共中央关于教育体制改革的决定》首次将"职普比"作为工作目标，要求"五年以后，使中等职业学校的招生数相当于普通高中招生数"，也就是职普招生比为 1∶1。随着中等职业学校招生人数逐年稳步上升和普通高中招生人数继续下降，到 1991 年，中职学校的招生数首次超过普通高中，达到了预期目标。1993 年高中阶段招生的"职普比"达到最高峰值，为 1.38∶1，中等职校招生占整个高中阶段招生总数的58.1%（见表 1）。

1992 年，在邓小平"南方谈话"精神的指导下，我国经济发展进入新的高潮，为职业教育的加快发展创造了良好前景。1993 年 2 月，中共中央、国务院印发了《中国教育改革和发展纲要》，要求到 2000 年，各类中等职业学校年招生数和在校生数占高中阶段学生数的比例，全国平均保持在 60% 左右；普及高中阶段教育的城市可以达到 70%。在这种自上

---

① 中国 CBE 专家考察组：《CBE 理论与实践》，国家教委职业技术教育中心研究所 1993 年印制。

而下的乐观预期以及诸多有利政策指导下，中等职业教育的规模继续扩展。

表1　1985—1997 年高中阶段招生数量变化

（单位：万人）

年份	1985	1987	1989	1991	1993	1995	1997
中职学校招生数量	196.8	204.0	216.1	246.4	316.1	368.9	415.9
普通高中招生数量	257.5	255.2	242.7	243.8	228.3	273.6	322.6
职普比	0.76	0.80	0.89	1.01	1.38	1.35	1.29

（资料来源：根据全国教育事业发展年度统计公报有关数据编制）

（二）内涵发展

中等职业教育在规模不断扩大的同时，也开始朝着规范管理、提高办学质量和效益的方向发展。1991 年 10 月颁布的《国务院关于大力发展职业技术教育的决定》是新中国成立以来中央政府首次专门针对职业教育发布总的指导文件。该决定强调要"对现有各类职业技术学校加强规范化建设，并集中力量办好一批起示范和骨干作用的学校"。教育行政部门采取的主要措施是建立符合国情的中等职业学校教育评估制度，在这一基础上，进而开展评定省级及国家级重点学校的工作。评估定级使职业学校有了明确的发展方向和具体标准，推动了职校各项工作的规范化。

早在 20 世纪 80 年代后期，上海等地率先对所属中专学校开展了办学水平的评估工作，并取得了明显的效果。教育部职教司总结各地评估工作的经验，于 1990 年组织专家制订了《普通中等专业学校办学水平评估指标体系（试行稿）》[①]。该指标体系的内容框架，分为办学条件、办学过程和办学目标三大类，下设学校领导、师资队伍、设施与经费、思想政治工作、教学管理、行政管理、办学效益七大要素，以下又有更多的二级指标

---

① 该试行稿1999 年又进行了全面的修订。

和三级指标。通过可以量化的分值，办学的各个环节便客观而清晰地呈现出来。

1991 年 1 月，国家教委发出《国家教委关于开展普通中等专业学校教育评估工作的通知》，确定中专评估的形式包括合格评估、专项水平评估、综合水平评估和选优评估四种，操作程序是由"合格评估——综合水平评估——选优评估"逐级进行，评选出的优秀学校分为省（部）级重点和国家级重点。在此前后，职业高中和技工学校也都陆续确立了规范化的评估标准。考虑到各自的基础条件与管理特点，职业高中采用的评估程序与中专相反，首先进行选优评估以便发挥优秀学校的骨干作用，技工学校的评估活动则只分为合格评估与选优评估两种形式。

从 1991 年到 1996 年，有关部门组织对三类中等职业学校进行了全面评估工作：1993 年劳动部门评出首届国家级重点技校 130 所；1994 年 8 月国家教委颁布 249 所国家级重点中专名单；1996 年 2 月国家教委审批认定首批国家级重点职业高中 296 所。各地还评出 699 所省（部）级重点中专学校和 909 所省（部）级重点职业高中。在评估基础上树立的这批学校样板，为推动职业教育的改革和建设，发挥了骨干和示范作用。①

（三）法规建设

面对职业教育的蓬勃发展以及发展中出现的新情况、新问题，仅靠即时性的政策措施来予以规范，已不能适应现实需要，于是一些地方开始着手制定相关的法规。1985 年《河北省发展职业教育暂行条例》是第一部由省级人民代表大会颁行的职业教育地方性法规。此后，全国大多数省、自治区、直辖市都出台了类似性质的规定，从职业教育的培养目标、学制年限、办学途径、经费筹集等方面将各自取得的经验加以总结，并为进一

---

① 杨金土：《90 年代中国教育改革大潮丛书：职业教育卷》，北京师范大学出版社 2002 年版，第 62 页。

步的国家级立法准备了必要的条件。

国家教委在 1989 年初开始《职业教育条例》的调研和起草工作。
1992 年，在全国人大教科文卫委员会的直接指导下，由国家教委牵头，
成立了由劳动部、中华职教社、职教中心研究所、中国职教学会等单位参
加的职教立法领导小组，将已九易其稿的《职业教育条例》转变为《职
业教育法》的起草。该法律草案在广泛调研和反复征求各地、各部门、
各行业和部分企业意见的基础上又进行了 13 次大的修改。1996 年 5 月 15
日，第八届全国人大常委会第十九次会议审议通过了《中华人民共和国
职业教育法》，并于当年 9 月 1 日起施行。

《职业教育法》总计 40 条，分为"总则"（11 条）、"职业教育体系"
（5 条）、"职业教育的实施"（9 条）、"职业教育的保障条件"（13 条）和
"附则"（2 条）共 5 章。主要对以下问题作出规定：第一，明确了职业教
育在国民经济和社会发展以及在实施科教兴国战略中的重要地位和作用；第
二，明确了政府、行业、企业事业组织实施职业教育的职责；第三，明确了
我国职业教育体系的总体框架，即国家根据不同地区的经济发展水平和教育
普及程度，实施以初中后为重点的不同阶段的教育分流，建立、健全职业学
校教育与职业培训并举，并与其他教育相互沟通、协调发展的职业教育体系；
第四，明确了职业教育的保障条件，规定了职业教育所需经费的多渠道依法
筹集原则；第五，明确了我国职业教育的管理体制，即实行统筹规划、分级
管理、分工负责、以地方为主的管理体制。该法的诞生标志着我国职业教育
进入了有法可依、依法治教的新时期。

教育部职教司原司长杨金土谈《中华人民共和国职业教育法》

"这部法律的颁布是社会认识职业教育达到一定高度的标
志，也是我国职业教育发展到一定程度的结果，更是各级领导、
广大职教工作者辛勤劳动的结晶"。他同时强调："再好的法规
文件，对于全国数万所职业技术学校不可能产生'普度众生'
的神奇效果，不能取代每一所学校的主观努力。我们决不可坐等

'好事上门'，而应该主动进取。"①

六、世纪之交职业教育面临的冲击

（一）中等职业教育的滑坡

经过近 20 年的发展，中国职业教育在改革开放的大潮中悄然崛起，已构成国民教育体系"三足鼎立"② 的支柱之一。但是职业教育与普通教育相比，更容易受多方面因素的制约。1997 年，受"东南亚金融危机"等因素的拖累，中国经济增长减速，企业用工需求减弱，培养人才的积极性下降。一些企业办的技校在生产和管理调整过程中被取消或改制，导致 1998 年技校招生总数比 1997 年减少 20%。不过，对职业教育造成更为强力的冲击还是在教育体系内部。

作为国民教育体系"三足鼎立"的支柱之一，职业教育这只"足"与其他两"足"相比，既是新军，缺乏积淀基础；又是配角，难以独当一面。小学——中学——大学历来是教育链上的主线，职业教育只是从主线伸出的旁枝。按《中华人民共和国职业教育法》第十二条的定性，它是不同阶段的（普通）教育的"分流"。对受教育者而言，在社会地位、待遇仍维持传统格局时，其基本走向自然是追求在"主流"中上进，接受职业教育的绝大多数人是从"主流"中被淘汰或自我淘汰而"分流"的。

当高等教育属于精英教育的时期，高校招生规模有限，自然要控制高中规模，而处于人口增长高峰段的初中毕业生与年俱增，从而为中等职业

---

① 杨金土：《对部分宏观问题的论和议》，《职业技术教育》2005 年第 27 期。
② 即全日制学校教育中的基础教育、职业教育和高等教育。作为对应于全日制普通学校教育的成人教育，在层次上也是可以分为以上三类的。

教育提供了良好的发展空间，生源也能保证总体较高的水平。这是自 20 世纪 80 年代到 90 年代前期"职普比"得以持续扩大的主要原因。但是中职招生占的比例过大，也就不是分流，而是夺取干流了。激烈的升学竞争由高考下移到中考。例如，北京市中职招生一度占到高中阶段招生的近 70%，也就是说，初中毕业生只有 30% 能够进入普通高中。初中毕业时毕竟年龄较小，学习潜力未见得都充分发挥出来了，考试波动的偶然性也大。分流过大，会剥夺许多本来有潜力的学生进入大学学习的可能性。

到了 20 世纪末，随着独生子女进入上大学的年龄，社会对接受高等教育的期望值飙升。顺应形势需要，从 1999 年起，高等学校大幅度扩大招生规模，普通高校招生 1998 年为 108 万人，2001 年增加到 268 万人，三年间扩大两倍半。高校扩招极大地激励起人们接受高等教育的愿望，普通高中必然随之扩展，1998 年招生 359.2 万人，2001 年招生 557.9 万人，增加了 55.2%，仍赶不上高校扩招的速度，结果高中的升学率也大大提高①。显而易见，这将使更多的初中毕业生选择上普通高中。

采访初中生家长

当时北京的电视台曾播出过一个采访初中学生家长的节目，问他们送孩子上什么高中？一位家长回答："当然是普通高中，将来好考大学。"而另一位孩子已经上了职业高中的家长则对"做了个错误的选择"感到懊恼。

主流的扩张必然导致分流的萎缩，各类中等职校招生数随之下降，从 1998 年的 408.9 万人减少到 2000 年的 333.4 万人，两年间下降了 19 个百分点，滑坡到 1994 年前后的水平。2001 年，由于初中毕业生比去年剧增近百万人（得益于"普九"的成果），职业高中招生数略有增加，技校招

---

① 1990 年高中毕业生升学率为 27.3%，2000 年达到 73.2%，即原来只有四分之一的高中毕业生能够升学，现在正好颠倒过来，不能升学的高中毕业生仅占四分之一。2002 年，高中毕业生升学率达到巅峰的 83.5%。

生更有明显上扬，而中专招生数继续下降，则是与大批中专持续升格有关①。2002 年起，各类中职校招生全面回升，但由于高校继续大规模扩招，拉动普通高中招生的增率更大，2005 年达到 877.7 万人，职普比下降到 0.69:1。

中职学生数量滑坡的同时，质量也大不如前。普通高中的扩招，挖去的正是那部分较好的生源，中职只能降格以求。在很多地方，中职招生变成"注册（登记）入学"，有一个算一个，已无录取分数线可言，有的中学索性将初三毕业班成绩殿后的若干名学生直接"分流"到职业高中。据对北京市中职 2000 年招收新生的一项调查，语文、数学、外语三门课程达到及格标准的，中专生只有一半，职高生只有 20%，技校生只有 6%。"问题"学生的比例也很大，一所很有声望的职业高中，一个班 20 名新生中，有 9 人在初中曾因行为不良受过处分。生源质量差增加了中职教育教学的难度，甚至要用很大的气力来维持基本的教学秩序，又如何保证教学水平和质量呢？

（二）高等职业教育的飙升和职教"高移化"的争论

与中等职业教育受到的是遏制性冲击相反，高等职业教育受到的是推进性冲击，也就是借了高校扩招的东风："国家每年新增的高校招生计划指标，应主要用于发展高等职业学校教育。"② 独立设置的高职，仅 2000 年到 2001 年一年间，就从 184 所增加到 386 所，一些普通高校也纷纷设立高等职业技术学院，高等职业教育进入持续高速发展的时期③。

在高等教育走向"大众化"的趋势面前，职业教育向何处发展？此时有关职业教育"高移化"的主张盛行起来。世界银行东亚太地区人力

① 全国中专校数，2000 年比 1999 年减少 316 所，2001 年比 2000 年又减少 386 所。其中有并校的原因，但基本趋向是升格，包括通过并校的升格。
② 国家教委、国家经贸委和劳动部：《关于实施〈职业教育法〉加快发展职业教育的若干意见》（教职［1998］2 号）。
③ 到 2007 年，独立设置的高职院校已达到 1314 所，占全国高校总数的 68%。

开发部 1999 年 11 月 30 日发表了题为《21 世纪中国教育战略目标》的报告，该报告怀疑中国中等职教所占 50% 以上的比例是否适应 21 世纪的需要，认为"中学阶段应实行普通教育，职业教育应在高中之后进行"，甚至主张："今后 20 年内中国应当把中等职业教育的比例减少为零。"国内也有学者断言，随着社会生产力的提高，随着工农业生产领域科技含量的增加，职高毕业生的社会适应性只会越来越差。还有学者通过对 172 个国家和地区中等职业教育的研究，得出结论是中等职业教育在中等教育结构中的比重大致波动于 30% 到 50% 之间，一般在 40% 左右，这是个阈值，超过这个阈值，职教发展就会缓慢，从我国目前的情况来看，不应再加大中职的比重，而应侧重于内涵建设。总之，随着经济发展和社会生活水平提高，基础教育的普及以及人们追求高等教育的需求上升，中等职业教育似乎已经完成了历史使命，而必将高移化，至少部分高移是可取的。

职教高移化的主张在一定程度上也影响到有关当局，提出应"积极稳妥地把高中阶段职教向高中后职教推移，在更高的文化教育基础上开展职业技术教育"，认为这是大势所趋[1]。有关方面一度削弱了对中职的关注和支持力度。从 1996 年至 2000 年，国家财政预算内职教经费占预算内教育总经费的比重从 11.53% 下降为 8.42%，2001 年和 2002 年进一步下降到 7.27% 和 6.35%[2]。非政府渠道投入职业教育的经费也呈急剧下降态势，企业办学经费从 1997 年的 32 亿元下降到 2000 年的 17 亿元。至于社会团体和公民个人的投入，更是从 1997 年的 3.83 亿元减少到只有 0.83 亿元。另外就是将"中等专业学校和技工学校等划归地方管理"[3]，这一举措不能说没有积极意义，但有的地方不能在财政等方面予以保证，使与行业、企业剥离的中专和技校面临很大的办学困难。

---

① 见教育部副部长王湛在 2001 年度职教工作会议上的讲话。
② 马树超、郭扬、陈嵩：《"十一五"期间我国职业教育改革与发展面临的主要问题（上）》，《职教通讯》2005 年第 4 期。
③《关于进一步调整国务院部门（单位）所属学校管理体制和布局机构的决定》（国发〔1999〕26 号）。

　　针对一时"高教热，职教冷"的舆论倾向和中职滑坡的颓势，深感担忧并奋起抗争的也大有人在。不少人对世界银行报告的观点提出质疑，指出世行观点的依据来自劳动生产率和受教育年限的调查分析，认为高中阶段普校生的收益率比职校生高，即便如此，也不能得出中职不能办的结论，而且也不乏部分国家的反例①。有学者分析，目前我国生产技术含量、组织方式、自动化机械化程度不同，对人才层次、类型和规格的需求多样化，总体上，自动化和高科技的企业不多，因此在相当长的时期内初中级人才在我国仍然存在着巨大的需求。况且随着生产工艺技术的提高，原来非技术或低技术层次的低位就业，将提升为中等技术层次的就业。据2000 年全国政协调查，像通用、海尔、长虹等一些技术含量较高的企业，生产服务第一线人员都是以中职毕业生为主体的②。

　　从另一个角度看，接受高等教育固然为人所向往，但高等教育规模总是有限的，不可能人人都上大学，也不需要人人都上大学。近年来"大学生就业难"的现象愈演愈烈，尽管可以探究出多种原因，但无法否认，这正反映了就业的客观需求与教育的不对称发展之间矛盾的尖锐化。社会从业者中，一线普通劳动者总是大多数，对他们来说，掌握一技之长以获得良好的职业生涯，才是至关重要的。与"大学生就业难"形成鲜明对比的是"技工荒"和中职毕业生就业情况良好，全国统计的中职毕业生就业率一直高达 90% 以上③，许多学校的品牌专业，毕业生更是供不应求。高就业率背后虽然也存在种种问题，但至少表明中等职业教育无论是现在还是今后都是社会需要、不可或缺的。

---

① 据 1995 年联合国教科文组织提供的统计资料，欧盟 15 国中，11 国高中阶段中等职业教育所占比例超过 50% （德国为 79.6%）。不过它们的职业教育多是融会在各类教育机构中进行的，不像我国普通中学与中等职校区分清晰。

② 苏州工业园区各服务行业从业人员受教育程度为：大专及以上占 18.46%，中职占 47.77%，普通高中占 21.71%，初中 12.69%。北京中关村科技园区从业人员中，中职生也占到 48%。

③ 据中国教育报 2007 年 4 月 19 日报道，全国中职毕业生就业率 2002 年为 94.6%，2003 年为 92.3%，2004 年为 94.3%，2005 年为 95.35%。

"技工荒"的现象及其成因

一段时间以来,"技工荒"成了各个媒体的热词。各地关于技术工人、高级技术工人严重短缺的报道屡见不鲜:深圳在全国招聘高级钳工,开出 6600 元的月薪也未能如愿;青岛一家公司急需高级模具工,打出年薪 16 万元的天价,应聘者寥寥无几;浙江 10 多家企业连续参加 10 多场招聘会招募数控机床技术工人,月薪一再提高,但是合格者少之又少……

"技工荒"究竟缘于什么?复旦大学高等教育研究所宋京博士援引《中国教育年鉴(2004)》及《中国教育事业发展统计公告(1994—2004)》数据并经计算后指出:"近年来社会上出现的'技工荒'、实用技能型人才的严重短缺现象,都是高中阶段职业技术教育比例失调的预警信号。"同时,我国中等职业教育在校生的增长速度大大低于经济增长速度:1994—2004 年前者年均增长仅为 2.6,而同期后者年均增长速度为 9.3。显然,中等职业教育的发展现状远不能满足经济增长方式转变和可持续发展对人力资源开发水平的要求[1]。

(三)中等职业教育再受重视和回升

党和国家领导人对发展职业教育的问题是有洞察的。江泽民同志 2000 年在《关于教育问题的谈话》和全国教育工作会议上讲话中,多次阐述了职业教育在我国经济和社会发展中的重要作用。他指出:"要使大家明白,我们国家人口多,人人都上大学仍是不现实的,也不是只有上了大学才能成为人才。三百六十行,行行出状元。""对于不能进入高等教育行列进行学习的城乡学生和其他群众,应通过大办各级职业技术学校,广泛吸收他们学习一门或几门生产技术与管理、服务方面的技能。""因

---

① 瞿剑:《"技工荒"缘于普高和职高比例失衡》,《科技日报》2007 年 1 月 15 日。

此，努力办好各级各类职业技术教育，是一篇大文章。""中等职业技术教育虽然有了发展，但总体来说，还刚刚开始做。各地各部门要狠狠抓它十年、二十年，必会大见成效。"

2002 年 7 月，由国务院主持的全国职业教育工作会议在北京召开。朱镕基总理指出，职业教育是教育事业中与经济社会发展联系最直接、最密切的部门，担负着培养高素质劳动者和各类具有专门技能的人才，为城乡新增劳动力、下岗失业人员、在职人员、农村劳动力和其他社会成员提供多种形式、多种层次的职业培训的繁重任务，这一特殊性质决定着必须把它"摆在更加重要的位置"。各级政府要积极为职业教育的改革与发展创造有利条件，把职业教育作为实施"科教兴国"的大事来抓。

这次会议产生了《国务院关于大力推进职业教育改革与发展的决定》。明确了"十五"期间职业教育改革和发展的目标：即为初、高中毕业生和城乡新增劳动者、下岗失业人员、农村劳动者及其他社会成员提供多种形式、多种层次和职业学校教育和职业培训。要建立起适应社会主义市场经济体制，与市场需求和劳动就业紧密结合，结构合理、灵活开放、特色鲜明、自主发展的现代职业教育体系。要以中等职业教育为重点，保持和普通高中的比例大体相当，扩大高等职业教育的规模。《决定》还在以下方面做出了具体决策和规定：深化教育教学改革，适应社会和企业需求；采取切实措施，加快农村和西部地区职教发展；严格实施就业准入制度，加强职业教育和劳动就业的联系；多渠道筹集资金，增加职教经费投入以及加强领导、推动职业教育持续健康发展，等等。这为职业教育事业发展开辟了新的前景。

2002 年起，中等职业教育全面回升，在校生重新超过千万人，2003 年恢复到接近历史最高水平，2004 年剧增 13.6%，2005 年又增加了近百万人，达到 1600 万人。中等职业教育在经历了一时风雨洗礼后，又迎来了晴空。

七、职业教育作为教育发展战略重点地位的确立

（一）职业教育成为教育发展的战略重点

2005 年初，温家宝总理在一次谈话中提到，农村教育和高水平大学建设已经是教育的两个战略重点，教育工作还应该有一个战略重点，就是职业教育。应温总理提议，2005 年 11 月国务院再次召开全国职业教育工作会议，温家宝总理在会上指出："大力发展职业教育，是推进我国工业化、现代化的迫切需要，是促进社会就业和解决'三农'问题的重要途径，也是完善现代国民教育体系的必然要求。"这一表述全面而又精要地概括了职业教育对建设社会主义现代化中国的重要作用。

这次会议产生了《国务院关于大力发展职业教育的决定》，《决定》的第一个标题就是"落实科学发展观，把发展职业教育作为经济社会发展的重要基础和教育工作的战略重点"。从教育整体发展战略的高度确定职业教育发展的重点地位，这在中国历史上还是首次。当前中国教育的三大战略要点"普及和巩固义务教育、大力发展职业教育、提高高等教育质量"①，可概括成六个字：普及，发展，提高。教育发展的重心定位在职业教育，这更是不同以往的，意味着职业教育已不再有意无意被贬为教育领域的"配角"，而是实实在在地成为"三足鼎立"的一个支柱了。这个战略地位的树立来之不易，既是党和国家的英明决策，也反映了经过长期检验，职业教育的重要作用终于得到了社会的高度认可。

（二）推进职业教育发展战略的得力举措

职业教育发展战略需要有切实有效的措施保障。《国务院关于大力发

---

① 胡锦涛：《在全国优秀教师代表座谈会上的讲话》（2007 年 8 月 31 日）。

展职业教育的决定》提出：实施国家技能型人才培养培训工程、国家农村劳动力转移培训工程、农村实用人才培训工程、以提高职业技能为重点的成人继续教育和再就业培训工程等"四大工程"；实施职业教育实训基地建设计划、县级职教中心专项建设计划、职业教育示范性院校建设计划、职业院校教师素质提高计划等"四项计划"。每项工程和计划都伴随有力度的财政投入。2005 年和 2006 年中央财政投入数十亿资金，重点支持了 468 所示范性中职校、763 个实训基地、446 个县级职教中心。中央财政投入 5 亿元用于中职校教师素质提高计划，培训 3 万名专业教师，进行 80 项教师培训方案、课程、教材的开发研究，资助中职校聘请紧缺专业兼职教师。突出的一项财政投入是作为助学金、奖学金来资助学生学习，"十一五"规划国家财政计划拨款 40 亿元，实施力度则已超出计划，2007 年国家资助学生 150 亿元，其中近 2/3 用于中职学生，受助学生占中职在校生总数的 90%[①]。除中央财政拨款外，地方财政也给予了不同力度的配套投入。职教经费投入力度之大可以说是从未有过的。

2006 年起，我国初中毕业生人数增长越过顶点，开始下降，高校招生增率减缓，普通高中招生人数，自 1993 年以来首次有所减少，中职招生则继续保持近百万人的增率。2007 年中职招生 810 万人，高中招生 840.2 万人，提前 3 年实现了国务院《决定》要求"中等职业教育招生规模达到 800 万人，与普通高中招生规模大体相当"的目标，教育结构在新形势下趋向于合理（见表 2）。

（三）反思大学生"回炉"现象——走向全民的、终身的职业教育

最近几年，社会上悄然出现了一种现象：大学生毕业之后，既不读研，也不就业，而是寻找一所职业学校继续学习，有关人士选择了一个颇

[①] 国家助学金资助对象为中职在校一、二年级所有农村户籍的学生、县镇非农户口的学生以及城市家庭经济困难学生。中职三年级学生则通过工学结合、半工半读、顶岗实习获得一定报酬，完成学业。

表2　1998—2007 年高中阶段招生数量变化

（单位：万人）

年份	1998	1999	2000	2001	2002	2003	2004	2005	2006	2007
中职学校	408.9	375.3	333.4	337.8	412.2	466.6	526.2	607.7	701.7	810.0
普通高中	359.3	398.3	472.7	558.0	676.7	752.1	821.5	877.7	871.2	840.2
职普比	1.14	0.94	0.71	0.61	0.61	0.62	0.64	0.69	0.81	0.96

（资料来源：全国教育事业发展年度统计公报）

为鲜亮而又十分恰当的名词来表述之，那就是"回炉"。大学生"回炉"受到关注，始于 2000 年中国航空工业贵州高级技工学校首开先河，录取了 10 名大学生进校，次年又增加到 22 人。此后，广东、山东、江苏等地也陆续出现了"回炉"现象，其中一些事例经媒体渲染成为公共话题。

大学生"回炉"的典型案例——"汪洋现象"[①]

与 3 年前读大学时完全不同，学校里的工厂成了汪洋每天上课的教室。在实习的半个月内，他几乎每天都要在车床前站 6 个小时。对于车工这门技术，汪洋学得很起劲，"我不觉得枯燥，挺好玩的。以后学数控车床会更有意思，车出来的东西会更奇特。"下课时，汪洋还把自己车出的一个圆形木棍放到了上衣的口袋里作为纪念。

汪洋 2003 年毕业于北京科技大学工商管理专业。在毕业后的 1 年半时间里，汪洋在北京先后换了 10 多份工作。2005 年春节前，汪洋回到了家乡贵阳。在和朋友做了一年多的啤酒生意后，汪洋又想着退出了，"首先是我当时生病了，其次生意也成型了，每天发酒、收账，总感觉生意做不大，也觉得没有发展前

---

① 刘彦妤：《本科生"回炉"读中专，大学教育陷入尴尬局面》，《广州日报》2006 年 8 月 26 日。

途"。

汪洋的家就在贵州省机械工业学校附近，这时他的叔叔就建议做业务一直没有起色的汪洋去学一门技术。"我想也对，纵观发展好的企业，老板总是需要了解基层工作的。"

在选择是否读中专之前，汪洋用在大学学到的经济学知识进行了市场调研，"我在网上看了技术人才的就业形势，我还进行了实地考察。有的地方找一个 6 级钳工比找一个博士生还难。我分析等我毕业后，技术类人才需求量仍很大。"

大学本科毕业后再回头到中专读书，作出这样的决定汪洋整整考虑了 3 个星期，"其实任何人作出这样的决定都要有很大的勇气。大学毕业后再读中专，这个落差很大，考虑 3 个星期并不算长。"

汪洋的这个选择引起了强烈的社会反响。他几乎每天都会接到一些媒体打来的电话，还有一些媒体正陆续与学校联系想采访汪洋。也有不少人在网上抨击，表示他的行为让我们整个的大学教育难堪。更有人认为汪洋和学校是在故意炒作，或质疑他是不是北京科技大学的学生。"当时我也想到会在小范围内产生影响，也想过会有人说我疯了。但是现在事情的反响之大完全出乎我的意料。"

这样的"回炉"究竟是好是坏？一时间众说纷纭。有人把这种举动视做"开倒车"，一些专家也认为这是教育资源的浪费。即便是持理解态度的人，也往往把它归咎于高等教育的缺失。而进入职校学习的大学生却不一定后悔大学的学习生涯，他们共同的动机是掌握有良好就业价值或对自己发展前途有利的实用技术。时至今日，大学生"回炉"已经变得越发普遍（在一些大城市每年数以千计），讨论的"回炉"的意义也超出了事件本身。

除职业培训外，我国的职业教育一直是与学历教育合一的。不同的学历层次有着严格的高下之分，这就难怪人们觉得拿到了大学毕业文凭还要到中等职业学校学习是一件不可思议的事。其实大学生"回炉"在国外并不罕见，如美国的社区学院、澳大利亚的技术和继续教育学院（TAFE），都招收各种学历和工作阶段的学生，可以说是一种面向全民的、终身化的职业教育。它体现了职业教育的大门向社会全体成员敞开，对每个人进行适合其自身条件和需要的教育，也不只限于某个年龄阶段，甚至贯穿于整个生涯。学习本是无止境的，社会的发展和就业环境的变化也驱使人们不断学习，包括跨领域的学习，大学毕业生也不例外。由此可以联想到，一种开放型的、持续型的、融会型的、具有高度实用性和灵活性的职业教育，难道不应该成为我们努力朝向的目标吗？而其中首要原则应该是开放、有效。

2007 年 3 月，温家宝总理在十届全国人大五次会议上所作的政府工作报告中指出："要把发展职业教育放在更加突出的位置，使教育真正成为面向全社会的教育，这是一项重大变革和历史任务。"2007 年 9 月，他在大连考察职业学校时，再次强调"只有职业教育才是面向人人的教育"。此语发人深思，难道我们的基础教育不是面向人人的吗？这显然不能单纯从能否入学的层面考虑，更准确的解读应该是面向人人的需要。这里不想涉及人们抨击基础教育沦为高等教育的预备教育而非真正面向全体学生需要的种种弊端，仅从通过发展职业教育而使"教育真正成为面向全社会的教育"而言，职业教育的使命光荣而艰巨。需要在科学发展观的指引下，进一步深化教育价值观，转化不合时宜的传统观念意识。需要在以人为本、统筹兼顾的原则下，进一步深化教育体制改革，同时还涉及有关制度措施的跟进，以确保职业教育应有的地位和有利于充分发挥职业教育的作用。只要我们遵循改革开放的方针和已确定的教育发展基本战略努力奋进，职业教育事业的发展前景将是美好的。

参考文献

1.《国务院转批教育部、国家劳动总局关于中等教育结构改革的报告》（国发〔1980〕252 号）。

2.《中共中央关于教育体制改革的决定》（1985 年 5 月 27 日）。

3.《国务院关于大力推进职业教育改革与发展的决定》（国发〔2002〕16号）。

4.《国务院关于大力发展职业教育的决定》（国发〔2005〕35 号）。

5. 闻友信、杨金梅：《职业教育史》，海南出版社 2000 年版。

6. 杨金土：《90 年代中国教育改革大潮丛书：职业教育卷》，北京师范大学出版社 2002 年版。

7. 刘英杰：《中国教育大事典 1949—1990》，浙江教育出版社 1993 年版。

风雨同舟的民办教育

姚计海

改革开放 30 年来，民办教育作为重要的社会办学力量，越来越多地受到社会各界的关注。民办教育的发展对于促进我国教育事业的整体发展乃至社会进步具有重大而深远的战略意义。经历 30 年的发展与经验积累，随着办学体制和教育管理体制的改革和进步，我国民办教育的地位和作用不断得到确立，民办教育的数量和规模不断扩大，结构和功能日趋完善。事实上，民办教育已成为我国中国特色教育事业发展体系中的重要组成部分。

一、兴起：民办教育发展的历史背景

改革开放以来，我国民办教育发展的基本特征表现为投资办学。我国民办教育走上投资办学的道路，这既是特定时期办学者不得不做出的一种选择，也是特定时期民办教育发展的一种必然的选择。①

为什么我国教育事业在大力发展公办教育的同时，也需要充分借助民

---

① 邬大光：《我国民办教育的特殊性与基本特征》，《教育研究》2007 年第 1 期。

办教育的力量呢？从事物发展的根本规律来看，民办教育的兴起与我国社会发展的思想解放、市场经济、良好政策和人民群众需求等紧密联系。

（一）思想背景：解放思想的指引

1978 年党的十一届三中全会是一次具有伟大历史意义的会议。在会议上，邓小平作了"解放思想，实事求是，团结一致向前看"的讲话，吹响了改革开放的号角。解放思想不仅为改革开放奠定了理论基础，也为新时期政治经济的发展指明了前进道路。1992 年初，邓小平南方谈话强调坚定不移地贯彻党的"一个中心，两个基本点"的基本路线，解放思想，实事求是，抓住有利时机，加快改革开放步伐，集中精力把经济建设搞上去，不断地把中国特色的社会主义事业全面推向前进。邓小平南方谈话不仅消除了人们认识上仍然存在的困惑，进一步解放了人们的思想，对我国教育事业的改革与发展也起到巨大推进作用，为民办教育的繁荣发展创设了良好的思想背景。1992 年召开的中国共产党第十四次全国代表大会明确指出："要改革国家包办教育的局面，支持和鼓励民间办学。"教育如何适应时代发展的步伐等问题受到广泛关注。

民办教育正是在这种思想解放的背景下应运而生，如雨后春笋般发展起来。从 1992 年至 1997 年，民办教育获得迅速发展，呈现出空前繁荣的景象。人们越来越认识到民办学校不仅不会损害我国教育事业的公益性，而且有利于补充和完善我国教育事业发展，有利于全民素质的提高。

1993 年 2 月国家颁布的《中国教育改革和发展纲要》首次明确表述了国家关于发展民办教育的思路，"国家对社会团体和公民个人依法办学，采取积极鼓励、大力支持、正确引导、加强管理的方针"，民办教育的地位得到进一步确立，使人们在思想上更加坚定了发展民办教育的信心，民办教育进入空前活跃和蓄势待发的阶段。

（二）经济背景：市场经济的推动

如果说解放思想为民办教育发展提供了可能性，那么市场经济体制改革就为民办教育发展提供了现实性。伴随着市场经济体制改革的开展和深化，在我国教育体系中，1978 年至 1992 年成为民办教育的酝酿复苏与起步探索阶段。可以说，民办教育的兴起是我国计划经济转轨到市场经济的结果，也是市场经济发展对教育发展的客观要求，它意味着我国教育开始走向多元化的发展道路。

改革开放之初，我国的经济体制发生了巨大而深刻的变化，计划经济向有计划的商品经济和市场经济转变，所有制形式也由单纯的公有制向以公有制为主体的多种经济成分并存的形式转变。政府包办教育的办学体制是原有计划经济的产物，而打破计划经济的市场经济体制改革必然蕴涵着教育体制的改革。在经济体制改革的大潮中，政府包办教育难以适应市场经济的需求，民办教育必然伴随着个体经济、私营经济等各种经济形式蓬勃发展起来，一种适应市场经济体制的多元化办教育的办学体制就自然产生了。

1980 年，《中共中央、国务院关于普及小学教育若干问题的决定》中指出："以国家办学为主体，充分调动社队集体、厂矿企业等方面办学的积极性，还要鼓励群众自筹经费办学。"1982 年 11 月 26 日，彭真委员长在第五届全国人民代表大会第五次会议上所作的《关于中华人民共和国宪法修改草案的报告》中提出"两条腿"办教育的方针。在这次会议上通过的《中华人民共和国宪法》第十九条第四款明确规定："国家鼓励集体经济组织、国家企业事业和其他社会力量依照法律规定举办各种教育事业。"这是国家第一次在法律的层面对社会力量办学给予了肯定和支持。此后，民办学校首先从创办民办高等教育开始，然后在基础教育中如雨后春笋般发展起来。

浙江树人学院：中国最早的民办高校之一[1]

在计划经济向市场经济转轨的时代背景下，民办教育在高等

---

[1] 参见许群、夏海微：《我国第一家规范化民办高校浙江树人大学 20 岁了》，来源：新华网，http://www.xinhuanet.com。

教育领域开始出现，1984 年高等教育由政府办的格局被打破，浙江树人学院——全国第一所民办高校在浙江诞生。浙江树人学院是改革开放以来我国最早成立并经国家教育主管部门批准承认学历的全日制民办高校之一（2000 年 3 月，根据浙江省政府文件精神，与周边四所学校联合组建为新的浙江树人大学）。这所学校是 1984 年浙江省政协倡议建立、国家教育主管部门批准的国家首批承认学历的普通高校，是浙江省第一所民办本科院校。学校由省政协和省教育厅共同主管，实行董事会领导下的校长负责制，聘请国内知名专家、学者担任特聘顾问。学生入学需参加全国统一招生考试并达到学校招生批次的分数线，学生毕业后发给国家教育部承认学历并电子注册的普通高等学校毕业证书。对全日制本科毕业生则按学校学位授予条例授予学士学位。

然而，这所民办学校在初建时却处于没有校舍、没有资金、没有师资的"三无"境地，如今已经发展成为占地近 500 亩，建筑面积 25 万多平方米，藏书量 70 余万册，专职教职工 630 多人，涵盖经济、管理、文学、工学、法学与艺术的多学科民办高校。20 年来，该校已为社会输送了 3 万多名合格的大学生。浙江树人学院 20 年的发展历程，浓缩了我国利用社会力量办学和高等教育改革的历史，对我国民办高校办学思想、方针、运行管理机制、资金筹措渠道、学科设置等方面都进行了有益的探索。

（三）政策背景：鼓励多渠道、多形式集资办学

1992 年以后，随着邓小平南方谈话的发表，人们的思想不断获得解放，我国市场经济迅猛发展，办教育不再是政府单一渠道筹集资金的事情，发动民间力量多渠道办教育成为必然趋势。同年党的第十四次全国代表大会报告指出："鼓励多渠道、多形式社会集资办学和民间办学，改变国家包办教育的做法"。1993 年 2 月国家颁布的《中国教育改革和发展纲

要》中规定:"改变政府包揽办学的格局,逐步建立以政府办学为主体、社会各界共同办学的体制。"政府出台了这些鼓励多渠道集资办学的规定,为民办教育发展提供了良好政策环境。于是,民办教育的范围不断扩展,推进到中高等职业教育和职业培训领域。

各种渠道的社会资本进入民办教育,使得民办教育悄然成为一个新的"投资领域"。一些办学者开始借助金融和资本市场的力量创办民办学校,比如通过银行贷款、股份制、教育公司等形式进行融投资。这一时期的投资者资金较为雄厚,投资力度较大,在一定程度上摆脱了改革开放初期的无政府支持、无金融贷款、无资金支持的"三无"办学局面,极大地降低了民办教育复苏阶段在"教育储备金"之类的制度下进行投资办学的风险。

事实上,多渠道集资的民办教育在教育制度层面也表现出很大的创新性,比如股份制办学、教育集团、教育投资公司等丰富了民办教育的办学途径,尤其是上市公司介入民办教育更彰显出我国民办教育广泛吸纳社会资金的办学特征。虽然我国教育法规和政策往往把民办教育界定为公益事业,如在 1997 年颁布的《社会力量办学实施条例》以及 2003 年颁布的《民办教育促进法》中,都明确规定"不得以营利为目的",但是民办教育一直游走于营利与非营利之间,面对巨大的民办教育市场,许多上市公司把投资触角深入到民办高等教育领域。应该说,上市公司介入民办教育,作为一种办学模式,在国际私立教育领域可以称为"首创",是一种新的投资办学方式①。

可见,在良好的政策背景下,社会各界力量积极吸纳社会资金,采取融资、贷款、垫资援建、个人捐资、社会集资等多渠道筹措资金的方式,积极创办民办学校,增强了教育自身"造血"功能,促进了我国教育事业的发展。

---

① 邬大光:《我国民办教育的特殊性与基本特征》,《教育研究》2007 年第 1 期。

（四）需求背景：群众教育需求与政府教育投入的矛盾

以往我国教育宣传经常向人们传递这样的信息："我国是个世界大国，不仅幅员辽阔、人口众多，而且资源和物产丰富。"但是，世界大国并不等于世界强国，尤其在改革开放之前，我国在经济、教育、文化等许多方面在世界范围内来看都存在虚弱的表现。民办教育的发展正是在经济体制改革的背景下，由人们日益增长的教育需求与国家国力不强、政府教育经费投入不足之间的矛盾所推动的。

改革开放以来，人们物质文化生活水平日益提高，教育越来越受到政府和社会各界的重视，学校教育水平也不断获得提高，但是我国经济整体实力不强，人均教育资源十分匮乏，因此政府办教育就显得有点儿力不从心。这个时候鼓励社会力量办学、大力发展民办教育就成为缓解这一矛盾的有效途径。

1985 年 5 月颁布的《中共中央关于教育体制改革的决定》进一步明确指出："地方要鼓励和指导国营企业、社会团体和个人办学，并在自愿的基础上鼓励单位集体和个人捐资助学，但不得强行摊派。"这个时期，民办教育领域有所拓展，在基础教育、职业技术教育以及成人教育领域开始起步发展。虽然当时的民办教育主要针对一些非学历的文化教育与培训，但是人民群众受教育的机会明显增多了。

1987 年 7 月 8 日，国家教委颁布施行了《关于社会力量办学的若干暂行规定》，开始鼓励和支持社会力量办学，并把"社会力量"明确为："具有法人资格的国家企业事业组织、民主党派、人民团体以及国家批准的私人办学者。"而且强调"社会力量办学是我国教育事业的组成部分，是国家办学的补充"。[1] 同年，国家教委和财政部还联合颁发了《社会力量办学财务管理暂行规定》。这些法律性文件的实施对民办教育发展意义

---

[1] 国家教委：《关于社会力量办学的若干暂行规定》，来源：中国教育网，http://www.chinaedunet.com/mbschool/mbzn/zn－6.htm。

深远，它们标志着民办教育被纳入国家正规教育体系，而且参与办学成为民间力量的法定权利。

二、规范：民办教育依法发展

如果说1993年党中央针对社会力量办学提出的"积极鼓励、大力支持、正确引导、依法管理"十六字方针是为民办教育提供良好的思想导向和政策环境，那么1997年颁布的《社会力量办学条例》则使民办教育在法律层面上得到确认。该条例实施后，民办教育发展不断得到规范，取得了前所未有的成就。可以说1997年至2008年是民办教育依法规范发展的阶段。

（一）民办教育与公办教育并重

1997年国务院颁布第一个针对民办教育的行政法规《社会力量办学条例》。条例的颁布标志着我国民办教育进入了依法办学、依法管理、依法行政的新阶段。民办教育所涉及的领域不断拓展，包括学前教育、中小学教育、职业技术教育和成人教育，成为我国义务教育和高等教育等学历教育的重要组成部分。

1998年12月24日，教育部制定了《面向21世纪教育振兴行动计划》，不仅为我国各项教育事业在21世纪的发展指明了道路，也针对民办教育的繁荣发展提出了具体要求。1999年第三次全国教育工作会议上，江泽民提出"国运兴衰，系于教育；教育振兴，全民有责"。朱镕基指出："社会资金较多，社会力量有办学的能力和积极性。我们要充分利用各种有利条件，加快教育发展……这次会议的一个重要精神是要进一步改变政府包办教育的状况，鼓励社会力量以多种形式办学，形成以政府办学为主体、公办学校和民办学校共同发展的格局。"这次会议对国家教育发展重新进一步定位，"解放思想，实事求是"的理念进一步得到确认。同年 6 月 13 日，《中共中央国务院关于深化教育改革全面推进素质教育的决定》明确指出，"进一步解放思想，转变观念，积极鼓励和支持社会力量以多种形式办学，满足人民群众日益增长的教育需求，形成以政府办学为主体、公办学校和民办学校共同发展的格局"①，为我国民办教育发展指明了方向。政府对民办教育的定位第一次从"对公办教育的补充"发展为"与公办教育并重"，这不仅使民办教育的地位进一步得到提升，而且也使民办教育的发展更加受到政府和教育主管部门的重视，有些地方的教育主管部门直接向民办学校提供资金支持。

（二）《中华人民共和国民办教育促进法》颁布

2002 年 12 月 28 日出台、2003 年 9 月 1 日起施行的《中华人民共和国民办教育促进法》（以下简称《促进法》）正式肯定了民办教育的合法地位。不仅明确了民办教育对中国社会主义教育事业的作用，赋予了民办教育相对公正的法律地位，还将使民办教育享受到更大的办学自主权，对我国民办教育法制化和规范化发展起到进一步推动作用。《促进法》可以说基本解决了民办学校长期在夹缝中求生存、谋发展的状态，并以法律的形式为民办教育提供了广阔的生存空间，顺应了市场经济条件下我国教育发展的时代潮流。

民办教育是市场经济发展要求下产生的新的事物。《促进法》正是在这种大的背景下，我国社会发展的现实与历史选择的产物②。

从现实来看，《促进法》既是我国基本国情的需要，也是民办教育实际发展的需要。从我国国情来看，中国是个人口众多、低收入的发展中国家，改革开放虽然使经济增长取得了令世人瞩目的成就，但它也带来两方面的问题。一是我国一部分先行脱贫致富奔小康、实现"先富"目标的

---

① 《中共中央国务院关于深化教育改革全面推进素质教育的决定》（1999 年 6 月 13 日）。
② 胡卫、谢锡美：《民办教育促进法：现实与历史的双重选择》，《教育发展研究》2003 年第 2 期。

人口，十分重视子女的教育，他们愿意为子女接受"好一点的教育"、"有特色的教育"而支付择校费；甚至一部分看似并不富裕的社会阶层和家庭也热衷于为子女选择优质教育，"择校热"已经成为我们时代的社会现象。二是财政性公共教育经费的增加赶不上教育需求的急速发展，教育资源的供需矛盾成为制约教育发展的主要问题。从民办教育的发展来看，为了适应我国教育市场的需求，民办教育事业伴随改革开放恢复起步后，便较为迅速地进入发展阶段。在民办教育事业迅速发展的同时，也出现了许多问题，如：民办学校所有权和经营管理权不分，董事长与校长权限不明，权力缺乏制衡；民办学校能否营利及政府教育行政主管部门如何对民办学校实行管理；等等。在这种现实条件下，制定既能规范民办教育行为又能促进其发展的法律就相当迫切了。

经过几年的发展，民办教育已有一定规模，但缺乏一体遵行的法律法规体系。民办教育的立法进程严重滞后于民办教育的发展进程，全国人大尚未通过和颁行全国性的民办教育法律，省、自治区和直辖市人大也没有颁布民办教育法律；地方政府往往根据本地区民办教育的发展情况制定和颁布有关的政府法令和行政规章，差异比较大，一些政策规定具有特殊性、权宜性和变通性；政策的制定、执行与监督也没有形成协调统一的整体，相互脱节，缺乏衔接，总体上不够完善和配套。而且，现有法规对民办教育的概念解释相互冲突，如《民非企业登记条例》第二条把"民办学校"界定为"企业事业单位、社会团体和其他社会力量以及公民个人利用非国有资产举办的，从事非营利性社会服务活动的社会组织"；《社会力量办学条例》第二条则把"民办学校"界定为"企事业组织、社会团体及其他社会组织和公民个人利用非国家财政性教育经费，面向社会举办学校及其他教育机构的活动"。其中"非国家财政性教育经费"并不等同于"非国有资产"。法律规定的内在冲突导致民办学校的混乱状态，问题的解决在于制定一部统一的内部协调的民办教育法。

由于国家的政策法律没有相应配套而发生了很多问题，民办教育需要在发展中加以规范。虽然，民办教育在办学过程中已有教育法可作为依据，但制定民办教育法仍然显得十分必要。《促进法》的颁布与实施对我国民办教育事业发展具有多方面的意义，它意味着我国民办教育事业进入依法管理、依法发展的法制化轨道。

此后，为贯彻实施《促进法》，规范民办学校办学行为，促进民办学校良性发展，2004 年 3 月 5 日温家宝总理签署了《中华人民共和国民办教育促进法实施条例》，该条例于同年 4 月 1 日起施行。《促进法》及其《实施条例》的颁布与实施，是国家第一次以法律的形式来规范、鼓励、支持和促进民办教育的发展，它标志着我国民办教育的发展进入到了新的阶段。

为了规范民办高等教育的发展，2007 年 2 月 10 日国家颁布了《民办高等学校办学管理若干规定》，一些地方政府也出台相应的法规，比如，北京市出台了《北京市民办高等学校收退费管理办法》和《北京市民办高等学校学生安全管理办法》，民办高等学校管理与发展得到有效的规范和保障。

（三）中国民办教育协会成立

随着民办教育不断规范发展，中国民办教育协会于 2008 年 5 月 17 日在京成立。中国民办教育协会是政府转变职能的需要，也是贯彻《民办教育促进法》的需要，更是促进民办教育发展的需要。成立大会上，著名教育家陶西平当选为协会会长，全国人大常委、全国人大教科文卫委副主任委员、民进中央副主席王佐书当选为协会常务副会长。

中国民办教育协会由全国各级各类民办教育机构和民办教育工作者自愿组成的群众性、行业性社会团体，是非营利性社会组织，它将广泛团结全国民办教育工作者，面向社会开展民办教育科学理论与实践研究，开展行业自律、行业维权与其他行业服务活动。

该协会的成立见证了我国民办教育伴随着改革开放的步伐前行、壮大。30 年来，经过全国民办教育工作者的辛勤努力和不懈探索，我国民办教育事业有了长足的发展，民办教育已经成为我国教育事业的重要组成部分，为促进我国教育事业的发展作出了重要贡献。当前全国涌现出了一大批教育质量高、社会声誉好的民办学校，出现了一大批优秀的民办学校举办者和办学者，他们为整个教育体系注入了勃勃生机与充沛活力。民办教育的兴起和发展是新时期我国改革开放的一项标志性成果。

在成立大会上，教育部副部长袁贵仁对民办教育发展提出了四个方面的希望①：第一，深入贯彻落实科学发展观，全面把握发展民办教育的重要意义；第二，坚持改革创新，积极探索进步，努力开拓中国特色民办教育发展道路；第三，坚持教书育人、育人为本，以高度的社会责任感促进民办教育事业又好又快发展；第四，加强协会建设，开展行业自律与行业服务，切实发挥社会组织的应有作用。

中国民办教育协会会长陶西平就民办教育发展存在的问题指出，有些政府部门对发展民办教育的重要意义认识不足，对民办教育的整体发展缺乏明确目标和长远规划，民办学校依法应当享有的各项政策待遇也没有完全落实。受此影响，民办学校教师队伍不够稳定，少数民办学校也存在运行不规范，办学理念有偏差。部分民办学校由于办学定位不够准确、专业特色不够鲜明、忽视内涵建设，从而导致自身持续发展的动力不足。因此，要妥善解决这些问题，促进民办教育健康发展，一方面需要继续完善民办教育的法制建设，加快推进政府职能转变，创造民办教育良好的法律和政策环境；另一方面需要加强学校内部制度建设、健全学校法人治理结构，努力提高办学水平，维护良好的社会声誉。

事实上，改革开放30年来，我国民办教育走过了一条具有中国特色的探索发展道路，既没有简单照搬外国的做法，也不同于新中国成立前的私立教育，而是从国情出发，解放思想、实事求是，在民办教育的法制建设、政策扶持、管理模式、治理结构和资金运作等多方面积极探索，不断创新，初步形成了具有中国特色的民办教育发展模式。

中国民办教育协会的成立有助于落实《民办教育促进法》关于"国家支持和鼓励社会中介组织为民办学校提供服务"的规定，形成政府统

---

① 袁贵仁：《在中国民办教育协会成立大会上的讲话》（2008年5月17日），《中国教育报》
2008年6月26日。

筹、主导与行业自强、自律相互结合，政府调控、监管功能与社会自治、服务功能相互补充，政府政策力量与社会组织、协调力量相互融合为主要特征的中国民办教育管理新体系，促进我国民办教育积极健康地发展。

三、贡献：民办教育功不可没

（一）推动教育体制改革，促进教育观念变革

长期以来，在"教育由谁办"这个问题上，人们习惯政府包办教育，忽视社会和个体的作用。民办教育融入国家办学体系，是我国教育改革的一种创新，是人们解放思想、更新教育观念的具体表现。

我国的民办学校是在适应社会主义市场经济的背景下发展起来的，它不仅扩大了群众受教育的机会，而且其自身为了更好地生存与发展，积极采取先进的办学理念、灵活多样的办学机制和优胜劣汰的市场法则，给我国的教育体制改革带来生机和活力，尤其对改革公办学校管理体制、提高公办学校的管理自主权产生积极有效的触动作用。

（二）弥补政府经费不足，满足社会对教育的需求

民办教育采取社会力量参与办学的方式，其发展打破了政府包揽办学的传统格局，拓宽了教育投资渠道，成为我国办学力量的重要组成部分。民办教育不要求国家解决办学所需要的人力、物力和财力，在资金配置上，它不依靠国家财政拨款，吸引社会潜在教学力量，客观上减轻了国家财政负担，缓解政府教育经费投入问题。

民办教育有利于满足社会多样化的教育需求，尽管目前民办教育在整体教育中的总体比例还比较小，但是在很大程度上缓解了教育需求与政府教育经费投入之间的供需矛盾。在充分开发利用社会资源和优化教育资源配置方面，民办教育起到了积极的作用，在扩大招生规模、充实办学条件

方面作出了积极的贡献，加快了我国教育发展的步伐。

从 2004—2007 年的民办学校数量发展可以看出民办学校在国家教育事业发展中所起到的巨大作用。表 1 和图 1 列出了 2004 年至 2007 年的民办普通高校（不包括独立学院和其他民办高等教育机构）、民办普通高中、民办普通初中、民办普通小学和民办幼儿园的学校数量和在校学生数量。

表 1   2004—2007 年民办学校统计资料

	2004 年		2005 年		2006 年		2007 年	
	学校数（所）	在校生数（人）	学校数（所）	在校生数（人）	学校数（所）	在校生数（人）	学校数（所）	在校生数（人）
民办普通高校	226	709636	252	1051663	278	1337942	297	1630700
民办普通高中	2953	1847315	3175	2267777	3246	2477160	3101	2459600
民办普通初中	4219	3156837	4608	3724158	4550	3940611	4482	4125500
民办普通小学	6047	3283213	6242	3889404	6161	4120907	5798	4487900
民办幼儿园	62167	5841073	68835	6680925	75426	7756871	77616	8687500

（三）增强政府活力，促进教育公平

目前民办教育既包括学历教育，也包括非学历教育，其办学形式灵活多样，办学层次涉及各个年龄阶段的学生。民办教育通过吸纳社会资金，调节国家教育财政经费的使用，政府有机会更好地发展公办教育，为民众提供了更丰富的教育选择机会，客观地看，民办教育发展也是对公办教育发展的促进，是对社会教育公平与均衡发展的促进。

（单位：人）

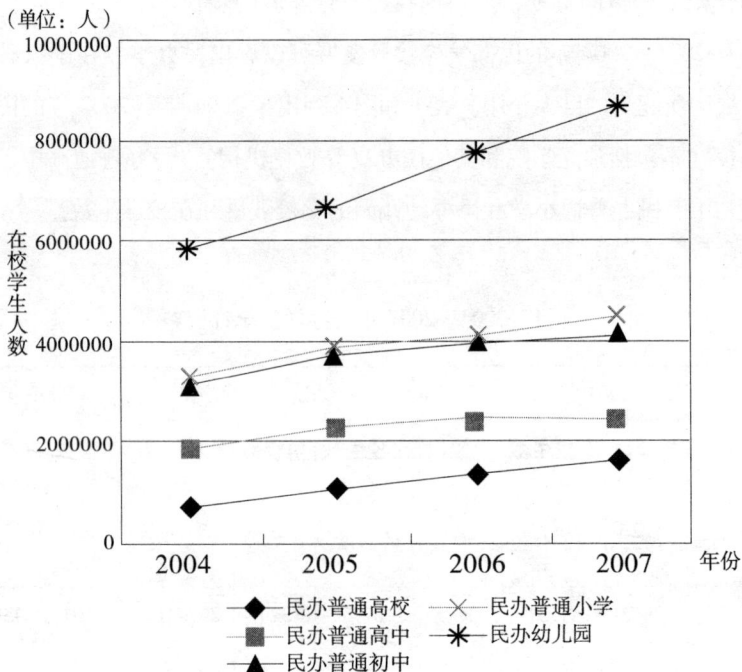

图 1　2004—2007 年民办学校在校学生数发展情况

　　民办教育发展壮大，使得政府教育投入不足与民众受教育需求之间的
矛盾得到有效缓解，在一定程度上给政府在教育发展问题上提供了更大的
自由度，有利于政府集中力量保障重点和实现公平，使教育更好地为广大
民众服务。政府鼓励民办教育发展，既节省国家财力，也增强了政府教育
服务的活力。

浙江民办教育发展迅速①

　　公办民办两条腿走路。浙江省的民办教育与民营经济一样，
是改革开放以来浙江教育事业发展的标志性成就之一，目前全省

---

① 张江琳、杨志刚：《九万里风鹏正举——浙江教育改革与发展纪实》，《今日浙江》2005 年
　第 12 期。

共有 1.1 万所民办学校，在学校数量上居全国各省区之首，在学校资产上居全国各省区前列，在发展速度上也居全国各省区之首，具有类型齐全、形式多样、管理规范、政策宽松、鼓励创新、与时俱进、发展健康等许多为人们所津津乐道的现象。

一些专家评价说，政府的支持、政策的优势使浙江民办教育起点高、步伐迈得快。而敢为天下先的创新精神又造就了浙江社会力量办学锐意进取、敢立潮头唱大风的气势。制度创新是浙江经济持续发展的原动力，也是浙江民办教育发展中一个最显著的特点。

1984 年，全国第一所民办高校——树人学院在浙江诞生，打破了高等教育由政府独家办学的格局；

1993 年，原浙江省教委制发了全国第一个促进和规范民办中小学发展的省级政策性文件，首次把民办教育纳入政府工作议程；

1996 年，全国第一个以办学为主营业务的股份制教育公司——书生教育实业有限公司在浙江成立，对该公司投资举办书生中学所做的调研引发了关于"教育股份制"的争论，使民间投资办学是否可以获取合理回报的问题第一次被公开地深入讨论，成为《民办教育促进法》写入"合理回报"条款重要的研究背景；

1998 年，省政府出台《关于鼓励社会力量参与办学的若干规定》，在全国率先以省政府的名义对此前民间在发展民办教育中的制度创新给予充分肯定，成为全国其他省区推进民办教育的政策蓝本；

2001 年，长兴县在全国率先推出面向义务教育段贫困学生、民办学校和职业学校的"教育券"制度。类似这样的"全国第一"、"全国首批"在浙江省的民办教育发展过程中还有很多，充分诠释了勇于创新、坚韧不拔、实事求是、讲求实效的"浙江精神"。

四、展望：民办教育存在的问题与未来发展

改革开放 30 年来，我国民办教育发展虽然经历了一些波折，存在不少发展问题，但其功绩也非常大，它对国家教育发展和全民素质提高都起到了难以估量的促进作用，其发展的地位和作用是不可忽视的。而且如今民办教育在发展方式与管理模式方面已经形成了一定的特色，未来发展前景美好，方兴未艾。

（一）民办教育应由"精英"教育走向大众教育

在改革开放初期全国各地创办了一批民办学校，二十多年过去了，这批早期创办的民办学校中有许多已逐渐退出了人们的视野。比如，20 世纪 80 年代末 90 年代初北京创办的 15 所民办学校，现在只剩下 3 所；四川成都 40 多所民办学校现在只剩下 1 所。这些民办学校的消失有其自身管理和资金运作等方面的原因，但是应当看到，这种在改革开放初期为"精英"服务而创办的学校从整体教育和社会发展来看存在着深刻的弊病。

从根本上讲教育的性质是人民的教育，是为全民大众服务，民办教育也是如此。民办教育要培养精英，但其性质必然是为大众服务的。在改革开放初期的民办学校，往往针对"精英"学生，颇高的收费使众多家庭的孩子难以进入其中，因此当时的民办学校往往被人们称为"贵族"学校。然而，实践表明为"精英"服务的办学理念并不符合全民发展和社会发展需求，有悖于教育公平。

教育是民生的重中之重。在党的十七大报告的社会建设部分，特别强

调了教育的突出地位，将其放在首要位置，指出"教育是民族振兴的基石"，要"优先发展教育，建立人力资源强国"，并对民办教育作出充分肯定和信任。民办教育在满足人民教育需求，增加教育投入等方面作出了突出贡献，教育要科学发展就不能离开民办教育。①

因此大力发展民办教育事业是实现教育大众化的有效途径。进一步放大民办教育范围和规模，可以使人们不论家庭钱多钱少，都能有机会让孩子上学，不论强势群体还是弱势群体都有机会接受教育，比如，让每一个城市流动儿童有进入校园的机会。这将会不断为我国教育发展由精英型迈向大众型作出历史性巨大贡献。实践表明，民办教育坚持为大众服务的办学性质，是教育以人为本、社会和谐发展的体现。

（二）要进一步提升对民办教育地位的认识

21 世纪全球科技与经济竞争加剧，使得各国更加注重把私立教育纳入促进国家整体发展的战略轨道，各国在通过立法、行政管理，特别是财政资助的手段推动私立教育在保持自身特点的同时，努力促进实现国家发展战略②。以美国为代表的西方发达国家，一方面通过采取种种措施，改革公立学校教育体制僵化、效率低下、质量不高的弊端；另一方面，大力推动私立教育的发展，以回应"知识经济"的挑战③。

然而，目前有些教育管理部门对民办教育存在偏见，政府管理职能存在缺失，对民办学校的管理仍使用集约型管理的思路。许多民办学校在招生、教师待遇、税收等诸多方面还得不到与公办学校同等的地位，其原因在于民办学校的性质定位至今仍然不明确。民办学校被定位为民办非企业单位，但是在实际运作中，民办学校往往被视为企业。法律与现实的脱节必然导致民办教育的尴尬地位。

---

① 刘林：《探索中国特色民办教育科学发展之路》，《光明日报》（教育周刊）2008 年 1 月 30 日。
② 顾明远：《21 世纪民办教育面临的问题及发展趋势》，《中小学管理》2000 年第 3 期。
③ 胡卫：《中国民办教育发展现状及策略框架》，《教育研究》1999 年第 5 期。

从西方发达国家私立学校的发展历程中可以看到，私立学校的发展不仅得到了社会各界和经济集团的资助，也得到了政府和地方政府的大力支持，许多私立学校也得到了很多热爱教育事业的个人的捐助。没有社会各界的资助和支持，私立学校是难以得到稳定发展的。

因此，社会各界，尤其是教育管理部门，需要切实转变观念，放宽民办教育政策，加强民办教育法制，努力实现公办学校与民办学校同等的法律地位，这对民办教育发展乃至整个教育的发展具有非常深远的意义。

（三）不断健全和落实有关民办教育的法制

西方发达国家关于私立学校已经形成系统的、配套的、健全的法律法规，私立学校的地位得到确认，这就使得公立和私立学校之间形成相互良性竞争、共同繁荣的局面。从西方发达国家私立学校的发展历程来看，宪法、法律和有关法规不仅对其发展具有规范作用，也具有保护作用。国家政策对私立学校的发展保持着宏观调控作用，这种调控作用虽然并不是直接的，但却是强有力的，因为西方发达国家有着较为完善的关于私立学校的法规以及对这些法规的强有力的执行，它保证了私立学校的教育教学质量，为社会和教育发展服务。

我国的民办教育发展，日益受到社会各界的重视，也正在逐步从缺乏法制走向法制化轨道，比如《民办教育促进法》的确定就是民办教育法制化的重要里程碑。但是，民办教育还存在各种各样的发展问题，这就要制定相关的法律法规，规范民办学校发展中不规范甚至不合法的情况。而我国相关的立法却仍然滞后于民办学校实际发展的需要，民办教育仍然没有真正被赋予与公办教育并重的法律地位。已有的相关法律法规更多表现为导向和建议的作用，缺乏法律强制性和操作性。甚至一些地方法规对民办教育的管理限制过多，扶持力度不足。民办教育发展的法制环境仍然有待改善，对民办教育的地位、性质、目标、经费资助等方面仍然有必要制定更为完善的相关法律法规，并在执行层面将民办教育的责、权、利加以明确，对民办教育发展给予支持与规范。

民办教育关系到我国教育事业能否顺利发展，也关系到科教兴国战略的实现和国家现代化建设事业的繁荣发展。因此，进一步针对民办教育发展立法，使民办教育发展能够有法可依、有法必依，进一步制定和颁布配套的可操作性政策规范，加强执行的规范性，做到违法必究、执法必严，这样才能真正保障民办教育走上依法治校的正轨，才能有效地规范民办学校的办学行为，规范教师的教学行为，规范学生的学习行为，规范家长的监护行为。

（四） 明确与规范民办学校的税收政策

目前我国关于民办学校的税收政策很不明确。一些地方征税往往不是从考虑是否有利于民办教育发展这一点出发，而是根据当地的财政收支情况和主要领导对民办学校的态度为准。这也在一定程度上加剧了地方民办教育发展的不均衡性。因此，我国有关部门有必要对民办学校的税收政策进行清理和完善，出台与《民办教育促进法》相配套的有关民办教育税收政策，为民办教育发展创造良好的法律和政策环境。

按照我国关于民办教育法规，特别是《民办教育促进法》，作为民办非企业单位的民办学校属法人组织，成为企业所得税纳税主体。但是，令人担忧的是不加区分地将民办投资办学与民间捐资办学、营利性民办学校与非营利性民办学校同等对待。然而，关于市场主体捐助学校和与学校合作项目的税收问题，我国还缺少专门立法，现行的相关法规又是零散的、不成体系的。

因此，有必要制定相应的法律法规，对真正的民间捐资办学依法免税，对民间投资办学依法征税，以促进学校与市场主体之间的合作，从根本上避免民办教育发展中出现教育机会不均等和社会机会不公平的现象，保障民办教育健康发展。

（五） 加强政府对民办教育的监管

教育事业是国家发展的大计，民办教育投资办学的营利性与教育事业的公益性之间存在一定矛盾，这必然需要政府对民办教育发展进行有力监管，以保障教育发展目标为国家发展的根本利益服务。

民办教育的发展历程并非一帆风顺，存在各种各样的问题，甚至出现过违法情况，这就需要在法律法规保障下积极发展发挥政府的监管作用。积极为民办教育立法，完善民办教育相关法规，就是监管的有力保障。事实上，针对民办教育的相关法制不断健全的过程，也是政府针对民办教育缺乏法制化的现象进行监管的过程。比如，在我国一些地区，因民办学校无视法律，非法办学，致使学生集体退学的事件屡有发生，2006 年 9 月我国南方一所民办高校就发生了一起上千名学生集体退学风波。这反映出民办教育的监管问题。

民办教育不能缺少政府监管，缺少政府监管，民办教育将失去公平和效益。况且，政府作为社会利益和受教育者利益的维护者，有权利和义务对民办教育进行监督和管理。当前，政府对民办教育的监管基本采取行政手段，在一定程度上存在督导和管理内容不明确、效率偏低，对民办教育发展中不正规办学的行为缺乏有效遏制，部分民办学校违规办学情况依旧存在。所以政府需要确立服务型的监管理念，积极通过立法加强规范，配合政策引导、资金支持、信息服务等服务手段，改革对民办教育的监督和管理制度，建立高效的监管与制衡机制，对民办学校进行有效管理，使民办学校符合国家和社会发展利益的要求。

民办教育的受益者是社会，是公民，也是政府。民办教育本质上是社会公共事业，因此国家政府有必要予以支持和资助。

政府对民办学校适当给予公助①

我国对民办私立学校的资助可以采取多种多样的形式，

比如：

---

① 何齐宗、张意忠：《对当前我国民办教育问题的几点思考》，《教育理论与实践》1994 年第 2 期。

上海长宁区开元中学，该学校由教育局提供场地并进行指导，社区委员会每年筹资 10 万元作为办学经费，不足部分通过向学生收取学杂费补足。

北京市西坝河第四小学，是北京社会福利基金会教育咨询部举办的，朝阳区教育局提供校舍和 1/3 的办学经费，学校自筹另外 2/3 经费并负责仪器设备添置。

湖南省教委对社会力量办学制定了具体的优惠政策。各级教育行政部门对社会力量举办的义务教育和中等职业技术教育免收管理费，对其中卓有成效的学校在经费和仪器设备上给予一定的奖励，对办得特别出色的学校给以重奖。

政府要考虑根据教育发展的整体格局，把民办教育纳入到政府统筹的教育发展规划中，营造民办教育与公办教育公平竞争的良性发展环境，建立民办学校的认证制度和标准、教育质量保证制度、评估制度，有针对性地制定相应的教育法规和行政规章，使民办教育发展受到法律保护并受到法律的制约，同时政府也有必要对民办教育的人事、财务和质量进行行政监督。此外，政府还必须处理解决好民办学校办学混乱的问题，比如对民办学校虚假招生、非法颁发或伪造学历文凭、不依法办学、恶意终止办学、抽逃办学资金等行为，必须依法采取有效措施。

当然，民办学校和公办学校的性质有所不同，政府如果像管理公办学校那样管理民办学校，就可能造成民办学校和政府监管之间的尖锐矛盾，影响民办学校的独立性和自主性的发挥，不利于鼓励社会资本投资办学，发展教育。

事实上，政府并不是民办教育的绝对权威，政府监管需要为民办教育确定发展的目标，至于如何实现这个目标是民办教育自身要充分考虑的事情，这也是对民办教育办学自主权的尊重。因此监管的根本目的在于为民办教育更好发展而服务，而不在于把民办教育管住、管死，束缚其发展。

参考文献

1. 邬大光：《我国民办教育的特殊性与基本特征》，《教育研究》2007 年第 1 期。

2. 胡卫、谢锡美：《困境与选择：社会转型期的我国民办教育》，《教育发展研究》2007 年第 2 期。

3. 刘林：《探索中国特色民办教育科学发展之路》，《光明日报（教育周刊)》2008 年 1 月 30 日。

4. 贾西津：《对民办教育营利性与非营利性的思考》，《教育研究》2003 年第 3 期。

5. 顾明远：《21 世纪民办教育面临的问题及发展趋势》，《中小学管理》2000 年第 3 期。

6. 胡卫：《中国民办教育发展现状及策略框架》，《教育研究》1999 年第 5 期。

走向全方位开放的
教育国际合作与交流

周满生　滕　珺

　　我国自 1978 年以来的开放历程，始于经济领域的系列试点开放和后来的全面开放。2001 年我国加入世界贸易组织（WTO）之后，逐步实行全局性开放和体制性开放，利用全球化带来的各种机遇，全面参与和融入世界经济体系。随着改革开放基本国策的逐步实施，教育领域的国际合作与交流也经历了一个从封闭、半封闭到全方位开放的历程。

一、从封闭走向开放——教育国际
合作与交流思想观念的转变

（一）"两个不怕"：打破中外教育交流的思想障碍

　　1977 年 8 月 8 日，面对拨乱反正后百业待兴的局面，改革开放的总设计师邓小平在科学与教育工作座谈会上提出："接受华裔学者回国是我们发展科学技术的一项具体措施，派人出国留学也是一项具体措施。我们还要请外国著名学者来我国讲学。同中国友好的学者中著名的学者多得很，请人家来讲学，这是一种很好的办法，为什么不干?"① 这是他首次将教育对外交流与科学技术的发展、国家的发展联系起来。1978 年 3 月，邓小平在全国科学大会上又一次深入地阐述了教育对外交流的重要性。他说："科学技术是人类共同创造的财富，……任何一个民族、任何一个国家都需要学习别的民族、别的国家的长处，学习人家的先进科学技术……我们要积极开展国际学术交流活动，加强同世界各国科学界的友好往来和合作关系。"② 这为教育对外交流活动的开展奠定了舆论和思想的基础。

尽管如此，当时中国政界、思想界极"左"思潮依然阴霾未散，还有不少人存在着心理障碍，担心教育对外合作与交流可能成为西方和平演变中国的工具。针对这一情况，1978 年 6 月邓小平在听取清华大学的工作汇报后，提出要大量派遣留学生出国留学，并提出了"两个不怕"。他说，派留学生要成千上万地派，不要十个八个地派，一是不要怕出去不回来，二是不要怕和人家搞在一起，这样才能学到东西。邓小平的这番言论在当时中国政界、思想界和教育界引起了极大的震动，显示了巨大的胆略和气魄。邓小平的这一倡导很快就转化成了中国政府的决策，20 天后教育部就提出了《关于加大选派留学生数量的报告》，而后又制订了一系列的原则和方法。此举引起了外国舆论的广泛关注，他们认为这"在共产主义世界中尚无先例"。1978 年 10 月，以著名科学家周培源为团长的中国教育代表团，与以国家科学基金会主任理查德·阿特金森为首的美国代表团经过艰苦谈判，达成互派留学生的共识，为千万青年学子打开了赴海外求学的大门。很快，国家就出台了相关的政策规定。1978 年 12 月 26 日，中国改革开放后的第一批留学人员——52 名国家公派访问学者乘上了离京赴美的飞机，揭开了新时期教育国际合作与交流的序幕。此后，

① 邓小平:《关于科学和教育工作的几点意见》，1977 年 8 月 8 日，见国家教育委员会政策法规司编《十一届三中全会以来重要教育文献选编》，教育科学出版社 1992 年版，第 6 页。
② 邓小平:《在全国科学大会开幕式上的讲话》，《邓小平文选》（第二卷），人民出版社 1994年版，第 91 页。

1979 年教育部、国家教委和外交部试行《出国留学人员管理教育工作的暂行规定》和《出国留学人员守则》，1982 年教育部、公安部等 4 单位出台《关于自费出国留学的规定》。

（二）"三个面向"：奠定中外教育交流的思想基础

如果说"两个不怕"打破了中外教育交流的思想障碍，那么"三个面向"则奠定了中外教育交流的思想基础。"教育要面向现代化，面向世界，面向未来"是邓小平教育理论体系中最具有时代特征的前瞻性的思想，为我国教育对外开放提供了重要的指导方针。根据这一思想，1985年5月27日《中共中央关于教育体制改革的决定》（以下简称《决定》）指出："教育体制改革要总结我们自己历史的和现实的经验，同时也要注意借鉴国外发展教育事业的正反两方面的经验。特别是在新技术革命条件下，一系列新的科学技术成果的产生，新的科学技术领域的开辟，以及新的信息传递手段和认识工具的出现，对教育产生了重大的影响。发达国家在这方面的经验尤其值得注意。要通过各种可能的途径，加强对外交流，使我们的教育事业建立在当代世界文明成果的基础之上。"① 该《决定》还明确规定，高校"有权利用自筹资金，开展国际的教育和学术交流"②。这一时期，我国的出国留学事业继续发展，1986 年国家教委颁布《关于出国留学人员工作的若干暂行规定》，1988 年，国家教委成立了"中国留学服务中心"，负责对外教育交流合作服务。对于外籍学生来华留学也进一步开放，1984 年，时任教育部部长的何东昌表示要开创外国留学生工作的新局面，1985 年国家教委颁布了《外国留学生管理办法》，1989 年又出台了《关于招收自费外国来华留学生的相关规定》。此外，高校之间的国际交流也越来越频繁。从 20 世纪 80 年代初开始，国家拨出专门经费

---

① 《中共中央关于教育体制改革的决定》，见国家教育委员会办公厅编《基础教育法规文件选编》，北京师范大学出版社 1988 年版，第 15 页。
② 《中共中央关于教育体制改革的决定》，见国家教育委员会办公厅编《基础教育法规文件选编》，北京师范大学出版社 1988 年版，第 11 页。

支持我国学者出国参加国际学术会议，支持我国高校在国内举办国际学术会议，大大推动了学术交流的发展。

（三）"引进来"和"走出去"：市场经济体制下的扩大开放

1992 年，社会主义市场经济体制确立，人们的思想得到了进一步的解放。江泽民在党的十四大报告中强调："实行对外开放是改革和建设必不可少的，应当吸收和利用世界各国包括资本主义发达国家所创造的一切先进文明成果来发展社会主义，封闭只能导致落后。"[1] 1994 年国务院在《中国教育改革和发展纲要》（以下简称《纲要》）中明确提出："进一步扩大教育对外开放，加强国际教育交流与合作，大胆吸收和借鉴世界各国发展和管理教育的成功经验。"[2]《纲要》对"引进来，走出去"作了重要的战略部署，提出"出国留学人员是国家的宝贵财富，国家要给予重视和信任。根据'支持留学，鼓励回国，来去自由'的方针继续扩大派遣留学生；认真贯彻国家关于在外留学人员的有关规定，支持留学人员在外学习研究，鼓励他们学成归来，或采用多种方式为祖国社会主义现代化建设作出贡献。改革来华留学生的招生和管理办法，加强我国高等学校同外国高等学校的交流与合作，开展与国外学校或专家联合培养人才、联合进行科学研究。大力加强对外汉语教学工作"。该《纲要》对于制定和实现 20 世纪 90 年代我国教育改革和发展的战略目标，促进改革开放和现代化建设，产生了难以估量的历史影响。这一时期，我国坚持"引进来"和"走出去"相结合的指导思想，在发展出国留学和引进境外智力资源的同时，启动了汉语水平考试（HSK），并将其推向全世界，目的在于推动、引导和规范世界汉语教学，促使汉语水平考试证书在世界各国具有更多的应用效力，并作为外籍学生来华留学的依据之一。

---

[1]《中国教育改革和发展纲要》，见国家教育委员会编《新的里程碑——全国教育工作会议文件汇编》，教育科学出版社 1994 年版，第 71 页。

[2]《中国教育改革和发展纲要》，见国家教育委员会编《新的里程碑——全国教育工作会议文件汇编》，教育科学出版社 1994 年版，第 72 页。

（四）融入世界：加入世界贸易组织后的全面开放

2001 年 12 月 11 日，中国正式加入世界贸易组织，根据《中国加入世界贸易组织法律文件》，中国政府承诺有条件、有步骤地开放服务贸易领域。[①] 尽管这一承诺是有条件的、有步骤的，但这毕竟是中国政府面对经济全球化、世界一体化作出的重大战略决策，标志着中国教育开始了全面开放、融入世界的历程。2002 年江泽民在党的十六大报告中强调，要"坚持'引进来'和'走出去'相结合，积极参与国际经济技术合作和竞争，不断提高对外开放水平"[②]。2003 年国务院颁布了《中外合作办学条例》，对办学准入、经营范围、教育教学、管理体制、运行机制、文凭颁发等作出了限制性规定。该规定把合作办学定位为我国教育对外交流合作的重要形式，是对中国教育事业的补充，这意味着我国的教育国际合作与交流不仅仅局限于人员的交往，而且开始了组织和机构层面的合作。2004 年 2 月 10 日发布的《2003—2007 年教育振兴行动计划》进一步提出："把扩大教育对外开放、加强国际合作与交流作为国家教育战略的关键环节。实行'政府与民间并举、双边与多边并行、兼顾战略平衡、保证重点、注重实效'的方针，推进教育国际合作与交流向全方位、多领域、高层次发展。""政府与民间并举"，就是官方的、非官方的、民间的交流渠道都要重视；"双边与多边并行"，就是不仅要与某一个国家，而且也要与国际及地区性组织建立和发展教育合作与交流关系，在平等互利的基础上，尽量扩大交流；"兼顾战略平衡"，就是要按照我国外交全局的战略部署，在与世界五大力量（美国、欧盟、俄罗斯、日韩和东南亚国家，以及第三世界国家）开展教育合作与交流时，注意平行推进，不畸轻畸重；"保证重点，注重实效"，就是要选定合作与交流的重点领域、重点

[①] 具体参见周满生：《WTO 框架下的教育输入与输出和中国政府的教育立法与政策调整》，《集美大学学报（教育科学版）》2006 年第 6 期，第 6 页。

[②] 江泽民：《全面建设小康社会，开创中国特色社会主义事业新局面》，来源：人民网，ht-tp://www.people.com.cn。

层次、重点内容和重点对象，推进我国重点高校与境外知名高校和科研机构之间的"强—强合作"和"强项合作"。此外，还要创造良好的政策环境，建立和完善学校聘请外籍教师的服务系统，提高引进境外智力资源的层次和水平；促进高校与境外著名跨国公司和企业的合作。

这一时期，国家公派留学工作确立了"扩大规模，提高层次，保证质量，增强效益"的重要思路和重点；实施中国教育品牌战略，增加中国政府奖学金的经费投入，扩大来华留学生的规模。为鼓励和吸引出国留学人员学成回国服务，教育部制定了相关政策并采取了一系列重要举措：设立"留学回国人员科研启动基金"，为留学人员回国创业营造良好的综合环境，成立"留学回国工作办公室"，组织在外留学人员为国服务，进一步拓宽"春晖计划"的规模和效益。我国在努力吸收国外优秀文化成果的同时，积极推广汉语文化，国家对外汉语教学领导小组制定了今后的行动计划——"汉语桥"工程，"孔子中文学院"和"长城汉语"等项目也开始实施。我国在扩大开放的同时，加强了教育涉外监管。2002 年10 月教育部、公安部和国家工商行政管理总局联合发出《关于进一步规范自费出国留学中介活动秩序的通知》；2003 年开通教育部涉外监管信息网，就留学活动中的突出问题发出"留学预警"。我国还致力于加强并扩大与国际组织之间的交往及联系，努力建立高层磋商机制，例如，2005年 11 月我国承办了联合国教科文组织的第五次全民教育高层会议……所有这些都表明，中国教育正在有秩序地融入世界，教育的国际合作与交流走向了全方位的开放。

二、繁荣与秩序——教育国际合作与交流事业的发展

通过教育国际合作与交流，走向世界，博采众长，大胆吸收和借鉴各国的先进科学技术、教育发展和管理的成功经验，引进各国优秀的文化成

果、智力资源和资金，提高我国教育和科技水平，为国家培养合格的各类
人才，成为我国教育外事工作的主要政策目标。教育理念与教育指导思想
的变化，促进了教育国际合作与交流事业的繁荣与迅速发展，下面分别从
出国留学与吸引留学生回国服务、来华留学、对外汉语教学、中外合作办
学、与国际组织的合作与交流等方面，回顾 30 年来我国教育国际合作与
交流事业的发展。

（一）出国留学与吸引留学生回国服务

扩大派遣留学生并吸引出国留学人员回国服务是我国教育对外开放的
核心组成部分。1978 年，邓小平提出"要成千上万地派"留学生，新时
期对外教育交流的闸门自此打开。此时选派的留学人员以培养高等学校师
资为主，派出专业以自然科学为主，学习方式以进修人员和研究生为主。
经过几年的改革与尝试，我国政府在总结经验的基础上，根据新形势提出
"按需派遣，保证质量，学用一致"的新的出国留学方针。派遣层次也得
到提高，国家公派留学人员以进修人员、访问学者为主，增加攻读博士学
位的研究生，同时鼓励地方和单位增派留学人员，逐步放宽自费出国留学
条件。1986 年 12 月，国务院批转国家教委《关于出国留学人员工作的若
干暂行规定》的通知。这是在总结我国留学教育恢复和起步阶段经验与
教训的基础上，结合当时留学教育发展的现实状况制定的重要法规。它是
我国第一份公开发表的、全面阐述出国留学教育政策的法规性文件。文件
提出：我国公民出国留学是我国对外开放政策的组成部分，必须长期坚持
有计划地发展各种形式的出国留学；出国留学工作应密切结合国内生产建
设、科学研究和人才培养的需要；应坚持博采各国之长的原则，兼顾基础
学科和应用学科，以应用学科为重点；应坚持"按需派遣，保证质量，
学用一致"的方针。2007 年，教育部启动国家建设高水平大学公派研究
生项目，当年录取 3952 人。为规范国家公派研究生管理工作，教育部与
财政部联合颁布了《国家公派出国留学生管理规定》，对国家公派出国研
究生的选拔、派遣、国外管理、出国工作等各个环节提出明确要求。可以

说，30 年来，我国的留学教育政策经历了从起步到发展和不断完善的过程，从国家到地方，从高等院校到科研院所，逐步建立起一整套与社会经济发展相适应的出国留学管理和运行机制，形成了国家公费、单位公费和个人自费出国留学的三大渠道。从 1978 年到 2007 年底，各类出国留学人员总数达 121.17 万人，留学回国人员总数达 31.97 万人。以留学身份出国在外的留学人员有 89.20 万人，其中 65.72 万人正在国外进行本科、硕士、博士阶段的学习以及从事博士后研究或学术访问等。①

最大规模公派研究生项目启动

本报北京 4 月 3 日讯　记者喻京英报道：北京大学、清华大学等 49 所国内重点高校，日前与国家留学基金管理委员会签署了合作开展"国家建设高水平大学公派研究生项目"协议书，这标志着"国家建设高水平大学公派研究生项目"正式启动。

据介绍，"国家建设高水平大学公派研究生项目"，是教育部和国家留学基金管理委员会为了配合科教兴国和人才强国战略以及《国家中长期科学和技术发展规划纲要（2006—2020 年）》的实施而设立的公费资助留学项目。

按照计划，从 2007 年至 2011 年，国家将从清华大学、北京大学、浙江大学等 49 所重点高校中每年选派 5000 名研究生，有计划、成规模地到国外一流大学学习，国家将资助入选者在国外学习期间的生活费和国际往返旅费。该项目是着眼于国家未来发展的重要人才战略举措，无论从派遣人数还是从资助力度来看，本次公派计划是自改革开放以来，国家公派研究生规模最大的一次……

——《人民日报·海外版》2007 年 4 月 4 日第 1 版

---

① 《2007 年度各类留学人员情况统计结果》，来源：中华人民共和国教育部网站，http://www.moe.edu.cn/edoas/website18/info1207126296889146.htm。

　　自费留学在中国近代留学教育史上并不鲜见，但它被当做留学教育的组成部分，得到国家的支持和鼓励则始于 1981 年。1981 年 1 月，国务院批准了教育部等 7 个部门联合制定的《关于自费出国留学的暂行规定》，这是新中国成立以来第一个关于自费出国留学的政策性文件，它明确规定了自费出国留学的性质、自费出国留学与公费出国留学的关系等。文件指出：自费留学人员是我国出国留学人员的组成部分；对自费留学人员和公费留学人员在政治上应一视同仁。这一规定奠定了我国自费出国留学事业发展的政策基础。1984 年 12 月，国务院颁布了新的《关于自费出国留学的暂行规定》，其中规定凡我国公民个人通过正当和合法手续取得外汇资助或国外奖学金，办好入学许可证的，不受学历、年龄和工作年限的限制，均可申请自费出国留学。1993 年，国家教委颁布了《关于自费出国留学有关问题的通知》，自费出国留学政策进一步放宽，这一政策一直延续至今。自费出国留学人员数量一直占出国留学生总数的 90% 以上。2003 年，为奖励品学兼优的自费留学生，教育部设立了"国家优秀自费留学生奖学金项目"，该项目使自费留学生感受到祖国对海外学子的全面关怀，有效鼓励了自费留学人员回国工作和以多种形式为国服务的热情。

　　鼓励吸引出国留学人员回国服务、为国服务，始终是我国留学工作的核心组成部分。随着出国留学人员学成回国期限的临近，鼓励留学人员回国的工作被列入政府的议事日程。1985 年，中央引进国外智力领导小组办公室、国家教委、国家科委联名向国务院呈报了《关于争取留学博士毕业生早日回国工作的请示》，提出了改革留学生毕业回国工作的分配制度。这次改革的总原则是在保证国家重点需要和学用一致的原则下，允许用人单位和留学生本人相互选择。改革政策反映了国家在争取留学生回国工作方面的新思路：一是给在国外的留学生以选择工作的权利，这样能够促使一部分人下决心回国工作，以更好地发挥作用；二是积极争取公派出国留学人员回国工作，不能只是坐等；三是鼓励留学回国人员开辟新的工作领域，不仅仅局限于国家计划的范围。此外，我国政府通过设立各种基金鼓励留学人员回国。1987 年起实施的"优秀青年教师资助计划"，1990

年设立的"留学回国人员科研启动基金"等，为留学人员回国后的初期科研工作提供了资助和保障，对稳定回国人员、吸引留学人员回国工作起到了积极作用。而"跨世纪优秀人才培养计划"（1993）、"春晖计划"（1996）、"长江学者奖励计划"（1998）等一批具有示范作用的重大项目，更进一步调动了出国留学人员回国服务、为国服务的积极性。2007 年，教育部印发了《关于进一步加强引进海外优秀留学人才工作的若干意见》，鼓励和吸引在外留学人员回国工作或以多种形式为国服务。自 1996 年至 2007 年年底，我国共资助 200 多个留学人员服务团队及 29000 多名留学人员回国工作或以多种形式为国服务。30 年来，留学回国人员在我国教育、科技、经济、国防、社会发展等方面发挥了重要作用，在许多关键岗位扮演着领军角色。许多在国外留学归来的学者加入了大学教师和科研队伍，不仅提高了教师的素质，也加深了与国际学术团体的联系。据统计，教育部直属高校校长中留学回国人员所占比例为 77.61%，在"两院"院士中所占比例为 80.49%，在国家重点实验室和教学基地主任中为 71.65%，在长江学者中为 94%，在国家"863 计划"首席科学家中为 72%；先后有 939 名优秀留学回国人员获得国家级表彰。①

出国留学的管理和运行机制也逐步完善，1995 年国家成立专门的非营利性留学管理机构——国家留学基金委，使留学工作得到更加系统、科学、法制化的管理。教育部留学服务中心、教育部出国留学培训部以及全国出国留学工作研究会等机构先后成立，近 400 家留学中介机构也相继获审批成立。

（二）来华留学

来华留学工作是我国高等学校走向世界和建设世界一流大学的重要组成部分。1978 年，对来华留学生实行考试，使来华留学生的素质有了保

---

① 《2007 年度各类留学人员情况统计结果》，来源：中华人民共和国教育部网站，http://www.moe.edu.cn/edoas/website18/info1207126296889146.htm。

证。对自费来华留学生政策逐渐放宽，由 1979 年接受短期自费留学生开始发展到 1989 年由高校自行决定接受留学生的数量。这些政策的出台有利于吸引更多的留学生来华学习，同时也极大地调动了学校发展来华留学教育的积极性。① 这一时期，来华留学生数量稳步上升。1978 年在华留学生总人数为 1900 人，全部享受政府奖学金，1990 年，全国有资格接收留学生的高等院校发展到 100 余所，这一年自费留学生人数第一次超过奖学金生人数，达到 3800 余名（奖学金生人数为 3600 余名），比 1979 年增加了 10 倍多。

1992 年，邓小平同志发表南方谈话，党的十四大作出了建立社会主义市场经济体制的重大决定。1993 年，中共中央、国务院颁布了《中国教育改革和发展纲要》，扩大了高等学校办学自主权，学校成为来华留学教育的主体，自费留学生成为来华留学生的主流。1992 年自费留学生人数首次超过 10000 人，全年留学生人数达 14000 余名；1996 年招收留学生的院校已发展到 289 所，来华留学生上升到 41000 余名，其中自费留学生人数近 37000 名，我国一举成为接受留学生最多的 8 个国家之一，舆论称之为"留华热"。

进入 21 世纪后，中国政府确立了"深化改革，完善管理，保证质量，积极稳妥发展"的来华留学工作方针，增加了奖学金的经费投入，适度扩大奖学金生规模，设立高层次来华留学奖学金项目和地区针对性强的奖学金项目，提升中国政府奖学金知名度。逐步改革中国政府奖学金经费使用办法，实现中国政府奖学金货币化。鼓励和支持各省（自治区、直辖市）人民政府、各高等学校设立奖学金，为来华留学生开设外语授课或以双语作为教学语言的课程。要求将来华留学工作纳入学校的全局工作和发展规划，与学校的整体建设和发展结合起来；对不同类型的高校接受来华留学生规模和层次要有不同的百分比要求。优化留学环境，改善来华留学生的学习和生活条件，鼓励和支持学校在保证教育质量前提下，建立和

---

① 崔庆玲：《来华留学教育的历史发展及原因分析》，《高等教育研究》2006 年第 2 期。

完善学校与社会相结合的来华留学生后勤管理及服务的制度和模式。完善来华留学生医疗保险制度，解除接受来华留学生的学校以及派遣方和留学生本人的后顾之忧。逐步建立来华留学生教育的评估制度，确保留学生教育质量，全面启动留华毕业生工作。设立联系留华回国人员的专门工作机构，统筹和帮助各学校与优秀留华毕业生保持联系，保持他们对中国的友好感情，在双边以至多边多领域的合作与交流中发挥他们的特殊作用。2001 年来华留学生首次与出国留学生持平。2007 年来中国学习的外国留学人员共计 195503 名，同比增长达 20.17%。这些外国留学人员来自 188 个国家和地区，其中大约 72% 来自亚洲，13% 来自欧洲，10% 来自美洲，3% 来自非洲；按留学生类别统计，学历生和非学历生的比例分别为 35% 和 65%，接受正规学历教育的比重明显升高。①

（三）对外汉语教学

对外汉语教学作为一门学科在中国建立并兴起，始于 20 世纪 70 年代。当时我国恢复了在联合国的合法席位，日、美等众多国家纷纷与我国建交。随之 40 多个国家要求向我国派遣留学生。国内高校也陆续恢复招生。正是在这种国内外形势下，以对来华留学生进行汉语、中华文化教育为主要任务的北京语言学院于 1973 年复校，接着，北京和其他若干省市的高校也先后恢复或开始接收留学生。北京语言学院并于 1975 年试办、1978 年正式开设了外国留学生的汉语本科教学。教学规模的扩大和本科教学的创建，为面向外国留学生的汉语教学学科的产生准备了良好的基础。

我国对外汉语教学界一致认为：要推进我国教育的对外交流，促进对外汉语事业的健康发展，就"必须把对外汉语教学作为一门专门的学科，努力加强这门学科的建设"②。1983 年，我国成立了"中国教育学会对外

---

① 《2007 年来华留学生人数突破 19 万》，来源：中华人民共和国教育部网站，http://www.moe.edu.cn/edoas/website18/info1205393837304296.htm。

② 吕必松：《我国对外汉语教学事业的发展》，《语言教学与研究》1989 年第 4 期。

汉语教学研究会"（现名"中国对外汉语教学学会"）。1984年，时任教育部部长的何东昌在外国学生工作会议上明确指出："多年的事实证明，对外汉语教学已经发展成为一门新的学科。"1985年，北京语言学院、北京外国语学院、上海外国语学院、华东师范大学4所大学开设了第一批对外汉语教学专业。从此，我国对外汉语教学工作步入了一个全新的发展阶段。1998年，对外汉语教学专业被列入新版研究生教育博士学位目录。2002年，开办对外汉语教学的公立大学达到300多所。经审核，北京语言大学、北京师范大学、复旦大学、北京大学成为首批"国家对外汉语教学基地院校"。截至2006年，我国共有62所高等院校开设对外汉语教学本科专业，每年招生近4000人。①

对外汉语专业的发展，带动了对外汉语专业教师资格的认定工作以及对外汉语教材的建设。2002年，国家对外汉语领导小组组织编写的针对国外各主要语种地区的汉语教材共46种全部完成，已有的对外汉语教材达到400多种。2004年，国家颁布了《汉语作为外语教学能力认定方法》；2005年10月全国统一举行了对外汉语教学能力认定的首次考试。

为了系统地检测外国人掌握汉语的程度，1984年教育部委托北京语言学院开发了专门的汉语水平考试（HSK）。1988年该考试首次在北京举办，1990年正式实施，1991年推向海外。经过20年的发展，汉语水平考试凭借其科学性、公正性和权威性，为越来越多的国家所接受并积极承办。汉语水平考试在"向世界推广汉语，增进世界各国对中国的了解"中发挥了积极的作用。如今这一考试已经成为世界上影响最大的国家级汉语标准化考试。截至2006年年底，汉语水平考试已在世界上42个国家设立了178个考点，共有68万余人参加了考试，每年的考生人数都以较快的速度持续增长。②

不过，汉语水平考试在推广过程中也暴露出一些不适应的问题，为明

---

① 武忠刚：《中国文化与对外汉语教学》，硕士学位论文，福建师范大学2006年。
② 国家汉语国际推广领导小组办公室：《汉语考试发展简介》，来源：国家汉语国际推广领导小组办公室网站，http://www.hanban.edu.cn/cn_ hanban/content.php?id=2627。

确考试定位，提高考试效度，扩大考试影响力，汉语水平考试的管理体制和考试题库的建设工作在发展过程中得到了不断的改革和加强。例如，2006 年，我国启动了基于新语言测试理论的、面向全球的普及型通用汉语考试（GCT）的研发工作。同时，为了更好地满足世界范围内汉语学习者不同群体的测评要求，我国还在汉语水平考试的基础上开发了新型的汉语考试：商务汉语考试（BCT）和少儿汉语考试（YCT）。2006 年我国制定并贯彻实施《关于加强汉语国际推广工作的若干意见》，提出汉语加快走向世界的指导思想、总体规划和政策措施。这是今后一段时期，特别是"十一五"期间指导汉语国际推广工作的纲领性文件。上述措施使汉语水平考试更好地满足了汉语国际推广工作的需要，改进了考务管理模式，提高了工作效率，同时采取市场化手段进行考试推广，极大地推动了汉语考试的发展。

全球第一所孔子学院 2004 年 11 月 21 日在韩国汉城正式揭牌①

新华网汉城 11 月 21 日电（记者王缅　张利）中国国家对外汉语教学领导小组办公室（简称国家汉办）委托韩国韩中文化协力研究院建立的中国第一所海外"孔子学院"21 日在汉城汉语水平考试韩国办事处举行了挂牌仪式。

中国教育部部长周济和中国驻韩国大使李滨等出席了当天的挂牌仪式。周济在仪式上发表讲话说，目前全世界学习汉语的热情高涨，韩国学生是中国外国留学生的最大生源，中国学生也是韩国外国留学生的最大生源。韩国的"孔子学院"是中国在海外第一家挂牌的"孔子学院"。中国教育部将尽全力支持"孔子学院"的运作，为在韩国推广汉语教学和促进中韩关系作出贡献……

在海外建立"孔子学院"是中国政府主导的国家项目之一。

---

① 资料来源：新华网，http://www.xinhuanet.com。

设立"孔子学院"的主要目的是为了推广汉语教学，向其他国家的汉语学习者提供优秀的学习资料。目前，中国国家汉办已与美国、瑞典、乌兹别克斯坦等国签署了有关建立"孔子学院"的协议。

为了顺应改革开放以来世界日益增长的汉语学习需求，我国政府近年来进一步加大了对外汉语国际推广的支持力度，推出了一系列的计划。孔子学院作为世界范围内开展汉语教学的载体，便是这些计划中的重要组成部分。2003 年，"汉语桥"工程中建设"孔子中文学院"的项目开始实施。中国境外孔子学院是以推广汉语为基本任务的非营利性社会公益机构。它主要向各类人士提供专门技能的汉语培训以及中文教师的培训，属于非正规、非学历教育。2004 年 11 月 21 日，全球第一家孔子学院在韩国汉城建成。截至 2007 年，我国已经在 60 多个国家和地区建立了 200 多家孔子学院（讲堂），在世界各地已经开课的孔子学院中，通过正式课程学习汉语的有 4.6 万人左右。① 如今，孔子学院的发展正呈现出供不应求的现状，许多国家都提出了申办孔子学院的请求。

与孔子学院的发展相配套，我国还推出了多种辅助措施，如 2002 年 8 月国家对外汉语教学领导小组举办的首届"汉语桥"世界大学生中文比赛。此后该比赛每年举办一次。2005 年 7 月首届世界汉语大会在北京举行。会议以"多元文化框架下的汉语发展"为主题，以"携手发展多元文化，共同建设和谐世界"为口号，对第二语言教育与多元文化发展的关系，汉语教学的国际需求、合作和发展等议题进行了探讨。另外，为了适应当前全球日益增长的学习汉语的需求，提高国家软实力，坚决实施"走出去"策略，2006 年国家对外汉语领导小组更名为国家汉语国际推广领导小组。组长由主管教育的国务院领导担任。上述措施都充分反映了我

---

① 参见陈至立：《共同办好孔子学院，搭建增进友谊和了解的桥梁》，《中国新闻与报道》2008 年第 2 期。

国政府对对外汉语教学事业的重视。

如今，对外汉语教学已经成为国家改革开放大局中的一个组成部分。发展对外汉语教学事业，对于向世界推广汉语，传播中华民族的优秀文化，增进中国和世界各国人民的相互了解和友谊，培养更多的对华友好人士，扩大中国与世界各国的经济、文化等各方面的交流与合作，提高中国在国际上的影响具有重要的战略意义。正如 1988 年 9 月第一次全国对外汉语教学工作会议所提出的，对外汉语教学已经成为了"国家和民族的事业"。

（四）中外合作办学

中外合作办学是我国改革开放后在教育领域出现的新生事物，已逐渐成为我国教育国际合作与交流的重要形式之一。1978 年改革开放初期，在高等教育领域，我国已经开始探索某些形式的中外合作办学活动。20世纪 80 年代中期，中国人民大学、复旦大学等高校相继举办了中美经济学、法学培训班，随后，天津财经学院与美国俄克拉荷马大学合作举办工商管理硕士（MBA）班，南京大学与美国霍普金斯大学合作创建中美文化研究中心等，这些机构均属早期中外合作办学的尝试。[1] 当然，这一时期的合作带有明显试探性的特点，只有为数不多的几所高校进行零散性的试验，缺乏政府宏观政策指导，尚未形成广泛开展中外合作办学的气候。1993 年 6 月，国家教委出台了《关于境外机构和个人来华合作办学问题的通知》（以下简称《通知》）。《通知》指出，要在有利于我国教育事业的发展的前提下，有选择地加以引进和利用境外的管理经验、教育内容和资金，并提出了"积极慎重、以我为主、加强管理、依法办学"的原则。

在政府的鼓励和引导下，我国中外合作办学机构逐渐增多，根据教育部对 20 个省（自治区、直辖市）的不完全统计，到 1994 年年底，国内已经设立的中外合作办学机构有 70 家，其中实施高等学历教育的机构 20

---

[1] 焦国政：《高等院校中外合作办学的回顾与思考》，《中国高等教育》1998 年第 10 期。

家，高等非学历教育机构 20 多家，中等专业、技术学校及职业培训机构 10 多家，还有一部分幼儿园。总的来说，这一时期的中外合作办学呈现两个特点。一是由于我国政府在中外合作办学初期的"防御"意识较强，所持的"谨慎"态度使得中外合作办学的政策制定具有一定的滞后性，对于中外合作办学面临的一些问题缺乏明确的法律和法规加以框定。二是中外合作办学规模较小，发展速度较为缓慢，一些学校办学不规范。1995 年 1 月 26 日，国家教委颁布了《中外合作办学暂行规定》，明确指出"中外合作办学是中国教育对外交流与合作的重要形式，是对中国教育事业的补充"，并对中外合作办学应当遵循的原则、办学的范围与主体、办学的审批权限和程序、领导体制、文凭发放，以及合作办学机构的管理、监督等作出了比较明确的规定。这一规定的颁布标志着中外合作办学开始走上了规范管理的轨道。2001 年 12 月 11 日中国正式加入世贸组织，我国政府承诺准许外方以商业存在的形式在我国境内开展某些教育领域的中外合作办学，此后，大批境外高校纷纷与我国高校开展合作办学。这一方面促进了我国中外合作办学的进一步发展，同时也使得我国中外合作办学面临新的形势与挑战。

2003 年 3 月 1 日国务院颁布了《中华人民共和国中外合作办学条例》（以下简称《条例》），于 2003 年 9 月 1 日起正式施行。《条例》明确提出，国家对中外合作办学实行"扩大开放、依法办学、规范管理、促进发展"的方针，并规定：国家鼓励引进外国优质教育资源的中外合作办学；国家鼓励在高等教育、职业教育领域开展中外合作办学，鼓励中国高等教育机构与外国知名的高等教育机构合作办学；国家鼓励中外合作办学机构引进国内急需、在国际上具有先进性的课程和教材。《条例》体现了世贸组织规则的透明度原则和非歧视原则：规定审批机关应当公开关于中外合作办学的法律、法规和政策，公布审批条件、程序和时限；规定中外合作办学者、中外合作办学机构的合法权益受中国法律保护；规定中外合作办学机构依法享受国家规定的优惠政策，依法自主开展教育教学活动；规定中外合作办学必须符合中国的公共道德，不得损害中国的国家主权、安全和社会公共利益。这一《条例》的颁布实施，为加快教育对外开放步伐和促进中外合作办学的健康发展创造了良好的法律环境。

《中华人民共和国中外合作办学条例》是我国颁布的最为完善的有关中外合作办学的法规。中外合作办学的定位从"中国教育事业的补充"到"中国教育事业的组成部分"的转变，中外合作办学的方针从"积极慎重、以我为主、加强管理、依法办学"到"扩大开放、规范办学、依法管理、促进发展"的演进，表明了国家对中外合作办学的鼓励和支持，标志着我国对中外合作办学的规范和管理进入了一个崭新的阶段。为了便于《条例》的具体操作，2004 年 6 月 2 日，教育部颁布施行《〈中华人民共和国中外合作办学条例〉实施办法》，该实施办法进一步明确了中外合作办学的审批和规范管理，增强了可操作性。

据不完全统计，截至 2004 年年底，我国 28 个省（自治区、直辖市）经批准设立并举办的中外合作办学机构和项目近 800 个。其中，实施高等学历教育的机构和项目 270 多个。从合作对象国别和地区分布看，外方合作者主要来自经济发达、科技及教育先进的国家和地区，如美国、澳大利亚、加拿大、日本、新加坡、英国、法国、德国等。从专业分布看，开设工商管理类专业（如工商管理、市场营销、会计学、财务管理、人力资源管理、旅游管理）的居多，外国语言文学类（如英语、德语、法语、俄语、日语）次之，其他的专业还有电子信息类（如计算机、计算机科学与技术、电子科学与技术）、经济学类（如国际经济、国际贸易、财政学、金融学）、艺术类（如艺术设计、戏剧影视文学）、教育学类等。[1]

目前，有关部门也在加强对出国留学市场的深入研究，清理整顿和规范完善自费留学中介服务市场，加强政府教育涉外监管，加强境外教育机构的资质审定，以维护广大自费出国留学者的利益，形成良好的市场秩序。2006 年 2 月 7 日，教育部发布《教育部关于当前中外合作办学若干

---

[1] 周满生：《中国教育交流与服务改革》，见朱小蔓主编《20—21 世纪之交中俄教育改革比较》，教育科学出版社 2006 年版，第 433 页。

问题的意见》，并于 2006 年 7 月召开中外合作办学政策通气会，进一步阐明中外合作办学的有关政策，努力营造促进中外合作办学规范管理、健康发展的政策环境。为加大政策指导力度，教育部于 2007 年 4 月下发了《关于进一步规范中外合作办学秩序的通知》，引导各地教育行政部门和教育机构更加理性地看待中外合作办学，更加深化和增强引进境外优质教育资源的认识和自觉。中外合作办学的发展日趋规范，在深化教育改革，创新办学模式、促进学科建设、提高师资水平、拓宽人才培养途径等方面的积极作用日益显现。

同时，教育部加大了监管力度，努力做好中外合作办学机构及项目的复核工作和行政许可工作，并取得了阶段性成果。2004 年 9 月至 2005 年 3 月，教育部牵头发起中外合作办学整顿活动，历时半年多时间，涉及全国 800 多个中外合作办学项目。① 到 2007 年 12 月，相继完成山西、安徽、四川、广东、辽宁、湖北、陕西、福建、湖南、北京、天津、江西、江苏、黑龙江、上海、山东、吉林、云南等省市全部或者首批共计 626 个机构和项目的复核，部分复核结果已正式下达。在中外合作办学机构和项目的行政许可工作方面，不断细化审批流程的规范运作，从受理申请、专家评议、审批发证、备案编号等各个环节，严格执行有关规定，努力使相关工作逐步走向制度化、规范化、常规化。2008 年，中外合作办学颁发证书认证工作平台建设工作方案开始实施；依托教育部涉外监管网的中外合作办学监管工作信息平台开始运行；中外合作办学质量评估工作方案得以确定，试点评估工作开始推进。此外，还将围绕合作办学执法和处罚机制建设，推动监管工作分级负责制，筹备公布中外合作办学监督举报方式和途径。

（五）与国际组织的合作与交流

改革开放后，我国陆续恢复了与联合国教科文组织（UNESCO），联

---

① 《教育部将整顿中外合作办学项目》，来源：中国教育和科研计算机网，http://www.edu.cn/20040824/3113733.shtml。

合国开发计划署（UNDP）、联合国儿童基金会（UNICEF）、联合国人口基金会（UNFPA）、世界银行（WB）等组织的合作关系。自 20 世纪 80 年代以来，我国与以上机构在幼儿教育、基础教育、高等教育、师范教育、职业教育、远程教育、中小学教材与教具、人口教育、大学人口研究、人力资源开发等方面广泛进行了交流与合作。仅世界银行给我国教育发展项目的贷款就高达 14.7 亿美元，其余国际组织对我国的援助总计在 1 亿美元以上。① 我国政府在充分利用国际智力和资金资源的同时，在各个国际组织中也扮演着越来越重要的角色。目前，与中国在教育领域开展交流与合作的国际组织主要包括联合国教科文组织、联合国开发计划署、联合国儿童基金会、联合国人口基金会、世界银行，同时我国还与其他一些区域机构广泛开展合作，如亚太经济合作组织（APEC）、亚欧会议（ASEM）、亚欧基金（ASEF）、亚洲开发银行（ADB）、经济合作与发展组织（OECD）等，以下将以两个与我国合作时间较长的国际组织为例，介绍我国与一些国际组织的合作与交流情况。

1. 与联合国教科文组织的合作与交流

在 1978 年以前，我国参加联合国教科文组织的活动和工作主要是出席其两年一届的大会和执行局会议，基本上没有参加各业务领域的活动。1978 年 8 月，邓小平同志接见了联合国教科文组织总干事姆博，9 月 17 日，时任教育部部长刘西尧与姆博签订了第一个备忘录。1978 年 10 月 4 日，经党中央、国务院批准，正式建立了"中华人民共和国联合国教科文组织全国委员会"，全面负责中国政府与联合国教科文组织的交流与合作。从此，我国逐步加强了与该组织在教育、科学、文化领域中的业务合作。

本着维护和平、促进发展、积极开展多边国际合作，努力为我国社会主义现代化建设服务的精神，30 年来我国始终坚持参加联合国教科文组

---

① 来源：中华人民共和国教育部网站，http://www.moe.edu.cn/edoas/website18/09/info4009.htm。

织的各项活动。我国政府多次派教育部副部长级以上的官员率团出席联合国教科文组织召开的各类高层国际教育会议,包括国际教育大会、亚太地区教育部部长和经济规划部长会议等。1979 年 7 月,我国政府派出以时任教育部副部长高沂为团长的代表团,参加了在瑞士日内瓦举办的第 37 届世界教育大会,联合国教科文组织总干事在闭幕式讲话中着重指出,"中国和孟加拉参加这次大会是本届大会的两件突出的事情,应予以特别的重视。"1990 年 3 月,当时的国务委员兼国家教委主任李铁映率团出席了在泰国召开的世界全民教育大会;1998 年 10 月时任教育部部长陈至立率团出席了在巴黎举行的世界高等教育大会;2006 年 2 月 13—15 日,教育部部长周济率团出席了在墨西哥蒙特雷召开的第六届 E9 全民教育部长级会议。在积极参与国际教育会议的同时,我国还主动承办高等级国际会议。2001 年 8 月 21 日至 23 日,联合国教科文组织第四届九个人口大国全民教育部长级会议在北京召开,并通过了推进 9 国全民教育的《北京宣言》。这是我国自 1971 年恢复联合国席位以来,首次在教育领域与联合国教科文组织合作并承办的部长级会议。此后,我国又承办了 2005 年 11 月在北京召开的联合国教科文组织第五届全民教育高层会议。

我国政府充分利用联合国教科文组织的智力和资金支持,在国内开展了大量教育项目。1982 年,我国开始参与"亚太地区教育革新为发展服务计划";1989 年 11 月,联合国教科文组织第一次在我国召开面向 21 世纪教育国际研讨会,会议以可预见的 21 世纪可能的需求为依据,探讨当今教育应具备的质量要求,以迎接新世纪的挑战。会后发表的《学会关心:21 世纪的教育》在国际教育界产生了很重要的影响。1990 年我国参与了"全民教育计划";1993 年制定并公布了《中国全民教育行动纲领》。此外,我国于 20 世纪 80 年代末开始组织翻译出版联合国教科文组织的教育出版物,如《学会生存》、《教育——财富蕴藏其中》等,为中国教育改革提供了当时国际上最新的教育思想和经验。

2. 与世界银行的合作与交流

中国教育与世界银行的关系,无疑是中外教育合作与交流的一个重要方面。1980 年春天，邓小平同志在北京会见了世界银行行长麦克纳马拉先生，中国从此恢复了在世界银行的合法席位。20 世纪 80 年代初，世界银行对我国教育的资助主要集中在高等教育领域，资助对象主要是重点大学。1981 年 11 月，双方签署了两项有关教育的协议《中华人民共和国与国际复兴开发银行信贷协定》和《中华人民共和国同国际开发协会的信贷协定》，两项协议各提供低息贷款 1 亿美元，用于加强我国 26 所重点大学的教学和科研工作，并改进大学的管理方法。加拿大的许美德教授认为，世界银行至少对中国大学产生了以下两方面的影响：一是知识的组织，国外专家在中国学校的工作及中国教师在国外的学习和研究，使知识领域或专业更加开放，大学的研究功能得到加强和提高；二是知识的传递，世界银行的资助使各学院拥有了许多自主发展的权利，各学院可以按照自己的计划发展。①

20 世纪 80 年代末 90 年代初，在继续资助中国高等教育发展的同时，世界银行开始重视职业教育和师范教育。1989 年 1 月，世界银行贷款资助的"中学在职教师培训项目"正式生效，至 1995 年该项目结束，世界银行共提供贷款 5081 万美元。② 世界银行贷款资助的"职业技术教育项目"的准备工作始于 1985 年，1990 年 8 月正式生效。此项目由世界银行国际开发协会提供 3850 万特别提款权（相当于 5000 万美元）的低息贷款。③ 1993 年，我国政府与世界银行签订了贷款金额为 7210 万特别提款权（折合 1 亿美元）的"师范教育发展项目"。④

20 世纪 90 年代中后期，世界银行开始关注基础教育领域。1994 年，中国和世界银行签订《中国少数民族及贫困地区教育发展项目的信贷协定》，世界银行国际开发协会为此提供 1 亿美元。⑤ 而与此同时，世界银

---

① 见李春红：《20 世纪 80 年代以来我国教育市场对外开放进程回眸》，《辽宁教育研究》2005 年第 2 期。
② 《中国教育年鉴 1996》，人民教育出版社 1997 年版，第 337—339 页。
③ 《中国教育年鉴 1996》，人民教育出版社 1997 年版，第 180 页。
④ 《中国教育年鉴 1994》，人民教育出版社 1995 年版，第 103—104 页。
⑤ 《中国教育年鉴 1996》，人民教育出版社 1997 年版，第 337—339 页。

行对职业教育和高等教育的资助力度也并未减弱，先后开展了"第二个职业教育项目"和"高等教育发展项目"。目前，我国与世界银行合作开展的项目有"农村劳动力转移"、"建立终身教育体系"和"流动人口子女教育问题"等。[①]

近年来，我国还与一些区域机构开展了积极的交流与合作。自 1992年 8 月时任国家教委副主任的滕藤率团参加在美国华盛顿召开的亚太经济合作组织教育部长会议以来，我国政府与亚太经济合作组织之间建立了长期友好的合作关系，多次派人参加人力资源开发工作组工作会议。2000年、2004 年、2008 年，分别由时任教育部部长陈至立、副部长章新胜率团，参加亚太经济合作组织第二、三、四届教育部长会议。2005 年，我国筹建"亚太经济合作组织教育研究与培训中心"，作为多边教育外交工作的依托。2006 年我国参与制定了《APEC 未来教育合作与发展计划》。与此同时，我国与经济合作与发展组织也开始了教育合作与交流。2005年起，我国派人多次参加了由经济合作与发展组织教育委员会举办的会议，与经济合作与发展组织成员国进行沟通对话，并翻译出版了该组织的大量政策报告和教育统计指标，以借鉴发达国家教育改革的经验，为中国教育改革与发展服务。2006 年，教育部教育发展研究中心与经济合作与发展组织合作开展"全球化背景下第三级教育发展"研究课题。此外，中国教育部负责人还分别参加了 2006 年 6 月在莫斯科举办的八国集团与发展中国家（G8 +6）教育部长对话和 2008 年 5 月在柏林召开的亚欧会议教育部长会议，教育都是首次被列为重要的政策对话议题。所有这些都表明我国教育积极参与国际合作与交流的决心。

[①]《中国教育年鉴 2006》，人民教育出版社 2006 年版，第 340 页。

三、和而不同：教育国际合作与交流的未来精神

《世界是平的——21 世纪简史》一书作者托马斯·弗里德曼认为，在21 世纪国家竞争的基础和前提是融入世界秩序，无论是政治的秩序、科技的秩序还是文化的秩序。那么，在这个全球化的时代，中国的教育国际合作与交流究竟应该秉持什么样的精神，提供什么样的政策环境，才能真正地为中国融入世界创造条件？

第一，也是特别需要明确的一点是，任何国家的教育都离不开该国政治、经济、文化、军事等各方面的发展。教育国际合作与交流尤其如此，它的发展与国家的综合国力和国际地位休戚相关。党的十七大报告指出，"教育是民族振兴的基石"，而教育国际合作与交流又是推动我国教育改革和发展的战略措施。因此，我们必须从国家发展、民族振兴的高度来认识和开展我们的教育国际合作与交流事业，才能使这项事业真正具有生命力和创造力。

第二，为实现中华民族的伟大复兴，党和政府选择了和平崛起的大国发展之路，这与历史上很多大国的崛起有着明显的不同。历史上的大国崛起大多通过战争、征服、扩张、侵略和掠夺这些充满了血腥的手段，来铺平通往国家强盛的道路，中国则选择了"和"的发展之路，即通过改革开放，通过建立社会主义市场经济，通过不断的科技创新来发展我国的政治、经济、军事和文化。然而没有经济实力和军事实力作为后盾和保障的"和"是空洞的、没有力量的"和"，因此，作为中国整体外交的重要组成部分，教育国际合作与交流也应紧密联系我国社会、经济发展的需要，开展人才培养、技术交流、文化创造等方面的活动，为我国的崛起创造条件。另一方面，我国也须通过开展独立自主的和平外交工作，努力提高国家的综合国力和国际地位。因此，教育国际合作与交流也应秉持"和"

的精神，大力推广多元文化教育，增进国际理解，为维护世界的和平与发展创造条件。

第三，如果说"和"是我国教育国际合作与交流未来发展应秉持的精神立场，那么"不同"则是确保这种精神得以实现的战略手段。这里的"不同"至少有以下三层含义。（1）认识"不同"，在教育国际合作与交流的过程中，充分了解我国教育与世界其他国家教育之间存在的差异，包括制度上、文化上和精神上的差异。（2）学习"不同"，这不仅要求我们大胆吸收国外先进的教育思想和实践经验来推动我国教育的发展，更重要的是认真学习并深刻理解现有的国际秩序规则，为我国融入世界秩序奠定基础。（3）接纳"不同"，在教育国际合作与交流的过程中，一方面要学会宽容对待不同文化体系下的教育现象，另一方面要学会运用他者的文化方式与他者进行合作与交流。

第四，依据我们仍是世界上最大的发展中国家的国情，促进教育公平，提供注重质量的教育仍是我们的首要目标。随着中国经济的迅速崛起，我国教育的整体水平也实现了历史性跨越。我国教育的国际竞争力进一步提升，中国的国际教育交流经历了从封闭到有限度的开放进而到全方位的开放的过程，经历了从被动向主动转化的过程。各个国际组织举办的各种国际会议和设立的各种教育项目，都希望中国参与，希望中国承担更多的责任。这些国际会议，议题多种多样，有的主要关注发达国家存在的问题，有的则更多讨论发展中国家的问题。由于中国东西部发展差异极大，社会经济和教育发展极度不平衡，所有国际组织关心的教育问题在中国都能找到对应点和现实案例。当然我们很有必要同国际组织进行教育战略对话，讨论一流大学建设、高层次人才培养等问题，但作为人均国内生产总值刚刚超过 2000 美元，人均受教育年限刚刚超过 8 年的世界上最大的发展中国家，我们最应当关注的还是全民教育、全纳教育等发展中国家迫切需要解决的问题。促进教育公平、保障弱势群体的教育权利是我们国家的基本教育政策之一，为此，我国近年来采取了一系列政策倾斜措施，如：率先在农村贫困地区实行"两免一补"；关心特殊教育，实施特殊教育学校建设项目；注意解决农村进城务工人员随迁子女和农村"留守儿童"的义务教育问题；把西部民族地区"两基"作为攻坚重点，强调开展民族团结教育、注重双语教学工作，等等。这些措施都是着眼于促进教育公平，使全体公民共享教育发展成果，办好人民满意的教育这个奋斗目标。进一步说，我们应该合理利用联合国教科文组织等国际组织的平台，充分宣传中国全民教育、全纳教育的政策方针和良好案例。

展望未来，我国将继续通过四项举措——建立通道，搭建平台，健全法制，语言教育来加强中外教育合作与交流。首先，建立通道。教育高层互访可以有力提升教育合作的层次。我国一直致力于与各国签署学位学历互认协议，为学生的流动提供便利。我国政府也非常重视并积极与联合国教科文组织等国际组织开展合作及交流。其次，搭建平台，建立高层政策磋商机制。我国已与很多亚欧国家建立了部级教育磋商机制，定期召开会议，就双边教育合作中存在的问题和发展规划进行沟通。我国还定期在国内国外举办教育展览会，召开中外大学校长论坛，开展多层次的交流。第三，健全法制。我国立法机构和政府对国际教育合作的法制保障给予了高度重视。第四，语言教育。语言是文明的载体，是人类交流的桥梁。我国政府鼓励学生学习外语。中国目前拥有世界上最大的在海外学习英语的群体。中国的外国语大学提供所有欧洲国家语言的教学。中国也鼓励外国人通过多种形式学习汉语，在世界各国设立孔子学院是一种方式，开展网络汉语学习也是一种方式。在教育国际合作与交流的过程中，我们必须为世界提供真正有吸引力的中国特色产品，否则难以保障其长久的生命力。因此，从这一点来说，我们在不断扩大开放的同时，还应继续深化改革，以保障我国教育国际合作与交流的秩序和质量。

参考文献

1. 邓小平：《关于科学和教育工作的几点意见》，见国家教育委员会政策法规司编《十一届三中全会以来重要教育文献》，教育科学出版社 1992 年版。

2. 邓小平：《在全国科学大会开幕式上的讲话》，《邓小平文选》（第二卷），人民出版社 1994 年版。

3.《中共中央关于教育体制改革的决定》，见国家教育委员会办公厅编《基础教育法规文件选编》，北京师范大学出版社 1988 年版。

4.《中国教育改革和发展纲要》，见国家教育委员会编《新的里程碑——全国教育工作会议文件汇编》，教育科学出版社 1994 年版。

5. 崔庆玲：《来华留学教育的历史发展及原因分析》，《高等教育研究》2006 年第 2 期。

6. 吕必松：《我国对外汉语教学事业的发展》，《语言教学与研究》1989 年第 4 期。

7. 焦国政：《高等院校中外合作办学的回顾与思考》，《中国高等教育》1998 年第 10 期。

8. 周满生：《中国教育交流与服务改革》，选自朱小蔓主编《20—21 世纪之交中俄教育改革比较》，教育科学出版社 2006 年版。

9.《中国教育年鉴 1994》，人民教育出版社 1995 年版。

10.《中国教育年鉴 1996》，人民教育出版社 1997 年版。

11.《中国教育年鉴 2003》，人民教育出版社 2003 年版。

12.《中国教育年鉴 2006》，人民教育出版社 2006 年版。

广播电视大学——
全民终身学习的平台

葛道凯　王淑娟　亓彦伟

广播电视大学是邓小平同志于 1978 年亲自倡导并批准创办的。30 年来，在邓小平同志现代教育思想的指引下，在党中央、国务院的高度重视和关怀下，广播电视大学伴随着我国改革开放的伟大历史进程不断发展壮大，对具有中国特色的远程开放教育进行了有益的探索，取得了很大成绩。广播电视大学已经发展成为由中央电大、44 所省级电大、956 所地市级电大分校、1875 所县级电大工作站组成的世界上规模最大的远程教育系统，成为国家公共教育事业的重要资源。这一办学体系集学历教育与非学历教育、正规教育与非正规教育、正式学习与非正式学习为一体，充分体现了终身教育和终身学习的理念，对于促进国家整体教育发展和城乡人力资源开发均发挥着不可替代的作用，已经成为中国高等教育和终身学习体系的重要组成部分。

一、邓小平教育思想的伟大实践

广播电视大学是中国社会进入社会主义建设新时期的产物，它的创建有着深刻的经济、社会、政治历史背景。

（一）中国远程教育的早期实践

20 世纪 60 年代初，我国进入了国民经济全面恢复时期，社会主义建设呈现良好的势头。一方面，经济建设和社会发展急需大量的建设人才；另一方面，人民群众普遍渴求通过各种形式的学习获得更多新知识。在这种大背景下，在建国初期就已兴起的函授教育和成人业余教育的基础上，各地政府结合广播、电视传输网络，利用黑白电视即将进入普通家庭的条件，在天津、北京、上海、沈阳、广州、哈尔滨等中心城市成立了早期区域性的电视大学或广播电视大学，使中国成为世界上最早将广播电视手段运用于高等教育的国家之一。截至 1966 年，共开设物理、化学、数学、政治、中文、英语、俄语、机械、电机、化工、农业等多个专业，累计招收本、专科生 12 万人，毕业 2.6 万人。1966 年"文化大革命"爆发，这些城市的广播电视大学相继停办。

（二）世纪伟人高瞻远瞩的战略决策

"文化大革命"结束后，国家进入社会主义现代化建设的新时期，但是"文化大革命"给教育战线留下的创伤使原本就不发达的国民教育遭到严重破坏，造成整整一代人失去接受高等教育的机会。20 世纪 70 年代后期，我国每万人口中仅有 11.6 个在校大学生，居世界倒数第 9 位。同时，高等教育领域教育层次、科类专业结构比例以及地理分布不合理的问题十分严重。成人教育和职业技术教育则更为落后。这一时期，我国企业中技术工人、科技人员严重短缺，职工中有大专以上学历的不足 3%，初中以下文化水平的占 80% 以上，甚至还有 9% 的文盲、半文盲。各地社会、经济、文化、教育发展极不平衡，在农村、边远地区和民族地区，教育和人才开发的落后状况更加严重。因此，一方面，经济建设百废待兴，百业待举，迫切需要大量的高级专门人才，需要提高就业人员的科技文化水平；另一方面，受到"文化大革命"影响的年青一代迫切希望接受高等教育，遭到严重破坏的我国高等教育却无法满足需求。如何解决这一矛盾成为政府和教育者面临的重大课题。

在我国进行"文化大革命"期间，国际远程教育有了突飞猛进的发展，特别是 1969 年英国开放大学的创立，使远程教育很快在质量、规模和效益等方面都赢得很高的声誉，从而拉开了全球远程开放教育的序幕。1977 年 10 月 19 日，在国家积极筹备恢复高考的同时，邓小平同志会见来华访问的英国前首相爱德华·希思，希思介绍了英国利用电视等现代化手段办开放大学的经验，引起了邓小平的兴趣，明确表示要利用电视手段加快发展我国的教育事业。10 月下旬，根据邓小平同志的指示精神，教育部、中央广播事业局邀请有关部门，成立了电视教育领导小组。12 月 9 日，教育部、中央广播事业局联合举办的面向全国的电视教育讲座（英语、数学、电子技术）在北京电视台（中央电视台前身）开始播出。1978 年 2 月 3 日，教育部、中央广播事业局提交了《关于筹办电视大学的请示报告》。2 月 6 日，邓小平审阅了报告，并亲笔批示"同意"。同年 4 月 22 日，邓小平在全国教育工作会议上讲话时指出："要制订加速发展电视、广播等现代化教育手段的措施，这是多快好省发展教育事业的重要途径，必须引起充分的重视。"1979 年 2 月 6 日，中央广播电视大学和全国 28 所省、自治区、直辖市广播电视大学同时开学，为 32 万学员举行了隆重的开学典礼。中央电视台现场直播开学典礼盛况，王任重副总理出席，华罗庚教授给全国电大学生讲授第一节课。从此，一个遍布全国的、为没有机会接受高等教育的求学者提供学习机会的广播电视大学走上历史舞台。全国电大的发展，经历了自上而下，由城市向农村，逐渐覆盖各省，并随着中国经济社会发展的脉搏不断前进，最终搭建了中央电大、省电大、地（市）电大、县（市）电大三级管理、四级办学的远程教育体系，形成了遍布城乡的完整的教育网络和教学组织系统，不断将各种优质教育资源传输到广大城镇、农村和边远地区，使人们在职、在岗就能接受高等教育和各种技能培训，提高文化科学素质，为地方经济发展服务。广播电视大学独特的办学系统在中国远程教育发展中具有不可替代的战略优势。

（三）邓小平教育思想的伟大实践

广播电视大学创办 30 年来，各级广播电视大学为扩大人民群众接受高等教育的机会，加快我国高等教育大众化进程，为我国终身学习体系的建设作出了巨大贡献。今天，广播电视大学已经成为我国现代远程教育的骨干力量，成为我国推进全民学习、终身学习的重要支撑。截至 2007 年，除中央广播电视大学外，全国建有省级广播电视大学 44 所、地市级分校 956 所、县级工作站 1875 所、教学点 3292 个。各级广播电视大学通过卫星和互联网实现有机联结，为构建终身教育体系和建设学习型社会搭建了服务平台。广播电视大学积极运用现代化教学手段，多层次、多规格、多功能、多形式办学，为社会特别是基层培养了大批"留得住、用得上、干得好"的应用型高等专门人才，其中高等学历毕业生已经接近 700 万人，各类非学历教育培训累计超过 4000 万人次。

实践证明，发展广播电视教育，是邓小平教育思想的成功实践。首先，发展广播电视教育，是邓小平优先发展教育、多出人才快出人才教育思想的成功实践。"文化大革命"后面对百废待兴、人才严重短缺的形势，邓小平敏锐地意识到利用电视等现代化手段开创新的远程开放教育模式，是扩大高等教育事业规模、多出人才、快出人才、提高全民族科学文化水平的一条捷径，对像中国这样经济比较落后、教育基础相对薄弱的发展中国家来说，更有投入少、见效快、效益高的独特优势。其次，发展广播电视教育，是邓小平"两条腿走路"发展教育思想的成功实践。1977年 8 月，在全国科学和教育工作座谈会上，邓小平同志说："教育还是要两条腿走路。就高等教育来说，大专院校是一条腿，各种半工半读的和业余的大学是一条腿。"可见，他在考虑恢复和发展高等教育时，没有把视野仅仅停留在普通高校，对非传统意义上的成人高等教育同样给予了高度的重视。第三，发展广播电视教育，是邓小平教育现代化思想的成功实践。邓小平在 1978 年 5 月全国教育工作会议上明确指出："要制订加速发展电视、广播等现代化教育手段的措施，这是多快好省发展教育事业的重要途径，必须引起充分的重视。"这充分体现了他对现代教育技术的高度重视和加速教育现代化的坚强决心。1994 年 11 月，李岚清副总理在接见参加全国电大校长座谈会的代表时也指出："电大是具有中国特色的一个伟大创造。"

二、学历补偿教育的历史性贡献

电大在创办初期，以开展学历补偿教育为主，使数百万没有机会接受普通高等教育的成人走进了远程教育的大课堂，不仅为"文化大革命"中被耽误的一代青年提供了接受高等教育的机会，而且为缓解改革开放初期的人才严重短缺发挥了应有的作用，做出了历史性贡献。

（一）圆"文化大革命"后百万学子大学梦

1979 年开办当年，全国广播电视大学仅开设机械、电子类专业，但仅仅这些少量专业，在全国首次就招收学员 32.24 万人，其中全科生 9.77 万人，单双科生 22.47 万人，此外还有相当数量的自学视听生，使原来没有机会上大学的一大批青年人又重新回到了课堂。1982 年，电大的首届毕业生和恢复高考后的 1977、1978 级毕业生同时投身到国家的经济建设之中，很多人目前已走上了国家科技、经济、教育、文化领域的重要岗位。1983 年 4 月 28 日，国务院转发了教育部和国家计委《关于加速发展高等教育的报告》，报告提出要大力发展广播电视大学，扩大招生规模，此举促进了广播电视大学的快速发展。从 1979 年 2 月 6 日开学至 1986年，全国电大已从开办初期的机械、电子两个专业 10 门课程发展为 15 个专业门类、148 门课程，各地电大在此基础上还自开 60 多个专业。招生对象主要是具有高中学历的需要进修提高的在职职工、学校教师和解放军指战员及城乡知识青年。招收的 6 届学员中，正式生达 147 万人，自学视听生累计 35 万人，正式在校生达 67 万人，毕业生达 61 万人。招生数以每年 38% 的速度递增，在校生数相当于同期全国高校在校生数的 19.6%。其中，1983 年中央电大经济类 8 个专业一次招生就达 23.56 万人，相当于建国 35 年来全国普通高校同类专业招生总数的 1.7 倍，当年全国普通高校同类专业招生总数的 8 倍。同时，为了向基层和教育弱势群体延伸，从 1982 年起，电大还开办了中专教育。中央电大从 1986 年起向全国提供部分中专课程，还通过卫星电视频道向全国播送大学后继续教育课程。到 1989 年电大创建 10 周年之时，广播电视大学累计招收全科生 161 万，毕业 104.5 万，非学历教育结业生 200 余万人，圆了百万学子上大学的梦想。

（二）培养改革开放初期各类紧缺人才

广播电视大学的建立和发展，为改革开放初期经济建设、社会发展培养了大批急需的专门人才，为扩大我国高等教育的规模，调整和改革我国高等教育的本、专科比例，同时也为提高我国城乡劳动者的素质和就业人口的学历知识结构做出了重要贡献。特别是由于 20 世纪 50 年代以后我国高等教育对文科的削弱和否定，导致文科学生比重偏低，政法、财经、管理等专业人才严重缺乏。而广播电视大学在培养一些比较紧缺的专业如政法、财经、管理等人才方面，确实发挥了重要作用。1982 年 7 月，广播电视大学第一届毕业生 7.8 万人，相当于当年全国普通大学毕业生总数的 30%。此外还有 1.48 万单科生结业。1986 年，全国电大系统经济类和党政管理干部专修科毕业生 27 万多人，为机关事业单位、学校和各行业基层培养了大批实用人才。据 1987—1990 年国家教委对全国广播电视大学前三届毕业生的追踪调查，用人单位对毕业生信任和比较信任的占 86%，电大毕业生的业务能力和管理能力达到高等专科教育水平以上的分别占 90% 和 80%。对电大教育质量和投资效益评估的结果表明，广播电视大学高等专科教育学生的生均成本只占普通高等学校的 35%—46%。电大毕业生被誉为"用得上、下得去、靠得住"的人才，电大这一新型的教育形式受到了群众的欢迎。时任国务院副总理兼国家教委主任的李鹏同志曾多次题词："电视大学是发展中国高等教育事业的重要途径"，"电视教育大有可为"，"努力办好广播电视大学，为社会主义建设事业培育更多更优秀的人才"。

三、多种形式开放办学的积极探索

进入 20 世纪 90 年代后，广播电视大学认真总结补偿教育办学经验，积极开展多层次、多途径办学实践，形成了既不同于普通高等教育也不同于传统成人高等教育的新模式，实现了由创办初期主要举办高等专科教育，发展到既举办高等专科教育，又举办广播电视中专教育、卫星电视师范教育，并开展以岗位培训为主的大学后继续教育、职业教育、农村实用技术教育等多形式、多样化的办学模式的转变。

（一）办学思想和办学模式从封闭走向开放

随着改革开放的不断深化，广播电视大学发展也面临着如何进一步"开放"与"现代化"的问题。为了更好地适应国家经济结构调整和社会深刻变革的形势，广播电视大学教育必须走开放办学之路。这一时期，电大在办学指导思想和办学模式方面实现了四个转变，即半封闭式的办学方式向开放式办学方式转变，单一大专层次的学历教育向多功能教育转变，脱产半脱产学习为主向业余学习为主转变，从单纯的职后教育向终身教育转变。比如，不断扩大和更新高等专科教育的学科专业，到 1993 年，中央电大共向全国电大提供 21 个专业门类的 300 多门课程，全国电大开设的高等专科教育专业达数百个；开始举办普通专科班和大学基础班，招收应届高中毕业生；开展各类非学历教育特别是各种岗位培训、专业证书教育和大学后继续教育，从 1986—1993 年，仅中央电大就同国务院有关部委在全国开展了 38 项非学历教育节目，共计培养结业生 300 多万人，接受广播电视大学继续教育、岗位培训和其他非学历教育的人数超过 3000 万人，获得结业证书的 1000 多万人，还有数以千万计的农民接受了电大"燎原学校"的农村实用技术教育节目的培训。

（二）面向广大农村和基层培养、培训专门人才

广播电视大学大力整合社会优质教育资源，并将其与自身的教学和教学管理资源进一步结合，深入到基层，为学习者提供比较完善的支持服务。比如，通过农业广播电视学校和中国燎原广播电视学校，面向广大农村，为农村技术人才、回乡知识青年、乡镇党政干部、乡镇企业职工等提供电视教学课程（节目），普及农业科学技术、经营管理知识，提高农村劳动者的思想政治和科学文化素质。通过中国电视师范学院，面向全国中小学教师进行师资培训，为普及九年制义务教育所需的师资培训提供了有效途径。1992—1995 年，有 25 个省、自治区、直辖市分期、分批对不具备国家规定合格学历的中学教师，通过函授、卫星电视教育、自学考试相结合的方式进行培训，培训人数达 70 多万。通过这种培训，初中教师学历达标率从 1992 年的 51.9% 提高到 1995 年的 69.1%。

（三）多层次多途径开放办学的积极探索

作为高等教育惠泽更大群体的一种重要途径，电大积极进行多层次和多途径的办学探索，为国家特殊教育人群提供教育服务，为促进和实现教育公平做出了不懈努力。1992 年 8 月召开的全国首次成人高等教育招生工作会议，制定了进一步发展电大教育的若干新举措，如恢复自学视听生制度、开放专科起点的本科教育和举办专科层次的大学基础课程教育试点。1993 年电大开办"大学基础班"，1995 年开始招收"注册试听生"，1996 年开展计划内"专升本"教育试点，1998 年开始高职教育试点。尤其是电大先后推进的"注册视听生"和"专升本"两项改革试点，为各地电大的发展注入了新的活力。1999 年，参加"注册视听生"试点的省

市电大由 1995 年的 15 所发展到 38 所，全国电大 4 年累计注册 39 万人。通过试点，在与普通高校合作办学、优势互补，进行专业建设和课程建设，实行教考职责分离等方面进行了有益的探索，初步积累了开放办学的宝贵经验。到 1999 年，全国电大已培养高等专科毕业生 231.38 万人，占同期各类高校毕业生总数的 14%，中等专业（含中师）教育毕业生累计 100 万人。

（四）教学手段现代化步伐明显加快

随着现代信息技术的进步，以卫星数字化改造、计算机技术和网络技术发展为代表的电子与通讯技术的升级，为电大信息技术应用的更新换代提供了强劲动力，推动着电大教育"现代化"的不断发展。广播电视大学抓住机遇，大力开展计算机教学和全国电大系统教学与教学管理的信息化与网络化建设，积极探索网络环境下多种媒体教学模式、信息化管理模式和人才培养模式。中国电大计算机网络协作会和全国电大 CAI 课件开发制作协作会先后成立，中央电大初步完成校园网建设并实现 24 小时全天候开通，建成了电视直播教室、多媒体网络教室、多媒体研究开发中心并投入使用，与中国教育电视台合作开发的 VBI 卫星电视数据广播试播成功。多媒体技术和计算机网络的应用受到了普遍的重视。中央电大开发的基于互联网的教学管理、电大基本情况等 5 种公共数据库，陆续投入使用。此外，中央电大和各省级电大普遍开展了教师、管理和技术人员的计算机及软件应用和开发能力的培训。

1995 年，国家教育委员会转发了《关于广播电视大学贯彻〈中国教育改革和发展纲要〉的意见》，提出了广播电视大学未来发展的总目标：立足国情，适应经济建设和社会发展需要，扩大开放办学的程度，发挥现代化教学手段的优势，为更多的求学者提供终生接受教育的机会和条件，提高广大劳动者素质，培养各类应用型人才，努力建设具有中国特色的现代远距离教育开放大学。这为广播电视大学的发展指明了方向，为广播电视大学实现由以广播电视技术为代表的第二代远程教育向以计算机网络和多媒体技术为代表的第三代远程教育跨越式发展提出了要求。

四、大力实施开放教育，电大实现跨越式发展

1998年，国务院批转教育部《面向21世纪教育振兴行动计划》，提出要"建立起终身学习体系"，且明确提出"现代远程教育是随着现代信息技术的发展而产生的一种新型教育方式，是构筑知识经济时代人们终身学习体系的主要手段"，将实施现代远程教育作为振兴我国教育的重大工程之一，旨在充分利用现代信息技术和手段，推进高等教育大众化进程，探索我国教育资源短缺情况下办好大教育、构建终身教育体系的新途径。1999年5月召开的第三次全国教育工作会议和《中共中央国务院关于深化教育改革全面推进素质教育的决定》，以及我国世纪之交在高等教育领域掀起的各项改革，如高等学校管理体制改革、教学改革，高等学校扩招以及多元化发展我国现代远程教育的决策，给电大的改革和腾飞带来了新的机遇和挑战。在清华大学等4所重点普通高校被批准开展现代远程教育试点的同时，教育部决定开展"中央广播电视大学人才培养模式改革和开放教育试点"项目，并将其作为"现代远程教育工程"的重要组成部分。中央电大通过参与实施"现代远程教育工程"，进一步发挥资源优化配置等方面的优势，借鉴高校改革发展经验，通过大力发展开放教育，积极探索了现代远程教学条件下人才培养模式改革的方式方法和相应的教学模式、管理模式及运行机制，大大推动了中央电大和全国电大的改革与发展，广播电视大学进入了开放教育的新时期。

在教育部领导下，开放教育由中央电大组织落实，依托电大系统运作，并与普通高等学校在专业设置上紧密合作。中央电大主要负责开放教育整体规划、教学资源开发、管理组织协调和过程指导监督。各地方电大负责教学过程的组织落实。合作高校参与专业教学计划和课程资源建设。开放教育办学层次以专科和专升本为主，其主要特点有：一是免试入学、

择优注册。招生对象为普通高中、职业高中及相当学历的在职人员及社会青年，学分 8 年有效。二是方便灵活。学生根据自己的需要选择文字教材、广播（录音）、电视（录像）、CAI 课件、学习网站等多种媒体进行自学，教师给予必要的面授辅导和全过程的学习支持服务。三是中央电大统一进行学籍管理，并颁发毕业证书。执行统一的教学计划，其中占60% 以上学分的主干课程执行统一的课程标准，使用统一的文字教材，实行全国统一命题和考试并执行全国统一的评分标准。其余课程由地方电大自行开设和建设，或在中央电大提供的有关课程中选取。中央电大面向全国开设理学、工学、农学、医学、文学、法学、经济学、管理学、教育学、历史学 10 个学科门类的 67 个统设专业。在开放教育阶段，全国广播电视大学开展的学历教育，除中央电大开放教育以外，部分地方广播电视大学还开办了计划内高等专科和专升本学历教育，即学生经全国普通高等学校或成人高等学校统一招生考试入学，利用业余时间或脱产等形式进行学习，由各省级广播电视大学颁发毕业证书。这部分学生后来由于国家政策的调整，总体规模比较小。自 1999 年以来，全国电大在中央电大的统筹规划下，实行分级办学、分级管理、分工协作的运行机制，共同完成开放教育教学任务，大力推进现代远程教育条件下的人才培养模式改革，电大综合办学实力得到明显提高，改革和发展取得了显著成就。

（一）为推进中国高等教育大众化做出了突出贡献

广播电视大学始终坚持面向基层、面向行业、面向农村、面向边远和民族地区，满足了各类社会成员在职学习的不同需求。从 1999 年到 2007 年广播电视大学实施开放教育的 8 年中，仅开放教育累计招生 458 万人，毕业学生 238 万人，约占同期各类高等教育招生总数的 1/8，占成人高等教育招生总数的 1/3，占现代远程教育试点招生总数的 75% 以上。2007 年，全国各类高等教育 2700 万在校生中，电大学生就达到 222 万，占全国高等教育本专科在校生总数的 8%，为我国高等教育毛入学率（23%）贡献了 2 个百分点。（见表 1）可以说，电大开放教育为推进我国高等教育大众化进程做出了重要贡献。

表1　全国普通高校、成人高校与广播电视大学在校生、毕业生
发展情况比较表（1998—2007年）

（单位：万人）

年份	普通高校		普高成人高校		成人高校		广播电视大学	
	在校生	毕业生	在校生	毕业生	在校生	毕业生	在校生	毕业生
1998	340.9	83.0	161.4	42.9	120.8	39.7	88.8	17.3
1999	408.6	84.8	182.8	47.7	73.7	24.0	95.2	18.5
2000	556.1	95.0	241.9	55.2	77.1	23.0	114.9	19.0
2001	719.1	103.6	333.4	61.4	82.6	20.7	151.1	21.7
2002	903.4	133.8	433.0	80.4	87.7	23.2	151.0	27.9
2003	1108.6	187.8	316.0	117.0	60.6	27.1	171.4	40.1
2004	1333.5	239.1	345.7	147.1	52.7	28.9	200.7	51.1
2005	1561.8	306.8	365.8	138.9	50.3	18.4	221.1	60.6
2006	1738.8	377.5	454.7	63.7	51.4	11.2	217.0	73.1
2007	1884.9	447.8	461.1	151.1	46.6	17.8	222.5	69.4

注：普高成人高校是指普通高等学校举办的成人高等教育。

（二）初步搭建了全民学习、终身学习的平台

经过30年发展，广播电视大学已经构成了一个覆盖全国、遍布城乡的办学系统。同时，电大还搭建了一个现代化的教学网络。"十五"期间，全国电大用于信息化基础设施、设备的投入近60亿元。全国44所省级电大和1000多个教学点安装使用了电大在线远程教学平台。中央电大和省级电大及教学点，利用计算机网络、卫星电视网络、电信网络有机结合的数字化、多媒体、交互式远程教学平台开展教学。学生可在教学点和家中按照相关专业的教学安排，根据自身学习特点和工作、生活环境自主学习，通过因特网和中央电大及各级电大远程教学平台连接，随时点播和下载网上教学资源，利用网上直播、双向视频系统等网络交互手段参与网上学生与学生、学生与教师之间的学习交流。中央电大开发的远程教学平

台、教务管理系统、开放电子公务系统，成为构建开放教育网络教学环境的重要技术支撑。全国各级电大通过卫星、因特网和人网实现了有机联结，形成了天地人网结合、三级平台互动的方便、灵活、开放的教学和学习环境，全国广播电视大学实现了由以广播电视手段为主向以网络技术手段为主的教育技术的转变。基于多种媒体技术的开放教育已经成为电大教育的主流和方向，成为国家发展现代远程教育的宝贵资源，为构建终身教育体系和建设学习型社会搭建了服务平台（见图1）。

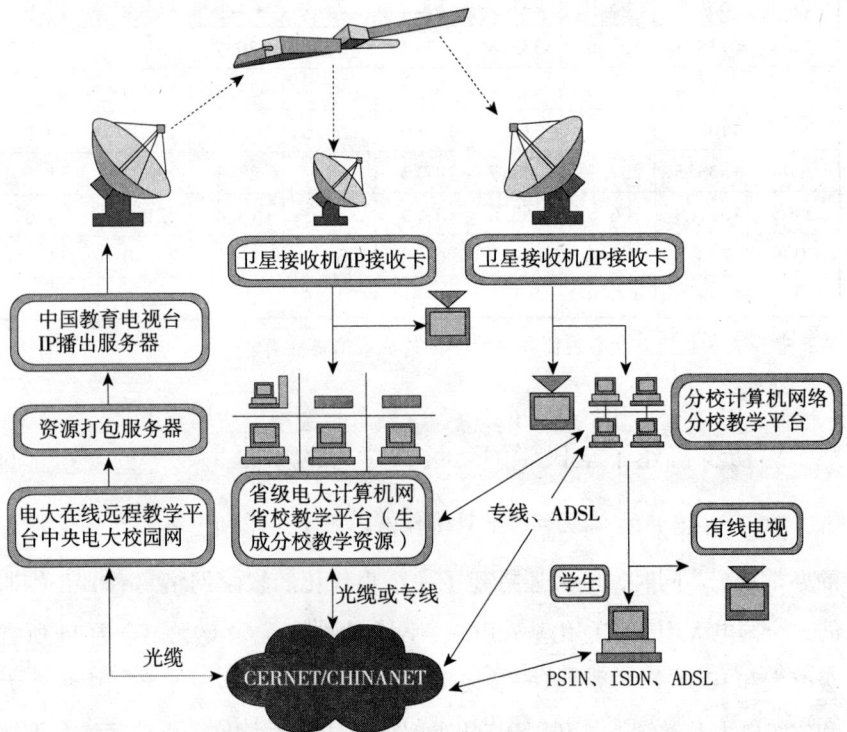

图1　全国广播电视大学系统结构示意图

（三）整合与共享教育资源，探索合作办学有效途径

社会广泛参与是电大 30 年的办学实践的一个显著特征。电大积极和

有关政府机构、高等院校、行业和企业联合办学，并将分校（工作站）或教学点直接设在许多大中型企业，利用高等院校、科研院所、厂矿企业的实验场所和仪器设备，开发各种社会资源来促进电大教育事业的发展，同时也增强了电大在办学层次、专业设置和培养目标等方面对于社会需求的适应性。与北京大学、清华大学、天津大学等 20 多所普通高校和人事部、劳动与社会保障部、中国人民银行等 16 个部委（行业）合作，开设专业和课程以及开展非学历培训。中央电大开设的 800 余门课程中，每门统设必修课程均建有 3 种以上媒体的教材。建有文字教材 873 种，视听教材 5150 学时，IP 课件 5551 讲，网络课程 50 多门，为全国农村党员干部现代远程教育试点提供音像教材 800 余小时。基于网络的教学资源开发能力和水平得到显著提高。

（四）形成了具有中国特色的开放式人才培养模式基本框架

通过开放教育探索实践，电大系统组建了高水平的专兼职教师队伍。2007 年，全国电大专任教师 4.96 万人（高级职称 1.32 万人，占 26.53%；中级职称 2.18 万人，占 43.91%）。2007 年，全国电大聘请校外教师 3.71 万人，其中 1300 多位知名学者、教授担任中央电大课程主讲教师和教材主编。开放教育推动广播电视大学在办学理念、教育思想观念、教学内容和课程体系、教学管理模式、教学手段和方法等方面发生了深刻变化。广播电视大学进一步明确了服务于学习型社会建设的办学理念；实现了从阶段性学校教育向终身教育观念的转变，从传统校园式教育向现代远程开放教育观念的转变，从以教师和课堂为中心向以学生和学习为中心的教育观念的转变；建设了适应成人在职学习的教学内容和课程体系；形成了以适应经济和社会发展现实需要为目标，以适合从业人员学习需求的专业和课程为内容，以整合优化的学习资源为基础，以天网、地网、人网合一的学习环境为支撑，以学习者自主学习为主要方式，以严格而有弹性的过程管理为保障，培养留得住、用得上的应用型高级专门人才的中央电大开放式人才培养模式的基本框架；完善和发展了电大系统运作教学管理模式，建立了远程开放教育一体化运行机制，为办好开放教育、构建终身学习大平台形成了一系列现代教育理念和途径。

（五）探索了远程开放条件下人才培养质量保证的新机制

电大在长期的办学实践中，探索形成了以"五统一"为核心、"五要素"为重点的开放教育教学质量保证体系，电大毕业生质量获得社会好评。广播电视大学始终把教学质量视为电大教育的"生命线"，按照国家规定的高等应用型人才培养目标，坚持统一教学计划、统一课程标准、统一教材、统一考试、统一评分标准的教学管理"五统一"制度，提出了多种媒体教学资源建设、教学过程控制、支持服务、教学管理、系统运作五要素为重点的质量保证体系，形成了"开放式人才培养模式"、"学导结合教学模式"和"系统运作教学管理模式"，有效保证了终身学习背景下开放教育的人才培养质量。2005 年，中央电大在全国进行毕业生追踪调查，调查的 1 万多个用人单位对电大毕业生质量的总体满意度达到83.4%。电大毕业生分布在全国各地，在各系统已经成为极具活力的重要力量，许多毕业生成为所在单位生产、管理、技术第一线的骨干，被称为"留得住、用得上、干得好"的人才。特别是在基层和边远落后地区，电大毕业生在地方经济建设和社会发展中发挥了很大作用，得到了社会各方的认可，电大教育质量赢得了社会尤其是社会基层的好评。

五、坚持"四个面向"办学特色，为实现
教育公平发挥了独特作用

广播电视大学自创建以来，始终坚持面向基层、面向行业、面向农村、面向边远和民族地区办学，将优质教育资源送到教育欠发达地区和教育弱势群体，贯彻和彰显教育公平。中央电大专门设立了面向农村的

"一村一名大学生计划",面向部队士官教育的总参学院、八一学院,面向民族地区教育的西藏学院,面向残疾人的残疾人教育学院,惠及广大农村青年、部队士官、残疾人、少数民族等教育群体。电大 3000 多个教学点遍及全国,尤其是在农村和西部地区,成为当地开展高等教育的主体力量,在促进高等教育机会均衡,实现教育公平方面做出了积极贡献。

(一) 为广大农村培养"留得住、用得上"的技术和管理人才

为贯彻落实党的十六大和中央农村工作会议精神,落实《国务院关于进一步加强农村教育工作的决定》,教育部自 2004 年起启动"一村一名大学生计划",由中央广播电视大学组织实施。通过现代远程开放教育方式,将高等教育延伸到农村,尽快为农村第一线培养一批"留得住、用得上"的技术和管理人才,使他们成为发展农村经济和农业生产的带头人、农村科技致富带头人和发展农村先进文化的带头人,从而推动农民增收和农村社会、经济的发展。"一村一名大学生计划"目前开设了农业技术类、畜牧兽医类、农林管理类等 16 个专科专业。截至 2008 年春,"一村一名大学生计划"累计招生已达 11.7 万人,在校生 9.9 万人,毕业 1.8 万人。"一村一名大学生计划"学生中,有很多人成为当地的致富带头人。湖南炎陵县电大畜牧兽医专业的学生罗怀祖、邱福双,利用学到的养殖知识和技术,创办了公司,推广养猪新法,带领当地农民致富;农村行政管理专业的喻建兴,运用农村政策法规、土地利用规划课程所学理论知识,指导社区拆迁工作,顺利解决了这个老大难问题。湖南望城县雷锋镇真人桥村是县电大最早的"实验村",2004 年该村还属于"扶贫村",该村 7 名村级干部先后有 4 名主动报名参加了"一村一名大学生计划"学习,目前,该村已经成为长沙地区有名的"新农村建设示范村"和小康村。

(二) 为少数民族、残疾人、军队等特殊教育群体提供学习 机会

为培养少数民族地区急需的专门人才,2002 年,中央电大与西藏大

学合作成立了中央电大西藏学院。西藏学院依托西藏大学的计算机网络、教学设施和师资力量，利用现代远程教育技术手段，面向西藏地区开展远程教育，为西藏地区更多的求学者提供了接受高等教育和终身教育的机会。截至2007年，已开设法学、汉语言文学等6个本科专业、5个专科专业，累计招收3000余人。同时，新疆、内蒙古电大结合地区实际，开设民族语言教学课程和汉语教学培训，为民族地区的教育振兴和文化发展作出了贡献。2002年，中央电大还与中国残疾人联合会合作成立了中央电大残疾人教育学院，学院依托地方电大和当地残联共同建设教学点，开创阳光学习网，面向有学习能力的残疾人，开展远程开放学历教育和岗位培训、实用技术培训、康复培训等非学历教育，为残疾人平等、充分地参与社会生活开辟了一个新的、有效的途径。

为推进科技强军，提高部队士官队伍的整体素质，电大从20世纪90年代初期就开展了面向士兵的中等专业学历教育。为建设学习型军营，经教育部和中国人民解放军总参谋部批准，中央广播电视大学于2000年成立了中央电大八一学院，2001年成立了中央电大总参学院，依托军队建制或军事院校组建教学点和学习点，利用现代远程教育手段，运用多种媒体相结合的教学模式，面向全军开展士官远程开放学历教育。这种教学形式受到了广大指战员特别是驻守在祖国雪域高原、海防岛屿等艰苦地区的士官学员的热烈欢迎，被誉为"没有围墙的士官大学"，使士官学员"不出营门上大学"的梦想成为现实。截至2007年12月，广播电视大学在部队共设立教学点、学习点469个，累计招收学员7.8万，毕业3.3万。

（三）为建设学习型城市、学习型社区搭建服务平台

为贯彻落实党的十六大提出的"形成全民学习、终身学习的学习型社会，促进人的全面发展"的精神，广播电视大学不断拓展与部委、行业、企业组织的合作，为创建学习型行业、学习型社区服务，广泛开展多种形式的资格证书、岗位证书培训、新法律法规培训、创业设计培训、职工素质培训等非学历培训。2003—2005年，全国电大继续教育培训总量

582 万人次，超过同期全国普通高校非学历培训量的总和。与中国保监会合作，组织保险代理人考试，参考人数 339.9 万人次；与证监会合作，组织证券从业人员资格考试，参考人数 53.5 万人次；与劳动和社会保障部合作，组织了通用管理能力认证考试。2004 年启动国家现代远程教育资源库建设，已汇集全国电大、普通高校、行业部委以及国外高校优质教学资源 4.3 万件。

广播电视大学利用完整的、遍及全国城乡的、天地人网结合的教学管理网络系统以及丰富多样的优质教育资源等得天独厚的条件，为全国各地创建学习型城市、学习型社区服务。北京、上海、天津、广州、武汉、西安、沈阳等城市明确提出要依托当地的广播电视大学，构建开放、便捷、高效的终身学习网络。比如，北京市政府 2003 年组织市总工会、市教委、市人事局、市劳动和社会保障局，以及中央电大、北京电大共同组织和实施了首都职工素质教育工程，"创建学习型组织，争做知识型职工"活动在首都深入开展。该工程建有专门为职工教育服务的首都职工素质教育工程网站，对首都 430 万职工免费开放。开办三年多来，培训工作站点从 77 个增加到 90 个，组织职工参加通用能力培训的企事业单位由几十家增加到千余家，培训网络覆盖了北京地区 18 个区县以及各大企事业单位，全市共计 9 万余名职工参加了培训。

六、广播电视大学发展的未来：做全民终身学习的平台

（一）党和政府新时期的战略部署

党的十七大提出要"优先发展教育，建设人力资源强国"，要把"现代国民教育体系更加完善，终身教育体系基本形成，建设中国特色社会主义现代化教育体系"作为小康社会发展的一个战略性目标。特别是第一

次在党的代表大会上提出"发展远程教育和继续教育，建设全民学习、终身学习的学习型社会"，明确了远程教育在全民学习、终身学习的学习型社会建设中的地位、任务和使命。这充分肯定了远程教育在现代国民教育体系和终身教育体系中的重要地位，体现了党中央对远程教育事业的高度重视。本世纪的头 20 年，正是中国从人力资源大国向人力资源强国、从高等教育大国向高等教育强国转变的重要战略机遇期。我国教育经过不懈努力，已经取得了巨大的成绩，然而，总体来说，我国全民受教育程度仍然不够高，与发达国家相比还有很大差距。要达到 2020 年基本实现教育现代化，基本形成全民学习、终身学习的学习型社会，基本建成人力资源强国的目标，高等教育还有很长的路要走。要把巨大的人口压力转变为人力资源优势，建设人力资源强国，除了发展传统的教育形式外，也要大力发展各种非传统的教育形式；不仅需要建设更加完善的国民教育体系，更需要形成一个便于全民学习、终身学习的终身教育体系，使广大人民群众都享有接受良好教育的机会，真正做到学有所教。随着信息技术的进步和教育改革的深化，利用卫星、计算机、多媒体和互联网等多种手段进行学习的方式，逐渐走进广大民众的日常生活，终身学习的理念日益成为人们自觉自愿的选择，低成本、高效益的现代远程开放教育，应该成为中国实现高等教育大众化、提高国民素质、建设学习型社会的重要战略选择。作为远程教育骨干力量的广播电视大学必定会占有重要地位，在终身教育体系构建、学习型社会建设中必将发挥更加重要的作用。

2008 年 1 月 31 日，国务委员陈至立代表国务院在人民大会堂出席"纪念邓小平同志批示创办广播电视大学 30 周年暨推进国家终身教育体系建设座谈会"时指出，30 年来，广播电视大学为社会特别是基层培养了大批应用型高等专门人才，特别是 1999 年实施中央广播电视大学开放教育以来，在教育思想、教学模式、管理模式和运行机制等方面进行了有益的探索，为我国终身教育体系的构建积累了宝贵经验：一是探索了适应不同学习需求、提供多样化教育服务的新模式；二是探索了综合运用现代技术手段开展远程教育的新路子；三是探索了合作办学、整合与共享教育资源的新途径；四是探索了有效保障远程教育质量的新机制。

对广播电视大学今后的发展，陈至立提出三点要求，一是要充分发挥现代远程教育在构建全民学习、终身学习的社会中的重要作用；二是要充分发挥现代远程教育在发展继续教育中的重要作用；三是要充分发挥现代远程教育在缩小教育差距、促进教育公平中的重要作用。为落实党中央、国务院的重要决策，教育部在2008年工作要点中明确提出，要积极发展远程教育和继续教育，在试点的基础上，全面部署和努力推进全民学习、终身学习的学习型社会的建设工作。要以国民教育体系为依托，充分发挥广播电视大学、自学考试和中国教育卫星宽带网平台等重要作用，积极开展多种形式的成人继续教育和社区教育。广播电视大学将迎来又一个更加有生机的春天。

（二）搭建全民学习、终身学习的大平台

面对新的历史机遇，电大以科学发展观为指导，着眼于国家构建社会主义和谐社会和建设学习型社会的全局，主动适应社会的教育需求和社会成员的终身学习需求，坚持"扩大开放、保证质量、强化特色、打造品牌"的发展方针，以搭建服务全民学习、终身学习的大平台为目标，建设服务全民学习、终身学习的现代远程教育开放大学，为促进教育公平、构建国家终身教育体系做出贡献。"十一五"期间广播电视大学发展的总体目标是：电大系统建设成为具有国内一流的远程教育基础设施、一流的远程教学资源、一流的远程学习支持服务、一流的远程教育研究水平、一流的远程教育队伍的现代远程教育教学系统，综合办学实力居于世界远程教育开放大学前列。中央电大作为教育部直属的高等学校，建设成为现代远程教育开放大学和国家远程教育中心；省级电大作为省（自治区、直辖市）属高等学校，按照当地教育发展规划，建设成为当地的远程教育中心；地、县级电大建设成为当地的远程教育基地和社区教育中心。为此，"十一五"期间，中央广播电视大学全力推进六项工程、六项计划。六项工程即电大系统建设推进工程、课程平台搭建工程、教学质量保证和

学习支持服务强化工程、社会化公共服务体系推进工程、队伍素质提升工程、信息化校园建设工程；六项计划即证书教育推进计划、特定人群教育发展计划、中等职业教育发展改革计划、对外合作与交流计划、社区教育推展计划和电大文化建设计划。通过推进这六项工程和六项计划，力求汇聚优质的学习资源，提供体贴的支持服务、运行高效的办学网络、开展鲜活的科学研究，建设具有中国特色的现代远程开放大学。

七、问题和困惑：广播电视大学任重道远

在新的历史时期，党和政府赋予了广播电视大学新的任务，全国广播电视大学能否抓住机遇，实现电大改革发展的又一次跨越，关键在于电大能否彻底解决当前所面临的自身和外部环境的困难和问题。当前电大的办学无论从内部还是从外部来看，都存在一些急需研究解决的问题和困难，这些问题和困难在一定程度上制约了电大教育的发展，影响了电大在构建终身教育体系和建设学习型社会中发挥更大的作用。在电大内部，其教学改革还需要进一步深化，教学管理模式还需要实践检验，教学质量还需要进一步提升，整个电大系统教师队伍素质还需要进一步加强等，这些问题是发展中的问题，需要用改革发展的办法予以解决。在电大系统外部，还存在着政策和制度上的束缚，主要表现在以下三方面。

（一）电大教育发展的法规建设滞后

电大已经进行了 30 年的办学实践，但指导电大发展的法规性文件，仅有 1988 年国家教委颁布的《广播电视大学管理暂行规定》。随着我国经济体制和教育体制的改革与发展，特别是面临构建终身教育体系的新任务，《规定》的很多内容都已经与当前电大的发展状况不相适应，与社会发展对电大的要求和电大目前的现状不相符合。在这种情况下，地方政府

和教育行政部门在规划当地教育发展、明确电大的地位和作用时，缺乏相应的法律依据，对当地电大的管理存在一定的随意性；各级电大的办学条件、机构设置、人员编制、经费投入等缺少应有的规范和标准，影响了电大的系统建设，制约了电大的可持续发展。

（二）电大系统办学的优势受到冲击

有些地方政府对电大认识不到位，在地方教育机构调整和高等教育资源的整合中，取消当地电大的独立建制，削弱了电大的作用，削弱了面向基层农村和边远地区开展终身教育的组织基础，使覆盖全国城乡的唯一公共远程教育系统网络受到损害。地方教育资源整合的出发点在于整合优化和有效利用有限的地方教育资源，但是，对于电大这样一个整体运作、分级管理的特殊系统而言，系统运作是它的优势，每一级电大都是一个承上启下的管理链条，对于保证电大的教学质量、过程的监控起着重要的作用。取消当地电大独立建制，造成电大管理链条中断，势必导致电大教学及教学管理信息的缺失以及教学质量的失控。因此，在地方教育资源整合中，如何利用、整合、优化教育资源，既实现教育资源整合，又维持电大系统整体运作的特点，使其发挥更大的效用，是一个非常值得深入研究和谨慎运作的问题。

（三）电大作为高等学校的部分办学自主权尚未落实

中央电大是教育部直属事业单位，又是一所面向全国开展现代远程教育的高等学校，承担着在职成人的学历提升和岗位培训等任务。中央电大从1996年开始举办本科（专科起点）教育，已经积累了较为丰富的本科教育经验，具备了本科教育的办学条件，但却一直不具备学士学位授予权。电大办学层次的低水平徘徊，与电大的实际办学实力不符，直接影响到专业学科的建设以及师资队伍的稳定，影响了电大事业的持续发展。国外同类性质的开放大学均具有与普通大学相同的学位授予权。中央电大是我国发展远程教育的一支骨干力量，与各国开放大学和教育机构的学术交流与项目合作日益增多。由于电大较低的办学层次与规格，在一定程度上不利于提升中国远程教育在国际上的地位与形象。

总之，广播电视大学创办 30 年来，伴随着我国改革开放的伟大历史进程不断发展壮大，几经坎坷，几度辉煌，在改革发展的不同历史时期，发挥了独特的作用，为中国教育事业的发展做出了不可磨灭的历史性贡献。展望未来，机遇难得，挑战深刻，形势逼人，任务艰巨，需要全国电大齐心协力，抓住根本，加强内涵，开拓创新，为构建终身教育体系、建设学习型社会发挥更加重要的作用。

参考文献

1. 中央广播电视大学校长办公室：《高瞻远瞩的战略决策——广播电视大学备忘录》，中央广播电视大学出版社 2008 年版。

2. 陈至立：《充分发挥现代远程教育在建设人力资源强国中的重要作用——在纪念邓小平同志批示创办广播电视大学 30 周年暨推进国家终身教育体系建设座谈会上的讲话》，《中国教育报》2008 年 2 月 1 日。

3.《中国广播电视大学教育大事记（1977—1999）》，中央广播电视大学出版社 1999 年版。

4. 中央广播电视大学教育管理信息中心：《中国广播电视大学教育统计年鉴（2007）》，中央广播电视大学出版社 2008 年版。

高等教育自学考试
——中国教育的创新

魏 欣

　　高等教育自学考试制度，是我国教育改革与发展的奇迹，也是世界教育史上的一大创举。高等教育自学考试的创立，有其深刻的时代背景，反映了当时条件下我国高等教育资源的缺乏和社会对人才急需的社会现实。高等教育自学考试本身的特征决定了其发展前途：虽然时过境迁，但是高等教育自学考试存在的基础却在扩大，不只是为未受过高等教育的人提供更多的高等教育机会，而且在继续教育、终身教育等方面都发挥着越来越重要的作用。二十多年来，高等教育自学考试为我国社会和经济的发展培养了大批人才，做出了巨大的贡献，但是我们仍要加强对高等教育自学考试的研究，不断探索，以期为我国教育的发展发挥更大的作用。

一、创新：高等教育自学考试制度的创立与实施

（一）高等教育自学考试制度创立的背景

　　"文化大革命"使中国的教育事业遭到了前所未有的破坏。比如高等教育，1965 年全国高等学校有 434 所，到 1971 年只剩下 328 所，比 1965

年减少 106 所。"文化大革命"开始后，从 1966 年到 1969 年，高等学校有 4 年停止招生，从 1966 年到 1976 年为国家少培养 100 万大学生。[①]"文化大革命"对教育的破坏，几乎整整耽误了一代人，致使我国的教育事业严重受创，也造成我国四个现代化建设人才缺乏。"文化大革命"结束后，发展高等教育在我国新的历史时期中就成为一项重要任务。1978 年 12 月 18 日，中共中央召开了十一届三中全会，全面纠正"文化大革命"及其以前的"左"倾错误；确定了"解放思想、实事求是、团结一致向前看"的指导方针；及时作出了"把工作重点转移到社会主义现代化建设上来"的决策。党的十一届三中全会，在解放思想、实事求是的正确思想路线指引下，坚定地迈开了改革的步伐，在中国的大地上开创了改革开放的新局面。在当时的形势下，世界性的新技术革命与科学进步、我国改革开放与精神文明建设都需要大力发展高等教育。

恢复高考，为重建我国的高等教育秩序奠定了基础，使人们能通过高考进入大学学习。但是，由于高校数量和办学条件的局限性，培养的人才很难满足社会的需要。我国人口多，底子薄，"文化大革命"后百废待兴，教育经费不可能在短期内增加很多，不可能大量增建许多新学校。与此同时，大批的在职人员和没有机会进入普通高等学校和中等专业学校的高中生和初中毕业生强烈要求继续学习深造；各个工商企业、事业单位乃至机关、学校、科研机构，也需通过适当的途径，在不脱岗的情况下，有效地提高本单位专业人员的素质。高等教育资源的不足和社会对人才的需求矛盾，迫切需要寻求新的途径，解决高等教育资源的供需矛盾问题。高等教育自学考试制度就是在这种背景下产生的。

（二）高等教育自学考试制度创立的过程

1977 年 8 月 8 日，邓小平同志在《关于科学和教育工作的几点意见》

---

① 中国成人教育理论专著编纂委员会：《中国自学考试》，教育科学出版社 1994 年版，第 1 页。

一文中指出："教育还要两条腿走路。就高等教育来说，大专院校是一条腿，各种半工半读的和业余的大学是一条腿。"① 邓小平同志关于"高等教育要两条腿走路"的思想，为高等教育的发展指明了方向。根据邓小平同志的指示精神，国务院、教育部差不多花了三年时间，在实践中摸索出了适合我国国情的自学考试制度。1978 年 2 月 26 日，第五届全国人民代表大会第一次会议的《政府工作报告》中首次提出："我们要建立适当的考核制度，业余学习的人们经过考核，证明达到高等学校毕业水平的，就应该在使用上同等对待。"1978 年 4 月，全国教育工作会议指出："建立定期的考核制度，自学的人们可以到国家指定的高等学校或其他单位参加考核，证明达到国家规定的大学毕业水平的，由高等学校发给证书，各单位使用时应按同等毕业生对待，用其所学。"② 1978 年 5 月，教育部形成《关于业余高等教育的考核办法》，并于 1979 年修改形成《自学考核办法》。1980 年初，邓小平同志在《目前形势和任务》的讲话中向广大干部发出号召，"无论在什么岗位上，都要有一定的专业知识和专业能力，没有的要学，有的要继续学"③，并且明确指出，"办法就是学。一个是办学校，办训练班进行教学，一个是自学"。④

1980 年 2 月，中共中央书记处针对教育工作指出："为了促使青年人自学上进，应该拟定一个办法，规定凡是自学有成绩，经过考试合格者，要发给证书，照样使用；而且要认真执行，使青年人不光迷信上全日制大学。"⑤ 1980 年底，教育部形成《高等教育自学考试试行办法》，上报国务院。《试行办法》对考试对象、报考手续、考试办法、组织领导、毕业生的使用和待遇等重大事项作出了原则性规定。1981 年 1 月 13 日，国务

---

① 《邓小平文选》，人民出版社 1983 年版，第 51 页。
② 施瑾等：《高等教育自学考试制度酝酿建立过程的历史回顾》，《中国高等教育》1993 年第 6 期。
③ 《邓小平文选》，人民出版社 1983 年版，第 226 页。
④ 《邓小平文选》，人民出版社 1983 年版，第 228 页。
⑤ 施瑾等：《高等教育自学考试制度酝酿建立过程的历史回顾》，《中国高等教育》1993 年第 6 期。

院批转《关于〈高等教育自学考试试行办法〉的报告》，并决定在北京、天津、上海等地进行试点。中国的自学考试制度的创立经历了试点、推广和"加强、完善、提高、发展"等几个阶段。

1981 年到 1983 年为试点阶段。1981 年 1 月，高等教育自学考试在北京、天津、上海进行试点。1982 年 4 月，经教育部批准又将辽宁设为试点地区。三市一省的自学考试试点工作，在各级党政领导和社会有关方面的支持下进行得比较顺利。试点地区高等教育自学考试专业、考试计划发布和开考后，受到群众热烈欢迎，社会上兴起了考试促进群众自学、群众自学促进社会办学的热潮。① 自学考试工作得到了党和政府的高度重视，1982 年 12 月，全国人大通过了新的《中华人民共和国宪法》，其中第十九条明确规定"鼓励自学成才"。"鼓励自学成才"被提升到宪法的层面，纳入国家的根本大法，这为高等教育自学考试制度的确立提供了最根本的法律保障，有力推动了高等教育自学考试事业的发展。经过试点表明，高等教育自学考试制度在中国是完全可行的，于是从 1983 年 5 月起便由试点阶段转入逐步推广阶段。1983 年 5 月，国务院批转教育部、国家计委、劳动人事部和财政部《关于成立全国高等教育自学考试指导委员会的请示》，同意逐步推广自学考试，要求各级人民政府认真准备、逐步建立本地的高等教育自学考试指导委员会，并明确规定了全国和省一级高等教育自学考试指导委员会的职责。高等教育自学考试经过试点、推广，在全国普遍开展起来之后，于 1986 年 10 月起进入到"加强、完善、提高、发展"的新阶段。这个阶段是高等教育自学考试向着制度化、科学化、规范化和标准化方向发展的阶段。1988 年 3 月 3 日，国务院颁布《高等教育自学考试暂行条例》，明确规定了高等教育自学考试制度的目标任务、组织机构、活动章程等各个方面的内容。至此，高等教育自学考试制度在探索、实践中逐步形成了一套比较完整的体系，并以行政立法的形式确定

---

① 中国成人教育理论专著编纂委员会：《中国自学考试》，教育科学出版社 1994 年版，第 16 页。

下来。

（三）高等教育自学考试制度的实施

我国高等教育自学考试是个人自学、社会助学和国家考试相结合的高等教育形式。从参与主体看，主要有考生、社会助学机构和国家考试管理机构。从功能上看，可以把其分为两块来认识：知识获取和认定。个人自学和社会助学为知识获取服务，国家考试则是测量知识水平和认定的手段。因此，高等教育自学考试制度的实施，应从知识获取和考试管理两个方面进行。

在知识获取方面，应考者除了自学外，还可以选择社会助学。社会助学是自学考试的一个组成部分，没有社会助学，自学者就得不到全社会从财力、物力和智力等方面的有效支持和帮助。通过助学，可以加快知识获取的进程，有助于通过国家组织的自学考试和综合素质的提高。社会助学是高等教育自学考试制度的重要组成部分，因此，对社会助学的管理十分重要。《高等教育自学考试暂行条例》规定，各种形式的社会助学活动，应当接受教育行政部门的管理。管理的内容主要是审批社会助学组织的建立和检查社会助学工作。比如 2005 年全国共审核了 1303 个助学组织 26 个方面的信息，其中 1252 个助学组织符合备案条件。[①]

在考试管理方面，《高等教育自学考试暂行条例》也作了详细规定。规定紧密结合自学考试制度的特点，从机构的设置到考试的组织，较其他考试形式都有许多创新之处。各级自学考试委员会、主考学校、自学考试办公室等一些新的机构或名称也应运而生。

---

① 中华人民共和国教育部考试中心：《中国教育考试年鉴 2005》，中国传媒大学出版社 2005 年版，第 27 页。

二、特色：高等教育自学考试的基本特征

高等教育自学考试是没有围墙的大学，不受校舍、师资、教学设施等办学条件的限制，有很大的容量，可以最大限度地满足自学者参加考试的需要。① 高等教育自学考试为人们成才提供了全新的方式，突破了传统大学的概念，不拘一格为国家造就人才。与其他形式的高等教育一样，高等教育自学考试具有很强的权威性。《高等教育自学考试暂行条例》规定："高等教育自学考试毕业证书获得者的工资待遇：非在职人员录用后，与普通高等学校同类毕业生相同；在职人员的工资待遇低于普通高等学校同类毕业生的，从获得毕业证书之日起，按普通高等学校同类毕业生工资标准执行。"另外，获得高等教育自学考试学历证书后，还可以报考研究生。这说明高等教育自学考试学历证书与普通高等教育获得的毕业证书具有同样的价值。由于自学考试制度设置的科学性，保证了自学考试的质量，受到了社会的广泛认可。目前有美国、英国、日本等 26 个国家承认我国的高等教育自学考试文凭。

除了权威性之外，开放性、灵活性、效益性、教考分离是自学考试的主要特点，也是其区别于其他高等教育形式的主要参照点。

（一）开放性

主要体现在教育过程和教育对象的充分开放性。（1）没有报考条件的限制，或者限制很少。高等教育自学考试报名没有年龄、职业、文化程度、地区等限制。应考者的年龄有老中青；职业有工、农、兵、商及其他

---

① 中国成人教育理论专著编纂委员会：《中国自学考试》，教育科学出版社 1994 年版，第 30 页。

专业人员和待业人员；参加前文化程度有小学、初中、高中、大学专科、本科和研究生；民族方面，国内各民族群众都有权报考；居住地区遍及城乡、边远山区和岛屿，还有香港、澳门和台湾。[①]（2）没有招生指标的限制。高等教育自学考试，应试者之间不存在竞争性，只要达到国家规定的合格标准即可通过。（3）没有入学考试门槛的限制。高等教育自学考试没有招生（报考）指标限制，所以也就没有入学考试门槛。不像普通高考那样，要达到一定的分数方可被录取，才有机会进入高校接受高等教育。（4）开放的学籍（考籍）管理体制。高等教育自学考试的考生在报名参加自学考试并取得一门课程的合格成绩后，即作为在籍考生。在高等教育自学考试教育中，没有年级的概念，只有年度的概念。这种自由进出的机制使高等教育自学考试教育的开放性，既表现在起点，也表现在过程中，是一个全过程开放的动态平衡系统。

（二）灵活性

高等教育自学考试在管理上充分吸收了学分制管理模式的优点，并发扬光大，从而形成了灵活的管理机制。首先是学习进度的灵活性。它采用单科成绩累进制，考生可以在考试机构提供的开考课程范围内，自由决定一次报考几门课程，也可以中途暂停参加考试。在课程的考试次序上，考生可以自由安排先考什么课程，后考什么课程，"零存整取"。考生每参加一门课程的考试，成绩合格者即得到一份单科合格证书，并获得相应的学分，总学分和总课程数达到规定的要求，即发给某一专业的毕业文凭。不及格的课程可以多次复考。考生可自由安排学习和参加考试的进程。其次是学习方式的灵活性。考生可以随时随地采用各种方式进行学习。学生根据自己的条件和意愿自主决定，不必"一听到铃声就走进教室"。可以自学，也可以寻求社会助学。在社会助学方面，可以像普通学生一样去听

---

① 中国成人教育理论专著编纂委员会：《中国自学考试》，教育科学出版社1994年版，第30页。

课，也可以采取收看电视节目、收听广播、查阅书籍等多种形式。尤其是对在职人员，这些学习方式的灵活性就越发重要，上班时间不方便或不愿意花费时间到助学场所，完全可以利用业余时间，因而工学矛盾很小。三是专业开设的灵活性。考试机构可以根据经济发展的需要，及时地开考新的专业，调整或停止原有的专业。凡是经济建设和社会发展迫切需要的，只要办学条件许可就可以开考；已开考的专业如不适应社会需要也可停考。可以指定一所高等学校为主考院校，也可在一所主考院校外确立若干所协考院校，这样就可以跨地区、跨院校集中多所院校的优势，开考那些非一所院校能独力开考的专业。

（三）效益性

高等教育自学考试的效益性主要体现在以下几个方面。

首先，为经济建设输送了大批急需的专门人才。改革开放之后，在推进现代化建设过程中，我国面临的一个根本性问题就是人才短缺。建立高等教育自学考试制度之初，1982 年我国每万人口中达到大学文化程度的仅有 59.9 人。高等教育自学考试制度建立之后，截止到 1991 年，我国通过自学考试制度获得大学专科以上文凭的就有 64 万人。也就是说，高等教育自学考试制度仅仅实施十年，就使全国每万人口中具有大学文化程度的人数提高了 6.4 人。[1] 高等教育自学考试制度已经成为为经济建设提供专门人才的重要渠道。

其次，为国家节省了教育投入和增加了教育资金来源渠道。高等教育自学考试制度开拓了一条适合我国国情的少花钱多办事的新路子。一是挖掘全日制大学的潜力。主考学校的师资和教学设备是自学考试教育的重要依托，其他高校的师资也是自学考试中社会助学的潜在力量。二是调动社会各方面的办学力量。三是发挥学习者个人主观能动性。各种形式的助学或自学方式，使国家对高等教育自学考试的投资减少到最低程度，并取得

---

[1] 康乃美：《试论高教自学考试在经济发展中的作用》，《中国成人教育》1994 年第 3 期。

了较好的经济和社会效益。自学考试教育的发展为普通高校和社会上各种闲置教育资源的利用提供了机会。高等教育自学考试整合了社会资源，也为国家节约了人才培养的成本，是穷国办大教育的必然选择。

第三，提高了国民整体素质。在高等教育自学考试试点阶段，根据1982年7月1日人口普查的结果来看，我国各行业人口的文化程度构成分别为：大学毕业的占0.87%，高中毕业的占10.53%，初中毕业的占25.99%，小学毕业的为34.35%，文盲、半文盲为28.26%。当时我国从业人口大致占总人口的52%，占劳动适龄人口的91%，这些从业人员绝大多数都处在生产第一线，担负着繁重的劳动生产任务。① 面对这样一支庞大的亟待培训和提高的劳动大军，如果采取全员脱产、半脱产来培训和进行在职教育的话，势必会使整个国家的生产受到直接冲击。高等教育自学考试制度的建立，一定程度上解决了在职人员接受高等教育提高自身素质的问题。

（四）以考促学，教考分离

高等教育自学考试制度是国家考试、社会助学和个人自学三者构成的有机整体。国家考试作为检视学习成果的手段，处在主导和中心地位，对个人自学、社会助学起到引导作用。国家考试促使学习者按照国家高等教育课程标准开展自主学习活动，促使助学者按照国家的教育目标从事社会助学活动，这也促使社会教育资源进行有目的的整合。高等教育自学考试制度"以考促学"的基本运行机制提高了个人自学和社会助学的积极性，是一种有目的、有计划、有组织的教育活动，是高等教育自学考试制度所特有的促进社会公民资助学习的机制。同时，对于自学考试这种大规模的开放式教育而言，保证其科学运行、严格质量管理，对维护自学考试制度的权威性和健康发展具有重要的意义。"任何开放性的学历教育，都必须建立一种非开放教育所没有的特殊淘汰制，以保证'输出'的质量。教

---

① 康乃美：《试论高教自学考试在经济发展中的作用》，《中国成人教育》1994年第3期。

考分离就是自学考试教育实现宽进严出，确保毕业生质量的主要机制。"①
全国考委 1997 年提出在自学考试工作中实施"教考职责分离"原则，要
求命题与助学辅导分离、组考与助学分离、评卷与助学分离。实践证明，
实施"教考职责分离"是自学考试管理的一个重要原则，也是大规模考
试的共同特征和要求，有助于高等教育自学考试目标的达成。

三、地位：高等教育自学考试
不可替代，仍将大有作为

20 世纪 80 年代初期和中期，被"文化大革命"耽误的一代人构成了
自学考试的主体，1983 年下半年在职成人占报考人员总数的 97%，到
1985 年下半年略有下降，仍占 92%。② 上世纪 80 年代初期，中央工作的
重点转移到了以经济建设为中心，被"文化大革命"耽误的一代人构成
了我国社会主义现代化建设的中坚，在当时的情况下，为这一代人提供补
偿教育，不仅仅是教育问题，也是经济和政治问题，是高等教育自学考试
制度在 20 世纪 80 年代做出的最突出的贡献。在此之后，高等教育自学考
试不仅没有萎缩，反而得到了令人瞩目的大发展。试点之初，自学考试开
考专业只有汉语言文学、哲学、金融、数学、纺织工程、法律、工业经济
管理、英语等十几种，到 1985 年底，全国共开考文、理、工、农、医、
财经、政法、教育、体育等科类 60 余种专业。③ 与此相应，自学考试的
报考人数从 1981 年下半年的 4000 余人，发展到 1985 年下半年的 151 万

---

① 全国高等教育自学考试指导委员会办公室：《高等教育自学考试教育规律研究》，浙江大学
  出版社 1996 年版，第 77 页。

② 全国高等教育自学考试指导委员会课题组：《高等教育自学考试在高等教育宏观结构中的
  地位与作用》，高等教育出版社 2001 年版，第 18 页。

③ 国家教委高等教育自学考试办公室：《全国高等教育自学考试统计资料汇编（1981—
  1993）》，武汉大学出版社 1996 年版。

多人。① 截至 2006 年，经过 25 年的发展，自学考试累计报名考试 4300 多万人次，毕业生累计达 425 万人；自学考试全国开考的专业有 600 多个，开考课程 2000 多门。②

实践证明，高等教育自学考试不仅为"被耽误的一代人"提供了补偿教育的机会，也因其所处的时代注定其具有强大的生命力。自学考试的创立，从根本上说是由于普通高等教育资源远远不能满足社会发展对教育和人才的需求，难以满足社会成员求学的欲望。正因为此，自学考试没有随补偿教育的结束而退出历史舞台，而是不断焕发出新的活力。时代的发展需要高等教育自学考试。

（一）扩大了公民接受高等教育的机会，促进了高等教育大众化发展

改革开放以来，我国的高等教育得到了巨大发展。普通高校招生人数从 1998 年的 108.4 万发展到 2005 年的 504.5 万；成人高校招生数从 1998 年的 100 万发展到 2005 年的 193 万；自学考试报考人数 1998 年为 1091 万人次，2005 年为 1060 万人次，基本保持稳定。从这些数字我们可以看出，在普通高等学校和成人高校招生规模扩大的情况下，我国自学考生数量依旧保持稳定。这首先说明了自学考试在我国高等教育中的地位和作用，也说明在普通高等学校和成人高校不能提供足够的高等教育机会的情况下，高等教育自学考试在扩大公民接受高等教育的机会方面发挥着重要的作用。高等教育自学考试制度为人们提供了大量的接受高等教育的机会，促进了我国高等教育规模的大发展，有力地推动了我国高等教育大众化的进程。1999 年，我国高等教育毛入学率为 10.5%，自学考试的贡献率是 2.36 个百分点，占整个高等教育毛入学率的 22%。而在 1997 年，我国高等教育毛入学率为 9.07%，高等教育自学考试的贡献率为 1.67%，

---

① 国家教委高等教育自学考试办公室：《全国高等教育自学考试统计资料汇编（1981—1993）》，武汉大学出版社 1996 年版。
② 戴家干：《创新，"十一五"高教自考肩负使命》，《中国教育报》2006 年 4 月 6 日。

占整个毛入学率的 18% 。两年间，自学考试对高等教育毛入学率的贡献增长了 0.69 个百分点。按照这种趋势，这个比例还将逐年提高。[①] 这也就是说，在一定时期内，高等教育自学考试将有助于我国高等教育大众化和普及化的实现。

（二）终身教育需要自学考试

终身教育是当今一种国际性教育思潮，建立终身教育体系是世界教育发展的总趋势。终身教育理论自 20 世纪 60 年代一经提出，便得到了人们的广泛认可。联合国教科文组织认为它是"知识社会的根本原理"。终身教育使教育从教育思想到教育行为方式发生了重大转变，带来了整个教育的革命。教育不再是一种阶段性的学习任务，它必然伴随人的终身。2000年6月，教育部印发《关于贯彻全国教育工作会议精神，进一步改革和完善高等教育自学考试制度的意见》，明确提出三个方面的要求：一是充分发挥自学考试制度的优势，促进终身学习系统的形成；二是今后五年的工作目标和任务；三是建设适应自学考试改革发展需要的工作机构和队伍。[②] 教育部《面向 21 世纪教育振兴行动计划》中提出："发挥自学考试制度的优势，不断扩大社会成员的受教育机会。"[③] 陈至立在 2000 年初举行的亚太经合组织第二次教育部长会议上说："中国大陆现有近 1000 万人正在通过自学考试接受高等教育，有 1 亿人在接受继续教育，为终身学习体系的建立奠定了良好的基础。"也就是说，自学考试在建立终身学习体系中处于基础性的地位，起着重要作用。2003 年 3 月，教育部印发《关于进一步加强高等教育自学考试工作若干问题的意见》，要求站在建立与完善现代国民教育体系，建设全民学习、终身学习的学习型社会的战略高

---

① 全国高等教育自学考试指导委员会：《高等教育自学考试在高等教育宏观结构中的地位与作用》，高等教育出版社 2001 年版，第 131 页。

② 中华人民共和国教育部：《关于贯彻全国教育工作会议精神，进一步改革和完善高等教育自学考试制度的意见》，资料来源：中华人民共和国教育部网站，http://www.moe.edu.cn。

③ 中华人民共和国教育部：《面向 21 世纪教育振兴行动计划》，来源：中国教育新闻网，http://www.jyb.com.cn。

度，根据当前高等教育改革和发展的新要求，全面分析、正确估计自学考试面临的新形势、新情况、新问题，继续坚持发展高等教育自学考试事业的方针不动摇。① 2004 年 2 月，教育部制定《2003—2007 年教育振兴行动计划》，要求"积极发展多样化的高中后和大学后继续教育，统筹各级各类资源，充分发挥普通高等学校、成人高等学校、广播电视大学和自学考试的作用，积极推进社区教育，形成终身学习的公共资源平台"②。目前，许多行业和待业人员都把自学考试作为继续教育的首选形式。随着终身教育体系的逐步建立，自学考试制度必将在其中发挥重要的作用，获得更大的发展。

四、思考：对高等教育自学考试
面临的若干问题的探讨

高等教育自学考试，从创立至今，经过二十几年的发展，从无到有，从小到大，已经成为我国教育事业不可替代的一部分。经过这些年的发展，高等教育自学考试内涵和外延不断发展，报考人数屡创新高，毕业人数逐步增加；赢得了良好的社会声誉，吸引了大批高校和社会机构参与助学；自学考试面向农村的工作取得了一定进展，等等。高等教育自学考试以其自身的开放性、灵活性等特点和优势，为我国的高等教育改革与发展做出了重要贡献，正如李岚清同志所说："实践证明，自学考试制度是发展中国家办大教育的有效形式，是有中国特色的社会主义教育制度的一项创举。"高等教育自学考试制度发展到今天，也有一些问题需要我们去思考。

---

① 资料来源：中华人民共和国教育部网站，http://www.moe.edu.cn。
② 中华人民共和国教育部：《2003—2007 年教育振兴行动计划》，《中国教育报》2004 年 3 月 25 日。

（一） 如何正确看待高等教育自学考试面对的生源分流问题

生源分流，主要指由高校扩招而引起的普通高等教育、成人教育、高等教育自学考试等生源的重新分配。我国普通高等学校 1999 年开始扩招，1998 年全国普通高校招生 108 万人，2008 年全国普通高校招生计划为 599 万人。高考落榜生是参加高等教育自学考试的重要来源之一，许多高考落榜生通过参加全日制社会助学班来接受高等教育，目的是期望通过参加高等教育自学考试取得毕业证书。高等教育自学考试参考人数在连续的快速增长之后，近年来有放缓或减少的趋势。例如，2005 年的自学考试学历教育报考人数比 2004 年减少了 170 多万人次；2005 年高校招生 504 万，比 2004 年的 420 万增加 84 万。这说明高等教育自学考试数量的浮动有高校扩招的影响，也有成人高校扩招等其他因素。"数量上的增长是教育发展的第一要素目标。没有数量的增长，也就谈不上发展。"① 这应该是从高等教育整体发展而言的。无论是普通高等学校还是成人高等学校扩招都是对高等教育的发展作贡献。因此，我们不能把高校扩招与自学考试数量的变化当做一对对立的关系来处理，而应换个角度来看待。高考落榜生只是高等教育自学考试的应试者的一部分，从生源的结构看，在职考生是高等教育自学考试的主体，2005 年各类在职考生占高等教育自学考试报考总数的 60%，具有大学专科以上学历的考生占报考总数的 55%，有超过万人的在读硕士研究生参加自学考试②。因此，无论高中毕业生通过何种方式接受高等教育，从高等教育的大局看，不应把高校扩招引起的生源的消长作为高等教育自学考试发展中的障碍，也不能仅以数量的增减来衡量高等教育自学考试发展的水平，而应从高等教育自学考试的优势出发，继续走具有自身特色的道路，为我国的高等教育、继续教育、终生教育做出应有的贡献。

---

① 房剑森：《高等教育发展的理论与中国的实践》，复旦大学出版社 1999 年版，第 16 页。
② 中华人民共和国教育部考试中心：《中国教育考试年鉴 2005》，中国传媒大学出版社 2005 年版，第 27 页。

（二）高等教育自学考试中合格率低的问题

自学考试的特点就是宽进严出。"每次考试的合格率，总体上只占报考人数的25%、实考人数的50%左右；毕业率仅为报考人数的5%、实考人数的10%左右。"① 高等教育自学考试是对应试者水平的测试。通过率高低不能作为衡量自学考试质量的标准。像高等学校的毕业证书一样，高等教育自学考试的证书也是应试者素质的证明。对于用人单位挑选人才而言，学历证书是选才的重要依据之一。我国高等教育自学考试学历证书之所以得到社会的广泛认同，跟自学考试本身的权威性分不开。自学考试一方面引导应试者不断提高自身素质，同时也通过考试对应试者的素质进行测量并予以证明。自学考试的目的不是为了发出多少毕业证书，而是通过发权威的证书引导人们去勤奋学习，为社会使用人才提供选择依据。因此，如果把通过率高低当做衡量自学考试质量的标准，势必导致质量标准的混乱，影响自学考试的权威性。因此，组织者在出题时务必进行精心研究，确保试题的各方面指标科学合理。但是，换个角度，通过率的高低反映的是自学者学习效率及助学质量的问题。通过率长期过低，将打击应试者通过自学考试获取高等教育机会的积极性，势必影响自学考试的长远发展。应加大这方面问题的调查与研究，找出问题与对策。

（三）高等教育自学考试中社会助学机构的规范管理

社会助学是高等教育自学考试的重要组成部分，是高等教育自学考试作为一种教育形式的重要载体。高等教育自学考试发展到今天，应试者学习的方式发生了重大的变化，尤其是高考落榜生，在学习高等教育课程方面基本以参加社会助学为主。自学考试应试者20世纪80年代前期以自学

---

① 高桂娟、张应强：《略论高等教育大众化背景下的自学考试质量问题》，《成人教育学刊》
2001年第10期。

为主,到了 20 世纪 90 年代,像在校生那样依靠老师全面辅导、系统教授的比重逐年增加,1994—1995 年已增加到 50% 左右。[①] 社会助学加快了应试者学校高等教育课程的速度,提高了其通过考试的几率。但是,由于对社会助学机构的教学质量缺乏评价和监督机制,导致一些助学机构的办学指导思想偏离、助学质量不高,直接影响自学考试的通过率。因此,加强对社会助学机构的管理,是提高助学质量、提高高等教育自学考试通过率的必然要求。

参考文献

1. 中国成人教育理论专著编纂委员会:《中国自学考试》,教育科学出版社 1994 年版。

2. 康乃美:《自学考试制度研究》,湖北人民出版社 2006 年版。

---

① 何晓淳、周翔、于信凤:《高等教育自学考试产生与发展研究》,辽宁人民出版社 2000 年版,第 125 页。

组稿编辑:刘君红　巴能强

责任编辑:陈晓燕　张　旭

封面设计:周文辉

版式设计:曹　春

责任校对:阎　宓

图书在版编目(CIP)数据

改革开放 30 年中国教育纪实/顾明远主编 刘复兴副主编.

-北京:人民出版社,2008.12

(强国之路——纪念改革开放 30 周年重点书系)

ISBN 978－7－01－007448－1

Ⅰ.改… Ⅱ.顾… Ⅲ.教育事业-概况-中国 Ⅳ.G52

中国版本图书馆 CIP 数据核字(2008)第 169072 号

改革开放 **30** 年中国教育纪实

GAIGE KAIFANG 30 NIAN ZHONGGUO JIAOYU JISHI

顾明远主编　刘复兴副主编

人民出版社 出版发行

(100706　北京朝阳门内大街 166 号)

北京中科印刷有限公司印刷　新华书店经销

2008 年 12 月第 1 版　2008 年 12 月北京第 1 次印刷

开本:700 毫米×1000 毫米 1/16　印张:48

字数:680 千字

ISBN 978－7－01－007448－1　定价:85.00 元

邮购地址 100706　北京朝阳门内大街 166 号

人民东方图书销售中心　电话 (010)65250042　65289539